U0579993

社会心理学

前沿（第3版）

俞国良 等 著

SHEHUIXINLIXUE

QIANYAN

北京师范大学出版集团
BEIJING NORMAL UNIVERSITY PUBLISHING GROUP
北京师范大学出版社

图书在版编目（CIP）数据

社会心理学前沿/俞国良等著．—3版．—北京：北京师范大学
出版社，2016.12
　ISBN 978-7-303-21301-6

　Ⅰ．①社…　Ⅱ．①俞…　Ⅲ．①社会心理学
Ⅳ．①C912.6-0

　中国版本图书馆 CIP 数据核字（2016）第 229530 号

营 销 中 心 电 话　010-58802181　58802123
北师大出版社高等教育分社网　http://gaojiao.bnup.com
电 子 信 箱　gaojiao@bnupg.com

出版发行：北京师范大学出版社　www.bnupg.com
　　　　　北京市海淀区新街口外大街 19 号
　　　　　邮政编码：100875
印　　　刷：保定市中画美凯印刷有限公司
经　　　销：全国新华书店
开　　　本：730 mm×980 mm　　1/16
印　　　张：31
字　　　数：550 千字
版　　　次：2016 年 12 月第 3 版
印　　　次：2016 年 12 月第 3 次印刷
定　　　价：58.00 元

策划编辑：周雪梅　　　　　责任编辑：齐　琳
美术编辑：焦　丽　　　　　装帧设计：焦　丽
责任校对：陈　民　　　　　责任印制：陈　涛

第三版前言

　　《社会心理学前沿》唯其书名，需要与时俱进，顺势而为，顺流而上，不断更新，适时的修订工作是必不可少的。但究竟如何修订，却是一件很棘手的事情。

　　就此书的性质与内容而言，修订则意味着重写或大幅度的增删。因为，无论是社会心理学学科领域，还是社会心理学具体研究领域，抑或专题研究领域，这几年的变化与发展都是快速的、有目共睹的，而要修订原书中香港大学杨中芳教授、加州大学伯克利分校彭凯平教授和美国心理学会人口与环境心理学分会前主席Daniel Stokols教授加盟撰写的章节，非我辈能力所及。有鉴于此，这次修订工作，确实是勉为其难，尽力而为之，除保留原书的基本结构框架和第一、二编的大部分内容外，主要做了两件事。

　　一是对第一、二编的文字表述进行了全面梳理和润色，删除了第二编中"主观幸福感研究的研究热点和发展趋势"部分，使研究主题更加集中，更加符合社会心理学作为一门独立学科的研究对象和知识体系；

　　二是对第三编的全部内容进行了彻底更新，把议题集中在"文化变迁"和"幸福感研究"两个方面。这是我两年多来应邀为《黑龙江社会科学》杂志社主持的三个专栏。这几个专栏，不仅反映了我国现阶段社会转型期社会心理学的研究热点，而且也体现了社会心理学"经世致用"的应用特点。在此，衷心感谢《黑龙江社会科学》杨大威编审的信任和大力支持，同时也感谢热情参与专栏撰写的各位社会心理学界的翘楚。

实事求是地说，要很好地把握一门学科的前沿领域或新近进展，并非易事，需要不断接受新思想，增加新知识，理解新成果。《社会心理学前沿》原书虽然曾作为博士生课程"社会心理学新进展"的参考书，但毕竟时过境迁。对此书的全面修订，我已力所不逮，只能寄希望于社会心理学界的后来者和新秀们，能扫荡国内外社会心理学的前沿领域，梳理社会心理学的最新进展，把更好、更新、更强的社会心理学精神食粮奉献给莘莘学子们。

拜托了。谢谢。

俞国良
于北京西海探微斋
2016 年春

前　言

　　"社会心理学一只脚是站在实验科学的基础上，而另一只脚则处于社会变革的波涛之中"，著名心理学史家墨菲(Murphy，1972)如是说。作为一门实验科学，社会心理学主要脱胎于心理学的怀抱，是心理学的一个重要分支学科。众所周知，心理学属于横跨自然科学和社会科学的边缘学科，至今已有四位科学家因为心理学的杰出研究工作荣膺诺贝尔奖，美国更是把心理学视为所有学科分类的七大部类之一。其中，认知心理学和社会心理学是心理学所有分支学科中的两个"重镇"。社会心理学主要研究社会心理现象，其研究对象包括人与人相互作用过程，即自我过程、人际过程和群体过程中发生的社会心理与社会行为。这里有两大发展态势值得关注：一是认知心理学对其影响的不断增强；二是人们对其应用兴趣的日益增强。唯其如此，社会心理学作为一门独立的新兴边缘学科在政治、经济、军事、法律、新闻、教育、文化、医疗和环境等领域的作用日益凸显，正成为推动社会进步与经济发展的间接生产力。尤其在认识、解释、预测和控制伴随全球社会经济和科学技术迅猛发展所衍生的一系列社会问题时，诸如金融危机、种族冲突、群体事件、民族和解、地区贫困、违法犯罪、失业就业、环境污染和生态危机等方面，均具有重要而独特的贡献。目前，社会心理学的发展势头迅猛，表现了异乎寻常的繁荣景象和极其旺盛的生命活力。为了使人们对近年来社会心理学的学科发展、具体研究领域和某些专题研究领域的进展有所了解，奠定后继研究和应用服务的基础，我们顺应时代发展需要，承担了一个社会心理学工作者应做的一项基础工作。这是编写本书的初衷，也是一份殷殷的责任，一个痴痴的梦想！

缘其梦想，是因为我从20世纪80年代中期从事心理学教学与科研工作以来，一直对社会心理学情有独钟。由于各种原因，原来的研究领域相对集中在发展与教育心理学领域，但我一直把其中的"社会认知和社会性发展"作为自己的研究主题。几年前调中国人民大学工作后，理所当然把研究重心扩大到社会心理学研究领域。于是，在1997年翻译麦独孤《社会心理学导论》（浙江教育出版社）的基础上，有了2004年安徽教育出版社的《社会性发展心理学》和2006年北京师范大学出版社的《社会心理学》（2010年出版了修订版）。前者作为发展心理学专业和社会心理学专业研究生参考用书，后者有幸被列入了普通高等教育"十一五"国家级规划教材和心理学基础课系列教材。2008年，我又应邀主编了《社会心理学经典导读》。此后，一直希望能有机会把近年来国内外社会心理学在学科建设、研究内容和研究方法等方面的进展介绍给大家。事隔两年，趁着到美国加州大学访学进修的机会，有时间和精力，终于梦想成真。作为应用心理学专业、社会心理学专业本科生和研究生的辅助读物，《社会心理学经典导读》的姐妹篇，《社会心理学前沿》可供全日制高等院校心理学专业和哲学、法学、社会学、教育学、经济管理、新闻传播和社会工作等相关专业，自学高考心理学专业的读者使用，也可作为爱好社会心理学的大学生、研究生及党政干部、科研工作者和教育工作者学习、参考、借鉴。上述社会心理学系列五部著作，也可以说是我们对社会心理学昨天、今天和明天的一个交代，"窥一斑而见全豹"。接下来，我和研究团队会踏踏实实做些社会心理学专题领域的实证研究。当然，我们更希望今后有机会结合社会现实生活中的社会心理问题，进行"有的放矢"的研究，为百姓谋福祉，为国家和政府决策提供咨询和服务，使社会心理学能真正走出学院的"书斋"，融入鲜活的社会现实生活中，成为社会进步和经济发展的间接生产力。

关于社会心理学的研究进展，我国以往已出版过不少同类书籍，但这些书籍大多受时代、社会需要和学科发展的影响，往往把论述的对象局限在社会心理学研究对象和理论知识方面，或是翻译和介绍，或是对社会心理学某一专题的阐述，重点都是以西方社会心理学为主，缺乏从社会心理学学科发展角度的整体把握。有鉴于此，本书按照社会心理学学科发展的逻辑，贯彻"宏观—中观—微观"的编撰思路，首先破题于社会心理学母学科——心理学的发展态势和发展走向，接着根据社会心理学的学科特点，阐述了蓬勃发展的社会认知神经科学对社会心理学的影响与挑战，以及社会心理学在政治、经济、军事、文化和环境领域的研究热点；然后，从社会心理学的具体研究领域出发，分别论述了自我、态度、社会认知、人际关系、亲密关系、群体心理、主观幸福感、攻击性行为和亲社会行为等研究领域的进展、研究热点和发展趋势；最后，从社会心理学的特殊领域或专题研究入手，介绍了我和课题组在自我意识情绪、情绪调节理论、自动情绪调节、过度自信、心理痛苦、共情、污名、社会比较、言语交际策略、权力和社会动机、智力和出生顺序以及离异家庭子女、学习不良儿童和非言语学习不良儿童群体心理等方面，近年来在《心理科学》《心理科学进展》等学术刊物上发表的评述。这样的体例安排，其主旨是有利于人们对社会心理学的总体把握，也有利于对具体研究领域或感兴趣的特殊课题的把握。

本书由我反复酝酿，三易纲目，最后确定编写原则、结构、内容、体例和样章。其中，我的博士后学生韦庆旺博士协助我做了许多组织协调工作，功不可没；策划编辑周雪梅博士也是亲力亲为。因此，本书更是团队劳动和集体智慧的结晶。这里既凝聚了老一辈社会心理学家(如香港大学杨中芳教授)的指导，中年华裔社会心理学家(如加州大学伯克利分校彭凯平教授)的关爱，特别是美国心理学会人口与环境心理学分会前主席、加州大学尔湾分校 Daniel Stokols 教授的首肯。同时，本书也包含了年青一代社会心理学工作者的努力劳动和辛勤工作，大部分内容作为博士生必修课程"社会心理学进展"，在课题组内部进行了充分的交流、讨论和修改，有的是几易其稿。作者文后均有说明，按序为俞国良、刘聪慧、乔红霞、彭凯平、杨中芳、Stokols、董妍、高明华、周雪梅、张宝山、王拥军、池丽萍、韦庆旺、樊召锋、曾盼盼和张登浩，以及赵军燕、侯瑞鹤、孙卓卿、王永丽、姜兆萍、闫嵘、邢淑芬和辛自强等。除三位特邀专家学者外，其余作者大多是我十年来在中国科学院、北京师范大学和中国人民大学毕业或在读的博士生、博士后。他们既是我的入室弟子，更是我的良师益友。有的已迅速成长为教授或博士生导师，实践了"青出于蓝而胜于蓝"，而我则真正体会到了"长江后浪推前浪，江山代有人才出"的喜悦之情。

最后，衷心希望本书能起到抛砖引玉、筑巢引凤的作用，日后不断有

5

评述社会心理学前沿或进展的新作问世，使我国社会心理学工作者能始终把握该研究领域的前沿，站在社会心理学的制高点上，既脚踏实地又眼观四方地建设中国本土化的社会心理学学科，真正使社会心理学一只脚稳步踏在科学实证的立场上，另一只脚坚实踩在中国社会变革的现实中，为中华民族的伟大复兴、中国社会的发展与进步作出社会心理学应有的独特贡献。

俞国良

于中国人民大学心理研究所

加州大学心理与社会科学系

2010 年 2 月 16 日

目　录

第三编 拓展与深化：专题研究领域进展

第一编

机遇与挑战：学科领域进展

心理学研究进展
——心理学的发展态势、研究热点和发展建议

　　心理学(Psychology)作为一门横跨自然科学和社会科学的边缘学科，它是用严格的科学方法对人的心理现象，以及社会、自然关系中的心理活动、特点和规律进行研究的一门重要学科。心理学研究一方面丰富了人类对自身心理现象本质规律的认识；另一方面也极大地促进了社会的文明和进步。2009年5月在网络搜索引擎——"百度"上用"经济问题""政治问题""军事问题"或"心理问题"作为关键词进行搜索，结果发现用"心理问题"搜索获得的相关信息最多。可见，心理学的价值和旺盛生命力正在社会生活中日渐凸显出来。目前，心理学已经广泛应用于心理健康、教育实践、体育运动、人员选拔、技术培训、人力资源管理、组织文化建设、广告与营销、产品设计和司法工作等诸多领域，乃至模式识别、人工智能、虚拟现实和航空航天等高科技领域，在政治、哲学、经济、法律、管理、金融、文学、历史、教育、新闻、医疗、工业和军事等领域都有自己独特的贡献。自心理学诞生至今，已有四位科学家因为心理学的研究工作，而荣登诺贝尔奖的殿堂。国际心理科学联合会(IUPsyS)的调查表明，心理学的发展水平反映了一个国家和社会的经济、文明发达的程度。

一、心理学学科的发展态势

　　现代科学技术的迅猛发展和高度分化综合的发展趋势，同样也表现在心理学学科中。21世纪以来，各个学科之间的互相借鉴、渗透、融合和整合，使心理学学科的发展出现了以下趋势：一是心理学已从原子论的思维方式转向整合的思维方式；二是从自然主义心理科学转向社会文化的心理科学；三是从单一文化模式转向多元文化模式；四是重视本土化的跨文化心理学。这种学科发展趋势，使得研究方法越来越多元化，除重视实证研究方法外，还出现了非科学主义的方法如现象学方法等。同时，明显重视心理过程的研究，重视追踪研究和干预研究，对统计方法的应用有了反思。由于基因研究的突破，遗传和环境的关系问题又一次引起重视，心理健康问题引起社会的普遍关注，进化心理学、跨文化心理学发展迅速。凡此种种，赋予了心理学学科显著的时代特征和学科特色。

(一)发展迅速，极受重视

科学心理学虽只有短短 100 多年的历史，但由于社会的需要使其获得了长足的发展。开始，从事心理学的研究者只局限于德国、美国、英国、奥地利等几个国家的少数科学家。目前，国际心理科学联合会有来自全世界 100 多个国家的 10000 多名有影响的心理学家。有关心理学及相关学科的期刊在世界上已达 1300 份，每年发表 30000 多篇心理学论文、研究报告。目前在诺贝尔获奖者的名单中，已经有 4 位科学家因为心理学的研究工作而荣列其中。总的来看，心理学可以说是发展迅速、极受社会重视。如美国把心理学视为学科分类的七大部类之一，全国有 1600 多个心理学系，有的大学甚至是一所学校有几个不同专业的心理学系、心理学所，心理科学每年在国家总预算中单列项目专门拨款。美国心理学会是其国家第二大学会，共 39 个分会。无论是从社会发展和人类进步的需要，还是从科学问题和科学研究本身来看，心理学研究在国家发展战略和基础科学研究发展战略两个方面，都有举足轻重的地位，不可忽视。

(二)相互吸收，日趋综合

心理学各学派林立日久，它们之间除了相互争论外，也出现了相互交流、相互学习的发展趋势。作为唯一一门用自然科学方法和技术手段研究人类精神世界的科学，心理学各学派与邻近学科之间也开始相互交叉、彼此渗透，呈现综合化、整体化的趋势。如 2002 年美国普林斯顿大学心理学系卡尼曼（Dniel Kahneman）教授因把心理学与经济学研究进行有效结合而获诺贝尔经济学奖；对各种心理问题和心理疾病的研究，推动了分子和细胞生物学及医学遗传学在相关领域的发展。又如信息加工的新皮亚杰学派融合了皮亚杰理论与信息加工心理学；临床心理学家吸收不同学派的理论、技术治疗精神疾患病人。在目前的西方心理学中，有关实现统一、整合的呼声不断高涨。在墨西哥和俄罗斯召开的心理学理论国际会议上，心理学的统一问题也被列为讨论的主题；美国还创办了《范式心理学国际通讯》杂志，专门刊登有关心理学统一问题讨论的文章。这些都表明西方心理学家已经意识到心理学统一、整合的重要性。

(三)重视应用，分支剧增

实用主义哲学作为心理学的方法论之一，一直对心理学的研究取向有着重要影响，使得心理学学科从诞生伊始一直偏重于应用方面的研究和发展。例如，一些社会心理学家与认知神经科学家合作，利用社会心理学研究范式与神经影像的有机结合，共同研究与人的社会行为和社会认知有关的神经基础，在此基础上诞生了"社会认知神经科学"。应用心理学由于其实用性和有效性的特点，广泛渗透到社会领域的方方面面，并与其他学科结合起来形成众多心理学分支，如教育心理学、管理心理学、医学心理学、文艺心理学、军事心理学、运动心理学、司法心理学，等等。心理学分支学科的产生和飞速发展，及其最大限度的应用价值，既反映了人类对它的需要和它的实用价值，又说明了心理学本身具有强大的生命力，它正在成为一棵枝繁叶茂的参天大树。

(四)理论薄弱，尚待成熟

由于科学主义和实证主义对心理学的巨大影响，使得心理学研究者始终轻视理论的建构，导致理论贫乏，这是心理学产生危机的主要原因之一。在美国心理学会中，基础心理学家成了"少数民族"，并且相对于应用心理学家来说，较难获得政府和企业的赞助。中国心理学界的情况也基本相似。理论的薄弱使得心理学学科难以整合统一，各派心理学家们难以在共同认可的理论平台上进行讨论交流。而且，就一个心理学学派内部来说也是纷争不断，分支不断发展。这样的分裂和各执一词，不利于心理科学的长远发展。因此，倡导统一的发展的心理学理论和基础研究，将成为心理学学科建设的重要任务。因为心理学理论在如何解释人类的社会行为，寻找人类社会行为背后的心理学机制，并使他人理解和调节人的行为，提高社会行为的效率，促进人类社会的和谐发展方面，具有重要的科学意义和应用价值。

一言以蔽之，随着科技的不断发展，人类对自然界已经有了相当深刻的认识。当人们享受的物质生活越来越好时，人对自身心理的探索却很有限。基于心理学与人本身的密切关系，人类的目光自然会转向探索自身精神世界的秘密，这是符合人类发展规律的。今后，心理学研究的重点仍会关注感知觉、学习、记忆、思维、情感和决策等基本心理过程的行为及其神经机制，同时关注遗传和环境因素对个体毕生发展和心理健康的影响；社会心理学领域则会关注情感、态度、人际关系、群体决策等社会心理过程及其神经机制。其中，人类意识思维、创造力、社会认知和心理健康（如网络成瘾、未成年人问题行为与犯罪行为）的认知神经基础和行为遗传学的研究，社会环境中人类认知能力、行为模式和自我意识情绪的研究，将会在一个相当的时期内，成为心理学研究者关注的焦点。特别是意识、自我意识与自我相关信息的加工、文化与人类认知、行为与认知的遗传学基础等领域的心理和神经机制，有望取得突破性进展。此外，现代社会的发展不仅对人的心理素质要求越来越高，而且经济的发展还带来了许多心理疾病，现在人们越来越认同心理健康才是真正健康的理念，因而在这样的社会条件下，心理学将是大有可为、大有发展前途的，很有可能与生命科学一起成为未来科学前沿的带头学科之一。

二、近年来心理学学科关注的研究热点

21世纪被世界科学家公认为生物科学、脑科学研究的时代，也是心理科学的时代。随着新的技术手段的出现与运用，社会发展对心理学研究的迫切需要，近年来心理学学科不论在基础研究方面，还是在应用研究方面，都取得了日新月异的飞速发展，人们关注的问题也发生了一些明显变化。认知神经科学蓬勃发展，多学科交叉不断产生新的研究领域，社会文化因素在心理学研究中受到普遍关注，心理学的应用向更广更深的层面扩展，这些都体现了当前心理学学科发展的特点，以及主要分支学科（据中国心理学会属下的各专业委员会划分为准）关注的研究热点。

（一）认知心理学领域

认知心理学采用信息加工观点，研究人的知觉、注意、记忆、语言和思维等认知过程。近年来，由于ERP、fMRI等新技术手段的出现与运用，认知心理学逐渐转向认知神经科学。认知神经科学是一门在心理学、生物学、神经科学交叉的界面上发展起来的新兴学科，目的在于阐明各种认知活动的脑内过程和神经机制，揭示大脑——心灵关系之谜。认知神经科学的研究为传统认知心理学关注的问题带来了新的活力，传统认知心理学研究的知觉、注意、记忆、语言、思维和数学认知等认知过程的神经机制，都是当前研究的热点。具体的研究热点包括知觉组织和知觉学习，注意在空间和时间上的分配，空间注意的早期调控，选择性注意的资源分配，注意网络的定位，相继记忆，工作记忆，错误记忆，语言加工、数学认知、发展及其脑机制，情绪认知和情绪调节，等等。近年来，认知神经科学的一个重要发展就是利用神经影像技术，对正常人在进行某种认知操作时的脑活动模式进行无创伤性的功能成像。目前，认知神经科学正采用多学科多层次、多水平交叉结合的实验手段，在基因、分子、细胞、突触、神经元等微观水平上和网络、系统、全脑、行为等宏观水平上开展研究，试图全面阐述人和动物在感知客体、形成表象、使用语言、记忆信息、推理决策时的信息加工过程及其神经机制；强调对脑功能，特别是高级脑功能可塑性的理解，强调对教育、临床的理论指导和实际应用。

(二)生理心理学领域

生理心理学作为心理学学科体系中的重要基础学科，除以人为研究对象外，还用各种实验动物为对象，研究个体心理行为活动的生理学机制。近年来，生理心理学表现出自身多学科交叉的发展特点和趋势。心理学家、神经科学家和医学家越来越重视行为与脑的关系，以及与机体其他生物属性间相互作用的研究，也越来越关心心理行为因素影响健康的生理状态的机制。目前，主要的研究领域涉及应激行为与脑机制，脑、行为与免疫的相互作用，成瘾行为及其神经生物学机制，神经和行为的可塑性研究，学习和记忆的神经基础，动物模型和发明专利，等等。我国心理学家在应激行为、成瘾行为、条件性免疫增强等研究上有重要的原创性贡献。生理心理学未来的研究将集中在行为与脑的关系和心身关系的研究方面，基因、大脑、行为及环境多层面研究可能在未来生理心理学研究中取得重要进展。

(三)医学和临床心理学领域

医学心理学是应医学模式发展的需要，将心理科学与医学相结合的一门新兴心理学分支学科，它几乎吸取了心理学学科中所有与健康相关的分支学科的研究内容，将心理学知识与技术应用于对人类健康的促进，以及疾病的病因与病情分析、诊断与预防。近年来，医学心理学将生物－心理－社会模式作为指导思想，其研究范围涉及：①临床心理评估研究。临床心理学家对经典测验，如韦氏智力量表等进行了全面修订，越来越强调临床应用的针对性，量表编制技术重视吸收实验心理学在心理过程方面研究的新成果，心理测验技术与认知神经科学技术相结合并获得更多应用，计算机辅助心理测验的研制已成为该领域的最新进展。我国研究者采用心理测验与最新的脑成像技术相结合，在探讨心理功能的神经机制方面取得了具有一定国际影响的研究成果。②病理心理研究。病理心理涉及心理障碍和异常行为的原因及形成过程。目前，研究者对病理心理的诊断分类系统进行了大量研究，在心理疾病的心理和生物学机制方面取得了显著进步。③神经心理学研究。近年来，神经心理学家相继提出了有关语言、记忆、注意和情绪加工等系列理论模式，并采用高级认知功能元件的研究策略，采用认知心理学实验范式，把神经心理测验与无创伤脑功能成像技术有机结合起来，积累了大量的实验研究与临床研究证据。④心理治疗领域越来越重视文化的因素，发展中国特色的心理治疗模型的努力最为明显。在心理健康领域，更深入系统地关注心理社会因素对人们心身健康的影响，并通过对各种危险因素的干预提高人们的心身健康水平。在理论上将现在的心理健康领域理论流派加以整合，深入探讨生活方式与身心障碍的关系及其致病机制；在实践上强调心理健康干预的全社会参与，加强应激管理研究，特别是高危人群的应激管理，寻找健康保护性因素，促进全人类的身心健康。医学和临床心理学未来的发展趋势有两个方面：一方面强调与相关学科的结合，深入研究心理障碍和脑损伤的病因和发病机制；另一方面强调预防与促进人们心身健康的应用研究。

(四)发展心理学领域

发展心理学是心理学的一个重要分支领域，其学科目标是探讨个体身心发生、发展规律及其机制。目前，发展心理学关注的研究热点主要涉及以下六个方面。①关于儿童"心理理论"的研究。研究者力图从不同的角度揭示幼儿的心理发展规律，以此作为儿童的社会性交往、自闭症的治疗理论依据。研究重点从对儿童心理理论的年龄以及不同任务带来结果差异等方面问题的探讨，转移到对儿童心理理论的发展及其影响因素的研究。②关于儿童数学认知的研究。儿童数学认知是一种高级复杂的思维活动，该领域的研究重点集中在儿童的数量表征、数学运算策略和数学的问题解决等三个方面。③关于儿童朴素理论的研究。该领域尚处于起步阶段，关注儿童的朴素生物概念发展，朴素物理概念发展，儿童"朴素理论"对反事实推理的影响等基本理论问题。④关于儿童气质类型和人格的研究。目前，研究者较以往研究者更多采用脑电图等新指标，来判定人的气质和人格差异。我国研究者致力于中国的儿童气质类型和人格研究，对其结构、类型以及与利他行为的关系进行了大量研究。⑤关于儿童的攻击行为和亲社会行为的研究。攻击行为研究重点集中在攻击和反社会行为的发展进程、发展的稳定性与可变性、个体差异及攻击行为的预防和治疗等方面。儿童亲社会行为的中介过程也成为新的研究焦点，同时，文化因素以及儿童的同伴关系经验对亲社会行为的影响也受到许多研究者的关注。⑥关于家庭、同伴与儿童青少年社会性发展的研究。研究者重视从系统的观点对家庭在儿童发展中的作用进行研究，把家庭对儿童发展的影响置于更宏观的社会文化背景中进行考察；同伴关系和同伴互动发展和变化的理论和统计建模、青少年早期的异性关系、同伴和友谊对个体心理健康的影响等也成为新的研究课题。将来，发展心理学将继续突出强调研究个体早期和中老年期的心理特点，从毕生发展角度动态描述和解释人类个体的发展，并更加关注儿童社会性等应用方面的研究。此外，发展心理学将更加重视从脑科学角度对个体发育的研究，重视与认知神经科学和行为遗传学的交叉研究，如心理能力发展的大脑定位、发展的关键期、发展的可塑性等都是研究的重点。

(五)教育和学校心理学领域

教育心理学是心理科学与教育科学的一个共同分支，主要研究教与学过程中的各种规律及其应用。近年来，教育心理学关注的主要问题包括概念转变及其条件、程度、过程和机制，情境学习和非正式学习以及社会资本因素对学习的影响，结构不良问题解决，即解决日常生活中遇到的问题、基因工程和克隆技术等带有争议的社会性问题，多媒体学习的理论基础和心理机制，学习动机和学习评价，等等。其中，研究者对概念转变、情境学习和结构不良问题解决的关注，体现了对学习活动进行认知分析的动态性和生态性特点。自我决定论是近年学习动机领域产生的重要理论成果，认知诊断评价是一种新的学习评价方法。学校心理学主要研究学生的心理和行为问题，这是心理学知识、理论、方法应用和服务于学校的具体表现。因此，学校心理学重点关注应用问题，目前的主要研究领域包括学习困难(学习不良)儿童的心理诊断和预防、治疗，学生心理素质的培养和学习能力的开发训练，对特殊群体和危机事件的心理干预，如网络成瘾问题、农民工子女的教育和心理健康、教师心理健康研究等方面。

(六)人格心理学领域

对人格问题的关注一直是心理学的主题之一。近年来，在人格心理学方面的研究可以归纳为三方面：自我与人格、种族与人格以及人格研究方法。我国研究者致力于探索中国人人格结构和理论，近年来发展了适合中国历史和文化背景的中国人人格量表，其主要研究成果有"中国人个性测验量表"(CPAI)和"中国人人格量表"(QZPS)，它们广泛应用于政府和企业的人员选拔、评价与安置，有效性逐渐得到证实。此外，健全人格的四元模型，即"自立、自强、自尊、自信"模型在理论上深化和丰富了青年价值观研究。在人格的应用领域，职业枯竭、自我效能和胜任特征模型的研究一直是研究的热点。人格心理学的发展趋势与心理学总体层面的发展趋势大致相同，但侧重点有所不同，可以概括为科学化、综合化、本土化和实用化四大态势。

（七）社会心理学领域

社会心理学关注人际交往过程中的心理学问题，是一种生活的心理学，一种对于社会现实的心理学理解与研究，一种在社会文化背景下展开的心理学阐释与干预研究，研究对象主要包括社会心理与社会行为，因此，它与社会发展和人类福祉联系非常密切。然而，社会心理学的发展曾一度陷入文化危机。近年来，由于社会认知的发展，社会心理学重新获得了生机，研究成果主要集中在个体的社会心理与行为、人际相互作用、个体与群体以及群际互动等方面。除自我、群体过程、社会关系、社会认知、刻板印象、偏见、态度、社会情绪等传统研究课题外，从社会认知尤其是内隐社会认知的视角对社会知觉、归因、态度、自尊、甚至文化认知等问题进行的研究，已成为当前社会心理学研究的热点。污名、恐惧管理和社会认知的脑神经机制研究更是近年凸显的新的增长点。此外，本土化和跨文化比较也一直是社会心理学自危机以来不可忽视的问题。西方心理学建立在西方文化背景中的科学文化、实证主义精神基础上，不可能放之四海而皆准，注重社会心理学的本土化研究，一直为研究者所关注。近年来，人们普遍认识到文化对人的心理和行为的重要作用，美国心理学权威刊物《美国心理学家》刊载大量文章分析文化与个体心理的关系。我国的研究正是在国际社会心理学发展趋势背景下，着眼于中国社会—历史—文化的背景，致力于发展适合中国人自己的社会心理学理论和研究，研究者主要关注习惯与目标的关系，自我意识情绪的特征与结构，情绪调节的文化与神经基础，权力认知对谈判和腐败的影响，心理卫生问题对社会的影响，以及自我价值定向理论与价值观，社会认知与社会表征研究，人际互动与组织行为研究，不确定条件下的决策和集群行为，等等。

（八）工程心理学领域

工程心理学是以人—机—环境系统为对象，研究系统中人的心理与行为，以及人与机器和环境相互作用的心理学分支。由于对公路交通安全具有明显的意义，驾驶行为是近年来工程心理学研究较多的一个领域。驾驶行为的研究主要包括以下几个方面的内容：驾驶行为的理论模式建构、驾驶分心的研究、新型车载系统的评估及其对驾驶行为的影响，特定情境下驾驶行为决策研究，酒精、年龄等因素对驾驶行为的影响，等等。近来我国研究者关注的研究问题包括：驾驶员心理负荷测量，驾驶员的情境意识，驾驶员疲劳的电生理研究，以及空间认知、刺激—反应相容性，等等。

（九）人力资源管理领域

随着我国经济与社会的发展和改革的深化，越来越多的研究者关注人力资源管理。近几年，研究者在人员招聘与筛选、人才培训与开发、绩效考核与管理、工作态度、员工激励与薪酬管理、领导力研究、工作压力与健康等方面都做了大量工作。然而，人力资源领域的研究存在以下几个问题：测评工具或多或少存在适用性问题；研究问题缺乏系统性；实证研究取向不够突出；研究与应用脱节。未来的研究应该突出我国当前社会的发展特点，对于目前国内迫切需要解决的相关人力资源管理问题进行重点研究。

（十）运动心理学领域

运动心理学是近年发展较快的心理学分支，目前主要涉及三个方面的研究课题：①竞技心理研究。包括心理训练、运动认知、心理生理、自我观念、心理疲劳等研究主题。②锻炼心理研究。包括身体锻炼与心境状态，身体锻炼与自尊，身体锻炼与认知功能，身体锻炼与生活满意度，促进心理健康的运动处方，影响身体锻炼与心理健康关系的第三变量，等等。③体育教育心理研究。包括体育学习的心理动力、体育教师的心理特点、体育教育的心理建设功能、体育教学模式的心理效应等。运动心理学未来的研究重点是运动员的心理训练，运动员的运动认知，以及身体锻炼与心理健康的关系。

除了以上提到的十个主要的心理学分支领域之外，心理测量学、法制心理学、军事心理学、心理学史与基础理论等分支领域也分别取得了新的发展。纵览心理学学科各主要分支领域，认知神经科学的研究始终处于前沿和主导地位，它几乎影响到心理学各个分支学科，尤其是基础研究领域。相应的，中国在认知心理学和生理心理学等基础领域的某些方面有可能处于世界先进水平，但整体水平与发达国家相比，仍有很大差距。在人格与社会心理学以及人力资源管理等应用领域，由于社会－历史－文化的重要影响，我国的研究则相对落后。然而，随着国家经济与国力的迅速增强和改革开放的深化，相信心理学在中国未来的社会发展中，将会发挥越来越重要的作用。

三、对心理学学科的发展建议

人类已经跨入了 21 世纪，如何提高我国心理科学的基础研究与应用研究质量，更好地服务于我国社会和经济发展的需要，做好政府制定相关法律、政策和重大决策的参谋，为科学地预防和化解民族、群体、社会阶层间的冲突和处理各种不确定事件提供咨询服务，既是巨大的挑战，也是发展的强大动力。根据心理学学科的特点和发展态势，我们提出以下建议。

第一，加强学习与摄取。

中国心理学发展的历史方位规定，学习是其发展的根本途径之一。对待优秀的心理学研究成果必须重视，应当摄取其中的营养，用以发展自身。

在摄取优秀的研究成果时，绝不能照搬照抄，而要适当加以选择。所谓选择，意谓批判地吸收。霍尔（Hall）对普莱尔（Preyer），斯金纳（Skinner）对华生（Waston），皮亚杰（Piaget）对鲍德温（Baldwin），乃至认知心理学对行为主义和格式塔学派，等等，都是采取选择的态度，即批判地吸收的态度。如果照搬国外的心理学研究成果，势必失去客观性、真实性，也会影响心理学研究的科学性。

中国人心理有着本民族的特点，这就导致国外心理学被摄取之后，要经过一个本土化的过程。国外心理学所研究的问题、建立的理论、采用的方法，都有其特殊的社会文化背景。应该看到，中国心理学的发展，有不如国外先进条件的一面，也有优越于国外条件的一面，这就要求我们做到兼收并蓄。首先，应当从方法论的角度来分析它们各自的特点，以便在学习和研究时能取其所长，避其所短。在这个基础上，在研究中国人心理的时候，应加入中国式的思维和观点，使中国的国情，即文化、经济、政治因素能不知不觉地融入自己的研究中，并且在理论实践上都能推陈出新、有所突破，即"随风潜入夜，润物细无声。"只要我们从中国的实际国情出发，融合中华传统文化中的精华和要素，积极地利用现有基础创造条件，不断地采用现代化的研究手段，那么，经过十年、十五年、甚至更多年的努力，我们坚信能进入国际心理学研究的先进行列。

第二，面向社会现实进行研究。

坚持面向社会，在社会实践活动中研究心理学，这是中国心理学发展的主要方向，否则就是无源之水，无本之木。研究中国人的心理现象，将传统心理学改造为适合我国国情，具有"中国特色"的科学心理学，无疑应该在我国改革开放的实践活动中进行。

(1) 逐步积累中国的研究材料，克服"拿来主义"。我们有的心理学研究报告，从实验设计、方法到结果，几乎全是模仿外国的。心理学著作的体系与国外同类书大同小异，如此下去，就不可能建立起我们自己的心理学。中国人与外国人既有共同的心理特点，但更重要的是具有其不同的特点。例如，我们测定到儿童阅读时的眼动次数与时间的比例，与国外研究资料所列的特征就有出入。又如，我们所获得的青少年同伴关系、亲子关系的特点及其内容，与国外研究资料所见的事实也存在着明显的差异。如果照搬外国的研究，势必失去客观性、真实性。

(2)选择合理的研究课题，克服研究的盲目性。心理学的研究课题不外乎理论和实践方面，而更多的是来自社会实践。当前，改革开放的社会实践正渴望我们提供大量有价值的心理学的科学依据，同时也为我们提出了一系列带有方向性和根本性的重要研究问题。近几年，我们看到，中华民族的强国心态、改革的心理承受力、人－机工程的匹配、中华文化的心理影响、广告消费心理、心理和谐现象、集群行为与危机事件干预、罪犯改造心理、社会病态心理、领导素质研究、人才选拔、处境不良儿童研究，以及辩证思维、创造性思维、教育与发展的关系，认知发展与非认知因素的关系，思维品质的发展与培养，道德认识、道德情感、道德意志行为的发展及其相互关系，理想、动机、兴趣发展的特点及其相互关系，独生子女的心理特点及其教育，青少年犯罪现象及其防治等都是亟待解决的课题。如果我们对这些现实问题有一定程度的应对策略，那么，我国的心理学研究，无论在理论建设上，还是对实践的作用上，都将会出现一个崭新的面貌。

(3)加强应用研究，克服脱离实际的倾向，克服"闭门造车"的风气。心理发展的特征及其规律是各项有关人的工作的出发点，社会实践呼唤心理学。但目前心理学和社会实践存在着严重脱离的现象，这与实现心理学为社会主义建设事业服务的宗旨是不相称的。还有一些研究者由于不深入地了解中国社会的实际和现实生活的实际，研究的课题只凭主观臆断，往往失之偏狭。

第三，加快中国心理学的建设进程。

一是必须明确中国心理学研究与国外存在较大差距，努力奋斗，才能尽快缩小这种差距。

从研究人员数量上看，我国约有心理学工作者 1 万人，平均 13 万人中才有一位心理学工作者，按人口比率居于世界末位。与发达国家相比，人口仅为我国六分之一的美国，却有心理学工作者 20 万人，按人口比率是我们的 130 倍。我国心理学科研人员的缺口很大。

从研究手段、工具看，由于现代科学技术的发展，国外心理学的研究中，采用了现代化的技术设备，如录音、摄像、计算机模拟、现代化观察室、实验室等。这对于深入研究个体的心理现象是有帮助的，特别是计算机系统和录像系统。近年来新的研究手段(如 fMRI，PET)的出现，使科学家采用无创伤性活体技术直接对人的大脑和复杂神经活动进行研究成为可能，这也是美国、欧洲和日本等发达国家心理科学重点战略计划关注的研究领域。

二是组织各方面的人才，融合多学科的知识共同研究心理学。

众所周知，皮亚杰及其领导的日内瓦学派的心理学研究，在国际心理学界、教育界及哲学界影响极为深远、广泛。他 1955 年创建日内瓦"发生认识论国际研究中心"，集合各国著名心理学家、逻辑学家、控制论学者、发生认识论学者、语言学家、数学家和物理学家来研究认识的发生发展问题，在国际学术界有很大影响。皮亚杰及其日内瓦学派的杰出贡献，使我们深受启发。

这里的关键是发展横向联系，开展跨国、跨地区、多学科的科研协作。广泛开展国际合作是中国心理学发展的必要条件之一，通过国际合作和学术交流，促进对现代心理学思想和研究方法的理解，从而提高自身的国际竞争力。与此同时，国内心理学工作者和其他学科的研究者应该在自愿、平等、互利、协商原则下，开展校(单位)际协作、取长补短、互通信息、各地取样，共同突破。

三是大力开展本土心理学或中国人心理与行为的研究，不断提高研究质量，逐步积累中国人的研究资料，逐步建立中国心理学的体系。提倡大力开展中国人心理特点的研究，要求在中国社会的文化、历史背景下加强个体心理和群体心理两方面的研究。

关于前者，鉴于至今我们尚未有关于中国人心理发展的年龄特征的系统资料和基本发展指数，首先要做好监测工作。为了提高监测的水平，就有必要制定中国人心理发展的参数和指标。应将中国人心理发展的量变和质变、发展速度、发生发展的时间、稳定性和可变性、整体发展与单项发展及个体特点六个方面作为发展的参数。按照中国人心理发展的参数，对每项监测的课题逐一制定客观、合理、可靠的指标。

关于后者，要完整地、正确地掌握中国人的心理发展规律，对中国人心理发展中的先天与后天(心理发展的量变与质变)问题，年龄阶段特点与个别特点(心理发展的阶段性)问题做出很好的理论阐释。

(俞国良)

社会心理学研究进展

——社会认知神经科学对社会心理学的影响与挑战

社会认知神经科学(Social Cognitive Neuroscience)孕育于社会心理学的怀抱。它是一门蓬勃发展且很有前途的、发展中的交叉学科,它不仅传承了社会科学(社会学、经济学、政治学和社会心理学等)的理论和观点,特别是社会心理学的研究范式,还成功地借鉴了认知神经科学的研究方法与技术,包括功能性磁共振成像技术(functional Magnetic Resonance Imaging,fMRI)、正电子发射断层扫描技术(Positron Emission Tomography,PET)、透颅磁刺激技术(Transcranial Magnetic Stimulation,TMS)、事件相关电位技术(Event-Related Potentials,ERPs)、单细胞记录技术(Single-Cell Recording,SCR)和神经心理学损伤技术(neuropsychological lesion techniques)等。

Ochsner 和 Lieberman 在 2000 年首次提出了"社会认知神经科学"的概念,他们认为,社会认知神经科学通过三个水平(社会水平、认知水平、神经水平)的分析来理解社会心理现象。其中,社会水平主要关注影响行为的动机和社会因素;认知水平主要考察产生社会心理现象的信息加工机制;神经水平主要关注实现、控制认知水平加工的脑机制。[①] 尽管三个水平所研究的出发点和关心的问题有所不同,但是,有许多概念在三个领域中是共通的,如图式、选择性注意、抑制、内隐和外显加工等。社会心理学家能够利用认知神经科学家的数据考证对立的理论假设,尤其是检验不能用行为数据直接考察的假设。同时,认知神经科学家在研究社会心理现象的时候,也要借助社会心理学家的理论知识,了解决定个体如何知觉他人和自己的影响因素。只有这样,才能真实地揭示社会心理现象的本质。为了更为清晰的呈现认知神经科学的研究内容,Ochsner 和 Lieberman (2001)在 Kosslyn 和 Koenig(1992)[②]理论基础上进行了扩充,增加了个人

---

① Ochsner K N, Lieberman M D. The emergence of social cognitive neuroscience. American Psychologist, 2001, 56(9): 717-734.

② Kosslyn S M, Koenig O. Wet mind: the new cognitive neuroscience. New York: Macmillan, 1992.

与社会背景,强调了社会、文化和动机行为等的重要性,提出了社会认知神经科学的三棱图(见图 1)。从图 1 我们可以看到,社会认知神经科学在社会心理学的基础上增加了神经机制,强调脑机制在社会心理与行为中的重要性。显然,把认知神经科学放到社会心理背景下来研究,极大地丰富了自己的研究视野。这是社会认知神经科学对社会心理学的"反哺"作用。

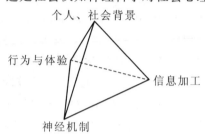

图 1　社会认知神经科学三棱图

社会认知神经科学经常会和相邻的学科混淆起来,如社会神经科学(Social Neuroscience,SN)、情绪神经科学(Affective Neuroscience,AN)、认知神经科学(Cognitive Neuroscience,CN)等。尽管这些名称比较类似,甚至有些研究者认为它们是可以相互替代使用的;但是,大多数研究者认为它们之间虽然存在重叠,但不能相互替代。社会神经科学研究的范围更为广泛,经常把社会变量与心理物理学变量、内分泌变量、免疫学变量等联系起来,分析的范围从皮层水平到神经递质水平;动物研究有时也包含在这一研究领域中。而社会认知神经科学主要关注皮层、亚皮层水平的活动方式。情绪神经科学经常被动物研究者和临床研究者所提及,他们经常研究基本情绪或情绪障碍的脑机制。社会认知神经科学也研究情绪,但是研究的范围更为宽泛,不仅包括基本的情绪,还包括高级的情绪过程,例如内疚、羞愧、嫉妒、自豪等自我意识情绪。

一、历史与发展轨迹

社会认知神经科学的历史正如艾宾浩斯对心理学历史的评价,社会认知神经科学也"有一个长期的过去,但却只有一个短暂的历史"。社会认知神经科学的发展大致可以分为三个阶段。第一个阶段,20 世纪 80 年代之前为萌芽阶段;第二个阶段,20 世纪 80 年代到 90 年代末为酝酿阶段;第三个阶段,21 世纪初至今为快速成长阶段。

尽管社会心理学与认知神经科学的研究取向存在着差别,但两个研究领域之间的交叉在很久以前就开始了。1848 年，Phineas Gage 在修铁路时出现了意外，损伤了眶额皮层(Orbital Frontal Cortex，OFC)区域，同时引起了情绪性、社会性功能受损，之后 Gage 像完全变了一个人，不能遵守社会规则，最终导致他被解雇，变得身无分文后离婚；但是他的运动技能和认知功能却保持正常。Gage 事件引起了很多研究者极大的兴趣，经研究后发现了许多和社会性、情绪性信息加工有关的脑区，如顶叶受损的替身综合征病人(Capgras delusion)会感觉他人在控制自己的身体活动；枕颞区域受损的面孔失认症病人(Prosopagnosia)不能识别面孔，却可以识别其他的客体。但是，对人类的社会脑、情绪脑的系统研究是在 20 世纪 80 年代以后才开始的。主要有以下两个原因。首先，在 20 世纪前半个世纪，行为主义学派统治了心理学的主要研究领域；20 世纪 60 年代末，认知心理学思潮的影响几乎席卷了心理学的每一个研究方向。行为主义学派和认知学派主要研究人类行为和认知过程的普遍规律，几乎把人类的情绪性和社会性行为排除在研究领域之外。另外一个重要的原因是缺乏一种有效的工具，能够直接测量个体情绪性和社会心理现象的内部机制。虽然动物研究者可以通过刺激或损伤动物脑系统来研究心理过程的脑机制，但是，人类的研究很难做到这一点，大多只能通过对自然损伤(如脑溢血、脑肿瘤等)的患者进行研究，这种脑损伤的研究方法本身有很大的局限性。

20 世纪 80 年代后，出现了测量自主神经系统的相关仪器，把负责社会行为的心理机制和生理机制结合在一起。Cacioppo[1] 使用"Social Neuro-science"一词说明社会因素对神经系统的影响，当时，主要考察社会因素对外周神经系统和其他身体系统的影响，动物研究和健康方面的研究居多。但是，这种测量不能直接探测心理过程的脑机制，而且测量本身对任务的反应不是很敏感；测量结果与自我报告、行为反应相关度较低，这种测量只适合研究特定类型的情绪，对信息加工机制研究的贡献非常有限[2]。但这些工作为研究社会心理现象的生理基础提供了丰富的信息和研究方法的启迪。20 世纪 90 年代之后，开始陆续有研究者关注社会心理现象的脑机制，如 Damasio 等对腹内侧前额皮层的社会情绪功能的探讨，Frith 等

---

① Cacioppo J T. Social neuroscience：Antonomic，neuroendocrine，and immune responses to stress. Psychophysiology，1994，31：113-128.

② Wright R A，Kirby L D. Cardiovascular correlates of challenge and threat appraisals：a critical examination of the biopsychosocial analysis. Personality and Social Psychology Review，2003，7(3)：216-223.

对心理理论神经机制的开创性工作，Cacioppo 等对态度进行的 ERPs 研究。但是，即便如此，社会认知神经科学仍处在一个探索、发展的阶段，没有一个比较成熟的研究范式。

社会认知神经科学的飞速发展是脑成像技术问世之后出现的[①][②]，特别是 PET 和 fMRI 技术出现之后。这种技术允许研究者考察正常被试在任务状态下大脑皮层结构或皮层下结构的活动模式。脑成像技术的出现让社会心理学家和认知神经科学家开始了更紧密的合作。2001 年，第一次正式的社会认知神经科学国际会议在美国加州大学洛杉矶分校召开，参加会议的人员不仅包括社会心理学家和认知神经科学家，还包括社会学家、人类学家、政治学家和经济学家等，会议的主题包括刻板印象、自我控制、情绪、社会关系、心理理论等，心理学剑桥词典把这次会议作为社会认知神经科学的起点。此后，出现了大量和社会认知神经科学相关的研究论文与学术会议。首先，从 2002 年到现在，几乎每年都有杂志发行社会认知神经科学特刊，例如，Biological Psychiatry(2002)、Journal of Personality and Social Psychology(2003)、Trends in Cognitive Science (2004)、The Journal of Cognitive Neuroscience(2004)、Neuroimage(2005)、Brain Research (2006)、New York Academy of Sciences (2007)、Group Processes and Intergroup Relations (2008)，and Child Development (2009)等。其次，心理学出版社(Psychology Press)和牛津大学出版社(Oxford University Press)在 2006 年分别创办了 Social Neuroscience 和 Social Cognitive and Affective Neuroscience 杂志，专门发表社会认知、社会情绪方面的论文。最后，世界各国的知名大学和研究机构纷纷建立自己的社会认知神经科学实验室，社会认知神经科学的本科和研究生课程也如雨后春笋般出现在各个学校和研究机构。2001 年在网上搜索"Social Cognitive Neuroscience"，只能获得 53 条记录，2006 年就突破了 2 万条，2008 年有近 3 万条记录，2009 年达到了 5 万多条。我们在 PubMed 数据库和 ScienceDirect 数据库中搜索关键词"Social Cognitive Neuroscience"，能够清晰地获得近十年来社会认知神经科学论文的增长趋势，结果见图 2 和图 3。

---

① Ochsner K N, Lieberman M D. The emergence of social cognitive neuroscience. American Psychologist，2001，56(9)：717-734.

② Lieberman M D. Social cognitive neuroscience：a review of core of processes. Annual Review of Psychology，2007，58：259-289.

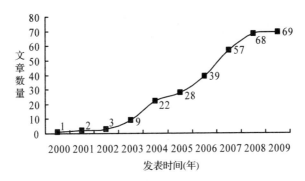

图 2　PubMed 中发表论文的增长曲线（累计）

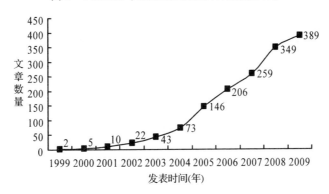

图 3　ScienceDirect 中发表论文的增长曲线（累计）

目前，社会认知神经科学的研究主题非常宽泛，几乎涵盖了社会心理学研究的各个方面，其中包括态度、偏见、归因、共情、心理理论、社会排斥、人际吸引、自我意识、自我认知、自我知识、认知失调、安慰剂效应、道德推理、社会决策等。社会认知神经科学对社会心理学的影响主要体现在两个方面：一个是研究方法方面的影响。应用脑科学的研究方法考察社会心理过程的脑机制，不仅包括脑定位方面的研究，还包括脑神经网络方面的研究；另一个是理论方面的影响。社会认知神经科学不仅能够为社会心理学理论提供脑成像数据的支持，而且还可以对社会心理学的理论进行修正和提出挑战，甚至还可能提出全新的理论模型。这里，我们从"文化反哺"的角度，根据社会心理学学科的体系和研究内容，从他人、自我、自我和他人的相互作用三个方面，具体阐述社会认知神经科学对社会心理学的贡献。

二、社会认知神经科学对社会心理学的贡献

(一)理解他人的研究

在严格意义上，社会认知主要包括对他人的理解。理解他人又包括两个方面：一是对他人面孔、身体及其运动等外部信息的知觉；二是对他人内部意图、情感的理解和体验。在这一研究领域，社会认知神经科学对社会心理学的贡献，不仅包括社会性信息加工的脑定位研究、神经网络的相关探索，同时，还包括对传统社会心理学理论的验证和充实。

1. 知觉他人的外部信息

在人际互动中，有效地知觉带有社会意义的非言语线索是最为关键的过程。这些非言语线索包括面孔信息、语调信息、气味信息、肢体信息等，其中对面孔信息（如面部表情、眼睛的注视方向等）的知觉最为重要，在社会认知神经科学领域的研究也最早、最多；同时还包括对他人身体各部分以及对身体运动的知觉等。识别熟悉的面孔似乎是一个非常基本的、快速自动的加工过程，传统的社会心理学家很少去考虑这个过程是如何完成的，他们更关心后面的加工阶段，如态度判断和印象形成等。但是，社会认知神经科学家认为有必要澄清加工社会性信息的内部过程，以及对应的脑机制。他们研究较多的一个问题是，社会性信息（如面孔）的加工是否由大脑某个特定的区域负责，例如梭状回面孔区域（Fusiform Face Area，FFA）。面孔失认症病人研究和正常人的脑成像研究都发现，面孔知觉依赖于这一区域[1]。但是，也有研究者提出不同的解释，如 Gauthier 等提出"专家系统说"，他们认为梭状回面孔区域（FFA）不是对面孔反应的特异性脑区，之所以出现对面孔反应较强，是因为人们是识别面孔的专家[2]。他们发现汽车和鸟类专家在知觉汽车和鸟时 FFA 也会表现出显著的激活，尽管 FFA 对面孔的激活最强。梭状回面孔区域（FFA）在面孔加工中的功能到底是什么，是只负责面孔信息的加工，还是在其他非面孔信息加工中也承担重要角色？这些问题，尚需要进一步的研究资料加以说明。

---

① Haxby J V, Hoffman E A, Gobbini M I. The distributed human neural system for face perception. Trends in Cognitive Science, 2000, 4(6): 223-233.

② Gauthier I, Tarr M J, Anderson A W, Skudlarski P, Gore J C. Activation of the middle fusiform "face area" increase with expertise in recognizing novel objects. Nature Neuroscience, 1999, 2: 568-573.

除了面孔方面的研究之外，很多研究开始关注身体知觉、生物体运动知觉的脑机制，他们发现了类似面孔知觉特异性的脑区，例如：枕叶皮层中的梭状回身体区域(Extrastriate Body Area，EBA)对身体信息的反应最强[1]，颞上沟后部(posterior Superior Temporal Sulcus，posterior STS)对生物体运动信息的反应最大[2]。

个体在真实的人际交往中会识别他人外部的信息，这些信息中经常会包含一些情绪色彩，例如带有表情的面孔。个体加工面孔中的情绪性信息与加工面孔本身有所不同，面孔中的情绪信息会激活情绪神经网络，例如：杏仁核(amygdala)、前脑岛(anterior insular)和基底神经节(basal ganglia)分别在加工恐惧、厌恶和生气的面部表情时被激活[3]。随着研究的深入，大多数研究发现杏仁核的激活不受注意的影响，即不管恐惧刺激是否受到了注意，都会激活杏仁核[4]；但是，在注意资源耗尽的情况下，恐惧面孔不会显著地激活杏仁核[5]。另一个主要发现是，杏仁核不仅对恐惧情绪有反应，对其他类型的情绪信息也有反应。有研究者发现动态的情绪表情比静态的情绪表情能引起杏仁核更强的激活，恐惧和生气表情的混合能够诱发更强的杏仁核激活。[6] 这些研究结果可能从某种程度上说明，杏仁核的激活水平和情绪性刺激诱发程度存在密切的关系。我们认为，虽然对面部表情的研究已有很多，但是大多数都集中在消极情绪上，对积极情绪和高级情绪识别(如羞愧、自豪等)的关注较少。而在现实

---

① Downing P E, Yuhong J, Shuman M, Kanwisher N. A cortical area selective for visual processing of the human body. Science, 2001, 293：2470-2473.

② Saygin A P. Superior temporal and premotor brain areas necessary for biological motion perception. Brain, 2007, 130：2452-2461. Neuron, 35：1167-1175.

③ Adolphs R, Gosselin F, Buchanan T W, Tranel D, Schyns P, Damasio A R. A mechanism for impaired fear recognition after amygdala damage. Nature, 2005, 433：68-72.

④ Vuilleumier P, Armony J L, Driver J, Dolan R J. Effects of attention and emotion on face processing in the human brain：an eventrelated fMRI study. Neuron, 2001, 30：829-841.

⑤ Anderson A K, Christoff K, Panitz D, De Rosa E, Gabrieli J D. Neural correlates of the automatic processing of threat facial signals. Journal of Neuroscience, 2003, 23：5627-5633.

⑥ Adams R B Jr, Gordon H L, Baird A A, Ambady N, Kleck R E. Effects of gaze on amygdala sensitivity to anger and fear faces. Science, 2003, 300：1536.

社会生活中,积极情绪,尤其是高级情绪的应用则更为普遍。

可见,到目前为止,社会认知神经科学对社会心理学中理解他人研究领域的贡献,多为脑功能定位方面的研究。尽管有些研究者开始关注脑区之间的相互关系,如杏仁核和 FFA 之间的神经联结,但是,深入、有说服力的研究还不多,对负责社会信息加工的神经网络模型的建构尚处在探索阶段。

2. 理解他人的内部意图

人们可以直接知觉他人的外部信息,但是,无法直接窥探他人的内部意图。如何通过外显行为分析他人的内部心理过程,如何在环境中对事件进行反应等,这便是归因过程。在归因这一传统的社会心理学领域,社会认知神经科学不仅为"心理理论"(Theory of Mind,ToM)提供了脑成像数据的支持,还从社会认知神经科学的角度,提出了"镜像神经元"(mirror neurons)理论和"共享表征说"(shared representations)。

不可否认,人们不能直接知觉他人的内部状态,但是,人们可以根据非言语线索来估计、推测他人的心理状态,这个过程的内部机制是"心理理论"研究的内容。心理理论的概念是从发展心理学中借鉴过来的,主要是了解自己和他人的心理状态(如信念、动机、情绪和意图等),并以此对他人行为进行预测和归因的能力。[①] 自闭症患者和正常人的研究都发现,背内侧前额皮层(Dorsal Medial Pre Frontal Cortex,DMPFC)、颞上沟后部(posterior Superior Temporal Sulci,pSTS)和颞极(Temporal Polar)是心理理论任务的激活脑区。背内侧前额皮层的激活主要和"心理"任务有关,颞上沟后部对生物体的运动比较敏感,而颞极与人际交往中熟悉特征的加工有关[②]。最近,Lieberman 在总结了 45 项"心理理论"方面的研究之后发现,有三个脑区在一半以上的研究中出现了激活;其中,背内侧前额皮层几乎在所有的心理理论任务中都出现了激活。他们认为背内侧前额皮层在心理理论任务中可能起着至关重要的作用,而其他两个脑区的活动则是由材料或者任务特异性造成的。但是,这个结论在背内侧前额皮层损伤的病

---

① Frith C D,Frith U. Interacting minds—a biological basis. Science,1999,287:234.

② Frith U,Frith C D. Development and neurophysiology of mentalizing. Philosophical Transactions of the Royal Society B:Biological Sciences,2003,358:459-473.

人个体中没有得到验证①。到目前为止，背内侧前额皮层的功能还没有一个比较一致的研究结论。

镜像神经元的研究发现为理解他人的意图提供了神经生物学方面的理论支持。di Pellegrino 和他的同事发现，在灵长类动物中存在一类神经元，他们亲自完成目的指向任务和看到实验者完成同样的任务时这类神经元会出现激活。这类神经元的发现表明，个体亲自完成或看到别人完成相同的目的指向任务会激活相同的运动表征②。之后，人类身上也发现了和灵长类类似的激活区域，这些区域主要集中在外侧前额皮层（Lateral Pre Frontal Cortex，LPFC）和外侧顶叶皮层（Lateral Parietal Cortex，LPAC）附近。脑成像研究者普遍认为，镜像神经元是理解他人的行为、意图和经历的基础，这种机制可能也是人类模仿学习的基础。

除了心理理论和镜像神经元外，Decety 和 Sommerville 在总结发展心理学、社会心理学和认知神经科学的研究成果基础上，提出"共享表征说"来解释归因现象，即自我和他人共享同一个表征网络（shared representations between self and other）③。自我的形成不可能完全独立于他人的反馈和评价，个体通过和他人的交流内化了他人对自己的观点，通过自我监控、自我调节和自我反思来调整自我认知。但是，共享并不等于自我和他人的表征完全相同，而是它们之间存在重叠。右顶下皮层（Inferior Parietal Cortex，IPC）和前额皮层在区分自我和他人表征过程中起着重要作用。"共享表征说"可以用来解释自我和他人对行为知觉和执行的相似性，这是理解他人信息的基础。

3. 体验他人的内部情感

人们在体验他人的内部情感时需要共情，即个体对他人情绪状态的理解及对其行为的预测。共情要求个体能够意识到自己的情绪性反应，是对他人经历的具体化模拟，不能和自己的经历相混淆。在这一研究领域，社会认知神经科学对社会心理学的主要贡献体现在共情的脑区定位研究，以

---

① Bird C M, Castelli F，Malik U，Husain M. The impact of extensive medial frontal lobe damage on "theory of mind" and cognition. Brain，2004，127：914-928.

② di Pellegrino G，Fadiga L，Fogassi L，Gallese V，Rizzolatti G. Understanding Motor Events：a Neurophysiological Study. Experimental Brain Research，1992，91(1)：176-180.

③ Decety J，Sommerville J A. Shared representations between self and other：a social cognitive neuroscience view. Trends in Cognitive Science，2003，7(12)：527-533.

及对共情影响因素的研究。

共情在个体和整个人类的发展过程中起着重要的作用。作为人类高级情绪的一种，它在道德发展、利他行为的研究中是一个关键的变量，在社会认知神经科学中很快成为该领域的重要研究对象。但是，对共情内涵的探讨一直没有一个比较公认的结果，Singer[①]认为共情的必要元素包含：①产生共情的人处于一种和他人情绪同形的情绪状态；②这种情绪状态是通过观察或者模仿他人的情绪而产生的；③产生共情的人能意识到情绪产生的原因在于他人而非自身。与 Singer 类似，Lamm 等[②]认为共情包括三个成分：①对他人的情绪反应，包含对他人情绪状态的共享；②认知能力，站在他人角度看问题；③监测机制，追踪所经历情绪的根源（自我还是他人）。两个研究者都强调共情不仅包含情绪的成分，还包含一种认知、调节的成分。

社会认知神经科学家对共情的研究一开始主要集中在对负性情绪的研究。结果发现，和共情有关的关键脑区集中在前脑岛和前扣带回（dorsal Anterior Cingulate Cortex，dACC）附近，这两个区域在个体闻到令人厌恶的气味时会出现激活，在看到他人闻到同样气味时这些区域同样会出现激活[③]。与此类似，被试自己疼痛和看到他人疼痛时也会激活前脑岛和前扣带回，更为重要的是，这些区域的反应强度和被试自我报告的共情程度呈正相关[④]。

随着研究的深入，研究者除了对共情本质的研究之外，还考察影响共情的一些关键因素。例如，个体的共情反应会受到性别、个体与靶子人

---

① Singer T，Seymour B，O'Doherty J P，Stephan K E，Dolan R J，Frith C D. Empathic neural responses are modulated by the perceived fairness of others. Nature，2006，439：466-469.

② Lamm C，Batson C D，Decety J. The neural substrates of human empathy：Effects of perspective-taking and cognitive appraisal. Journal of Cognitive Neurosceince，2007，19：42-58.

③ Wicker B，Keysers C，Plailly J，Royet J，Gallese V，Rizzolatti G. Both of us disgusted in my insula：the common neural basis of seeing and feeling disgust. Neuron，2003，40：655-664.

④ Singer T，Seymour B，O'Doherty J，Kaube H，Dolan R J，Frith C D. Empathy for pain involves the affective but not sensory components of pain. Science，2004，303：1157-1162.

（共情的对象）的关系等因素的影响[①]。如果被试对靶子人持负性态度，被试对靶子人的共情程度会降低，左右脑岛的激活也会降低；但是，降低的程度会受到被试性别的影响，和女性相比男性被试降低的程度更大。另外，男性被试对靶子人持有负性态度时，看到靶子人疼痛会引起伏隔核（nucleus accumbens）激活的增强，这个区域的激活程度和被试的复仇愿望成正比。即个体在看到自己憎恨的对象受到疼痛刺激时，有时会产生与报复有关的情绪。Takahashi[②] 研究发现，当个体在看到他人成功的时候，有时会产生嫉妒的情绪，激活与疼痛有关的神经环路；而个体在看到他人经历不幸的时候，有时会产生幸灾乐祸的情绪，激活与奖励有关的神经环路。

尽管社会认知神经科学在共情方面已取得了一些研究成果，但还有很多问题有待进一步研究。例如，脑成像研究中很难确定被试回想的是自己的疼痛经历还是真正的共情经历，即看到他人疼痛时自己感受到的痛苦是个人的还是共情的痛苦。此外，共情的发展模式，共情是如何学习的，共情如何受文化影响等问题也有待进一步研究。这表明，社会认知神经科学与社会心理学之间是相互影响、相互促进的。

（二）自我的研究

在现实社会中，个体除了理解他人外，还经常把注意的对象指向自己。自我具有和他人不同的独特思想和情感，社会认知神经科学家期望通过脑科学的研究手段揭示理解自我的神经基础。在这个研究领域中，社会认知神经科学对社会心理学的主要贡献，体现在对自我的脑功能定位和自我的神经网络等方面所进行的研究。

1. 自我识别

一般的，大多数婴儿 9 个月的时候能够识别出镜子中的母亲，在两岁左右能够识别镜子中的自己。这类研究大多通过镜像自我识别测验（mirror self-recognition test）来完成的[③]，在被试熟睡之后，用墨水染在被试额头，当被试醒来之后放到镜子前面，如果被试去触摸自己带颜色的额头，则表

① Singer T, Seymour B, O'Doherty J P, Stephan K E, Dolan R J, Frith C D. Empathic neural responses are modulated by the perceived fairness of others. Nature, 2006, 439: 466-469.

② Takahashi H, Kato M, Matsuura M, Mobbs D, Suhara T, Okubo Y. When Your Gain Is My Pain and Your Pain Is My Gain: Neural Correlates of Envy and Schadenfreude. Science, 2009, 323(5916): 937-939.

③ Gallup G G, Jr. Chimpanzees: Self-recognition. Science, 1970, 167: 86-87.

示他通过了测验。

很多研究发现，在各种与自我相关的任务中（如识别自己的照片、提取自传体记忆等）都出现了右半球优势效应，右半球可能在自我识别中起着更为重要的作用，尤其是右外侧前额皮层和右外侧顶叶皮层[1]。自我识别除了对视觉面孔的识别外，同时还包括对自己身体或身体运动的识别。脑成像研究表明，双外侧顶叶皮层，特别是右侧区域参与了检测视觉反馈和本体反馈是否匹配的任务，当两者出现不匹配时外侧顶叶皮层的激活更强[2]。另外，灵魂出窍的体验也和外侧顶叶皮层的激活有关[3]。这些研究结果都一致表明，前额皮层和顶叶皮层与自我识别有关，但都集中在右外侧。由此可以推论，个体自我识别除受环境、社会文化因素影响外，显然还具有特殊的神经生理学基础。

2. 自我意识

尽管动物也可能对自己的经历进行反思，但是，人类对自我经历的反思和表征体现了人类的特殊性。这是人类思维的"花朵"。对当前情形的反思，能够使个体在将来遇到类似的状况时进行更为有效的判断和预测。对自我经历的反思通常会激活内侧前额皮层，它是前额叶的一个部分，人类的这一部位比其他灵长类动物的同一区域要大很多。内侧前额皮层和腹内侧前额皮层的损伤会导致更少的自我意识情绪，当被试进行自我反思的任务时，内侧前额皮层和内侧顶叶皮层（Medial Parietal Cortex，MPAC）会出现激活[4][5]。以上的研究表明前额皮层和顶叶皮层是自我意识的关键脑区，

① Platek S M, Loughead J W, Gur R C, Busch S, Ruparel K, Phend N, Panyavin I S, Langleben D D. Neural substrates for functionally discriminating self-face from personally familiar faces. Human Brain Mapping, 2006, 27: 91-98.

② Shimada S, Hiraki K, Oda I. The parietal role in the sense of self-ownership with temporal discrepancy between visual and proprioceptive feedbacks. Neuroimage, 2005, 24: 1225-1232.

③ Blanke O, Ortigue S, Landis T, Seeck M. Stimulating illusory own-body perceptions: the part of the brain that can induce out-of-body experience has been located. Nature, 2002, 419: 269-270.

④ Beer J S, Heerey E A, Keltner D, Scabini D, Knight R T. The regulatory function of self-conscious emotion: insights from patients with orbitofrontal damage. Journal of Personality and Social Psychology, 2003, 85: 594-604.

⑤ Johnson S C, Schmitz T W, Kawahara-Baccus T N, Rowley H A, Alexander A L, Lee J, Davidson R J. The cerebral response during subjective choice with and without self-reference. Journal of Cognitive Neuroscience, 2005, 17: 1897-1906.

但都集中在内侧。

最近，自我概念吸引了许多研究者的关注，特别是自我参照效应的研究。研究者考察了被试在判断特质词汇、句子是否是描述自己时大脑的激活情况。这些研究中通常还会包含一个控制任务，例如判断特质词汇是否表达了自己某个好朋友的特征、偶然相识的某个人的特征、某个公众人物的特征，或者判断这个特质是否受人欢迎等。不管是应用哪种控制条件，自我参照任务诱发内侧前额皮层的激活更强；甚至在其他类型的自我参照判断任务中这个区域也会出现激活，例如估计自己的情绪状态、能力等①。尽管对自我概念反思方面的研究都比较一致地发现了内侧前额皮层的激活，但是，很少有研究考察内侧前额皮层激活的影响因素。最近，有研究者考察了文化影响自我概念的内部脑机制，而且发现了比较有趣也很有价值的研究结果。例如，我国学者研究发现：中国人和西方人的自我参照效应不同，中国人母亲参照和自我参照无论在记忆成绩上，还是在自我觉知的程度上都非常类似，而且他们还发现自我参照和母亲参照都激活了内侧前额皮层，这个区域没有出现差异，这一结果和西方研究者的结果不同，母亲可能是中国人自我概念的一个组成部分②。这无疑为建立我国本土化的社会心理学理论体系积累了有价值的研究资料。

和自我意识有关的另一重要研究领域是自我意识情绪方面的研究。自我意识情绪是一种对自我逐渐产生认识，并通过自我反思而产生的情绪。包括内疚（guilt）、羞愧（shame）、自豪（pride）、尴尬（embarrassment）等。Shin③首次运用神经科学的技术对自我意识情绪进行了考察，他通过让被试回忆内疚的情绪体验，阅读与自己相关的情绪经历，使用 PET 研究了内疚发生时的脑部神经的变化。Shin 发现，相对于中性条件，内疚情绪状态下边缘系统前部脑血流活动增加。Takahashi 等④利用 fMRI 技术比较了内疚和尴尬的区别，结果发现，内疚和尴尬情绪都激活了内侧前额叶、颞上

---

① Johnson S C，Baxter L C，Wilder L S，Pipe J G，Heiserman J E，Prigatano G P. Neural correlates of self-reflection. Brain，2002，125：1808-1814.

② Zhu Y，Zhang L，Fan J，Han S. Abstract Neural basis of cultural influence on self-representation. Neuroimage，2007，34：1310-1316.

③ Shin L M. Activation of anterior paralimbic structures during guilt-related script-driven imagery. Biological Psychiatry，2000，48：43-50.

④ Takahashi H. Brian activation associated with evaluative processes of guilt and embarrassment：An fMRI study. Neuroimage，2004，23：967-974.

沟和视觉皮层；与内疚相比，尴尬在右颞、双侧海马以及视皮层的激活度更高。在 2007 年，Takahashi 等[1]又利用 fMRI 技术研究了正性自我意识情绪，在他们的研究中，自豪激活了右侧颞上沟后端、左侧颞极。从上述研究中，我们发现大多数研究者都停留在对自我意识情绪的脑定位研究上，很少有研究者从脑神经网络的角度考察自我意识情绪的产生和运作机制，另外，对影响自我意识情绪的关键因素的考察也非常匮乏。

3. 自我调节

自我调节在社会认知科学领域中占据了重要的地位，尽管不同形式的自我调节的神经机制基本类似，都会激活前额皮层、扣带回和杏仁核，但是，在自我调节概念的内涵上，自我调节还是具有不同的类型。例如，目的性自我调节和自动化自我调节。

在社会认知神经科学研究领域，目的性自我调节的早期研究主要集中在额叶执行控制功能上，这些功能包括抑制、计划、问题解决等。许多脑成像研究考察被试在抑制优势反应或冲动时，发现背侧前扣带回和外侧前额皮层两个脑区出现了明显的激活，背侧前扣带回的激活主要是监测当前目的和优势反应之间的冲突，而外侧前额皮层则负责保持工作记忆中的当前目标，完成自上而下的控制性加工[2][3]。重评（reappraisal）为情绪性自我控制的重要策略，包括对负性情绪事件的重新评价，以便于对事件产生新的理解，让它变得不是那么令人厌恶。重评普遍会激活外侧前额皮层和腹外侧前额皮层（Ventral Lateral Pre Frontal Cortex，VLPFC）两个区域，对这些刺激的重新评价都会降低杏仁核的激活[4]。另外，目的性的自我调节还包括压抑（supresssion）、脱离（detachment）、自我分心（self-distraction）

---

[1]　Takahashi H，Matsuura M，Koeda M，Yahata N，Suhara T，Kato M，OkuboY. Brain activations during judgments of positive self-conscious emotion and positive basic emotion：Pride and joy. Cerebral Cortex，2007，18：898-903.

[2]　MacDonald A W，Cohen J D，Stenger V A，Carter C S. Dissociating the role of the dorsolateral prefrontal and anterior cingulate cortex in cognitive control. Science，2000，288：1835-1838.

[3]　Botvinick M M，Cohen J D，Carter C D. Conflict monitoring and anterior cingulate cortex：an update. Trends in Cognitive Science，2004，8：539-546.

[4]　Kalisch R，Wiech K，Critchley H D，Seymour B，O'Doherty J P，Oakley D A，Allen P，Dolan R J. Anxiety reduction through detachment：subjective，physiological，and neural effects. Journal of Cognitive Neuroscience，2005，17：874-883.

等多种策略；这些策略主要集中在负性情绪的调节中。最近，Delgado 等[1]研究了重评策略在积极情绪中的调节机制，研究结果发现，重评过程中左腹外侧和背外侧前额皮层激活增强，腹侧纹状体激活减弱。这些结果表明，不论积极情绪还是消极情绪，目的性自我调节与前额叶皮层、扣带回激活呈正相关，和杏仁核和腹侧纹状体的激活呈负相关，自我调节的神经网络（前额皮层）和情绪网络（杏仁核）之间是相互抑制的关系。

自动化自我调节是个体在没有明确目的的情况下对自我进行调节和控制。研究表明，仅仅通过情绪性标签来标示情绪性的视觉图片就能导致杏仁核的激活减弱，腹外侧前额皮层激活增强，而且前额皮层和杏仁核的激活程度出现了负相关[2]。这个激活模式说明确实存在一种自动化的自我调节，而且和目的性自我调节激活的神经网络相类似。另外，还有一种自动化的自我调节，以期望为基础的安慰剂效应，这种效应是指被试对治疗或药品的有效性深信不疑，从而导致症状的减少，对安慰剂效应的研究主要集中在疼痛刺激方面。安慰剂条件下会激活右腹外侧前额皮层和扣带皮质喙部（rostral Anterior Cingulate Cortex，rACC）。更为有趣的是，这两个区域的激活和吗啡止痛诱发的神经网络相重叠[3]。

总体而言，目的性自我调节和自动化自我调节的脑机制有些类似，如都激活了右腹外侧前额皮层；在左腹外侧前额皮层、前辅助运动区、背内侧前额皮层，目的性自我调节比自动化自我调节激活的频率更高，而在rACC 区域，自动化自我调节比目的性自我调节激活的频率更高[4]。

（三）自我与他人交互作用

人们在社会生活中的大部分时间都处于和他人的交互作用过程中。在这些交互作用中能够帮助众多个体形成一个和谐的社会，每个个体则不断的调整自己来认识和适应他人及社会行为的标准及规则。这里，主要讨论自我与他人交互作用过程中产生的态度、社会排斥、社会决策和亲密关系。在这些研究领域中，社会认知神经科学不仅为双重态度模型提供了脑

---

[1] Delgado M R，Gillis M M，Phelps E A. Regulating the expectation of reward via cognitive strategies. Nature Neuroscience，2008，11：880-881.

[2] Lieberman M D. Social cognitive neuroscience：a review of core of processes. Annual Review of Psychology，2007，58：259-289.

[3] Petrovic P，Kalso E，Petersson K M，Ingvar M. Placebo and opioid analgesia-imaging a shared neuronal network. Science，2002，295：1737-1740.

[4] Lieberman M D，Eisenberger N I. Pains and Pleasures of Social Life. Science，2009，323：890-891.

成像证据，而且提出了自己全新的理论观点："社会排斥引起的社会疼痛可能是生理疼痛进化而来的"；另外，社会认知神经科学对社会决策的研究，也加深了人们对竞争与合作、公平与信任的理解。

1. 态度与态度改变

20 世纪 80 年代，受认知心理学领域中内隐记忆和外显记忆研究的影响，Wilson 等提出了双重态度模型（Model of dual attitudes）。该模型认为，态度可以分为内隐和外显态度系统，内隐态度系统是一个快速、无意识、跨情景的过程；而外显态度系统是一个慢速、有意识的过程，受当时情景和目的的影响[①]。外显态度的研究发现，当被试对某个概念、著名人物、几何图形表达自己的态度时会激活内外侧额、顶神经网络，如内侧前额皮层、内侧顶叶皮层、腹外侧前额皮层和外侧顶叶皮层等区域[②]。积极和消极的态度分别与左外侧和右外侧前额皮层关系密切，态度的强度与杏仁核的活动有关[③]。这些研究结果说明，外显态度可能是一个比较复杂的过程，不仅包括指向自我的意识过程，通常会激活内侧额、顶神经网络；同时还包括指向外部某个对象的意识过程，通常会激活外侧额、顶神经网络。

社会认知神经科学对内隐态度的相关研究主要集中在刻板印象方面，这是社会心理学的传统研究领域。研究者发现，内隐态度和杏仁核的激活有关。Hart 首次应用 fMRI 技术考察了被试对同种族面孔和异种族面孔的反应机制，发现杏仁核只对同种族面孔的反应存在习惯化，从而开启了应用 fMRI 研究刻板印象的先河[④]；之后，Phelps 和 Cunningham 等[⑤]发现，

① Wilson T D, Lindsey S, Schooler T Y. A model of dual attitudes. Psychological Review，2000，107(1)：101-126.

② Cunningham W A, Johnson M K, Gatenby J C, Gore J C, Banaji M R. Neural components of social evaluation. Journal of Personality and Social Psychology，2003，85(4)：639-649.

③ Cunningham W A, Johnson M K, Raye C L, Chris Gatenby J, Gore J C, Banaji M R. Separable neural components in the processing of black and white faces. Psychology Science，2004，15：806-813.

④ Hart A J, Whalen P J, Shin L M, McInerney S C, Fischer H, Rauch S L. Differential response in the human amygdala to racial outgroup vs ingroup face stimuli. Neuroreport，2000，11：2351-2355.

⑤ Phelps E A, O'Connor K J, Cunningham W A, Funayama E S, Gatenby J C, Core J C, Banaji M R. Performance on indirect measures of race evaluation predicts amygdala activation. Journal of Cognitive Neuroscience，2000，12：729-738.

杏仁核可能是内隐态度的关键脑区，而且内隐刻板印象和外显态度之间出现了分离：美国白人的杏仁核对美国黑人的反应强度与他们的内隐种族态度呈正相关，但是和外显态度相关不显著；当靶子人的面孔是美国黑人时，杏仁核在阈下呈现比阈上呈现激活更强。随着研究的深入，研究者发现内隐态度受文化背景的影响，如美国黑人被试的杏仁核对本族人面孔比对美国白人面孔反应更强，这一结果和以前的研究结论比较一致，即美国黑人对本族人具有负性的内隐态度和正性的外显态度，出现这一结果可能是美国黑人受美国文化影响导致的[①]。除了杏仁核之外，腹内侧前额皮层也和内隐态度有关，如腹内侧前额皮层的激活和政治态度的自动化加工有关，这一区域受损的病人没有内隐性别偏差[②]。当被试没有意识到所喝的饮料是百事可乐还是可口可乐时，腹内侧前额皮层的激活和他们的偏好行为有关，可是当被试知道他们所饮用的饮料牌子时，行为偏好和控制性加工的区域有关，如背外层前额叶皮层（Dorsal Lateral Pre Frontal Cortex，DLPFC）和内侧颞叶（Medial Temporal Lobe，MTL）[③]。所有这些结果都表明，和外显态度不同，内隐态度的神经网络包含杏仁核和腹内侧前额皮层两个区域。这为 Wilson 等的双重态度模型提供了有力的实验证据。

为了更细致地揭示人类控制偏见反应的内部机制，许多脑成像的研究者把目的性自我调节和种族态度结合到一起。当个体的负性态度占优势，而且将要被揭示出来时，背侧前扣带回会出现激活；而外侧前额皮层主要参与执行控制加工，减少杏仁核的激活。研究结果表明，当人们调节自己的态度表达时，右外侧前额皮层激活增强，而且右外侧前额皮层的激活程度和杏仁核的激活程度是相互抑制的[④]。当应用 fMRI 技术考察态度的自

---

① Cunningham W A，Johnson M K，Raye C L，Chris Gatenby J，Gore J C，Banaji M R. Separable neural components in the processing of black and white faces. Psychology Science，2004，15：806-813.

② Knutson K M，Wood J N，Spampinato M V，Grafman J. Politics on the brain：an fMRI investigation. Social Neuroscience，2006，1：25-40.

③ McClure S M，Li J，Tomlin D，Cypert K S，Montague L M，Montague P R. Neural correlates of behavioral preference for culturally familiar drinks. Neuron，2004，44：379-387.

④ Richeson J A，Baird A A，Gordon H L，Heatherton T F，Wyland C L，Trawalter S，Shelton J N. An fMRI investigation of the impact of interracial contact on executive function. Nature Neuroscience，2003，6：1323-1328.

动化自我调节，即没有明确的告诉被试要改变态度，发现仅根据非洲裔美国人的饮食偏好(不考虑他们的种族身份)对他们进行分类，就足以导致杏仁核激活强度降低，这一研究结果表明，被试当前的任务会影响杏仁核的激活①。Lieberman 等完成的一项研究发现，当被试对靶子刺激进行言语性加工而不是知觉性加工时，会减少杏仁核对种族偏见反应的敏感性，增加右腹外侧前额皮层的激活②。由此人们推测，右外侧前额皮层激活的增强和杏仁核激活的减弱可能是态度改变的脑机制。

2. 社会排斥与社会决策

婴幼儿哭声能够诱发父母背侧前扣带回的激活，失去亲人的个体看到亲人的照片时，这一区域的激活比控制组更强；更重要的是由社会排斥导致的痛苦程度和这一区域的激活呈线性正相关，而右腹外侧前额皮层的激活会减弱背侧前扣带回的激活，降低自我报告的痛苦程度③④。所有这些研究表明，背侧前扣带回和被试的社会性痛苦有关。更为有趣的是，研究者发现这一区域除了在社会疼痛中出现激活，在生理疼痛中也是一个关键脑区，而且有研究者发现两类疼痛之间可能存在相互作用，如社会支持会减少对疼痛的敏感性，感受到的社会排斥会提高对生理疼痛的敏感性。这些结果都表明，生理疼痛和社会疼痛可能是由相同的神经结构负责的。因此，有研究者认为社会疼痛可能是从生理疼痛进化而来的，即婴幼儿在照顾者离开时所觉察到的痛苦和生理疼痛类似，这一机制有利于物种的繁衍⑤。

竞争与合作、公平与信任是神经经济学的主要研究内容，同时也是研究社会决策的主要手段。神经经济学是一个新的研究领域，它把行为经济学和认知神经科学联系起来。研究范式主要包括：最后通牒博弈、囚徒困

---

① Wheeler M E，Fiske S T. Controlling racial prejudice：social-cognitive goals affect amygdale and stereotype activation. Psychology Science，2005，16：56-63.

② Lieberman M D. Social cognitive neuroscience：a review of core of processes. Annual Review of Psychology，2007，58：259-289.

③ Gundel H，O'Connor M F，Littrell L，Fort C，Lane R D. Functional neuroanatomy of grief：an fMRI study. The American Journal of Psychiatry，2003，160：1946-1953.

④ Eisenberger N I，Jarcho J M，Lieberman M D，Naliboff B D. An experimental study of shared sensitivity to physical pain and social rejection. Pain，2006，126(1−3)：132-138.

⑤ Idem.

境博弈、信任博弈等，这也是社会心理学的传统研究领域。研究者应用最后通牒博弈的研究范式考察了不公平、不信任情况下个体的脑激活情况，发现不公平的分配结果会激活与认知控制和目标维持相关的背外侧前额皮层和与情绪相关的前脑岛，以及负责冲突解决的前扣带回。据此，研究者认为前脑岛和背外侧前额皮层激活的相对强度，能够预测被试是否会拒绝不公平的分配方案①。该研究表明，不公平分配引发了追求利益与不愉快情绪之间的冲突，不公平分配在某些被试中引起强烈的不愉快情绪，因而遭到这些被试的拒绝。而合作、信任、公平会激活杏仁核、腹侧纹状体和腹内侧前额皮层等奖励相关的脑区。合作行为的另一种表现形式是惩罚那些不合作的人，人们会对那些背叛了自己的他人的行为进行惩罚，这种惩罚也会激活奖励相关的脑区（纹状体等）②。可见，从社会认知神经科学的角度对社会排斥和社会决策的研究，不仅能够验证不同心理现象（如社会疼痛和生理疼痛）是否具有共同的内部脑机制，同时还可以考察人际互动的内部生理机制。

3. 亲密关系与依恋关系

在现实社会中，亲人间的依恋关系、朋友和爱人间的亲密关系是沟通和交流的基础。社会认知神经科学家对亲密关系（恋人、知己、父子、母子等）的脑机制进行了研究，结果发现，边缘系统（如杏仁核、脑岛、纹状体和前扣带回等）可能是亲密关系的神经基础。例如，当被试听到儿童的哭声时会激活背侧前扣带回③，看到自己孩子的图片会激活杏仁核、背侧

① Sanfey A G，Rilling J K，Aronson J A，Nystrom L E，Cohen J D. The neural basis of economic decision-making in the Ultimatum Game. Science，2003，300：1755-1758.

② Singer T，Seymour B，O'Doherty J P，Stephan K E，Dolan R J，Frith C D. Empathic neural responses are modulated by the perceived fairness of others. Nature，2006，439：466-469.

③ Seifritz E，Esposito F，Neuhoff J G，Luthi A，Mustovic H，et al. Differential sex independent amygdala response to infant crying and laughing in parents versus non-parents. Biological Psychiatry，2003，54：1367-1375.

前扣带回、前脑岛和外侧前额皮层等区域[1][2]。最近的一项研究发现，母亲观看自己孩子图片时腹侧纹状体会出现激活[3]。Minagawa-Kawai 等[4]发现婴儿看到母亲的笑脸时腹侧前额皮层激活增强。

除了母婴之间的关系研究外，成人间的依恋关系也有研究者开始关注。例如，观察恋人间亲密关系的图片会激活背侧纹状体[5]，甚至阈下呈现爱人的名字也会激活腹侧纹状体[6]。还有研究者发现，不同依恋类型的个体(如安全型、回避型和焦虑型)会调节大脑对社会性信息的加工。例如，Vrtička等[7]设计了一种任务：在一个游戏背景中通过面部表情来对被试在任务中的表现给予反馈。他们发现笑脸的正反馈会增强纹状体的激活，但是，回避型依恋关系的个体增强效应最小；而生气面孔的负反馈会诱发左侧杏仁核的激活，而且它的激活强度与焦虑型依恋呈正相关。可见，杏仁核和纹状体可能是依恋关系中关键的脑结构。亲密关系有时会由于某些客观的原因而中止(例如，亲人的去世，朋友或者恋人关系的结束等)，结果都会导致个体的悲伤情绪反应，通常会激活背侧前扣带回和前

---

① Leibenluft E, Gobbini M I, Harrison T, Haxby J V. Mothers' neural activation in response to pictures of their children and other children. Biological Psychiatry, 2004, 56：225-232.

② Minagawa-Kawai Y, Matsuoka S, Dan I, Naoi N, Nakamura K, Kojima S. Prefrontal activation associated with social attachment：Facial-emotion recognition in mothers and infants. Cerebral Cortex, 2009, 19(2)：284-292.

③ Strathearn L, Li J, Fonagy P, Montague P R. What's in a smile? Maternal brain responses to infant facial cues. Pediatrices, 2008, 122：40-51.

④ Minagawa-Kawai Y, Matsuoka S, Dan I, Naoi N, Nakamura K, Kojima S. Prefrontal activation associated with social attachment：Facial-emotion recognition in mothers and infants. Cerebral Cortex, 2009, 19(2)：284-292.

⑤ Aron A, Fisher H, Mashek D J, Strong G, Li H, Brown L L. Reward, motivation, and emotion systems associated with early-stage intense romantic love. Journal of Neurophysiology, 2005, 94：327-337.

⑥ Ortigue S, Bianchi-Demicheli F, Hamilton A F C, Grafton S T. The neural basis of love as a subliminal prime：An event-related functional magnetic resonance imaging study. Journal of Cognitive Neuroscience, 2007, 19：1218-1230.

⑦ Vrtička P, Andersson F, Grandjean D, Sander D, Vuilleumier P. Individual attachment style modulates human amygdala and striatum activation during social appraisal. PLOS One, 2008, 3(8)：1-11.

脑岛①，他们还发现，腹侧纹状体的活动水平也会降低。

总体而言，腹侧纹状体的活动模式和脑岛、扣带回和杏仁核等区域的活动似乎是相反的，它们之间的协调活动可能是亲密关系的形成、发展和终止的内部机制。但是，对于亲密关系的脑神经网络活动模式的研究成果还不是很多，对这一领域的进一步研究，可以为我们理解亲密关系提供更多的实验数据支持。

三、存在的问题、发展特点与发展趋势

很显然，社会认知神经科学作为一门孕育中的交叉学科，可视为社会心理学与认知神经科学相结合的产物。近年来，相关的研究报告和研究者的数量急剧增加，而且，在某些方面取得了突破性进展。其中，有些研究提供了新的发现，有些研究产生了原创性的思想，有些研究对社会科学的传统概念和理论提出了挑战。但是，研究中的大多数问题仍然围绕社会心理学的传统领域展开，研究方法主要借鉴脑成像的研究技术，对社会心理现象在认知、神经和社会三个层面展开整合性研究。在一定程度上可以说，社会认知神经科学是对社会心理学研究的补充和证实，它成长于社会心理学的怀抱，孕育于社会心理学的母腹中。目前，把它作为社会心理学的分支学科尚不委屈。

(一)存在的问题

社会认知神经科学在形成与发展过程中，出现了一系列难以克服的问题，不仅包括研究方法方面的问题，还包括其孕育过程中本身存在的一些难题。首先，脑成像技术，尤其是 fMRI 技术很难应用到面对面的人际交互作用过程中。当被试的大脑被扫描的时候，被试躺在一张很窄的床上，这张床还要被推进一个长而狭窄的通道中，这个狭窄的通道不允许多个被试同时扫描，这使得研究结果的普适性和可推广性成为一大难题，影响研究结果的信度和效度。当然，可能在将来会出现能同时扫描多人的 fMRI 仪器。其次，被试头部活动会严重破坏 fMRI 的成像质量。脑成像技术因为其成像程序的某些特点，需要被试在扫描过程中头部要保持静止，但是，让被试保持头部完全静止几乎是不可能的。因此，当对被试进行成像时，被试的身体动作、言语活动都会受到控制，这对社会心理现象的研究

---

① O'Connor M F，Wellisch D K，Stanton A L，Eisenberger N I，Irwin M R，Lieberman M D. Craving love? Enduring grief activates brain's reward center. NeuroImage，2008，42：969-972.

来说是一个很大的限制。最后，fMRI技术获得的数据信噪比比较低。为了得到稳定、清晰的数据，必须获得多张图像，对图像进行平均、叠加来增大信噪比，这就意味着被试必须重复多次完成同一类型的任务。但是，在大多数的社会心理学研究中，被试通常对一个任务只能完成一次。如果被试重复完成一类任务，大多数任务会失去它们的心理学意义。由于这些研究方法、技术手段方面的问题，相当部分的社会心理学问题仍难以应用脑成像技术进行研究，例如人际互动方面的课题。

另外，社会认知神经科学在发展过程中也存在一些问题。虽然其研究领域非常广泛，但是各个部分不够系统，比较零散，还处在一个向平面扩展的阶段，虽然有些研究已经开始向纵深发展，但是，目前还没有达到完全成熟的阶段，还有很大的发展空间有待丰富和充实。

（二）发展特点与发展趋势

社会认知神经科学作为孕育中的交叉学科，它不是社会心理学、认知心理学、认知神经科学等学科的简单相加，也不仅仅是应用认知神经科学的研究手段，研究传统的社会心理现象；而是通过跨学科的整合，在更高的层次上构建社会心理学理论，分析社会心理现象，从而实现社会心理学与社会认知神经科学的整合与统一。基于这个目标，结合以往的研究成果，我们认为，从社会认知神经科学角度研究社会心理现象的研究思路，未来的发展可能会从以下五个方面展开。

第一，分离性研究的思路。有时，两个心理过程的经历非常类似，产生了相似的行为结果；但是，事实上它们依赖于不同的内部神经机制。例如，个体记忆的效果会受记忆目的的影响。如果记忆目的是对材料中的靶子形成印象，相比于记忆目的是为了后期的测验而记忆这些材料，记忆效果会更好。当时，比较流行的观点是"形成印象"的社会性编码对材料的加工程度更深，因而记忆效果更好。但是，这是否意味着信息的社会性、非社会性编码、提取都应用了相同的机制。对此，尽管目前没有一致的结论，但是最近的fMRI研究发现，参与社会性编码和非社会性编码的脑机制是分离的，非社会性编码和左腹外侧前额皮层、内侧颞叶的激活有关；而社会性编码和背内侧前额叶皮层的活动有关[①]。这一结果说明，这两类加工表面看起来比较类似，很难通过行为研究的方法加以区分，但是可以

---

① Mitchell J P, Banaji M R, Macrae C N. The link between social cognition and self referential thought in the medial prefrontal cortex. Journal of Cognitive Neuroscience，2005，17：1306-1315.

用 fMRI 技术清晰地呈现出两种加工之间的差别。

第二，整合性研究的思路。有时，两个心理过程或经历表面看起来差异很大，研究者通常会认为它们可能依赖于不同的神经机制，但是事实上它们依赖于同一个加工机制。例如，由社会排斥导致的社会疼痛（例如，"他伤害了我的感情"，"她让我的心都碎了"）和生理疼痛（例如，"我的腿受伤了"，"他折断了我的胳膊"）激活了类似的脑神经网络。生理疼痛是真正的疼痛，因为个体受到了物理上的伤害；而社会疼痛似乎是一种想象中的疼痛，只发生在人们的大脑内部。尽管如此，它们两者似乎依赖于相似的脑机制。研究者认为，这种脑区的重叠可能是因为婴幼儿为了生存而保持和照顾者之间的联系，针对社会性排斥的"疼痛"反应是保持这种联系的情绪性机制。① 另外，个体 A 在看到个体 B 经历生理疼痛时，经常会说："我能感觉到你的痛苦"，尤其是 A 和 B 是一种亲密关系的时候（亲人、恋人等），但是个体 A 是否真的在经历和个体 B 类似的痛苦呢？Singer 等② 研究发现，个体 A 所经历的不仅是一个抽象的概念，确实会经历与个体 B 类似的痛苦，因为他们发现个体 A 生理疼痛和看到个体 B 生理疼痛所激活的脑区非常类似。这一结果为共情的研究提供了新的研究思路。Lieber-man 和 Eisenberger③ 总结以往的研究成果，发现人类大脑中可能存在疼痛和奖赏两个神经网络，生理疼痛、社会排斥、痛失亲人、不公正的对待和负性的社会比较都会激活疼痛神经网络（背侧前扣带回、脑岛、躯体感觉皮层、丘脑和导水管周围灰质），而生理奖赏、好名誉、公平的对待、合作、捐赠和幸灾乐祸都会激活奖赏神经网络（腹侧背盖区、腹侧纹状体、腹内侧前额皮层和杏仁核）。尽管目前大多数研究结果都发现生理疼痛与心理疼痛、生理奖励与心理奖励分别激活类似的脑神经网络。但是我们不能排除另一种可能："生理疼痛和心理疼痛脑区确实存在差异，目前脑成像技术的空间分辨率还不能检测到这种差异。"考察不同社会心理现象共同

---

① Eisenberger N I，Jarcho J M，Lieberman M D，Naliboff B D. An experimental study of shared sensitivity to physical pain and social rejection. Pain，2006，126(1－3)：132-138.

② Singer T，Seymour B，O'Doherty J，Kaube H，Dolan R J，Frith C D. Empathy for pain involves the affective but not sensory components of pain. Science，2004，303：1157-1162.

③ Lieberman M D，Eisenberger N I. Pains and Pleasures of Social Life. Science，2009，323：890-891.

的脑机制，也是当前社会认知神经科学一个重要的研究思路。

第三，自动化加工和控制性加工的研究思路。自从 Greenwald 在 1998年提出内隐联想测验，并把它应用到内隐态度的研究中之后，内隐联想测验成为社会认知领域不可或缺的研究工具。随着内隐、外显态度研究的深入，在社会心理学领域中的双加工模型几乎渗透到了社会心理学的每一个研究领域（归因、自我和共情等），尤其是在社会认知研究领域。控制性加工是一种有意识、有目的的慢速加工过程，而自动化加工则是一种快速、无意识、不受目的影响的加工。控制性加工主要激活大脑的背侧区域，如外侧前额皮层、外侧顶叶皮层、内侧前额皮层，内侧顶叶皮层和内侧颞叶等；而自动化加工主要激活大脑的腹侧区域，如杏仁核、腹内侧前额皮层、外侧颞叶皮层等。背侧前扣带回可能是自动化加工与控制性加工的交汇之地，是调节两个系统的中介。研究者发现，背侧前扣带回在冲突发生时会出现激活，之后它会触发其他的控制性加工，从而解决冲突①②。自动化加工和控制性加工虽然在脑机制上存在分离，但是，对于社会性信息的两种加工模式之间的区别，是同一个加工过程的两个极端（熟练、非熟练）还是两个完全不同的加工过程，还没有定论。尽管这方面的研究结果还不够细致，但是，自动化加工和控制性加工的分离，已经成为社会认知研究过程中的主要研究范式，这种分离也可以作为社会认知神经科学和社会心理学整合的一个主要研究思路。

第四，内部指向加工和外部指向加工的研究思路。在社会心理学领域中，有些研究任务要求被试把注意指向自己或他人的内部心理世界，例如共情、自我反思等；而有些研究任务要求被试把注意力集中到外部社会世界，如视觉自我识别任务、归因等。外部指向的加工和外侧额－颞－顶叶神经网络有关，而内部指向的加工和内侧额－顶神经网络有关。在自我研究过程中，自我识别主要激活外侧额－顶神经网络，而自我意识主要激活内侧额－顶神经网络。自我识别是外部指向的加工，而自我意识是一种内

---

① MacDonald A W，Cohen J D，Stenger V A，Carter C S. Dissociating the role of the dorsolateral prefrontal and anterior cingulate cortex in cognitive control. Science，2000，288：1835-1838.

② Botvinick M M，Cohen J D，Carter C D. Conflict monitoring and anterior cingulate cortex：an update. Trends in Cognitive Science，2004，8：539-546.

部指向的加工①②。有研究者认为，内部指向和外部指向的加工分离是社会认知神经科学研究的新思路③。

第五，脑功能定位和脑神经网络的研究思路。到目前为止，社会认知神经科学虽然形成了独特的研究方法和研究方向，但还是孕育中的一个新兴学科，大多数初期研究成果主要集中在社会心理现象的脑功能定位方面，如对面孔、表情的研究。随着研究的深入，研究者达成了共识，即仅仅通过研究简单的脑功能定位问题，很难解释复杂的社会心理现象，必须考察各功能区域之间的功能连接和整合问题。我们可以通过心理生理交互作用（Psycho-Physiological Interaction，PPI）、结构方程模型（Structural Equation Modeling，SEM）、动态因果模型（Dynamic Causal Modeling，DCM）、弥散张量成像（Diffusion Tensor Imaging，DTI）等方法，深入考察脑功能活动的整体、全面的动态信息。例如，有研究者④通过功能连接的方法发现，虽然自我疼痛和看到他人疼痛激活的脑区比较类似，但是脑区之间的功能连接却存在差异。脑岛与中脑、导水管周围灰质（periaqueductal gray）之间的连接强度，在自我疼痛时大于看到他人疼痛时；而前脑岛与前扣带回到背内侧前额皮侧的连接强度，在看到他人疼痛时比自己疼痛时更强。这一结果表明，自己疼痛和看到他人疼痛的脑机制在网络水平存在差异。脑神经网络方面的研究可能是今后社会认知神经科学和社会心理学整合研究的一个重要发展方向。

四、我们的建议

前面我们从社会认知神经科学对社会心理学的贡献和挑战的角度出

---

① Johnson S C，Schmitz T W，Kawahara-Baccus T N，Rowley H A，Alexander A L，Lee J，Davidson R J. The cerebral response during subjective choice with and without self-reference. Journal of Cognitive Neuroscience，2005，17：1897-1906.

② Platek S M，Loughead J W，Gur R C，Busch S，Ruparel K，Phend N，Panyavin I S，Langleben D D. Neural substrates for functionally discriminating self-face from personally familiar faces. Human Brain Mapping，2006，27：91-98.

③ Lieberman M D. Social cognitive neuroscience：A review of core of processes. Annual Review of Psychology，2007，58：259-289.

④ Zaki J，Ochsner K N，Hanelin H，Wager T D，Mackey S. Different circuits for different pain：Patterns of functional connectivity reveal distinct networks for processing pain in self and others. Social Neuroscience，2007，2：276-291.

发，从历史发展、研究内容、发展特点与发展趋势等方面对社会认知神经科学进行了阐述。正如 20 世纪 70 年代认知心理学对社会心理学的影响，产生了新的研究领域——社会认知一样；21 世纪初社会认知神经科学对社会心理学的影响，也产生了一个全新的交叉领域——社会认知神经科学。社会认知神经科学是否会像社会认知的发展一样，席卷整个社会心理学领域，我们还不能过早下结论。通过对社会心理学和社会认知神经科学的分析和比较，我们发现，到目前为止，社会认知神经科学的研究内容主要集中在社会心理学的传统、经典问题，还没有一个属于自己的独特研究领域。

　　社会认知神经科学是否能够回答社会心理学中的所有问题？答案是否定的。社会心理学中的很多问题很难走进封闭的、噪声巨大的扫描室；即便是目前很多已经被社会认知神经科学家广泛研究的课题，也没有得到圆满的答案。那么，我们是否应该放弃脑成像的研究，回到自我报告研究和行为反应研究中去呢？答案也是否定的。我们认为，应该理性的、科学的对待新出现的脑成像技术，脑成像的研究方法虽然受到很多限制，但是这种方法无疑给社会心理学家研究社会心理现象提供了一种全新的思路和工具。合理地应用脑成像的方法，不仅能够很好的弥补行为实验和自我报告的缺陷，同时还能够印证行为数据。我们应该看到，社会认知神经科学正处在起步阶段，大多数研究属于神经机制定位方面的研究，主要探索各种社会心理现象的对应脑机制，这似乎没有为社会心理学理论的发展提供更多的证据。但是，随着研究深入，脑定位研究资料的积累，这种方法的优势会越来越明显，例如，对传统理论的验证是一个非常重要的部分，同时也将为社会心理学理论的构建提供一个全新的思路——社会心理现象的脑模型。

（俞国良　刘聪慧）

社会心理学与政治研究进展

——社会心理学在政治领域的研究热点和发展趋势

现实生活中总有许多政治行为令人费解。政治领导人的决策风格为何如此迥异？少数民族怎样才能实现政治认同？充当自杀性"人体炸弹"的恐怖分子人格是否与众不同？投票地点或者领导人形象的改变会不会影响选民的投票意向？等等。对这些问题的回答都涉及一个正蓬勃兴起的研究领域——政治心理学(Political Psychology)。

社会心理学知识、理论和方法在政治领域的应用，成就了政治心理学的产生和发展。作为社会心理学的应用分支学科，政治心理学是一个近年来在西方盛行不衰，并日益引起广泛关注的政治学与心理学的交叉领域[①]。它将社会心理学的理论与方法运用于政治学研究，动态地考察心理现象和政治现象、政治主体和政治客体的双向作用，注重政治个体的心理和政治行为。它一方面研究心理活动在政治活动中的地位、作用和表现形式，揭示政治活动中的心理规律，如个人的性格、兴趣、价值观、态度、知觉、情绪等对政治行为的影响；另一方面研究政治活动对心理活动的影响规律，如政治系统、政治事件等对人的心理活动的影响[②]。政治心理学包括心理过程对政治行为的影响，以及周围政治系统与事件所产生的心理上的结果两个方面，它克服了传统政治学只研究政治客体，忽视政治主体的弊病，把重点放在个人的政治角色上，研究人的政治行为的心理成分。作为政治学与心理学的新兴边缘学科，政治心理学既与社会心理学关系密切，也与政治学不可分割。更重要的是，它在方法上摒弃了历史的、描述的、思辨的方法，采用了科学的实证的研究方法，使其研究具有较强的客观性和科学性。

一、政治心理学的发展历史及启示

与其他社会心理学的应用学科一样，政治心理学的形成并非一朝一夕

---

① 鲁文·阿迪拉著．张航，褚宇明译．心理学的未来——世界上最著名的一些心理学家对各自领域的未来的看法．北京：商务印书馆，2008.

② 张平．国外政治心理学研究的现状与展望．心理科学，2004，27(6)：1467-1469.

之功，而是经历了萌芽、逐步独立、正式形成等几个发展阶段。

政治心理学是从哲学的母体中孕育、萌生的。政治心理学思想的渊源最早可追溯到古希腊哲学家柏拉图和亚里士多德的著述。随后，意大利政治学家马基雅弗利在《君主论》里，探讨了那些试图统治别人的人的个性与动机的形成，分析了统治者的性格要求以及不同政体、不同对象的统治艺术和统治风格，讨论了导致统治者失败的若干心理原因。此外，卢梭、霍布斯、孟德斯鸠、黑格尔等对政治心理现象的论述中，都不时闪烁着政治心理学思想的火花，为其后的政治心理学研究提供了大量富有启发性的观点。这个时期的研究多以思辨为主，且源于日常生活观察和理论推衍，因而研究结论缺乏系统性和科学性。

政治心理学的逐步成长是在19世纪后半期至20世纪20年代。这个时期的代表性研究是群众心理研究、弗洛伊德的精神分析理论和沃拉斯（Wallas）对政治心理学的奠基性研究。群众心理研究的代表人物，法国社会心理学的早期代表人物勒庞（Le bon）对匿名性、心理感染以及群众暗示感受性的研究，促进了政治心理学的发展，但他把群众一律等同于"乌合之众"有其片面性。弗洛伊德是精神分析心理学的创始人，他挖掘了人类精神的另一面——潜意识领域，开辟了对人类心理认识的新天地，也为认识个体和群体的政治行为提供了新视角，但其理论因为无法证伪始终受到人们的质疑。1908年，英国政治学家和社会学家沃拉斯在其著作《政治中的人性》一书序言中，呼吁研究政治中的人性和人格问题，并在书中探讨了政治活动中的刺激与本能、理性的决策与选择等问题，重点研究了社会生活和政治生活中的非理性因素，成为政治心理学发展史上最有影响的著作之一。总之，这个时期的政治心理学把社会心理现象作为独立的研究领域，搜集并描述了大量有关暗示、模仿、习惯、刺激、反应以及民族性等实际材料，产生了各种解释政治心理的理论，完善了观察、实验等研究方法，并引入了统计分析的方法，为科学政治心理学的诞生创造了条件。

20世纪30年代，社会发展迫切需要一门新的学科来研究个人和社会心理与政治行为之间日益增强的因果关系，正是在这样的情况下，科学的政治心理学研究才逐步展开。30年代至50年代，政治心理学的研究主要包括拉斯韦尔（Lasswell）的研究、心理分析、学习理论、行为主义、态度研究、需求层次理论等。1925年，美国芝加哥大学政治学家梅里安（Merriam）在其著作《政治学的新特征》中第一次明确提出在政治学研究中运用心理学和社会学知识，随后他的学生拉斯韦尔发展了他的思想，强调心理过程对政治过程的影响。1930年,拉斯韦尔出版著作《心理学与政治学》,该书几乎涉及了政治心理学家感兴趣的每一课题,影响了很多社会科学家对政治心理学领域观点的形成。1936年,美国政治心理学家布朗发表著作《心理学和社会秩序》,被看成是政治心理学史上具有里程碑意义的著作。50年代,政治心理学研究开始发生转向,对第二次世界大战的深刻思考使心理学家们努力探讨法西斯主义在德国形成的原因和法西斯主义的心理基础,形成了权威人格的研究。1950年,阿尔多诺与人合作出版了著作《权威主义人格》,他们认为,在人的人格成分中,同时存在着一个惩罚性的超我和一个软弱的自我,并且采用临床研究和态度研究的方法,对数以百计的普通被试设计、验证、测验了反犹太主义、种族优越感、政治-经济上的保守主义和专制主义的量表,即有名的法西斯量表,也称F量表。该量表认为,一个人如果达到一定的分值,就更容易接受法西斯意识形态的宣传。阿尔多诺等的这种极端观点受到了广泛批评。60年代,政治心理学研究又出现了新特点,研究者日益重视对心理的政治研究,即不同的心理结构对政治行为的影响。研究内容主要包括:政治效能感与政治参与、习得动机的研究、政治领导研究、政治社会化研究等。研究者坎贝尔和他的同事们设计了一个量表,用来测定个人对参政功能的态度,从五个方面检验人们对政治功能的看法,从而判断人们对政治活动的积极程度。60年代美国学者罗特关于个人控制的研究,以及由于国际局势变化,对越战争的疲惫,对集团间冲突和战争的心理根源的研究等。60年代后期,海曼提出的"政治社会化"问题的研究也取得了很大进展。

20世纪70年代,政治心理学的发展进入成熟时期。在一个相当长时期内,很少有人意识到政治心理学是一门新学科。但发生于70年代的三件大事意味着政治心理学不仅成为一门新学科,而且业已成熟。其一,一些政治心理学专著相继问世。这些书籍对政治心理学的历史及地位、研究内容和研究方法等进行系统的阐述,促进了政治心理学向科学化、系统化的方向迈进。其中,最有代表性的是美国政治学学者孔特桑(Knutson)主编的《政治心理学手册》出版发行,书中运用了社会心理学经常使用的实验、模拟等方法。其二,在一些大学的政治学系实施了培养政治心理学研究方向的硕士、博士计划。如耶鲁大学、威斯康星大学等高校,政治心理学是学生的必修课。其三,1978年1月,国际政治心理学学会(ISPP)在美国成立。学会的创始人有拉斯韦尔、孔特桑等。与此同时,在1979年和1981年分别有两个学会刊物创刊,即《政治心理学》(1979年)和《微观政治学》

（1981 年），这两本刊物在传播、推广、促进政治心理学的研究方面发挥了重要作用。这个时期政治心理学的研究特点是：开始运用实验方法研究个体与群体的心理和政治行为；用数量分析补充对政治心理、政治行为的质性分析；从对政治心理现象的描述转向揭示其产生和发展的规律性，并力图在政治实践中对这些规律加以运用①。

纵览政治心理学的发展史，我们可以发现，政治心理学的产生并非偶然，而是有着深刻的社会和历史背景。政治学科本身不断发展和完善的内在逻辑，20 世纪社会现实的客观需要，以及自然科学和社会科学理论和方法的新进展等因素的综合作用，促进了政治心理学的形成与发展。

首先，政治心理学是政治学理论发展的逻辑必然。在政治学的各分支中，政治心理学是唯一不把国家当成自己的研究前提，也不假设政治行为是理性导向的学科。如政治学家一般研究什么可增加权力，而政治心理学家则研究什么是权力，他们把权力当成一种需要，是人格特质，或者把权力看作人们争取主体地位，解决认同危机的过程。政治心理学能够解释政治行为的许多微观层面，尤其是涉及作为政治主体的个人的层面。社会心理学的理论（如政治活动中的人格、思维过程、情绪和动机）帮助解释和预测发生在不同状况下的政治事件，为我们理解政治行为打下独特而必要的基础，它使我们能够以不同的视角、可实证的方法、更加微观的机制去理解政治行为，从而回答政治学本身无法回答的问题，这也是政治学不断发展与自我完善的必然要求。

其次，社会现实的客观需要是政治心理学学科发展的巨大动力。"社会一旦有技术上的需要，则这种需要就会比十所大学更能把科学推向前进。"②政治心理学的真正诞生，是在第一次世界大战前夕和第二次世界大战的数十年间。第二次世界大战后，西方国家政局动荡，群众运动风起云涌，给传统政治学提出了前所未有的挑战。政治学只重政治客体不重政治主体的特点，使它远离如火如荼的政治生活，不能回答更多的问题。可以说，社会心理学受到政治学家的青睐，主要是因为纳粹的兴起与第二次世界大战的爆发③。例如，由于 20 世纪 30 年代法西斯在欧洲迅速崛起，人

---

① 刘松阳，刘锋. 政治心理学. 郑州：河南人民出版社，1991.

② 马克思. 马克思恩格斯选集. 4 卷. 北京：人民出版社，1972.

③ Lasswell H D. Psychopathology and Politics. Chicago：University of Chicago Press，1977.

们开始研究社会群体的权威人格，关注家庭育儿模式。社会的巨大需求推动着政治心理学逐渐成长为一门独立的学科。

最后，自然科学的发展和新的哲学方法论倾向为政治心理学的独立创造了条件。20世纪信息论、系统论、控制论、人工智能、博弈论、概率论、统计学等一批新学科迅速发展起来，并取得了相当大的成就。心理学和社会心理学也相继独立，方法不断完善，由思辨、描述转到实验，理论不断丰富。许多哲学家，如尼采、叔本华、萨特、弗洛伊德都探讨了情感、意志、无意识等非理性领域及其对人的行为的影响。从实证主义到逻辑实证主义代表了哲学领域的经验主义倾向，他们强调科学命题的可证实性。所有这些理论、方法和哲学倾向，都为政治心理学的形成与发展创造了良好的条件。

二、近年来政治心理学关注的研究热点

近年来，社会心理学在政治领域即政治心理学关注的热点问题包括：人格与政治的研究；认知、社会认同、情绪和态度的研究；群体政治心理的研究；政治领导人的研究；投票、媒体的作用和容忍度的研究；种族和民族的研究；政治极端主义者的研究等。

(一)人格与政治的研究

人格与政治是政治心理学领域的一对核心概念。人格并不总是在政治中扮演重要角色，Greenstein 认为，只有当个人拥有的权力资源是因为他们在政治系统中所处的位置，而且情况允许他们发挥这种力量影响政策过程时，这些政治人物的优缺点、个性特征以及经历等才会对政策产生影响①。研究人格与政治最重要的理论和方法有：心理动力理论、特质理论和动机理论。目前的研究主要集中在：权威人格研究(authoritarian personality)、特质研究(trait-based studies)和操作密码研究(operational code)。

权威人格研究兴起于第二次世界大战即将结束之时。在对权威人格的研究中，常使用包括问卷(包含事实问题、观点、态度量表和开放性问题)和临床测量(访谈和 TAT)等各种方法。阿尔多诺在其著名的权威人格研究中使用的是经验研究，他的研究一直以来批评声不断。Martin 认为，阿尔

---

① Greenstein F I. Personality and politics：Problems of evidence，inference，and conceptualization. Chicago：Markham，1969.

多诺的研究在理论架构上存在着根本缺陷，因为那些高权威人格者被假定为存在精神综合征，而低权威人格者却没有①。他认为阿尔多诺的研究至少存在两点问题：一是高权威人格者和低权威人格者之间的差异应被看作是一个连续体而非两个极端；二是阿尔多诺的研究倾向于歪曲和忽视高权威人格人群中的非权威人格倾向，以及低权威人格人群中的权威人格倾向。重新引起社会心理学界对权威人格研究兴趣的是 Altemeyer，与阿尔多诺不同的是，Altemeyer 使用的是特质理论而非心理分析法。Altemeyer 认为，在 F 量表列出的所有问题中，几乎没有什么内部一致性可言。于是，他提出了心理学的而非政治学的右翼权威人格（right-wing authoritarian，RWA）概念。从社会心理学角度看，右翼权威人格是屈从于可觉察到的权威，尤其是那些建立或者被建立的政府体系②。Altemeyer 还开发了一个右翼权威人格量表。Lambert，Burroughst 和 Nguyen 使用 RWA 量表研究权威人格、公平世界信念（如好人有好报）和风险知觉之间的关系，发现如果人们具有公平世界信念，那么，高权威人格者将知觉到较低的风险，低权威人格者则没有这种知觉③。Martin 重新验证了 Altemeyer 的研究工作，他认为，虽然 Altemeyer 避免了阿尔多诺 F 量表方法上的问题，但 Altemeyer 仍然没有把权威人格作为一个连续体，也没有比较高权威人格者与低权威人格者的行为，而是坚持继续考察高权威人格④，这是其研究的缺陷。

特质研究主要是考察领导人的人格特征，即具有什么样特征的人更容易当领导。美国学者巴伯把总统特征分为两个维度：①主动性－被动性维度。即总统处理政治事务时，投入了多少精力，有多大热情。②个人对待主动性的积极性－消极性效应维度。即他如何感受自己所做的事情。Preston 运用巴伯的理论分析了克林顿，认为他适应巴伯理论的积极性－消极

① Martin J L. The Authoritarian Personality，50 years later：What lessons are there for political psychology? Political Psychology，2001，22：1-26.

② Altemeyer B. The authoritarian specter. Cambridges，MA：Harvard University Press，1996.

③ Lambert A J. Burroughst T，Nguyen T. Perceptions of risk and the buffering hypothesis：The role of just world beliefs and right-wing authoritarianism. Personality and Social Psychology Bulletin，1999，25：643-656.

④ Martin J L. The Authoritarian Personality，50 years later：What lessons are there for political psychology? Political Psychology，2001，22：1-26.

性维度，在美国历史上很少有总统像克林顿那样享受他的总统职权①。Dowd 的研究又表明，布什应被归于主动性－被动性维度，因为他更愿意把工作交给下属，也不认为做总统有多大乐趣②。Etheredge 在对 20 世纪美国总统和其他国家政要的研究中发现，支配性、人际信任、自尊和内外倾向性，是分析领导人的重要维度③。

操作密码是领导人特征研究的另一常用方法。所谓操作密码是指代表领导人关于世界整体信念的结构（如世界是如何运作的？世界像什么？什么样的行为最可能成功？等等）④。Dyson 使用操作密码分析了俄罗斯前总统普京⑤，他假定围绕着哲学信念和工具信念各自的五个基本问题普京可能做出的回答，从而找出普京在做政治决策时使用的操作密码。对国家领导人操作密码的研究有助于在处理国际关系中预测这些政要们可能做出的决策倾向。

（二）认知、社会认同、情绪和态度的研究

本领域是政治心理学研究的核点。它研究人们如何加工政治信息，理解他人和我们生活环境的心理改变和机制，人们所属群体的重要性以及人们如何看待他们之外的群体等。此外，政治决策中情绪的重要性也日益得到关注。本领域涉及许多概念，包括认知、认知分类和图式、社会认同、表象、情感和情绪等。

人们形成和使用认知分类来帮助自己进行有效的信息加工，归因理论和平衡理论可用来解释信息加工过程。一旦一个人或情境被归为一个类别，人们就会根据这个类别或图式对关于这个人或情境的信息进行处理并作出决策。图式是一种信息加工的工具，刻板印象是一个特殊的社会认知类别，歧视是刻板印象不可避免的结果。

认同问题已被公认为当代政治现象中的热点、疑点、难点。根据社会

---

① Preston T. The president and his inner circle：Leadership style and the advisory process in foreign policy making. New York：Columbia University Press，2001.

② Dowd M. The relaxation response. The New York Times，2001.

③ Etheredge L S. A world of men：The private sources of American foreign policy. Cambridge，MA：MIT Press，1978.

④ George A L. The "operational code"：A neglected approach to the study of political leaders and decision making. International Studies Quarterly，1969，13：190-222.

⑤ Dyson S B. Drawing policy implications from the "operational code" of a "new" political actor：Russian President Vladimir Putin. Policy Sciences，2001，34：329-346.

认同理论，个体的自我概念是通过群体认同形成，并通过令人愉快的群体内部优于群体外部的比较获得积极的社会认同。Brewer 已经在其研究中证明，与外群体相比，人们更喜欢自己的内群体①。但当发生不愉快的群体内部比较时，个体就会感知到消极的社会认同，而保持积极自我概念的动机又会产生出合作的需要。Shinnar 在研究中发现，消极的社会认同引发了不同的合作机制②。

情绪也会影响信息加工以及决策。情绪有强度的变化，它们根据一定的心理资源，以及事件的本质和影响而有强度上的变化。同时，情绪和情感的强度也受到其他群体观点的影响。Isen 指出，积极的情绪和情感有利于改善问题解决、协商和决策③。而 Park 和 Banaji 在比较了中立情感、积极情感和消极情感后，却发现积极情感会削弱人们知觉其他群体变化的能力④。Miller 等的研究，从侧面证明了情绪的重要作用。他们认为，是故事的内容引起了消极情绪，而不是如过去所认为的，是依赖记忆的可接近性⑤。在 Francis Neely 的研究中，当使用词组"感觉你是"代替"想想你作为××"时，就大大地改变了共和党的党派认同⑥。这些研究都反映出情绪会影响信息加工。

政治态度是重要的政治心理现象，它体现了人们对政治现象认识和反应的方式，是解释政治行为的一种工具。政治态度作为政治人对政治目标与政治情境的认知、情感和行为倾向，具有内隐性、习得性、整合性、持久性、中介性等特征，包含政治功效感、公民责任感、政治信任感、政治疏离感等功能，其形成和变化的原因相当复杂。目前，态度研究关心的一

---

① Brewer M B. Ingroup bias in the minimal intergroup situation：A cognitive-motivational analysis. Psychological Bulletin，1979，86：307-324.

② Shinnar R S. Coping with negative social identity：The case of mexican immigrants. The Journal of Social Psychology，2008，148(5)：553-576.

③ Isen A. Positive affect and decision making. In：M Lewis，I Haviland(Eds.). Handbook of Emotions. New York：Guilford Press，1993：261-277.

④ Park J，Banaji M R. Mood and heuristics：The influence of happy and sad states on sensitivity and bias in stereotyping. Journal of Personality and Social Psychology，2000，78：1005-1023.

⑤ Miller J M. Examining the mediators of agenda setting：A new experimental paradigm reveals the role of emotions. Political Psychology，2007，28(6)：689-717.

⑥ Neely F. Party identification in emotional and political context：A replication. Political Psychology，2007，28(6)：667-688.

个重要问题是，认知和情感之间的关系，尤其是当二者不一致时。Marcus
等的研究发现，情绪有助于人们监控和监督政治，当人们开始感到焦虑
时，他们接下来就会倾向于探听更多消息，想知道现在正在发生什么事，
而不会再对政治漠不关心①。

(三)群体政治心理的研究

群体政治心理的研究主要探讨政治群体的心理活动规律问题。研究内
容包括政治群体的凝聚力，政治群体间的相互作用，政治群体的决策行
为、冲突或暴力行为，社会中发生的各种政治事件，政治运动的心理机
制，民族的心理结构等。目前的研究重点是群体决策和群体冲突的研究。

群体决策过程已被广泛研究，研究者提出的一些模型能帮助理解群体
怎样做出决策。例如，①群体决策三阶段模型。Bales 和 Strodtbeck 认为，
群体决策要经过定位、讨论、决策三个阶段②。②社会决策图式。社会决
策图式是指群体综合所有群体成员的选择，达成一致的群体决策。Stass-
er、Kerr 和 Davis 认为群体在决策时使用"服从多数原则""服从真理原则"
和"第一替换原则"③。③群体和政治决策单位。政治决策是对察觉到的问
题做出概括，它们是连续发生的，也就是说，经常是在没有足够时间评估
决策的后果就必须接二连三地做出决策。决策常常由不同参与者、代理及
小组做出。群体做出权威决策的类型对他们制定的决策有着重要影响。
Hermann 提出的群体外交政策决策模型，也同样适用于其他政治背景。她
认为有三种类型的决策主体：①支配型领导，即需要某人能够平息所有的
反对和不满以及单独做出决策；②单独的群体，是指由一系列个体通过互
相咨询集体地选择一系列行动；③自主参与者的联合体，是由许多独立行
动的群体组成的决策单位④。

许多研究表明，群体决策并不一定比个体决策好，因此，提高群体决策

---

① Marcus G，Neuman W R，MacKuen M. Affective intelligence and political judg-
ment. Chicago：University of Chicago Press，2000.

② Bales R F，Strodtbeck F L. Phases in group problem solving. Journal of Abnor-
mal Social Psychology，1951，46：485-495.

③ Stasser G，Kerr N L，Davis J H. Influence processes and consensus models in
decision-making groups. In：P B Paulus（Ed.）. Psychology of group influence. Mah-
wah，NJ：Lawrence Erlbaum Associates，Inc；1989；279-326.

④ Hermann M G. How decision units shape foreign policy：A theoretical frame-
work. International Studies Review，2001，3：47-82.

效率的研究很受重视。Hirt 和 Markman 建议指定一个群体成员做"魔鬼代言人"(devil's advocate),"魔鬼代言人"的作用是反对和批评群体制订的所有计划,这个方法鼓励群体成员更仔细地思考他们正在打算的计划[①]。George 和 Stern 建议使用"多重辩护"(multiple advocacy),在这个过程中,通过建立一个由中立者管理的酝酿程序来避免操纵,不同观点允许充分地展现优点以及获得发展[②]。

群体冲突也是目前群体政治心理的一个研究重点。许多关于群体冲突的研究表明,存在着混合动机状态,即人们总是竞争性动机掺杂着合作的动机。最著名的混合动机是囚徒两难困境。Messick 和 Brewer 提出了集体陷阱(collective trap)和集体栅栏(collective fences)两种社会两难模型[③]。Monroe 等总结出可用一些社会心理学的理论,如社会认同理论、心理动力理论、符号种族主义理论、现实群体冲突理论等,来解释偏见、种族主义、民族暴力、灭绝种族的屠杀等问题[④]。例如,心理动力理论把种族歧视和种族主义归于无意识心理结构的作用,这种无意识的心理结构是早已存在于个体中的意象,它对民族冲突的产生发挥了重要作用。

(四)政治领导人的研究

根据 Burn 的观点,真正的领导涉及领导者与部属之间的关系。Burn 提出了领导和部属关系的两种类型:交易型领导和变革型领导[⑤]。交易型领导是指领导者与成员之间是基于经济的、政治的及心理的价值互换的关系。变革型领导是指领导者通过改变下属的价值与信念,提升其需求层次,使下属能意识到工作目标的价值,进而使下属愿意超越自己原来的努力程度,学习新技能、开发新潜能。在领导部属关系方面,与小团体领导有关的研究比较多。在小团体研究中,美国学者贾尼斯(Janis)研究了政府决策集团所做出的

① Hirt E R, Markman K D. Multiple explanation: A consider-an-alternative strategy for debiasing judgments. Personality and Social Psychology Bulletin, 1995, 69: 1069-1086.

② George A L, Stern E. Harnessing conflict in foreign policy making: From devil's advocate to multiple advocacy. Presidential Studies Quarterly, 2002, 32: 484-508.

③ Messick D M, Brewer M B. Solving social dilemmas: A review. Review of personality and social psychology, 1983, 4: 11-44.

④ Monroe K R (Ed.). Political psychology. Mahwah, NJ: Lawrence Erlbaum Associates, Inc: 2000.

⑤ Burns J M. The power of leadership. In: A Mughan, S C Patterson (Eds.). Political leadership in democratic societies, Chicago: Thomson Learning, 1992: 17-28.

错误的内政与外交决策的根源，认为错误的决策之所以遭受惨败，一个主要的心理根源就是求同的倾向，即"小集团思想"。政治领导人和小团体领导人之间的相似和不同之处是以领导和部属联系的程度为转移的。"面对面的领导"与领导部属之间的直接的个人关系有关。"遥控的领导"则强调在遥控中，领导人的政治魅力可以产生辐射性和感染力。布朗在关于领导人的讨论中，注意到除了有些人天生更适合做领导的个体差异外，还强调了领导的情景方面的原因。Hermann 和 Kegley① 在对政治领导人的研究中发现，多数专制政体和危急情境下，如果他们的咨询机构是正统且分等级的，那么，将会产生戏剧性的结果。因为在这种文化里很重视强有力的领导关系，所以，政府领导人的个人喜好会对他们所在国家的外交政策产生很大影响。

对领导管理风格的研究主要集中在三个方面：①Johnson 的分类图式是最有名的。他认为，在现代领导人中发现了三种类型的管理风格：形式风格（form style）、竞争风格和教员风格（faculty style）②。②George 的效能感或竞争感研究。George 认为领导人最愿意处理的问题和最感兴趣的领域是控制他们的议事日程（agenda）③。③George 的政治冲突倾向性研究。这种政治冲突倾向性形成了总统处理内阁和执行官僚机构的管理风格。此外，Hermann 等进行了更为广泛的研究，提出了基于三个维度的领导人在外交政策上的领导风格类型，即对强制的反应、对信息的开放以及对动机的关注④。领导风格理论并不是一个精心提炼的理论，它也没有为有效领导行为提供一套严密的解决方案。但是它将领导理论扩展到领导者一系列行为中，强调领导者"抓组织"与"关心人"二者的平衡，对理解领导过程有一定意义。

（五）投票、媒体的作用和容忍度的研究

本领域的研究包括公众舆论、选民投票以及对公众信仰、信仰体系、

① Hermann M G，Kegley C W. Rethinking democracy and international peace：Perspectives from political psychology. International Studies Quarterly，1995，39：511-533.

② Johnson R T. Managing the White House：An intimate study of the presidency. New York：Harper & Row，1974.

③ George A L. Presidential decisionmaking in foreign policy：The effective use of information and advice. Boulder，CO：Westview，1980.

④ Hermann M G，Preston T，Young M. Who leads can matter in foreign policymaking：A framework for leadership analysis. Paper presented at the annual meeting of the International Studies Association，San Diego，CA.，1996.

价值和意识形态等方面的研究。目前集中在投票以及投票中媒体作用的研究。

研究投票行为最常用的方法是"重访法"。罗西在 1960 年的一项为时 30 年(1933－1963)的投票行为研究中，就选民做出决定的过程进行了分析，他认为，很难劝说选民从一个候选人移向另一个候选人。Luciano 的研究重测了 74 个选民在一个月前的选举中的投票行为，并实施了内隐联想测验，作为研究自动的、无意识的态度以及预测将来可能的投票行为，发现选民内隐的态度可以预测将来的投票行为[①]。Berger 对投票地点的研究发现，"在哪儿投票影响你怎样投票"。研究发现，指定的投票点(如教堂、学校等)能影响人们如何投票。那些被指定在学校投票的，更可能优先支持学校资助资金，这种影响甚至在控制了投票人的政治观点后依然存在[②]。这些发现强调了环境背景在形成重要的现实世界决策时的微妙力量。更有意思的是，Jeremy 在研究中发现，形态的改变，如面孔相似度的改变甚至可能产生政治暗示，从而使候选人受益，其中男性对形态改变的候选人评价更积极，而女性的评价则更消极[③]。这些研究都旨在揭示可能影响投票行为的一些社会心理因素。

美国政治心理学家斯通在对投票影响因素进行考察后认为，最首要的因素是党派认同，其次是个人所属群体如家庭、朋友、宗教等对投票的影响，最后就是大众媒介的影响[④]。虽然暂时还不能确定媒体在多大程度上影响了投票，但是，Cohen 的观点却得到了广泛认可。即媒体可能不会告诉人们想什么，但却成功地告诉了观众和读者应考虑什么内容[⑤]。Miller 和 Krosnick 认为媒体决定传播的内容，确实影响了人们评估领导人的标

① Wiley-Blackwell. Implicit political attitudes can predict future voting behavior. Psychology & Psychiatry Journal，2008，8.

② Berger J，Meredith M，Wheeler S C. Contextual priming：Where people vote affects how they vote. Proceedings of the National Academy of Sciences of the United States of America，2008，105(26)：8846-8849.

③ Bailenson J N，Garland P，Iyengar S，Yee N. Transformed facial similarity as a political cue：A preliminary investigation. Political Psychology，2006，27(3)：373-385.

④ 威廉・F. 斯通. 政治心理学. 胡杰译. 哈尔滨：黑龙江人民出版社，1987.

⑤ Cohen B. The press and foreign policy. Princeton，NJ：Princeton University Press，1963.

准。而且，媒体还能影响公共事务评估的认知复杂程度①。Milburn 和 McGrail 发现媒体传播中的生动形象会消减观众的信息唤起，而且还会消减他们在涉及事务讨论时的认知复杂程度②。对于不同文化背景下，媒体如何在信息传播中影响人们政治行为的社会心理机制的研究是一个值得关注的问题。

（六）种族和民族的研究

目前，有关种族和民族研究的理论有：现实冲突理论、社会学习理论、社会认同理论、社会控制理论等；经常使用的模型包括：政治错综复杂模型（politics-is-complicated model）、符号种族歧视模型（symbolic racism model）。

随着移民人数的日益增多，对移民偏见的研究得到更多的关注并取得了新的进展。Chatard 的研究表明，人们越相信移民学生是劣等的，高刻板印象的人成绩就越好。承认刻板印象的高地位群体成员能明显地从刻板印象中受益。同样，即使人们不肯承认消极的刻板印象，只要人们存有偏见，他们就会体验到由于刻板印象而带来的成绩上的提升③。Walton 和 Cohen 的研究也表明，对群体外成员存有刻板印象能提升成绩，当这些刻板印象非常明显时，那些承认刻板印象的人尤其可能因此而信心大增④。同样，Danso 和 Esses 也发现高地位群体成员持有的对低地位群体的消极态度能提高成绩⑤。Halabi 研究了何时以及何种身份的群体成员才会提供帮助。他发现，高社会支配倾向（social dominance orientation，SDO）的个

① Miller J，Krosnick J. News media impact on the ingredients of presidential evaluations：A program of research on the priming hypothesis. Political persuasion and attitude change. University of Michigan Press，1996.

② Milburn M A，McGrail A B. The dramatic presentation of news and its effects on cognitive complexity. Political Psychology，1992，13：613-632.

③ Chatard A，Selimbegovic L，Konan P. Performance boosts in the classroom：Stereotype endorsement and prejudice moderate stereotype lift. Gabriel Mugny Journal of Experimental Social Psychology，2008，44：1421-1424.

④ Walton M G，Cohen L G. Stereotype lift. Journal of Experimental Social Psychology，2003，39：456-467.

⑤ Danso H A，Esses V M. Black experimenters and the intellectual test performance of White participants：The tables are turned. Journal of Experimental Social Psychology，2001，37：158-165.

体对群体外部成员提供较少的帮助,当他们经历群体身份威胁时尤其如此,但他们对群体内部成员却不这样。此外,当高 SDO 者报告会提供帮助时,相对内部成员而言,更可能对群体外部成员提供依赖指向而非自动指向的帮助①。Cremer 的研究还表明,说话声音在情感和社会公正判断中有一定作用,当参与者有较高的 SDO 时,说话声音与公正判断之间有着更强的关联。SDO 是一个重要的个体差异变量,它使人们更偏好社会群体内和社会群体之间的不平等关系②。David 等认为,高 SDO 参与者对说话声音控制尤其敏感,因为这样的控制提高了对群体资源和结果的控制感。上述研究部分表明,一些人喜欢持有刻板印象可能是因为他们会从中受益,可见,消除种族和民族之间的歧视和偏见任重道远,仅靠个体自觉很难实现,必须依靠更强大的社会力量。

以前的研究还表明,过窄地认同自己的种族,阻止了少数民族间建立联系。Kim 和 Lee 的研究发现,在美国少数民族群体长期处于分化而不是联合,不同的少数民族群体把彼此当作社会和政治资源的竞争者,削弱了少数民族群体的政治力量③。Newport 认为,否定式认同(如我不是共和党人)有助于改善奥巴马和克林顿支持者在民主党竞选中加深的裂痕。否定式认同是社会认同的一个富有意义的资源,一个人思考"他是谁"还是"他不是谁"对现实世界的决策具有深远影响。研究表明,当思考"他不是谁"即做否定式认同时,能在民族联合和团结中发挥重要作用④。这方面的研究在不同民族环境的国家中可能会有非常显著的文化差异。

如何使人的共同心理成为社会公正的有效力量,也是目前研究的一个热点。对心理的政治有效性的讨论引出了一系列问题:理论框架如何才能有效地对抗不公正权力?以怎样的方式,心理的政治有效性的概念会更有

---

① Halabi S, Dovidio J F, Nadler A. When and how do high status group members offer help: Effects of social dominance orientation and status threat. University of Connecticut, Tel-Aviv University.

② De Cremer D, Cornelis I, Van Hiel A. To whom does voice in groups matter? Effects of voice on affect and procedural fairness judgments as a function of social dominance orientation. The Journal of Social Psychology, 2008, 148(1): 61-76.

③ Kim C J, Lee T. Interracial politics: Asian Americans and other communities of color. Political Science and Politics, 2001, 34: 631-637.

④ Newport F. If McCain vs Obama, 28% of Clinton Backers go for McCain. Gallup, Politics & Governments. 2008, March 26.

用？怎样的权力分析才能促进共同心理自身的制度建设？等等。Fisher 和 Sonn 认为，心理政治效度(Psychopolitical validity)模型是基于北美的心理和文化而做出的，因此，在心理政治效度的目的、不同文化和社会体系解释世界的方式之间存在分歧①。他们在心理政治效度的研究中，把权力作为集体心理利益的一个重要现象，进而提出了两种类型的心理政治效度：①认识的——权力的外在心理政治效度；②有改革能力的——理解社会改变中权力作用的心理政治效度②。

(七)政治极端主义者的研究

这个领域的研究包括对政治极端分子、恐怖分子和国家恐怖包括恐怖文化的研究，对准军事性的死亡群体和种族灭绝的研究，以及对旁观者的研究和对和解的研究等。

关于政治极端分子是否存在着共同的特殊人格特质问题，在政治心理学中一直争论不休。Pearlstein 认为恐怖分子存在人格紊乱③。Crenshaw，Silke 认为不存在恐怖分子人格④。Crenshaw 认为，恐怖主义主要是群体活动，很显然，它并不仅仅是精神病理学的结果和单独的一种人格类型。分享共同的意识形态承诺和群体团结比个人的特征对恐怖行为具有更大的决定作用。虽然并不存在与政治极端分子相关联的特定人格，但是，人格并不是无关紧要的。如对权威的反应，就是一个经常用来解释政治极端分子行为的重要人格特征⑤。Altemeyer 认为高权威主义和低教育水平的人更易屈从于权威⑥。Kressel 则认为，人格特质的控制点明显地影响权威。

---

① Fisher A T，Sonn C C. Psychopolitical validity：power，culture，and wellness. Journal of Community Psychology. 2008，36(2)：261-268.

② Christens B，Perkins D D. Transdisciplinary，multilevel action research to enhance ecological and psychopolitical validity. Journal of Community Psychology，2008，36(2)：214-231.

③ Pearlstein R M. The mind of the politicalterrorist. Wilmington，DE：Scholarly Resources，1991.

④ Silke A. Chesire-cat logic：The recurring theme of terrorist abnormality in psychological research. Psychology，Crime，and law，1998，4：51-69.

⑤ Crenshaw M. The psychology of terrorism：An agenda for the 21st century. Political Psychology，2000，21：405-420.

⑥ Altemeyer B. The authoritarian specter. Cambridges，MA：Harvard University Press，1996.

内控的人(相信自己能够控制命运的人)比外控的人(相信外部环境决定人的行为)更可能抵制权威①。

对恐怖分子的研究是政治极端主义者研究的一个重要方面。恐怖分子被定义为由一小部分人组成,为实现某个政治目的,他们使用或被迫使用系统的暴力。换言之,恐怖分子的目标是攻击政府或社会规范和组织的象征物,从而使恐怖效应最大化。关于是否存在特殊的恐怖分子人格问题很早就有讨论了,大多数学者认为可能有一些共同特征,但却不存在所谓的恐怖分子人格综合征。Kaplan②,Milburn③认为恐怖分子的童年经验,如蒙耻以及其他消极经验,导致缺乏自尊、不能应对压力以及攻击的倾向。与恐怖分子人格模型研究不同的另一项研究是社会学习理论。Ruby 认为,恐怖主义不是由人格紊乱或缺陷导致的,而主要是由社会性影响和独特的学习经验打下了形成某种功能特质或行为倾向的基础而引起的④。

三、政治心理学研究的发展特点与发展趋势

作为一门社会心理学的应用学科,政治心理学自诞生之日起就具有很强的交叉性。许多自称为政治心理学的研究,可能与其他的研究有相当多的重叠之处。因此,政治心理学的发展不在于它的边界如何清楚,而在于它的核心内容要清楚。可以说,相互影响、彼此作用、借鉴融合将始终伴随着政治心理学的发展,这也是社会心理学的应用学科发展的鲜明特点。具体表现如下。

(一)研究的核心内容集中于政治和心理现象的相互影响

政治心理学研究的是政治过程和心理过程相互之间的影响,二者的交互作用仍是未来政治心理学研究的核心问题。在二者的交互作用中,个体的认知能力限制和影响了政治决策的性质,同时,政治决策的结构和过程又影响了个体的认知能力。知觉、信念、动机、价值观影响政治行为,同

---

① Kressel N. Mass hate:The global rise of genocide and terror. New York:Plenum,1996.

② Kaplan A. The psychodynamics of terrorism. In:Y Alexander,J Gleason (Eds.). Behavioral and Quantitative Perspectives on Terrorism,1981.

③ Milburn M A,Conrad S D. The politics of denial. Cambridge,MA:MIT press,1996.

④ Ruby C. Are terrorists mentally deranged? Analyses of Social Issues and Public Policy,2002,23:15-26.

时社会文化和政治结构又影响人们的心理现象。在目前国外的政治心理学研究中，对政治系统如何影响个体心理的研究仍是弱项，而验证政治与心理交互作用的研究则更是少见。要理解政治和心理现象的双向交互作用，需要在理论和经验研究之间作更加深入地探讨。Grenshaw 在其研究中一再强调，在全球化和世界各国日益相互依赖的今天，跨文化心理学的发展将变得越来越迫切①，这方面的研究理应予以重视。

（二）研究方法趋向于兼容并蓄

在研究方法上，政治心理学家已经打破了门户之见，博采众长，广泛吸收其他学科对自己有用的研究方法。政治心理学最常用的研究方法有：实验室实验、社会调查、文献分析、自由联想法、人物志研究、模拟法和访谈法。心理学过度依赖实验室操作以及政治学主要依赖样本分析的状况，在这一新领域中得到了显著改善。政治学家更多地转向实验方法以检验关于媒体效果、选举、立法及国际冲突方面的各种假设；而心理学家则更多地走出实验室，到真实的社会政治环境中进行研究。政治学家已开始对政治态度和对外决策做心理学上的解释，而心理学家则开始研究选举、群体冲突、精英文化等有意义的政治现象。政治学家倾向于追求效用最大化，而心理学家则倾向于追求成本最小化。在未来的研究中，为了更好地探讨政治心理问题，应综合不同学科的研究方法，在定性和定量研究有机结合的基础上科学地描述、解释、控制个体和群体的政治行为②。

（三）多学科交叉的特点越来越明显

政治心理学的研究具有多学科交叉的特点，其本身就是政治学和社会心理学两门学科交叉、渗透、融合的产物。同时，政治心理学还注重吸收其他学科的养分，我们从国际政治心理学学会的组成中就可看出这种学科的交叉性。国际政治心理学学会成立于 1978 年 1 月，是一个国际性和多学科的学术团体。它的国际成员包括心理学家、政治学家、精神病学家、社会学家、历史学家、人类学家，以及对政治心理学有学术兴趣的政府人士或公务人员。这个学会被认为是政治心理学学术活动的中心。

目前，政治心理学研究的范围正在不断的转变和扩大之中，其学科的

---

① Deutsch M，Kinnvall C. What is political psychology. In：K R Monroe（Ed.）. Political Psychology. Mahwah，NJ：Lawrence Erlbaum Associates，Inc，2002：33-35.

② 张平 . 国外政治心理学研究的现状与展望 . 心理科学，2004，27（6）：1467-1469.

扩张，通过两个途径实现。一是对过去政治学忽略的课题开始研究；二是把既有的课题导向以社会心理学为主的研究。因此，未来可能出现的趋势是，许多过去不是政治心理学范围的研究，逐渐被纳入其中，而现在不是政治心理学核心的课题，将来也有可能成为重点研究的方向。概括地说，未来政治心理学的发展大致呈现以下几种趋势。

1. 侧重现实问题的研究

政治心理学的研究越来越关注现实问题的解决，它摆脱了纯理论化倾向，试图为环境问题、种族偏见、核恐怖、国际的冲突和争端提出解决方法。正如 Hermann 所言，一些人对政治心理学感兴趣，是因为他们相信在一些他们强烈感受到的问题上，自己的反应是重要的，如环境、不平等、暴力和战争、民粹主义等[①]。政治心理学的"政治"一面表现得很多，尤其是那些对冲突、平等和政治权力感兴趣的方面。Winter 则认为，政治心理学是唯一能够泰然自若地研究权力、性别和暴力之间的关系，并愿意为人们和社会更好地行使权力、探索差异服务的学科。政治心理学家Grenshaw 和 Stein 都认为，政治心理学不仅应关注解释群体冲突和暴力，还应关注如何解决冲突以及具体的政策规定。事实上，在这个领域中的一些研究，始终对当前社会和政治问题保持着敏感的政治性反应，并与具体政策规定和解决方案相关。

2. 过程研究和结果研究并举

政治心理学家们既对政治行为的演化（过程），又对实际行为本身（结果）感兴趣。因为关注过程，人们对研究一系列政治过程感兴趣，如形成舆论，互相投赞成票以通过对彼此有利的提案，价值平衡，讨价还价与协商，不同决策规则的影响，形成联合或达到折中等。为了研究结果，他们还对聚集选民、群体、组织、机构和政府意愿的规则感兴趣。在政治心理学研究的问题中，如刻板印象和他人印象如何形成，选民判断的途径，政治决策影响社会福利的形式，以及人们如何更好地理解认同建构和群体冲突的方式等，这些则是特定的结果与具体的过程紧密联系的实例。

3. 重视上下文情景的研究

情景研究特指分析在什么情景下社会心理才能影响人的政治行为。Lane 认为，政治心理学是研究特定时间和情景中的个人，或者说是研究特

---

① Hermann M G. Ingredients of leadership. In：M G Hermann（Ed.）. Political psychology：Contemporary problems and issues. 1986：167-192.

定政治系统和文化中的个人。Hermann 认为，如何对时间、环境、政治体系以及文化进行定义，对于人们能否觉察到某个重要社会问题，以及观察政治和心理现象之间的相互作用两方面，都会产生一种暗示性。① 政治心理学对政治现象的研究是在特定情况或者一定条件下进行的。人们普遍的看法是，前后有关联的因素可以帮助预测个体可能产生的政治影响。因此，对政治心理学的研究应有三点认识：①真正的研究往往是发生在"狂风暴雨"时而不是稳定时期；②人们是在模糊情境而不是在设定好的情境中作出反应；③人们正变得越来越相互依赖而不是彼此独立。

4. 关注政治认知中的情绪和动机

人们对研究政治活动中的情绪和动机一直很感兴趣。即理解在政治活动中人们的情绪和动机是如何影响认知并与认知相互作用的。心理学中关于认知与情感方面的研究，都开始在政治学里讨论。当前，政治心理学更关注的是如何消除情绪和动机对政治行为的影响，而不是证明它们是如何影响政治行为的。Pettigrew 的研究发现，通过在不同种族、宗教、文化背景下接受教育，就能避免一些偏见和成见。可见，通过改变情绪上的敌意，可以最终改变对立群体的认知②。Hermann 也认为，如果我们想理解所处时代的一些重要政治问题，研究情绪和动机是非常重要的③。对政治认知中的情绪和动机的关注将成为未来政治心理学研究的一个重要方面。

5. 关注国际政治中的心理问题

全球化的浪潮使国家间的联系日益紧密，彼此之间的依赖逐渐增强，随之而来的一系列问题引起了学者的关注。如研究国际冲突的心理背景、对外政策的心理基础以及为促进世界和平与稳定提供理论指导等。尽管在国际政治方面一些研究者已经做了很多的尝试，但是，这个领域的研究仍是政治心理学研究的薄弱环节，将来需要进行更多更深入的研究。

---

① Hermann M G. Ingredients of leadership. In：M G Hermann(Ed.). Political psychology：Contemporary problems and issues. 1986：167-192.

② Pettigrew T, Martin J. Organizational inclusion of minority groups：A social psychological analysis. In：J P Van Oudenhoven, T Willemsen(Eds.). Ethnic minorities：Social psychological perspectives. Berwyn, PA：Swets North America, 1989：169-200.

③ Hermann M G. Political psychology as a perspective in the study of politics. In：K R Monroe (Ed.). Political Psychology. Mahwah, NJ：Lawrence Erlbaum Associates, Inc. 2002：46-57.

6. 学科理论化和系统化的趋势明显

就目前的研究状况而言，政治心理学的研究基本局限于各种理论与调查及实验结果的整合，尽管已经出版了不少政治心理学的书籍，但是多为某些具体课题的探讨，或是各个政治心理学家研究结果的汇总，缺乏一个严密的、有逻辑性的总结和概括。因此，在未来的政治心理学研究中，应该着重对各种研究结果加以分析、综合，揭示政治心理学的学科体系，加强政治心理学基础理论的探讨，如研究政治心理学的对象、方法、功能和价值及各构成要素之间互动机制等方面的问题，并结合当代社会的特点对政治心理学的现实应用性加以分析，如结合现代社会价值观念多元化特点，结合后现代主义、建构主义等理论，研究政治个体的态度、需要、个性等问题。通过这些问题的探讨，以求政治心理学进一步理论化、系统化。

（乔红霞）

社会心理学与经济研究进展

——经济人的心理博弈：社会心理学对经济学的贡献与挑战

很长时间以来，心理学家和经济学家互不往来，互不关心。经济学理论和模型经常忽视经济和商务活动中社会因素和人的心理因素的影响作用，而心理学家似乎也对经济学敬而远之。但是，自从 20 世纪 70 年代以来，经济学和心理学中的一些优秀学者开始对人类的心理因素在经济和商务活动中的影响作用越来越感兴趣。美国联邦储备局前任主席格林斯潘就曾经不止一次地说过："所谓新经济就是心理学"，而心理学家丹尼尔·卡尼曼获得 2002 年诺贝尔经济学奖更是表明心理学研究的成果越来越被经济学家所认同①。

这一变化主要源于心理学对经济学的两个理论假设的挑战：一个假设是人是经济人（希腊语：Homo Oeconomicus）。帕累托首先将经济人概念引入经济学，其假定是指个体（包括个人、家庭或组织）的行为都是有目的的，即最大限度地追求经济利益的满足。日常生活中经济利益用金钱来表达，即通过获得金钱来满足个体的需求。这是一个经济学理论的概念，但是心理学的实证研究表明：

人是经济人，但人的经济利益实质是心理利益。马斯洛认为，人的需求可以分为两大类的五个层次：一类是人类的稀缺需求，包括①生理需求，如食物、水分、空气、睡眠、性等；②安全需求，如安全、稳定的环境、受到保护、免除恐惧和焦虑；③社会需求，如与人沟通、亲近、建立感情和联系、受到接纳、有所归依等；认知需求，如求知、理解、探索、好奇等；审美需求，如追求对称、秩序和和谐。另一类是人类的成长需求，包括④自尊需求，如受人羡慕、尊重、稳固的高评价、自尊心等；⑤自我实现的需求，如能做自己想做的事情、实现人生的目标、充分发挥自己的潜能并完善自己等②。经济活动不仅满足人的基本需求，更要满足

---

① Kahneman D，Tversky A. Prospect theory：An analysis of decision under risk. Econometrica，1979，47：263-292.

② Maslow A. A theory of human motivation. Psychological Review，1943，50：370-396.

人的高层需求，如自我实现。现代人更为强烈的需求越来越是人的高层次需求。

经济学的另一假设是人是理性人，即人们选择判断的逻辑性很强也很理性，不受其他因素的影响，比较遵循经济理性。其基本前提是指"人追求个人效用最大化"，即每一个从事经济活动的人都是利己的。也可以说，每一个从事经济活动的人所采取的经济行为都是力图以最小的经济代价去获得最大的经济利益。但是实际上，有很多心理因素限制了人的理性思维。多年来，心理学家一直致力于"人是如何作出理性判断"的研究。心理学家认为，人是理性的，但人的理性有限，因为它受到许多心理、社会和文化因素的影响。

例如，经济学理论在涉及人类的经济选择上起码作了三个假设。

第一是完全性功利。假定有两种结果/产品/方案 A 与 B。在各种条件下，消费者或选 A 或选 B，或者都不选。这就是逻辑学上的完全律，经济学假定人的选择是完全性的。但是心理学发现：选择是不确定的。因为消费者可能喜欢 A，可能喜欢 B，也可能两个都喜欢，具体选择哪一个很大程度上依据个人特性及社会情境而定。

第二是贪婪的功利。经济学假定：如果 A 优于 B，则人们会选择 A 而非 B。但实际上人们可能会选择 B，为什么？一种可能是人们不知道哪一个更优；一种可能是如果告诉他选 A，他的逆反心理反而会使之选 B；还有一种可能是因为辩证思维，即任何事物都是相对的，都有好的方面和坏的方面。例如，选择恋爱对象，不一定是选最好的，而会是自认为不会遭拒绝的。

第三是选择的可转换性。如果 A＞B，B＞C，则 A＞C。这是经济学强调的选择判断功利——逻辑上的转换关系。但是在经济生活中，特别是在消费者行为中，这种转换性被忽略了，人们往往对三个事件独立地进行判断。

实验社会心理学是在第二次世界大战之后兴起的一门新型科学，其工作重点是试图以科学实证的方法来研究人对社会、他人、自己的认识，及人在社会环境下如何行动。人的经济行为，经济对人的心理的影响，人心、人性、人情、人欲对经济的影响等都是社会心理学家感兴趣的范畴。为什么社会心理学家关注经济学？为什么经济学与社会心理学有关？这正是本文要探讨的两个问题。

一、为什么社会心理学家关注经济学

社会心理学不仅关注经济学，而且坚信没有人的心理，就没有经济学。理论上来说，经济学研究的是资源的最佳配置。其目的是让人们了解如何最佳地配置资源以满足人的需求。如果人的需求是有限的，只需要空气、水、阳光等基本生存物质就可以满足了；或者如果没有其他人，我们就不需要进行有限资源的调配。他人（社会）和需求（心理）的结合（社会心理学）使得经济学的存在成为必然，换句话说，心理学是前提，经济学是结果。因此，经济学本质上是关于人的科学，是为人类服务的科学，是由人的行为决定的科学。而人的行为正是心理学应该关注的问题。

（一）心理学是关于行为的科学，而经济行为是人类最重要的行为之一

经济行为主要指在经济决策或／和经济活动中的人的行为，它存在于经济活动中的每一个阶段：经济活动的起源、过程和结果。许多经济学家通常认为经济学是关于市场理论的科学。但是我认为，经济学实际上是关系到人的行为的科学，尤其是微观经济学，更是与人类行为息息相关。宏观经济学，诸如经济体系、知识产权、市场结构之类，固然离心理学较远。但微观的经济行为，如消费、选择、谈判、合同等，经济学和心理学都有很强的相通性。经济行为在日常生活中的表现很多，其中很多行为都与经济学和心理学有关，只是我们没有意识到。

看看我们人类花了多少时间做与经济学有关的事情。早上起床，刷牙、洗脸、梳妆打扮、衣食住行没有一样能离开消费品，自然也离不开经济学；一天24小时，有8小时是法定工作时间，而工作是为了赚钱，赚了钱就要消费，这些都与经济有关。人们还会有意识地思考并体会经济行为的后果，有时甚至直接进行经济行为，如挑商品、找工作、做决策，这些都与经济学和心理学密切相关。而所有的这一切又都是为了满足人类的心理与生理需求。由此可见，人的一生中，有三分之二的时间与心理学、经济学和生理学打交道，剩下三分之一的睡眠时间则与心理学和生理学有关。我个人认为，在人类的科学中，心理学、经济学和生理学对普通人而言是最重要的科学。

（二）心理学变量很多应是经济学变量

心理学是关于行为的科学，它研究的行为不仅包括经济行为，也包括

其他行为。从这个角度讲，心理学对人类行为的了解更多、更深。许多的心理学概念与经济行为活动是直接相关的，经济学家可能不得不运用一些心理学概念来论述自己的理论。

1. 动机

动机是一个心理学概念，它是指发动、指引和维持躯体和心理活动的内部心理需求。同时它又是个经济学概念，因为人对客体（客观事物）的需求往往体现在经济活动中。那么，到底是什么力量驱动着人们参加到经济活动中来？动机又怎样发挥作用的？对此，许多心理学家从各种角度作出过解答。马斯洛的"需要层次理论"是心理学中较为经典的动机理论。从经济学的角度来看，这也是一个非常实用的经济理论。该理论认为人有一些最基本的需要，如果低级的需求得到满足或部分满足后，就会有更高级的需求。

动机又分为内在动机和外在动机。内在动机是指人满足其内在需求，如对某事感兴趣、好奇是因为自己内心喜欢。外在动机是指外部环境对人的行为的影响，如竞争、社会评价、金钱的奖励、社会的认可等[1]。由于人的一些经济行为是由兴趣和爱好决定的，它们不一定非得符合经济的理性原则。编开放源码、写博客、编写维基条目、写书、做民间科学家等，都不是为了个人经济利益的最大化，但对我们的心理和人类的创新有积极的意义，而且对经济会有实际的影响。

2. 信息加工

人们生活在这个世界上，无时无刻不在处理信息，经济决策实质上就是对信息的加工[2]。例如，你要买一个计算机，并不是说你看到它就决定买，也不是看到价格就决定买，而是对很多信息进行加工，然后作出判断和决策。信息加工是一个心理学概念，即人们怎样处理信息，在这里它也是一个经济学概念。以前经济学家忽略了人作为信息加工的主体，好像一切都是由市场来控制，实际上市场的控制归根到底是人在起作用。例如，最近以来，国内很多商品的价格大战，并没有引起市场大的反应。其实质是经济学与心理学的博弈。根据经济学理论，价格便宜，人们就会去买，但奇怪的是价格一降再降，从购者甚微。为什么？因为价格不是吸引人们

---

① Heider F. The Psychology of Interpersonal Relations. New York：John Wiley & Sons，1958.

② Fiske S，Taylor S. Social Cognition. McGraw-Hill，Inc，2008.

消费的唯一因素。面对千变万化的市场，人们还会分析，你为什么降价，你的性能和价格比率以及将来的趋势如何。显然，人的心理在经济活动中起到了很重要的作用，而经济学家常常忽略了这个作用。

又如，国家为了刺激消费，在经济疲软时，连续降息很多次，但银行储蓄不但没有减少，反而呈上升趋势，这完全不符合经济学家的理论和经济规律。为什么？因为人在做判断时不完全受市场控制，有时候人也控制市场。在这个例子中，人们会想，"我的钱是留着干大事的，即使你降了很多，我也不能轻易动用"。中国人把钱留着可以为了孩子的教育、健康和买房子等。更主要的是，降息后，他的钱不存在银行没处消费，而投资又风险太大。

3. 态度的形成和变化

态度是一个心理学变量，研究个体对客体的判断[①]。经济学也关注态度。因为消费和市场研究的实质就是研究消费者对事物的态度取舍，研究人们对产品的认识，而不是研究产品本身的特性。同一样东西，人们对其评价不同，产生的经济行为的效果也不同。不同人对同一产品的态度不同，经济行为也不一样，由此可见，作为一个心理学变量，态度对于经济学而言也是一个很重要的变量。

态度有三个成分，A 情感（喜欢什么，不喜欢什么），B 行为（不仅喜欢，还见诸行动），C 认知（对事物的评价或观点）；英文分别 affect，behavior，cognition，心理学家称之为态度 ABC。我们发现，态度不是固定不变的，而是一个短暂的现象。对事物的分析越多，态度变化越大。比如，人们对自己喜欢的东西，随着分析增多，喜好度逐渐降低。这是因为，分析之前，对一些小的信息没有注意到，在分析过程中，反而注意到与自己的态度相冲突的细节，从而喜好度降低[②]。

4. 印象

印象是指人们对他人和事物的信息加工过程，是态度的前加工过程。包括个体对物体的提取、接受、组织、解释和加工。影响印象的因素有三

---

① Eagly A，Chaiken S. The psychology of attitudes. New York：Harcourt Brace Jovanovich College Publishers，1993.

② Wilson T，Dunn D，Kraft D，Lisle D. Introspection，attitude change，and attitude behavior consistency：The disruptive effects of explaining why we feel the way we do. In：L Berkowitz（Ed.）. Advances in experimental social psychology. Orlando，FL：Academic Press，1989，22：287-343.

个：主体，谁形成这一印象；目标，形成印象的目标有何特点；环境，包括物理、社会、现实环境，即在什么条件下形成。印象容易形成对客体的错误判断，比如，成见、刻板印象。经济学家易忽略成见和刻板印象这一因素，以为价格等经济要素可决定一切。刻板印象有正面的、有负面的影响。在商业上，刻板印象对消费者的决策有很大影响。比如同一种产品，由于人们认为外国的产品一定比中国的好，因而愿意花几倍的价格去购买同质同量的洋货，这种经济行为也是经济规律所不能解释的。

5. 承诺

为了与以前的思想和行为保持一致，我们经常做一些违反经济规律的事，从而付出承诺的代价。最著名的例子当属法国小说家莫泊桑的短篇小说《项链》中那个可怜的中产阶级小妇人。在日常生活中，我们常控制着自己的意愿以期达到将来的目的，从而不能放弃过去的承诺。销售人员常利用我们的承诺心理来诱使我们作出违反自己利益的事情。比如，用低报价吸引人答应购买某一产品，然后提出一个明显好很多但也贵很多的产品，使你在一个较高的价位上买了一个你可能并不想买的东西。从经济学上来看，如果考虑利益最优化，应该能够抛开过去的承诺而不去执行。但人们特别是中国人强调一诺千金，为了这一诺，宁愿牺牲自己的经济利益。这就是社会心理学与经济学的矛盾。

6. 认知不协调

在某种情况下，如果两个认知间有冲突的关系，那么必须改变对其中一种的看法，或者借助更高一级的认知来解决这种不协调①。两种认知——对两种商品、两个学校、两个球队、两个人等有矛盾或不一致的看法就会产生不协调。例如，孙先生非常关心自己的健康，同时他也有抽烟的嗜好，这样就产生认知不协调。解决认知不协调的方式有三种，①改变对抽烟的认知；②改变对自己的认知；③引进一种更高的认知，如"整体上看，我的健康还是很不错"。

经济学认为，如果有两种矛盾的认知，你应该选择最有利和最有效的，而不应该改变对现实的计量或自己的看法。但心理学发现，由于受认知不协调的影响，人们对现实(如成本、经历、体验等)的计算和自己的认识是经常变化的。

---

① Festinger L. A theory of cognitive dissonance. Stanford，CA：Stanford University Press，1957.

例1：刘小姐很少欣赏高雅音乐，也从未花高价听过音乐会。但她最近花了2000元去听世界三大著名男高音的演唱会。你认为她会喜欢这个音乐会吗？

心理学家预测，她肯定会喜欢。因为她花了2000元，这是一个不可改变的认知事实。不管音乐会的效果和听音乐会的经历好不好，她可以改变的是对西洋唱法的认知。人们在做出重大牺牲后，很少会说自己做的这一切是不值得的，即人们很少后悔他做过的事，因为人可以改变对这件事的认识。

另一个可以参考的例子就是知识青年的心理，那一代人在人生最美好的青少年时代"上山下乡"很多年，吃过很多苦，耽误了学业和个人的发展。但多年后，他们会发自内心地说"青春无悔"，而且执著地相信自己现在的成功应该归因于这段人生的磨炼。这正是认知不协调的结果，因为有很多人没有经历过"上山下乡"的，同样取得成功，因此这一磨炼并不是现在个人成就的必要条件。

7. 后悔

后悔也是心理学中一个很重要的概念，是人们对可以实现某种目的但是没有达到所产生的情绪反应①。经济学假定，人们后悔的应该是实际的损失，但是心理学家发现，后悔也受到相对比较的影响。人们后悔的往往不是他们直接经受过的损失、挫折和失败，而是他们可能做到但是实际又没有做到的事情。为什么奥运银牌选手比铜牌选手更加感到后悔，因为他们原本有可能拿到金牌。而铜牌选手虽然名次低于银牌选手，但是却比银牌选手更为高兴，就是因为他有可能拿不到任何奖牌。因此，相对的比较使得他感到欣慰。

8. 社会关系

社会关系理论是社会心理学的支柱课题②③。经济学家认为，人是自私自利的，人们都是为了自己的利益行为处世。然而，心理学理论认为，

---

① Gilovich T，Medvec V H. The experience of regret：What，when，and why. Psychological Review，1995，102：379-395.

② Allport G W. The historical background of social psychology. In：G Lindzey，Aronson E.（Eds.）. The handbook of social psychology. New York：McGraw Hill，1985.

③ Lewin K. Field theory in social science：Selected theoretical papers. D Cartwright（Ed.）. New York：Harper & Row，1951.

人们的行为经常表现出合作的倾向，并具有自我牺牲的精神。

例2：假定你为A公司做一个项目，另一个同学也参与了，但干的工作非常少。现在公司老板给你500元作为报酬，同时要你分给那位同学一点钱。你是愿意独自拿着这500元，还是多少分给那位同学一点钱呢？

从经济学的利益出发，人们应该选择第一种结果。但心理学发现，人们一般都会选第二种即分给那位同学少部分钱。这是由其他因素决定的，如为了息事宁人、为了平衡人际关系、为了公正，等等。老板愿将一个项目的所有奖金分给公司的某个优秀员工，但该员工却愿分一部分给其他人。这在经济学上不合乎规律，但是心理学却能够很好地解释这种现象。让别人得到好处而牺牲自己的部分利益，这对个人有很多不利的影响，并且也违反经济规律，但是却能够满足人的心理需要。

9. 价值观

价值观是一种长期的、稳定的信仰，它影响人们对世界的判断。心理学家认为，人的行为受价值观的影响，经济行为也受价值观的影响。例如，躺在地上的乞丐向你讨钱，你是否给他呢？这与性格、教育和经济能力没有太多关系，而与价值观有关。如果你认为每个人都应该勤奋，努力工作，只是环境原因使之沦为乞丐，则倾向于愿给钱。如果你认为每个人机会均等，他们沦为乞丐，是因为他们懒惰，不工作，则倾向于不愿给钱。

我们的研究发现，人们经常不知道自己的价值观。价值观是在与他人的比较中得出的，所以是相对的。这样在跨文化比较中就存在问题，因为你比较两个相对的变量，是不能得出真实的结果的。如比较中国人和美国人的家庭观念。中国学生会将同学每周与家里通电话一次与自己每月与家里通电话一次比较，得出前者家庭观念强。美国学生将自己每两个月与家里通电话一次与同学每年与家里通电话一次比较，得出前者家庭观念强。因此，如果结果是在比较中得出的，我们就不能简单地说谁的家庭观念强，谁的家庭观念弱。价值观的相对性使得人的行为有很多的不确定性[①]。

10. 文化

长期以来，经济学家假定人类的社会和文化对经济学的影响更多是表面的，而不是实质性的。但是，过去20多年文化心理学的研究已经发现，

---

① Peng K，Nisbett R，Wong N. Validity problems comparing value across cultures and possible solutions. Psychological Methods，1997，2：329-344.

人类的价值观念、自我概念和思维风格都存在很大差异，因而造成了经济决策和判断上的文化差异①。比如说，在选择风格上，中国人就相对倾向于选择中庸的选项，就像产品 A 在某个维度上强于产品 B，而 B 又强于产品 C，但是在另外一个维度上，产品 C 强于产品 A 和 B。心理学家发现，美国的被试在实验中倾向于选择 A 或者 C，而中国被试倾向于选择 B②。另外，还有很多研究发现，在风险判断上，中国人的经济决策相对而言有更强的冒险倾向性，也就是说中国人受肯定效应的影响要低于美国被试的反应③。过去 10 年来我们的研究发现，东方的被试具有比较强烈的辩证思维倾向性。因此，对经济决策的负面影响，中国被试表现得有更多的宽容④。

二、为什么经济学家要学点社会心理学

最根本的原因，是很多经济现象的实质是心理学现象。经济学家在解释自己的理论时提出了很多基本概念，这些概念在经济学的理论建构中已经成为经济学的重要组成部分。而心理学家则认为，这些概念如价值、选择、产权、机会成本和贸易等，都包含了很多人类的行为及心理成分。很多经济学的课题应该成为心理学的课题，实际上有的甚至已经成为心理学的课题。例如，谈判是一个经济行为，但它也是一个心理学的变量。在市场经济之前没有谈判这个概念，但是现在的日常生活中人会经常遇到需要谈判的事情。它的形式、方式和效果实际上已经变成人类心理活动的一个方面。所以，购物中的讨价还价、学习中付出（时间、精力）与回报（知识），这些都是一种利弊的权衡。有研究发现，经济学对人的心理影响很

① Morris M，Peng K. Culture and cause：American and Chinese attributions for social and physical events. Journal of Personality and Social Psychology，1994，67：949-971.

② Briley D，Morris M，Simonson I. Reasons as carriers of culture：Dynamic vs dispositional models of cultural influence on decision making. Journal of Consumer Research，2000，27(2)：157-178.

③ Weber E U，Hsee C K. Models and mosaics：Investigation of cultural differences in risk perception and risk preference. Psychonomic Bulletin and Review，1999，6：611-617.

④ Peng K，Nisbett R. Culture，dialectics，and reasoning about contradiction. American Psychologist，1999，54：741-754.

大，掌握了经济理论的人其价值观、态度、行为方式都有独特的心理特点。

1. 价值和效用

经济学在预测效用时强调曲线关系，它的价值方程是一条抛物线，横坐标是资源（resource），纵坐标是效用（utility）。资源与效用是正比例关系，增加一定的资源，同时效用也会相应地发生变化。但如果同一资源超过一定的数量，那么随后产生的效用会逐渐降低，这就是边际递减效应。其实这一现象最早是由心理学家费希纳等发现的。它也可以用英国著名经济学家萨顿（Sutton）提出的边界分析法来体现。边界分析法表达了价值效用与资源的正比例关系，但预测增减时是等同的，只是方向不同。但是，心理学家认为价值方程非常复杂，不仅仅是一个简单的对应关系。如果你得到某物，它的价值与效用的关系就与经济学家的预测相同，成正比例关系；倘若失去某物则与经济学家的预测相反，但是与心理学的预测相同，成反比例关系，心理感受更强更深，价值更大。例如，一个人丢失10元钱与得到10元钱，其心理量是不等的。

有代表性的一个心理学现象是心理账户（mental accounting）问题[1]。经济学家预测，人在计算经济利益最大化时，价值的增长变化完全是数学性的。例如，某商场80元一条裤子，外加坐10元的车；另一家商场90元一条裤子。从理论上来看，成本费用是一样的。但人们通常愿花10元车费去买80元的裤子，而不愿意买只需90元的裤子。为什么？因为人的账户是分类计算的。一个账户是专门用于交通的，而买服装的开销则算在另一个账户上。所以，我们往往不觉得自己花了不该花的钱，这就是我们要说的心理记账问题。再如，李先生看中一款新潮手机，但因为价格是4000多元，还是犹豫着没买。到了月底，他太太买了一份生日礼物送给他，而这份礼物正是他喜欢的那款手机。他会很高兴接受这一礼物，尽管他们用的是同一个账户。因为他把这一账户分类使用，有的是社会交往用的、有的是日常消费、有的是礼仪礼品等。而这是太太买的，就不仅仅是手机消费，而用的是两个人感情交往的账户。

例3：香格里拉饭店的自助餐很贵，但现在它有价值20元的免费礼品送，这一促销策略吸引了很多顾客。但是如果在普通餐馆用餐，也许可以

---

① Thaler R. Mental accounting and consumer choice. Marketing Science，1985，4：199-214.

用剩下的钱买好几份同样价钱的礼品。

还有当人们打牌赢了钱之后，往往都觉得那是一笔意外之财，从而毫不犹豫地、爽快地消费掉。他们却没有意识到，这次赢的钱此前已经投资了（如输掉的钱）。有的人平时省吃俭用，却又不时地把大笔钱消费在高朋满座、大吃大喝上。从某种角度上看，这是人际关系的压力使然。但是也反映了人们在计算经济利益时，是按社会和心理的因素去做，而不是按纯粹的经济理性。

2. 选择

经济学假设"人是经济人，追求经济利益最优化"，因此人们的选择会遵循效益最优化原则，心理学家却不以为然。事实上，我们经常会选择一定能带来效益的方式，即使它并不是最优。

例 4：刘先生要购买彩票，他会选择哪一种？

A. 有 20％ 的机会赚 4 万元。

B. 有 80％ 的机会赚 3 千元。

根据经济学家的预测，大多数人会选 A，因为 A 带来的效益高。但心理学家发现，人们经常对肯定能带来效果的事物给以较高评价。因此，心理学家认为刘先生会选 B，因为这是一个肯定的概率，可能性更高。

例 5：下面两种情况，你会选择哪一种？

A：5％ 的机会赢七天的江南三地游（上海、杭州、南京）。

B：10％ 的机会赢两天的上海游。

从经济学效益最大化的观点来看，应同时考虑时间、地点及概率选七天的江南三地游；但有实际研究发现很多人选 B，因为 10％ 的概率大于 5％ 的概率，即使只去一个地方。

这就是说，人们的行为并不完全理性。日常生活中，人们的思维存在分类倾向，对于必须要做的事，不管花多少钱都愿意，因为它对生活很有意义；而对于那些不必要做的事情，会花很多时间考虑，因为这就意味着必须要面对选择的难题。这里，传统的经济学理论难以解释。我们还会发现从经济学角度看，有的人做一件事并不一定能获得经济利益的最大满足，但是却能引起人们极大的兴趣。如门卫的工作工资低，也没有太大的意义去做这份工作，但是人们可能愿意，因为有很多时间可以做自己的事。又如，从经济学角度看，人们应该更愿意选择高薪的外企或高科技企业，而不愿在学校当一名教师或者在机关单位当一名国家干部。但是，现实生活中相反的例子并不少见，尽管后者的工作烦琐，工资又低，但人们依然趋之若鹜，因为它所附加的社会荣誉、社会地位和权力带来的是精神的回报，而精神的回报正是心理的回报。

为什么我们不追求最优化的效益，而去追求最肯定的效果呢？因为人对自己体验到的事情印象深刻，对不能体验到的（如概率）事件认识肤浅。一个事件的发生与否对个人来说是全有或全无的，从这个意义上说，概率对个人而言没有意义。因此，人在选择时会对概率作出不同的加权，概率大的就被认为更有意义。实际上，人们应该将效益和概率相乘得出最优的价值。

经济学家认为，人在选择时一定是以逻辑的方式来进行判断，但是心理学家发现，事实并不像经济学家说的那样。不同之处体现在：①在现实生活中，人们会选择能带来肯定效应的方案，即使该方案带来的效果不是最理想的；②人们逃避看似危险的方案，即使该方案可能相对较好；③人们肯定会选择正面表述的方案。这就是关于选择问题，心理学家向经济学家的补充和完善。

3. 产权

人们通常认为产权包括财产、物资和经济所有权等，表面看来这些都与心理学无关。但是为什么现代经济学特别强调产权制度呢？它起源于一个历史事件——"羊吃人"的圈地运动。16世纪至18世纪，英国已经走向了早期的资本主义社会，大地主以武力赶走农民，将公有地变成私有地，这在经济学上第一次为土地产权奠定法律地位。而这个历史事件的发生正是心理学的原因——公有地的悲剧，即公共所有的草地由于谁都想利用它为自己的利益服务，结果造成了公有地的消失，反而最终谁也不能获得利益。私有化就是规定草地是归私人所有，这样反而保证了草地的存在。因此，可以说一个由个体的心理引发的社会问题，导致了经济学里产权概念的诞生。无论过程是多么残酷，我们都不能否认一个事实，圈地运动在经济学上的里程碑意义。

4. 沉没成本

人们在决定是否去做一件事情的时候，不仅要看这件事对自己有没有好处，还要看过去是不是已经在这件事情上有过投入。我们把这些已经发生的、不可收回的支出，如时间、金钱、精力等称为"沉没成本"。在经济学中，沉没成本是指已经付出且不可收回的成本。在微观经济学理论中，做决策时仅仅需要考虑可变成本。如果同时考虑到沉没成本（这被微观经济学理论认为是错误的），那么作出的结论就不是纯粹地基于事物的价值。

因此，我们可以这样理解"沉没成本"——人们在作价值判断时，应该考虑现时的成本和效益，而不应考虑过去的成本和效益，因为过去的成本与现实的判断是没有关系的。

例6：有一位女士花100元看一场演唱会，因为其中有她最喜欢的一位歌星。但是最终这位歌星因故不能来，而且当天晚上下了暴雨，很难开车前往观看。她会选择不去看音乐会而待在家里吗？

从经济学角度，如果你是理性的，那就不该在做决策时考虑沉没成本。即人们应抛开浪费100元的念头，而应考虑交通成本及其他可能的损失。

然而心理学研究表明：人们一般都会选择去。因为已经买了票，如果不去就浪费了。一般来说，这时人们很少考虑交通成本和不舒适感。这可能源于对"浪费"资源的担忧和焦虑，我们称之为"损失憎恶"，而这种情绪的影响正是心理学家所关注的内容。

5. 机会成本

经济学另一个很重要的概念——机会成本，即人们在做某件事的时候，牺牲了许多获得其他利益的可能性。例如，机关单位的机会成本就可能比外企的机会成本大。人们做一件事不仅思考实际的成本，而且要考虑做了这件事时，即将要放弃的利益或失去的代价。如上大学要交学费，不上大学工作赚钱，这两种选择哪一个成本高呢？显然，前者付出的是实际成本，后者舍弃的是机会成本。在作选择时，成本的两个因素都应该同时考虑。

但选择不是简单的数学运算，也不是仅仅计算得与失就可以完成。它是一场心理的较量，因为选择还会受各种因素的影响，如亲朋好友的反应、个人的欲望、价值观等。只要提到机会成本必然离不开决策与选择，而人类的决策与选择正是认知心理学的基本概念。

我们都注意到一个现象，受过教育的女性比没受过教育的女性生的孩子少得多。为什么？表面看来，生一个孩子的成本差不多，但受教育的女性生孩子耽误的成本远不止生一个孩子的费用。她们失去的可能是高薪、晋升的机会以及即将获得的成功等。对她们来说，机会成本带来的损失难以弥补。相反，没受过教育的女性其机会成本就会少得多。因此，两者之间的差别不是实际成本的差别，而是机会成本的差别。

6. 贸易

所谓贸易就是交换，是经济学中最基本的概念之一。没有贸易就没有经济学。而交换也是一个心理学概念。

首先，交换是在双方之间进行比较，这种比较是基于心理上的、相对的事件。例如，一个厨师工作一小时准备一顿晚餐，可赚30美元，但他经常花 5 美元雇保姆为他做晚饭，这是因为实际成本（5 美元）相对机会成本（30 美元）较低，而这种相对优势正是贸易的基础。发达国家之所以愿意与中国进行贸易往来就是因为中国有大量的廉价劳动力，这些廉价劳动力的机会成本比国外劳动力的机会成本低得多。贸易是比较相对的优势，这正是心理学中的比较概念。你只有把握对方的心理，才能胜券在握。

其次，交换过程中的信任也是一个很重要的心理因素，没有信任就没有交换，但是这在不同文化的国家中差异很大。东南亚国家、中国、日本等国家在贸易往来中往往容易相信一诺千金。但要知道，心理的约束是缺少法律效力的。

7. 生活质量

人们通常认为生活质量是一个经济学变量，因为它涉及收入、环境、工作压力等。实际上，生活质量也是一个重要的心理学变量。因为对生活质量的判断是主观性判断，仅仅以收入、环境不能说明问题。心理学家发现，生活质量经常受对比效应的影响。社会比较从来有往上比和往下比，往上比的自然心理反应就是比较悲观，往下比人们会倾向于满意自己的生活。同样的道理，人们的幸福指数与金钱也不是线性的对应关系，百万富翁不一定比低收入的人感觉更幸福，意外的致富（如赢得彩票）虽然在金钱上提升了富裕程度，但是在生活指数和幸福感上并没有得到相应的提升。很多情况下，生活质量与经济关系不大，而受人们心理的主观判断所左右。

文化思维方式影响着人们对生活质量的判断。强调个体主义（美国、加拿大及欧洲）文化的国家，人们对生活质量的评价受个人因素影响很大；强调集体主义（中、日、韩）文化的国家，人们对生活质量的评价受家人、同事、朋友、环境及生活状况的影响多，较少受个人的支配。有研究表明，西方人对生活质量的判断易受情绪的影响。对他们而言，个人孤独感和失落感是一个重要的评价指标。当高兴时，人们更倾向于评价生活质量为高。相对而言，东方人把个人经历、事物本身作为关键指标[①]。

8. 博弈理论

最早，博弈论是一个纯数学理论，在经济学中博弈理论得到大力发展。例如，假定理想化的理性行为者如何参与博弈，无感情的天才如何在

---

① Levinsion J，Peng K. Value cultural difference in behavioral economics. The IC-FAI Journal of Behavioral Finance，2007，1：32-47.

博弈中行动等。然而，行为的博弈并不一定严格遵循经济学中的理性博弈理论。

例7：同一个案件的两个犯人关在不同屋子，给他们一个机会，即揭发对方可得到减刑，对方会判较重刑，否则两人都会被判刑。但如果都不揭发，法官会因证据不足而判刑较轻。从自己的利益出发，到底揭不揭发呢？

遵循经济学的博弈理论是不揭发，因为如果都不揭发，两人的量刑则会减少，但是如果都揭发对方，两人则会加重量刑。然而，心理学研究发现结果是揭发，这正是由人性的弱点所决定。研究发现，大多数人都会选择揭发别人来减轻自己的罪行。囚徒困境的例子说明，你的未来或者选择的结果不完全由你自己决定，常常依赖你对他人的行为判断。这正是社会心理学的问题[1]。现代经济学的创始人亚当·斯密以他的经济学名著《国富论》而享誉于世，但是我们很少知道他的另一部著作《道德情操论》，这实际上是有关人心理的研究。在他的身上，我们可以看到一个经济人的心理博弈。经济学与心理学应该是一对互相依赖、互相促进的科学，因为它们都是人所创造出来的，有关人的，并为人服务的科学。

（彭凯平）

---

① Spencer-Rodgers J，Williams M，Hamilton D，Peng K. Culture and group perception：Dispositional and stereotypic inferences about novel and national groups. Journal of Personality and Social Psychology，2007，93：525-543.

社会心理学与军事研究进展
——社会心理学在军事领域的研究热点和发展趋势

　　社会心理学在军事领域的应用一直有着良好的传统，它推动并促进军事心理学的形成和发展。作为社会心理学的应用分支学科，军事心理学（Military psychology）是一门极具应用前景的社会心理学与军事学的交叉学科，它的工作几乎渗透到军事领域的方方面面，对军队建设起着举足轻重的作用。与社会心理学大多数应用分支学科不同，军事心理学不是依据其研究领域或者一套基本技术来进行划分，而是因其应用领域——军事环境的特殊性而别具一格、自成体系。因此，军事心理学依据其特色被定义为：以军事需要为目的，以军事作业环境为出发点，注重军队文化特点，解决部队实际问题，它既不是建立在一套系统理论之上，也不是一套常规性技术的总和，而是心理学原理和方法在军事领域的应用[①]军事心理学的研究领域具有特殊性，它研究的是特殊军事问题和特殊军事人群。军事活动往往负有特殊使命和责任，强调武器装备与人类认知的有机协调。军事人群通常是在特殊环境中实施军事行动，本身具有一定的危险性。正因为这些特殊性，军事心理学始终把提高军事人员活动效能和军事组织工作效率作为目标，对建立新的"理论体系"并不太强调。在社会心理学知识广泛运用于军事领域的同时，军事心理学在特殊环境、健康促进、太空探险、群体心理、应激、物质滥用、多学科综合研究等领域，也为现代社会心理学研究开创了新的发展契机，为心理学的基本理论研究提供了"实验室"[②]

一、军事心理学的发展历史

　　军事心理学的形成与发展与战争实践的需求密不可分。特别是在两次世界大战期间，德、英、法、美、苏联等国将社会心理学理论和方法广泛运用于军事领域，促使社会心理学与军事学结合，促成了一门新兴学科——军事心理学或军事社会心理学的诞生。

---

　　① 军事心理学//中国科学技术学会.2006—2007心理学学科发展报告.北京：中国科学技术出版社，2007：57-58.

　　② 苗丹民.军事心理学研究.心理科学进展，2006，14(2)：161-163.

第一次世界大战前夕，美国成立了 17 个研究具体军事心理问题的分会，设置了相关的部门和专门的实验室，运用社会心理学的专业研究技术和方法解决军事环境中独有的心理问题。期间大约有 500 名军事心理学家投入其中，他们主要从事新兵的心理考察、挑选、分配以及确定他们是否适合担任军官职务等工作。这段时期军事心理学的发展主要表现在以下三个方面。

一是对新兵进行筛选和分类。美军率先使用心理学家编制的《陆军甲种群体心理测验》（Army Alpha group mental tests，即 α 测验）和《陆军乙种群体心理测验》（Army Beta group mental tests，即 β 测验）对招募的士兵进行测试、挑选和分类，不仅降低了训练成本，还增强了战斗力。α 测验和 β 测验的运用可以看作是现代军事心理学的发端，它标志着社会心理学在军事领域的运用获得了合法地位。同时这些测验还是目前使用的《军事职业能力倾向测验》（Armed services Vocational Aptitude Battery，ASV-AB）的前身。

二是为加强和改进军队建设服务。军事心理学家们运用其专业知识积极为军队服务，他们制定根据学习能力进行粗略分类的个体分组体系，提供改进有关训练方法的建议，参与对患有心理疾病士兵的评估，积极探索提高作战效率与士气的方法。以美国心理学家斯考特（Scott）为首的一个委员会专门负责开发职业分类测验，该委员会共开发出 83 种军队职位的熟练性测验工具。心理测验在军队中得到了广泛运用，到第一次世界大战结束时，心理学家共测试了近 467.5 万人。同时，为提高军队的士气和加强纪律性，美军在 1918 年成立了"精神服务部"，著名心理学家 R. 约克斯是该部的领导人之一。1918 年，德国的一些专门机构开始利用军事心理学原理进行战争宣传和动员。此外，为解决许多士兵不能适应紧张作战生活这个难题，德国军队还将社会心理学原理和方法运用于士兵教育、战犯改造和精神病治疗等方面，这就将社会心理学知识与军队的思想政治工作以及心理治疗结合起来，扩大了社会心理学在军事领域的运用范围。

三是促进了心理病理学的发展。第一次世界大战时，心理学家们有机会在军队医院服务，同时战争也需要通过一种相对经济的方法筛选大量新兵，从而找出其中的心理异常人员，这些工作极大地推动了心理病理学的发展，它们是最早涉及患者的工作，为社会心理学进入精神病学，以及心理障碍的诊断和预防领域奠定了基础。

第二次世界大战及战后是军事心理学迅速成长和发展的时期，心理测验得到进一步完善，军事心理学的研究内容得到进一步扩展。如果说，第一次世界大战是军事心理学的形成和奠基时期，那么，第二次世界大战则是军事心理学的完善与发展时期，这个时期的发展主要表现在以下两个方面。

一是深化和完善心理测验。第二次世界大战提供了将第一次世界大战期间开发的心理选拔与分类技术进一步完善的机会。军事心理学机构因为战争的新需要又重新活跃起来，美国在当时的国防研究全国委员会内建立了实用心理学部，代替了军事心理学研究委员会。参与其中的心理学家达千名以上，共完成了500多个不同的军事心理学研究项目。G.布赖在其著作《心理学与军事技能》一书中这样描述：动员了所有大学的心理学实验室的力量进行军事心理学研究，制定心理实验的样本，提出了改进技术装备和武器以及士兵教育训练的建议①。到第二次世界大战结束时，已有超过1300万人接受了《陆军普通分类测验》。实践证明，经过严格心理测验选拔的军人智商高、适应能力强，极大地提高了美军的战斗力。美国防委员会曾经宣称：科学心理学方法的应用，是美国在第二次世界大战中获胜的一个重要因素。

二是拓展了军事心理学的研究内容。第二次世界大战中，特殊军事人员筛选、军队领导者、军人士气、小团体凝聚力、武器装备工效学、特殊军事环境与应激、物质滥用、战俘心态、女军人心理等问题逐渐被纳入军事心理学家的研究视野。与第一次世界大战心理学家们仓促上阵的情景不同，第二次世界大战爆发时心理学已经为战争服务做好了准备。战争的迫切需求为军事心理学的发展提供了强大的推动力，使得该学科得以迅速发展起来。1943年，《心理学公报》中有一半篇幅是军事心理学的文章，当时全国有25％的心理学家参与了军事心理学的工作。此外，还开辟出一个新的分支——人因工程学和工程心理学。

第二次世界大战后，军事心理学的研究更加深入。以美国为例，军事心理学家们经常深入部队，研究影响士兵士气的条件，寻找感化士兵的有效途径和方法，并出版了四卷集的军事心理研究著作《美国士兵》。此外，美国的军事心理学家还利用有美军参加的每一次军事冲突的资料，如参加过朝鲜战争的美国士兵的行为，就受到了严格的军事心理观察。在越南也

---

① [苏]M H 季亚琴科主编，许宗伍译．军事心理学．哈尔滨：黑龙江出版社，1985：61.

进行了大量工作，如研究士兵怎样同恐惧作斗争的问题，研究动机作用、巩固纪律和士气，以及小组之间的团结等问题。军事心理学家 R. 里加还出版了《军队的战斗训练》一书，对军队心理训练的结论在书中作了佐证。

纵览军事心理学的发展史，我们可以发现，战争期间军事心理学的成功运用以及后来的实践发展，使社会心理学研究领域发生了重大变化，它已经由一门没有多大影响力的理论学科转变为一门基础应用性学科，并准备解决各种不同的实践性问题。可以说，社会心理学整体上由纯学术向应用性转化，很大程度上应归功于它与军事的结合。著名军事心理学家 Driskell 和 Olmstedt 一语中的："可能没有任何组织或机构会像军队那样与心理学科的成熟和发展有着如此紧密的联系。"①在美国，几乎所有心理学分支都被应用于军事活动中，涉及军队面临的心理问题的方方面面，如领导、士气、动机、纪律、文化差异、环境、药物依赖、咨询、虐待战俘、妇女从军，等等。军事心理学的学科独立性根植于其特殊性，只有把焦点集中于军事应用上，它才真正是独一无二的学科。

二、近年来军事心理学关注的研究热点

军事心理学是社会心理学的应用分支学科，同时，军事心理学作为一门独立的学科，其研究对象有着特殊性，主要是指与军事活动密切关联的心理现象、本质及其规律，包括军人集体心理、军人个体心理、军事社会心理、军事职业心理以及其他军事活动中的心理现象。近年来，军事心理学关注的研究热点有：军事人员心理选拔与分类、军事人因学、特殊军事环境与心理适应、军队领导与组织、军队临床心理、心理战以及特殊军事心理学问题等。

（一）军事人员心理选拔与分类

心理选拔、人员分类与安置仍是当前军事心理学研究的重点和焦点。近年来，军事心理学家发现，传统的军事能力倾向测验虽然能很好地预测一个军人能否在军校学习中取得成功，但往往不能有效地预测一个军人在今后军事生涯中能否取得成功，为解决这个问题，军事心理学家们目前所做的工作是：①对各种军事专业进行心理学的分析，确定每种军事专业需要具备哪些能力与技能才能胜任这一专业的工作；②着手重新修订各种军

---

① Driskell J E, Olmstedt B. Psychology and the military. American Psychologist, 1989，44(1)：43-54.

事能力倾向测验量表，使它具有更好的效度；③进行测验自动化的研究，即如何使用电子计算机迅速地测定一个人的心理倾向与心理特征。如开始运用复杂的计算机模型来弥补人力选拔与分类的不足。20世纪90年代美军推出的《美国军队认识选拔和分类项目》(Project A)、CAT和综合评价技术研究，使该项研究发展到了一个新的水平。

军事人员的心理选拔与分类包括新兵和军官两方面。目前，《军事职业能力倾向测验》(ASVAB)仍然主导美军的兵员心理与分类，采取的技术有：①评价中心技术（包括角色扮演、个人档案、情景模拟、结构会谈、无领导小组讨论、口头介绍、文件夹测验等）；②结构式评估（由心理学家直接参与，采用具有特定的评价方法、评价标准，严格遵循固定程序对个体心理特征进行评定的过程）。军官的选拔过程相对比较灵活，除考察技术知识外，还包括一些个性品质，如坚韧不拔的毅力、领导和管理能力以及逻辑思维能力。所使用的测验和指标包括：学术评价测验(SAT)、美国大学测验(ACT)、毕业平均分(GPA)、空军军官资格测验(AFOQT)、军官选拔测验(OSB)、候补军官学校(OCS)、后备军官训练团(ROTC)、军事职业能力倾向测验(ASVAB)、ASVAB中的一般技术能力测验(GT)、军官能力评定(OAR)、飞行资格测验和飞行能力评定(AQT-FAR)、军官培训学校(OTS)、ASVAB中的电子知识测验(EL)等。为避免对军官能力的测验是"纸上谈兵"，拉近与实践、实战的距离，目前军事心理学家正在研究一种新的测验方法，这种方法是根据军官在实践中的行为来评定其能力的高低[①]。

选拔军官过程中的人格评估是当前的一个研究热点。与多数地方上的工作相比，军事工作对个体的身体和精神有双重要求。因为大多数军事工作都涉及焦急、感官负荷、感觉剥夺以及暴露在极端的地理或气候温度条件下等[②]，这就要求个体不仅在身体上而且在精神上具有持久力、坚持力。因此，人格评估是军事选拔和训练中的一个重要问题。除了与工作相关的人格变量外，心理上的幸福感或者精神健康也是军事人员选拔中的重要因

---

① 王京生. 军事心理学导论. 北京：中国轻工业出版社，2006：44.

② Krueger G P. Military psychology：United States. International Encyclopedia of the Social & Behavioral Sciences. Oxford，England：Elsevier Ltd/Pergamon Press. 2001：9868-9873.

素。Sumer 等认为，人格特征可以预测精神健康①。然而，Sumer 的研究却没有发现与工作有关的人格变量能显著预测精神健康②。将来的研究要使用更可靠的测量工具，来考察测量工具和不同样本之间究竟存在何种关系。

(二)军事人因学

人与武器装备是军事系统中的两个子系统，只有这两个系统相匹配，才能达到最佳效应。军事人因学的研究目的是提高军事活动绩效，提高掌握武器装备的效率，减少人因失误发生。

当前这方面研究的热点问题有：①文化人类工效学。即在军事装备相近的前提下，领导能力、士气、经验、动机、训练以及纪律等文化因素成为影响战争进程、发挥武器效能的重要因素。②人工智能(AI)。③有关人的因素的训练与选拔策略。④人－机系统的研究与应用等。

军事人因学早期的研究重点是人员绩效水平的区分，以及通过改进装备来提高人员的绩效水平，如对飞机座舱、控制台、操作仪及显示仪进行设计。随着研究的不断深入，目前的研究重点已经转移到了通过减少源于操作者自身和外界环境的压力来提高绩效水平，其中一个重点在于通过人工智能和专家系统来提高人员的决断能力。目前，基础性的研究包括人由于听觉、视觉紧张而引起的生理反应等。该领域的计算机技术得到了越来越广泛的应用，在飞机、武器以及信息系统的研究方面尤为突出。目前军事人因学已经受到各国军事研究机构的高度重视，研究领域逐渐从高技术含量的航空准备扩展到陆、海军常规武器装备上。

随着军队在战场管理、军队配置以及其他操作性工作中日益形成更加复杂的数字网络系统，如何高效地操纵数字显示器逐渐成为一个重要问题。Johnson 认为，玩电脑游戏有利于增加信息加工速度，使视觉知觉变得更敏锐，从而提高多重任务和问题解决的能力③。一些研究表明，如果新兵已经熟悉计算机和电脑游戏，他们在彼此配合以及操纵数字显示器上将没有困难。但人们通常的看法是，身处需要集中注意力的竞争环境之中，人的觉察视觉显示器变化的能力将变弱，这被称为变化盲视(change

---

① Sumer H C，Bilgic R，Sumer N，Erol H T. Personality attributes as predictors of psychological well-being. Journal of Psychology，2005，139(6)：529-544.

② Sumer H C，Sumer N. Military Psychology，2007，19(3)：161.

③ Johnson S. Everything bad is good for you. New York：Penguin，2005.

blindness)。精通电脑游戏的战士是不是更不容易出现变化盲视？Green 和 Bavelier 认为，玩电脑游戏可能会影响人的注意力①。Durlach 却认为，经常玩电脑游戏的人与不玩电脑游戏的人相比，在对变化的知觉方面并未发现任何明显的优势②，这方面还有待于进一步的研究。

（三）特殊军事环境与心理适应

军事人员常常需要在对人体不利的环境下工作，如长时间持续工作缺少睡眠，环境恶劣（高海拔、严寒、酷暑、噪声），车辆突然加速，震动，高压，迅速位移导致的恶心，危险环境（如毒气、辐射、生物或化学物质的伤害等）。这些环境十分艰险，它们会严重影响作战能力，甚至危及生命，给军人的身心健康带来巨大的影响和压力。研究特殊军事环境的特点，制定出相应的职业标准和训练标准，有助于寻求有效的防御措施，维护身心健康，保障战斗力。为保证研究效度，在研究中还需将实验室研究与极端环境下的现场研究结合起来。特殊军事环境包括以下几种。

1. 极端气候和环境

当周围的环境超过生物体热量调节系统的承受力时，会对绩效产生影响。①高温会影响人们在不同任务中的绩效。Kobrick 和 Johnson 认为，经常从事一些让人感兴趣的任务会使高温的影响变小，通过训练可以提高耐受高温的能力，对于重要任务应在高温环境下演练，以防因高温使人们产生典型的身体反应而改变执行任务的条件③。此外，过高的温度会使人产生知觉障碍导致任务绩效受损，需事先采取必要的防护措施。②寒冷会影响工作绩效。LeBlanc 认为，过低的温度会使皮肤冷却并影响关节液的黏稠度，从而降低手的灵活性、控制能力以及皮肤对外界刺激的敏感程度④。Kobrick 和 Johnson 认为，在寒冷环境执行任务时，双手的保暖对维持作战能力至关重要，可通过把任务划分成多个较短的部分，在每两个活动中间重新温暖双手来解决，以及对关键控制设备进行工效学重新设计。

---

① Green C S, Bavelier D. Action video game modifies visual selective attention. Nature，2003，423：534-537.

② Durlach P J, Kring J P, Bowens L D. Military Psychology，2009，21(1)：24.

③ Kobick J L, Johnson R F. Effects of hot and cold environments on military performance. In：M A David，G Reuven.（Eds.）. Handbook of Military Psychology. New Jersey：John Wiley and Sons Ltd，1991：216-232.

④ LeBlanc J S. Impairment of manual dexterity in the cold. Journal of Applied Physiology，1956，9：62-68.

对于重大任务，应事先在寒冷环境中进行熟悉和演练，通过一些具体的措施，最大限度地降低寒冷的影响。如使士兵衣服分层次，以便于适时调整舒适程度，定时更换袜子，保持干燥，包裹头部，使暴露的皮肤减到最小①。③海拔高度会对绩效产生影响。高海拔对人的感觉和神经系统、情绪状态、人格都会产生影响。

2. 噪声、加速度、振动、运动环境

①噪声会对工作绩效产生影响。军事活动往往伴随着巨大的噪声，步枪、机枪、坦克、炮火、导弹发射以及炸药等都会对操作武器的人员或位于附近的人产生强烈的噪声。空勤和地勤人员、通信人员、导弹修理工和无数其他人员常常暴露在由喷气引擎或柴油机、履带式车辆、发电机、电子装置和无数其他持续和连续状态的噪声源之中。Moore 和 Von Gierke 认为，噪声不是影响绩效的唯一因素，它与其他各种环境压力源具有相似性。最佳的方案是运用工程控制和听力保护措施把周围的噪声环境限制在对听觉系统安全的范围之内，以减轻噪声对认知和心理运动作业的不利影响②。②加速度与振动。当直升机、卡车、坦克等动力自动装置使操作人员暴露在不断增大的加速度之下时，会对工作绩效产生影响。加速度的影响并不是只影响诸如语言、视觉或双手的灵活性等单一因素。Von Gierke 等认为，加速度对操作人员产生的机械、生理和心理方面的影响都会以一种相互增效的、互相作用的方式对军事绩效产生不利影响。振动对人体的影响与加速度相似，所不同的是引起振动的可变外力上③。③运动诱导的疾病。运动病影响情绪和动机，以及执行任务的准备程度。当一个人呕吐时，不论他执行的是何种任务，都无法继续下去。目前采用的降低运动病的方法有：人因工程学、人员预选、脱敏训练、行为疗法、生物反馈以及

---

① Kobick J L, Johnson R F. Effects of hot and cold environments on military performance. In: M A David, G Reuven. (Eds.). Handbook of Military Psychology. New Jersey: John Wiley and Sons Ltd, 1991: 216-232.

② Moore T J, Von Gierke H E. Military performance in acoustic noise environments. In: M A David, G Reuven. (Eds.). Handbook of Military Psychology. New Jersey: John Wiley and Sons Ltd, 1991: 295-311.

③ Von Gierke H E, McCloskey K, Albery W A. Military performance in sustained acceleration and vibration environments. In: M A David, G Reuven. (Eds.). Handbook of Military Psychology. New Jersey: John Wiley and Sons Ltd, 1991: 335-364.

药物干预等。

3. 混合气体环境

军事训练和作战经常使武器系统操作人员暴露于可能有毒的烟气混合物中。人们对一些有毒气体和烟雾的认识已经很充分了，但它们对行为和中枢神经系统的影响方面的研究还不多。此外，辐射暴露也会影响绩效。Mickley 和 Bogo 的研究描述了与辐射造成行为损害相关的神经生理学现象，提供了人体辐射效应的动物预测模型，并介绍了行为辐射防护的方法[①]。

4. 连续军事行动、持续绩效和睡眠缺失

在未来的武装冲突中，经得住长达 100 小时战斗考验是一种需要。因此，在现代战争中实施睡眠管理十分必要。相对社会人员而言，军事人员必须熟悉身体和大脑的睡眠及休息需求，了解自己的昼夜节律，以及疲劳、睡眠缺失对军事绩效的影响[②]。Belenky 等认为，在睡眠剥夺的情况下，绩效最大化的能力对军事人员非常重要[③]。通常的看法是睡眠剥夺导致个体整体认知能力下降，但最近的文献回顾表明，一些任务对此有负面影响，另一些任务则几乎没什么影响。Wiliamson 等的研究发现，睡眠剥夺损害了绩效，他考察了包括知觉的、注意的、记忆性任务，发现视觉知觉和逻辑推理能力不受影响[④]。Harrison 和 Horne 认为，这些数据实际表明了在睡眠剥夺和认知绩效之间存在着更复杂的关系，只是我们很难做直接比较[⑤]。Maddox 等检验了在两种形式下的分类学习中睡眠剥夺

---

① Mickley G A，Bogo V. Radiological factors and their effects on military performance. In：M A David，G Reuven.（Eds.）. Handbook of Military Psychology. New Jersey：John Wiley and Sons Ltd，1991：365-385.

② 王京生 . 军事心理学导论 . 北京：中国轻工业出版社，2006：88-109.

③ Belenky G，Penetar D M，Thorne D，Popp K，Leu J，Thomas M，et al. The effects of sleep deprivation on preformance during continuous combat operations. In：B M Marriot(Ed.). Food componennts to enhance performance. Washington，D C：National Academy Press，1994：127-135.

④ Williamson A M，Feyer A，Mattick R P，Friswell R，Finlay-Brown S. Developing measures of fatigue using and alcohol comparison to validate the effects of fatigue on performance. Accident Analysis and Prevention，2000，33：313-326.

⑤ Harrison Y，Horne J A. The impact of sleep deprivation on decision making：A review. Journal of Experimental Psychology：Applied，2000，6：236-249.

的影响①。在 AN(A not A，AN)的分类学习任务中，要求被试判断故事条目是否在类别 A 或不在类别 A。在 AB 分类学习任务中，要求被试判断故事条目是否在类别 A 或类别 B 中。在 AN 和 AB 两组测试阶段使用同样的刺激物。这样两组的任何差异都不能归于非 A 和 B 类别之间的差异，或任何特定刺激物的差异。初步的结果表明睡眠剥夺损害 AN 分类学习，但是对 AB 分类学习并无影响，这将对军事训练带来一定启发。睡眠剥夺是军队人员必须面对的严重问题，理解认知过程是否受睡眠剥夺的影响将对执行军事任务产生重大意义。

(四)军队领导与组织

军队领导与组织的研究包括小型军事组织的领导优化、战斗与驻防中的领导、行政领导等。军事组织的特殊性，为领导者理论研究提供了天然的"实验室"。

目前，本领域的研究主要表现在三个方面：①影响军事组织效率的个体心理因素研究。如研究军人对服役生活的满意程度，对专业的喜爱程度；研究怎样激发军人的活动动机，怎样改变军人的消极态度等问题。②影响军事组织效率的社会心理因素研究。许多社会心理因素，如人际关系、团体凝聚力、士气等会影响组织效率。这方面研究最多的是士气，当前士气研究的一个重要方面是怎样激发军人的战斗精神。③领导心理和领导效率研究。军事心理学家参与领导技能的训练工作，引进敏感性训练、专家气魄训练等心理学方法。

过去对领导问题的研究焦点集中在领导者的挑选、培养和评估上，目前已发展到对环境和组织因素的研究，加强组织效率的组织发展(OD)技术已经开始在美国陆、海、空三军的组织发展规划中使用，其效果在拥有大量非军事专职工作人员的军队组织中更为明显。当前军事心理学家积极参加组织发展的研究，探索何种编制与类型为最佳军事组织。

军队的任务在于建立有凝聚力的战斗单位，领导才能通常是决定胜负的关键。Bartone 认为，凝聚力是减少部队内在压力的主要成分。Walter Reed 军事研究所的研究显示，不同发展阶段的军事组织对领导者行为有不同的要求。Hunt 认为，和平环境下保证组织绩效依靠制定完善的制度，但安全而机械的制度不能提高领导者处理战时问题的能力。Jacobs 通过军

---

① Maddox W T，Zeithamova D，Schnyer D M. Military Psychology，2009，21：55.

事组织领导研究，创立了整合领导理论的组织模型，提出了在不同层面的组织之间存在"瀑布式"影响效应的观点，为解决领导者所承担任务复杂性持续增加提供了帮助[①]。未来的军事领导者将面临三大主要挑战：一是涉及不同国家、不同文化之间领导艺术的迁移性问题；二是涉及对妇女和少数民族等具有不同特色成员的领导；三是涉及怎样在实行全面质量管理方法的组织中实施领导。

团队研究（包括团队建设、信息沟通、上下级关系、团队凝聚力、小组功能、决断能力等）是本领域近年来研究的一个热点。军事心理学家们倾注了大量的精力来研究团队的功能、团队协作的复杂性和动力。他们最感兴趣的问题是，团队如何、何时、何地，以及为何按照某种方式去行动。目前最关心的问题之一是对国际军界信息沟通的评估和改善。

适应能力以及相关的认知技巧越来越引起关注，并成为领导能力的重要方面。为在战争中取得有效绩效，小团体领导必须随时准备解决无法预料的问题，执行从未训练过的战斗任务，承担超出军事理论范围的任务，履行专业范围之外的额外职责。这种类型的绩效被称为适应性绩效，即"随着环境的改变而做出有效的变化"。Pulakos 等通过实验支持了适应性绩效的八个维度：①应对紧张或危机状况；②应对工作压力；③创造性地解决问题；④应对不确定和无法预料的工作环境；⑤学习工作任务，技能和程序；⑥表现出人际适应性；⑦表现出文化适应性；⑧表现出生理上的适应性[②]。White 等从 Pulakos 的研究工作中又发展了特种部队（Special Forces，SF）军官的适应性绩效的训练项目。因为军官在他们的团队里必须发展适应性，White 又加了一个"领导—个体适应性团队"的维度（如在新领域中为下属提供获得经验的机会，鼓励在团队成员间分享对环境的理解等）[③]。

① 军事心理学//中国科学技术协会.2006—2007心理学学科发展报告.北京：中国科学技术出版社，2007：60.

② Pulakos E D，Arad S，Donovan M A，Plamondon K E. Adaptability in the workplace：Development of a taxonomy of adaptive performance. Journal of Applied Psychology，2000，85：612-624.

③ White S S，Mueller-Hanson R A，Dorsey D W，Pulakos E D，Wisecarver M M，Deagle E A，et al. Developing adaptive proficiency in Special Forces officers（DTIC No. ADA432443）. Arlington，VA：US Army Research Institute，2005.

(五)军队临床心理

军事临床心理学家的研究内容包括：临床心理评估，专职与兼职的心理教育与训练工作，心理治疗与行为改变，军事活动中神经心理学的应用，军队中的恶习矫正，心理健康的促进，军队组织中的心理咨询等。除此之外，军事心理学家还与行为矫正学家及神经学专家进行密切合作，研究如何对付紧张等特殊的临床问题。军事临床心理学家的工作还包括负责病人的管理、心理卫生等。

与传统的临床心理学扮演的角色不同，军事环境中的临床心理学实践有很多特殊和独有的特征。这些特征包括实习训练和资格培训方面的差异，军官和援助者的角色冲突，军队阶层对治疗关系的影响，在保密方面的独特限制，在多重关系中不可避免的道德困境，以及独特的多元文化训练需求。军事心理学家扎实的临床和领导能力是他们履行军事职责必备的基本技能，军事心理学家的独特能力，就是把掌握传统临床心理学和理解现代军事的功能与需求紧密结合起来。

军事心理学家的基本临床任务包括：进行岗位胜任性评估、短期心理治疗、临床健康心理学与行为医学、神经心理学、自杀风险评估与预防、药物成瘾援助与赌博治疗等。目前，一些心理评估、咨询与治疗技术在部队得到改进和发展，神经心理评估与治疗、物质滥用综合治疗、组织绩效与心理健康人力资源匹配、自杀预防、危机干预、健康促进，以及战斗应激反应矫正等研究正成为军队临床心理发展的大趋势。

军事临床心理学家的伦理问题是一个受到热烈讨论的问题。军事心理学家必须经常面对和解决伦理上的两难，即作为心理学家和被任命的军官的双重认同以及军事任务的特殊性所带来的冲突。McCauley 也认为，虽然要求临床心理学家采取和使用伦理价值和原则，但军事环境与临床环境有许多背景和现实上的差异[①]。军事临床心理学家的伦理责任不仅在于他们和病人的关系，专业领域以及涉及的制度等，而且在于临床心理学家自己的人格价值和信念。军事临床心理学家需要整合各种复杂情况，完善各方需求，并做出自我检查(self-examination)，充分认识到医学的、科学

---

① McCauley M，Hughes J H，Liebling-Kalifani H. Military Psychology，2008，20(1):7.

的、法律的以及管理的前后背景①。

(六)心理战

心理战(psychological warfare)由英国军事分析家、历史学家富勒于20世纪 20 年代提出，兴起于 20 世纪 90 年代。心理战既能削弱敌军的战斗力，又能维护和提高我军的战斗士气，是战斗力的"增效器"。心理战是运用特定信息和媒介对目标对象施加心理影响的作战行动，实质是"利用信息打击敌方的心理弱点，导致敌方的信息损伤"，其效果的好坏取决于对信息利用的巧妙性和对心理弱点分析的透彻性，其效果的评价主要看导致信息损伤的程度。

心理战的基础学科除社会心理学外，还有政治学、宣传学、人类学、社会学、广告学、文学艺术等。因此，严格地说，心理战已超出军事心理学的范围，但由于社会心理学是其中的主要学科，因而有大量的心理学家参加了这一课题的研究工作。美国关于心理战的研究集中在：①心理战概念的探讨；②心理战技术的研究(如宣传怎样吸引敌人的注意，怎样使敌人对宣传内容深信不疑，怎样使敌人改变态度，怎样摧毁敌人的战斗意志等)；③心理战部队的组织问题；④心理战效果的评定。

当前国际上心理战发展已经形成了六大特点：心理战重点战略化，心理战企图隐性化，心理战与武力战一体化，心理战宣传整体化，心理战网络攻击系统化和心理战信息插入多样化。各国心理战实施中心的主要使命包括：进行心理战研究和分析，计划和协调国家心理战行动，协调心理战机构之间的联系，开发心理战装备，负责心理战人员深造和训练，组织实施电视、广播和网络心理战，统领各心理战部队作战，心理作战条令和 EC-130 心战飞机成为实现心理战实施的技术保障②。

(七)特殊军事心理学问题

该领域研究的主要内容包括：宣传与效果评价，人质谈判，妇女在军队中的角色，战争囚犯的再适应与康复等。

军事心理学家积极参与军事行动方案制定，包括特种作战、心理作战、生存营救、人质谈判、政治宣传、反恐策略、团队建设、宇宙空间探

---

① Stone A M. Dual agency for VA clinicians：defining an evolving ethical question. Military Psychology，2008，20：37-48.

② 军事心理学//中国科学技术协会．2006—2007 心理学学科发展报告．北京：中国科学技术出版社，2007：62.

索等。军队的任务和任何其他机构不同，进行实验室研究和情境研究有其特殊需要。只有军队才会面临解决战犯、人质、特种部队、预备役、军人智力水平、人员安全感、心理战、人道主义等棘手问题的情况。对这些问题的研究正成为军事心理学研究的特殊关注点。

三、军事心理学的发展特点与发展趋势

军事心理学在未来的各项军事问题中将发挥重要作用，军队每项政策的出台都应建立在可靠的科学研究基础之上，而不是仅仅依靠观念和传统。军队领导层将逐渐接受一种观念，即军事心理学家的工作与军队的利益是一致的不是相反的。军事心理学家们通过实证研究揭示政策变动是如何影响军队任务，同时他们还将在军事斗争中参与制定和实施人力资源政策，研究这些政策是如何对军事战略产生影响。概括地说，未来军事心理学的发展将呈现出以下几点趋势。

(一)研究范围日趋广泛，学科体系更加科学

除传统的研究领域外，国家安全心理，危机防范心理，国际合作心理，航空、航天、航海心理，人—机系统心理以及心理战研究等将成为军事心理学的前沿领域。

军事行动类型正在逐渐发生变化。人道主义、维和以及灾难救援等行动多在联合国"授权"下由多国部队完成，不同文化的交叉训练将对联合行动的成功发挥一定作用。随着军队人员结构的变化，一些国家军队中由男性把持的传统岗位，也逐渐活跃着女性的身影。新兵中独生子女兵的数量在日益增加。离婚率上升使单亲父亲或母亲成为服役人群中的新类型。许多国家的军事心理学研究机构设置在地方，因此，他们的研究范围将不仅局限于军队的心理问题，还将渗透到全民的国防心理领域。

军事心理学的研究正从微观的个体心理，向中观的群体心理和宏观的社会大群体心理转移，从注重战术、战役心理的研究逐步转向战略心理研究，并直接为制定军事战略目标服务。未来发展中，军事心理学一方面需要加强基础研究、应用研究、对策研究以及技术研究；另一方面它又与相关学科进一步融合，既综合又分化的特征日益明显。新兴分支学科将不断出现，学科体系也更趋完善。

(二)研究重点从注重应用研究向理论与应用研究并举转变

军事心理学历来重视应用研究，未来研究的重心将从只注重应用研究向

理论与应用研究并重转变。基础研究通过对一些行为规律的揭示，为应用研究提供理论支持，同时，应用研究又能在解决实际问题中进一步检验、完善和发展理论。例如，近年来美军十分重视人的潜能与价值、战争中的人性、信息化进程中军人心理变化等方面的研究，这些研究不仅涉及理论层面，也涉及应用层面。

（三）科技进步将影响军事心理学的发展

科技进步尤其是计算机技术的应用，将极大地提高军事心理学的发展。计算机不仅在资料收集和分析、成果推广等研究过程中发挥重要作用，还将提高选拔与分类、人因工程学、人员培训、疾病诊断和治疗以及信息战的效率。计算机在选拔和分类方面作用尤其显著。计算机自适应化测验（Computerized Adaptive Testing，CAT）在军队和企业的应用日趋广泛，这一技术已经被应用于军事职业能力倾向的测验当中。从事人员选拔和分类工作的心理学家还将生物测验运用于测试人的智力、认知、兴趣、态度、人格类型和倾向性。这些生物学方法将用来评估脑功能在神经元、神经生理以及神经化学水平上的个体差异。人－机界面以及计算机协调的远程测验也将不再是遥远的梦。科技进步还对征兵和训练产生影响。经常性的训练和技能更新无疑对做好军事准备是必要的。有效地使用尖端武器系统将更有赖于团队合作，因此对团队和团队精神的研究仍是军事心理学研究的焦点。

对于军事心理学的发展，我们有如下建议。

一是注重系统研究。军事心理学是一个系统，需要从人的行为研究的多个层面和方面做扎实的工作。经过多年的发展，西方军事心理学已经发展成一个比较完整的科学体系，而我国的军事心理学建设和研究则刚刚起步，需要在借鉴与创新中建立一套适应我军信息化建设和战斗力生成的本土化的军事心理学体系。西方军事心理学的迅速发展就主要得益于其长期的多领域多学科的系统研究成果。作为一门应用学科，军事心理学不是人们日常经验的简单总结，必须体现规律性；也不是社会心理学基本原理在军事领域的简单运用，必须注重特殊性；更不是脱离研究对象本身的生硬嫁接，必须做到本土化。要做到这几点，就必须注重系统研究，打牢军事心理学的基础。

二是突出应用环节。军事心理学是应用社会心理学的组成部分，在研究工作的基础上，要特别注重成果的应用，并在应用中发现需要深入研究的新问题。两次世界大战的实践催生了军事心理学，同时，也使心理学逐渐由纯学术向应用性转变。实践的需求、技术的发展、时代的孕化是军事心理学迅速发展的主要原因。目前，我军正在进行的新军事变革，是军事领域内的一场革命性变革，它对军队的改革和创新提出了前所未有的新要求，也为军事心理学如何有效地服务于这场变革提出了迫切要求，军事心理学注重应用性的传统将得以延续和发展。

三是拓宽人力渠道。纵览西方军事心理学的发展史，我们可以发现，两次世界大战受过系统心理学训练的大批心理学家的应征入伍，是军事心理学作为一门独立学科得以诞生和发展的重要因素，这些心理学家以心理学的思维方式、实证的研究方法研究军事领域中的各种心理问题，形成了强大的人力和智力优势。当今世界许多国家的军事心理学研究群体，既包括军队研究机构又包括地方院校的心理学家。因此，为促进军事心理学的蓬勃发展，必须注重引进和吸收地方专业人士，让受过心理学系统训练的人参与军事心理学的研究，唯有如此，才能真正转变过去的经验型和思辨性的思维模式，用实证的研究思路开展军事心理学的科学研究。同时以国家或军队支持的方式，委托地方承担某些研究课题，提高军事心理学的研究质量。

（乔红霞）

社会心理学与文化研究进展

——中庸社会心理学研究：一个本土进路的尝试

一、前言

笼统地来说，传统文化是指过去人代代相传下来的东西，而社会心理学的研究对象主要是现代人在生活中所呈现的心理及行为现象。两者的结合需要研究者做出一些价值判断及选择，接受以下这一想法：传统文化以①某一个形式，②某一个内容，代代相传，至今仍被保留及运作于人们的生活之中。"中庸"社会心理学研究的团队①选择将传统文化以：①"思维体系"的形式，②"执两用中"这一内容作为探讨传统文化是否还在现代人生活中起作用及起什么作用的切入点。

(一)为什么选思维体系

由于篇幅的限制，笔者无法将选择以思维体系的形式来研究"中庸"的理据详加说明，有兴趣的读者可参阅杨中芳的其他相关著作②③④。在此仅指出，在本文中"思维体系"是指人们用以理解及解释现象及问题的一套架构。相较于文化内容，它是可以脱离现时生活而独立存在的。也就是说，它是可以被用来理解及解释在不同的时空情境下出现的现象及问题。为此，也就有代代相传的可能性，也构成研究者可以将像"中庸"这样一个古老的文化概念，付诸现代社会心理学研究的理据之一。

---

① 这里说的研究团队，只是指一个松散的群体，包括目前参与与"中庸"相关的研究的各方学者。自 2006 年开始，由本文作者及台湾大学心理学系的林以正带领不定期举办"中庸心理学研讨会"，或在各相关心理学会之年会上开设"中庸"专题研讨会及工作坊.

② 杨中芳. 中国人的世界观：中庸实践思维初探//杨中芳. 如何理解中国人. 台北：远流出版社，2001：269-287.

③ 杨中芳. 中庸实践思维研究——迈向建构一套本土心理学知识体系//杨中芳. 本土心理研究取径论丛. 台北：远流出版社，2008：435-478.

④ 杨中芳，赵志裕. 中庸实践思维初探. 第四届华人心理与行为科际学术研讨会报告. 台北，1997 年 5 月 29-31 日.

（二）为什么选"中庸"

至于为什么选择"中庸"为传统文化的代表"内容"，则涉及研究者的价值判断：①"中"的概念融合了上古时代各学派的主要精髓；②影响中国文化至深的儒释道三家都以"中"为至道，虽然对"中"的理解及领悟各不相同；③研究者致力于本土社会心理学研究多年，在观察现时社会中所发生的各种现象，以及聆听人们对现象的理解及解释时，发现"中庸之道"是人们用以做人处事及解决问题的基本及普遍的原则；④仔细了解这一"中庸之道"的内涵，发现它事实上是一套思维体系，与西方社会心理学研究所内涵者大相径庭，因此值得深入研究，以便将来和现有主流（西方）社会心理学进行对话及互补。

二、"中庸"的社会心理学构念化

心理学研究的构念化是指，研究者针对研究对象（通常是指一个研究群体，如"中国人"，心中所存有及运用的一个心理概念。在这里是指中国人心中所存有的"中庸"概念）所建立的一套可以回答自己所提出的研究问题的构想。实证研究是去检验这一构想与现实生活的表象是否吻合。这一构念化通常包括对研究对象及其相关概念的界定，统称之为"构念"，它有别于一般人们心目中的"概念"或"观念"，因为它是研究者为做研究而"构想"出来，用以捕捉及代表被研究群体心目中的想法的。它们比人们心目中的概念更精简，更容易操作，以致使实证检验工作能更有效地进行。构念化通常也包括对研究构念之间关联的阐述，反映了研究者的理论构想，也展现了一套体系，提供了实证检验的依据。

在这里值得一提的是，构念化并非一成不变的，它会随着研究者的实证检验工作的进行，需要做某种程度的修订，甚至不排除有完全被放弃的可能性。这是因为构念化的目的是去寻找研究对象在现代人们心目中的存有及运作，如果研究者所界定的构念完全与现时生活之表象找不到任何关联，研究者应勇于放弃，再"另起炉灶"。在大多数的情况下，研究的构念化会随着实证研究的进行，不断地修订，令其内涵变得更清晰及易操作，从而更容易得到明确的"支持"或"否定"的检验结果。

过去在中国做的心理学研究多半是延续西方理论主流思路，所以构念化的过程及结果都被一笔带过，主力放在如何去验证西方理论及探看中国人与西方人的结果有什么差异上（跨文化研究）。前者，以认知心理学为主，不觉得文化对人的基本认知心理历程有什么影响；后者，以社会心理学家为主，则通常以结果（如果找到差异的话）来做"研究后的解释"，往往事先没有什么理论依据来帮助预测可能有的差异。

随着社会认知心理学把认知及社会心理学结合在一起，也随着世界各地本土心理学的兴起，学者不再满足于这样潦草地去进行研究，开始注意到文化对现有主流思路的贡献应该是更大、更全面的。而其他文化不能只以它们与西方文化的对比来零散地了解之。这样，对选择采取本土进路的学者而言，他们就必须对自己的文化做一些更深入、更全面的整理，形成一套研究思维架构，以便可以与西方主流架构进行对话及互补。这也让对"本土"或"传统"概念的构念化变成做研究的"重者之重"。由于没有西方主流研究可法，但又不能脱离社会心理学的学科架构，令这项工作变得尤其艰难。

"中庸"社会心理学研究的构念化，可以说就是一个很好的例子。它是于1996年开始的，原本仅有少数研究者从事零星的探研，直到最近才有较多的学者，带领研究生进行较系统的钻研及整合，形成一个松散的"中庸"研究团队。这一团队中，不同的研究者对"中庸"都进行过不同型式及程度的构念化（详见杨中芳，2008）。本文以杨中芳最新的版本为归依，来进行讨论，主要是因为这一构念化所涵盖的内容比较全面，可以将现有"中庸"研究包容及整合起来。即使这一版本，至今也进行过几次小幅度的厘清及修订，下面就将其最新的修订版陈述如下。

（一）"中庸"的内涵

1. 什么是"中庸"

在参考了许多古籍，特别是《中庸》一书及其他儒家经典著作后，"中庸"社会心理学研究者认为，"中庸"的基本含义及精神是："执两端而允中"。这句话看似简单，但其内涵却非常丰富及深厚。首先，它是理解问题的一个模式：看到任何事物的"一体两面"，以及这两个面之间的关系——对立、但不是逻辑上相矛盾，而是相生相克的关系。其次，它是一个价值观："以中为美"。

深究下去，"中庸"背后有一套中国文化特有的世界观（包括宇宙观、人观及价值观）在支持及延续之。同时，由于它涉及"用"时所采取的原则，"中庸"在人们处理日常生活的层面是无处不在的。我们炒菜需要它，下棋需要它，甚至创作都需要它①。特别是处理内心及人际冲突时，最能显现

---

① 哲学大师冯友兰在"道中庸"中用炒菜举例之。围棋大师吴清源著书称：行中道为致胜之径。文学大师钱钟书曾如此论文艺创作：大凡艺术创作都是"执心物两端而用厥中"。

出来，因为在冲突情境中，事体的两端是比较清晰及明确的，其对立性比较强，更凸显"以中为美"，以及以和谐方式来化解冲突的重要性。在全球化的趋势下，不同文化与宗教接触频繁，理念冲突不时而起的今时今日，中庸所代表的一套世界观、人生哲学或许可以提供一个有别于西方主流文化所提出的解决之道。

然而，现代中国人对"中庸"存有很大的疑虑及反感，许多人问：为什么要以"中"为美？为什么我们不能像西方人一样去无限度地追求"两端"？这正是因为我们的世界观认为万物是在一个动态平衡的状态不断地变化，执著地追求一端会失去暂时的平衡，而转化为一股向相反方向的动力，从而产生"适得其反"的结果。所以不管是"执两端"的思维模式，还是"以中为美"的价值观都是奠基在中国文化的集体世界观之上，它们构成一个体系。

2. 什么是"中"

冯友兰[①]曾指出，现代中国人对"中"字的误解很大，认为"中庸"之道是"折中、平均主义""不彻底主义""庸碌主义""随大流的庸俗主义""妥协主义""投降主义"。甚至，在日常生活中，人们会用"你这个人怎么这么中庸"来谴责他人的怯懦、怕事、迂回、不痛快、和稀泥、不得罪人等。其实，早在尚书中就曾指出"中"主要是指"合宜合适"，并首次将"中德"两字并用，因而有德行的含义[②]。所以"依中道而行"是一种德行。

那么，为什么会有这么多人对"中"道有这么大的误解呢？主要是因为在古典文献中，对"中"并没有直接下过定义，只指出它是"不偏不倚"或"合宜合适"的意思。至于什么是"不偏不倚"或"合宜合适"，则要求行"中"道者自行去体会及裁决。也就是说，由行"中"道者（在文献中多称"君子"）依其当下所处的情境，来决定什么是"不偏不倚"或"合宜合适"的行动。故有"时中""因时损益"的概念，以有别于小人的"无所忌惮"[③]。

"中"之所以有这样的灵活性，又必须要回到行动者所属文化所衍生的世界观了。如果一个文化的世界观认为人与其他万物是在一个动态平衡的宇宙里相互消长，那么他与他周围的环境就有"牵一发而动全局"的关系。

---

① 冯友兰．道中庸//冯友兰．新世训．1940.

② 王守常．儒家的中庸观//刘述先．儒家伦理研讨会，新加坡：东亚哲学研究所，1987：134-146.

③ "君子之中庸也，君子而时中；小人之反中庸也，小人而无忌惮也。"（《中庸》，第2章）.

因此，个体的行动抉择必须考虑到要维系其所处的局部之平衡及和谐。从此可看出，中庸的行动抉择是有场依性、全面性、暂时性及变通性的特点，以保持所处生活环境的动态平衡。

3. 怎么才是行"中"道

由于对"不偏不倚"或"合宜合适"是什么没有明确的说明，我们必须由古籍对行"中"道的描述中去理解中庸的含义。在《论语》一书中，常有孔子教导君主或门生要如何做到"不偏不倚"或"合宜合适"的记载。例如，在与人沟通方面，有"子曰：'可言而不与之言，失人；不可与之言而与之言，失言，知者不失人亦不失言'"（卫灵公，第7章），以及有"孔子曰：'侍于君子有三愆：言未及之而言谓之躁；言及而不言谓之隐；未见颜色而言，谓之瞽'"（季氏，第6章）。又如，他也注意到在不同的人生阶段，要收敛行为的不同方面："孔子曰：'君子有三戒：少之时，血气未定，戒之在色；及其壮也，血气方刚，戒之在斗；及其老也，血气既衰，戒之在（贪）得'"（季氏，第7章）。即使是德行，在实践时，他认为也不可推行得太过分。不然，变为恶行，变为虚伪，变为哗众取宠，而会"乱德"[①]，或成为"德之贼"[②]也。

这些教导让我们体会到在日常做人处事时，什么是"中"，以及如何才算行"中"道。那就是，什么事都要做到"恰如其分"。但是，这"恰如其分"正是"说得容易、做起来难"，连孔子自己都曾感叹地说："道之不行也，我知之矣；知者过之，愚者不及也；道之不明也，我知之矣；贤者过之，不肖者不及也。人莫不饮食也，鲜能知味也"（《中庸》，第4章）。这里说明，要做到"食髓知味"是一个学习及实践过程，人们必须通过事后的反省，让自己在"过"与"不及"之间体会到什么是"中"—"不偏不倚""合宜合适"或"恰如其分"。

4."中庸"行为的表征

我们也可以转而从另外一个角度来体会中庸的含义。那就是从对行中道者的描述中来总结。前面我们说过，自古"中"是与"德"相连的，那么从对有德行者的描述，我们也可以看到行"中"道有哪些特征。

《尚书·皋陶谟》曾举九德，而此九德似乎皆可用"中"字贯穿之："宽而栗，柔而立，愿而恭，乱而敬，扰而毅，直而温，简而廉，刚而塞，强

---

① 子曰："巧言乱德。小不忍，则乱大谋。"（卫灵公，第26章）.
② 子曰："乡愿，德之贼也。"（阳货，第17章）.

而义"。从这些有德行人物的行为特质描述中，我们看到许多矛盾及对立的现象，似乎不可能同时存在同一个人身上，而且也看不出什么做人处事的原则。但是如果我们从一个更高的抽象层次（心理学称之为"元认知"的层次）来看这些特点，我们可以看到，作为一个有德行的人，必须在两个几乎对立的行为特性中求取一个平衡点。这个平衡点看来即非两者的中点，也不是一个定点（因而不是行德者的固定行动标准）。例如，一个"宽而栗"的人并不是以"宽"与"栗"的中点作为其处理每一件事的准则。而是在该"宽"的事情上"宽"，该"栗"的事情上"栗"，以致在给予他人的总体印象上是一个"既宽且栗"的人。

这种依情境不同而施以不同程度的"宽"或"栗"的行为准则，是因为在考虑了特殊事件情境之后，觉得某个程度的"宽"或"栗"是对那个具体情境而言，最"恰如其分"的行为选择。这样，"中"是个体在更高一个认知层次上体现的，而不是在具体行为表征的层次上达到的。《论语》一书也常有类似的、对"君子"行"中"道的描述；例如，"温而厉，威而不猛；恭而安，贞而不谅"（述而），"君子惠而不费，劳而不怨，欲而不贪，泰而不骄，威而不猛"（尧曰）；等等。

5."中庸"的修养

前面提到，行中道不是一蹴即成的，必须靠在做人处事的实践中不断地学习及反省中来逐渐体会及修正。要如何修养自己以得中道之精髓呢？总体而论，可有以下几个重点。

（1）谨言慎行

"凡事预则立，不预则废，言前定，则不跲（辞穷理屈）；事前定，则不困；行前定，则不疚；道前定，则不穷。"（《中庸》，第 20 章，第 4 节）。凡事要想清楚再做，先审时度势把事情的两端抓好，再找恰到好处的行动方案。

（2）情绪掌控

"喜怒哀乐之未发，谓之中，发而皆中节，谓之和。中也者，天下之大本也；和也者，天下之达道也。致中和，天地位焉，万物育焉。"（《中庸》，第 1 章，第 2 节）。要学习适当地节制自己的情绪反应，不要一有情绪就立刻释放，但也不要一味的压抑，让自己太委屈。

（3）自我收放

"不得中行而与之，必也狂狷乎！狂者进取，狷者有所不为也。"（《论语》，子路，第 21 章），要在争取机会与有原则、有底线（不过分机会主义）

97

之间练习寻找一个平衡。能依情境做到"收放自如",既争取自己出头的机会,又能顾及生活周围人的需求及感受,从而能平安舒适地、和谐地与大家相处。

(4)"诚"的修养功夫

《中庸》一书中曾指出一个人如果能心中有"诚"(为"诚者"或圣人),就能很自然而然地、从容地、不用多想地按心中看到的道理去行"中"道。但一般人都不是圣人,必须通过修养而得"诚"(为"诚之者")①。"诚"的最高境界是做到"尽性"②。吴怡③曾指出"尽心尽性"既是中庸的精髓,也是自我修养的起点。它不外乎就是"尽己之心为人"对人(忠)及"推己及人"(恕)④。另外,"诚"的修养要能"致曲",亦即通致全体,大小无遗,随时随地地去实践⑤。

(二)中庸的社会心理学构念化

根据以上对"中庸"之含义的分析,我们可以粗略看到"执两端而允中"虽然只是一句话,但其以一套特殊的世界观为基础,形成一套特殊的"人生哲学",包括怎么看人论事,生活目标及处世原则。当人们在处理生活事件时,用"中"会显现一定的特性——深思熟虑、灵活变通、收放自如等。基于这样一个对"中庸"的认识及理解,本文作者及其协作者展开了对"中庸"社会心理学研究的构念化。

对"中庸"的社会心理学构念化最早是由杨中芳及赵志裕⑥提出的,他们将"中庸"建构成为一套"元认知"的"实践思维体系",是人们在处理日常生活事件时,用以决定要如何选择、执行及纠正具体行动方案的指导方针。"元认知"是指人们用于获取及运用知识的架构,又可称为"认知方式"

---

① 诚者,不勉而中,不思而得,从容中道,圣人也。诚之者,择善而固执之者也(《中庸》,第 20 章,第 4 节).

② "惟天下至诚,为能尽其性;能尽其性,则能尽人之性,能尽人之性,则能尽物之性,能尽物之性,则可以赞天地之化育,可以赞天地之化育,则可以与天地参矣"(《中庸》,第 22 章).

③ 吴怡.中庸诚的哲学.台北:东大图书公司,1976.

④ "忠恕,违道不远,施诸己而不愿,亦勿施于人"(《中庸》,第 13 章).

⑤ "其次致曲,曲能有诚,诚则形,形则着,着则明,明则动,动则变,变则化,惟天下至诚为能化"(《中庸》,第 23 章).

⑥ 杨中芳,赵志裕.中庸实践思维初探.第四届华人心理与行为科际学术研讨会报告.台北,1997 年 5 月 29—31 日.

或"思维方式"。"实践思维"在此是指人们在处理日常生活事件，亦即"用"时，对要采用什么策略或行动、要如何执行、要如何事后反思纠正等所做的思考。"体系"在此是指，在运用"中庸"的生活实践中，个体反映了其所生长及生活的文化之集体思维特色，以及他（或她）自身在认知、动机及信念/价值观等的心理层面上的特色，以致成为一套包含很多子构念，彼此之间相互关联的思维架构。

图1是杨中芳最新修订的"中庸实践思维体系"构念化全图。在这一图中，中庸实践思维体系包括一个集体文化思维层面，作为下面三个个体心理思维层面活动的基础及脉络，个体心理思维层面的三个部分：生活哲学、具体事件处理、事后反思纠正，提供了做社会心理学研究的依凭。下面将各层面的内容做简述。

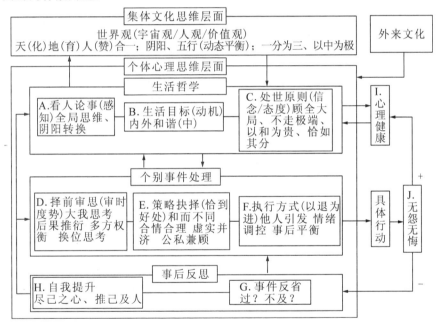

图 1 "中庸实践思维体系"构念化全图

1. 集体文化思维层面

本文作者提倡以本土的研究进路来研究社会心理学。本土心理学研究的重点是将研究对象（现代中国人的社会行为）放在其研究群体（"中国人"）的文化脉络中来探看问题及寻求解答。所以在"中庸"研究的这一构念化中，认为个体所表现的社会行为（处理生活中的具体社会事件），是受到其所持有的一套思维方式所影响的，而这一套思维方式的形成又是与其所处文化集体经年累月所累积沉淀出来的一套特殊的世界观是密不可分的。这一套世界观包括"阴阳、五行动态平衡"的宇宙观，"天、地、人相互依存"和"人、我相互依存"的人观，以及"一分为三"的以"中"为"极"的价值观。

2. 个体心理思维层面

在个体心理部分的中庸实践思维，又包括两大部分的内容，各自又涵盖几组心理学的子构念，现将它们的"中庸"特色陈述如下。

(1)生活哲学

A. 看人论事（感知）。"中庸"思维对世事的感知包括两个特点：一是"全局思维"，是指个体在看问题时，会将时、空拉长、拉高及拉大，从而能跳出个体"自己"这个"井"，能更客观及冷静地来理解万事普世之理。另外一个特点是"阴阳转换"感知，指个体在看问题时，总能看到问题的"一体两面"，并认识到这两面的相生相克关系。从而能够体会到任何事情都不能推向极端。

B. 生活目标（动机）。这里生活目标是指个体人生的理想及追求，包括对"生活质量""幸福"的理解及追求，以及对"焦虑"的避免等。"中庸"所追求的生活目标是一个"中"字，它是指内心及人际的和谐及安定、安宁的状态。因此对中庸者而言，生活质量及幸福的定义是和谐及安定，和谐与安定是要"返中"，回到"中"这一制高点。

C. 处世原则（信念/态度）。用"中庸"的感知方式看问题，即要达到"中"。人生目标用于日常生活做人处世上，就产生了一些人们耳熟能诵的几个成语："顾全大局""以和为贵""不走极端""恰如其分"等的价值体系。

(2)个别事件处理

中庸作为一套"实践思维"体系，我们不能只在认知、动机及信念等层次来看问题，还必须看它在日常生活中会如何体现出来。所以杨中芳[①]依据人们处理个别事件的步骤，提出三组子构念，这三组彼此虽可说有时序的先后，但它们还是可以相互影响。所以构成一个整体。

D. 择前审思（审时度势）。这里是指个体在处理具体生活事件时，在还没有决定要怎样做之前的思考特点。"中庸"择前思考，一言以蔽之，就是审时度势。亦即事先保持冷静，按兵不动，从长时（过去、现在及未来）及

---

① 杨中芳. 中庸实践思维研究——迈向建构一套本土心理学知识体系//杨中芳. 本土心理研究取径论丛. 台北：远流出版社，2008：435-478.

更大的空间框架来慎观形势变化、事态发展，并把自己从"个我"或"小我"的格局中跳出，在更大人际空间中来看问题。例如，把自己放在更大的一个集体(大我思考)或换到他人的角度(换位思考)；能将自己可能采取的行动，会对当事各方所造成的后果向阴阳两极做沙盘推衍(后果推衍)；最后由这些推衍中，从中掌握最能顾及各面需求及利益的最佳("恰如其分")的方案(多方权衡)。

E. 策略抉择(恰到好处)。前面已经指出在寻求最佳方案时，重点是在相生相克的对立力量之间，找到一个恰到好处、让大家皆大欢喜的方案。所以中庸策略抉择的精髓就在于恰如其分这几个字，亦即不偏不倚、不过无不及。这一"中庸"的抉择智能常隐藏于一些我们常用的成语中。例如，"和而不同""合情合理""虚实并济""公私兼顾"等。细观这些成语我们会发现它们代表了我们日常生活中常见的一些会引起内心及人际冲突的对立面及抉择困境——"和/不同""情/理""虚/实""公/私"。这些有关解决方案的成语均是原则上的指导，用在不同的具体事件中，会启发不同的解决方案。而且，这四个仅只是各种对立面的代表而已。在处理个别事件时，其对立面可能因具体情境而异。中庸的认知方式能让人们更注意到这些对立面，再从中去寻求恰如其分的解决之道。

F. 执行方式(以退为进)。"中庸"的执行方式，主要特点是以退为进，亦即依当时具体的情况，变通地来采取不同的委婉及迂回手段，来达到自己的目的。其中包括引发对方自动"知难而退"(他人引发)。在行动执行之后，不管多么万全，不免还是有受伤害及委屈的一方，事后的"摆平"工作(事后平衡)也是中庸的特色之一。如果受伤害及委屈的人是自己，那么对自己进行负面情绪调控及平复；如果是他人，对他们做适时、适当的补偿，都是事后平衡的部分。

3. 事后反思

杨中芳认为中庸实践思维体系的一个最主要特色就是加入事后反思及校正的心理过程[①]。它包括了：G. 事件反省——对当前具体事件的检讨及纠正，以求将来在策略及技巧上能做到"无过、无不及"；H. 自我提升——通过对具体事件的体会，让我们放弃对自我的执着，从而能比较平心静气地来看世界及其他人，进一步做到尽心尽力为人，从而产生对自我

---

① 杨中芳. 中庸实践思维研究——迈向建构一套本土心理学知识体系//杨中芳. 本土心理研究取径论丛. 台北：远流出版社，2008：435-478.

认知,以及对中庸生活哲学的再认识、再评价及再实践,进而提高自我的修养,让自己在道德及处世层面都能更接近"中"道。

在这一构念化的全图中,也标志了许多连线及箭头,说明各组子构念之间的关联、时序或因果关系。它们也反映了构图者对"中庸"是通过什么方式及如何运作,来影响现代人们处理生活事件的构想。检验这些构想正是"中庸"社会心理学的主要研究范畴。在做检验研究时,这些构想会得到实证支持或被否定,我们可以根据这些研究结果进一步修订这一构念图中的构念及其关联,从而对"中庸"这一传统文化概念在现代人生活中所起之作用有一个更深入的认识及理解。

三、中庸研究路线图及研究假设

前面说过,图 1 中所标志的连线及箭头,反映了研究者对"中庸"是通过什么样的心理机制组合及程序来影响现代人生活的基本构想及假设:①具"中庸"特色的生活哲学(A、B、C 组)会让人们在处理具体个别事件时,比较会采取"中庸"式的思考及拿捏,以及选择"中庸"式的行动方案及执行方式(C、E、F 组);②如果用之得当,可以带来符合他们生活目标(B)的正向结果:内心平和、无怨无悔(J),从而感受到和谐与快感,达到心理健康(I)的理想状态;③对具体事件及自我认知的事后反省及学习(G、H 组),会让行动者通过纠正及练习,在用"中"时更加准确及有技巧,从而顺利成功地达到处世的目标。同时,在自我修养及提升方面也让自己更接近"中庸"思维体系的生活哲学。

基于这一对"中庸"实践思维体系的构念化及理论构想,我们可以用之制成"中庸研究路线图"把所有与"中庸实践思维体系"相关的 8 组(A—H)子构念及一个符合"中庸"理想生活状态(J)及心理健康(I)的构念串联起来。研究路线包括横向研究及纵向研究及纵横混和研究等三类。

(一)横向研究路线

1."中庸"生活哲学研究({A—B—C}— I)

"中庸"社会心理学研究的第一要务是要确定"中庸"生活哲学确实存在。也就是说,在构念化全图所列出的(A)(B)(C)这三组子构念确实都存在,而且彼此之间都有一定程度的横向关联,从而可以形成一套所谓的"中庸生活哲学"。

除此之外,既然中庸思维被构念化为是一套"实践"思维体系,那么这套思维体系还要被证实是有用的才行:要找出拥有这一"中庸"生活哲学者比不拥有者，在处理日常生活事件中更会运用到这套哲学，并且在运用后会对其生活质量及心理适应有不同于不运用者的后果。

因此，在这一研究路线中，除了要编制测量个体当下具备的、与中庸感知、生活目标，以及信念、态度与价值观相关的生活哲学工具之外，还要进行这些子构念之间的相关分析，以及它们与以生活质量和心理适应指标为效标的效度研究。

当然，持中庸生活哲学者，他们对生活质量及快乐、幸福的定义可能是与不持中庸生活哲学者不同，所以这一横向研究路线包括对许多重要概念进行本土思考、构念化及测量。

2. "中庸"思维在处理具体事件中的运作（{D—E—F}—J—I）

既然中庸在这里被构念化为一"实践"思维体系，那么具有中庸思维的人，在处理日常生活事件时应该更倾向于运用具中庸特色的思考模式，来审时度势、来决定行动方案及执行方法（D、E、F），所以我们要在现实生活的具体情境中，横向地去看在这三个处理阶段，中庸思考特色有没有表现出来及这三组构念之间是否彼此相关，而连成一体。同时，相对于没有采取这一套处理方式的行动者而言，采用中庸式的事件处理方式者应该会得到比较令其满意（对得起自己，也对得起别人，以致能处于"无怨无悔"）的心理状态（J）。

3. 事后反思（G—H）

由于中庸实践是一个学习的过程，那么在学习之初就有可能由于思考不周、技术欠佳等原因导致结果不理想，从而导致需要做事后反思。事后反思分两个方面进行：一方面反省在处理一个具体事件时，有没有做得太过或不足，从而在下一次类似事件中能加以纠正，最终让自己的行动达到"恰到好处"的境界；另一方面更重要的是从反省中再认识中庸及其价值的自我提升过程。所以研究事后反省的内容（G、H）之间的联系也是很重要的研究课题，这两者应该有一定的彼此促进之关联。

（二）纵向路线（以箭头表示之，有时序的先后，但没有一定的因果关系）

1. 中庸生活哲学是否会令人们在处理个别事件时运用具中庸特色的思维（{A—B—C}→{D—E—F}）

这里的研究想要看看人们的中庸感知、生活动机以及信念及价值观，是否对其在处理具体事件中的思考有一定的影响，以致比较会运用中庸式的择前审思、策略抉择及执行方式。例如，当在做具体事件的行动策略抉择时，采取"和而不同"的方案的人，会不会是因为他们在阴阳转换思维的引导下，认为"和而不同"比起"因和而趋同"或"因异而不和"来得更能达到团队工作的最佳效益。没有这一个对"和"及"同"的阴阳认识及转换感知，就不可能有要以"和而不同"为最佳方案的理由。张德胜等称之为"中庸理性"就是建筑在阴阳转换思维的基础之上的理性①。

2. 处理个别事件的思维与事后反思的下行纵向关系（{D－E－F}→J→{G－H}）

在这一构念化中，运用具中庸特色的思维来处理日常生活事件所产生的后果（J），会令行动者做出不同的反思。这种行动的后果可能是好的及不好的。如果有好的结果（做到"无怨无悔"），会增加行动者的心理健康（J－I）；如果没有好的结果，会引发检讨及反省（J→{G－H}）。

3. 事后对具体事件的反思与日后事件处理的上行纵向关联（{G →{D－E－F}）

目的在于探看事后对具体事件反省（G）是否增加下一次对类似事件处理的技巧及有效性的研究。

4. 事后对自我认知的反思与自我提升的上行纵向关联（H→{A－B－C}）

在反省的过程中，对自我认知过程的审视是否增加对中庸生活哲学的再认识及巩固。

（三）混合研究

这里是指将上面所述的部分横向及纵向研究混合在一起，进行综合性对中庸心理构念进行检验的大型研究。例如，将生活哲学、个别事件处理及自我提升的反思放在一起做路径分析。

四、目前"中庸"研究的重点及现状

以上对中庸社会心理学研究的构念化及对其研究路线的陈述，我们可以看到这一研究领域是庞大的，具雄心的，而且需要许多人力及资源共同参与合作的。但是我们也理解做研究是要由"大处着眼、小处着手"的，所以在过去这几年间中庸社会心理学研究只针对这一研究路线图中的一小部

---

① 张德胜，金耀基，陈海文，陈健民，杨中芳，赵志裕，伊沙贝．论中庸理性：工具理性、价值理性和沟通理性之外．社会学研究，2001，（2）：33-48.

分做重点探研。以下是对目前已经进行之研究的简单介绍。

（一）中庸生活哲学的研究

"中"被认为是至德，可以说主要是因为有"全时空定位"（全局思考）及"阴阳转换"思维框架作为认知基础，所以中庸社会心理学中的首要研究课题是对这两个认知方式的研究。目前已经研制出了几种不同的测量工具，并就它与"生活目标""处世信念及态度"以及"心理健康"指标进行相关分析。

有关"全时空定位"的研究有余思贤对思考时间长度的研究①，以及林以正、黄金兰等用心理移位来将看问题的视野及角度扩大的研究②。对"阴阳转换思维"研究则编制了包括认知测验、自陈式量表及较质性取向的测量工具③④⑤⑥。对"生活目标""处世信念及态度"的测量，主要采取自陈式问卷法⑦⑧⑨。利用这些测量工具作综合分析，初步结果肯定了"中庸生活哲学"的存在⑩。

（二）安适幸福感与心理健康

中庸生活哲学中包括对内心与人际和谐之"中"的追求，因而可以肯定其心目中所认定的幸福感不是像西方学者所构思的那样，以追求"刺激"为幸福的泉源。所以如果我们定义心理健康为具有主观幸福感及免予焦虑之

---

① 余思贤．长期取向与华人心理适应之关联．台湾大学心理学研究所博士论文研究计划报告，2008.

② 林以正，黄金兰，张仁和，谢亦泰，吕欣蔓．心理位移日记书写法对情绪与幸福感之影响．第七届中国社会心理学会年会，天津，2008 年 10 月 24－26 日．

③ 林升栋．寻找中庸自我的研究．广州中山大学心理学系博士论文．

④ 林升栋，杨中芳．阴阳转换思维的再探研．第六届中国社会心理学会年会，黄山，2006 年 10 月 20－22 日．

⑤ 许洁虹．阴阳转换思维与概率思维的关系研究．第七届中国社会心理学会年会，天津，2008 年 10 月 24－26 日．

⑥ 孙蒨如．中国人的阴阳思维．第七届中国社会心理学会年会，天津，2008 年 10 月 24－26 日．

⑦ 吴佳辉，林以正．中庸思维量表的编制．本土心理学研究，2005，24：247-299.

⑧ 赵志裕．中庸思维的测量：一个跨地区研究的初步结果．香港社会科学学报，2000，18：33-35.

⑨ 杨中芳，赵志裕．中庸实践思维初探．第四届华人心理与行为科际学术研讨会报告．台北，1997 年 5 月 29－31 日．

⑩ 同上．

苦，那么用以测量以"中"为美的人们的幸福感，就一定要包括内心的安宁与自在。现在林以正、李怡真等正是在朝这方面努力，已经编制了一个"安适幸福感"量表①，并将之纳入对一般翻译西方心理健康的测量工具之中，去探看它是否更具测量中国人心理健康的效能②。

（三）"忍"与自我节制及情绪调节

另一个与心理健康相关的中庸研究课题是对"忍"的研究。像对"中庸"的印象一样，人们通常对"忍"有很负面的看法，这主要是因为中国文化对"忍"的重视及高压性（像对"中庸"一样），以至于人们被逼强行"忍气吞声"。西方心理学的理论也一致认为强"忍"是不健康的，而忽略了"忍"的正面意义。

事实上，"忍"可以说是一种"自我节制"，在这里的中庸构念化中，有几个地方需要人们用"忍"。第一处是"戒急用忍"，亦即在事情发生之时，要忍住不意气用事，要静观事态的变化，把事情分析清楚再做打算。第二处是"收放自如"，亦即在可以表达自己的情境时，也要注意不要忘我，要能忍住，不让事情发展过头。第三处是当自己处于不得不选择"牺牲小我、完成大我"的最佳策略时，当然更是要"忍"。这里我们看到"忍"在中庸中是占非常重要地位的，"忍"本身不是问题，而是为什么忍，以及忍后如何调适不快的感觉，才是我们要研究的。

现在有研究已经证实，"忍"在帮助人们避免冲突及维持和谐方面是可以起正面作用的③④⑤⑥。

在"忍"的自我节制过程方面，也发现运用"中庸思维"来开导，可以使

---

① 李怡真．华人安适幸福感．台湾大学心理学研究所博士论文研究计划报告，2008.

② 吴佳辉．中庸让我生活得更好：中庸思维对生活满意度之影响．华人心理学报，2006，7：163-176.

③ 王丽斐．"忍让"好，还是"表达"好？儿童情绪管理策略之研究．第七届中国社会心理学会年会，天津，2008年10月24—26日.

④ 李敏龙，杨国枢．中国人的忍：概念分析与实证研究．本土心理学研究，1998，3：3-68.

⑤ 利翠珊，萧英玲．华人婚姻质量的维系：冲突与忍让的中介效果．本土心理学研究，2008，29：77-116.

⑥ 黄囇莉，郑婉蓉，黄光国．迈向发声之路：上下关系中"忍"的历程与自我转化．本土心理学研究，2008，29：3-76.

由"忍"所产生的负面情绪得以舒缓①②。

目前有研究将情绪调节研究方法融入，来进一步探讨中庸思维在情绪调节及心理健康之间所起的中介作用③④⑤。这些研究将来也可以帮助解除由于对"忍"的错误运用所导致的负面影响。

五、中庸自主性研究

人们常提及的一个中庸行为特性，即是其变通灵活性。但是这里的灵活性并不等于"见人说人话、见鬼说鬼话"，也不完全等同于"八面玲珑"，还包括自主性⑥。前面提过，作为一个有德的君子要能"宽而栗"——该宽时宽、该栗时栗。对"忍"而言，自然也是要做到"该忍则忍、不该忍则不忍"。这些描述显现的不只是灵活性，还有自主性，不是纯粹随外面的情境摇摆。中庸行动者如何做到有原则的"收放自如"这一地步呢？这是本课题想要探讨的问题。

西方心理学者常用"场依性强"（随情境变来变去）来描述东方人，包括中国人。在他们的构思中，"场依性"是与"自主性"相对立且相矛盾的，"场依性强"表示"自主性低"。研究中庸的自主性可以打破这一迷思。有关这一课题的构想是中庸行动者固然在随情境选择最佳合宜的方案，看来是"场依性强"的，但是与此同时，行动者也能"自我节制"，不让情境来决定一切，从而做到"有所不为""适可而止""收放自如"的自主性。这一种自主性是"自我向内求节制"（由自己来决定什么时间该停止），它有别于西方心理学"自我向外求操控"（由情境来决定自我发展）式的自主性。

在这方面目前的研究包括重新构思，由西方心理学所发展出来的"自

① 陈依芬．忍耐策略运用组型对心理适应的影响．台湾大学心理学研究所硕士论文，2008.

② 林以正，黄金兰，李怡真．进退之间的拿捏：由忍的情境变异性探讨华人自主与和谐的辩证关系．东西思想文化传统中的"自我"与"他者"学术研讨会，台北，2007.

③ 黄敏儿．健康与不健康的情绪调节习惯．第七届中国社会心理学会年会，天津，2008年10月24—26日．

④ 王丛桂，罗国英．华人管理者与情绪智能讲师对情绪智能之认知差异．本土心理学研究，2007，27：231-298.

⑤ 杨中芳．中庸思维与情绪调适．第七届中国社会心理学会年会，天津，2008年10月24—26日．

⑥ 李华香．人际冲突中的中庸行动研究．中山大学心理学系硕士论文，2005.

我监控"这一概念,将对"自我(内在)需求"与"人际(情境)需求"的"综合及平衡"作为监控考虑的内涵,而不是只包括对情境的屈从①。另外,对行动抉择的变异性②,应急行动的灵活性③④,现代与传统行动综合运用⑤,对忍与不忍的"收放自如"⑥等的研究,都是试图将中庸式的自主性放进行动抉择思考之中。

六、人际冲突的化解与和谐心理学的建立

中庸实践思维体系中的"以和为贵""不走极端"提供了一个以"和谐"来化解人际及社会冲突的取径,所以中庸社会心理学研究的一个重点就是去看在各种冲突中,人们如何可以用中庸之道予以化解。目前的研究有的专注于中庸的"社会判断"⑦⑧,冲突化解⑨及化解策略选择⑩等。有的则关注

① 肖崇好.自我监控概念重构及其测量的研究.中山大学心理学系博士论文,2006.

② 吴佳辉.自我拿捏的本质:自我变异与自我确定.华人心理学报,2006,7:259-281.

③ Cheng(郑思雅)C. Assessing coping flexibility in real-life and laboratory settings:A multimethod approach. Journal of Personality and Social Psychology,2008,80:814-833.

④ 邓传宗.中庸思维对拿捏行为与心理适应的调节效果.台湾大学心理学研究所硕士论文,2008.

⑤ 林玮芬.传统性与现代性的区隔与整合对心理适应之影响.台湾大学心理学研究所硕士论文,2008.

⑥ 黄曦莉,郑婉蓉,黄光国.迈向发声之路:上下关系中"忍"的历程与自我转化.本土心理学研究,2008,29:3-76.

⑦ 王飞雪."社会判断中的'中庸'取向实验研究".中国社会心理学第六届学术会议论文,黄山,2006年10月20—22日.

⑧ 刘胜.人际冒犯行为的合情合理判断与中庸实践思维的关系研究.中山大学心理学系硕士论文,2006.

⑨ 林升栋.从人际冲突情境的作答反应测量中庸思维.第七届中国社会心理学会年会,天津,2008年10月24—26日.

⑩ 王飞雪,伍秋萍,梁凯怡,陈俊.中庸思维与冲突情境应对策略选择关系的探究.科学研究月刊,2006,4:114-117.

特殊的人际冲突，如婆媳、父子或上下级①②③。也有的提出更全面的和谐心理学的构念④，与早前相关的研究相呼应⑤⑥。

建构有别于西方冲突心理学的和谐心理学，有赖对"自我节制"与"自我修养"的深入研究。"自我节制"是不要随外界的诱惑打转而"无所不为"，从而达到内敛的自主性。"自我修养"是逐渐放弃执着于"自我"的思维方式，朝"毋意、毋必、毋固、毋我"（《论语》，子罕）的方向前进的过程。笔者认为，对两者的探研将是开启以中庸之道来建立和谐社会的两把钥匙。

结　语

中庸社会心理学研究虽然已经有十多年的历史，但是直到近三四年才引起较多研究者的兴趣，形成了一个小型的研究团队，从事较有系统的探研工作，所以其实还在刚起步阶段。即便如此，我们仍然可以看到这一研究领域将来有可能对人际或国际冲突之和平解决，以及对人们的幸福追求及心理健康作出贡献，从而看到本土进路的社会心理研究是有发展空间及潜力的。在中国逐渐崛起的今时今日，除了"孔子学院"之外，中国人还能在全球化的趋势下做些什么来贡献世界。作为中国的社会心理学工作者，不跟着西方主流构思及理论走，而在传统文化的脉络下来审视自己的社会心理与行为，不失为朝这个方向走的一个大胆尝试。由本文粗略的介绍，读者可能已经看到其构念化是庞大及复杂的，也要求研究者放弃许多西方主流的惯性思维，从头思考问题，其难度是非常高的。因此未来要走的路将是坎坷的、缓慢的，希望能借本文唤起更多人的兴趣及参与，以加快前进的步伐。

---

①　许诗琪，黄曦莉．"情同母女"之外：婆媳关系的多元和谐．本土心理学研究，2006，26：35-72．

②　黄曦莉，郑婉蓉，黄光国．迈向发声之路：上下关系中"忍"的历程与自我转化．本土心理学研究，2008，29：3-76．

③　王轶楠．中庸视角下的华人冲突化解模式研究．第七届中国社会心理学会年会，天津，2008年10月24—26日．

④　林升栋．中国人和谐心理的研究．广西民族研究，2006，2：1-5．

⑤　黄曦莉．中国人的和谐观/衡突观：和谐化辩证观之研究取径．本土心理学研究，1996，5：47-71．

⑥　杜道明．通向和谐之路：中国的和谐文化与和谐美学．北京：国防大学出版社，2000．

鸣　谢

　　笔者感谢多年来与我共同参与中庸研究的同事。和他们经年的讨论及钻研，促使我对中庸心理学研究的构念化日趋清晰及完善，也增加了我对中庸研究的信心及期望。这些同事包括：（台北）台湾大学林以正与其研究生团队，（台北）台湾科技大学黄金兰，（台北）东吴大学王丛桂与罗国英，（台北）清华大学黄囇莉，（中坜）中原大学孙蒨如，（广州）中山大学黄敏儿与王飞雪，厦门大学林升栋，（北京）中国社会科学院杨宜音、王轶楠，美国伊利诺大学赵志裕与康萤仪，香港大学郑思雅，以及李怀敏等。

　　笔者感谢香港中文大学、广州中山大学、台湾大学等在过去 14 年中曾拨予的研究经费，支持了"中庸社会心理学"研究的发展。

（杨中芳）

社会心理学与环境研究进展

Toward an Environmental Psychology of the Internet

Daniel Stokols，Ph. D.

School of Social Ecology

University of California，Irvine

Maria Montero，Ph. D.

Department of Psychology

Autonomous University of Mexico (UNAM)

Overview

A defining feature of environmental psychology，relative to other areas of behavioral and environmental science，is its explicit focus on human-environment transactions-the processes by which people come to understand，evaluate，modify，and respond to their everyday physical and social environments(Craik，1973；Proshansky，Ittelson，& Rivlin，1976). This core concern with the nature of people-environment relationships is reflected in the multiple research paradigms of the field，including studies of environmental stress，cognitive mapping，environmental assessment，human spatial behavior，resource conservation behavior，and ecological psychology among others (Craik，1977；Stokols，1995). Although these research traditions emphasize different facets of human-environment transaction (e. g.，environmental cognition，evaluation and behavior)，they are guided by at least two common assumptions. The first is that people's relationships with their physical and social environments are psychologically important to them and substantially influence their development and well-being (Ittelson，Proshansky，Rivlin，& Winkel，1974). The second is that people ideally strive to optimize，or at least enhance，the degree of fit between their own (or their group's) goals and needs，on the one hand，and conditions of the environment that either support or constrain those needs，on the other

111

(Michelson, 1970; Stokols, 1978).

The premise that people's transactions with their place-based environments are psychologically important and influential was regarded as a fundamental truth among environmental psychologists when the field coalesced during the late 1960s, and was still taken for granted two decades later when the first Handbook of Environmental Psychology was published (Stokols & Altman, 1987). As the New Handbook of Environmental Psychology (Bechtel & Churchman, in press) goes to press in 2001, however, the psychological signficance of people's attachments to their proximal environments has been called into question by the societal transformations that have occurred during the 14 years separating the publication of the two handbooks — especially the dramatic social and environmental changes spawned by the desktop — computing revolution of the 1980s (Kling & Iacono, 1991) and the proliferation of the Internet, World Wide Web (WWW), and related digital communications technologies (e. g. cellular phones, hand-held computers) during the 1990s (Castells, 1998; Wellman, 1999). The rapid influx of computers into people's workplaces, homes, and educational environments not only altered the physical landscape of interior environments, but also made possible the establishment of high-speed digital communication networks that have substantially eased the constraints of physical distance and time on many forms of social interaction.

The research literature in environmental psychology provides ample evidence that (1) spatial proprinquity fosters social contacts and friendship formation(Festinger, Schachter, & Back, 1950), (2) individuals' experiences with particular places constitute an important part of their self identity (Cooper, 1974; Proshansky, Fabian, & Kaminoff, 1983), and (3) involuntary relocation from a familiar neighborhood often provokes emotional distress and illness symptoms among the dislocated individuals (Fried, 1963). A major question addressed in this chapter is whether or not these "foundational" findings from earlier programs of environment-behavior research are generalizable to the Internet Society of the 21st Century. Scholars from urban sociology and other fields have concluded that human communities no longer are place-based, but reside instead within highly personalized, digital communication networks unbounded by space and time. For instance, Wellman (in press) has written that:

"Computer-supported communication will be *everywhere*, but be cause it is independent of place, it will be situated *nowhere*. The importance of a communication site as a meaningful place will diminsh even more. The person — not the place, household, or workgroup — will become even more of an autonomous communication node. Contextual sense and lateral awareness will diminsh (p. 4)". He futher states: "People usually obstain support, companionship, information, and a sense of belonging from those who do not live within the same neighborhood or even within the same metropolitan area. People maintain these community ties through phoning, writing, driving, railroading, and flying … Neighborhoods are not important sources of community. They have become variably safe and salubrious milieus from which people sally forth in their cars, telephone from their kitchens, or email from their dens (p. 7). "

Certainly not all individuals or groups in North America and other regions of the world are sufficiently affluent to own computers and personal digital assistants, nor do they possess the requisite technological knowledge to establish and maintain digital communication networks (NTIA, 2000). We discuss the implications of this "Digital Divide" later in the chapter (cf. , Garces, 2000). Nonetheless, Wellman's observations about contemporary society, and those of other scholars who regard the Internet as a means of promoting social support and community cohesion (cf. , Cole et al. , 2000; Horan, 2000; Negroponte, 1995) must be taken seriously by environment-behavior researchers, as their perspectives on the Internet Society offer a provocative counterpoint to the more traditional view — predominant in environmental psychology — that people's attachments to particular places are essential to their emotional and physical well-being.

The rapid growth of the Internet, World Wide Web, and digital communications technologies over the past decade poses several challenges for future studies of human-environment transaction. First, new measures and methods must be developed for characterizing the variety of cyber spaces that now exist on the WWW (e. g. , Web-based chat rooms and electronic bulletin boards). For instance, the visual and interactive qualities of these virtual sites remain to be assessed not only in terms of their objective qualities (e. g. , informational complexity and accuracy, multi-media components), but also for their perceived attractiveness(Nasar, 1988), legibility, imageability (cf. , Downs & Stea, 1973; Lynch, 1960), and capacity to influence participants' behavior, development, and well-being (Gackenbach, 1998; Kiesler, 1997). Second, several questions concerning the impact of the Internet and WWW on people's attachments to their proximal environments and their commitments to place-based relationships remain to be addressed (Stokols, 1999, in press). These research questions and challenges are likely to catalyze novel theories of environment and behavior in the coming years.

In the next section of the chapter, we examine key features of the Internet and WWW and document their tremendous growth during the 1990s. We then consider certain conceptual questions posed by the rise of the Internet and sketch the broad contours of a newly emerging field, the *environmental psychology of the internet* (cf. , Stokols & Montero, 2001).

Dimensions, Growth, and Behavioral Impacts of the Internet

The Internet encompasses the vast array of electronic connections that link millions of computers and their users throughout the world. The Internet is a highly diversified technology in that it supports multiple forms of computer-mediated communication (CMC) such as electronic mail, e-mail list serves (groups of e-mail users organized around certain topics), electronic bulletin boards and newsgroups, and sites on the WWW that range from non-interactive to interactive displays of textual, graphical, and auditory information and media. Among the most interactive of these Web sites are the multi-user domains (MUDs), which offer visitors and members opportunities to enter virtual chat rooms, communicate with each other in real time, and manipulate graphical objects displayed at the site. Individuals gain access to the Internet using their desktop or hand-held computers and cable TV systems. But in contrast to TV programming, which is passively received by viewers once a particular channel is selected, the Internet offers unprecedented opportunities for interactive exploration of electronic Web sites, MUDs, bulletin boards, and data archives(Rheingold, 1993; Schuler, 1996).

Over the past decade, the WWW and the Internet have grown exponentially. According to a recent survey of Web usage, the number of recorded sites on the WWW grew from 10,022 in December 1993 to 109,574,429 in January 2001 (ISC, 2001). An independent report on *The State of the Internet* 2000 estimated that in 1993, fewer than 90,000 people worldwide used the Internet on a regular basis but by summer 2000, the number of regular Internet users had expanded to more than 300 million people worldwide—a 3,000 fold increase in the online population (ITTA, 2000). And by the year 2005, the number of Internet users worldwide is expected to surpass the one billion mark. The rapid growth of the Internet during the 1990s has dramatically altered the ways in which people live and work. For instance, the increasing prevalence of desktop computing and access to the Web have made telecommuting and home-based work more feasible for large segments of the population (ITAC, 2001). Also, the development of instantaneous interactive communications via the Internet, incorporating multiple media such as text, graphics, video, and audio, have given computer users much greater access to geographically distant people and places than ever before (Mitchell, 1995; Negroponte, 1995).

Theoretical Questions Concerning Environment and Behavior in the Age of the Internet

The capacity of the Internet to bring geographically distant information sources and electronically-simulated "virtual" places to one's computer or TV screen raises several intriguing questions about the changing ecology of human-environment transactions. Some of these questions pertain, for example, to: (1) the relative influence of "proximal" vs. "distal" processes on individuals' behavior, development, and well-being; (2) the bi-valent nature of the Internet—i. e. , its capacity to enhance or impair individuals' development and well-being, and to strengthen or weaken people's attachments to their proximal environments; and (3) the behavioral and health implications of the Internet's exponential growth in light of humans' limited capacities for coping with information overload and accelerating rates of environmental change(cf. , Cohen, 1980; Emery & Trist, 1972; Lyman & Varian, 2000).

Research in environmental psychology has focused largely on the conditions in one's immediate environment that influence his or her behavior and well being. This explicit focus on the behavioral influence of the proximal environment is rooted in Lewin's (1936) conceptualization of the *psychological lifespace* — the totality of psychobiological conditions (e. g. , perceptions, motivations, and salient features of the environment) that determine one's behavior at a specific moment within a particular place. Lewin referred to the non-salient (non-perceived) features of the sociophysical environment as the "foreign hull" of the lifespace — those contextual circumstances located beyond the boundaries of the lifespace that, according to Lewin, are more amenable to sociological and biophysical studies than to psychological research.

Prior to the Internet's emergence as a powerful and pervasive force in society, the perceptual salience and behavioral influence of environmental conditions were generally correlated with their geographic proximity and immediacy to the individual. With the advent of the Internet and WWW, however, individuals' opportunities to experience distant places and events are now much less bounded by spatial and temporal constraints. Whereas non-Internet forms of communication (e. g. , reading a book, watching TV, talking with others on the telephone, or corresponding with them by surface or air mail) can bring geographically distant people and places psychologically closer to the individual, the Internet differs from these other media in some important respects. First, electronic mail and the Web make it possible for an individual to communicate simultaneously and interactively with scores, and even hundreds, of other persons — for example, through "instant messaging" among acquaintances that find themselves online at the same time. By contrast, TV programs are experienced more passively than interactively, and telephone conversations are usually restricted to dyads (or to slightly larger groups participating in "conference calls").

In addition to affording simultaneous contact with a large number of other people, Internet-based communications often combine textual, graphic, and auditory modalities (e. g. , real-time video images of the people one is communicating with, as well as dynamic views of their physical surroundings). Printed media are quite capable of depicting far-away people and places through photographs, drawings, and text, but they do not provide real-time, interactive views of distant people and events; nor can they deliver nearly instantaneous, multimodal communications, as exemplified by electronic mailings that contain document, voice, and video attachments. The Internet and WWW also afford serendipitous encounters with large numbers of strangers in "cyberspace" and opportunities to explore hundreds and even thousands of communication channels (or Web sites) within relatively short intervals of time.

The capacity of the Internet to make remote places and events psychologically salient to those who use this new technology has important psychological consequences across the lifespan. On the positive side, young children and adolescents with regular access to the Web are likely to be exposed to diverse cultural influences and vast stores of information, thereby broadening their understanding of the world and strengthening their sense of connection with remote people and places. Similarly, working adults can use the Internet to expand their personal skills and knowledge so that they are better equipped to perform effectively in their jobs. And older adults can now use the Internet to maintain a proactive orientation toward other people and places, strengthen their ties to the outside world, and counter feelings of loneliness and isolation even as their physical mobility becomes more constrained with the passage of time (Lawton, 1999; Rook, 1984; SCIP, 2001; SeniorNet, 2001). Also, online communication networks can be used to reinforce social support and a sense of community among the members of place-based organizations, neighborhoods, and towns (Blanchard & Horan, 1998; Blumenstyk, 1997; Horan, 2000).

At the same time, however, the Internet can exert a profoundly negative, albeit indirect, influence on the development and well being of indi-

117

viduals and groups who are least likely to use it. Several demographic stud-
ies have shown that low levels of education and income make it much less
likely for individuals to own computers and to have access to the Internet
(Garces, 2000; NTIA, 2000). Moreover, certain regions of the world lack
the requisite infrastructure (e. g., telephone lines and digital communica-
tions technologies) for residents to participate in the Internet and WWW.
Castells (1998) has referred to these regions as the *Fourth World*—a series
of "black holes of informational capitalism" that have been cut off from the
flow of information in the global economy. In light of these demographic
trends, it is important to address the psychological and developmental con-
sequences of the Internet and WWW for those individuals who find them-
selves on the wrong side of the Digital Divide due to low socioeconomic sta-
tus and/or electronic isolation. For younger individuals, developmental
deficits among those living in poverty may become more severe as the Inter-
net widens the rift between information-rich and information-poor segments
of the world's population. At the same time, Internet-deprived older a-
dults may find themselves caught in a spiral of increasing poverty caused by
their restricted access to job opportunities that require training in informa-
tion technology (cf., Freeman & Aspray, 1999).

　　Even among more affluent members of society who have ready access
to the Internet and WWW, increased use of digital communications tech-
nologies can be a source of negative behavioral, developmental, and health
outcomes. For instance, parents' frequent use of home-based computers
may interfere with developmental processes by constraining opportunities
for parent-child interaction, thereby promoting an ambiance of non-respon-
siveness in family environments(Stokols, 1999; Wachs & Gruen, 1982).
Also, the Internet and WWW have created new opportunities for engaging
in criminal activities online such as "cyber stalking", child sexual abuse, i-
dentity theft, financial fraud, and for promoting racism and hate crimes
(Hayes & Boucher, 1997; Mannix, 2000). And, aside from these criminal
abuses, individuals' growing use of digital communications technologies
has been linked in some studies to higher levels of self-reported loneliness,
reduced social contact with family members and friends, and experiences of

chronic distraction, overload, and stress resulting from a surfeit of elec-
tronic communications (cf. , Kraut et al. , 1998; Milgram, 1970; Nie &
Erbring, 2000). Considering these potentially negative consequences of so-
ciety's growing reliance on digital communications, an important challenge
for future theory development and research is to specify the contextual cir-
cumstances under which people's use of the Internet and WWW has the
most positive, and least detrimental effects on psychological, behavioral,
and health outcomes.

The theories, methods, and findings from environment and behavior
studies offer a valuable but relatively untapped perspective from which to
approach the theoretical questions and research challenges outlined above.
Earlier research on the psychological and social consequences of the Inter-
net have focused primarily on intrapersonal and interpersonal processes and
outcomes, while giving less attention to the ways in which the internet is
transforming people's day-to-day transactions with their place-based physi-
cal and social milieus (Gackenbach, 1998; Kiesler & Kraut, 1999; Mc-
Kenna & Bargh, 2000; Turkle, 1995). In the remaining portions of the
chapter, we examine these issues from the perspective of environmental and
ecological psychology to better understand how society's growing reliance
on digital communications has altered, and will continue to transform, peo-
ple's encounters with their sociophysical surroundings (Barker, 1968;
Bechtel, 1997; Bell, Fisher, Baum, & Greene, 1990; Michelson, 1970;
Proshansky et al. , 1976).

**The Changing Ecology of Human-Environment Relations in the Interet
Era: Environmental Psychology as a Foundation for Theory Development
and Research**

Environmental psychology emerged as an organized area of interdisci-
plinary scientific inquiry during the late 1960s and early Seventies (cf. ,
Bronfenbrenner, 1977; Craik, 1973; Ittelson et al. , 1974; Moos, 1976).
The emergence and rapid expansion of this field was attributable in part to
growing societal concerns about environmental pollution, adverse global
environmental changes, and the behavioral consequences of overcrowding
(Carson, 1962; Ehrlich, 1968; Kates & Wohlwill, 1966). At the same

time, concerted efforts by many researchers to address conceptual gaps in psychological science (especially those concerning the behavioral and health impacts of the large scale environment) further contributed to the burgeoning growth of environmental psychology and social ecology. The historical evolution and substantive concerns of environmental psychology are well covered in other chapters of this volume, so we provide only a brief and general overview of these developments below.

By the late 1970s, the field of environmental psychology consisted of multiple scientific paradigms(Craik, 1977), each organized around a particular facet of human-environment transaction (e. g. , environmental cognition, spatial behavior, environmental stress, ecological psychology, environmental attitudes and assessment, experimental analyses of environmentally-protective behavior). Some of these research areas emphasized people's active efforts to interpret and restructure their surroundings (e. g. , environmental cognition and spatial behavior), whereas others reflected a more reactive stance toward the environment (e. g. , environmental assessment, health effects of urban stressors). In an effort to integrate these distinct research paradigms and explain how individuals use different modes of relating to their environments in a sequential, organized fashion, environmental psychologists drew heavily on the principles of ecology and open systems theory (cf. , Stokols, 1977).

Ecological theories were first developed by biologists working during the late 1800s(Clements, 1905; Darwin, 1859/1964; Warming, 1909) and later elaborated by psychologists and sociologists in their analyses of human response to urban environments (Alihan, 1938; Hawley, 1950; Park, Burgess, & McKenzie, 1925). Ecological psychologists, for example, conceptualized behavior settings as systemically-organized, place-based units of people-environment transaction (Barker & Schoggen, 1973; Wicker, 1979). Other theorists focused on the "ecology of human development" and documented the ways in which individuals' multiple life settings (e. g. , residential, day care, work environments, public spaces), spanning micro, meso, and macro levels, jointly influence their psychosocial development over the life course (Bronfenbrenner, 1979; Friedman & Wachs, 1999).

Central to ecological analyses of environment and behavior are certain basic assumptions and principles derived from open systems theory(Emery, 1969; Katz & Kahn, 1966; Von Bertalanffy, 1950). A core assumption of systems theory is that people strive to achieve equilibrium or homeostasis with their physical and social milieus (Altman, 1975; Barker, 1968; Emery & Trist, 1972; Moos, 1976). Some theorists referred to this state of balance as person-environment "congruence" or "fit" (Michelson, 1970; Wicker, 1972). They also noted that when levels of P-E fit are perceived by an individual to be inadequate, that person is more likely to experience symptoms of emotional and physiological stress than when conditions of fit are viewed as more favorable (Michelson, 1985).

Another principle of ecological systems theory suggests that people's relationships with their surroundings are goal-directed and reflect reciprocal phases of influence between individuals and their environments. For example, (Stokols, 1978) proposed that the multiple paradigms of environmental psychology correspond to different facets or phases of *human-environment optimization*, a dynamic and sequential process by which individuals strive to achieve "optimal environments" — those that maximize the fulfillment of their needs and the accomplishment of their goals and plans. In many situations, people are forced by situational constraints to accept undesirable environmental conditions, or at best to "satisfice" (Simon, 1957) — i. e., achieve less than optimal improvements in their surroundings. Stokols notes: "Although environmental optimization is never realized in its ideal form, the concept is heuristically useful in emphasizing the goal-directed and cyclical nature of human-environment transactions and in suggesting certain processes by which these transactions occur (p. 258)." These fundamental processes of person-environment transaction include the *interpretive*, *evaluative*, *operative*, and *responsive* modes of dealing with one's surroundings.

The assumptions of systems theory, and the research foci of environmental and ecological psychology, provide a useful starting point for considering the transformative impacts of the Internet and WWW on the quality of people's lives and the patterning of their routine activities and pro-

121

jects. The cumulative evidence from several programs of environment-behavior research suggests that humans strive (1) to establish and maintain meaningful psychological and social connections with the material world, reflected in their strong emotional attachments to particular objects and places; and (2) to optimize the degree of fit between their personal and collective needs for identity, affiliation, social support, emotional and physical security, and environmental legibility, on the one hand — and conditions present in the physical and social environment that, ideally, facilitate the fulfillment of those needs, on the other. Moreover, (3) individuals are most likely to experience psychological, social, and physiological stress when levels of person-environment fit are perceived to be low (e. g. , conditions of prolonged stimulation overload; infringements on one's privacy in residential, work, or institutional settings; lack of access to aesthetic surroundings and natural environments). The evidence supporting these propositions is consistently strong across several paradigms of environment-behavior research. The field of environmental and ecological psychology, thus, provides a useful backdrop for developing a conceptual analysis and programmatic agenda for future research on the ways in which the internet and WWW are transforming the quality and structure of people-environment transactions. These issues are addressed below.

A Conceptual Framework and Agenda for Future Research

A conceptual framework for future research on the environmental psychology of the internet is outlined in Table 1, adapted from (Stokols, 1978). As in the earlier version of this table, four basic modes of person-environment transaction are shown, along with key paradigms of environment-behavior representing each mode. Under the active-cognitive or *interpretive* mode, for example, the paradigms of environmental cognition and personality and the environment are listed. Within the lower right cell denoting the reactive-cognitive or *evaluative* mode, research on environmental attitudes and people's evaluative assessments of particular places are included. In the upper right cell of the table, representing the active-behavioral or *operative* mode, research on how people use the spatial environment to regulate privacy and other aspects of interpersonal relations (e. g. , processes of personal space regulation, territoriality), and on their environmentally-protective behavior (e. g., processes of resource conservation, recycling) are listed. Finally, in the lower right cell depicting the reactive-behavioral or *responsive* mode, research on people's reactions to environmental stressors (e. g., high density, noise, traffic congestion) and to conditions of under- and over-staffing in their everyday behavior settings (the ecological psychology paradigm), are shown.

Table 1.   Influence of the Internet on Four Modes of Human—Environment Transaction: Questions for Theory Development and Research[a]

| | FORM OF TRANSACTION | |
	Cognitive[b]	Behavioral
Active	*Interpretive Mode* Environmental Cognition Will frequent exposure to computer-simulated environments on the WWW reduce individuals' sense of environmental coherence and legibility? Personality and Environment Do certain dispositions (e. g., sensation seeking) enable individuals to retain a stronger sense of environmental coherence following exposure to multiple simulated environments on the WWW?	*Operative Mode* Human Spatial Behavior Is spatial proximity being replaced by electronic connectivity as a requisite for social contact and friendship formation? Environmentally-Protective Behavior Can future efforts to promote environmental conservation be made more effective through the use of informative WWW sites that convey futuristic scenarios of environmental degradation?
Phase of Transaction	*Evaluative Mode* Environmental Attitudes Do short-term encounters with virtual places on the WWW lead to incomplete or biased appraisals of those environments?	*Responsive Mode* Environmental Stress How will individuals' exposure to increasing digital communications affect their susceptibility to chronic stress and related health problems?
Reactive	Environmental Assessment Will greater access to simulated views of remote places weaken people's attachments to their proximal environments and relationships?	Ecological Psychology How might the potential conflicts between virtual behavior settings and the real environments from which they are accessed be minimized or avoided?

a: *Adapted from Stokols*, 1978. b: *In this framework, the term "cognitive" refers to both informational and affective processes.*

The conceptual framework presented in Table 1 extends Stokols' (1978) representation of research paradigms in environmental psychology

123

by incorporating a series of questions about changes in the nature of people-environment relations that may be occurring due to the rapid growth of the internet and WWW. These questions offer a useful starting point for future theory development and research on the environmental psychology of the internet. In the following sections of the paper, we consider new directions for internet-related research as they pertain to each of the four basic modes of people-environment transaction described earlier.

Influence of the Internet on People's Interpretation of Their Surroundings

Research on environmental cognition examines the ways in which individuals develop mental representations of their sociophysical environments (Lynch, 1960; Milgram & Jodelet, 1976). For example, studies of cognitive mapping processes in humans have examined prominent physical features and social meanings of urban environments that promote high levels of *imageability*, or the capacity of a place to evoke strong and memorable mental images. Another core construct in this research area is environmental *legibility*, or the extent to which the layout and organization of places are perceived to be coherent and understandable by occupants.

The rapid growth of the Internet and WWW poses several new questions for future research on environmental cognition. First, access to the internet offers individuals unprecedented opportunities for visiting digitally-simulated environments via their computers—e. g. , art museums, concert halls, and cultural centers—many of which are located in far away places. This enables computer users to acquire detailed previews and greater knowledge about unfamiliar places before they actually visit them. At the same time, however, greater opportunities to encounter places virtually, through computer-based digital photos and video simulations, might hasten the pace but reduce the coherence of people's environmental experiences. Earlier studies suggest that humans have an intrinsic need to experience their physical and social environments kinesthetically—that is, through direct encounters with places that are associated with multiple tactile, olfactory, visual, and auditory cues(Hall, 1966). As the proportion of individuals' environmental experiences shifts from direct, kinesthetic encounters with places toward increasingly simulated and fragmented views of those settings, how will their sense of coherence and legibility be affected? Several lines of research suggest that humans strive to maintain a strong sense of environmental coherence (Antonovsky, 1981; Kaplan & Kaplan, 1989). Extrapolating from these studies, it seems plausible that individuals' exposure to an increasingly rapid and diverse array of simulated environments on the internet may place considerable strain on their capacity to achieve a coherent understanding of their surroundings.

Research within the personality paradigm of environmental psychology (Craik, 1976; Little, 1987) further suggests that individuals may vary widely in their preferences for exposure to multiple, digitally-simulated environments on the internet, and their capacities to cultivate and retain a sense of coherence in the face of rapid, computer-mediated experiences of diverse places. For example, individuals scoring high on the Sensation-Seeking Scale (Zuckerman, 1979) may prefer higher levels of exposure to multiple simulated environments on the WWW, and experience less mental fatigue and loss of perceived environmental coherence, than those who score low on the sensation-seeking dimension (Smith, Johnson, & Sarason, 1978).

Several other questions concerning environmental cognition and legibility are raised by the advent of the internet and WWW. For instance, do the graphic designs and visual qualities of some Web sites evoke stronger images and memories than others, thereby prompting visitors to return more frequently to those sites? Also, do computer-simulated previews of unfamiliar places enable individuals to acquire more legible mental maps and a stronger sense of coherence once they actually visit those places, than would be possible without the benefit of these digital previews? In this regard, prior studies suggest that the psychological and health benefits of virtual visits to unfamiliar places may be especially evident among frail elderly persons who must relocate from their private residence to an institutional care facility(Pastalan, 1983).

Influence of the Internet on Peoples' Evaluations of Their Surroundings

The environmental attitudes and environmental assessment paradigms are centrally concerned with the ways in which people evaluate their sur-roundings(Craik & Feimer, 1987). Whereas environmental attitudes re-flect an individual's tendency to respond either positively or negatively to a particular place, environmental assessments can entail collective as well as individual judgments about previously or currently occupied environments. Also, many environmental assessment projects are undertaken to reveal people's preferences or concerns about future environments that they have not yet encountered (e. g. , a design committee's review of site plans for a future neighborhood recreation center).

The fact that the Internet and **WWW** afford computer users greater opportunities to visit multiple remote environments virtually rather than di-rectly raises important questions about environmental evaluation processes. First, because computer-mediated encounters with places are often of short duration and emphasize highly selective visual information about those set-tings, the virtual visitor is deprived of the opportunity to experience the place in a more complete and sustained fashion. Do these ephemeral en-counters with virtual places lead to incomplete (e. g. , visually-dominated) and biased appraisals of the actual places that are simulated on the Web? In some instances, digital simulation may make remote environments appear more attractive and desirable than they actually are. Consequently, greater opportunities to make virtual visits to a broad range of remote locations might artificially inflate a visitor's "comparison level for alternatives" (Thibaut & Kelley, 1959), thereby weakening his or her attachment to a presently occupied environment. Might this "grass-is-always-greener" phe-nomenon, piqued by frequent exposure to simulated environments on the Web, weaken people's affective ties to their immediate surroundings and prompt faulty decision-making about potential relocation opportunities? — or more generally, contribute to a weakened "sense of place" and an erosion of "place identity" among community members (Meyrowitz, 1985; Pros-hansky et al. , 1983)?

Another set of Internet-relevant questions pertains to the ways in which people experience aesthetic stimuli in their physical and social envi-ronments. The Internet and **WWW** make it possible for people to view a painting or listen to a concert through computer-based video and audio simulations. However, the social contacts that occur when a person visits a local art museum or attends a musical performance in person are lost when she/he experiences those stimuli and events in digitized form(Stokols, in press). The face-to-face social context of individuals' aesthetic experiences not only enriches their appreciation of the focal stimuli, but also may play an important role in fostering stronger social ties among community members for the betterment of each individual, sometimes referred to as "social capital" (Putnam, 1995). These Internet-related research issues concerning environmental evaluation processes take on even greater significance when viewed from the vantage point of prior studies highlighting individuals' needs for strong and stable ties to their everyday environments (cf., Firey, 1945; Fried, 1963; Rochberg-Halton & Csikszentmihalyi, 1981).

Influence of the Internet on Spatial Behavior and Environmental-Protection Efforts

The operative mode of human-environment transaction encompasses the myriad ways in which people actively modify their physical and social surroundings. Building a home, decorating one's office, and participating in a neighborhood recycling program exemplify behaviors that directly alter the structure or quality of a particular environment. Two paradigms of environmental psychology that emphasize individuals' behavioral modifications of their surroundings are "proxemics"—the study of how people use space in social situations(Altman, 1975; Sommer, 1969)—and analyses of environmentally-protective (or destructive) behavior, including studies of energy conservation, waste recycling efforts, and the defacement of environments through littering and graffiti (Geller, Winett, & Everett, 1982; Oskamp, 2000).

Earlier studies of spatial behavior have examined how people regulate their interaction distances (or personal space) with others through both verbal and non-verbal behaviors, and how they establish territorial boundaries within the context of specific, place-based settings. For example, Altman's model of spatial behavior emphasizes the ways in which individuals adjust personal space and territorial boundaries to achieve desired levels of privacy with co-occupants of particular settings(Altman, 1975). To the extent that desired privacy levels are achieved, the individual is able to avoid stressful experiences such as social isolation at one extreme, and perceived crowding at the other.

The central role of spatial and temporal proximity in interpersonal relationships is underscored by field studies documenting the strong influence of door-to-door proximity among neighbors on the development of local friendship networks and patterns of political and consumer behavior(Festinger et al. , 1950). With the advent of the Internet and WWW, however, the constraining influence of spatial and temporal proximity on informal social interaction, privacy regulation, and friendship formation has been diminished by the availability of electronic networks (e. g. , e-mail listserves, Web-based chat rooms) that facilitate frequent communication among participants located in geographically distant areas. Thus, it appears that physical proximity is gradually being replaced, or at least supplemented, by electronic connectivity as a requirement for interpersonal contact and as a basis for managing privacy and communicating both personal and collective identities (Kiesler, 1997; Turkle, 1995).

Some researchers contend that people's diminishing reliance on place-based, face-to-face encounters with others and on geographically-anchored centers of higher education, health care delivery, and political engagement eventually will weaken the social fabric of communities, resulting in greater loneliness and reduced social support(Kiesler & Kraut, 1999; Meyrowitz, 1985; Noam, 1995). By contrast, others argue that individuals are effectively using their electronic networks to develop and maintain strong interpersonal and professional affiliations (Cole et al. , 2000; Horan, 2000; Wellman, 1999). Rather than using spatial proximity as a basis for meeting others, individuals with regular access to the Internet are now establishing *virtual communities* for purposes of finding companions who share common professional, recreational, or health-related interests. According to (Blanchard & Horan, 1998), "virtual communities of interest" are comprised of geographically dispersed individuals who come together on the Internet to share information, ideas, and emotional support. "Place-based virtual communities", on the other hand, are established by participants working or residing in the same location to reinforce their face-to-face interactions. The Blacksburg Electronic Village (BEV) exemplifies a place-based virtual community that was established to enhance residents' sense of community and civic engagement in Blacksburg, Virginia (Cohill & Kavanaugh, 2000).

The rise of the Internet and WWW also poses important questions for future studies of environmentally-protective behavior. In the past, efforts to promote energy conservation and the recycling of waste products have relied heavily on community-based information campaigns and household-specific customer feedback and monetary incentive programs organized by local utility companies(Bator & Cialdini, 2000; Geller et al., 1982). However, future efforts to promote environmental conservation and reverse adverse global environmental changes are likely to be channeled through comprehensive, authoritative, and visually-striking Web sites that convey futuristic scenarios of environmental degradation, and offer visitors extensive information about ways to curb energy consumption, global warming, ozone depletion, and enhance biodiversity (ICSU, 2001; USEPA, 2001a, 2001b).

Impact of the Internet on Environmental Stress and Behavior Setting Processes

The responsive mode of human-environment transaction pertains to individuals' behavioral and physical responses to environmental conditions. Two research paradigms that reflect a strong emphasis on the responsive mode include studies of human response to environmental stressors such as high density, noise, traffic congestion, and uncomfortable climate(Evans, 1982; Glass & Singer, 1972; Milgram, 1970); and ecological psychology which has documented the influence of organizational conditions such as of under — and over-staffing in behavior settings on their participants (Barker, 1968; Bechtel, 1997; Schoggen, 1989; Wicker, 1979).

The term, *stress*, denotes an imbalance between the environmental demands confronted by an individual and his or her capacity to cope with those demands (Selye, 1956). The construct, *psychological stress*, refers to an imbalance between one's *perception of environmental demands* and his or her *perceived ability to cope* with those conditions (Lazarus, 1966). Residents of large cities, for example, are prone to experiencing "urban overload", a form of stress that occurs when the quantity and rate of environmental stimuli exceed an individual's ability to process and cope with them (Milgram, 1970).

Research on environmental stress offers a useful backdrop for considering the potential behavioral and health impacts of information overload resulting from a surfeit of digital communications. The *State of the Internet* 2000 report, mentioned earlier, chronicles the dramatic growth of the online population worldwide during the 1990s (ITTA, 2000). The exponential rise in internet use and digital communications also is reflected in a study conducted by America Online, Inc. , which found that e-mail usage per AOL subscriber increased by 60% over the past year, while AOL's total e-mail usage increased 120% during the same period (Messaging Online, 2000). Moreover, a report released by the UC Berkeley School of Information Management and Systems estimated that although it has taken 300,000 years for humans to accumulate 12 "exabytes" (i. e. , one billion gigabytes) of information, it will take only 2.5 more years to create the next 12 exabytes (Lyman & Varian, 2000).

These trends in Internet use and information production suggest that individuals' information processing capacities will continue to be taxed in the coming years by their exposure to an onslaught of digital communications transmitted via desktop and laptop computers, hand-held digital devices, mobile cellular phones, and fax machines. Not only will the quantity of communications increase, but also the variety of settings and time periods in which individuals can be contacted digitally by friends, work associates, and strangers. Widespread use of the Internet and WWW has promoted a syndrome of being "always online" among regular computer users who, in effect, remain "tethered" to multiple electronic devices—not only while occupying traditional work environments, but also residential and recreational settings—except when they are sleeping or choose to go "offline"(Guzzetta, 2001).

Confronted by an ever-expanding flow of information sent via multiple communication channels and received at several locations throughout the day, computer users' vulnerability to attentional overload and stress is likely to increase in the coming years. Prior studies indicate that chronic stress can undermine people's resistance to disease and behavioral functioning across diverse settings(Cohen, 1980; Cohen & Williamson, 1991). To meet the performance and health challenges posed by a proliferation of digital communications, individuals and groups must develop improved strategies for filtering, sorting, prioritizing, and storing information. Some of these coping strategies will be facilitated by technological advances (e. g. , the message-filtering capabilities of advanced e-mail systems). But perhaps the most effective strategies for managing information overload will not be technological in nature, but depend instead on the ability of individuals to spend portions of their time offline in *restorative environments* (Kaplan & Kaplan, 1989)—those that enable them to escape from their usual activity routines and afford ample opportunities to engage in spontaneous or non-directed attention—e. g. , in natural environments that are both beautiful and tranquil (Korpela & Hartig, 1996; Ulrich, 1983). Restorative settings are defined by their capacity to promote relaxation and alleviate stress.

Research in the area of ecological psychology suggests additional ways in which the structure of place-based behavior settings can either enhance or undermine individuals' ability to cope with an increasing deluge of computer-mediated information. The basic unit of analysis in ecological psychology is the *behavior setting* , a physical location in which the members of a particular group come together to perform a program of activities on a recurring basis (Barker, 1968). Examples of behavior settings include offices, homes, or the regularly scheduled practices of a basketball team that take place in a high school gymnasium.

In recent years, Barker's conceptulization of place-based behavior settings has been extended to account for people's growing participation in *virtual behavior settings* , or electronic sites on the Internet created through the shared interactions of members who develop a symbolic sense of space or place through sustained computer-mediated communications among participants (Blanchard, 1997). Examples of virtual behavior settings include chat rooms and multi-user domains (MUDs) on the WWW. An important topic for future research concerns the ways in which individuals' participation in virtual behavior settings either complements or conflicts with the behavioral program of the place-based environment (e. g. , a home or workplace) in which their computer is located, and from which they access multiple Web sites. Because people's experiences of virtual settings are essentially "nested" in physically-situated host environments, a new type of mesosystem (i. e. , linkage between two or more settings; Bronfenbrenner, 1979) has been posited: the *r-v mesosystem* unit comprised of a real (place-based) host environment, and a virtual behavior setting nested within it (Stokols, 1999).

In some cases, an individual's participation in a virtual setting conflicts with the norms and activities of the host setting—for example, when an office worker engages in recreational Web surfing on the job, thereby arousing the resentment of co-workers and supervisors. In other instances, the relationship between a virtual setting and the host environment are complementary—for instance, an educational environment where the instructor encourages students to visit course-related Web sites using computers located in the classroom, for purposes of supplementing the material covered in the instructor's lectures. The potential conflicts that can occur between the behavioral programs of virtual settings and their host environments constitute an additional source of attentional overload and interpersonal stress during the Internet Era. These considerations suggest that the design of future behavior settings and communities should be guided by the goal of optimizing rather than compromising the complementarity or fit between virtual and real settings—especially considering that individuals participate in both types of settings simultaneously.

Summary and Conclusions

This present chapter examined the impacts of the Internet and WWW on people's relationships with their physical and social environments. Several theoretical questions posed by the increasing prevalence of digital communications in society were considered. For instance, will individuals' participation in the Internet weaken their emotional attachments to proximal environments and relationships? To what extent will individuals' personal and collective identities become less dependent on their involvement with particular places(cf. , Firey, 1945; Proshansky, 1978), and more closely associated with their electronic networks or "virtual communities of interest" (Blanchard & Horan, 1998; Wellman, in press)? How will individuals' simultaneous participation in real and virtual behavior settings influence their vulnerability to distraction and interpersonal conflict? And, how will the expanding flow of digital communications affect individuals' susceptibility to chronic overload, psychological stress, and health problems?

These and related questions were considered from the perspectives of environmental and ecological psychology. Several theories, methods, and findings from multiple paradigms of environment-behavior research provided a useful starting point for considering potential impacts of the Internet and WWW on human-environment transactions. A conceptual framework and research agenda were proposed as the basis for establishing a new research domain, the *environmental psychology of the Internet*. Several topics for future investigation were discussed, including the influence of computer-mediated communications and social contacts on the strength of people's emotional ties to particular geographic locations; the role of personal dispositions in mediating the psychological and social consequences of individuals' participation in the Internet and WWW; and the social and health impacts of individuals' simultaneous participation in non-complementary real and virtual behavior settings.

The primary focus of this chapter was on theoretical rather than methodological issues. Yet, several methodological challenges remain to be addressed in future research includingthe (1) combined use of multiple methodologies (e. g. , time budget analyses, physical trace measures, retrospective interviews) to assess individuals' time allocation to both real and virtual settings; (2) development of criteria for assessing the perceived legibility, imageability, and aesthetic value of cyber environments on the Web; (3) creation of measures for gauging an individual's cumulative exposure to digital information and communications over a specified time interval, and the effects of that exposure on his or her well being; and (4) development of criteria for identifying complementary or conflicting relationships between the real and virtual settings comprising a person's meso- or exosystems. Taken together, these conceptual and methodological issues raise several provocative questions about the changing ecology of human-environment relations in the Age of the Internet and offer an exciting agenda for future research.

References

Alihan, M. A. (1938). Social ecology: A critical analysis. New York: Cooper Square Publishers, Inc.

Altman, I. (1975). The environment and social behavior. Monterey, CA: Brooks/Cole Publishing Company.

Antonovsky, A. (1981). Health, stress, and coping. San Francisco, CA: Jossey-Bass Publishers.

Barker, R. G. (1968). Ecological psychology: Concepts and methods for studying the environment of human behavior. Stanford, CA: Stanford University Press.

Barker, R. G. , & Schoggen, P. (1973). Qualities of community life. San Francisco: Jossey-Bass.

Bator, R. , & Cialdini, R. (2000). The application of persuasion theory to the development of effective proenvironmental public service announcements. Journal of Social Issues, 56(3): 527-541.

Bechtel, R. B. (1997). Environment & behavior: An introduction. Thousand Oaks, CA: Sage Publications.

Bechtel, R. B. , & Churchman, A. (Eds.). (in press). New Handbook of Environmental Psychology. New York: John Wiley & Sons.

Bell, P. A. , Fisher, J. D. , Baum, A. , & Greene, T. E. (Eds.). (1990). Environmental psychology (Third ed.). New York: Holt, Rinehart, and Winston.

Blanchard, A. (1997). Virtual behavior settings: An application of behavior setting theories to virtual communities. Claremont, CA: The Center for Organizational and Behavioral Sciences, The Claremont Graduate University.

Blanchard, A. , & Horan, T. (1998). Virtual communities and social capital. Social Science Computer Review, 16: 293-307.

Blumenstyk, G. (1997). An experiment in "virtual community" takes shape in Blacksburg, VA: The "electronic village" shows the promise and some of the limitations of the idea. Chronicle of Higher Education, January 17, A24.

Bronfenbrenner, U. (1977). Toward an Experimental Ecology of Human Development. American Psychologist, 32, 513-530.

Bronfenbrenner, U. (1979). The ecology of human development: Experiments by nature and design. Cambridge, MA: Harvard University Press.

Carson, R. (1962). The silent spring. Boston, MA: Houghton Mifflin.

Castells, M. (1998). End of milliennium. Malden, MA: Blackwell Publishers.

Clements, F. (1905). Research methods in ecology. Lincoln, NE: The University of Nebraska Press.

Cohen, S. (1980). Aftereffects of stress on human performance and social behavior: A review of research and theory. Psychological Bulletin, 88, 82-108.

Cohen, S. , & Williamson, G. M. (1991). Stress and infectious disease in humans. Psychological Bulletin, 109, 5-24.

Cohill, A. , & Kavanaugh, A. (2000). Community networks: Lessons from Blacksburg, VA (second ed.). Norwood, MA: Artech House.

Cole, J. I. , Suman, M. , Schramm, P. , van Bel, D. , Lunn, B. , Maguire, P. , Hanson, K. , Singh, R. , & Aquino, J. (2000). The UCLA Internet Report: Surveying the Digital Future. Los Angeles, CA: UCLA Center for Communication Policy, University of California, Los Angeles. Available at http: //www. ccp. ucla. edu. October 26, 2000.

Cooper, C. (1974). The house as symbol of the self. In J. Lang & C. Burnette & W. Moleski & D. Vachon (Eds.), Designing for human behavior (pp. 130-146). Stroudsburg, PA: Dowden, Hutchinson, & Ross.

Craik, K. (1976). The personality research paradigm in environmental psychology. In S. Wapner & S. B. Cohen & B. Kaplan (Eds.), Experiencing the environment (pp. 55-79). New York: Plenum Press.

Craik, K. , & Feimer, N. (1987). Environmental assessment. In D. Stokols & I. Altman (Eds.), Handbook of environmental psychology (Vol. 2, pp. 891-918). New York: John Wiley & Sons.

Craik, K. H. (1973). Environmental psychology. Annual Review of Psychology, 24, 403-422.

Craik, K. H. (1977). Multiple scientific paradigms in environmental psychology I. International Journal of Psychology, 12, 26-31.

Darwin, C. (1859/1964). The origin of species (E. Mayr, Trans.) (London, 1859, first ed.). Cambridge, MA: Harvard University Press.

Downs, R. M. , & Stea, D. (Eds.). (1973). Image and environment: Cognitive mapping and spatial behavior. Chicago: Aldine Publishing Company.

Ehrlich, P. (1968). The population bomb. New York: Ballantine.

Emery, F. E. (Ed.). (1969). Systems thinking. London: Penguin Books.

Emery, F. E., & Trist, E. L. (1972). Towards a social ecology: Contextual appreciation of the future in the present. London: Plenum Press.

Evans, G. W. (Ed.). (1982). Environmental stress. Cambridge, UK: Cambridge University Press.

Festinger, L., Schachter, S., & Back, K. (1950). Social pressures in informal groups. New York: Harper.

Firey, W. (1945). Sentiment and symbolism as ecological variables. American Sociological Review, 10, 140-148.

Freeman, P., & Aspray, W. (1999). The supply of information technology workers available in the United States. Washington, D. C: Computing Research Association.

Fried, M. (1963). Grieving for a lost home. In L. Duhl (Ed.), The urban condition (pp. 151-156). New York: Basic Books.

Friedman, S. L., & Wachs, T. D. (Eds.). (1999). Measuring environment across the lifespan: Emerging methods and concepts. Washington, D. C: American Psychological Association.

Gackenbach, J. (Ed.). (1998). Psychology and the internet: Intrapersonal, interpersonal, and transpersonal implications. San Diego, CA: Academic Press.

Garces, R. F. (2000). Experts propose policies to bridge California's Digital Divide, improve health. The California Center for Health Improvement. Available at: http://www. cchi. org/pdf/WrkHlth2. pdf. [2000, April 14].

Geller, E. S., Winett, R. A., & Everett, P. B. (1982). Preserving the environment: New strategies for behavior change. New York: Pergamon Press.

Glass, D. C., & Singer, J. E. (1972). Urban stress. New York: Academic.

Guzzetta, J. D. (2001). Transcending boundaries with advanced technology: A closer look at social, behavioral, and health implications of the non-traditional workplace environment (Unpublished manuscript). Department of Urban and Regional Planning, University of California, Irvine, CA.

Hall, E. T. (1966). The hidden dimension. Garden City, NY: Doubleday & Co.

Hawley, A. (1950). Human ecology: A theory of community structure. New York: The Ronald Press Company.

Hayes, B., & Boucher, G. (1997, November 11, Issue Date). Internet a molesters' tool, police warn. Los Angeles Times (Orange County/Metro Section), pp. B—1, 4.

Horan, T. A. (2000). Digial places: Building our city of bits. Washington, D. C. : Urban Land Institute.

ICSU. (2001). Diversitas: The International Programme of Biodiversity Science. International Council for Science. Available: http: //www. icsu. org/DIVERSITAS/ [2001, March 22].

ISC. (2001). Internet domain survey, January 2001. Internet Software Consortium. Available online at: http: //www. isc. org/ds/WWW – 200101/index. html. [2001, March, 29].

ITAC. (2001). Telework America (TWA) 2000. Research results and executive summary. Available at: http: //www. telecommute. org/twa2000/research _ results _ summary. shtml. International Telework Association & Council [2001, March 26].

ITTA. (2000). State of the Internet 2000. International Technology and Trade Associates, Inc. Available: http: //www. itta. com/internet 2000. htm [2000, Ocotber 29].

Ittelson, W. H. , Proshansky, H. H. , Rivlin, L. G. , & Winkel, G. (1974). An introduction to environmental psychology. New York: Holt, Rinehart, & Winston.

Kaplan, R. , & Kaplan, S. (1989). The experience of nature: A psychological perspective. New York: Cambridge University Press.

Kates, R. W. , & Wohlwill, J. F. (1966). Man's response to the physical environment. Journal of Social Issues, 22, 1-140.

Katz, D. , & Kahn, R. L. (1966). The social psychology of organizations. New York: John Wiley & Sons.

Kiesler, S. (Ed.). (1997). Culture of the Internet. Mahwah, NJ: Lawrence Erlbaum Associates.

Kiesler, S. , & Kraut, R. (1999). Internet use and ties that bind. American Psychologist, 54, 783-784.

Kling, R. , & Iacono, S. (1991). Making a "computer revolution". In C. Dunlop & R. Kling (Eds.), Computerization and controversy: Value conflicts and social choices (pp. 63-74). Boston, MA: Academic Press, Inc.

Korpela, K. , & Hartig, T. (1996). Restorative qualities of favorite places. Journal of Environmental Psychology, 16, 221-233.

Kraut, R. , Patterson, M. , Lundmark, V. , Kiesler, S. , Mukopadhyay, T. , & Scherlis, W. (1998). Internet paradox: A social technology that reduces social involvement and psychological well-being. American Psychologist, 53(9), 1017-1031.

Lawton, M. P. (1999). Environments for older people. In S. L. Friedman & T. D. Wachs (Eds.), Measuring environment across the lifespan: Emerging methods and concepts (pp. 91-124). Washington, D. C: American Psychological Association.

Lazarus, R. (1966). Psychological stress and the coping process. New York: McGraw – Hill.

Lewin, K. (1936). Principles of Topological Psychology. New York: McGraw—Hill.

Little, B. (1987). Personality and the environment. In D. Stokols & I. Altman (Eds.), Handbook of environmental psychology (Vol. 1, pp. 205-244). New York: John Wiley & Sons.

Lyman, P., & Varian, H. R. (2000). How much information? Berkeley, CA: School of Information Management and Systems, University of California, Berkeley. Available at: http: // www. sims. berkeley. edu/how-much-info. October 20, 2000.

Lynch, K. (1960). The image of the city. Cambridge, MA: MIT Press.

Mannix, M. (2000, August 28). The Web's dark side. U. S. News & World Report, 36-45.

McKenna, K. Y. A. , & Bargh, J. A. (2000). Plan 9 from cyberspace: The implications of the Internet for personality and social psychology. Personality and Social Psychology Review, 4, 57-75.

Messaging Online, I. (2000). AOL Per-user e-mail figures climb 60 percent in 1999. Messaging Online, Inc. Available: http: //www. messagingonline. net/mt/html/feature 020400. html [2000, October 29].

Meyrowitz, J. (1985). No sense of place: The impact of electronic media on social behavior. New York: Oxford University Press.

Michelson, W. (1970). Man and his urban environment: A sociological approach. Reading, MA: Addison—Wesley.

Michelson, W. H. (1985). From sun to sun: Daily obligations and community structure in the lives of employed women and their families. Totowa, NJ: Rowman & Allenheld.

Milgram, S. (1970). The experience of living in cities. Science, 167, 1461-1468.

Milgram, S. , & Jodelet, D. (1976). Psychological maps of Paris. In H. M. Proshansky & W. H. Ittelson & L. G. Rivlin (Eds.), Environmental psychology (Second ed. , pp. 104-124). New York: Holt, Rinehart, & Winston.

Mitchell, W. J. (1995). The city of bits: Space, place, and the infobahn. Cambridge, MA: MIT Press.

Moos, R. H. (1976). The human context: Environmental determinants of behavior. New York: John Wiley & Sons.

Nasar, J. L. (Ed.). (1988). Environmental aesthetics: Theory, research, and applications. Cambridge, UK: Cambridge University Press.

Negroponte, N. P. (1995). Being Digital. New York: Vintage Books.

Nie, N. H. , & Erbring, L. (2000). Internet and society: A preliminary report. Available online at: http: //www. stanford. edu/group/siqss/Press _ Release/Preliminary _ Report. pdf. Stanford Institute for the Quantitative Study of Society [2001, March 29].

Noam, E. M. (1995). Electronics and the dim future of the university. Science, 270, 247-249.

NTIA. (2000). Americans in the information age falling through the net. Available online at: http: //www. ntia. doc. gov/ntiahome/digitaldivide/. National Telecommunications & Information Administration [2001, March 26].

Oskamp, S. (2000). Psychological contributions to achieving an ecologically sustainable future for humanity. Journal of Social Issues, 56(3), 373-390.

Park, R. , Burgess, E. , & McKenzie, R. D. (Eds.). (1925). The city. Chicago, IL: University of Chicago Press.

Pastalan, L. A. (1983). Environmental displacement: A literature reflecting old person-environment transactions. In G. D. Rowles & R. J. Ohta (Eds.), Aging and milieu: Environmental perspectives on growing old (pp. 189-203). New York: Academic Press.

Proshansky, H. M. (1978). The city and self identity. Environment and Behavior, 10, 147-169.

Proshansky, H. M. , Fabian, A. K. , & Kaminoff, R. (1983). Place Identity: Physical World Socialization of the Self. Journal of Environmental Psychology, 3, 57-83.

Proshansky, H. M. , Ittelson, W. H. , & Rivlin, L. G. (Eds.). (1976). Environmental psychology: People and their physical settings (Second ed.). New York: Holt, Rinehart, & Winston.

Putnam, P. D. (1995). Bowling alone: America's declining social capital. Journal of Democracy, 6, 65-78.

Rheingold, H. (1993). The virtual community: Homesteading on the electronic frontier. Reading, MA: Addison—Wesley Publishing Co.

Rochberg—Halton, E. , & Csikszentmihalyi, M. (1981). The meaning of things: Domestic symbols and the self. New York: Cambridge University Press.

Rook, K. S. (1984). Promoting social bonding: Strategies for helping the lonely and socially isolated. American Psychologist, 39, 1389-1407.

Schoggen, P. (1989). Behavior settings: A revision and extension of Roger G. Barker's Ecological Psychology. Stanford, CA: Stanford University Press.

Schuler, D. (1996). New community networks: Wired for change. Reading, MA: Addison—Wesley Publishing Co.

SCIP. (2001). SeniorsCan. SeniorsCan Internet Program. http: //www. crm. mb. ca/index. html [2001, April 2].

Selye, H. (1956). The stress of life. New York: McGraw—Hill.

SeniorNet. (2001). Bringing wisdom to the Information Age. SeniorNet. Avilable online at: http: //www. seniornet. org [2001, April 2].

Simon, H. A. (1957). Models of man: Explorations in the Western Educational Tradition. New York: John Wiley & Sons.

Smith, R. E. , Johnson, J. H. , & Sarason, I. G. (1978). Life change, the sensation-seeking motive, and psychological distress. Journal of Consulting and Clinical Psychology, 46, 348-349.

Sommer, R. (1969). Personal space: The behavioral basis of design. Englewood Cliffs, NJ: Prentice—Hall.

Stokols, D. (Ed.). (1977). Perspectives on environment and behavior: Theory, research, and applications. New York: Plenum Press.

Stokols, D. (1978). Environmental psychology. In M. R. Rosenzweig & L. W. Porter (Eds.), Annual Review of Psychology (Vol. 29, pp. 253-295). Palo Alto, CA: Annual Reviews.

Stokols, D. (1995). The paradox of environmental psychology. American Psychologist, 50, 821-837.

Stokols, D. (1999). Human development in the age of the internet: Conceptual and methodological horizons. In S. L. Friedman & T. D. Wachs (Eds.), Measuring environment across the lifespan: Emerging methods and concepts (pp. 327-356). Washington, D. C: American Psychological Association.

Stokols, D. (in press). Environmental aesthetics and well-being: Implications for a digital world. In B. Cold (Ed.), Aesthetics, well-being, and health. Aldershot, England: Avebury Publishing Ltd.

Stokols, D. , & Altman, I. (Eds.). (1987). Handbook of environmental psychology, Vols. 1 & 2. New York: John Wiley & Sons.

Stokols, D. , & Montero, M. (2001). Impacts of the internet on people-environment transactions: A social ecological view. Department of Urban and Regional Planning, University of California, Irvine, CA.

Thibaut, J. W. , & Kelley, H. H. (1959). The social psychology of groups. New York: John Wiley & Sons.

Turkle, S. (1995). Life on the screen: Identity in the age of the internet. New York: Simon & Schuster.

Ulrich, R. S. (1983). Aesthetic and affective response to natural environment. In I. Altman & J. F. Wohlwill (Eds.), Behavior in the natural environment: Human behavior and environment, Advances in theory and research, Volume 6. (pp. 85-125). New York: Plenum.

USEPA. (2001a). EPA's Global Warming Site. United States Environmental Protection Agency. Available：http：//www. epa. gov/globalwarming，［2001，March 22］.

USEPA. (2001b). Ozone depletion. United States Environmental Protection Agency. Available：http：//www. epa. gov/docs/ozone/index. html［2001，March 22］.

Von Bertalanffy, L. (1950). The theory of open systems in physics and biology. Science，3，23-29.

Wachs, T. D.，& Gruen, G. (1982). Early experience and human development. New York：Plenum Press.

Warming，E. (1909). Oecology of plants：An introduction to the study of plant communities. Oxford, UK：Clarendon Press.

Wellman，B. (Ed.). (1999). Networks in the global village. Boulder，CO：Westview Press.

Wellman，B. (in press). Physical place and cyberplace：The rise of personalized networking. Http：//www. chass. utoronto. ca/～wellman/publications/individualism/ijurr3al. htm. International Journal of Urban and Regional Research，25.

Wicker, A. W. (1972). Processes which mediate behavior-environment congruence. Behavioral Science，17，265-277.

Wicker, A. W. (1979). An introduction to ecological psychology. New York：Cambridge University Press.

Zuckerman，M. (1979). Sensation seeking：Beyond the optimal level of arousal. Hillsdale，NJ：Lawrence Erlbaum Associates.

译文：

一、概述

相对于行为和环境科学的其他领域，环境心理学的定义性特征是关注人与环境的交互作用。这种交互作用是指人们对每天的自然和社会环境进行理解、评价、改变和回应的过程(Craik，1973；Proshansky, Ittelson，& Rivlin，1976)。这种对人与环境关系属性的核心关注反映在本领域的多重研究范式中，包括对环境压力、认知地图、环境评估、人类空间行为、资源保护行为和生态心理学的研究(Craik，1977；Stokols，1995)。尽管各种研究传统强调人与环境交互作用的不同方面(如环境认知、评价和行为)，但是它们至少有两种共同假设。第一种假设认为，人与自然和社会环境的关系具有心理意义上的重要性，它对人们的成长和健康有实质性的重要影响(Ittelson，Proshansky, Rivlin，&Winkel，1974)；第二种假设

141

认为，人们努力使自己（或群体）的目标和需要，与支持或限制这些目标和需要得到满足的环境之间的拟合度达到最优化，或者至少使其得到加强和改善（Michelson，1970；Stokols，1978）。

在20世纪60年代的领域合并时，人们与其所在地环境的交互作用在心理上是重要且有影响的这一前提被环境心理学家认为是基本真理，且直到二十多年后第一本《环境心理学手册》（Stokols & Altman，1987）出版时仍旧如此。但是，当《新环境心理学手册》（Bechetl & Churchman，2001）在2001年出版后，人们在其周围环境上赋予的心理意义受到两本手册出版间隔的14年中发生的社会转变的质疑。这种巨大的社会和环境变化源于20世纪80年代的电脑革命（Kling & Iacono，1991），互联网的繁殖，以及20世纪90年代相关数字通信技术（如手机、笔记本电脑）的发展（Castells，1998；Wellman，1999）。电脑迅速地大量涌入人们的工作室、家庭和教育环境中，不仅改变了内部环境的物理景观，也使得高速数字交流网络的建立变得可能。这种建立充分改善了物理距离和时间对很多社会交流形式的限制。

环境心理学中的研究文献为其提供了足够的证据：①空间接近促进社会交往和友谊形成（Festinger，Schachter，& Back，1950）；②个人对特定场所的体验构成了自我认同的一个重要部分（Cooper，1974；Proshansky，Fabian，& Kaminoff，1983）；③来自熟悉邻里非自愿搬迁会激发受扰个体的情绪困扰和病症（Fried，1963）。本文要解决的主要难题是确定这些来自早期环境—行为研究程序的"基本"发现是否可以概括21世纪的互联网社会。城市社会学和其他领域的学者总结认为，人类社区将不再是由地点定位，而是由不受空间和时间限制的高度个人化、数字化交流网络定位。

例如，Wellman（出版中）写道：

"通过电脑实现的交流将无所不在，由于它不受地点限制，因而将适用于任何地方。作为重要交流场所的地点的重要性甚至会减少。人，而不是地点、家庭或工作组，甚至会变成一个自治交流点。背景相依感和邻里意识也会减弱（p.4）。"他进一步指出："人们通常从那些不住在同一地区或甚至同一城市的人那里获得支持、友谊、信息和归属感。人们通过电话、写信、汽车、火车和飞机的方式来维持这些社区联系。邻里不再是社区的重要来源。而变成不断变动但安全且有利健康的环境。在这些环境中人们可以用车代步，在厨房打电话，或者在家里写电子邮件。"

当然，并不是北美所有的个体与群体以及世界其他地区都足够富有到拥有自己的电脑和个人数字助理，也不是他们都具有必需的技术支持去建立和维持数字交流网络（NTIA，2000）。我们随后讨论这种"数字鸿沟"的意义（参见，Garces，2000）。虽然如此，Wellman 对当代社会的观察，以及那些把互联网作为一种促进社会支持和社区联结方式的学者（参见，Cole 等人，2000；Horan，2000；Negroponte，1995）必须受到环境—行为研究者的认真对待。传统观点认为人们对特定地方的依恋对他们的身心健康十分必要。而他们在《互联网社会》上的观点为那些传统观点（其在环境心理学中占主导地位）提供了对立的挑战。

互联网和数字交流技术在过去十年中的迅速成长为人与环境交互作用的未来研究提供了许多挑战。首先，必须发展新的测量和方法能够了解现存于互联网的各种网络空间的特征。比如，这些虚拟场所的视觉与交互特征不仅从它们的客观特征（如信息的复杂性和准确性，多种成分）进行评价，而且从可知觉的吸引力（Nasar，1988）、易读性、可想象度（参见，Downs & Stea，1973；Lynch，1969）和影响被试行为、发展与健康的能力（Gackenbach，1998；Kiesler，1997）进行评价。其次，有些问题仍有待解决，尤其是关于互联网对人们对周边环境的依恋与人们对基于地点的关系的承诺的影响（Stokols，1999）。这些研究问题与挑战有可能促进未来几年中环境与行为新理论的产生。

在本文中，我们考察互联网的主要特征，以及它在 20 世纪 90 年代的巨大成长。然后我们考虑某些随着互联网发展而产生的概念性问题，描绘了一个新的领域——互联网环境心理学的大概状况（参见，Stokols & Montero，2001）。

（一）互联网的规模，发展和行为影响

互联网用大量电子连接将全世界数百万的电脑及其用户联系起来。互联网是一项高度多样化的技术，它支持各种以计算机为中介的交流形式，包括电子邮件、电子邮件服务名单（围绕某些主题组织的电子邮件使用者群）、电子公告板和新闻组，以及网站。这些交流从非交互式到交互式，以文字、图像、声音信息和媒体的方式显示。在大多数网络交互中，网站是多用户域（multi-user domains，MUDs），为访问者和成员提供了进入虚拟聊天室的机会，使他们通过在网上实施图像实现与别人的实时交流。个体用他们的台式计算机或笔记本或有线电视系统上网。这与电视节目不同。电视只是消极的接收，且每次只能看一个频道。而互联网提供了前所

未有的机会，用于网站、MUDs、公告板和资料档案的交互式探索(Rhein-gold，1993；Schuler，1996)。

在过去的十年中，互联网以指数形式成长。根据最近的互联网用户调查，记录在案的互联网网站由1993年12月的10022家增加到2001年1月的109574429家(ISC，2001)。发表于1993年的独立报道——《2000年互联网陈述》指出，全世界有少于9万人定期使用互联网。但是，2000年夏天，互联网的定期使用者已经增加到3亿多。上网人数增加了3000倍(IT-TA，2000)。当时预计到2005年，全世界互联网用户将超过10亿。20世纪90年代互联网的迅速增长剧烈地改变了人们的生活和工作方式。比如，台式机和上网的不断普及为很多人的远程办公和在家办公提供了可能(ITAC，2001)。而且，通过网络进行瞬间交互交流的发展，加上诸如文字、图像、影像和声音等多种媒介的结合，电脑用户比以前更加能够与远距离的人进行交流(Mitchell，1995；Negroponte，1995)。

(二)互联网时代中环境与行为的理论问题

互联网具有将远距离的信息资源和电子模拟"虚拟"地点带到个人电脑和电视屏幕上的能力。这导致了许多和人与环境交互作用的生态改变有关的问题。这些问题中，有些是关于：①"近"和"远"的过程对个人行为、发展和健康的相对影响；②互联网的二阶性——例如，它加强或削弱个体发展和健康的能力，增强或减弱人们对周边环境依恋的能力；③鉴于人们在复制过量信息和提升环境改变速率上的能力有限，互联网的指数增长对行为和环境的影响(参见，Cohen，1980；Emery & Trist，1972；Lyman & Varian，2000)。

环境心理学的研究主要集中在当前对个人的行为和健康有影响的环境状况上。这种周围环境对行为影响进行直接关注源于Lewin(1936)的"心理生活空间"概念。"心理生活空间"是指在特定地点、特定时刻决定个体行为的心理状况(如知觉、动机和环境的凸显特征)的总体。Lewin把社会物理环境的非凸显(知觉不到的)特征作为心理生活空间的异质外壳。根据Lewin的理论，那些围绕在心理生活空间周围的相关背景情况更适于作社会学和物理学研究，而不是心理学研究。

在互联网发展为社会中强大而无所不在的力量之前，环境对知觉和行为的影响，一般将它们的地理相关性与直接性和个体联系起来。但是，随着互联网的出现，个体经历远距离地点和事件的机会很少受到空间和时间的限制。尽管非互联网形式的交流(如读书、看电视、与他人聊电话或用航空邮件通信)能将远距离的人和地点从心理上拉近，但是互联网在某些特定方面与这些中介有所不同。首先，电子邮件和网站使得个体能够同时且交互地与多达几百人进行交流，比如，通过同时上网的熟人间的"即时信息"。相比之下，电视节目在交互上的体验更消极，而电话则常常受到"两人式"的限制(在"电话会议"中有稍微多一些的参与者)。

除了提供大量人同时交流，以互联网为基础的交流常常把文字、图像和声音模式结合起来(如人们在交流时的实时影像，以及他们身体周围的动态景象)。印刷媒体有能力通过照片、图画和文字描述远距离的人和地点，但他们不能够为其提供实时和交互场景，也不能够传送同时性和多种方式的交流。而包括文件、声音和图像等附件的电子邮件则可以。互联网也能够为偶然遇到的大量陌生人提供空间和机会，在相对较短的间隔时间中，去探索数以百计甚至数以千计的交流渠道(如网站)。

互联网将远距离的地点和事件从心理上带到使用这项新技术的人那里，这种能力对人的一生产生了重要的心理影响。从积极方面讲，规律上网的儿童和青少年可以接触到各种不同文化和大量信息，因此扩展了他们对世界的理解，促进了他们与远距离的人和地点的联系。同样的，工作的成人能使用互联网扩展他们的个人技巧和知识，从而在工作中表现地更加有效。此外，尽管老年人的心理灵活性随着时间而变得越来越受束缚，但是他们可以使用互联网维持与别人和别地的积极联系，加强与外界的接触，对抗孤独感和隔离感(Lawton，1999；Rook，1984；SCIP，2001；SeniorNet，2001)。而且，在线交流网络可用于加强基于地区组织、邻居和城镇的社会支持和社区感(Blanchard & Horan，1998；Blunmenstyk，1997；Horan，2000)。

但同时，互联网也会产生深远的消极作用，影响最不愿意使用它们的个体和群体的发展及健康。许多人口统计学研究表明，低水平的教育和收入使得个体不可能拥有自己的电脑，也不可能上网(Garces，2000；NT-IA，2000)。同时，世界某些地区也缺乏必要的居民上网基础设施(如电话线和数字交流技术)。Castells(1998)把这些地区划为"第四世界"——与全球经济中的信息流隔离的"信息资本黑洞"。鉴于这些人口统计学趋势，有必要将互联网对处在数字鸿沟劣势一端的个体的心理和发展影响，归因为低社会经济地位和电子隔离。对年轻个体而言，互联网加大了信息富足和信息贫瘠的人们之间的差距，生活在贫困地区的个体发展缺陷将会更加严重。同时，没有互联网的成年人会发现他们处在螺旋式上升的贫困中。因为很多工作需要得到信息技术的训练，而他们很难得到这样的工作机会。

甚至在社会中那些准备入网的更加富裕的成员中，数字交流技术使用的上升也会成为消极行为、发展和健康的来源。比如，父母频繁使用家庭电脑会因为减少了亲子交流的机会而影响孩子的发展过程，从而在家庭环境中造成无热烈反应的气氛（Stokols，1999；Wachs & Gruen，1982）。此外，互联网为网上犯罪活动创造了新的机会，诸如"网络跟踪"、儿童性侵犯、身份盗取、经济欺诈等，并促进了种族主义和仇恨犯罪的发生（Hayes & Boucher，1997；Mannix，2000）。除了这些犯罪行为，在某些研究中，个人对数字交流技术的持续性使用与高水平的自我报告孤独有关，它降低了人们与家庭成员和朋友的社会接触，产生长期分离的体验和来自过度电子交流的压力（参见，Kraunt 等，1998；Milgram，1970；Nie & Erbring，2000）。考虑到人们对数字沟通依赖的增长，产生这三个潜在的消极结果，未来理论发展和研究的重要挑战是将互联网使用的背景环境详细化，以使它具有最大的积极性，并使它对心理、行为与健康的消极影响减到最小。

来自环境和行为研究的理论、方法和结果，为之前提到的理论质疑和研究挑战提供了一个新的有价值的观点。早期对互联网的心理和社会影响的研究主要集中在个体内和人际间的过程与结果上，很少关注互联网改变人与环境交互作用的方式（Gackenbach，1998；Kiesler & Kraut，1999；McKenna & Bargh，2000；Turkle，1995）。在本文剩下部分，我们从环境和生态心理学角度考察了这些问题，以更好地理解社会在不断依赖数字沟通上是如何变化，且继续改变人们与社会物理环境的关系的（Barker，1968；Bechtel，1997；Bell，Fisher，Baum，& Greene，1990；Michelson，1970；Proshansky 等，1976）。

（三）互联网时代中人与环境关系的生态变化：作为理论发展和研究基础的环境心理学

环境心理学在 20 世纪 60 年代晚期和 70 年代早期作为各学科间科学调查的组织领域而产生（参见，Bronfenbrenner，1977；Craik，1973；Ittelson 等，1974；Moos，1976）。这个领域的产生和迅速扩展部分归因于社会对环境污染、全球环境变化和拥挤引发的行为问题的关注（Carson，1962；Ehrlich，1968；Kates & Wohlwill，1966）。同时，许多研究者共同努力填补心理科学（特别是那些与大范围环境的行为和健康损害有关的）中的概念空白，进一步促成了环境心理学和社会生态学的迅速成长。环境心理学的历史演变和实际忧虑在本项目其他章节中有很多涉及，因此以下我们对这些发展只提供简单和大致的回顾。

截至 20 世纪 70 年代，环境心理学领域存在各种科学范式（Craik，1977），每一种都是围绕特定的人与环境交互作用的一个方面组织的（比如，环境认知、空间行为、环境压力、生态心理、环境态度和评价、环境保护行为的实证分析）。这些研究领域中的某一些强调了人们在解释和重构他们的周围环境时的积极努力（比如，环境认知和空间行为），而另一些则反映了对环境的反应（如环境评价、城市压力对健康的影响）。在整合这些不同的研究范式，解释个体如何以一个连续的组织形式进行环境相关研究时，环境心理学家倚重的是生态原则和开放系统理论（参见，Stokols，1977）。

19 世纪末期，生态理论第一次得到生物学家的发展（Clements，1905；Darwin，1859/1964；Warning，1909），随后心理学家和社会学家就人类对城市环境的反应分析进行了详细论述（Alihan，1038；Hawley，1950；Park，Burgess，& McKenzie，1925）。比如，生态心理学家把行为环境定义为人与环境交互作用的、系统性组织的、以地点为基础的单位（Barker & Schoggen，1973；Wicker，1979）。其他理论学者关注的是"人类发展的生态学"，记载了个体多种生命环境（如居住、日常料理、工作环境、公共空间）的方式，跨越了微观、中观、宏观各种层次，共同影响他们整个生命过程中的心理发展（Bronfenbrenner，1979；Friedman & Wachs，1999）。

开放系统理论的基本假设和原则对环境与行为的生态分析十分重要（Emery，1969；Katz & Kahn，1966；VonBertalanffy，1950）。系统理论的核心假设是，人们努力想要与他们的物理和社会环境保持平衡和稳定（Altman，1975；Barker，1968；Emery& Trist，1972；Moos，1976）。一些理论学者把这种平衡陈述作为人与环境"一致性"或"适应性"的表达（Michelson，1970；Wicker，1972）。他们也提出，与环境适应性较好时比，当 P－E（人与环境）适应水平被个体察觉到不足时，那个人更有可能体验到情绪和生理压力（Michelson，1985）。

生态系统理论的另一个原则认为，人们与他们周围环境的关系是目标导向的，反映了人与环境之间的相互影响。比如，Stokols(1978)提出了环境心理学应对人与环境最优化的不同方面和阶段时的多种范式，这是一种个体想要达到"最优环境"的动态和相继过程。人们最大限度地实现他们的需求，并完成他们的目标和计划。在很多情况下，人们由于环境的限制被迫接受不如意的状态，或充其量满足最低要求（Simon，1957），比如，获得次于最优的环境改善。Stokols指出："尽管环境最优化从未实现理想状态，但是这种观念在强调人与环境交互作用的直接导向和循环属性时，以及在提到由这些交互作用产生的某些过程时，都具有启发作用。"(p. 258)人与环境交互作用的基本过程包括：在处理周边环境时的解释、评价、实施和反应方式。

互联网对人们的生活质量和他们的日常活动与行为方式具有重大影响。系统理论的假设和环境与生态心理学的研究重点，为其提供了一个很好的开始。环境行为研究的许多项目证明人类力求：①建立和维持与物理世界有意义的心理和社会联系，反映在他们对特定物体和地点具有强烈的情绪依恋。②一方面，最优化个人与其共同需求（这些需求用于认同、联系、社会支持、情绪和身体安全、环境识别）之间的舒适度；另一方面，物理和社会环境的现实状况会理想地减少实现这些需求的困难。③当个体察觉人与环境的舒适度很低时（如长期过度刺激、太少接触悦目的周围环境和自然环境），个体最容易体验到心理、社会和生理压力。环境与行为研究的许多范式可以支持这些论点。因此，环境和生态心理学领域提供了有用的背景，为未来互联网改变人与环境交互作用中的特征和结构的研究提供了概念分析和项目议程。其结果如下。

二、未来研究的概念框架和议程

表1(Stokols，1978)为互联网环境心理学未来研究的概念框架。此表的较早版本呈现了人与环境交互作用的四种基本方式，每一种方式都带有环境与行为表征的主要范式。在主动—认知(active-cognitive)或解释(interpretive)方式下，列出了环境认知、人格与环境范式。在正下方的被动—认知(reactive-cognitive)或评价(evaluative)方式中，概括了特定地点中环境态度和人的预测评价的研究。表格右上边，反映的是主动行为(active-behavioral)或实施(operative)方式，研究人们如何利用空间环境管理隐私和人际关系的其他方面（如个人空间管理和领地过程），以及他们的环境保护行为（如资源保护）和再循环过程。最后，在其下方是被动—行为(reactive-behavioral)或反应(responsive)方式，研究人们对环境压力（如高密度、噪声、交通堵塞）和日常行为环境（生态心理范式）中过少或过多的人员配置的反应。

表1 互联网对人与环境交互作用的四个方式的影响：用于理论发展和研究的问题

	认知	行为
主动 Active	解释方式 interpretive mode 环境认知 经常暴露在网络的刺激环境中会降低个体对环境一致性和易读性的感觉吗？	实施方式 operative mode 人类空间行为 空间临近会被电子联系作为社会接触和友谊形成方式所取代吗？
	人格和环境 某些人格（如感觉寻求）会使个体暴露在网络的大量刺激环境下之后保持更强烈的环境一致性感受吗？	环境保护行为 未来促进环境保护的研究能够通过互联网信息对环境退化场景的传达而变得更有效吗？
被动 Reacitve	评价方式 evaluative mode 环境态度 与网络虚拟地点的短期接触会导致对这些环境的不完整或偏见评价吗？	反应方式 responsive mode 环境压力 个人不断暴露在数字交流中是如何影响他们对长期的压力和相关健康问题的易感性的呢？
	环境评价 更多的远程模拟景观接触会削弱人们对临近性环境和关系的依恋吗？	生态心理学 虚拟行为环境和真实环境之间的潜在冲突是如何得到降低和抑制的呢？

注：表摘自 Stokols，1978。表中的"认知"指的是信息和情感过程。

  表 1 中的概念框架扩展了 Stokols（1978）对环境心理学研究范式的表征。其范式总结了互联网的迅速发展为人与环境关系的特征带来变化的一系列问题。这些问题为互联网环境心理学的未来理论发展和研究提供了很有用的开始。本文接下来的部分，为与上述四种人与环境交互作用的基本方式有关的互联网研究提供了新的方向。

（一）互联网对人们解释周围环境的影响

  环境认知中的研究考察了个体在社会物理环境中的心理表征方式（Lynch，1960；Milgram & Jodelet，1976）。比如，人类认知地图过程的研究审查了城市环境中促进图画感或者使某地引发强烈而难忘的心理图像能力的物理特征和社会意义。研究领域中另一个核心结构是环境易读性，或者在多大程度上地点的布局和组织能够被居住者清楚和理解。

互联网的迅速发展为环境认知的未来研究设置了许多新的问题。首先，上网为个体提供了很多前所未有的机会，他们能够通过电脑拜访数字模拟环境，例如，美术馆、音乐馆和文化中心（它们大多在很远的地方）。这使得电脑用户能够在正式拜访之前，对不熟悉的地方有具体的预演和更多了解。但同时，通过电脑数字照片和图像获得更多进入真实地点的机会，也可能加快了步伐却减少了人们对环境体验的一致性。早期的研究提出，人类有体验物理和社会环境的本能需求。也就是说，通过与地点的直接接触将触觉、嗅觉、视觉和听觉联系起来（Hall，1966）。随着个人环境体验的协调从与地点的直接和知觉接触，转到模拟与片段性接触方式，他们的感觉联合将受到什么样的影响？许多研究者认为，人类想要维持强烈的环境一致性感觉（Antonovsky，1981；Kaplan & Kaplan，1989）。从这些研究推断，个人将自己暴露在互联网各种模拟环境中似乎会限制他们对周围环境一致性理解的能力。

环境心理学的人格范式研究（Craik，1976；Little，1987）进一步指出暴露在互联网多种数字模拟环境中的个体会有很大的差异性表现，在培养和保持对不同地点的电脑体验的一致性上也会有所不同。比如，在《感觉寻求量表》（Sensation-Seeking Scale，Zuckerman，1979）中得分较高的个体比得分较低的个体更喜欢将自己暴露在互联网的多种模拟环境中，并体验到较少环境一致性的心理疲劳与亏损（Smith，Johnson，& Sarason，1978）。

随着互联网的出现，环境认知和易读性方面出现了许多其他问题。比如，具有图表设计和可视特征的，比其他网站更能激发强烈图像感和记忆的网站，是否能使拜访者更频繁地回访？又比如，与没有数字预演的人比，对不熟悉地点的电脑模拟预演是否能让个体在真实参观某地时获得更多清晰的图像和更强烈的一致性感受？在这方面，之前的研究认为，对不熟悉地点进行实地参观的身心益处，在脆弱的年长者（必须从自己家转移到慈善机构中的个体）身上更加明显（Pastalan，1983）。

（二）互联网对人们评价周围环境的影响

环境态度和环境评价范式与人们评价其周围环境的方式有关（Craik & Feimer，1987）。环境态度反映了个人对某个特定地点的积极或消极的反应趋势，环境评价则指集体和个人对之前或现在所处环境的判断。同时，许多环境评价项目可揭示人们对其不曾遇到过的未来环境（如某个设计委员会对未来邻里康乐中心的场所计划）的偏好和关注。

互联网为电脑用户提供了更多机会拜访多种虚拟的远程环境，而不是对环境评价过程直接提出疑问。首先，因为在电脑上进行模拟参观常常持续时间很短，并高度强调了对这些环境的可视信息的选择，虚拟的拜访者被剥夺了以更完整和持续方式体验地点的机会。这样在网上模拟的极短的实地参观会导致对虚拟地点的不完整（如视觉主导）和偏见评价吗？从而，使虚拟的拜访者有更多机会到远距离的地方去，会人为地提升拜访者的"替代选择的比较水平"（Thibaut & Kelley，1959），并削弱他/她对现在环境的依恋。频繁地暴露在网络模拟环境中，产生了"草永远是绿的"现象。这种现象有可能会削弱人们与他们周围环境的情感联系，促使他们对潜在变更机会产生错误的决策吗？或者更普遍的，会有助于削弱社区成员之间的"地方感"和"地方认同"吗（Meyrowitz，1985；Proshansky 等，1983）？

另一组与互联网相关的问题是关于人们在物理和社会环境中体验美的刺激的方式。互联网使人们能够通过计算机视频和音频去欣赏一幅绘画或者听一场音乐会。但是，当人们以这样的数字方式体验这类事情时，他们在参观当地艺术博物馆和参加音乐会时产生的社会交往也就不存在了（Stokols，2002）。个人在美的体验中经历的面对面的社会交往不仅丰富了他们对关注事物的欣赏水平，而且对个人与社区成员之间培养稳固的社会关系（这种关系有时候可作为"社会资源"）有更大帮助（Putnam，1995）。若从增强个体与其周围环境的强烈而稳定关系的需求角度看，这些与环境评价过程相关的互联网相关研究就会显出更大的意义（参见，Firey，1945；Fried，1963；Rochberg－Halton & Csikszentmihalyi，1981）。

（三）互联网对空间行为和环境保护成就的影响

人与环境交互作用的实施方式包括了人们主动改造物理和社会环境的各种方式。造房子、装修办公室和参与邻里再循环项目是直接改变特定环境结构和特征的典型行为。环境心理学有两种范式强调了个人行为对其周围环境的改变，一种是"空间关系学"（proxemics）——研究人们如何在社会环境中使用空间（Altman，1975；Sommer，1969）；另一种是对环境保护（或破坏）行为的分析，包括资源保护、废物回收，以及由垃圾和涂鸦造成的环境破坏（Geller，Winett，& Everett，1982；Oskamp，2000）。

空间行为的早期研究探讨了人们如何通过口语和非口语行为规范他们的人际交往距离（或个人空间），以及人们如何通过特定的、地点设置方式来建立领地界线。比如，Altman 的空间行为模型强调了人们调整个人空间和领地界线的方式，以达到隐私与交流之间的理想水平（Altman，

1975)。当想要的隐私水平达到了一定程度的满足，个人就能够避免诸如极端社会隔离和拥挤这样的压力体验。

人际关系中，空间和时间临近性的主要作用突出表现在邻里之间"门对门"的方式对交际网以及政治与消费行为类型的强烈影响(Festinger 等，1950)。但是，随着互联网的出现，电子网络的有效性(如电子邮件服务名单、网站聊天室)允许地理距离较远的人可以进行便利的交流，使空间和时间临近性对信息的社会交互、隐私管理和友谊形成的限制影响渐渐消失。因此，物理临近性看似渐渐被电子联系所取代(至少是补充)。电子联系既可作为人际交往的方式，也可作为管理隐私和表达个人与集体身份的方式(Kiesler，1997；Turkle，1995)。

一些研究者声称，人们与他人交往中，减少了对地点和"面对面"形式的依赖，也减少了对高等教育、健康护理和政策约定的依赖，这最终会削弱社区的社会构造，导致更多孤独并降低社会支持(Kiesler & Kraut，1999；Meyrowitz，1985；Noam，1995)。相反，其他一些研究者则认为个人有效使用电子网络可以发展和维持强烈的人际关系和职业联系(Cole 等，2000；Horan，2000；Wellman，1999)。和把空间临近性作为彼此会面的基础不同的是，个人规律上网为共同专业、娱乐或健康相关兴趣的同伴建立了"虚拟社区"(virtual communities)。根据 Blanchard 等研究(Blanchard & Horan，1998)，"兴趣主题虚拟社区"由来自不同地方的个人组成，他们在网上分享信息、想法和情感支持。而"地点定位的虚拟社区"是由生活和居住在同一地区的人建立，以加强彼此的面对面交流。维吉尼亚州的布莱克镇的 Blacksburg Electronic Village(BEV)为此提供了用于加强居民社区感和公民约定的地点定位的虚拟社区实例(Cohill & Kavanaugh，2000)。

互联网的出现也对未来环境保护行为的研究提出了许多重要质疑。过去，资源保护和废物利用的推进主要依靠社区信息联盟、家庭特定客户反馈和由当地公共事业组织的基金项目(Bator & Cialdini，2000；Geller 等，1982)。如今，通过广泛、权威、引人注目的网站来播放未来环境退化的场景，可推进环境保护和扭转不利的全球环境变化，并为拜访者提供更多关于抑制能源消费、全球变暖、大气层破坏和生态多样化的途径的信息(ICSU，2001；USEPA，2001a，2001b)。

(四)互联网对环境压力和行为环境过程的影响

人与环境交互作用的反应方式涉及个人对环境状况的行为和自然反馈。两种研究范式表达了对反应方式的强调。其中包括人类对诸如高密度、噪声、交通堵塞和不舒适气候等环境压力的反馈（Evans，1982；Glass & Singer，1972；Milgram，1970）；还包括诸如在行为情境下过少或过多人员配置，此类的组织状况对参与者产生影响的生态心理学（Barker，1968；Bechtel，1997；Schoggen，1989；Wicker，1979）。

"压力"（stress），这个专业名词指出了环境在面对个人和他/她处理要求的能力上的失衡（Selye，1956）。"心理压力"（psychological stress）则涉及个人觉察到的自身对环境的要求和其处理这些环境的能力之间的失衡（Lazarus，1966）。比如，大城市的居民常常经历"城市负担"，指的就是环境刺激的数量和等级超过了个人应对能力的一种压力（Milgram，1970）。

个体会因过多数字交流而产生信息过量，从而对其造成潜在行为和健康损害。环境压力上的研究为此提供了有用的研究背景。《2000年互联网陈述》提到了20世纪90年代全球上网人数的巨大增长（ITTA，2000）。在互联网使用和数字交流上的指数增长也反映在美国在线公司（AOL）的一项研究中。它发现，在过去一年中，AOL订阅的电子邮件用户每增长60%，AOL总的电子邮件用户就会在同期增长120%（Messaging Online，2000）。此外，加州伯克利大学信息管理和系统学院的研究报告发现，尽管人类花了30万年收集了12"exabytes"（美国某磁带库制造商）十亿字节的信息，但却只要花两年多半时间创造下一个12"exabytes"（Lyman & Varian，2000）。

互联网使用和信息制造的这些趋势反映了随着人们对台式机和笔记本、手机和传真机等数字交流方式的更多使用，个人信息处理的能力在未来几年中将更疲劳。不仅仅是交流量的增加，还有个人与朋友、工作伙伴和陌生人进行交流的环境与时间段在种类上的增加。互联网广泛使用促进了规律上网用户产生"永远在线"症状。他们被"拴"在多种电子环境上——不仅在传统的工作环境中总是在线，还在居住和娱乐环境中也如此。除非睡觉或者选择"下线"（Guzzetta，2001）。

夜以继日在数个地方，通过多种交流渠道面对更多的信息流，这使得电脑用户在未来几年中的注意力负担和压力有可能上升。之前的研究表明，长期的压力会削弱人们对疾病的抵抗力和多种环境中的行为功能（Cohen，1980；Cohen & Williamson，1991）。为了面对由数字交流的增加而产生的信息和健康挑战，个人和群体必须发展更多策略以过滤、分类、排序和储存信息。这些应对策略中一部分会因为技术的提高（如电子邮件系统的信息过滤功能）而得到改善。但是大多数信息管理策略在现实中存在技术上的问题，而要依靠个人能力在"恢复性环境（restorative environments）中花费更多线下时间"（Kaplan & Kaplan，1989）——那样能够帮助他们逃离常规活动并为其提供足够多机会参与同时性或非直接性注意——如在既美丽又安静的自然环境中工作（Korpela & Hartig，1996；Ulrich，1983）。恢复性环境指的是能促进人们放松和减轻压力的环境。

随着电脑信息洪流不断增长，地点定位的行为环境结构既能够加强也能够削弱个人应对这种增长的能力。生态心理学领域的研究为其提供了其他多种方式。生态心理学分析的基本单元是"行为环境"（behavior setting），这是特定群体中的成员对反复发生的活动程序的心理定位（Barker，1968）。行为环境的例子有办公室、家，或有某个篮球队进行规律训练的高等健身房。

最近几年，Barker 对地点定位行为环境的概念扩展到人在"虚拟行为环境"（virtual behavior settings）中的不断参与，或者通过分享成员（通过人与人之间持续的电脑交流发展了对空间或地点的象征感）间的交互作用来创造互联网站点（Blanchard，1997）。虚拟行为环境的例子包括网络聊天室和多用户域（MUDs）。未来研究的重要议题涉及个人在虚拟行为环境中的参与方式。它与电脑所在地以及进入多种网站时的地点定位环境（如家庭或工作单位）的行为程序或补充或冲突。因为人们对虚拟环境的经历主要"嵌套"在肢体所在的主体环境中，一种新的系统（如两种或多种环境相关，Bronfenbrenner，1979）假定："r-v 系统"元组成了一个虚拟的（地点定位）主体环境，在其中嵌套了一个虚拟的行为环境（Stokols，1999）。

在某些情况下，个体在虚拟环境中的参与会与主体环境的标准和活动相冲突，比如，当工作人员忙于在娱乐网站上网时，其同事和领导就会产生愤怒。在其他情况下，虚拟环境和主体环境的关系是互补的，比如，教育环境中，指导者在上课时鼓励学生登陆与课程相关的网站，是为了补充其课程中提到的知识。发生在虚拟环境和主体环境的行为程序中的潜在冲突是个体在上网时产生的注意力负担和人际交往压力的另一个来源。这些观点说明，未来行为环境和社区的设计必须得到最优化目标的指导，而不是将虚拟和真实环境之间的补充或适应进行折中——特别是考虑到个体同时参与在两种环境中。

三、结论

本文探讨了互联网对人与其物理和社会环境关系的影响。社会中数字方式的流行提出了许多理论问题。比如，个体参与互联网是否会削弱他们对邻近环境和关系的情感依恋？个体的个人和集体认同在何种程度上会更少的依赖他们参与特定地点(参见，Firey，1945；Proshansky，1978)，而与他们的电子网络或"兴趣主题虚拟社区"有更多联系(Blanchard & Horan，1998；Wellman，待出版)？个人在真实和虚拟行为环境中的同时性参与是否会使他们更易分心，以及更易产生人际冲突？扩展的数字交流将如何影响个人对长期超负荷、心理压力和健康问题的敏感度？

这些相关问题从环境和生态心理学角度提出。多种环境与行为研究范式的理论、方法和发现为互联网对人与环境交互作用的潜在影响提供了好的开始。概念框架和研究日程是作为建立新研究领域——互联网的环境心理学(environmental psychology of the internet)的基础提出的。用于未来研究的许多提议得到讨论，包括以电脑为中介的交流和社会接触对人们在特定地理点上的情感依恋的影响；个人性格对其处理上网的心理和社会结果的影响；个人在非完全真实和虚拟行为环境中的同时参与对社会和健康的影响。

本文主要集中在理论而不是方法。但是，许多方法仍旧需要在未来研究中进行探讨，如①多种方法联合使用(如时间预算分析、物理踪迹测量、回顾式访谈)以评价个体在真实和虚拟环境中的时间分配；②评价网络环境的知觉可读性、图像和美学价值的标准发展；③创造测量方式以测量个体在特定时间间隔中暴露在数字信息和交流中的累计时间，以及暴露对其幸福感的影响；④发展辨别真实和虚拟环境之间或补充或冲突关系的标准，包括内系统和外系统。总之，这些概念和方法议题为改变互联网时代的人与环境的生态性提出了很多问题，并为未来研究提供了一个令人兴奋的议程。

(孙卓卿 译)

第二编

独立与整合：具体研究领域进展

自我研究的研究热点和发展趋势

"认识你自己"是希腊戴尔菲神庙上的铭文，这句经典名言警示我们认识自我很重要，但也很困难。在现实生活中，"我是谁""我是一个什么样的人""我的生命价值是什么"，这些问题经常会困扰一代又一代哲学家和心理学家。因此，自我不仅是社会心理学中的一个古老课题，一直以来也是其他很多学科研究的重要主题。近年来，随着社会认知神经科学的发展，社会心理学领域对自我的研究又重新焕发出了迷人的光彩。

一、自我研究的发展历史

从历史的视角来审视自我研究的进展，有利于我们深入理解自我的概念，也有利于我们更好地梳理社会心理学领域现有的关于自我的研究。

在1600多年前，一位深思而博学的古罗马哲人奥古斯汀发现了自我的存在，并将自我视为一个"不解之谜"。从此，研究者似乎认同了这一观点。其实，无论是东方还是西方，古代先哲们就开始关注自我问题了。希腊哲学家苏格拉底和柏拉图就分别对自我的问题进行了探索。在中国古代，思想家没有直接讨论"自我是什么"这样的问题，而是更强调天人合一的无我境界①。那么，在现代科学心理学研究中，自我是什么？自我研究的发展历史又给我们带来了什么启示呢？

1879年冯特建立了世界上第一个心理学实验室，心理学作为一个独立学科得以产生，但是在科学心理学诞生之初，自我在心理学的研究中，并未受到重视。虽然威廉·詹姆斯（William James）在他的著作中对自我进行了详细的阐述。但这并不能改变自我在心理学研究中，发展缓慢的这一历史现象。詹姆斯在1890年出版的《心理学原理》，不仅被视为心理学的经典著作，而且被公认为是美国机能学派兴起的里程碑。其中，关于自我的讨论奠定了现代心理学中自我研究的基础。在书中，他将自我区分为作为经验的客体我和作为环境中主动行动者的主体我②。客体我是指具有特定身体、情感、智力等特征的被认识的客体，也称经验我，是经验与意识的

---

① 朱滢. 文化与自我. 北京：北京师范大学出版社，2007：6-12.

② James W. The Principles of Psychology. London：Harvard University Press，1908.

主体，是自我知识的总和。他认为客体自我是由三部分组成：①物质的自我，源于对躯体的觉知，包括个人的身体、衣物、房屋、家庭、财产等；②社会的自我，反映个体对两方面的看法，一是个体以为是重要的其他人是如何看待自己的，二是社会的规范和价值观；③精神的自我，指自觉到自己的存在和弱点，包括个人的意识状态、特质、态度、气质等。主体我是行为的发生者，通过知觉、思考、记忆等成为认识的主体①。主体我的核心是主观性，包括对生活事件的主观能动性的觉知，对个人生活经验的独特性的觉知，对个人连续性的觉知以及对自我意识的觉知。主体我的功能是以主观的方式去发动组织和解释经验，通过能动性、独特性和连续性觉察到主体我。能动性是指自我的自主性，人能积极地构建和加工个人的经验，连续性指自我的稳定性，独特性指有别于他人的特性②。威廉·詹姆斯认为出于实证研究的目的，心理学家应该研究客体我，这引发了后来众多心理学研究者对客体自我研究的热情。但是这种情况并没有持续很久，由于自我的主观性，研究者对它的批评日益增多，自我研究随之没落。特别是行为主义盛行之后，自我几乎被全面否定，人们对行为和操作功能的重视超过了对其他一些心理现象的关注。行为主义者相信，人们对于他们自己的思考和感觉太过主观且并不重要，因而没有研究的必要。但在这个时期，也有一些学派不同于行为主义对自我的认识。如精神分析学派的代表人物阿德勒(Adler)、荣格、霍尼(Horney)、萨利文(Sullivan)、艾里克森(Erikson)、凯利(Kelly)的个人建构主义、存在主义和人本主义传统以及新精神分析学派。早期的精神分析学派主要是从驱力理论出发来认识自我。这期间，霍尼的自我理论对后来自我研究有一定影响，她将自我分成了理想自我、实际自我、真实自我和被轻视的真实自我四个部分。到了20世纪末，精神分析学派对自我的理解与一个世纪前相比，有了很大的超越。现在该学派除了从驱力理论来理解自我之外，还从自我心理学、客体关系心理学和自体心理学视角来认识自我③。在行为主义之后，20世纪60年代"第三势力"心理学开始兴起，行为主义和实验心理学对自我的态

---

① Don H. Dynamics of self-understanding and self-knowledge: acquisition, advantages and relation to emotional intelligence. Journal of Humanistic Counseling, Education, and Development, 2000, 38(4): 230-242.

② 李晓东. 自我理解发展理论述评. 东北师大学报, 1998, 4: 86-91.

③ Brinich P, Shelley C 著. 李波译. 自我与人格结构. 北京: 北京大学医学出版社, 2008.

度受到了新的挑战。第三势力即人本主义和存在主义认为，从现象学来看，自我是存在的，对客观行为的过分强调否定了这一点，歪曲了人的主观性①。因此，在"第三势力"心理学中，自我获得了一定程度的重视。与此同时，认知"革命"开始出现，伴随着社会心理学的普及，自我研究重新被学院派心理学所接受。特别是到 20 世纪 70 年代后期，专门论述自我的文章开始出现。认知心理学的兴起，对自我研究做了一些创新性的理论工作。在认知心理学的框架下，研究者对詹姆斯提出的客体自我展开了大量研究。然而，在 20 世纪 80 年代之前，心理学界对自我的研究并没有涉及主体我②。Damon 和 Hart 看到这一研究偏向，尝试同时研究主体我和客体我，提出了自我理解这一概念。自我理解是指有关自己的思想和态度的概念系统，是对行为、感觉、思想等相关信念、态度有一定水平的意识或知识，包括客体我和主体我两方面的知识。自我理解不仅反映了一定水平的自我知识，还反映了将这种知识转变为有意义的顿悟的能力③。自我理解理论的出现，推动了研究者对主体我一定程度的关注。

近几年来，认知神经科学研究开始出现，脑成像技术的成熟进一步促进了对自我的研究。神经心理学和脑成像研究的主要贡献是：它们认为自我是由一些既相互独立又相互联系的子成分、过程和结构组成的一个复杂系统，通过研究自我不同子成分的神经基础可以促进人们对自我本质的理解④。目前，自我的研究通常在社会认知神经科学或社会脑科学的框架内进行。研究者在这一框架下，对自我的研究取得了前所未有的重大进展。

自我不仅是人格的核心，也是每个人社会领域的中心。从心理学的发展历程来看，我们可以发现，除了行为主义将自我彻底排斥在外，其他学派还是对自我研究持接纳态度的。但是，我们不难看出，对自我研究的重视是缓慢浮现出来的这一现实。伴随着新技术和新方法的革新，自我的研究将会更加精细化和科学化，人类"自我之谜"终将揭开。

---

① Brinich P，Shelley C. 李波．自我与人格结构．北京：北京大学医学出版社，2008.

② 庞爱莲．自我理解的发展情况研究．东北师范大学硕士学位论文，2003.

③ Don H. Dynamics of self-understanding and self-knowledge：acquisition，advantages and relation to emotional intelligence. Journal of Humanistic Counseling，Education，and Development，2000，38(4)：230-242.

④ Decety J，Sommerville J A. Shared representations between self and other：a social cognitive neuroscience view. Trends in Cognitive Sciences，2003 ，7(12)：527-533.

二、自我研究的对象和内容以及对这一研究课题的认识

自我是人格的核心，人的心理生活是由自我构建的，自我以对自身以及自身有关的事件的解释构建起自己的心理世界①。对自我的研究涉及范围之广、数量之多可能是其他所有心理学领域未所能及的。但是自我到底是什么？在社会心理学领域中自我研究涉及哪些内容，我们怎样来看待自我这一研究课题呢？

（一）自我的研究对象和内容

1. 心理学中的自我

自我是一个非常复杂的概念，从詹姆斯开始，心理学家对自我就有很多论述。但是，自我到底是什么，目前还没有统一的定义。目前有关自我的大部分研究还是以前述詹姆斯自我理论框架展开的，关于詹姆斯的观点前面已有论述，这里不再赘述。此外，也有其他学者提出了对自我研究的认识。

Greewald 和 Pratkanis（1894，1986）通过对自我卷入（ego-involvement）和自我觉知（self-awareness）概念的统合，进行了自我任务分析（ego-task analysis）。在此基础上，提出了从自我的动机层面将自我区分为公共自我（public self）、私人自我（private self）和集体自我（collective self）。1989 年，Triandis 在此基础上总结了自我的三成分模型②。他认为自我是由三个成分组成，即私人自我（对个人的特质、状态或行为的认识）、公共自我（对普通他人对待自我的观点的认识）、集体自我（对一些团体对待自我的看法的认识）。每个人的自我都拥有这三个成分。自我又是由社会建构的，不同的社会文化不断塑造着自我的形成。因此，Markus 和 Kitayama（1991）研究了自我概念中的文化差异，提出了独立型自我（independent self）和互依型自我（interdependent self）的区分③。他们认为东亚文化强调的是互依型自我（interdependent self），即以自己和他人的关系来定义自我，并认识到自己的行为经常会受到别人想法、感受及行动的左右。在这

---

① 李晓文. 学生自我发展之心理学探究. 北京：教育科学出版社，2003.

② Triandis H C. The self and social behavior in different cultural contexts. Psychological Review，1989，93：506-520.

③ Markus H R, Kitayama S. Culture and the self：implication for cognition，emotion and motivation. Psychological Review，1991，98(2)：224-253.

种文化中，独特性不被认同，而相互依存性会受到赞扬。当以"我是……"为开头进行造句时，来自亚洲文化的被试比来自西方文化的被试更有可能提及社会团体，比如家庭等。而西方文化强调的是独立型的自我（independent self）。这是一种以自己的内在想法、感受和行动来定义自我的方式，西方人更重视独立和独特性。当然，在同一种文化下，自我概念的差异也是存在的①。近年来，社会认知神经科学的发展极大促进了自我的研究，2002 年 Klein 等，以神经心理学的资料为根据，提出了统一的自我包括的六个不同功能的成分②：①一个人自己生活的情境记忆，如"1995 年我在长春上大学"；②一个人自己人格特征的表征，如"我是和善的"；③一个人自己生活中的事实知识，如"我住在北京市海淀区"；④时间连续性的体验：现在的"我"和过去的"我"是相联系的；⑤个人主体感和自主权：拥有这样的信念或经验——我是我自己思想和行动的原因；⑥自我反思的能力，也就说，形成元表征，如"我想我是怕狗的"。通过综述前人研究，Klein 等认为，各种脑损伤病人可能缺乏上述六个成分中的一个或两个。朱滢认为，Klein 的观点为理解自我提供了一条有效的策略：以神经科学的资料为根据具体分析自我的各个成分，然后逐步把它们整合起来形成对自我的完整看法。在此基础上，朱滢等认为自我可以从三个方面进行研究：作为知觉的自我（主要涉及自我面孔识别方面的研究）；作为记忆的自我（主要涉及自传体记忆方面的研究）；作为思考的自我（主要涉及自我参照效应方面的研究）。遵循社会认知神经科学的研究思路，他们主要从社会层面、认知层面和脑神经层面对上述自我的问题进行了研究③。

2. 自我研究的主要内容

在自我研究中，自我有时是自变量，有时是因变量，有时又是一个调节变量。从比较宏观的角度来看，在心理学领域中，自我研究主要涉及以下三个层面。

首先是自我描述层面的研究，主要以自我概念和自我图式的研究为代表。自我概念是个体对作为一个整体的自我意识和体验相对稳定的观念系统，它具有复杂的心理结构，是一个多维度、多层次的心理系统，也可称

---

① Aronson E，Wilson T D，Akert R M，侯玉波译 . 社会心理学(第 5 版，中文第 2 版). 北京：中国轻工业出版社，2005.

② Klein S B，Rozendal K，Cosmides L. A social-cognitive Neuroscience analysis of the self. Social Cognition，2002，20(2)：105-135.

③ 朱滢 . 文化与自我 . 北京：北京师范大学出版社，2007：46-47.

为自我知觉或自我印象①。心理学家伯恩斯（Burns）1982 年在《自我概念与教育》一书中，系统论述了自我概念的心理作用，提出自我概念具有三种功能：保持自我的内在一致性，即个体按照保持自我看法一致性的方式行动；经验解释系统的作用，即决定个体如何解释经验对个体具有的意义；自我期望作用，即决定人们自己的期望水平②。新近研究发现，自我概念对个体的学业状况、主观幸福感等都有预测作用。

自我图式研究也是自我描述层面研究的代表。基于信息加工的观点，1977 年著名心理学家马库斯（Hazel Rose Markus）提出了自我图式（Self-schemata）理论。自我图式是对自我的认知概括，它来源于过去的经验，能够组织和引导个体的社会经验中与自我有关信息的加工过程。自我图式是随着自我不断发展而产生的，文化、环境、家庭教育等都会影响自我图式的形成。自我图式一般指的是自我的过去和当前方面。然而，也有关于将来自我的图式，这是指人们能够想象到的自我，即可能自我（possible selves）③。可能自我描述了人们可能成为什么样的人，希望成为什么样的人以及他们害怕自己成为什么样的人等多种想法。虽然可能自我并不完全是建立在过去经验之上的，但它是自我概念中的一部分，因此，在一定程度上，它也会影响到个体的行为。心理学家 Tory Higgins（1999）又将可能自我分为理想自我和应该自我。他认为理想自我建立在一个人自己的欲望和目标基础之上，是人们想要成为的自我；应该自我建立在人们应该对他人负有什么样的责任和承诺，人们应该做什么基础之上，是人们对他人希望自己成为一个什么样的人的理解。当理想自我与现实自我之间存在一定差距时，会给人们带来难过、抑郁以及失望的情绪；当应该自我与现实自我存在一定差距时，人们会体验到愧疚、窘迫和焦虑。理想自我与应该自我也被 Higgins 称为自我引导，它们会影响到人们动机。理想自我引导我们将注意集中在成就和目标实现上，应该自我将引导人们将注意集中在避免伤害和寻求安全上，因此，前者实现目标后，会带来愉悦感，而后者会带来放松感。

自我研究的第二层面是评价层面，主要是以自尊（self-esteem）研究为

---

① 俞国良．社会心理学．北京：北京师范大学出版社，2006：173-174.

② Burns R. Self-Concept Development and Education. London：Holt，Rinehart and Winston，1982.

③ Larsen R J，Buss D M. Personality Psychology. posts & telecom press，2007：451-452.

代表。自尊是指个体对自我概念所有方面的积极和消极反应，主要体现在人们对自我多方面的评价上。研究者有时会关注特定领域的自尊，比如对自己智力的评价，对身体的评价等。但大多数研究者认为研究一个人对自己整体自我概念的评价也是非常有用的。因为自尊与人们对自己的评价有关，因此，很多研究者关注了自尊与批评和消极反馈之间的关系。研究者发现，高自尊者与低自尊者对批评和失败的反馈有不同反应。高自尊者面对批评和消极反馈会继续努力，以期下次能够取得好的成绩；但低自尊者则会放弃努力，认为自己下次同样不会取得好成绩。不仅自尊会影响到人们对批评和消极反馈的反应，同样，成功或失败也会影响人们的自尊水平。研究发现，实现了与自我卷入相关的目标，会增加人们的自尊，而失败则会降低人们的自尊，即使当目标是被无意识激活的，也会出现上述效果①。此外，这一领域的研究还关注了自尊与攻击性、自尊与应付方式等方面的内容。

自我研究关注的第三个层面是自我的社会层面，以社会认同的研究为代表。社会认同是展示给他人的自我，是自己留给别人的印象。这种印象包括我是谁，别人可以对我们有何种期待等。社会认同包括性别、种族、身高、体重、社经地位、身份、名誉等方面的认同。社会认同有持久性和比较性两个基本性质。前者指别人会认为今天的你和明天的你是同一个人；后者主要指通过比较，我们会发现每一个人都是独一无二的，都是与他人不同的②。埃里克森（Erikson，1968）认为认同的获得主要有两种方式。首先，可以从自己多种经历中选择一种最合适的内容进行认同。其次，可以采取一种现已存在的社会角色进行认同，通常这种既定角色是父母或者重要他人已经实践过并提供的③。人们在青春后期、青年前期和中年期容易产生认同危机。认同危机主要表现在认同缺失和认同冲突两个方面。如果存在认同缺失，个体就不能形成单一的认同，他就会在做主要决定时产生困扰；而当个体同时具有多种不相容的身份时，个体就会产生认同冲突。社会认同有不同的理论取向，这些理论有不同的重点，但都共同

---

① Bongers K C A., Dijksterhuis A, Spears R. Self-esteem regulation after success and failure to attain unconsciously activated goals. Journal of Experimental Social Psychology, 2009, 45: 468-477.

② Larsen R J, Buss D M. Personality Psychology, posts & telecom press, 2007: 464-470.

③ Erikson E H. Identity: Youth and crisis. New York: Norton, 1986.

认可社会行为不能单从个人心理素质来解释，要全面理解社会行为，必须研究如何建构自己和他人的身份。这一领域的大量研究报告关注了社会认同对认知、情感和行为的巨大影响。近期社会认同的研究多是基于泰弗尔（Tajfel ＆ Turner，1986）提出的社会认同理论，该理论认为社会认同由三个基本历程组成：类化（categorization）、认同（identification）和比较（comparison）。类化指人们将自己编入某一社群；认同是认为自己拥有该社群成员的普遍特征；比较是评价自己认同的社群相对于其他社群的优劣、地位和声誉[①]。在该理论框架下，研究者集中探讨了个体归属于群体、个体凝聚为群体、个体与群体、群体与群体之间相互关系的社会心理机制，有力解释了各种群体现象[②]。

（二）对自我研究的认识

确实，自我是一个充满魅力而又极具挑战性的领域。首先，自我研究之多几乎是其他所有心理学领域所未能及的。我们仅利用 ScienceDirect 数据库以自我（self）为题目或关键词进行查询（限定为心理学科），从 1999 年到目前（2009 年 6 月）就有 58500 篇文献。从国内研究来看，通过中国期刊网（CNKI），同样以自我为题目或关键词进行检索（限定为心理学科），这十年间自我的文献也多达 8523 篇。可见，自我研究是目前众多学者关注的热点问题。其次，自我研究内容异常丰富。自我的具体研究包括自我与意识和潜意识的研究（如自我的反省意识、自我意识情绪的研究）、自我与其他心理过程关系的探讨（包括自我与情绪、自我与记忆和判断、自我与人际过程等）、自我与动机和目标的研究、自我的认知神经科学研究、文化与自我的研究以及自我本身的研究（自我认同、自我肯定、自我控制、自我效能、自我提升、自我监控、自尊、自我价值感、自我暴露、自我概念等），等等。再次，自我研究是一个多领域的交叉课题。人格心理学、社会心理学、发展心理学、教育心理学、临床心理学以及跨文化心理学等都关注自我的研究，目前，这些学科之间更注重对自我的交叉研究，比如，在临床心理学中就涉及 ADHD 儿童自尊的研究，而社会认知、情绪和自我对社会互动的影响则更是受到了社会心理学、人格心理学、跨文化心理

---

①　赵志裕，温静，谭俭邦．社会认同的基本心理历程——香港回归中国的研究范例．社会学研究，2005，5：202-246．

②　王沛，刘峰．社会认同理论视野下的社会认同威胁．心理科学进展，2007，15（5）：822-827．

学等众多领域学者的广泛关注。最后，自我是文化的产物，自我的研究必然要根植于一定的社会文化之中。无论是从自我跨文化的研究来看，还是从自我的本土化研究来看，自我研究只有立足于一定的文化背景下，得出的结论才能够更好地解释和预测人们的心理和行为。

综上所述，由于自我研究具有上述一些特点，我们也可以看到，在这众多的研究中寻找一个新的突破口，找到一个重要的、新的研究方向就会相对困难一些。但是，自我研究又是十分重要，我们认为在社会心理学框架下，自我研究者应重点关注人们如何在他人和环境影响下感知和思考自己，而人们对自己的认识又将怎样在社会互动中发挥作用。

三、近年来自我研究领域关注的研究热点

在自我研究繁荣发展的背景下，我们看到近年来自我的研究关注热点较多。基于国内有关自我研究的现状，这里拟根据最新的研究文献，从内隐自我的研究、文化与自我的研究以及自我神经机制研究三个角度，介绍近期自我领域的主要研究课题。

(一)内隐自我的研究

通过文献检索，我们会发现，在十年以前大多数关于自我的研究是对外显自我的研究，内隐自我研究很少，而最近十年内隐自我的研究则呈现出逐渐上升的趋势。社会心理学对内隐自我的研究，首先源于对内隐自我理论的研究。内隐自我理论是人们对自己的基本特性(human attribute，如智力、品德和人格特征等)持有的基本认知图式或朴素理论。研究表明，个体对自己人格特点延展性(malleability)的认识对其行为塑造有重要影响。例如，个体对自己智力延展性的认识就会影响到其学业情况。按照Dweck 等的研究，内隐自我理论被分为实体论(entity theory)和可变论(incremental theory)两类①。实体论者认为，自我的特性是固定不变的，不能改变；可变论者认为自我的特性是可变的，具有一定的延展性。由于内隐自我理论具有领域特异性，有关学者又将内隐自我理论的研究触角深入到了更细微的层面。例如，开展了对羞愧内隐自我理论的研究②。这项研

---

① Dweck C S, Chiu Hong. Implicit theories and their role in judgments and reaction: a world from two perspectives, Psychological Inquiry, 1995，6：267-285.

② Beer J S. Implicit Self-Theories of Shyness. Journal of Personality and Social Psychology, 2002，83(4)：1009-1024.

究发现，内隐羞愧自我理论对于理解羞愧个体在社交情境中的个体差异具有重要作用。如果他们对自己的羞愧特质持有的是实体论，他们就更会在社交情境中采取回避的策略。可见，人们持有的自我内隐理论会影响到个体学业、社交等多方面的目标设定以及相应的行为反应。最近几年，内隐自我的研究更多集中在内隐自尊和内隐自我概念的研究上。内隐自尊是人们在对与自我相关或自我分离的客体进行评价时的一种态度表现，而这种态度是无法通过内省的方式意识到的①。它通常是经过长期的经验积累而产生的自动化的、无意识的整体性自我评价。内隐自尊的测量一般采用字母命名任务（Name-Letter Test，NLT）或自尊的内隐联想测验（Self-Esteem Implicit Association Test，IAT）②。近期研究重点考察了早期经验以及父母的教养方式对儿童内隐自尊的影响③；内隐自尊和人格特质之间的关系④；内隐和外显自尊与各种身心失调问题（躯体变形障碍、神经性贪食、抑郁、自恋）的关系等⑤。这些研究大多发现，内隐和外显自尊对被试的认知和行为影响不同，人们的很多行为能够被内隐自尊预测，但是不能够被外显自尊所预测。例如，对于躯体变形障碍患者他们的内隐自尊明显要低于控制组，无论是内隐的吸引力观念还是内隐自尊都能够预测躯体变形障碍的症状⑥。

目前内隐自我研究中所关注的另外一个热点问题是内隐自我概念的研究。内隐自我概念是内隐社会认知的一种主要形式，有学者采用现实自我－理想自我的框架，用 IAT 测验对内隐自我概念进行了研究，结果发现

① 张镇．国外有关内隐自尊的研究．心理科学进展，2003，11(5)：551-554.

② Krizan Z，Suls J．Implicit self-esteem in the context of trait models of personality．Personality and Individual Differences，2009，46：659-663.

③ 杨福义，梁宁建．早期经验对青少年内隐自尊的影响．心理科学，2008，31(3)：556-561.

④ Grumm M，Collani G．Measuring Big-five Personality Dimensions with the Implicit Association Test-Implicit Personality Traits or Self-esteem．Personality and Individual Differences，2007，43(8)：2205-2217.

⑤ Readt R，Franck E，Fannes K，et al．Is the relationship between frontal EEG alpha asymmetry and depression mediated by implicit or explicit self-esteem．Biological Psychology，2008，77(1)：89-92.

⑥ Buhlmann U，Teachman B A，Naumann E，et al．The meaning of beauty：implicit and explicit self-esteem and attractiveness beliefs in body dysmorphic disorder．Journal of Anxiety Disorders，2009，23(5)：694-702.

在内隐水平上现实自我和理想自我是相分离的。我国学者采用 IAT 测验也在不同群体中也发现了自我概念的这种双重结构①。此外，性别自我概念的内隐和外显结构也得到了多项研究的证实②。内隐自我概念的研究现在主要焦点集中在两个方面，一是有关内隐自我概念与人格结构的探讨，特别是与大五人格结构的关系受到了很多学者的重视，研究者从不同的角度展开了相应的研究③；二是内隐和外显自我概念对心理行为问题的预测是否具有同等作用，如有学者探讨了内隐自我概念对道德行为的预测作用④，结果发现，采用内隐联想测验完成的道德自我概念成绩能够预测被试实际的道德行为，而自我评价的外显人格测量能够预测在假设的道德情景中的反应。此外，也有学者考察了内隐自我概念与成人依恋的关系⑤。他们在诱发困境的情境下，采用内隐联系测验，考察了自尊和自我概念。结果发现，内隐自尊和自我概念都与个体在依恋类型上的差异有关。并且，两者能够预测被试在与依恋相关的困境中的认知和行为反应。由此可见，内隐自我概念与外显自我概念对行为的预测也具有不同的作用。此外，目前有关自我图式的研究也更加注重从内隐和外显两个角度考察对自我有关信息的加工过程。研究表明，内隐和外显自我图式是相关的，但是确实是不同的结构。通过多层线性回归，Banting，Dimmock 和 Lay（2009）发现锻炼者的高水平内隐和外显自我图式能够提高锻炼行为的实际水平⑥。

---

① 郑信军．处境不利学生的内隐、外显自我概念及其与社会支持的关系．心理科学，2007，30(1)：108-112.

② Greenwald A G，Farnham S D．Using the Implicit Association Test to Measure Self-Esteem and Self-Concept．Journal of Personal and Social Psychology，2000，79(6)：1022-1038.

③ Schmukle S C，Back M D，Egloff B．Validity of the Five-Factor Model for the Implicit Self-Concept of Personality．European Journal of Psychological Assessment，2008，24(4)：263-272.

④ Perugini M，Leone L．Implicit self-concept and moral action．Journal of Research in Personality，2009，43(5)：747-754.

⑤ Dewitte M，Houwer J D，Buysse A．On the role of the implicit self-concept in Adult Attachment．European Journal of Psychologyical Assessment，2008，24(4)：282-289.

⑥ Banting L K，Dimmock J A，Lay B S．The role of implicit and explicit components of exerciser self-schema in the prediction of exercise behaviour．Psychology of Sport and Exercise．2009，10(1)：80-86.

（二）文化与自我的研究

文化与自我的研究是近几年文化心理学研究中的核心课题，也是自我研究领域中的热点和前沿问题。早期关于自我的跨文化研究多是采用问卷法，解释不同文化背景下，个体的自我结构有何不同。正如 Markus 和 Kitayama 所指出的，东方人（包括中国人）是互依型自我，在这些人的自我概念中包括父亲、母亲、好朋友等十分亲近的人；而西方人的独立型自我则不包括任何其他人。互依型的自我本质上强调人与社会环境，甚至山川自然环境的一致性，强调人们互相之间的依赖关系，是一种与他人相联系的自我，自家人（in-group members）是自我的一部分，自我与非自我的界限就是自家人与外人（out-group members）的区分。独立型自我本质上强调自我只体现、已完成在个体身上，与社会、自然是分离的，自我与自我的界限就是个人与他人（任何他人的）区分①。我国学者朱滢从行为层面、认知层面和认知神经科学层面分别证明了东西方文化对自我结构的影响。例如，他们开展的自我面孔识别（作为知觉的自我）、自传体记忆（作为记忆的自我）、自我参照效应（作为思考的自我）等方面的研究为自我与文化的关系提供了强有力的证据，特别是朱滢课题组首次为文化影响中西方自我结构提供了神经科学的证据。首先，在自我面孔识别研究中，他们通过扩展 Keenan 等的研究，发现了文化对自我概念的影响，即好朋友是东亚人互依型自我的一部分，而好朋友并不属于西方人独立型自我的一部分②。其次，在有关自我记忆效应的研究中，他们采用了再认测验的 R/K 判断范式。在这个范式中，测验阶段要求被试指出哪些单字是学过的，那些单字是未学过的，当被试指出某单字是刚才学过时，还要进一步判断，他（她）对该单字是记住的（Remember，R），即能有意识地回想起刚才学习该单字时的一些情景、细节，或相反，他（她）仅简单地知道（Knowing，K）该单字刚才学习过，即感到"面熟"。他们在研究中发现，中国被试自我组与母亲组在再认率上，以及 R/K 判断上均不存在显著差异，这与英国人、美国人的研究结果显著不同，这进一步说明，文化对自我结构的影响，即母亲是中国人自我中的一部分③。最后，在自我参照效应的研究范式下，他们

---

① 朱滢. 文化与自我. 北京：北京师范大学出版社，2007：48-49.

② 朱滢，齐建力，张坚. Self-face identification in Chinese students. 心理学报，2004，36：442-447.

③ 朱滢. 文化与自我. 北京：北京师范大学出版社，2007：101-111.

发现美国（对比中国）文化启动会影响中国北京大学生的自我结构和记忆策略。在美国文化启动下，被试使用了更多的独立型自我描述和更少的互依型自我描述。并且，如果要求被试对与母亲有关的实验材料（人格形容词）进行编码，则他们在延迟再认测验上有更差的成绩。这一结果说明，美国文化启动的实验性激活能唤起相应的自我结构以及编码和记忆策略[①]。在文化对自我神经机制的影响上，他们采用fMRI技术发现，对于中国被试自我的表征以及母亲的表征都保持在内侧前额叶（MPFC），而对于西方被试，这一区域仅为自我判断激活。这一结果说明，不同类型的自我结构是有其独特神经机制调控的。他们的研究证明，文化影响着自我表征的脑功能组织[②]。此外，新近也有研究从其他角度考察了文化对自我结构的影响。例如，有学者考察了自我结构的性别差异是否会受到文化的影响。Gross和Madson(1997)提出，在自我概念方面最基本的性别差异就是女性比男性更可能喜欢发展互依型或关系型自我，而男性更可能发展独立型自我。Guimond，Branscombe和Brunot(2007)考察了来自五个国家（法国、比利时、荷兰、美国和马来西亚）950名被试，检验了自我结构的性别差异是否受文化背景的影响，研究发现，自我的性别差异是在两性进行社会比较时，自我刻板印象的产物，这些社会比较在西方国家中会有更大的影响[③]。

　　对于自我研究的学者除了从自我结构的角度探讨文化对自我的影响之外，还有许多学者关注文化对自我动机的影响。例如，相当多的文献都关注过自我提升动机的问题。实际上，大部分西方研究者假设自我提升动机是普遍存在的，然而，在其他文化中的大量研究发现，具有这种动机普遍存在的证据很少。例如，以墨西哥裔美国人、土著美国人、智利人、斐济人等为被试的研究发现，他们在自我提升动机上的得分要比西方人低。实际上，在一些文化情景下，大部分明显的东亚人的自我服务偏差是相当弱的。这方面的跨文化研究主要集中在对美国人和日本人的比较上，但是这

① Jie S, Ying Z, Chiu, C. Bicultural mind, self-construal, and self—and mother-reference effects: Consequences of cultural priming on recognition memory. Journal of Experimental Social Psychology, 2007, 43: 818-824.

② Ying Z, Li Z, Fan J, et al. Neural basis of cultural influence on self-representation. NeuroImage, 2007, 34(3): 1310-1316.

③ Guimond S, Branscombe N R, Brunot S, et al. Culture, Gender, and the self: Variations and impact of social comparison processes. Journal of Personality and Social Psychology, 2007, 92(6): 1118-1134.

些研究并没有取得一致的看法。有研究表明，美国的人文环境相对来说有助于自我提升，美国人相对来说更喜欢沉浸于自我提升，日本的人文环境相对来说有助于自我批评，日本人相对来说喜欢沉浸在自我批评中。但也有研究表明日本人也有自我提升动机。Chang（2003）等在跨文化的研究中发现，美国人对积极与消极的典型和非典型生活事件都持有乐观的倾向，日本人对消极的典型和非典型生活事件都持有悲观的倾向。对于日本人，虽然没有对积极事件持有悲观的倾向，但是也没有发现他们对积极事件持有乐观的倾向。这些结果为自我提升和自我批评存在文化差异提供了证据，即自我提升动机在西方人中是十分普遍的。此外，这些研究还试图证明自我提升在东西方文化中都存在，但是两种文化下的自我提升的表现是不一样的。在西方文化中，他们会认为自己比别人有更多的个人主义的行为和特质；在东方文化中，则认为自己更具集体主义的行为和特质。上述研究中以日本人作为东方文化的代表。此外，被试为新加坡和以色列人的研究发现，在集体主义和个人主义文化下，都存在自我提升的动机。在两种文化下，自我提升均与幸福感和自尊有积极的相关①。然而从这些不一致的研究中，我们不免产生这样的疑问：东亚人真的存在自我提升动机吗？因此，最近，有学者采用元分析的方法，考察了西方人和东亚人中自我提升动机是否有显著差异的问题。研究发现，自我提升的文化差异的效应很大，东亚人的自我提升动机确实很小②。与自我提升相反的自我批评动机是否有文化差异呢？有学者发现也是确实存在文化差异的，日本人和亚裔加拿大人在自我批评上都比欧裔加拿大人更多③。

（三）自我的神经机制研究

尽管对自我的认知神经科学研究还处于起步阶段，但是通过现有研究，我们可以发现开展进一步研究的途径。首先，社会心理学家Klein等人对神经心理学病人的研究为理解自我作出了独特的贡献。Klein主张自我知识是一个复杂的系统，它至少由两种可分离的子系统组成：情景记忆

---

① 董妍，俞国良. 自我提升的研究现状与展望. 心理科学进展，2005，13（2）：178-185.

② Heine S J, Hamamura T. In search of East Asian self-enhancement. Personality and Social Psychology Review，2007，11：4-27.

③ Falk C F, Heine S J, Yuki M, et al. Why Do Westerner Self-Enhance More than East Asians? European Journal of Personality，2009，23（3）：183-203.

和语义记忆。他们从遗忘症病人、阿尔茨海默痴呆病人那里获得了这方面的确凿证据①。现有认知神经科学的研究也发现语义记忆(自我表征的基础)和情景记忆(自传体记忆的基础)有不同的神经基础,语义回忆激活左额叶,而情景回忆激活右中颞叶(包括海马)。其次,最新研究初步证实了自我信息加工的大脑定位。例如,有学者采用元分析的方法,考察了加工自我相关的信息与加工无自我相关信息时的神经影像学研究。所有的研究均表明在加工自我相关信息时大脑皮层的中间区域是激活的。所激活的这些区域涉及所有的功能领域(如言语、空间、情绪和面孔)所在的皮层中线结构(Cortical Midline Structures,CMS)。聚类分析和因素分析表明,CMS 的腹、背和后侧在功能上分别负责不同的领域。总体上,他们的研究表明,自我相关信息的加工是受 CMS 结构调节的,当前的神经科学研究表明,CMS 对自我相关信息的加工是我们自我的核心,是我们精细化自我经验和整合不同自我概念的关键区域。除了 CMS 这一区域之外,也有研究者采用 fMRI 技术发现,在对情景记忆进行提取时大脑皮层左腹外侧前额叶(LVPFC)是对自我相关语义精加工的关键区域,而且这个研究结论能够进一步鼓舞我们去验证是否 LVPFC 活动可以预测个体在情境记忆方面的差异②。除了对自传体记忆(包括语义记忆和情景记忆)方面的研究是热点以外,有关自我神经机制的热点研究还涉及自我面孔识别的脑机制研究。自我面孔标志着个人的身份,会影响到一个人的自我概念。与他人面孔识别相比较,自我面孔识别在行为反应、种系发生、个体发展以及神经机制等方面都表现出了它的独特性。早期 Keenan 等(2001)综合了一些病人的研究,发现自我面孔再认的神经基础在大脑右半球③。但是 Turk(2002)对割裂脑病人的研究却发现,自我面孔再认主要与左半球有关,而

①　Klein S B, Consmides L, Costabile K A. et al. Is there something special about the self? A Neuropsychological Case Study. Journal of Research in Personality,2002,36(5):490-506.

②　Raposo A, Han S, Dobbins I G. Ventrolateral prefrontal cortex and self-initiated semantic elaboration during memory retrieval. Neuropsychologia,2009,(47):2261-2271.

③　Keenan J P, Nelson A, O'Connor M, Pasual-Leone A. Self-recognition and the right hemisphere. Nature,2001,409:305.

他人面孔再认与右半球有关①。Lucina 等（2005）则认为左脑和右脑都具有自我面孔识别的能力，而且右脑具有完成识别熟悉他人任务的能力②。最近采用脑成像技术的研究发现，面孔识别主要是右脑的功能。但是，Platek 等（2005）经过实验研究的结果，提出自我面孔加工功能是由一个同时涉及左、右脑大部分结构的网络所负责，而不能简单强调由哪一侧大脑所主导③。

由于研究方法等方面的问题，心理学者对如何考察自我及其相关信息的神经机制一直感到困惑。从上述介绍中，我们可以看到，最近由于神经科学技术的发展，认知神经科学领域使用 fMRI，ERP，MEG，EEG 等技术和方法开展了对自我的脑机制研究，使人们对自我的神经机制认识清晰起来。目前有关自我神经机制的研究已经取得初步成果，但是自我神经科学研究的最终目标是理解大脑如何产生自我觉察和自我表征。这个目标是复杂的，像其他高级心理机能那样，自我过程是产生于不同脑区的复杂的相互作用④。研究自我的神经机制，不仅是心理学的一项任务，而且也是对身心是否一体这一哲学问题的回答。很明显，目前我们对自我的神经机制的理解还不是很充分，除了采用脑成像和脑电技术之外，对于单个细胞神经元的活动，以及分子化学层面的自我神经机制的研究还需进一步深入。

四、自我研究的发展特点与发展趋势

虽然，自我研究历史久远，但是自我真正被广大心理学研究者所接受和认可却是最近几十年的事情。短短几十年，却成就了自我研究异常繁荣的景象。总的说来，自我研究出现了以下趋势：一是自我研究已经从人格

① Turk D J, Heatherton T F, Kelley W M, et al. Mike or me? Self-recognition to a split-brain patient. Nature Neuroscience，2002，5（9）：841-842.

② Uddin L Q, Rayman J, Zaidel E. Split-brain reveals separate but equal self-recognition in the two cerebral hemispheres. Consciousness and cognition，2005，14（3）：633-640.

③ Platek S M, Loughead J W, Gur R C, et al. Neural substrates for functionally discriminating self-face from personally familiar faces. Human Brain Mapping，2006，27（2）：91-98.

④ Pervin L A, John O P. 黄希庭，主译. 人格手册：理论与研究，2 版. 上海：华东师范大学出版社，2003：592-637.

和社会心理学领域渗透到了心理学各分支领域；二是文化与自我的研究受到了越来越多研究者的关注；三是自我研究是社会认知神经科学领域中的重要课题。这种研究发展趋势，使得自我研究方法越来越丰富，除传统问卷法之外，实验室实验法的运用，特别是认知神经科学技术（EEG，ERP，fMRI 等技术）的使用，使得自我研究更加科学化。自我这一古老的研究课题正在不断彰显它现代化的迷人魅力。

（一）各领域自我研究日益丰富

早期心理学中关于自我的研究多是集中在社会心理学、人格心理学、临床心理学这三个分支体系中。目前，心理学各个领域的研究者对自我问题都有所涉猎。在教育心理学领域中，自我设限、学业自我概念等对学业的影响研究日趋成熟；在发展心理学领域中，有关儿童自我意识的发展受到研究者的普遍关注；在跨文化心理学领域中，自我与文化的研究是其中的热点问题……即使在社会、人格和临床这些传统领域中，也出现了很多新的研究热点。比如，在社会心理学领域中，有关自我暴露的研究；在人格心理学领域中有关自我与大五人格关系的研究；在临床心理学领域中，青少年饮食问题与身体意象的关系等方面的研究都是近年来研究者较为关注的问题。自我研究内容的丰富不仅反映了其自身的价值，更说明了自我研究对于解释人类行为的重要性。

（二）交叉领域的自我研究日益增多

由于自我成为众多领域共同关注的热点，因此，交叉领域的自我研究日趋增多。比如，有学者考察了自我与情绪的关系（自我意识情绪）、自传体记忆、自我与人际关系、自我与文化、自我与决策，等等。这些交叉领域的自我研究增强了研究者对自我本质的进一步理解，同时也对人类行为的解释和预测起到了独特的作用。在这种趋势之下，自我研究必将会像一棵根深叶茂的大树一样苗壮成长。

（三）自然主义观下的自我研究成为重点

自我的自然主义观点，就是认为对自我可以像用对其他任何一种自然现象那样的方式加以研究的观点。在早期有关自我的实证研究中，多是采用问卷法、访谈法等，但是一些人格与社会心理学研究之外的学者，对此并不满意。他们对理解大脑（特别是自我）如何工作同样感兴趣。例如，Gazzaniga（1995，1998）、Crick（1994）和其他神经学家研究了意识和主观经验的神经基础，并且他们推测自我的感觉来自于大脑的活动。情绪研究者，如 LeDoux(1996)和 Davidson(1994)试图寻找情感体验的神经基础，并发现了大脑如何联结的基本事实，这对于自我的研究者来说意义非常重大。又如著名记忆研究者 Tulving(1993)较早讨论了不同记忆(情景和语义记忆)如何与自我的意识经验相连①。因此，在这些传统自我研究者之外的学者的推动下，特别是结合最近神经科学领域新技术的发展，使自我在社会认知神经科学研究框架的研究成为热点。

(四)自我的有关理论过于薄弱

由于自我研究的逐渐精细化，人们对自我的认识越来越多。但目前除了著名的自我图式理论、自我决定理论之外，其他有说服力和一定延展性的自我理论则相对缺乏。在社会心理学领域中，人们更多地关注于对各种自我现象的解释。比如，自我差异理论认为当人们对真实自我的感受与其理想自我有差距时，人们会经历痛苦；自我肯定理论认为为消除某个会造成失调的威胁对自我概念所带来的冲击，人们会将注意力放在他们在某个与该威胁不相干的领域上的能力，并予以肯定。可见，这些理论都只能部分解释人们在社会生活的现象，而不是一个整合性的自我理论。理论的薄弱使得自我研究很难深入到机制层面，不利于自我研究的长期发展。因此，如何建构更强健的理论是自我研究者需要重视的问题。

五、对自我领域的研究建议

随着研究方法的发展和变化，研究者对自我的认识越来越深刻。但是，自我这一领域还有一些未被关注的重要问题，也有一些急需加强的方面。

(一)各领域自我研究的学者应进一步加强合作

正如上面所提及的，自我研究现在已不仅仅是社会心理学学科所关注的热点问题，它现在已经受到了不同领域学者的共同关注。特别是在社会认知神经科学这一交叉学科兴起之后，在社会认知神经科学框架下，从事基础心理学研究的学者与社会和人格心理学研究的学者应进行更广泛的合作。从目前来看，在社会认知神经科学框架下进行自我研究的学者多是从事神经科学或者基础心理学研究的学者，如 Crick 和 Tulving 等。而早期

---

① Pervin L A, John O P. 黄希庭，主译. 人格手册：理论与研究，2 版. 上海：华东师范大学出版社，2003：592-637.

从社会心理学和人格心理学角度对自我进行研究的学者，很少有人愿意转向在认知神经科学这一框架下展开研究。但是，这些学者往往对很多人文学科中的自我研究比较了解，特别是有很好的哲学功底，这样使他们能够从一个更高的、更宏观的层次上对自我有更深入和广泛的理解。因此，对于自我研究来说，不同领域学者的合作将会使这一领域的研究更加夯实。

(二)主体我的研究亟待增强

按照詹姆斯的理论，自我分为主体我和客体我。在他确定自我这一结构后，大部分学者都是针对客体我展开的研究，对主体我的关注较少。主体我是自我中积极地知觉、思考的部分，是对我们正在思考或我们正在知觉的意识，而不是身体或心理过程。早期只有 Damon 和 Hart 等从自我理解的角度对主体我展开了研究。最新有关自我理解的研究还是采用了 Hart 等人的传统方法——访谈法进行的[①]。可见，主体我的研究没有太多实质性的突破。因此，最近有学者提出，应该整合现象学的方法，研究作为主体我的意识(前反思意识)，特别是应该进行有关这方面的实验研究以及认知神经科学方面的研究[②]。

(三)应将自我研究根植于社会生活中

对自我的关注始于哲学的思考，对自我的心理学研究源于对心理过程的解析。实际上，人们对自我的认识(客体我)，或者人们自我意识(主体我)的形成都离不开现实生活。将自我研究根植于社会生活中，有三层含义。第一，文化会影响一个人如何构建自我世界，自我研究必然要考虑文化因素。第二，人们对自我的认识会影响到人们的社会生活，正如很多研究已经实证的，无论是自我提升、还是自我批评，无论是自我证实、还是自我肯定都会影响到一个人的社会行为。这些影响可以表现在诸如决策、记忆、人际过程等方面。第三，自我的形成有赖于社会生活经验。不同的生活阅历会使人们形成不同的自我概念，产生不同的自我认识。因此，从上述三个方面看，自我研究一定要根植于社会生活中，才能生根发芽，也才能使自我研究对人类行为真正起到描述、解释和预测的作用。

---

① Malti T. Aggression, Self-Understanding, and Social Competence in Swiss Ele-mentary-School Children. Swiss Journal of Psychology. 2006，65(2)：81-91.

② Legrand D. Pre-reflective self-as-subject from experiential and empirical perspec-tives. Consciousness and Cognition，2007，(16)：583-599.

（四）应重视自我的作用机制研究

自我研究现在已经深入到了认知神经科学层面，也已经初步探索了自我产生的脑区。但是，这些研究结论其实也还是一种间接的推论，我们还远没有真正理解主观经验和自我表征不同形式的神经联系。自我是不是进化的产物，也是摆在自我研究者面前的又一重大课题。目前，从进化的观点看，有四种可能的观点①。第一种观点，自我可能是"遗传物"。这种特质既不利于也无损于有机体的健康，但将被携带并传给下一代。第二种观点，自我是适应的非机能性的副产品，既不解决任何适应性问题，但带着具有机能性的一些特征。例如，自我被描述为高水平智力与大脑有关的复杂感觉加工过程的一种偶然的副产品。第三种观点，自我是一种前适应（exaptation）——"一种特征，虽然现在对有机体有用，但它并不是针对目前角色的适应而出现的，而是逐步添上目前的机能"。第四种观点，自我可能是充分发展的适应。对于这四种观点，哪一种更科学、更合理还有待于进一步的实证研究来检验。

综上所述，自我研究是目前社会心理学中的热点和重点问题，借鉴科学的方法，研究这一重大问题，必将使从事自我研究的学者大有可为。

（董　妍）

---

① Pervin L A, John O P. 黄希庭，主译. 人格手册：理论与研究，2版. 上海：华东师范大学出版社，2003：614-615.

社会态度转变的研究热点 和发展趋势

态度研究贯穿整个社会心理学的发展历史，并且始终是社会心理学家讨论的核心主题。社会心理学顶尖杂志 Journal of Personality and Social Psychology(JPSP) 分为 3 个部分，第一部分就是态度与社会认知(Attitudes and Social Cognition)，可见态度研究的重要性。从社会心理学诞生开始，在态度研究领域有丰富的理论积累和实验研究。态度研究的新探索也不断取得引人注目的成就，它们或者验证了早期的理论成果，或者是在新领域有了创造性的发现。例如，有关内隐态度的研究，补充了单纯探求外显态度所表现出的不足，为偏见的测量提供了新的技术手段；在群体态度方面，刻板印象内容模型(Stereotype Content Model，SCM)[1]和偏差地图(BIAS map)[2]的提出，都是社会心理学者为群际关系研究贡献的新理论模型。对态度研究的这些新进展进行总结梳理，对把握本领域甚至整个社会心理学的研究方向具有重要的意义。

一、态度研究的历史回顾

众所周知，态度是一种心理趋向，它通过对特定实体(即态度对象)有利或不利的评价表现出来。态度对象可以是具体的某个事物也可能是抽象物(如性取向)，可以是没有生命的事物，也可以是人或群体。因为对象的不同，一些态度被赋予特定的称谓[3]：指向社会群体(尤其是那些污名群体)的态度被称为"偏见"，指向自身的态度被称为"自尊"，指向抽象实体

---

① Fiske S T, Cuddy A J C, Glick P, Xu J. A Model of (Often Mixed) Stereotype Content: Competence and Warmth Respectively Follow from Perceived Status and Competition. Journal of Personality and Social Psychology, 2002, 82: 878-902.

② Cuddy A J C, Fiske S T, Glick P, The BIAS Map: Behaviors from Intergroup Affect and Stereotypes. Journal of Personality and Social Personality, 2007, 92(4): 631-648.

③ Eagly A H, Chaiken S. Attitude Structure and Functions. In: D T Gilbert, S T Fiske, G Lindzey. (Eds.). The Handbook of Social Psychology (4th ed). Boston, Mass: McGraw-Hill, 1998: 269-322.

（如自由）的态度被称为"价值观"，对政府政策的态度被称为政治态度，如此等等。态度在内容上包含三种成分：认知、情感和行为，它们都渗透着态度所传递的评价性意涵。研究者认为，认知成分中的信念/看法是态度的基础，因为态度反映的是人们如何看待态度对象。而人们持有的有关社会群体的信念被称为"刻板印象"（stereotypes）。社会心理学家将刻板印象（认知）看作是偏见（态度）的决定因素。

态度的一个有趣特征是，并不是态度的三种成分——认知、情感和行为——都以相同的方式对待态度目标，三者之间可能存在着冲突[①]。你认为某个电影是无聊的（情感成分）、对孩子来说过于暴力、没有任何创新之处（认知成分），但是你可能还会从头至尾将它看完（行为）。这种情况被称为"成分间矛盾"（inter-component ambivalence）。通常也存在着"成分内矛盾"，即一个人对同一个态度对象同时拥有积极和消极的感受（feelings），积极和消极的认知，或者积极和消极的行为。积极观念和消极观念在针对同一对象的态度中的同时并存被称为态度矛盾性。总体态度的矛盾程度会因态度对象、态度持有者和情境的不同而不同。此前有关态度的研究认为，在获得认知一致性的动机的驱动下，人们总是力图避免矛盾态度的存在，或者在它们存在的时候以某种方式将其消除。但是，态度的新近研究表明，矛盾性是一种稳定的态度状态[②][③]。人们对很多态度对象都是同时有积极和消极两种评价，在那些与健康有关的行为上这种矛盾态度尤其明显（例如，饮酒、吸烟等）。

态度内在结构与态度之间的结构是态度形成的两种不同方式。态度的三种成分之间的关系反映的是态度的内部结构；针对不同对象的态度之间也存在着某种关联，它们被称为态度之间的结构。

态度研究中的一个重要问题是，积极评价和消极评价如何在成分之间

---

① Maio G R，Haddock. Attitude Change. In：A W Kruglanski，E T Higgins（Eds.）. Social Psychology：Handbook of Basic Principles（2nd ed）. New York：Guilford Press，2007：565-586.

② Fiske S T，Cuddy A J C，Glick P，Xu J. A Model of（Often Mixed）Stereotype Content：Competence and Warmth Respectively Follow from Perceived Status and Competition. Journal of Personality and Social Psychology，2002，82：878-902.

③ Glick P，Fiske S T. An ambivalent alliance：Hostile and benevolent sexism as complementary justifications for gender inequality. American Psychologist，2001，56(2)：109-118.

和成分内部组织起来。对于这一问题的解答曾经一度由单维度观点（one-dimensional view）占据主导①。该观点认为，积极感受、信念和行为的存在会抑制消极感受、信念和行为的发生。换言之，积极元素与消极元素在记忆中被存储在一个维度的两端，人们或者体验到维度的这一端或者是那一端。双维度观点反对这种单维度视角。该维观点认为，积极元素与消极元素存储在两个分离的维度上。人们的态度可能是积极性或消极性的某种组合，即针对同一对象同时拥有积极和消极两种面向的态度。双维度视角为态度矛盾性的存在提供了可能。

针对不同对象的态度怎样在人们的观念中组织起来？对于这一问题，有两条分析路径。一种路径强调态度结构的层级（hierarchical）特点。依据这一观点，针对某一新的社会和政治问题的态度由个体在这一领域更核心和更一般的价值取向决定。而另一条路径就是海德的平衡理论（balance theory）。

人们为什么要持有态度，这涉及态度的功能。态度具有如下一些已经取得研究者广泛认同的功能：对象评价功能、功利主义功能、价值表达功能、社会调整功能和自我防御功能。这里，我们将目光集中于自我防御功能的新扩展上。

在20世纪50年代，社会心理学受到心理分析理论的影响，强调态度的自我防御功能。意谓人们通过对那些可能带来侵害和威胁的事物持有消极态度而使自身远离它们/他们，从而保护自我免受潜在威胁的伤害；同时态度也让人们与那些积极的、能够提升自尊事物站在一起。总之，态度的防御功能有助于保护人们的自我概念和自尊。实际上，自我防御功能讨论的是对自我利益的保护与维持，这里的自我利益有狭义和广义之分。我们上面描述的是对狭义的自我利益的防御，而广义的自我利益涉及"扩展的自我"，它包括个体所信奉的文化世界观、个体所归属和认同的群体，以及人们当下生存于其中的社会系统。因此，在对态度功能的讨论中，研究者已经从"对自我的防御"推广到"对扩展自我的防御"。

① Maio G R, Haddock. Attitude Change. In：A W Kruglanski, E T Higgins (Eds.). Social Psychology：Handbook of Basic Principles (2nd ed). New York：Guilford Press, 2007：565-586.

我们先来看态度对文化世界观的防御功能,这一点在恐惧管理理论①②有细致的论述。该理论认为,态度通过保护自身所信奉的文化世界观来减轻个体由自身的毁灭所产生的焦虑感。人们所信奉的文化世界观是一种扩展的自我。个体生命的意义是由文化世界观赋予的,对于那些恪守文化标准的人,文化世界观为其提供价值感———一种超越个体生命的象征性永存:虽然死亡无法回避,但生命的价值与意义并存。因此,文化世界观的功能是降低存在主义焦虑(即因意识到死亡的必然性而体验到的恐惧)。赋予个体以价值和意义的世界观本质上是一种文化建构物,承认一种有关现实的替代感知的有效性将会瓦解人们对自身信奉的文化价值所保有的信心,这种承认会将个体暴露于未经缓解的死亡恐惧之下,因为生命的意义无处确立。唯其如此,当个体对自身的死亡意识被启动,人们在态度上更加贬低那些异己的外群人,而对于那些支持他们信念的个体则有更加积极的态度,这与人自我维持的动机相关。

拓展自我还包括个人所属的社会群体(即内群体),因此,自我防御在这里体现为对内群体的防御。社会认同论认为,基于对群体的归属与认同,人们具有相应的群体资格,群体资格被看作是个体自我的一部分,是对自我的延伸与扩展③。因此,当内外群之间比较时,人们在态度上总是试图提升内群体,即将更多的积极特质赋予内群体(因而也就赋予了自身),同时贬低外群体,这样才能彰显出内群体(进而自我)的优越。依据这一立场,对于某一社会群体的负面态度即偏见保护的是基于群体的自我或集体自我,而不是个体自我。

综上所述,态度的内容、结构和功能一直是态度研究的重要主题。但是,随着态度研究的发展,其关注的侧重点也在发生转变。例如,态度的矛盾性、结构的不一致,以及群体态度由社会认同引起的拓展自我功能,都是态度研究近年来的重要发展。简要回顾态度研究的历史,大致有两大阶段。第一阶段,在社会认知兴起以前,态度研究(包括费斯廷格和归因

① Greenberg J, Solomon S. Psyzczynski T. Terror Management Theory of Self-Esteem and Cultural Worldviews: Empirical Assessments and Conceptual Refinements. Advances in Experimental Social Psychology, 1997, 29: 61-139.

② Solomon S, Greenberg J, Pyszczynski T, A terror management theory of social behavior: The psychological functions of self-esteem and cultural worldviews. Advances in Experimental Social Psychology, 1991, 24: 93-159.

③ 方文. 学科制度和社会认同. 北京: 中国人民大学出版社, 2008.

理论)和群体动力过程两大主题交替发展，主宰社会心理学。对于态度研究，耶鲁大学的 Hovland 带领的沟通和劝说研究传统，阿希为代表的社会影响研究传统，以及费斯廷格的认知失调研究传统奠定了态度研究的主题。第二阶段，20 世纪 80 年代之后，社会认知(尤其内隐社会认知)与以社会认同理论为核心的群际关系研究，以及两者的融合塑造了社会心理学的主要研究内容和特征。然而，社会心理学的这一发展既离不开立足于态度的研究的贡献，也反过来影响了态度研究的面貌。这里，对在这一背景下态度研究近年来关注的一些主要问题进行总结，以期起到启发和借鉴作用。

二、近年来态度形成与改变研究领域关注的主要问题

(一)探索态度改变的新模型

前面有关态度内容、态度功能的内容构成了我们现在讨论态度改变的基础。到目前为止，有关态度改变的研究可以总结为七个模型[1]：劝说的耶鲁模型(the Yale model of persuasion)，信息加工范式(information-processing paradigm)，社会判断模型(social judgment model)，精致可能性模型(elaboration-likelihood model)，启发式加工—系统式加工模型(heuristic-systematic model)，单模型(the unimodel)，联想—命题评价模型(associative-propositional evaluation model，APE)。这里我们仅讨论后面四种晚近发展起来的劝说模型。

1. 精致可能性模型

精致可能性模型区分了中心路线和边缘路线[2]。中心路线(central route)是指信息的改变是通过详细的认知加工过程，努力而详细地审查信息论据和其他相关线索。而在其他时候，信息的改变是通过便捷、快速的路径发生，这被称为"边缘路线"(peripheral route)，例如，人们同意接受对方的信息，只是因为乍看起来是可以信任的。也就是说，在依靠边缘路线的情况下，人们受信息中那些简单的情绪性线索的影响。所有这些边缘过程的共同特征表明，人们有时不必对信息进行细致的加工，而是应用一

① Maio G R, Haddock. Attitude Change. In: A W Kruglanski, E T Higgins (Eds.). Social Psychology: Handbook of Basic Principles (2nd ed). New York: Guilford Press, 2007: 565-586.

② Petty R E, Cacioppo J T. The elaboration likelihood model of persuasion. Advances in Experimental Social Psychology, 1986, 19: 123-205.

些投入较少努力的加工机制，如条件作用（包括经典条件作用和操作条件作用）、社会认同和启发式。

在大部分对 ELM 的实验检测中，通常将信息源和背景变量看作是边缘线索（如信息发出者的专业性程度，发出信息人的数量），而信息内容才被看作是中心路线的关注对象。但事实并非这么简单。精致可能性模型的一个明显特征是，它主张一个既定变量能够在不同的精致可能性水平下（高精致可能性－低精致可能性）通过不同的过程影响态度改变。也就是说，一个变量在精致可能性低的时候可能是作为边缘线索发挥作用，而在精致可能性高的时候可能就成为论据。

信息的论证质量（argument quality）是需要考虑的重要因素。如果态度改变信息中的论据丰富、论证有力，那么，中心路线加工（即对论据仔细审慎的考量）会促进有利的认知反映，带来更加积极的态度；相反，如果论据薄弱，论证无力，那么中心路线的加工将会产生不利的想法，带来负面的态度。在有关"分心"（注意力分散）的研究中，人们可以发现类似的情况。许多研究认为，注意力分散会降低态度改变的力度。但是，在一些实验中，发现了相反的效应——如果人们在听一个态度改变信息时是注意力分散的，相对于那些没有分心的被试，他们态度的改变更多。从 ELM 的视角来看，注意力分散降低了信息接收者进行中心路线加工的能力，瓦解了占主导地位的认知反应。对于那些论据薄弱的态度改变信息，主导的认知反应是对其反击和驳斥，但因为分心打断了主导的认知反映，因此，对信息的抵御降低，态度改变的可能增强。

影响精致可能性的因素除了"分心"以外，还有其他一些变量：动机、责任、情绪和认知需求。

2. 启发式加工－系统式加工模型

启发式加工－系统式加工模型与精致可能性模型的相似之处在于，两者都将对信息的加工看作是一个续谱，加工的努力程度由动机与认知能力决定[1]。启发式加工－系统式加工模型包含劝说的启发式和系统式。

系统式加工，需要对信息进行细致的加工处理（例如，关注态度改变信息中所包含的论据，并对之进行细致的分析），这种加工模式需要信息

---

① Chen S, Chaiken S. The heuristic-systematic model in its broader context. In：S Chaiken，Y Trope（Eds）. Dual － process Theories in Social Psychology. New York：Guilford Press，1999：73-96.

接收者有足够的动机与能力。系统式加工类似于中核心路线加工，它是一种全面的分析模式，个体对所有潜在相关的信息都进行审慎的处理，将全部有用的信息整合起来，形成态度判断。

启发式加工的定义要比 ELM 中边缘路线加工的定义更窄，也更具体。虽然启发式被认为是不需要付诸努力的信息加工模式，但是，它要发挥作用也需要启发式线索的出现，这使存在于接收者记忆中的启发式原则有可以应用的前提。人们在应有启发式进行态度判断时，通常并没有意识到他们在这么做。启发式加工的应用受"最小认知努力原则"(principle of least cognitive effort)的指导。

在人们进行信息加工的动机和能力水平较低时，通常是启发式加工在起作用；动机和能力水平较高时，进行的是渗透更多努力的系统式加工，但这时启发式加工仍旧存在。因而，两种加工模式以累加的方式或互动的方式联合影响态度改变。

3. 单模型

单模型认为，伴随达致正确判断的动机和能力的提升，人们对信息的审查也会更加审慎和仔细[①]。该模型的独特之处在于它对常人认识论(lay epistemic theory)的应用，并对信息加工过程给出了三个重要的约束条件。

首先，与态度改变信息的结论有关的任何信息都被看作是有说服力的证据。在这里"相关证据"不再局限于信息的内容，而是包括与信息源和背景有关的其他线索。无论是 ELM 还是 HSM 都将信息源和背景方面的信息限制在低层次的、边缘加工路线上。单模型认为，如果允许对这些额外的信息线索给予复杂的加工(例如，在信息之后以简历的形式展示信息人的专业性)，那么，它会具有与信息中的论据同样的说服力量。

在什么样的情况下，信息接受者会将这些额外信息看作是相关的？考虑这样一个例子，在一个洗发水的广告中，模特头发的吸引力与他要传递的信息内容同样重要，而不应该被看作是边缘线索，此时头发与广告要达到的目的相关。信息是否具有相关性是主观判断的结果，这一主张是单模型提出的另一个重要约束条件。当加工信息的动机和能力处于高水平时，任何在接收者主观上看来是有关的信息都会被深入细致地思考。

第三个约束条件是对相关信息的深入思考取决于信息的组织。根据这

① Maio G. R. & Haddock, Attitude Change, in *Social psychology : handbook of basic principles* (2nd ed). New York : Guilford Press, 2007: 565-586.

一观点，先出现的信息会影响对后续信息的加工。

4. 联想—命题评价模型

联想—命题评价模型是研究者新近提出的考察态度改变的新路径①②。该模型的贡献在于，它从内隐和外显态度的潜在心理过程入手，整合了以往的研究结果，对内隐和外显态度的形成和改变提出了不同于以往的新解释。

这一模型认为，内隐态度改变的潜在心理过程是联想过程，外显态度改变的潜在心理过程是命题过程。对于内隐和外显态度改变的认识，应该建立在这两种不同的心理过程之上。

联想过程是评价倾向的第一来源，它是人们对客体的自动化情感反应的基础。在这个模型看来，人们对态度对象积极或消极的情感反应，取决于由刺激所激活的特殊联想。联想过程具有三个明显的特征③④。首先，是情感反应的自动化，这种反应源自当个体碰到相关的刺激时被自动激活的特殊联想，这种激活过程不需要更多的认知能力或主观意图参与。其次，联想评价独立于事实效价的分配，即不管个体是否考虑到联想所隐含的评价是正确的还是错误的，联想都可能被激活。例如，虽然个体认为对老年人的消极联想是不恰当的或错误的，但仍可能很高。最后，联想评价是非个体性的，因为它们不一定通过个体认可才能产生。

命题加工是外显态度的潜在心理机制，它是基于演绎推理的评价判断，并以对真值的确认为特征。评价判断是发生在高于联想记忆的"思考系统"中。联想记忆中的自动情感反应可以进入思考系统，并产生相应的命题(例如把一种消极的情感反应转换为命题"我不喜欢……")，人们通常会基于这一命题来作出评价态度。但是自动情感反应产生的命题对评价的

---

① 叶娜，佐斌. 联想—命题评价模型——态度改变的新解释. 心理科学进展，2007，15(5)：834-839.

② Gawronski B, Bodenhausen G V. Associative and propositional processes in e-valuation：an integrative review of implicit and explicit attitude change. Psychological Bulletin，2006，132(5)：692-731.

③ 杨丽娴，张锦坤. 态度改变理论的新进展：联想和命题过程评价模型. 宁波大学学报(教育科学版)，2008，30(6)：54-59.

④ Gawronski B, Bodenhausen G V. Associative and propositional processes in e-valuation：an integrative review of implicit and explicit attitude change. Psychological Bulletin，2006，132(5)：692-731.

效用受它与其他相关命题(例如,一般非评价的社会性命题、对其他态度对象的评价性命题等)一致性的影响。个体将自动情感反应产生的命题与其他相关命题相比较,如果自动情感反应产生的命题与相关命题是一致的,则其会成为评价判断的有效依据;但是当自动情感反应的命题与其他相关命题不一致时,自动情感反应产生的命题将不作为评价判断的有效依据,此时命题评价判断独立于自动情感反应。因此,该模型认为区别命题加工和联想加工的最重要的标准是它们对真值的依赖。不管个体认为联想是对还是错,联想的激活都可能会出现,而命题推理的过程往往与价值和信念的确认有关。

这个模型将内隐和外显态度归结于联想评价和命题推理两种潜在的心理机制,内隐和外显态度的形成和改变均是基于这两种不同的心理过程之上的,因此,不同的外在因素通过不同的心理过程,对内隐和外显态度的改变所起的作用也有所不同。并且,这个模型认为,这两种心理过程存在相互作用。不论一个外在因素是导致了内隐态度的改变,还是导致了外显态度的改变,都取决于两个方面:一是联想或命题加工中的哪一过程首先受到直接的影响;二是其中一种过程的改变对另一种过程的改变是否有中介作用。

(二)劝说的影响因素研究

基于态度形成和改变的相关研究与实验发现,Maio 和 Haddock 最近总结出劝说的四个原则[①]。

1. 无关信息能够影响劝说

那些被认为逻辑上无关的(或无直接联系的)因素会影响劝说过程。首先是情绪(mood)。当一个人心情好时,他/她更有可能受到劝说论证的影响,当然,情绪的影响也可能是反过来的。但不管怎么说,情绪会影响到可劝说性(persuadability)。人们对信息的判断受到他们当下情绪的影响,这是否是一件好事,这个问题很难回答。同时,我们应看到情绪只是影响劝说的诸多无关(或无直接联系)的变量之一。除此之外,另一个重要变量是个人先前对相关态度或行为的承诺(commitment)。人们通常对他们最初的态度情有独钟,即使这个态度是在拥有不正确信息的情况下形成的。

---

① Maio G R, Haddock. Attitude Change. In: A W Kruglanski, E T Higgins (Eds.). Social Psychology: Handbook of Basic Principles (2nd ed). New York: Guilford Press, 2007: 565-586.

情绪和先前的承诺都是与信息接收者有关的特征。其他一些变量涉及信息源或信息本身。与信息源有关的变量，例如，如果信息是来自可爱的人、有吸引力的人、著名的人或内群成员，则人们更加偏好这些信息，容易受到它们的劝说和影响。此外，其他的一些无关信息还包括语速、幽默与否、论据的数量、是否与共识一致等。

2. 形成正确态度的动机与能力会提升相关信息的影响

抵制无关变量影响的一种方式是提升人们对劝说性信息进行深入思考的动机和能力。对信息的深入思考会使相关信息的影响力量压倒无关信息的影响，使其无效。

几乎所有研究都认可动机与能力的潜在影响。人们对某信息加工的动机与该信息和个人的相关性或个人在信息主题中的卷入程度有关，也与个人是否对信息接受承担责任不可分。而能力变量的指标一般包括：人们在接受信息时是否分心或注意力分散，以及人们的知识水平。

3. 信息内容与信息接收者的知识和目标之间的相合性使劝说成为可能

一般来说，如果某种劝说性主张的内容与接收者态度的内容与功能相匹配，那么这种劝说更容易成功。

依据态度的多成分模型，建立在情感信息上的态度与建立在认知信息上的态度，对于诉诸情感的劝说主张与诉诸认知的劝说主张有不同的敏感性：基于情感的主张在改变基于情感的态度时有更好的效果，而基于认知的态度更有可能因为那些建立在认知基础上的主张而改变。这被称为结构匹配（structural matching）。在态度结构上的个体差异也会影响上述匹配效应。态度是由情感信息主导还是由认知信息主导，在这方面存在着个体间的差异。一些个体在形成态度是主要依据情感信息，而另一些个体则主要基于认知信息。诉诸情感的劝说性主张在改变前者的态度时效果更显著，而基于认知的主张更适合用来劝说后者。此外，劝说性信息的内容也要与信息接收者的目标匹配，这与特定态度在接收者那里所发挥的功能有关。高自我监控者对于关注社会调整的劝说性主张更加敏感，易于受这类信息的影响；低自我监控者（态度于他们来说主要满足的是价值表达功能，他们关注内心体验）更容易受到以价值表达为目标的主张的影响。

4. 劝说可以在接收者没有意识到的情况下发生

态度可以在人们没有意识到的情况下形成和改变。态度既可以因对信息的外显加工而产生，也可以基于对信息的内隐加工而形成。在特定情况下，阈下启动能够提升后续的劝说性信息的影响。另外，有一些态度是建立在掌握大量知识的前提下的，这种态度对行为的预测力更强，并且轻易也不会改变，它们甚少受到反思的干扰。

（三）内隐态度的相关研究

当人们说他们喜欢或不喜欢某事/人时，他们表达的是一种外显态度，即他们能够意识到的、可以控制的态度。如果一个人意识到自己是因为喜欢某个人而投了他的票，那么，这种投票行为就是一种外显态度的体现。但有的时候，投票反映的是一种投票人没有意识到的态度。此时的投票行为反应的是一种自我偏好（self-favorable）的内隐态度，尽管你没有意识到、甚至不承认有偏好自我的态度倾向。

Greenwald 和 Banaji 认为内隐态度是"个体无法内隐识别、或无法精确识别的过去经验的痕迹，这种痕迹调节着个体对社会对象的喜欢或不喜欢的感受、思考和行为"[①]。两位学者在探讨态度的内隐性时强调，在内隐态度中人们对态度的起源缺少觉知，例如，不能识别出个体的积极态度源于态度对象的积极呈现。虽然大多数研究者都承认内隐态度的存在，并将其视为一种自动化的反应，但对于究竟什么是"内隐"存在着争论。一些研究者认为，不能从内隐态度的技术层面推定内隐态度具有完全的意识不可接近性、个体的无意图性、不可控性和无须个体的意志努力。评价启动研究中，个体所表现出的对态度对象的评价启动效应，并不意味着个体没有意识到自身的态度[②]。Fazion 强调，所谓的"内隐"指的是测量的内隐，即个体没有意识到他们的态度在被测量，而不是说态度构念本身是内隐的，没有意识到被测量并不等于说个体没有意识到他们拥有这种态度[③]。没有证据表明，在间接测量中个体对所测量的态度本身是无意识的，间接测量与直接测量态度之间的低相关，不能证明人们缺乏对间接测量态度本身的觉察，因为已有的研究表明，间接测量与直接测量的态度之间存在着一定的相关，并且二者的相关大小会受到动机、自我报告时思考的程度、测量间概念的相通性以及测量误差等因素的影响[④]。

---

① Greenwald A G, Banaji M R. Implicit social cognition: Attitudes, self-esteem, and stereotypes. Psychological Review. 1995, 102(1): 4-27.

② 吴明证. 内隐态度的理论与实验研究. 华东师范大学博士学位论文, 2004.

③ Fazion R H, Olson M A. Implicit measures in social cognition research: Their meaning and use. Annual Review Psychology, 2003, 54: 297-327.

④ 佐斌, 张陆, 叶娜. 内隐态度之"内隐"的含义. 心理学探新, 2009, 29: 57-61.

Bargh 曾提出，态度的自动化过程在意识可接近性、意图性、可控性和努力需求维度上存在着差异[①]。正因为如此，可以这样认为：在实践层面，内隐态度指的是采用内隐（间接）测量技术所探测到的个体态度（态度对象—评级之间的联结）；在理论层面，态度的表达在可接近性、意图性、可控性和努力需求等维度上存在着差异，在其中任一维度上的缺失都可视为是内隐态度研究领域的一个分支。

（四）态度的具身性及其加工

自 20 世纪 50 年代的认知革命以来，认知研究从以计算隐喻和功能主义为特征的第一代认知科学转向基于具身认知（embodied cognition）的第二代认知科学。第二代认知科学强调认知与身体经验的关系，倡导认知的具身性，反对离身（disembodied）心智。研究者认为人的心智来源于温软肉身，而非冰冷的机器，因此，要理解心智必须重回人的身体（大脑）[②]。

研究者区分了"在线具身"（online embodiment）和"离线具身"（offline embodiment）的情形。在线具身发生在真实外在刺激在场的情境，而离线具身发生在真实刺激并不事实在场、因而使用代表真实刺激的符号象征（symbols）的情况下[③]。例如，模仿另一个人愉快时的面部表情是在线具身的例子；通过采用一个形态特异的系统或实验设计而理解"愉快"这个单词或者回忆一次愉快的经历，这是离线具身的例子。

1. 在线具身与态度的获得和加工

与新态度对象互动过程中的身体反应会影响后来的态度和表达，Wells 和 Petty 较早展现了这一效应的存在[④]。在他们的研究中，研究者要求一部分被试竖着点头，而另一些被试横着摆手，研究者佯称，在点头或摆手之后，被试听到一段学校话题的相关信息。然后，被试要给出他们同意他

---

① Bargh J A. The four horsemen of automaticity: Awareness, intention, efficiency, and control in social cognition, In: R S Wyer, T K Srull (Eds). Handbook of social cognition. Hillsdale, NJ: Erlbaum, 1994, 1: 1-40.

② 李其维. "认知革命"与"第二代认知科学刍议". 心理学报，2008，40（12）：1305-1327.

③ Niedenthal P M, Barsalou L W, et al. Embodiment in Attitudes, Social Perception, and Emotion. Personality and Social Psychology Review, 2005, 9(3): 184-211.

④ Wells G L, Petty R E. The effects of overt head movements on persuasion: Compatibility and incompatibility of responses. Basic and Applied Social Psychology, 1980, 1: 219-230.

们所听到的信息的程度。Wells 和 Petty 发现，前期的肢体动作会影响后来被试的判断。具体地说，那些在听信息时点头的被试对他们所听到的信息表达了更积极的态度，那些摆手的被试相对于前者表达了更消极的态度。与之类似，Cacioppo 等探究"承载态度意涵的身体运动行为"和"针对一个全新的刺激所发展出的态度"之间的关系①。在他们的研究中，呈现给被试(西方人)的全新刺激是中文的象形字。当被试面对实验刺激时，一些人从桌子下面向上拉桌子(这是一个和趋近有关的行为)，另一些人从桌子上面向下推桌子(这是一个和回避有关的行为)。与具身假设一致，那些在看汉字时做趋近动作的人，相对于那些做回避动作的被试。

这些研究表明，"身体姿态和运动行为"与"积极/消极的倾向和行为趋向"相关，而这种倾向和趋向会影响到对对象的态度。

2. 离线具身与态度加工

人们所做的概念加工利用的是早期在线的情况下(即态度对象在场的情况下)建立起来的形态特异的态度模式。这种具身视角认为，当相关的概念信息与当下的具身一致时概念加工的效率最高。

这一假设得到了 Chen 和 Bargh 的研究的支持②。在他们二人的研究中，呈现给被试有积极或消极负载的单词(例如，爱与恨)，并且被试要报告这些单词的负载(是积极词汇还是消极词汇)，报告的方式是将一个质杆拉向他们自身或推出去。与具身的观点一致，被试在面对积极单词时拉近速度更快，在面对消极单词时推出的速度更快。这说明，如果单词的负载(积极或消极)与作为对该单词回应的行为相一致(即积极单词一拉近行为，消极单词一推出行为)，人们对单词的加工更快，反之更慢。Forster 和 Strack 指出，当人们在长期记忆中提取信息时，存在着同样的效应③。在他们的研究中，被试要列出一些著名人物的名字，然后将这些人按照他们喜欢、不喜欢、无所谓来将其分类。在他们列出人物名字的同时，要求被试以桌子为参照物作趋近

① Cacioppo J T，Priester J R，Bernston G G. Rudimentary determination of attitudes：II. Arm flexion and extension，have differential effects on attitudes. Journal of Personality and Social Psychology，1993，65：5-17.

② Chen S，Bargh J A. Consequences of automatic evaluation：Immediate behavior predispositions to approach or avoid the stimulus. Personality and Social Psychology Bulletin，1999，25：215-224.

③ Forster J，Strack F. Motor actions in retrieval of valenced information：II. Boundary conditions for motor congruence effects. Perceptual and Motor Skills，1998，86：1423-1426.

和回避的动作。结果发现，那些在列举名字的同时作趋近动作的被试列出了更多他们喜欢的人物，那些做回避动作的被试列出了更多他们不喜欢的人物。因此说，运动行为影响态度对象从记忆中的提取。

这些研究表明，存在着两种具身效应。首先，在态度对象在场的情况下，与积极态度相关的运动行为（如点头、趋近、拉近）会使人们表达出对对象的积极态度，与消极态度相关的运动行为（如摆手、回避、推出）使人们表达出对态度对象的消极态度。其次，在离线认知的过程中（即态度对象不真实存在的情况下），当人们对代表缺场的态度对象的符号进行加工时，如果同时表现出与符号的意涵相一致的行为，那么此时的加工最有效果，这意味着，对概念知识的表征包含相应的运动行为。

（五）针对群体的社会态度的研究

1. 刻板印象内容模型

在 Fiske 等[1]提出刻板印象内容模型以后，作为合作者之一的 Cuddy 在 2004 年的一篇跨文化研究中，将刻板印象内容模型总结为四个假设[2][3]：①双维度假设。即可以通过才能－热情两个维度来确定各类群体在社会中的位置。②混合刻板印象假设。即大部分社会群体在上述两个维度上都是一高一低的，即那些能力强的群体，通常在热情的维度上得分较低，或者相反。只有少数群体在两个维度上都占据较高或较低的位置。③社会结构相关假设。主张社会结构变量可以预测才能和热情。具体地说，社会地位与能力呈正相关，人们倾向于认为社会地位高的人，才能也更强；竞争性与热情呈负相关，对于与本群体有竞争关系的群体，通常会被认为缺乏热情，或者说，在热情维度上会被给予较低的评价。④内群偏好和榜样群体偏好假设。人们在评价自身所属群体（即我群或内群）时，通常在两个维度上都给予其以较高的分值，它被称为纯粹刻板印象（pure stereotypes）或非矛盾的刻板印象（unambivalent stereotypes）。除内群外，

① Fiske S T，Cuddy A J C，Glick P，Xu J. A Model of (Often Mixed) Stereotype Content：Competence and Warmth Respectively Follow from Perceived Status and Competition. Journal of Personality and Social Psychology，2002，82：878-902.

② 佐斌，张阳阳，赵菊，王娟. 刻板印象内容模型：理论假设及研究. 心理科学进展，2006，14(1)：138-145.

③ Cuddy A J C，Fiske S T. Stereotype content model across cultures：Towards universal similarities and some Differences. British Journal of Social Psychology，2009，48：1-33.

对社会榜样群体（或称社会原型群体，如基督徒、中产阶级、白人等）的评价也属于这种"双高"类型。

该模型发表后，许多研究者通过自己的研究检验了这个模型。针对亚裔美国人的 SCM 研究[①]表明，亚裔在美国社会被认为是"模范少数族裔"，他们在能力上的表现得到了主流群体的承认；但是，在社会性维度上他们却被贬低，人们认为他们社会交往能力不强、不够热情友善、封闭、过于关注自我发展。因此，他们虽然在才能上受到尊敬，却不被喜欢。对亚裔美国人社会性维度的贬抑，为拒斥和攻击他们提供了理由和借口，这将会导致一种嫉妒型偏见（envious prejudice），它与针对黑人群体的蔑视型偏见（contemptuous prejudice）形成对比。

上面的研究是静态的评价群体，而针对职业女性的刻板印象内容模型研究是在动态变化的过程中检验这个模型[②]。该研究表明，职业女性在生育孩子之后，她们在热情维度的位置会显著提升（相对于她们没有生育孩子的时候），但是相应的，人们对她们才能的评价则会降低。热情维度上的提升并没有给她们带来更好的工作前景。男性在成为父亲之后则不会经历这种评价上的变化，他们在热情维度提升的同时，人们对其才能的评价并没有下降。可见，在事业和家庭之间平衡这一问题上存在着性别间的双重标准。

尽管刻板印象内容模型的有效性已被诸多研究所证实，但是，其不足之处也已被研究者指出。Leach 等（2007）认为，刻板印象内容模型将目光集中于才能（如才智、技能）和社会性（如热情、友好）两方面，忽略了评价个人和群体的另一重要标准：道德。在对群体的评价中，我们不能忽略道德的重要性。Leach 等人通过"内群体评价"检测了道德－才能－社会性这三个维度。结果发现，三者具有相同的统计显著性；不仅如此，探索性因素分析的结果显示，道德解释的变异最大，是才能的两倍，是社会性的四倍多。而且，无论内群体在才能维度上处于何种位置（即是否成功），道德对于内群的评价都是最重要的。

2. 偏差地图

偏差地图探求的是刻板印象—偏见—行为之间的关系。它由对群体之

---

① Lin M H，Kwan V S Y，Cheung A，Fiske S T. Stereotype Content Model Explains Prejudice for an Envied Out-Group：Scale of Anti-Asian Americans Stereotype. Personality and Social Psychology Bulletin，2005，31：34-47.

② Cuddy A J C，Fiske S T，Glick P. When Professionals Become Mothers，Warmth Doesn't Cut the Ice. Journal of Social Issues，2004，60(4)：701-718.

间结构关系的评价而产生（例如，外群的目标是有害还是有益于本群体，他们是否有能力实现他们的目标）；刻板印象、偏见和歧视之间存在系统的、功能性的协调关系，这就使歧视行为具有可预测性，即通过人们对某一群体所持有的刻板印象和偏见，可以预知人们对该群体可能会采取的行为；相对于刻板印象来说，偏见对行为的预测能力更强。也就是说，知道人们对某一群体的偏见，比知道人们对他们的刻板印象，能够更有效地预测人们将会采取的行为[1][2]。

偏差地图的独特贡献在于，它将刻板印象—偏见—歧视系统地勾连起来。之前研究讨论的焦点或者是从刻板印象到偏见，或者是从偏见到歧视行为，偏差地图在一个统一的框架中讨论三者的联结，使人们对群际关系有了更全面的认识。

既然刻板印象和偏见是基于群体而非个体，那么，寄希望于通过促进个体层面的接触以改善群际关系，可能不会收到预期效果。因为即使来自不同群体的个体之间建立起了友谊，这种积极的体验并不一定会推广到外群其他成员或整个外群。个体很可能将与其有良好互动的外群成员视为是外群的一个特例，而他们对整个群体的看法并未发生改变。因此，降低偏见的措施应该作用在群体层面而非个体内或人际层面。我们应该做的是，改变对外群与内群两者关系的评价，不是将外群看作是潜在的竞争者或威胁者，而是强调双方的互益与共生，或者是在更大的框架内将彼此看作是一个同一范畴或群体的成员。

（六）内隐态度的测量

由于内隐态度不能通过问卷或定性访谈而直接测量，所以心理学家发展出一系列间接的测量技术，其中应用最广泛的两种测量手段是启动（priming）与潜伏期方法（latency methods）[3]。

启动是一种在实验室中应用的技术。在完成正式任务前，以极短暂的

① Cuddy A J C，Fiske S T，Glick P. The BIAS Map：Behaviors from Intergroup Affect and Stereotypes. Journal of Personality and Social Personality，2007，92(4)：631-648.

② Cuddy A J C，Fiske S T，Glick P. Warmth and Competence as Universal Dimensions of Social Perception：The Stereotypes Content Model and the BIAS Map. In：M P Zanna (Ed.). Advances in Experimental Social Psychology，2008，40：61-150.

③ Quillian L. New approaches to understanding racial prejudice and discrimination. Annual Review Sociology，2006，32：299-328.

速度呈现给被试一个单词或一幅图像（如黑人脸或白人脸），这种呈现就构成启动。通常实验组的被试以与种族相关的单词或图像启动，而控制组被试以中性材料启动或者不启动。启动是阈下的，即用以启动的单词或图像被呈现的速度非常之快，所以它们不会被被试意识到。然后要求被试以最快的速度做出某种判断或给出某种观点（例如判断呈现的形容词是褒义词还是贬义词），抑或是观察它们的行为。启动组的被试会表现出与种族刻板印象一致的判断和行为（启动黑人的脸，被试判断贬义词的速度更快），这表明内隐刻板印象和偏见在发挥影响。

广泛应用的潜伏期方法是内隐联想测验（Implicit Association Test，IAT）。IAT 是在电脑上完成的，设置了特定程序的电脑能够记录被试给范畴和图像分类的速度。例如，在 Greenwald 等的研究[①]中，被试（以手指按左右键的方式）给有明显种族特色的名字分类（黑人名字按左侧键－白人名字按右侧键），然后被试以相同的方式给有快乐意义的单词和非快乐意义的单词分类（如花、毒药）（左侧键代表快乐词汇－右侧键代表非快乐词汇）。之后种族名字与单词混合呈现，这样左侧键有了双重意思：黑人名字与快乐单词，右侧键亦然：白人名字－非快乐词汇。在下一轮实验中则相反，左侧键同时代表黑人名字－非快乐词汇，右侧键是白人名字－快乐词汇。然后对比两次的反应时，被试通常在白人名字－快乐词汇以同一个键代表、而黑人名字－非快乐词也以同一个键代表时反应速度更快，证明在被试的心智中，存在着这种无意识的关联，而要将黑人名字与快乐词汇关联在一起、白人名字与非快乐词汇关联在一起，则需要花费被试更多的时间和努力。Greenwald 等发现，那些在外显态度测量中没有种族偏见的被试，当使用内隐测量时也会发现这种黑人与负性特征的内隐关联。

内隐态度可以解释一些看似矛盾的研究发现。例如，大规模的问卷调查表明，人们对黑人的偏见已经降低，但事实上黑人仍旧体验到了各种与白人不同的差别对待。这说明偏见仍然存在着，只是改变了形式，由原来赤裸裸的、外显的偏见转变成了内隐的、微妙形式的偏见。内隐态度的测量为人们提供了一种解释矛盾现象的途径，人们在意识层面可能确实是非

---

① Greenwald A G，McGhee D E，Schwartz J L K. Measuring individual differences in implicit cognition：The implicit association test. Journal of Personality and Social Psychology，1998，74：1464-1480.

偏见的，但是他们的判断与行为受到潜在的内隐的种族信念的影响①。

三、态度研究的发展特点与发展趋势

近年来，态度研究发展迅速，内容十分庞杂，要在这里将其最新进展全部呈现殊非易事。不过，态度研究一直定义着社会心理学的发展特征，对当前态度研究的发展特点和趋势进行总结分析，有利于在快速发展的纷繁研究成果中把握将来的态度及社会心理学研究的方向。可以说，态度对社会认知、自我、群际关系和性别差异心理学等领域的影响，及其相互融合构成了当前社会心理学主要的热点内容，这一点除了通过下面关于态度研究发展的分析，也可以通过本书其他相关章节的论述看出来。

（一）从外显态度到内隐态度及两者的整合

态度的研究经历了从外显态度到内隐态度进而外显态度和内隐态度相整合的过程，并且，这种特点和趋势将继续发展下去。Greenwald 和 Banaji 关于态度、自尊和刻板印象的内隐社会认知的文章已经成为当前社会心理学新的经典②。态度领域的研究者不仅普遍认可内隐态度的存在，而且对内隐态度的特点、形成机制和测量方法进行深入的探讨和争议。与此相联系的，正是对外显态度与内隐态度之间区别和联系的探讨。双重态度模型认为人们对同一态度客体能同时存在两种不同的评价，旧有的态度被暂时超越为内隐态度，而新的态度则成为外显态度。该模型引发了研究者将外显态度和内隐态度相整合的研究，联想—命题评价模型即由此入手，整合以往的研究结果，来解释态度的形成和改变，无疑代表了将来发展的一个方向。

（二）从单一（unidimensional）态度向矛盾态度方向拓展

态度很长时间以来被认为要么是积极的，要么是消极的，即态度具有单一的一致性。然而，20 世纪 90 年代以来，矛盾态度受到人们的普遍关注，研究者认识到个体对同一客体可能同时存在的积极和消极评价与情感。在理论上，矛盾态度重新定义了态度包含两个独立的维度而不是由一维上的两端来体现；在实证研究上，矛盾态度作为态度强度的一个特征来

---

① Pager D, Shepherd H. The Sociology of Discrimination: Racial Discrimination in Employment, Housing, Credit, and Consumer Markets. Annual Review Sociology, 2008, 34: 181-209.

② Greenwald A G, Banaji M R. Implicit social cognition: Attitudes, self-esteem, and stereotypes. Psychological Review. 1995, 102(1): 4-27.

研究，考察其对信息加工、态度改变和态度与行为一致性的影响。更重要的是，种族和性别矛盾态度的普遍存在及其与价值观、社会规范的联系，超越了个人因素的控制，对人际交往与群际关系具有重要的影响和现实意义，如何减少矛盾态度成为研究者面临的重要挑战。实际上，态度的矛盾性很早就被提出，但是近来引起重视则是受到社会认知尤其是内隐社会认知的影响，目前，矛盾态度的研究与刻板印象、群际关系和性别差异心理紧密联系在一起，共同构成社会心理学的研究焦点之一。

（三）关注态度结构的复杂性及第三变量对行为预测的影响

态度之所以在社会心理学居于首要地位，关键在于研究者相信态度对行为具有预测作用。近20年来，态度与行为关系的研究逐渐形成了两个相对独立的研究视角[①]：其一是关注态度强度，态度强度包含众多特征，除了刚刚提到的矛盾性之外，结构一致性对态度和行为的影响越来越受到研究者重视，态度的认知、情感及评价之间的各种组成关系也说明了态度形成和改变具有复杂性；其二是关注第三方变量（如主观规范、知觉到的行为控制）对态度、行为及两者关系的影响，以计划行为理论相关研究为代表。尤其受到社会认同和群际关系研究的渗透，来自凸显的、重要的参照群体的规范对态度与行为关系的影响，也逐渐引起研究者关注，并与矛盾态度的研究紧密联系在一起[②]。

（四）针对不同的态度类型、成分和特征研究劝说效果

就像早期态度研究的兴起离不开美国在第二次世界大战时期战时宣传的需要一样，对态度形成、态度结构、态度改变以及态度与行为关系的研究，归根结底是为了预测行为，采用恰当的劝说方法使受众产生合适的态度。因此，随着对态度形成不同基础、结构不一致、矛盾态度以及态度与行为的复杂关系的认识，研究者越来越关注针对不同的态度类型、成分和特征研究劝说效果，而不再将态度看成整体稳定的内在特征。例如，基于认知的态度更容易受到认知的劝说，基于情感的态度更易在情感信息劝说下发生改变；具有矛盾态度的人很难受到一致性劝说信息的影响。此外，态度研究的深入也为一些经典的劝说效应（如睡眠者效应）提供了新的理论

---

① 周洁，冯江平，王二平．态度结构一致性及其对态度和行为的影响．心理科学进展，2009，17（5）：1088-1093.

② Smith J R, Louis W R. Group norms and the attitude-behavior relationship. Social and Personality Psychology Compass，2009，3（1）：19-35.

解释，使劝说的研究向细化和纵深发展①。我们相信，诸如联想—命题评价模型等态度理论和研究的新进展将为劝说研究带来更进一步新的发展。

（五）与社会认知、自我、群体等其他领域相融合

在某种程度上，态度研究定义了当代社会心理学的特征。我们从态度的精致可能性模型及其激发的后续研究看到了态度与社会认知的联系；从外显及内隐自尊的研究看到了态度与自我的联系②。而基于群体的刻板印象，及其外显和内隐表征的研究，更是态度、社会认知、自我、社会认同和群体心理在当前社会心理学的多领域及多视角的集中融合表现。可以说，态度的研究已经与社会心理学其他领域的研究密切联系在一起，并且在其中起着非常重要的基础定向作用。比如，它促进了内隐社会认知测量方法的发展和改进；它为社会心理学的理论整合提供了有益尝试，像双过程模型及刻板印象内容模型都是在整个社会心理学领域具有重要意义的整合模型；它对认知、情感和行为的关系的本质关注有利于社会心理学在根本上解答人性问题，从而为社会心理学获得持续发展提供长久的研究动力。

结 语

我们对态度的概念、内容、结构和功能进行了历史回顾，在介绍这些主题时侧重于新近的发展，如态度成分间的矛盾性，态度对扩展自我的防御功能等。虽然我们略去了早期的研究成果，但所有这些新进展都建立在已有的理论和实验积淀之上的。同时，我们概述了几种新的劝说模型和研究者总结出的劝说四原则，以及行为改变如何导致态度的改变，简要呈现了一些有待将来深入探究的态度主题：内隐态度、态度的具身性和群体态度。对于这些研究主题已经取得了初步的研究成果，但仍有一些矛盾的发现需要进一步解释。例如，外显态度和内隐态度究竟是同一的还是分离的，个体对内隐态度是否是无意识的，等等。对这些问题的解答需要未来的研究者贡献他们的智识和洞见。

（高明华，周雪梅）

---

① 张朝洪，凌文铨，方俐洛. 态度改变的睡眠者效应研究概述. 心理科学进展，2004，12(1)：79-86.

② DeMarree K G，Petty R E，Brinol P. Self and attitude strength paralles：Focus on Accessibility. Social and Personality Psychology Compass，2007，1(1)：441-468.

社会认知研究的研究热点和发展趋势

一、社会认知研究的历史回顾

社会认知是人们解释、分析和回忆关于自己、他人以及群体社会行为信息的方式①。社会认知以人类自身和社会关系的认知为研究对象，包括对个人的认知、人与人之间相互关系的认知以及群体内部或群体之间各种关系的认知等三个相互联系的层次②。

社会认知的诞生和发展离不开现代认知心理学的发展和广泛传播。认知心理学以信息加工理论的研究方法，巧妙深入地揭示了人的各种认知心理过程，将心理学的发展推进到前所未有的高峰，成为当代心理学研究的主流。经过 40 多年的发展，认知心理学在自身迅速发展的同时，其新颖巧妙的研究方法和独树一帜的理论观念也对心理学的其他分支学科产生了深刻影响，并为许多分支学科的快速发展提供了坚实基础。社会认知就是认知心理学渗透到社会心理学后形成的一个新的研究取向。纵观社会认知的发展历史，依据研究主题的不同，可以将社会认知从 20 世纪 50 年代晚期产生到现在所经历的 50 多年的时间划分成五个阶段。根据对人的社会认知特点的总体看法，学者们将这五个阶段的研究特点依次形象概括为一致寻求者（consistency seekers）、朴素科学家（naive scientist）、认知节省者（cognitive miser）、受激励的战略家（motivated tactician）和积极的行为者（activated actors）③。

心理学中社会认知研究取向最早可以追溯到 20 世纪 50 年代后期，以态度的一致性理论为主要研究课题。这一研究主题是在第二次世界大战后大量关于态度转变相关研究工作和成果基础上出现的。该时期提出的大部分理论都基于相同的基本（或关键）假设，即将人们看成是在自己存在差异

---

① Pennington D C. Social cognition. London and Philadelphia：Routledge，2000.

② 郑全全. 社会认知心理学. 杭州：浙江教育出版社，2009。

③ Fiske S T，Taylor S E. Social cognition：From brains to culture. New York：McGraw-Hill，2007.

的各种不同认知之间寻求一致解决方案的"一致寻求者"。基于此,后来的研究者将这些理论统称为一致性理论。Festinger 的认知失调理论和 Heider 的平衡理论就是这些理论中的典范。一致性理论有两个关键的假设:首先,这些理论依赖于对认知不一致的知觉,这将人们的认知活动放在了一个中心位置。主观体验到的不一致性是这些理论关注的核心,客观的不一致性则不重要。其次,一旦知觉到不一致,人们就会感到不舒服,并且努力去减少这些不一致。一致性理论曾经是社会认知领域中最热门的研究话题,从 20 世纪 50 年代到 60 年代后期(甚至到 70 年代早期),在社会心理学的诸多领域中占据了绝对优势的主导地位。但是,由于在同一个研究主题中变量的可区分性差,以及很难预测人们将什么知觉成不一致或者知觉到不一致的程度等原因,从 20 世纪 60 年代后期开始,态度的一致性理论逐渐对研究者失去了吸引力,也没有了原来的优势地位。到了 70 年代早期,社会心理学研究的主流逐渐转移到了另一个领域。

学者们普遍认为真正具有现代意义的社会认知的研究诞生于 20 世纪 70 年代早期。到了 20 世纪 70 年代,伴随着新理论(主要是指基于信息加工理论的认知心理学理论)的出现和迅速发展,社会认知开始进入了第二个发展阶段——以人们尝试揭示自己或他人行为原因的努力为特征,研究者将这一阶段的研究称为对"朴素科学家"的研究。这一阶段的理论将人看成是一个"朴素的科学家",在社会认知的过程中,像科学家一样,寻找、确定自己或他人行为产生的原因,以达到预测和控制行为的目的。在此基础上,社会心理学家提出了一些社会认知的理论。关注人们怎样解释他们自己和他人行为归因的理论是这一时期社会心理研究的最前沿。Kelly 的归因协变理论和 Weiner 的成败归因理论是两个非常有影响的归因理论。与一致性理论相似,不同的归因理论也存在着一些共同的假设。如归因理论都假定人们是相当理性的,像科学家一样在各种原因中做出区分;如果有充足的时间,人们会收集各种相关数据,并获得最合理的结论,等等。然而,由于人类认知系统的容量的局限性(如很难记住太长的卡号、注意的广度有限、不能同时操作多个任务等),人们不可能在社会认知的过程中完全地、精确地运用所获得的信息,这就导致了社会认知、社会推断中出现大量偏差。这些从根本上动摇了归因理论的可靠性和合理性。这样,伴随着认知心理学与社会心理学开始了实质性的融合,20 世纪 70 年代末到 80 年代早期开始,社会认知研究的重心转向了一个新的领域——启发式及其局限性。

启发式的相关研究将人假定为认知节省者(cognitive miser)。认知节省者相关模型的理论认为，人们在信息加工容量方面存在着一定的局限性，无论何时，一旦有机会，人们都会使用捷径来加工社会信息①。比如，人们会采用简化复杂问题的策略。虽然这些策略也许是错误的，并且导致错误的答案，但是人们所强调的是这些策略所带来的效率。人们信息加工系统的容量是有限的，需要寻求快速、充分的解决方案。人们倾向使用最小限度的观察去产生社会判断的加工策略，由于没有关注到认知系统中可能存在的不一致性信息，是社会认知偏差产生的根源。认知节省者模型是建立在与计算机类比的基础上的，由于把人当作了一个孤立的信息加工机器，忽视了情感、动机和社会背景在认知中的作用，以及不关心人们的外显行为等原因，在社会认知和社会判断的研究中出现了大量的偏差。因此，单纯的认知节省的视角明显不足以满足充分揭示人类社会认知深层规律的需要。

到了20世纪90年代，在发现大量认知过程的复杂性时，研究者们开始重视动机和情感对认知的影响。基于对有动机的社会认知的强调，研究者们尝试在新的视角中研究社会认知的传统问题。社会交往的社会认知研究随之成为研究者关注的一个重点。在这一时期，社会认知的研究模型将人比喻成"受激励的战略家"(motivated tactician)。这一视角认为，作为具有多种信息加工的策略的主体，人们可以依据目标、动机和需要进行对其有意识或无意识的选择。某些时候，人们在实用性和精确性方面能够做到明智的选择；有些时候人们会在速度和自尊方面做出防御性的选择。人能够实用地采取加工策略以适应特定情境的需要，努力使事情顺利完成。因此，在需要时，人们会更多地关注复杂信息，进行系统的加工；当不需要时，人会依赖于捷径、简单的策略和已有的知识结构。人们可以灵活地调节自己的认知过程来适应不同情境的需要。

到了21世纪，社会认知研究的重点在以往研究成果的基础上又开始渐渐地发生了改变。社会认知的理论也开始将认知节省的观点与动机和情感联系在一起，甚至对于人们无意识心理过程的理解亦是如此。当前，随着对在极短时间内寻找线索的无意识联结的强调，社会认知的研究理论又将

---

① Kahneman D，Tversky A. The simulation heuristic. In：D Kahneman，P Slovic，A. Tversky（Eds.）. Judgment under uncertainty：Heuristics and biases. Cambridge University Press：New York，1982：201-208.

人们看成是"积极的行为者"（activated actors）。这些模型认为，社会情境可以迅速提示知觉者无意识的社会概念，并且，与之相关的认知、评价、情感、动机和行为等不可避免地也将被激活。研究者认为通过快速反应观察到的不同概念之间的联结是社会认知心理过程内隐的、自发的和自动的指标，也就是目前研究者们提到的内隐社会认知。尽管对于内隐现象的解释还存在着一定的争议，但是有一点是非常明确的：人们的动机影响了无意识反应。通过使用快速、准确的方法呈现意识外的刺激和对知觉最早时刻神经反应的测量，研究者可以迅速知道人们在社会知觉的早期时刻到底发生了什么（或者多少）事情。目前，内隐社会认知的研究已经涉及了态度、自我、刻板印象、归因、印象形成等领域。未来，社会认知的研究越来越倾向于将认知、情感和行为的准备性作为一个相互依赖的整体。

从以上对社会认知研究历史的简要回顾，不难发现，社会认知产生和发展受到了格式塔心理学、认知心理学和认知神经科学等相关理论和学科的影响。认知心理学的研究最早受到了格式塔心理学思想的影响，出现了态度转变研究的一个小高潮；随后，在信息加工的认知心理学影响下，现代意义的社会认知研究正式出现并且迅速发展，在短短的不足20年的时间中形成了系统完整的理论体系；进入20世纪90年代以来，受到内隐认知和认知神经科学的影响，社会认知也逐渐摆脱了单纯依赖文化来解释社会心理现象思维的束缚，开始关注了文化之外的人类的心理机制（如生理机制）。这一突破有着重要意义，它不仅为社会认知研究又打开了一个新的思路，更为社会认知在传统研究领域的基础上向更宽、更深的方向上能够走得更远创造了前提条件。

二、近年来社会认知领域关注的主要问题

（一）归因理论及归因偏差

归因是指个体根据观察到的自己或者他人的行为，对行为者内部原因（如个性倾向）或者外部原因（如情境因素）做出推论的过程。有的情境中，归因是自发的，很少需要思维参与；而在其他情境中，归因却是有意的，需要更多的思维过程和持续的意志努力。目前，研究者对归因的研究主要集中在了归因理论和归因偏差两个方面。

现代归因领域的研究起源于几个重要的理论，包括 Heider 的朴素心理分析、Jones 和 Davis 的相应推断论、Kelley 提出的归因协变理论、Bem 的自我知觉理论，以及 Weiner 的成败归因理论等。在这些理论中，

Kelley、Weiner、Jones 和 Davis 的贡献最大。

Jones 和 Davis 的相应推断理论关注了个体做出个性倾向归因的条件。他们认为个人的行为不一定与他的人格、态度等内在品质相对应。当以下两种条件满足其一时，就可以将一个人的行为归于其内在品质的因素：①一个人的行为不符合社会期望或不为社会所公认；②知道某人从事某个行为是自由选择的，而并非受到外在强大压力的影响。Kelley 的协变理论则关注了区别性（或特异性）、一贯性和一致性的信息是怎样应用到内部、外部和情境归因过程中的。他认为，对行为的归因必须要多次观察，根据多种线索进行归因。说明行为的原因可以从三个不同的维度进行解释：①归因于从事该行为的人；②归因于行动者的对方，即行为者知觉到的对象；③归因于行为产生的环境。所以，要找出真正原因，就需要分析三种信息资料：一致性信息资料、一贯性信息资料、区别性或特异性信息资料。有了上述三种信息，就可以进行归因判断。Weiner 的成败归因理论认为控制点、稳定性和可控性三个维度决定了人们对失败或成功做出的归因类型。同时，Weiner 认为归因对今后的工作学习的积极性有重要影响作用。如把成功归因于内在因素，如努力、能力等使人感到满意和自豪；把失败归因于内在因素则会使人内疚和无助；把成功归因于稳定因素，如任务容易、能力强，会提高以后的工作积极性；等等。最近归因过程的研究主要关注了推断他人的心理操作，如当听说或看到他人的行为时，人们常常对其做出的内部（性格特征）的归因，并且这一过程常常是无意识的、自发的和自动的，除非有非常明显的证据，人们很难改变对他人最初做出的内部归因倾向[1][2]。

归因研究的另一个重要领域是对人们所表现出的归因偏差的研究。在归因的过程中，人们经常会表现出各种偏差。最基本的归因偏差是人们往往过高地估计个性倾向的重要性而忽视行为发生的情境或外部因素。归因偏差可能源于卷入知觉领域的其他行为和自发的无意识的思维过程。

根据归因偏差出现的条件，研究者们总结出了几种常见的归因偏差，包括：在要强调情境或外部因素解释自己行为出现的行为者—观察者差

---

① Todorov A，Uleman J S. The person reference process in spontaneous trait inferences. Journal of Personality and Social Psychology，2004，87：482-493.

② Todorov A，Uleman J S. The efficiency of binding spontaneous trait inferences to actors' faces. Journal of Experimental Social Psychology，2003，39(6)：549-562.

异；当人们过高估计自己的行为、信念或观点的普遍性的情况下出现的错误一致效应；为了提升自尊或自我保护，对成功做内部归因、对失败作外部归因时经常出现的动机和认知因素共同作用而导致的自我服务偏差，等等。最近通过比较集体主义文化和个体主义文化，跨文化心理学的研究证据表明，基本的归因偏差和自我服务偏差在个体主义文化中更容易发生，而集体主义文化中个体则更多地表现出了自我埋没的偏差①。

尽管社会心理学家对归因理论、归因错误和归因偏差倾注了大量的精力和心血，但是所得到的研究结果对于精确地解释或预测人们的行为还是远远不够的。未来研究可以结合新的研究手段和研究范式，如与脑电和内隐认知心理过程等相结合，在生理或无意识的层面解释归因过程和归因偏差的机制。

（二）态度的社会认知研究

态度是社会心理学中最重要的研究领域。绝大多数的研究者在对人类行为做出解释的时候都要把态度放在中心的地位。目前，研究者们将态度界定成个体对特定的人、观念或事物稳定的心理倾向，包括认知、情感和行为倾向三个成分。传统心理学的研究主要关注了态度的理论结构及其测量方法。20世纪60年代以后，研究者们对态度的研究转到了态度改变的相关理论探讨和实践研究上。随着研究的不断深入，态度改变领域涌现出了大量有影响有价值的理论，包括Festinger的认知失调理论，Heider的平衡理论，Asch的从众理论，Newcomb的交际行动理论，还有其他有关印象形成、社会偏见和社会吸引等方面的理论。其中，认知失调理论和平衡理论强调不一致的认知产生了不愉快的心理状态，这种心理状态要求获得一致的需要使心理状态转变为愉快的行为，基于此，这两个理论统称为一致性理论。平衡理论从提出伊始，就受到了研究者们的格外关注，应用到了各种各样态度的研究中。一致性理论也因此得到了极大的拓展和深化。

近年来，研究者们将两个理论应用到了社会信息加工心理过程的相关研究中。例如，基于认知失调理论，人们会对自己的态度和行为一致的信息表现出偏好的倾向，因此研究者检验了社会生活中人们对与态度相一致信息的选择性知觉，即人们会花更多的时间来考察一致性的信息，主要表

---

① Smith P B, Bond H M. Social psychology across cultures (2nd ed.). London: Prentice Hall, 1998.

现在追求还未呈现的与自己态度相一致的信息和把模糊的信息解释为与自己态度一致的倾向。此外，研究者还以认知失调理论为依据，考察了人们对于与态度一致信息和非一致信息的学习效果及其影响因素。其结果表明人们更倾向于学习与自己态度一致的信息（即选择性学习），同时这种效应出现的条件包括偶然的、不能受到外界的强化和具有高自尊的个性特征。对于平衡理论，研究者则以平衡理论为基础，考察了具有平衡关系的社会信息的学习和记忆的效果，揭示了具有平衡结构的社会信息更容易学习和记忆的一般规律。最近，平衡理论的研究又聚焦在了为什么平衡关系的信息容易学习和记忆的认知机制上，提出了人们把平衡的关系作为整体的认知单元存储，把不平衡的关系作为片断存储，进而影响记忆效果的论断。

（三）启发式及其局限的社会认知研究

由于时间的限制、信息的复杂性和数量众多及信息本身的不确定等诸多原因，人们不可能在特定情境中通过深思熟虑或刨根问底的方式做出判断。这样，在大多数情况下，人们会选择使用某些捷径迅速做出判断。Tversky 和 Kahneman 使用启发式这一概念来勾画人们用于判断一些不确定事件的过程。他们认为启发式是指为了适应情境的急迫需求，人们将复杂的问题解决简化成相对简单的判断操作①。

目前，关于启发式的研究可以归为两个大的方面，即启发式的类型和启发式的局限性。对于第一个方面的研究，学者们共提出了四种启发式，包括依据客体与某范畴基本特征相似程度来判断客体属于该范畴可能性的代表性启发式，用于估计事件频率和概率的可利用性启发式，依据可利用性对假设情境进行构思来决定哪种结果最可能发生的模拟式启发式，以及根据最初确定的参照点，在不确定条件下不断调整判断来获得新情况估计的锚定和调整启发式。每种启发式都可以在一些情境中帮助人们快速做出判断，同时，在另一些情境中都会存在着或多或少的局限。这就涉及了启发式的第二个方面的研究——启发式局限性的研究。启发式传统研究中学者们提出了许多启发式的局限性，如使用代表性启发式时可能会忽略结果的先前概率、忽视样本大小和对预测价值不够灵敏，使用可利用启发式时可能产生提取偏差、搜索偏差和低估不容易想到事件出现的频率，等等。

---

① Tversky A，Kahneman D. Extensional versus intuitive reasoning：The conjunction fallacy in probability judgement. Preference，belief，and similarity：selected writings，2003：221-256.

Kahneman 等认为，这些启发式局限的背后存在着一个共同的机制——当面对困难的问题时，人们常常会将其转化成更加简单的问题并尝试寻找简单问题的答案。

近年来对启发式及其局限性的研究重点转移到了人们使用启发式的条件、启发式可能产生错误的情境及其机制上。使用启发式情境的研究揭示了人们最有可能是用启发式的几个条件，比如在处于良好的情绪状态和愤怒的情绪状态，解决不重要的任务和以往多次使用表明某种启发式是非常有效的等条件下，人们倾向于使用启发式策略；相反，当经过思考不信任所获得的信息，需要对他们的推断负有责任或最近使用某种启发式犯了错误等情况下，人们不会使用启发式[1]。启发式局限性机制研究则主要考察了信息整合过程中信息选择的倾向、信息抽样的完整性与典型性、极端事件再出现时向其出现的总体概率接近的回归效应，以及不同信息之间的淡化效应等在人们使用启发式时导致推断错误所起到的作用[2]。

(四)刻板印象的相关研究

根据形式不同，可以将刻板印象分为伴随着有意识的心理过程、有着明显外显表现的公开的刻板印象(blatant stereotype)和伴随着无意识心理过程、不受意识控制的隐秘刻板印象(subtle stereotype)两类。

当前，相当一部分公开刻板印象的研究关注了人们刻板化其他群体或个体原因的探讨。研究者从不同的视角(心理学、社会学、人类学、生物进化等)提出了大量的理论解释刻板印象，比如用社会认同理论(social identity theory)和自我归类理论(self-categorization theory)来解释人们识别和保护群体内成员，并强调自己所属群体所具有的各种优势；依据社会支配理论(social dominance theory)推断各种社会背景和个体在认同群体等级上都存在着差异，作为知觉到竞争威胁的一个功能，个体必然会更多地强调自己群体的优越感，同时刻板化其他群体[3]；体系合理化理论(system

① Schul Y, Mayo R, Burnstein E. Encoding under trust and distrust: The spontaneous activation of incongruent cognitions. Journal of Personality and Social Psychology, 2004, 86: 668-679.

② Fiske S T, Taylor S E. Social cognition: From brains to culture. New York: McGraw-Hill, 2007.

③ Amiot C E, Bourhis R Y. Ideological beliefs as determinants of discrimination in positive and negative outcome distributions. European Journal of Social Psychology, 2005, 35(5): 581-598.

justification theory)的视角则认为一般体系的不稳定性对人们产生的威胁，将会合理化不同群体所拥有的不同的社会地位，甚至认为自己群体所具有的劣势也是合理的①，等等。除此之外，大量的研究也检验了公开刻板印象所产生一些效应，如个体对模糊信息解释倾向所导致的模糊刻板印象，刻板期待及其相关效应，消极事件既可归因于自己能力不足和也可归于遭遇歧视的归因模糊，刻板印象与个体成就水平的关系，以及刻板认同与幸福感水平关系等方面的研究，也是当前刻板印象研究的热点领域。

隐秘刻板印象的研究是伴随着社会规范中可接受观念的巨大转变而出现的。相关研究表明，尽管人们对某些群体的观念有了很大改善，但并不意味着刻板印象(或偏见)的消除。随着新的研究手段的不断涌现和研究工具的不断更新，研究者已经能够探索自动的、模糊的、伴有复杂情感(如同时持有积极情感和消极情感)的隐秘(或内隐)刻板印象。目前，个体持有的(针对某个群体或个人)内隐刻板印象的特征，及其对个体产生的心理行为效应是刻板印象研究的重点和热点，如使用词汇决策任务和内隐联结测验任务测量对被刻板群体的内隐态度和内隐偏见②，探讨通过观点采择、内疚感和自我聚焦等动机因素消除或减弱被刻板群体与消极刻板特征之间内隐联结的有效途径③④，检验压抑刻板印象更容易引起相应刻板印象可获得性提高的反弹效应(rebound effect)⑤，以及探索刻板印象与动机控制之间的关系等⑥。

---

① Ellemers N，Spears R，Doosje B. Self and social identity. Annual Review of Psycholgy，2002，53：161-186.

② Rudman L A，Greenwald A G，McGhee D E. Implicit self-concept and evaluative implicit gender stereotypes：Self and ingroup share desirable traits. Personality and Social Psychology Bulletin，2001，27(9)：1164-1178.

③ Quinn K A，Macrae C N. Categorizing others：The dynamics of person construal. Journal of Personality and Social Psychology，2005，88(3)：467-479.

④ Sinclair S，Lowery B S，Hardin C D，Colangelo A. Social tuning of automatic racial attitudes：The role of affiliative motivation. Journal of Personality and Social Psychology，2005，89：583-592.

⑤ Wegner D M. Ironic processes of mental control. Psychological review，1994，101：34-52.

⑥ Shelton J N，Richeson J A. Interracial interactions：A relational approach. In：M. P. Zanna (Ed.). Advances in experimental social psychology (Vol. 38). New York：Academic Press，2006：121-181.

(五)偏见的相关研究

最近关于偏见的研究主要关注了情绪偏见及其与认知的相互作用。许多理论描述了人们针对外群体特定的情绪反应。例如，预测针对不同地位和存在着竞争关系的其他群体的情绪偏见与刻板印象区别的刻板内容模型，预测对其他群体情绪偏见与对该群体评估的潜在威胁不同的群体间的情绪理论，检验群体形象类型及其相关情绪之间结构关系的形象理论，以及预测不同群体融合所带来的威胁和为了保存群体进化出相应情绪反应生物文化取向模型等。除了这些有价值的理论外，很多创造性的实证研究也关注了偏见的研究。

综合近年来的研究成果，不难发现，相关的研究主要集中在以下四种类型的偏见上[①]。

第一，反对黑人的种族偏见。在世界上各种不同的种族中，针对黑人的偏见得到了研究者的格外关注。与性别主义者和年龄主义者相比，对黑人的偏见往往需要更多的情绪负担。对于相关的研究机构来说，种族主义比其他类型的偏见更让人头痛。尽管许多证据表明，某些行为都是以偏见为基础的，但是人们经常有意识地否认这些偏见的存在。最近的研究主要关注了偏见对黑人的心理效应。结果表明，无论人们是否承认对黑人持有的偏见，黑人都有更多的机会被孤立在社会的某个角落，黑人在享有住房、教育、工作和社会福利等方面的机会明显少于其他种族[②]。不但如此，由于有更多的机会接触有害的物理、社会环境和获得高质量的医疗和营养受到限制，黑人的身体健康也受到了一定程度的影响[③]。

第二，性别偏见。性别偏见及其相关心理效应的研究一直是国外社会心理学的热门话题之一。近年来，国外相关研究的主要集中在了不同类型性别偏见相关概念的结构及测量，以及不同类型的性别偏见对婚恋关系、性骚扰、成就动机水平、女性职业选择和发展、女性形象和暴力犯罪等不同领域所产生的影响等问题上。

---

① Fiske S T, Taylor S E. Social cognition: From brains to culture. New York: McGraw-Hill, 2007.

② Major B, O'Brien L T. The social psychology of stigma. Annual Review of Psychology, 2005, 56: 393-421.

③ Harrell S P. A multidimensional conceptualization of racism-related stress: Implications for the well-being of people of color. American Journal of Orthopsychiatry, 2000, 70(1): 42-57.

第三，年龄偏见。年龄偏见是继种族、性别之后的第三大偏见。近年来国内外的研究主要关注了就业情境中的年龄偏见效应。如不同职业类型中存在的外显的和内隐的年龄偏见[①]，年龄相关的信息、招聘者的年龄对筛选过程中年龄偏见知觉的影响，评价者的年龄对目标求职者年龄偏见水平的影响，被评价者的年龄特征显著性对招聘决策的影响，以及在模拟面试情境中年龄偏见对不同年龄应聘者的评价等。

第四，相同性别性取向(同性恋)偏见。具有相同性别的性取向成为一个可以隐匿的污名特征。同样，在社会交往中也遭遇到了社会公众的偏见。最近，这类偏见也是一个非常热门的研究话题。如通过告知被试将要与他接触的人是一个同性恋检验被试在随后交往中的自我报告的态度和非言语行为；考察特定情境中同性恋个体表现自我时所使用到的行为策略，不同性别的人对同性恋的态度，以及性取向偏见所引起的一些情绪反应(如抑郁、愤怒、焦虑)等[②]。

(六)情感与社会认知的关系

情感与社会认知的关系也是社会认知的研究领域中的一个传统的话题。相关研究普遍发现即使非常小的情绪操纵也能使大量的认知心理过程产生影响。可见，人的情感与社会认知存在着密切的关系。目前，情感与社会认知关系的研究主要包括以下几个方面。

第一，情感对自我意识的影响。这方面的研究主要通过情绪对自我关注的影响，检验不同情绪状态对个体，对外界强化敏感性的影响，并以此为基础揭示人们做出亲社会行为的一个可能机制。

第二，情感对记忆能力的影响。关注了情感状态对记忆能力产生影响的效应。一方面，通过比较不同类型情绪信息的记忆效果，以及特定情绪状态中(如抑郁)对某些信息的记忆效果揭示信息类型(是否与情绪一致)对记忆能力的影响；另一方面，通过强调在相同的情绪状态中人们能够很好地回忆、学会或者提取情绪信息的记忆现象，揭示情绪状态依赖于记忆的一面。

第三，情绪也会影响人们的判断决策。此类研究主要考察了情绪对人

---

① 张智勇，刘江娜. 基于职业的内隐年龄偏见. 应用心理学，2006，12(3)：214-218.

② Pachankis J E, Goldfried M R. Social anxiety in young gay men. Journal of anxiety disorders，2006，20(8)：996-1015.

们决策的影响以及最适合人们做出全面、综合和创造性决策的条件①。此外，最近的研究还关注了不同卷入度情况下，不同情绪状态对劝说效果的影响。

(七)行为和认知

认知和行为的关系是社会心理学家非常熟悉的一个话题。无论从人们要为了行动而进行必要的思考角度看，还是日常的生活交往也为认知表征提供了持续的信息来源的角度看，行为和认知都应该存在着密切的关系。传统社会心理学的研究中，人们对行为和认知关系的研究主要集中在了与认知存在联系的特定行为、认知和行为的测量方式、情境因素对认知—行为一致性的中介影响、自我监控能力、自我意识水平等个体心理的差异，对认知—行为一致性差异的中介影响，以及在某些情境中人们用自己的行为来检验关于自我和他人的(如自我实现预言)假设，等等。新近的研究则关注了特定情境的紧急状态下，人们在他们调节行为和知觉能力的策略上表现出的灵活性，标定行为的方式对态度—行为一致性的影响，以及在态度和行为一致的情境中考察认知和行为的关系等。另外，随着保守秘密心理效应研究的逐渐深入，人们在保守秘密的社交情境中的行为特征再一次吸引了相关研究者的兴趣②。研究者除了直接观察人们管理他人(主要指陌生人)对自己形成的印象所使用的行为(如迎合或者赞扬)外，还通过创设或模拟真实的社交情境来考察保守秘密对个体行为的影响，如通过模拟与陌生人的访谈情境，考察在可以隐匿学习不良身份的社交情境中学习不良学生自我监控行为的特点③。这方面的研究为探索认知和行为的关系提供了一个新的研究视角和研究范式。

三、社会认知研究的发展趋势

社会认知从 20 世纪 70 年代正式诞生到目前经过近 30 年的发展，已经

① Forgas J P. Handbook of affect and social cognition. Mahwah，NJ：Erlbaum，2001.

② Lane J D，Wegner D M. The cognitive consequences of secrecy. Journal of Personality and Social Psychology，1995，69：237-253.

③ Zhang B，Zhao J Y，Yu G. How do they manage social interaction? The influence of concealing academic achievement information on self-monitoring by adolescents with low achievement. Journal of Adolescence，2010，33(1)：233-236.

形成了相对完整和系统的学科体系。最近十年来，社会认知传统领域之间以及传统领域与新生学科所形成的交叉课题又促生了大量的新的研究领域，如认知与行为、态度、情感之间的关系，动机与情感对社会信息加工的影响，记忆在人们理解过去和预测未来的心理过程中所扮演的角色，等等。除了这些相对较小的领域外，总体上看，以下几个方面的研究还将是未来的社会认知的热点和主流。

第一，内隐社会认知是当前乃至以后相当长时间内的一个主要研究领域。

20 世纪 90 年代中期，Greenwald 等发明了测量人们无意识心理过程的内隐联结测验技术，促进了内隐社会认知研究的迅速发展。内隐社会认知是指人对各种刺激的无意识加工过程，借用内隐认知的概念，可以将内隐社会认知界定为在社会认知过程中，虽然行为者不能意识到某种经历或经验，但这一经历或经验可以潜在地对行为者的行为和判断产生影响。目前，内隐社会认知的研究主要包括三方面：内隐态度、内隐自尊及内隐刻板印象等。

内隐态度是指过去经验和已有态度沉积的无意识痕迹，能够潜在地影响个体对某些人群和事件的情感、行为和认识。近年来，内隐态度的研究主要集中在了晕轮效应，个体对特定事物的接触频率与喜爱程度的关系，以及内隐态度和外显态度的关系等三个方面。

内隐自尊是 Greenwald 等提出的内隐社会认知概念结构中的另一个主要内容。它是指对同自我相关或不相关事物做出评价时，个体更可能对自我相关物体做出积极评价的无意识倾向。内隐自尊效应的研究是当前该领域研究的热点。Greenwald 等将内隐自尊效应的研究归为三类，即实验性的内隐自尊效应（通过实验操控建立起自我和某些事物的联系产生的效应）、自然形成的内隐自尊效应（自然环境中形成的自我和某些事物的联系产生的效应）、次级内隐自尊效应（个体没有明确意识到的自己做出的判断有利于维护和促进自尊）。

内隐刻板印象是内隐社会认知研究的第三个主题。大量研究表明，刻板印象中含有无意识的内隐成分。这些成分就构成了内隐刻板印象。目前，关于内隐刻板印象的研究都集中在了内隐种族刻板印象、内隐性别刻板印象等方面。

内隐社会认知重新解释和整合了已有的社会认知理论和相关的研究成果，代表了当前社会认知研究的一个主流方向。但是，从某种程度上说，内隐社会认知理论还不是一个成熟完善的理论体系,许多研究结论还需进一步验证。因此,完全可以预期,随着方法学和具体研究技术的突破,越来越多的研究者会将自己的目光投向内隐社会认知的研究,内隐社会认知的研究会在今后相当长的一段时间内还将是社会认知乃至社会心理学一个主要研究领域。

第二,伴随着认知神经科学在社会认知中的不断渗透,社会认知神经学将成为未来研究的主流。

几十年来,脑科学的迅速发展强调了神经系统在人类广泛的心理活动中所起到的关键作用。大量的研究也已表明了心理活动和生理反应之间存在的密切关系。在此基础上,社会神经学的研究也开始关注了社会心理过程的生理基础,并且揭示了许多人类认知功能的生理机制,尤其是与社会认知相关的大脑活动机制的研究更是这一领域中的热点。

研究者用生理学的视角,研究社会认知心理现象是基于人类的社会心理与大脑存在着密切联系的前提。社会心理与大脑的联系主要体现在两个方面:首先,社会信息储存在大脑中,并且社会信息的心理表征与非社会表征不同的特征有着明显区别,如人们对描述人的词汇反应时激活的脑区与描述物体词汇反应时激活的脑区存在着很大的差异;其次,人类大脑生理上的变化依赖于特定的社会经历,例如,Maguire 等(2000)的研究显示的士司机开车时间越长,后海马状突起区域(与空间记忆能力相联系)就越大,这可能更有助于他们记住每条街道位置[①]。

一直以来,研究者使用多种先进的技术识别不同心理活动在大脑中激活的特定区域,揭示心理经验的生理基础。功能磁共振图像(fMRI)是近年来心理学研究最常见的一种技术。该技术的原理是通过测量大脑中血流量情况进而定位脑功能的一种方法。其依据假设是,神经活动会增加相应区域对氧的需求。如果 fMRI 显示出了大脑的某个区域血流量增加,就说明该区域的大脑活动增加。通过这一技术,社会认知相关领域的研究者对以下几个方面进行了研究。

首先,研究者关注了社会认知心理过程的脑机制。例如,Eisenberger (2003)使用 fMRI 的研究证明社会思维能够激活特定的神经结构。在一个

---

① Maguire E A, Gadian D G, Johnsrude I S, et al. Navigation-related structural change in the hippocampi of taxi drivers. Proceedings of the National Academy of Sciences, 2000, 97(8): 4398-4403.

视频游戏中，不光被熟悉的人排斥，甚至被陌生人排斥也能激活人大脑皮层的前扣带回皮层，同时，这一激活受到了右腹内侧前额叶激活的抑制。这与生理的疼痛在大脑皮层的激活模式是完全相同的。这一结果表明，社会拒绝（能够产生心理上的"痛"）所引起的神经活动与生理上疼痛的神经机制相联系①。另外，Eisenberger(2006)的另一个研究发现，人们生理疼痛敏感性的基线还可以预测社会疼痛的敏感性，并且社会疼痛能够使人们对生理疼痛变得更加敏感②。这两个研究表明，人们的社会性疼痛与生理性疼痛具有相同的生理机制。总之，人类大脑对于社会线索是非常敏感的，越来越多的证据显示，社会认知心理过程与相应的一般心理过程一样都对应着一定的大脑区域的活动。

其次，比较人们对与人相关特征与对非人相关特征进行反应时的脑激活模式，是社会认知神经科学研究的另一个重要领域。通过这类的研究，人们可以从众多的神经反应中分离出社会认知心理过程的神经机制。如Mitchell 等的研究中要求大学生看一系列有形容词和名词组成的词对，并判断每对词对中形容词对于名词来说是否恰当。名词包括人名（如戴维、艾米莉）和物体名称（如裙子、芒果）两类，形容词包括典型的用来描述人的（如自信的、紧张的）和典型的用来描述物体的（如打着补丁的、无线的）两类。结果显示，被试对人名与形容词相联系的词对和物体名称与形容词相联系的词对进行反应时的脑的激活模式是不同的，当被试对人名－形容词词对进行反应时，大脑的内侧额前皮层（mPFC）、颞上沟（STS）和梭状回（FFA）等区域都得到了激活③。这些正是大多数研究都证明的在人们社会信息加工过程中起着重要作用的区域。

除了以上介绍的两个重要的领域，最近社会认知神经研究还关注大脑特定区域（如 mPFC）在心理过程中的独特作用，社会认知心理脑激活的状态依赖性以及社会认知心理过程独特性的生理基础，等等。综合最近的研

---

① Eisenberger N I, Lieberman M D, Williams K D. Does rejection hurt? An fMRI study of social exclusion. Science，2003，302(5643)：290-292.

② Eisenberger N I, Jarcho J M, Lieberman M D, Naliboff B D. An experimental study of shared sensitivity to physical pain and social rejection. Pain，2006，126(1)：132-138.

③ Mitchell J P, Heatherton T F, Macrae C N. Distinct neural systems subserve person and object knowledge. Proceedings of the National Academy of Sciences，2002，99 (23)：15238-15243.

究，不难发现，社会认知神经研究无论是在广度上还是在深度上都得到了较大的发展。

以往研究者往往错误地认为对于人类心理过程的生理解释和社会文化解释是完全对立的，很难使用生理学的方法来研究社会心理过程。然而，随着社会认知神经科学的产生和迅速发展，越来越多的研究者逐渐认识到，人类社会心理过程的社会文化解释和生理解释应该是分别关注了心理机制的不同层次，大脑和文化对于相同心理现象的解释并非是相互竞争的关系。正是这一认识上的突破，寻求社会认知心理过程脑机制的社会认知神经科学才得以出现并在很短的时间内获得了迅速的发展。基于此，由于脑活动在揭示社会认知心理机制具有独一无二的优势，越来越多研究者将会尝试使用传统社会认知研究范式与生理技术（尤其是 fMRI）相结合的研究方法来研究社会认知的相关领域，社会认知神经科学在未来几年内也将是社会心理学的一个热门领域。

最后，不同人群社会认知心理特征的跨文化比较，也将是社会认知研究发展的一个方向。

社会认知学在很大程度上关注人们是如何思考的，如人们如何去解释和理解所遇到的事情，人们在做决定和解决问题时的推理方式是什么样的。说白了最基本的就是认知加工的过程以及影响社会觉知和互动的一些潜在方式。

长期以来的观点认为，尽管不同的人在对同样信息做出判断处理时会有不同的结果，但其对信息判断和推理的过程是一样的。也就是说，这些信息加工的过程对所有人来说都是通用的。但这一观点已受到近期一些研究的抨击，这些研究在人类行为和思维加工方式中发现了文化差异。尤其是那些将东西方文化进行对比的研究，发现了人类思维方式和行为模式中普遍存在的差异。比如说，西方人更倾向于展示自我，而东方人却很含蓄。同样，西方人善于寻找认知中相悖的事情，而亚洲人却没这个偏好。

那么，这些差异该如何解释呢？一个可能就是不同的价值观和传统塑造了人的不同的行为模式。在西方国家中，强调的是个体性，即对人行为及其原因和结果的了解；而在东方国家中，强调个人是集体的组成部分，人的行为主要受群体期望的指引而非个人意愿。因此，相对于西方的个人主义，东方人具有强烈的集体意识。比如说，在美国，儿童可以对父母和老师的观点提出质疑，这种质疑的氛围甚至是被支持的；而在日本，这种对于权威人物的公开质疑则被认为是不恰当的。在很多类似的例子中，我们可以看到人们行为方式的文化差异。也许是在学习和社会化的过程中，一些相同的加工过程导致了不同的行为结果。也就是说，这些不同的行为反映了相同加工过程下不同的价值观念。

基于以上价值观的差异，学者们又提出了一种比较吸引人的解释：人类信息加工过程的本质也存在着文化差异。即文化在促进人的心理、信息加工的机制以及处理信息上起着重要作用。实际上，研究者已经发现，这种差异是可以归因于人思维过程中"分析"与"综合"的差别。在西方，思维是分析式的，根源于对规则等逻辑的推理，而在东方，人的思维方式则是辩证的、综合的。在辩证思维中，意义相反的事物（好或坏）可以同时存在，不需要将其彻底分开。综合的思维方式强调事物之间的联结，任何物体都是整体的一部分。这一观点强调人所生存的整个社会环境以及这种环境下对人的心理和行为所产生的作用。

现在，有许多研究关注于东西方文化差异下的人的社会行为，对未来研究提出的挑战就是去识别和理解这些差异下的人的认知加工过程的本质。

四、我们的建议

社会认知心理研究取向是社会心理学研究的重要领域。无论是在发展速度还是在研究水平上，我国社会心理研究的水平与国外，尤其是欧美国家还存在着一定的差距，因此，应大力促进社会认知心理学研究更快更好地在我国开展起来。

第一，在介绍国外研究成果的时候要在忠实原意的基础上要尽量使语言通俗易懂。

社会认知领域仍然以西方发达国家的成果为主，特别是欧美心理学家提出来和进行探索的，有时其阐述非常深奥，既需要研究者具备相当高的英语水平，更需要研究者具备扎实的理论基础和一定专业的背景知识。尤其对于社会认知神经科学的相关理论，更是需要研究者具有多种专业背景知识（如社会学、心理学和生理学等）才能保证对理论主旨的准确把握。由于在研究水平上存在的差异，学习和引进国外的先进理论对于国内的社会认知研究是在所难免的。为了使更多人了解相关的研究，在介绍国外相关理论的时候，尽量要做到深入浅出，在保证所介绍研究成果可靠和忠于本意的同时，尽可能地把深奥的理论用通俗的语言表达出来。

第二，广泛吸收国外社会认知最新理论和最新研究，在批判学习的基础上提高我们自身的研究水平。

社会认知领域的发展非常迅速，从 20 世纪 70 年代正式形成到现在不到 40 年的时间中，就涌现出了大量具有广泛影响的理论。尤其在最近几年，伴随着新的研究技术和研究手段的出现，社会认知更是出现了跳跃式的发展，如内隐社会认知概念的提出及其相关的研究技术、研究范式的广泛应用，社会认知神经科学的诞生以及传统社会认知课题与当前热点领域相结合的尝试（如认知与态度、行为关系的探讨和各类启发式的研究以及在决策中的应用）等。这些新的研究领域的出现，不但使社会认知突破了依赖社会文化解释社会心理现象传统思路的束缚，而且对社会认知整个学科的在研究广度和研究深度上的发展都有着重要的意义。我国的社会认知研究，虽然在近十年来也获得了较大的发展，突出表现在了国外的热门或主流领域也开始在国内生根发芽，但是，就其整体水平而言，与国外还存在着明显的差距。如在社会认知领域中仍然以西方学者的成果为主，绝大多数理论都是国外学者首先提出并进行研究探索的，在各类社会认知心理学的著作中，很少能够看到中国学者的名字等诸多的不足，都表明国内研究者所从事的研究工作还不够出色，难以引起国外学术界的关注。因此，为追赶国际先进的研究水平，我们仍然需要付出持续的努力，在广泛吸收学习国外经典研究的同时，提出并建构我们自己的理论体系。

第三，要重视社会认知研究成果在我国社会实践中的应用。

社会认知所研究的内容大多是关于人的内心世界的，其目的是揭示人们在社会认知心理过程中的基本规律。社会认知的研究成果对于恰当地认识自己的内心世界，科学地理解他人，促进人与人之间的理解，处理好各种人际关系，都具有重要的意义。基于此，社会认知的研究结果，对于指导人们的社会生活实践有着重要的应用价值。在国外，尤其是在欧美国家，社会认知研究的研究成果，已经被广泛地应用到了市场营销、教育、组织管理、政治、心理健康与治疗、司法等许多领域。例如，在心理健康领域，通过增加个人控制的知觉来消除病人的心理紧张及促进病人配合医生的治疗；在法律心理学领域，由于目击者对罪犯面部特征的记忆常常会出错，法庭上使用案件目击者的证词已经变得很谨慎。相比之下，我国社会认知的研究与实践应用之间还存在着一定的脱节，因此，未来研究中，我们应该更加关注社会认知在社会生活实践中的应用研究，使社会心理学的研究能够切实的做到为人们的社会生活所服务。

（张宝山）

人际关系研究的研究热点
和发展趋势

人际关系(interpersonal relationships)就是人与人相互作用、相互影响的关系状态。从社会学范畴来说，人际关系是在社会群体中个体因交往而构成的、相互联系的社会关系，这些关系包括经济关系、政治关系、法律关系、角色关系、文化关系、师生关系和雇佣关系等方面。社会学对人际关系的定义属于广义的人际关系。从社会心理学范畴来说，人际关系是指人与人在相互交往过程中所形成的心理关系[①]，社会心理学所研究的是以心理关系为纽带的人际关系，即狭义的人际关系。

一、人际关系研究的发展历史

从 1908 年社会心理学诞生以来，人际关系历来是社会心理学的一个重要研究领域。"人际关系"作为专用名词在 20 世纪初由美国人事管理协会最早提出。一百年来，社会心理学对人际关系的研究经历了三个阶段，每个阶段都有其对应的人性假设。人性假设是人们对人的特点的概括和归纳。人性假设具有时代性，不同的时代和不同的文化具有不同的人性隐喻。人性假设影响人们对人际关系的理解和管理。

(一)以经济人假设为基础的人际关系理论

经济人假设在 20 世纪 70 年代及以前的社会心理学、管理学和经济学领域相当普遍。经济人假设深受近代机械唯物论思想的影响。1957 年 McGregor 用"经济人假设"来概括 Taylor、Fayol 和 Weber 等古典管理理论学家的管理思想背后的人性假设[②]。经济人假设认为，人是理性的，人的行为目的和手段是获得经济报酬和自我满足，人在本质上是自我利益优先的。基于经济人假设的人际关系理论普遍认为，人际关系就是双方理性地挖掘和利用自身资源，理性地与对方进行人际交往的结果，其代表理论包括社会交换理论、符号相互作用论和自我表现理论等。

---

① 俞国良．社会心理学．北京：北京师范大学出版社，2006：333.

② McGregor D M. The human side of enterprise. In：J M Shafritz, J S Ott.（Eds）. Classics of Public Administration.（5th ed.）. 2001：179-184.

　　社会心理学家 Kelley(1973)认为，人是"朴素的科学家"，人在社会活动过程中，像科学家一样，能够寻找到事物产生的原因，能够识别问题，能够采取适当的对策，以实现适应环境的目的①。朴素的科学家假设的实质就是经济人假设，认为人是追求个人利益的人，喜欢从现有环境寻求奖励和报酬。基于朴素的科学家假设，Kelley 等提出了人际关系的社会交换理论，认为人际间的报酬和代价交换是人际关系的核心，是人际关系发展的原由。当两个人处在一个交换关系时，平等交换是最低原则，人们通常喜欢获得"利润"，期望给予对方的"投资"少于从对方获取的"报酬"。Kelley 等在社会交换理论的基础上提出人际互倚理论，认为个体之间以公平交换为特征的频繁互动的结果促使个体之间形成相互依赖、相互影响的亲密关系②。

　　符号相互作用论和自我呈现理论都暗含着经济人假设，认为个体行为是该个体接受他人对自己态度的结果，人际关系是双方理性认知和理性调节的结果。符号相互作用论的基本思想源于 Mead(1934)。符号相互作用论认为，人们为了顺利地实现交往和沟通，个人必须通过语言、手势、表情等符号系统地了解他人对自己的态度，甚至需要扮演在想象中的他人角色(即所谓角色采择)，在换位思考的基础上想象他人如何感知人际情景，并意识到自己的言语和行动的意义。自我呈现理论则源于 Goffman(1959)提出的自我呈现概念，认为人际交往就是表演的过程，它受环境和观众的影响，通过印象管理和印象控制过程，向他人展示出别人所期望的行为③。自我呈现理论暗含着经济人隐喻，其基本思想是对他人和自己的理性分析，并进行自我监控。在实际的人际交往过程中，人们通常仔细判断人际情境、周密计划角色行为、小心操纵呈现策略，从而保持良好的人际印象。

　　总的来说，以经济人假设为基础的人际关系理论强调个体的理性认知能力，而忽略无意识的认知能力；强调自我利益在人际交往中的核心作用，而忽略亲和、合作和利他等高尚动机；对于一些行为(如攻击行为等)的理解过于机械，而忽略了人际关系形成与发展影响因素的多元性。把追

① Kelley H H. The processes of causal attribution. The American Psychologist，1973，28：107-128.

② Kelley H H. Thibaut J. Interpersonal relations：A theory of interdependence，New York：Wiley，1978.

③ 史清敏，赵海．自我呈现理论概述．心理科学进展，2002，20(4)：66-73.

求自身利益作为自己唯一目标的经济人是不快乐的，而且其社会适应性也是较差的①。

(二)以社会人假设为基础的人际关系理论

开始于 20 世纪 30 年代的霍桑实验逐渐改变了"人是经济人"的看法，"人是社会人"的命题逐步为人们接受。霍桑实验的研究证明领导者的重视、沟通、非正式组织等因素都影响工人的满意度。Mayo 认为，个体不是被动的、仅受经济刺激的个体，人不是"经济人"，而是"社会人"②。因而，在管理方法上，强调满足人的需要和尊重人的个性，并采用激励和创造条件的方式来调动人的主动性和创造性，从而充分发挥人的潜力。

虽然在研究方法上霍桑实验受到一些批评，但霍桑实验促进了以社会人假设为基础的人际关系理论的形成。以社会人假设为基础的人际关系理论注重人的行为的动因，把行为的动因看成为一种社会心理现象，并强调归属需要和亲和需要是人类最重要、最基本和最广泛的社会动机，人际交往是个体最重要、最基本和最广泛的社会能力③。亲和需要是指个人与他人亲近、交流以获得他人的关心、理解、合作和积极情感关系的一种动机状态。社会人假设促进了人们对人际吸引的深层原因的分析。以社会人假设为基础的人际关系理论强调亲和、合作、归属和自尊等动机在人际关系中的作用。作为社会人，人天生具有亲和动机；作为群居性高级动物，亲和需要有遗传基础，所以，朋友的建立常常是很偶然的事情④。当亲和行为受到挫折时，个人就感到孤独、无助、焦虑和恐惧；当一个亲和行为受到激励时，它可以帮助人们克服寂寞、排解忧虑、获得自信，自己也会感到安全、温暖和幸福。

社会人假设促进了由心理学、社会心理学和管理学等研究人类行为的

---

① Kasser T，Ryan R M. A dark side of the American dream：Correlates of financial success as a central life aspiration. Journal of Personality and Social Psychology，1993，65：410-422.

② Mayo E. Hawthorne and the Western Electric Company，The Social Problems of an Industrial Civilisation. Routledge，1949.

③ Baumeister R F，Leary M R. The need to belong：Desire for interpersonal attachments as a fundamental human motivation. Psychological Bulletin，1995，117：497-529.

④ Back M D，Schmukle S C，Egloff B. Becoming friends by chance. Psychological Science，2008，19：439-440.

学科组成的行为科学的诞生。行为科学从人的需要、欲望、动机和目的等心理因素的角度研究人的行为规律，并借助于这种规律性的认识来预测和控制人的行为，以实现提高工作效率的目标。行为科学的主要论题包括激励、领导、群体、组织设计和组织开发等。行为科学理论以人的动机理论为基础，重点研究人际交往、人际关系和行为激励。在人际关系方面，社会人假设推动了自我和他人之间关系的研究，促进了关系自我①、中上效应②、社会比较③和自我确认④等概念的产生。

（三）以复杂人为基础的人际关系理论

20世纪70年代初产生的"复杂人"假设认为，人的需要模式是随着年龄、环境、角色和所处境遇及人际关系的变化而不断变化的。"复杂人"假设认为，人不是单纯的"经济人"，也不是完全的"社会人"或"自我实现人"，而是具有多种需要，且可以因时、因地、因势做出适当的选择和调整的；同时，人的行为也不是完全理性的，不全知全能的。Fiske 和 Taylor 认为，"人是朴素科学家"的说法不准确，人应是"有限认知者"⑤。"有限认知者"的隐喻认为，人们在社会认知的过程中，面临的信息往往是不确定的、不完全的、复杂的，在对它们进行加工的过程中，达到最佳合理性是困难的。人的认知资源是有限的，人在社会认知的过程中常常为尽量节省加工时间和加工资源偏爱捷径性策略，而不是采用精细的逻辑学或统计学策略。人们偏爱用最小限度的观察来判断关注行为的社会价值。诺贝尔经济学奖得主 Kahneman 认为，在不确定情形下，人类决策行为常常因为对于容易接触到的信息的熟悉和对主观概率准确性的盲目偏信，而导致决策行为系统性地偏离了基本的概率论原理，人的"无意识认知"具有强大

---

① Andersen S M，Chen S. The relational self：An interpersonal social-cognitive theory. Psychological Review，2002，109：619-645.

② Alicke M D，Klotz M L，Breitenbecher D L，Yurak T J，Vredenburg D S. Personal contact，individuation，and the better-than-average effect. Journal of Personality and Social Psychology，1995，68：804-825.

③ Mussweiler T，Rüter K，Epstude K. The ups and downs of social comparison：Mechanisms of assimilation and contrast. Journal of Personality and Social Psychology，2004，87：832-844.

④ Chen S，Chen K Y，Shaw L. Self-verification motives at the collective level of self-definition. Journal of Personality & Social Psychology，2004，86：77-94.

⑤ Fiske S T，Taylor S E. Social cognition. New York：McGraw-Hill，1991.

认知和情感功能，"有限理性"是社会认知偏差产生的根源①。

以复杂人为基础的人际关系理论体现着权变思想，认为人际关系具有多样性和复杂性，个体可以有意识地适应社会环境，在目标、动机、需要和环境力量的基础上，有效地选择人际关系策略以适应当时的情境需要；也可以无意识地"自适应"社会环境，个体在定式、图式等因素的影响下自动地适应人际关系情境。现实中人际关系多样性和复杂性一方面表现在人际关系模式的种类繁多；另一方面表现在每个人都以各自的方式构建自己人际关系。人是一种社会的、文化的和生理遗传的高级动物，人际关系受到个体的经济地位、角色特征、生理特点、文化环境、能力经历等因素的影响。基于这些权变因素，当代社会心理学的理论从不同侧面对人际关系做出了解释，这些理论包括学习理论、认知理论、动机理论、文化心理理论和进化心理理论等。

20世纪80年代以后，许多研究者自觉和不自觉地采用以复杂人的人性假设对人际关系进行研究，并且用中等效力理论来解释许多社会心理现象。中等效力理论就是专注解释社会心理和社会行为的某一领域，而不是试图解释所有社会心理和社会行为领域的理论。近年来，中等效力理论在人际关系领域得到了繁荣，其中包括吸引、排斥、合作、竞争、领导、服从等人际关系模式，也包括具体的社会行为，如攻击行为、助人行为、社会助长、社会比较、人际吸引、亲密关系、自我提升和态度改变等②。这些中等效力理论构成了现代组织管理心理学和社会心理学的核心内容。

二、近年来人际关系领域关注的研究热点

社会心理学重视人际关系的过程和机制研究，其中，人际知觉和人际沟通是人际关系过程的核心内容。与人际知觉相联系的概念包括社会判断、自我判断、观点采择和心理解读等。这些概念的共同之处在于它们都是对他人和自己的态度、观念、愿望、人格、动机和情绪状态的判断和预测。人际沟通是人与人之间的有目的、有意义的互动交流过程③。近年来，对人际知觉和人际沟通过程的研究可以概括为偏差范式和准确性范式。这

---

① Tversky A，Kahneman D. Judgment under uncertainty：Heuristics and biases. Science，1974，185：1124-1131.

② Myers D G. Social Psychology (9th ed.). New York：McGraw-Hill，2008.

③ Devito J D. The Interpersonal Communication Book. (10th ed.). Publisher：Pearson Education，2003.

两种研究范式是人际关系研究的热点。人际关系模式也是近年来人际关系领域非常重视的课题。

（一）人际关系的偏差范式

Krueger 和 Funder（2004）与一些研究人际知觉和社会知觉的社会心理学家一起研讨了社会心理学的研究现状和未来趋势问题①。普遍的观点认为，现在的社会心理学研究过多地关注"偏差"和"消极"方面。人际关系过程中的偏差现象是很丰富的。概括地说，这些偏差包括负性偏差、基本归因错误、对应偏差、自我中心偏差、自我服务偏差、偏差盲点、透明错觉、行动者－观察者非对称性等。这种以研究人类人际知觉和社会判断过程中的偏差为核心的研究范式称为偏差范式。目前，关于人际关系偏差范式的研究主要集中在如下四个方面。

1. 人际知觉过程中的偏差现象

人际知觉过程不是一个轻而易举的、准确无误的过程，而是充满了误读、误会和矛盾②。人际知觉偏差是直接导致劳资冲突、夫妻反目、民族纷争、朋友失和、社会愁怒、自卑自杀等社会现象发生的心理原因。在日常生活中，人际知觉偏差的具体表现很多，领导会误判属下，不同种族的人们会相互误解，夫妻会相互误解。研究偏差过程，解决或缓解偏差给我们带来的难题就成了社会心理学的核心内容之一。

在人际互动中每个人都是观察者，又是被观察者（行动者），观察者能否准确识别被观察者的特征直接影响人际关系的特点和走向。人际知觉准确性问题可以从推测他人如何看待自己和自己如何看待他人两个方面来分析，最突出的现象是自我中心偏差。人们总是基于自己的眼睛、观点、信念、态度和心情来理解他人，常常夸大自己在某种人际关系中的作用，这些都是自我中心偏差的表现③。在推测他人如何看待自己的领域中受到普

① Krueger J I, Funder D C. Towards a balanced social psychology：Causes，consequences and cures for the problem-seeking approach to social behavior and cognition（target article），Behavioral and Brain Sciences，2004，27：313-327.

② Epley N. Solving the（real）other minds problem. Social and Personality Psychology Compass，2008，2：1455-1474.

③ Chambers J R，Windschitl P D，Suls J. Egocentrism，event frequency，and comparative optimism：When what happens frequently is "more likely to happen to me." Personality and Social Psychology Bulletin，2003，29：1343-1356.

遍关注的现象是焦点效应和透明错觉①。在实验中，Gilovich 等让大学生穿着胸前印有一位歌手的大幅头像的 T 恤衫，然后进入一个有许多学生的大教室，穿 T 恤的学生猜测大约一半的同学会注意到他的 T 恤，而实际上注意到的人只有 23%。人们常常认为，自己关注对象也是别人所关注的对象。当个体关注自己的服饰、容颜和个性之时，也认为别人也是这样，由此就出现了焦点效应，人们常常高估别人对自己的关注程度，往往会把自己看作公众注意的焦点；同时也引发了透明错觉，人们高估自己内心状态的泄露程度，往往认为别人容易识破自己的内心状态。焦点效应和透明错觉容易使人际关系偏离相互融合、相互关注、相互理解和共同发展的方向，容易引发人际关系中的自我保护、焦虑或恐惧等心理现象，进而诱发人际矛盾或人际失衡。

个体对于正性信息和负性信息的人际知觉是不一样的，正性—负性信息的非对称性就是对这一现象的概括。正性—负性信息的非对称性就是说负性信息（说谎、愤怒、侵犯、自卑等）与正性信息（微笑、诚实、自信等）相比对形成人际态度（如初次印象）、激发情绪（喜欢或满意度）等方面的作用存在非对称性差异，负性信息对人的认知、情感和行为方面的作用更强（由此，也被称为负性偏差）②。研究者认为，负性偏差包括如下内容。负性信息和正性信息与中性信息相比更容易引起人们的关注，而负性信息与正性信息相比更容易引起人们的警觉③。受到批评、被朋友抛弃等负性信息比受到表扬、结识朋友等正性信息对个体的情绪影响更强大、持久。人们对负性信息（如辱骂）更敏感，更容易记住负性信息；人们对带有负性信息（如撒谎）的人更敏感、更容易记住。负性信息和正性信息对人际关系走向的预测力不同，负性信息更容易预测关系的恶化或终结。婚姻关系中的不快事情（如消极言语、失信行为、性关系不和谐等），与积极事情（如积极表扬、诚实、性满足等）相比，更能预测几年后的婚姻状况。双方依据

---

① Gilovich T，Medvec V H，Savitsky K. The spotlight effect in social judgment：An egocentric bias in estimates of the salience of one's own actions and appearance. Journal of Personality and Social Psychology，2000，78：211-222.

② Baumeister R F，Bratslavsky E，Finkenauer C，Vohs K D. Bad is stronger than good. Review of General Psychology，2001，5：323-370.

③ Vaish A，Grossmann T，Woodward A. Not all emotions are created equal：The negativity bias in social-emotional development. Psychological Bulletin，2008，134（3）：383-403.

负性信息进行交往，"你给我初一，我还你十五"式交往比"你敬我一尺，我敬你一丈"式交往对双方的影响更强，前者的直接结果就是关系的终结。为保持良好关系，正性信息要超过几倍的负性信息才能抵消负性信息的影响①。对人的一次不礼貌行为引起的后果，约需要五次礼貌行为才能补偿，尤其在首次见面时的负性信息会给对方留下深刻印象，只有通过增加接触次数逐步化解。

Baumeister 等(2001)认为，个体和人际关系的发展均受负性信息的左右，负性偏差是一个无情的、令人失望的，但是最基本和具有广泛意义的心理学原理。难道正性信息就如此脆弱吗？最近的一些研究为我们提供了一些新启示。Smith 等(2006)的实验显示，一些情绪情境会减轻或逆转人际知觉正性－负性信息的非对称性现象。例如，在积极情境(如关怀的、激励的情境)启动下，负性偏差现象不明显，人们对正性词和负性词的关注倾向不同、反应时不同②。积极心理学思潮的代表人物之一的 Fredrickson 的研究显示，经常抱有积极情绪(面带微笑、团队兴趣、支持他人、同情等)的新大学生，比经常抱有消极情绪的新大学生更容易与同学心心相印，更容易建立起亲密关系③。

2. 行动者—观察者归因的非对称性

人际知觉非对称性是社会知觉学领域的核心概念，是人际关系领域关注程度较高的现象。行动者和观察者非对称性就是行动者和观察者对人际信息的认知存在性质或数量上的分离现象。行动者—观察者归因的非对称性就是说行动者和观察者对人际行为的行为原因的认识存在偏差。在行为原因上，行动者倾向于强调情境的作用，而观察者倾向于强调行动者特质的作用④。进入 21 世纪，人们对人际知觉非对称现象的研究兴趣不减，既

---

① Denrell J. Why Most People Disapprove of Me: Experience Sampling in Impression Formation. Psychological Review, 2005, 112 (4): 951-978.

② Smith N K, Larsen J T, Chartrand T L, Cacioppo J T, Katafiasz H A, Moran K E. Being bad isn't always good: Evaluative context moderates the attention bias toward negative information. Journal of Personality and Social Psychology, 2006, 90: 210-220.

③ Waugh C E, Fredrickson B L. Nice to know you: Positive emotions, self-other overlap, and complex understanding in the formation of a new relationship. Journal of Positive Psychology, 2006, 1: 93-106.

④ Jones E E, Nisbett R E. The Actor and the Observer: Divergent Perceptions of the Causes of Behavior. New York: General Learning Press, 1971.

有总结性概括，也有新实验和理论性突破，人际知觉非对称性现象的普遍性受到一些怀疑。近年来的研究发现，对应偏差理论具有普遍适用性，具有跨文化的一致性①；而曾被社会心理学家广泛认可的基本归因错误倾向具有文化局限性，东方人与西方人相比，更倾向于对行为进行环境归因②。对应偏差理论认为，个体不否认情境因素对个体行为的影响，只是个体缺乏动机来运用情境因素对个体行为有影响的思想，或有意忽略情境因素对个体行为有影响的思想，或有意曲解情境因素对个体行为有影响的思想。Malle(2006)通过对1971—2004年的173项行动者—观察者非对称性研究的元分析发现，行动者—观察者非对称性的主效应不显著，对负性信息（如失败、侵犯行为等）的行动者—观察者非对称性的效应显著，而对正性信息（如成功、助人行为等）的行动者—观察者非对称性被逆转，熟人之间的行动者—观察者非对称性的效应显著③。

在判断他人和判断自己的过程中，人们常常认为自己判断是客观的，因而过分地夸大自己判断的合用性；同时，认为其他人的判断是自我陶醉，因而过分地夸大其他人的认知偏差。这种现象被称为偏差盲点④。偏差盲点是在判断他人和判断自己中的一个典型的偏差。在Pronin等的研究显示，人们总是认为，与其他人相比，自己是独立自主、坚强正直的，更不容易受到"自我服务倾向""自我关注倾向""晕轮效应""不良媒体"等现象的影响。偏差盲点的根源是多方面的，其中内省错觉和朴素的实在论是两个重要原因⑤。内省错觉就是指人们重视通过内省而获得的信息的价值的倾向。内省信息包括自己的态度、感受和内在动机等，而非内省信息包括环境信息、他人的行为等。内省错觉的实质是，个体经过权衡认为内省信

① Gawronski B. Theory-based bias correction in dispositional inference: The fundamental attribution error is dead, long live the correspondence bias. European Review of Social Psychology，2004，15：183-217.

② Morris M，Peng K. Culture and cause: American and Chinese attributions for social and physical events. Journal of Personality and Social Psychology，1994，67：949-971.

③ Malle B F. The actor-observer asymmetry in causal attribution: A (surprising) meta-analysis. Psychological Bulletin，2006，132：895-919.

④ Pronin E，Lin D Y，Ross L. The bias blind spot: Perceptions of bias in self versus others. Personality and Social Psychology Bulletin，2002，28：369-381.

⑤ Pronin E. Perception and misperception of bias in human judgment. Trends in Cognitive Sciences，2007，11：37-43.

息(如自己的行为目的、自我概念等)可以作为评价自己的基础,因此,内省信息的价值比非内省信息的价值大。人们常常认为自己心目中的世界就是"客观的世界",这种思想就是朴素的实在论。朴素的实在论具体表现形式可以是多方面的,人们常常认为自己所看到的东西就是世界的全部,自己知道的,别人不一定知道,自己比别人知道的要多①;虽然人们看待事物的角度各有不同,当出现分歧和偏差时,人们常常否认自己的偏差,并把这种分歧和偏差归咎于他人。

3. 人际沟通障碍

在人际沟通中影响沟通效率和效能的障碍是很广泛的。从信息的发送者来看,信息交流目的不明确,可以导致信息模糊;表达媒介不清晰,可以导致信息失真;传送信息选择失误,可以导致信息失准。从信息的接收者来看,"过滤"和"添加"等过度加工导致信息被误读,知觉偏差导致信息被曲解;心理距离(如地位和角色的差异)可以传递不同的言语和非言语信息,从而导致信息被阻隔或抵触②。从信息的沟通通道来看,选择不适当的沟通渠道,导致信息被削减或延误;选择不适当的沟通角色和环境,容易导致情绪纷扰或合作破裂。

自我中心理解和自我中心表达是人际沟通障碍具体体现③。正是由于人际知觉过程的偏差,在人际沟通过程中由于交往双方的信息资源、目的动机、文化风俗、社会环境、人格特点、社会经验等方面因素的影响,个体理解对方发出信息时是以自我为中心的,由此产生误解、曲解、断章取义或偏见。自我中心理解与工作记忆有关,工作记忆容量低时,自我中心理解增强。自我中心理解主要是自动加工过程,因而,主动搜寻对方和情境信息会降低自我中心理解的倾向。自我中心表达产生的原因是双方的信息资源、目的动机、文化风俗、社会环境、人格特点、社会经验等方面因素的影响,个体向对方发出信息时也是自我中心的,由此产生误说、误传和误断。心境影响人际沟通过程中所使用言语的风格和内容,进而影响人

---

① Pronin E, Kruger J, Savitsky K, Ross L. You don't know me, but I know you: The illusion of asymmetric insight. Journal of Personality and Social Psychology, 2001, 81: 639-656.

② Hall J A, Coats E J, LeBeau L S. Nonverbal Behavior and the Vertical Dimension of Social Relations: A Meta-Analysis. Psychological Bulletin, 2005, 6: 898-924.

③ Keysar B. Communication and miscommunication: The role of egocentric processes. Intercultural Pragmatics, 2007, 4: 71-84.

际沟通的发展。处于积极心境的个体在评价人际关系和他人时容易采用启发式的、整体的、刻板的和概括性的语言，而消极心境容易诱发专注性、系统性和细节性的语言①。处于积极心境的个体在评价人际关系和他人时容易专注对方行为的积极方面，而消极心境的个体专注对方行为的消极方面②。心境对人际沟通的影响结果是产生不同的人际期望和自我效能感，自己喜欢对方，就更可能认为对方喜欢自己；人缘好的人倾向于低估自己的人缘，人缘差的人倾向于高估自己的人缘。

4. 人际关系偏差的心理机制

近年来的实验研究显示，人际知觉和人际沟通心理机制可以概括为锚定调节启发③。人们在解读他人心理的时候常把自己的观点作为起点或立足点（这叫锚定），然后再参照他人的背景信息对自己的观点或情绪情感进行校正（这叫调节），而且这种调节常常是不彻底的和不充分的。Wingrove和Bond(2005)研究了特质愤怒高者的社会投射的特点。实验材料是在攻击性上方面模棱两可并缺少结局的短文。被试的任务是推测短文中主人公的后续行为，并在主试呈现主人公后续行为后，阅读描述后续行为的文字。主试呈现主人公后续行为包括两类句子，一类是有攻击性的句子，另一类是非攻击性的句子。结果显示，特质愤怒高者用攻击性行为接续模棱两可的短文，随后阅读带有攻击性句子的时间较短而阅读非攻击性句子的时间较长。这个实验证实了人们常把自己的习惯思维方式投射到模棱两可的情景之中，而且当面对与自己的期望不一致的信息时会花更多的时间调整或反思自己的判断④。

锚定调节启发是产生诸多人际关系偏差的主要原因。在锚定调节过程中，人们对人与人之间关系的理解会出现自我中心偏差，这些偏差包括不适当的自我中心预设值、不恰当的价值观和信念（如人性假设）、不完备的

① Beukeboom C J, Semin G R. Mood and representations of behavior: The how and why. Cognition and Emotion, 2005, 19: 1242-1251.

② Forgas J P. Mood and judgment: The affect infusion model (AIM). Psychological Bulletin, 1995, 117(1): 39-66.

③ Epley N, Gilovich T. The anchoring and adjustment heuristic: Why the adjustments are insufficient. Psychological Science, 2006, 17: 311-318.

④ Wingrove J, Bond A J. Correlation between trait hostility and faster reading times for sentences describing angry reactions to ambiguous situations. Cognition and Emotion, 2005, 19: 463-472.

信息、不准确的思维逻辑和低下的认知能力等。激发自我锚定值的过程是一个自动激活、自动联结的过程，是一个省时、省力，具有较高性价比的过程。在模糊的情境中，与非自我特征词汇相比，人们喜欢用与自我特征有关的词汇描述他人；在某些自我特征上自恃很高的人，如友善，往往认为与自己同属一类人的个体也具有同样的特征；在面对同一情境时，自己常常认为他人具有与自己类似的动机和目的①。这样说来，要获得对人际关系的准确把握是比较困难的，对于同样的关系状况，不同的人会有不同的感知和理解。

在目前的人际关系研究中，偏差范式占据了主导地位。偏差范式的虚无假设是人类人际知觉和社会判断是完美无缺的。基于完美假设的实验结果不可避免地得出人类人际知觉和社会判断不完美的结论。解释偏差成了研究的核心内容，虽然其研究结果常与常识相左，比较"雷人"，但其实践意义并不大，降低偏差不一定能促进知觉的准确性。在研究结论上，偏差范式夸大了人类人际知觉和社会判断过程的失误、失常和无助。Kihlstrom（2004）把偏差范式的研究者们称为"社会心理学的'人们都是蠢笨的'学派"②。该学派对人的基本假设是：人基本上是非理性的、自动的和无知的；人们喜欢用启发式捷径推断他人，喜欢用第一感觉推断他人，对自己所作所为的觉知程度较差。

（二）人际关系的准确性范式

针对偏差范式的不足，Funder（1995）提出了研究人际知觉和社会判断的准确性范式。准确性范式在研究假设、实验方法、理论目标和应用领域等方面与偏差范式存在差异③。判断的准确性就是观察者能否准确把握被观察者的内在特征。关于判断准确性的操作定义，准确性范式认为，准确性就是与他人判断的一致性，或是与判断一致的行为可预测。准确性范式

---

① Kawada C L K, Oettingen G, Gollwitzer P M, Bargh J A. The projection of implicit and explicit goals. Journal of Personality and Social Psychology, 2004, 86: 545-559.

② Kihlstrom J F. Is there a "people are stupid" school in social psychology? [Commentary on "Towards a balanced social psychology: causes, consequences, and cures for the problem-seeking approach to social behavior and cognition" by J I Krueger, D C Funder]. Behavioral & Brain Sciences, 2004, 27: 348.

③ Funder D C. On the accuracy of personality judgment: A realistic approach. Psychological Review, 1995, 102: 652-670.

的虚无假设是人类人际知觉和社会判断总是有误差的。研究者的任务是创设实验情境，检验实验中的人际知觉或社会判断与判断效标的一致程度。研究者的理论任务是探讨准确性是如何产生的。人际关系研究的实际意义在于在实践中开发能够使人际知觉更准确的方法和手段，因此，人际关系的准确性范式受到社会心理学家的广泛关注。

1. 增进人际知觉的准确性

Krueger 和 Funder（2004）希望将来的社会心理学能是一个平衡的社会心理学。这种平衡包括研究范式、研究内容和学科属性的平衡。就人际知觉和社会知觉而言，在注重"偏差"和"消极"方面的同时，或者通过研究"偏差"和"消极"方面的同时，要发展"准确"和"积极"方面。例如，在如何提高人际知觉的准确性问题上就需要多种研究方法和研究领域的结合。优秀的知觉者、清晰的知觉对象、合适的特质和有效的信息等因素可以促进人格特质判断的准确性。优秀的知觉者需要具有关于人格类型、人格与行为的关系、人格与环境的关系等方面的知识，需要具有普通认知能力和认知复杂性，需要具有知觉他人的动机。清晰的知觉对象应是比较"阳光"的知觉对象，若知觉对象是自我监控能力强的人或社会活动力不足的人，那么这样的知觉对象的可判断性比较低。合适的特质指的是有的特质容易被识别，有的特质不易被识别，如宜人性在第一印象中就比较容易被识别，而因为个人的掩饰，诚信特质在第一印象中就不被识别①。

个体的人际知觉是受阅历、文化和动机等因素影响的。个体对他人的观点和态度的解读是从自我特征出发，通过调整自我特征推测和判断他人的观点和态度的过程②。一般说来，与成人相比，儿童对他人的判断的自我中心倾向更严重，但其原因不是成人加工信息更客观，成人与儿童一样是从自我特征开始判断他人的，只是成人更善于调整自我中心判断锚③。

---

①　Ames D R, Bianchi E. The agreeableness asymmetry in first impressions：Perceivers' impulse to (mis)judge agreeableness and how it is moderated by power. Personality and Social Psychology Bulletin，2008，34：1719-1736.

②　Epley N, Caruso E M. Perspective taking：Misstepping into others' shoes. In：K D Markman, W M P Klein, J A Suhr. (Eds.). The handbook of imagination and mental simulation. New York：Psychology Press，2008：295-309.

③　Epley N, Morewedge C, Keysar B. Perspective taking in children and adults：Equivalent egocentrism but differential correction. Journal of Experimental Social psychology，2004，40：760-768.

判断他人的能力是后天习得的，儿童在 4 岁以前还不能区分"自己所思"和"他人所想"的差别，之后儿童逐步知道自己的思想与他人的差异是明显而经常的。虽然成人的基于自我锚定的调整功能可能出现失误，但这种丰富的调整功能确实是儿童与成人的主要区别。与个人主义文化相比，集体主义文化（如以中国文化为代表的东方文化）强调理解和尊重他人的重要性，"己所不欲，勿施于人""知己知彼，百战不殆"，东方人耳濡目染形成了善于设身处地，换位思考的特点，更善于调整自己的判断锚，准确把握他人的思想和特质[①]。

2. 增进人际沟通的准确性

人际沟通不仅仅是双方的言语表达过程，而是由视听知觉、人际知觉、心理调节、生理反应等多种活动组成的协调过程[②]。沟通是有目的，是传达信息、表达感情、激励士气或控制行为的。沟通是含有人际互动的因素，人际互动是通过言语和非言语线索实现人与人之间的心理互动与行为互动。沟通是一个你来我往的互动过程，这个过程包含许多障碍、变数和困局。人际沟通的过程就是克服障碍、传递信息的过程，其心理机制主要由自我中心偏差和调节机制构成。自我表露、倾听和基本共识是克服自我中心偏差的有效办法，交易与调整过程包含着人际沟通过程中的调节机制。

虽然透彻了解他人不一定导致亲密[③]，但适当的沟通是通向亲密的必经之路。对双方来说，人际沟通需要共识，这些共识包括信任、合作、宽容等。在人际沟通过程中，信任是双方都在检测的对方品质。信任就是对双方是否可信赖和可依靠的确认，信任包含对对方的积极情感因素，也包含对对方的认可等认知因素[④]。信任是建立、维持和亲密发展的基础。合

---

① Wu S, Keysar B. Cultural effects on perspective taking. Psychological Science，2007，18：600-606.

② Semin G R. Grounding communication：Synchrony. In：A. Kruglanski，E T Higgins. (Eds.). Social Psychology：Handbook of Basic Principles. New York：Guilford，2007：630-649.

③ Norton M，Frost J，Ariely D. Less is more：The lure of ambiguity，or why familiarity breeds contempt. Journal of Personality and Social Psychology，2007，92：97-105.

④ Simpson J A. Foundations of interpersonal trust. In：A. Kruglanski，E T Higgins. (Eds.). Social Psychology：Handbook of Basic Principles. New York：Guilford，2007：587-607.

作是双方沟通的信息基础。在双方合作的情况下，沟通双方可以减少信息阻隔，沟通语言和渠道更畅通、更简捷；在双方合作的情况下，沟通双方可以减少情绪对抗，沟通心态和情绪更自然、更愉悦。宽容就是对他人的不足和错误的理解和原谅①。宽容者能够对他人的错误做雅量归因，能够理解他人的处境，宽容是信任的结果，宽容是合作的基础。

自我表露和倾听在人际沟通中起着了解和被了解的作用。亲密关系的形成依赖于自我表露。自我表露是指个体把个人信息告诉他人，与他人共享内心感受和信息的过程。自我表露会增进理解、关心和认同，自我表露是使关系更亲密的重要途径。适当的自我表露可以拓展沟通范围，使话题由浅入深；可以增加共享程度，使双方的心理感受由分离到重叠，由此双方关系也由一般向亲密转化。如果一个人在与他人交往时缺乏这种自我表露，他会感受到更多的寂寞，难以与他人建立起亲密关系②。倾听是对对方的言语和行为的积极主动的专注和理解。倾听需要全神贯注，要求完整接受他人发出的信息和意义，既能理解思想含义，也能理解对方的情感。良好的倾听在工作、生活中具有信息功能，可以准确理解对方；倾听具有情绪功能，可以表示对对方的信任和支持。

不同文化背景下人际沟通是人际关系研究的新热点，文化是调节人际沟通方式的重要因素③。集体主义文化和个人主义文化喜欢从不同的角度看待自己、他人，以及他们之间的关系。个人主义文化认为自己是独立、自主和与众不同的，集体主义文化认为自己始终是社会网络中的一部分。Higgins(1997)提出调节聚焦理论④，认为自我调节包括两个相互独立的方式，一个叫提升调节聚焦，另一个是防御调节聚焦。提升调节聚焦方式关注获得、追求、成就，喜欢冒险和张扬；而防御调节聚焦方式关注安全、

---

① McCullough M E, Root L M, Tabak B, Witvliet C V O. Forgiveness. In: S J Lopez (Ed.). Handbook of Positive Psychology (2nd ed.). New York: Oxford, 2009: 427-435.

② 蒋索，邹泓，胡茜. 国外自我表露研究述评. 心理科学进展，2008，16：114-123.

③ Lee A Y, Semin G R. Culture through the Lens of Self-Regulatory Orientations. In: Wyer et al. (Eds.). Understanding Culture: Theory, Research and Application. New York: Psychology Press，2009：271-288.

④ Higgins ET. Beyond pleasure and pain. American Psychologist，1997，52：1280-1300.

损失，喜欢稳妥和中庸。受个人主义文化影响的个体，在人际沟通时更可能表现为提升调节聚焦方式，其惯常的情绪行为常常是高兴、失意、率直、自豪、痛苦等；受集体主义文化影响的个体，在人际沟通时更可能表现为防御调节聚焦方式，其惯常的情绪行为常常是愉悦、失望、缄默、羞涩、内疚、责任等。研究者认为，美国人更喜欢在广阔的社会情境中展露自我，以表明自己与众不同，而来自集体主义文化的中国人和日本人的自我表露的范围很有限，更喜欢换位思考和观点采择①，更喜欢做情境归因，能更好地评价自己，尤其是对自己在某一情境下的道德表现和利他表现的判断更为准确②。

3. 人际关系的调整和发展

人际关系的亲密程度、融洽程度和协调程度都是情感成分的具体体现，情感因素在人际关系中起着主导作用，制约着人际关系的满足程度、深浅程度和稳定程度，"友情""亲情""爱情""人情"等人际关系用语都着重人际交往中的情感因素。人际关系的调整和发展依赖于人际交往的外显行为。这些外显行为包括人际互动中的身姿、举止、表情等动作，也包括人际互动中的关怀、宽容、依恋、侵犯、利他、爱、社会支持等行为③。人们在交往中必须借助各种外显行为来传递信息、表达感情，这些外显行为既是建立人际关系的条件，也是反映人际关系状况的重要依据。人际关系外显行为的核心是给予和获得。给予就是给予对方爱、关怀、利益等，目的是使对方更舒适；获得就是想从对方获得利益、尊严或面子，目的是使自己更舒适。在人际关系中，给予和获得的关系和影响是复杂的，既依赖于关系的亲疏，也依赖于个体的能力和志向，例如，对他人的依赖既可能诱发进一步的依赖，也可能提高个体的独立性和自主性④；了解他人既可

① Wu S，Keysar B. Cultural effects on perspective taking. Psychological Science，2007，18：600-606.

② Balcetis E，Dunning D，Miller R L. Do collectivists know themselves better than individualists? Cross-cultural studies of the holier than thou phenomenon. Journal of Personality and Social Psychology，2008，95：1252-1267.

③ Bono G，McCullough M E，Root L M. Forgiveness，feeling connected to others，and well-being：Two longitudinal studies. Personality and Social Psychology Bulletin，2008，34：182-195.

④ Feeney B C. The dependency paradox in close relationships：Accepting dependence promotes independence. Journal of Personality and Social Psychology，2007，92：268-285.

能增强同情心，也可能使个体更自我中心①。

人际沟通过程是一个充满变化的过程，对这个变化过程的研究可以增进人际沟通的效能。信息是变化的，双方发出和接受的信息始终处于滚动变化之中，双方所处的环境信息也处于变化之中。角色是变化的，双方都是信息的发出者和接收者。沟通目的也是变化的，沟通目的可能是说服、也可能是谈判、也可能是命令等。由于这些变化需要沟通者对自己的利益诉求或行为方式进行转变。交易是改变自己和他人利益诉求的满足量和满足方式，谈判是交易的艺术，交易可以提高说服的效果。调整是对自己和他人的行为方式进行转变。在交易和调整过程中，个体有时调整自己，有时改变对方，有时双方都改变。有研究显示，虽然人际冲突可以诱发消极情绪和敌视行为，但人际冲突也可以促进个体的积极变化，即人际冲突可以促使个体调整自己的情感态度，进而降低个体因刻板印象而引发的知觉偏差②。人际沟通过程是需要双方时刻注意调整自己的言行，这样个体才有很好的适应力，这样的沟通才能有效持续③。人际情绪调节就是人际互动中对自我和互动对象的情绪的调节④。人际情绪调节有助于克服负性情绪、释放正性情绪，增进人际的和谐。

(三)人际关系模式

人际关系是人际交往过程中逐渐建立和发展起来的。人际交往是人际关系得以建立和维持的直接前提，人际关系则是个体在人际交往中积淀形成的心理关系。人与人之间受自身利益、他人利益、个人角色、文化观

---

① Epley N，Caruso E M，Bazerman M H. When perspective taking increases taking：Reactive Egoism in social interaction. Journal of Personality and Social Psychology，2006，91：872-889.

② Czopp A M，Monteith M J，Mark A Y. Standing up for a change：Reducing bias through interpersonal confrontation. Journal of Personality and Social Psychology. 2006，90：784-803.

③ Overall N C，Fletcher G J O，Simpson J A，Sibley C G. Regulating Partners in Intimate Relationships：The Costs and Benefits of Different Communication Strategies. Journal of Personality and Social Psychology，2009，96：620-639.

④ 卢家楣，孙俊才，刘伟. 诱发负性情绪时人际情绪调节与个体情绪调节对前瞻记忆的影响. 心理学报，2008，40：1258-1265.

念、价值观念和情境条件等因素的影响，会形成各式各样的人际关系模式①。人际关系模式是人与人因相互交往而构成的具有一定模式特征的社会关系，是人际关系的具体化②。对称关系就是双方既强调给予对方，也强调从对方处获取收益的关系。当人际关系中一方或主要强调给予对方，或主要强调从对方处获取收益时，这种关系就是非对称关系。从收获取向和给予取向两个维度出发，可以把人际关系模式分为三种，一是以交换关系和互倚关系为核心的对称关系，二是以一体关系为核心的非对称关系，三是以社会侵犯和社会排斥为核心的非对称关系。

1. 以交换关系和互倚关系为核心的对称关系

交换关系就是一种对称关系。在交换关系中，个体付出代价的同时期望能获得同等的利益。交换关系强调独立个体之间的关系，经常使用的词汇是"你""我"和"他或她"，三者的利益不同，关注的利益方面不同，一方的付出需要对方的回报。在交换关系背景下，与他人交往时，"我"会参考交换关系规范，如对于别人的好意，"我"要及时回报；自己帮助他人，"我"会很在意对方的行为反应；当对方冒犯自己时，脆弱的自尊心受伤，会产生挫折感，进而会引发侵犯行为。交换关系规范包含交换的公平原则、比较原则、互惠原则和失调平衡原则等。当出现不公平交换时，双方都会感到苦恼或愤怒；当某人因违反分配公平交换而得益时，人则会有负罪感。

社会交换理论认为人际关系就是交换关系，人与人之间的交往是受经济原则支配的一种社会交换过程，人与人之间的关系可以由互动过程中的报酬和代价交换来解释③。报酬包括物质和心理需求的满足，如经济收益、信息、物品、服务、声誉、喜欢等。代价是指蒙受的损失，如时间、金钱、精力、焦虑等。Thibaut 和 Kelley 以结果矩阵来分析参与者们的交换关系，量化人际互动过程中的报酬和代价。社会交换理论强调人可以在社会比较的基础上计算自己的得与失，公平交换是最低标准，高报酬、低代

① Van Lange P A M，De Cremer D，Van Dijk E，Van Vugt M. Self-interest and beyond：Basic principles of social interaction. In：A. Kruglanski，E T Higgins. （Ed.）. Social Psychology：Handbook of Basic Principles. New York：Guilford，2007：540-561.

② Taylor S E，Peplau L A，Sears D O. Social Psychology(11th). Prentice-Hall，Inc，2004.

③ Thibaut J W，Kelley H H. The Social Psychology of Groups. New York：John Wiley and Sons，1959.

价交换是期望标准。

交换关系中的双方需要频繁的利益交换才能维持紧密的关系，不平衡的利益交换容易引起冲突和怨恨。在交换关系背景下的夫妻，双方的"我"和"你"概念是明晰的，双方遵循交换关系的规范，容易培养自恋性格，不愿意调整自己，喜欢关注对方的不足，且有更多的"不满意"，甚至出现欺负行为。互倚关系是个体之间的相互依附关系，互倚程度越高则双方的相互交换就频繁，相互来往就越广泛，相互依赖程度就越高[①]。互倚关系是双方互相强调"获取"和"给予"的交换关系的结果，是建立在交换关系上的相互依赖和相互影响。

2. 以一体关系为核心的非对称关系

社会交换理论为我们解释人际关系提供了一种理论框架，但其效力的普遍性受到许多研究者的质疑。给予不一定都伴随着不快，给予也可以使人产生快乐[②]。给予不一定都需要酬报，还存在与交换关系不同的非交换性的人际关系。Clark 等把人际关系分为两类，一类是交换关系，另一类是一体关系[③]。Clark 等认为，把人际关系都看成是经济关系，把人际关系都看成是以自我利益优先的经济人进行交换的思想是令人不舒服的，也是不切实际的。在一体关系中，个体感受到自己对对方的需要负有责任，施与帮助，且不计较回报，因而一体关系是一种非对称关系。交换关系和一体关系在人们之间都会发生，但是两者在付出和回报规则上存在显著差异。

一体关系中的"一体"含有"我们"的意思[④]。"我们"是自我概念的扩展，是归属需要的具体体现。一体关系规范强调"我们"的重要性，"我们"是由独立个体形成的共同体。与"我"相比，"我们"会衍生出许多相关概念，如"我们的理想、我们的困难、我们的责任"等。在这些理念的指导下，一方

① Rusbult C E, Van Lange P A M. Interdependence, interaction, and relationships. The Annual Review of Psychology, 2003, 54: 351-375.

② Dunn E W, Aknin L B, Norton M I. Spending money on others promotes happiness. Science, 2008, 319: 1687-1688.

③ Clark M S. Keeping track of needs in communal and exchange relationships. Journal of Personality and Social Psychology, 1986, 51: 333-338.

④ Clark M S, Finkel E J. Willingness to express emotion: The impact of relationship type, communal orientation, and their interaction. Journal of Personality and Social Psychology, 2005, 12: 169-180.

更留意对方的需要，而且不在意对方的回报；若不帮助"我们"的人，则会产生内疚感；若"我们"的人有错，通过对错误有雅量的归因，一般会宽恕对方[1]。一体关系通常发生在家庭成员、朋友和恋人之间，也发生在偶然认识的人之间，也发生在群体之间。从人际关系角度来看，社会责任和亲社会行为是一体关系在社会层面的表现。

一体关系规范还强调高级道德情感的表达[2]。伴随自我概念的扩展，一体关系常与"共情""感动""内疚""宽恕"等高级情感相连，也常与人类所特有的情感相连，如集体感、荣誉感、责任感、羞耻心等。一体关系中的人更喜欢谈论有关情感的话题，比如"为什么不开心"，"为什么悲伤"。这些情感都是人们在一体关系背景下所形成的具有稳定性和深刻性的高级情感。一体关系中的个体会有共情感受，对方快乐就是自己的快乐，对方的困难就是自己的困难；当对方处于艰难境遇的时候，自己会志愿帮助[3]。这些情感可以通过减轻压力和应激而对免疫功能产生影响，促进心理康复。交换关系中的人们则更喜欢谈论非情绪性的话题，比如他们喜欢的工作知识或奖罚知识。交换关系与满意或不满意、愤怒或忧虑等情绪相连。交换关系中产生的情绪具有情景性、激动性和短暂性，例如强烈的愤怒或忧郁等。法律契约常常以各取所需、准公平交换的方式确认双方的权利、义务和利益关系。法律契约包括企业内部的劳务合同、规章规定、目标考核、绩效奖励和薪酬制度等。商业关系是建立在法律契约基础之上的交换关系，例如，绩效薪酬制度就体现了管理者的责权利和属下的责权利之间的交换关系。

3. 以社会侵犯和社会排斥为核心的非对称关系

以强调获取而忽视给予的非对称关系主要包括由社会侵犯和社会隔离等现象所引发的人际关系。侵犯行为就是有意伤害他人的行为，具体表现是，骚扰他人，造谣报复，攻击行为等。当代社会心理学中解释侵犯行为

---

[1]　Aron A，McLaughlin-Volpe T，Mashek D，Lewandowski G，Wright S C，Aron E N. Including close others in the self. European Review of Social Psychology，2004，15：101-132.

[2]　Lemay Jr. E P，Clark M S，Feeney B C. Projection of responsiveness to needs and the construction of satisfying communal relationships. Journal of Personality and Social Psychology，2007，92：834-853.

[3]　Wiltermuth S S，Heath C. Synchrony and cooperation. Psychological Science，2009，20：1-5.

原因的侵犯理论是很丰富的。侵犯行为的相互作用理论认为，侵犯是当事方的言语和行为相互作用的结果，是一方在收益和付出的权衡博弈之后，采取独占尊严和财物的行动①。侵犯行为的发生是环境因素和侵犯者自身因素的相互作用的结果，面对挑衅或不良媒体的影响②，高自尊的自恋者更容易表现出侵犯行为③。减少侵犯行为，需要改变外界的环境条件，减少贫富差异，营造公平公正的环境；需要改变双方的利益期望，减少挫折感；需要改变双方的角色，改善人际关系行为；需要惩罚侵犯行为，说服教育，控制暴力现象的榜样性影响④。

社会排斥指人际关系中的一方被部分或全部地排除在社会交往活动之外，致使此方难以获得人际关系相关收益的现象⑤。社会排斥在国家和地区层面表现为经济、政治、社会和文化方面的禁运和封锁，致使该国家或地区遭受诸如失业、贫困、人才缺乏、犯罪高发、健康恶化等社会秩序混乱现象⑥。在群体和个体层次，社会排斥表现为排斥、贬低、拒绝、孤立和无视，致使群体或个体难以实现归属需要，并对个体的认知、情绪、身

① Bowling N A, Beehr T A. Workplace harassment from the victim's perspective: A theoretical model and meta-analysis. Journal of Applied Psychology, 2006, 91: 998-1011.

② Bushman B J, Huesmann L R. Short-term and long-term effects of violent media on aggression in children and adults. Archives of Pediatrics & Adolescent Medicine, 2006, 160: 348-352.

③ Bushman B J, Baumeister R F, Thomaes S, Ryu E, Begeer S, West S G. Looking again, and harder, for a link between low self-esteem and aggression. Journal of Personality, 2009, 77: 427-446.

④ Anderson C A, Huesmann L R. Human aggression: A social-cognitive view. In: M A Hogg, J Cooper. (Eds.). Handbook of Social Psychology. London: Sage Publications, 2003: 296-323.

⑤ Baumeister R F, Brewer L E, Tice D M, Twenge J M. The need to belong: Understanding the interpersonal and inner effects of social exclusion. Social and Personality Psychology Compass, 2007, 1: 506-520.

⑥ DeWall C N, Twenge J M, Gitter S A, Baumeister R F. It's the thought that counts: The role of hostile cognition in shaping aggressive responses to social exclusion. Journal of Personality and Social Psychology, 2009, 96: 45-59.

体和心理健康造成了破坏性的后果①。

4. 人际关系模式与亲密关系

孟子曾对宣王说："君之视臣如手足，则臣视君如腹心；君之视臣如犬马，则臣视君如国人；君之视臣如土芥，则臣视君如寇仇。"(《孟子·离娄篇下》)大致意思是，君主把臣下看成为自己的手脚，那么臣下就会把君主看成为自己的腹心；君主把臣下看成为狗马，那么臣下就会把君主看成为一般人；君主把臣下看成为泥土草芥，那么臣下就会把君主看成为仇敌。"手足"关系与"一体关系"类似，会感动他人，引发向心力量；"犬马"关系与"交换关系"类似，会引发交换行为；"土芥"关系与"社会排斥"类似，会引发敌对和恼怒现象。亲密关系是双方比较满意的，并承诺继续保持关系的人际关系状态。

有两种亲密关系，一种是互倚关系，另一种是一体关系，这两种亲密关系所引发的行为方式和归因方式不同。一体关系是对交换关系的超越，反映了人类的优秀品质，符合社会对道德觉醒和社会责任的呼唤。互倚关系是频繁和广泛的相互交换逐渐达到相互依赖程度的结果。互倚关系的终止原因主要是双方在交换关系上的不平衡或不公平，或双方交换关系的惯例遭受破坏。互倚关系的终止容易被一方解释为另一方背信弃义，因而，互倚关系的终止常伴随着侵犯、恼怒和怨恨。一体关系的核心是对对方的困难具有高度的责任感，是双方或单方强调"给予"的结果②。一体程度越高则双方越愿意为对方的福祉而奉献出自己的拥有，例如，时间、力量、服务、金钱，甚至是生命。一体关系的终止原因主要是客观条件的限制。一体关系的终止常伴随着自责、羞愧和无奈。高强度的一体关系通常包含互倚关系，而强的互倚关系不一定包含一体关系。强的互倚关系有利于建立信任和承诺，而一体关系能将信任和承诺持续持久，且能使双方更成熟和更满足。

亲密关系的核心是对关系持续的满足感和承诺。交换关系和一体关系

---

① Twenge J M，Baumeister R F，DeWall C N，Ciarocco N J，Bartels J M. Social exclusion decreases prosocial behavior. Journal of Personality and Social Psychology，2007，92：56-66.

② Lemay E P Jr.，Clark M S. How the head liberates the heart：Projection of communal responsiveness guides relationship promotion. Journal of Personality and Social Psychology，2008，94：647-671.

分别对承诺进行了解释。针对承诺，Rusbult 基于交换关系提出了投资模型①。投资模型可以用两个公式来表达，承诺＝满意－替代人＋投资，满意＝报酬－代价。也就是说，对关系的满意会提高承诺水平，提供报酬的替代人会降低承诺水平，而双方关系的总投入（成本）会提高承诺水平；人际关系的满意的前提是公平，公平依赖于报酬和代价的差，人们不喜欢感觉到被剥削，也不喜欢占他人的便宜。一体关系认为，对对方福祉的责任就是承诺。共情、自我表露和利他行为是关注对方福祉的行为和情感表现，也是承诺的基础。共情性关怀就是准确识别、理解和关注他人的苦难。当两者都对第三人怀有负性情绪时，共情性关怀可以通过帮助处于困境中的他人增进两者关系的紧密程度②。

三、人际关系研究的发展特点与发展趋势

人际关系作为社会心理学研究的重要内容，引起越来越多的社会心理学家的高度关注，研究中重视时代特征和社会经济发展特征的特点也越来越明显。无疑把握人际关系的实质及其作用，对于正确处理社会矛盾和构建和谐社会具有重大意义。

（一）人际关系研究的价值日益凸显

人际关系的和谐是和谐社会的核心，在构建和谐社会的今天，强调协调人与人关系、强调"以人为本"观念的实质就是希望通过人与人之间的关系和谐促进社会经济的发展。因此，如何构建和谐关系将成为重大的时代性和世界性课题③。构建和谐的人际关系将成为社会心理学的重要理论课题和实践课题④。学校教育心理学、组织管理心理学、临床或医学心理学、司法与犯罪心理学、体育运动心理学等都离不开人际关系的研究。在这些

---

① Rusbult C E, Martz J M. Remaining in an abusive relationship：An investment model analysis of nonvoluntary commitment. Personality and Social Psychology Bulletin，1995，21：558-571.

② Bosson J K, Johnson A B, Niederhoffer K, Swann W B Jr. Interpersonal chemistry through negativity：Bonding by sharing negative attitudes about others. Personal Relationships，2006，13：135-150.

③ Van Vugt M, Snyder M. Cooperation in the 21st Century：Fostering community action and civic participation. American Behavioral Scientist，2002，45：761-918.

④ 黄希庭. 构建和谐社会：呼唤中国化人格与社会心理学研究. 心理科学进展，2007，15(2)：193-195.

领域中人际关系的研究都是非常重要的内容。例如，在组织管理心理学中，人际沟通、组织和领导下属等问题直接影响组织的效能；在学校教育心理学中，师生关系、同学关系、优差生关系等直接影响教学质量和儿童的发展；在司法与犯罪心理学中人际关系既是犯罪成因之一、也是感化犯罪分子的重要途径。因此，人际关系研究是应用心理学的一项期待重点突破的领域。

　　和谐人际关系的核心是相互理解、付出给予、情感融洽和行为协调。构建和谐人际关系的基础是洞悉人际知觉的特点，明晰人际关系模式的规律，掌握增进人际和谐的措施和手段。维系良好人际关系的条件是对对方需求的承诺和满足，对适时处理各种人际危机的准确预期，对达到和谐和积极合作结果的乐观期待[1]。对他人的情绪、动机和个性能够做出准确识别、调整和回应的能力可以提高人际关系的质量[2]。沟通、宽恕、共情和倾听等手段都有助于改善和维系和谐的人际关系。向他人付出和对付出的觉知可以提高双方的幸福感和人际关系的和谐程度[3]。沟通是和谐关系建立的基础，是人与人之间传递情感、态度、信念和想法的双向过程；宽恕是对他人过失的谅解，减少人际危机的一种方法；共情是设身处地地把握他人的处境，理解他人行为的原因的心理过程。和谐的人际关系是身体健康、人际协作和危机处理的基础[4]。和谐的人际关系可以提高群体的凝聚力、创造力和效能，可以提高个体的身心健康[5]。

　　在强调协作、团队和沟通的当代社会，人际关系既是个体最重要的特征之一，也是个体最重要的能力之一。人际关系能力是个体在与他人相互影响的过程中所表现出来的营造具有适应和改造环境效能的人际关系的能

---

①　Srivastava S，McGonigal K M，Richards J M，Butler E A，Gross J J. Optimism in close relationships：How seeing things in a positive light makes them so. Journal of Personality and Social Psychology，2006，91：143-153.

②　Lopes P N，Salovey P；Côté S，Beers M，Petty R E. Emotion regulation abilities and the quality of social interaction. Emotion，2005，5：113-118.

③　Impett E A，Gable S L，Peplau L A. Giving up and giving in：The costs and benefits of daily sacrifice in intimate relationships. Journal of Personality and Social Psychology，2005，89：327-344.

④　Cohen S. Social Relationships and health. American Psychologist，2004，59：676-684.

⑤　Cohen S，Lemay E. Why would social networks be linked to affect and health practices? Health Psychology，2007，26：410-417.

力。在浪漫关系、友谊、冲突、沟通、谈判、说服、心理咨询、侵犯和骚扰等研究课题中都包含着人际关系发展的内容。人际关系的发展过程是人类生活中的重要事项，既有认知因素，也有情绪因素；既有个体因素，也有群体因素；既有意识过程，也有无意识过程。随着信息化时代的到来，网络上的亲密关系的建立方式、维持和破裂过程与现实亲密关系是存在差异的①。网络亲密关系比现实亲密关系更加完美化，但存在更多的情感性背叛。害羞人格特质的个体、高焦虑依恋特征的个体、性开放者和感情丰富的个体、婚恋受挫的个体更易形成网络亲密关系。

(二)研究人际关系的范式不断丰富

目前，研究人际关系的范式多种多样。社会认知神经科学、文化心理学、进化心理学、积极心理学和诸多应用心理学都从自身的视角对人际关系进行研究。这些研究范式所采用的方法不同，所关注的核心内容不同，这些研究范式揭示人是一种社会的、文化的和生理遗传的高级动物。这既反映了人际关系的内涵丰富和层次多样，也反映了研究人际关系的难度和重要性。从人际关系研究的发展态势看，有四种研究范式值得重视。

一是社会认知神经科学的研究范式。社会认知神经科学是从社会行为、信息加工和神经生理等层次出发对社会心理和行为进行研究的②。社会认知神经科学致力于综合性地解释人际知觉、人际情绪和人际关系调节等过程的心理机制和神经生理机制。认知他人是人际关系研究的核心内容之一。认知他人主要包含表征他人的心理、体验他人的心理状态和调节自身社会情绪反应等三种心理过程。Mitchell 等的 fMRI 研究表明，表征他人的心理是由他人信息所激发的对他人心理和行为的表征，是外侧颞叶（LTC）和背内侧前额叶皮层（DMPFC）的功能；LTC 的活动是对他人信息的自动反应过程，而 DMPFC 的活动是对他人信息的内部表征的控制加工过程③。在 Mithchell 等的实验中，实验材料是照片和描述照片的具有个性

---

① 孟庆东，王争艳. 网络亲密关系的性质与成因. 心理科学进展，2009，17(2)：396-402.

② Ochsner K N. Social cognitive neuroscience: historical development, core principles, and future promise. In: A Kruglanksi, E T Higgins. (Eds.). Social Psychology: A Handbook of Basic Principles. (2nd Ed.). New York: Guilford, 2007: 39-66.

③ Mithchell J P, Macrae C N, Banaji M R. Encoding-specific effects of social cognition on the neural correlates of subsequent memory. Journal of Neuroscience, 2004, 24: 4912-4917.

特点的语句(如"这人经常会见不同背景的人物"),被试接受两种处理,第一种处理是要求被试"形成关于照片人物的印象",另一种处理是要求被试"记住照片人物信息的呈现顺序"。第一种处理是社会认知加工,而第二种处理是非社会认知加工。结果发现,接受第一种处理的被试的 DMPFC 和 LTC 区域活动强烈,而接受第二种处理的被试的右侧海马区域活动强烈。体验他人的心理状态是一种共情体验他人的情绪和社会行为特征的控制加工过程;体验他人的心理状态主要是腹内侧前额叶皮层(VMPFC)的功能,当 VMPFC 受损时,病人的共情功能受损。外侧前额叶皮层(LPFC)是处理情绪信息和社会行为的工作记忆场所,是情绪反应和社会适宜性行为控制的关键区域,LPFC 受损的病人具有典型的情绪社会智力低下的特征:自我认知和自我情绪表达能力下降、社会行为的适宜性降低、个人道德判断力和自我约束力降低、正性情绪表达能力下降、计划性差、坚持性差[1]。

二是文化心理学的研究范式。文化心理学试图从文化差异的角度来研究人际关系。文化心理学既是经济社会全球化时代的产物,也是时代对心理学发展提出的挑战,我们应关注主要文化背景下的人际关系研究,尤其是要研究中国人的人际关系特点[2]。中国人的人际关系思想体系中蕴含着迥异于西方的、丰富的人际关系理论[3]。传统儒家文化中的人际关系思想是以"仁""义""礼""智""信"为核心的,中国人的人际关系更倾向于集体取向、权威取向、关系取向、辩证取向和中庸取向。中国人的人际关系研究需要处理好"破"和"立"的关系。一方面,中国人的人际关系研究既要突破传统西方心理学的文化偏差和偏见、同时也要突破中国人对人际关系的庸俗化理解和纯思辨的研究方法;另一方面,要把跨文化的研究模式和本土心理学结合,既要根植于中国文化,也要采取实证的、比较的研究方法。

三是进化心理学的研究范式。进化心理学把人类的心理属性看作是进化的结果,人类所拥有的、现在仍然发挥着作用的心理属性都是在漫长的岁月中被选择、被固化和被扬弃的结果。进化心理学是用自然科学来解释

---

① Lieberman M D. Social cognitive neuroscience:A review of core processes. Annual Review of Psychology,2007,58:259-289.

② 侯玉波. 社会心理学. 北京:北京大学出版社,2007:140-144.

③ Peng K,Nisbett R E. Culture,dialecticism,and reasoning about contradiction. American Psychologist,1999,54:741-754.

社会现象和人文现象的理论①。进化心理学学者认为，进化有三种基本力量：选择、变异和合作②，选择是竞争的结果，也是合作的结果。合作就是自己付出，让他人受益。合作可以使双方直接互惠、双方间接互惠、人群网络互惠、群体受益和亲属受益③，因而，竞争与合作都是人际关系的典型特征，人类进化的直接结果。进化心理学对人际关系研究有丰富的成果。人际知觉和人际吸引是社会心理学的重要课题，也是进化心理学关注的主要领域。鲜艳的红色不影响男人对女人的智力和整体喜欢度的评价，但可以诱导男人提高对女人的吸引力和性感评价④。进化心理学用生物适应理论来解释负性偏差，认为负性信息具有更多的生存意义，面对负性信息，个体若不做迅速和强烈的反应，个体的生存可能受到威胁，所以负性信息的信号意义更强，对个体的影响力更大。

四是积极心理学的研究范式。积极心理学是美国乃至全球心理学界兴起的一个新的研究范式，并逐渐形成一场积极心理学运动。⑤ 积极心理学是对过去近一个世纪中占主导地位的消极心理学模式的一种扬弃，强调用更加开放的、欣赏性的眼光去看待人类的潜能、动机和能力。⑥ 积极的人际关系是近年来兴起的积极心理学思潮所关注的对象，人际关系的情感成分可以被识别，也可以被调节。积极心理学认为，心理学是帮助人如何追求幸福生活、如何获得个人和组织力量的学科。积极情绪是亲密关系、心理幸福感和社会幸福感的源泉，亲密关系又是直接影响幸福生活、个人和

---

① Wilson D S，Van Vugt M，O'Gorman R. Multilevel selection theory and major evolutionary transitions：Implications for Psychological Science. Current Directions in Psychological Science，2008，17：6-9.

② Nowak M A. Generosity：A winner's advice. Nature，2008，456：579.

③ Nowak M A. Five rules for the evolution of cooperation. Science，2006，314：1560-1563.

④ Elliot A J，Niesta D. Romantic Red：Red Enhances Men's Attraction to Women. Journal of Personality and Social Psychology，2008，95：1150-1164.

⑤ Seligman M E P，Csikszentmihalyi M. Positive psychology：An introduction. American Psychologist，2000，55：5-14.

⑥ Fredrickson B L，Cohn M A，Coffey K A，Pek J，Finkel S M. Open hearts build lives：Positive emotions，induced through loving-kindness meditation，build consequential personal resources. Journal of Personality and Social Psychology，2008，95：1045-1062.

组织力量的重要因素。① 亲密关系，包括友谊和婚姻，对于快乐、主观幸福感、身心健康关系和积极的人际环境都有很大影响。

四、结束语

人际关系是社会心理学领域关注程度较高的现象。在社会心理学研究中，人际交往就是建立、维系和改善人际关系的过程，人际吸引和亲密关系都是在人际交往过程中形成的。社会心理学中存在着两种研究人际关系的范式，一种是偏差范式，其核心是研究人际关系中的误解、误读、冲突和失误等；另一种是准确性范式，其核心是研究增进人际和谐的方法和措施。解决人际关系的偏差具有理论和实践意义，构建和谐的人际关系具有重大的现实意义。人际关系模式是人们在相互交往过程中逐步形成的具有模式特征的社会关系。人际关系模式特征取决于个体在获取和给予维度上的相对特征。人是一种具有社会性、文化性和生理遗传性的高级动物。人际关系是人类永恒的交往形式，同时也受到社会的、文化的和生理遗传因素的影响。人际关系的研究需要多种研究范式从多个角度出发系统地研究。

（王拥军）

① Waugh C E，Fredrickson B L. Nice to know you：Positive emotions，self-other overlap，and complex understanding in the formation of a new relationship. Journal of Positive Psychology，2006，1：93-106.

亲密关系研究的研究热点和发展趋势

什么是亲密关系？我们很难得到一个确切的答案，不同领域的研究者都会给出很多不同的描述，这也是亲密关系成为心理学、社会学、传播学、老年学等多个学科关注的研究主题的原因。但多数研究者，甚至普通人都认同亲密关系包括六个基本特征，即关系双方彼此了解、关心、信赖、互动、信任和承诺①。即使有了如上六个特征的界定，对亲密关系内涵和外延的理解还是有很多种。在 20 世纪 80 年代以及更早时候，亲密关系研究涵盖很多内容，包括友谊（同性和异性朋友的友谊）、家庭成员关系（夫妻、亲子、同胞等关系）、恋人之间的关系②。亲密关系研究的年龄范围也颇广，从婴儿、儿童、青少年、成人到老年人均有涉及。但后来的实证研究中，亲密关系的含义越来越具体，有时特指"浪漫关系"，即恋爱或者夫妻关系。

一、亲密关系研究的发展历史

早在 20 世纪 50 年代，费斯汀格等社会心理学研究者就已经在人际交往、社会认知等领域对亲密关系的发生、维持、权力分配、关系的丧失等众多主题进行了研究，形成了部分经典的研究主题，也得到一些著名的结论。例如，地理位置的接近可能促成亲密交往、外表的吸引对亲密关系形成的影响、相似性和互补性在亲密关系产生中的作用、亲密关系中的印象形成与管理等。但是，当时的亲密关系并没有获得一个独立研究领域的地位，更多是被社会心理学工作者视为一个特殊的研究背景。这种状况随着有关亲密关系研究数量的增加，研究主题的丰富而逐渐改变。

到了 20 世纪 80 年代，亲密关系作为一个研究领域已经越来越繁荣，这一时期斯滕伯格提出亲密关系中的重要理论：爱情的三元理论；有关亲

---

① 莎伦·布雷姆等. 郭辉，肖斌译. 亲密关系. 北京：人民邮电出版社，2005.

② Berscheid E，Snyder M，Omoto A M. The relationship closeness inventory：Assessing the closeness of interpersonal relationships. Journal of Personality and Social Psychology，1989，57(5)：192-807.

密关系中的关系信念①、自我表露②等也成为这一时期新的研究热点。这些研究发现的许多有趣的现象和结果开始被接受和传播。例如，Tolstedt和 Stokes 的研究发现，亲密关系发展的初期，人们交流的主题广泛，但自我表露深度不大；当确定恋人或伴侣关系后自我表露的广度可能变小，深度则逐渐加深；而当关系逐渐恶化时，双方的表露广度随关系满意度的降低而缩小，但他们自我表露的深度仍在增加，表现为彼此发泄较多的消极和负面情感③。这一时期亲密关系中的一些核心问题，如关系发展中情感成分的变化、亲密关系中的权力模式、个体归因模式对伴侣幸福感的影响、自我表露与孤独感的关系④、印象管理中个体自我监控能力与亲密关系形成、维持的关系⑤等得到了较充分的研究。

进入 20 世纪 90 年代，亲密关系领域的研究除了延续传统主题之外⑥，还增加了对亲密关系中更为细腻的情感和认知现象的研究。值得一提的是，有关亲密关系中嫉妒的研究，不仅描述亲密关系中存在的两种类型的嫉妒（怀疑性和反应性嫉妒），还分别探讨了个体自尊、依恋类型、性别角色等与嫉妒的关系，并得到了一些有趣的结果。例如，Sharpsteen 等⑦发现依恋类型为矛盾型的个体总在寻求与伴侣的亲密，但又担心伴侣回报给自己的爱不够多，从而导致较多的嫉妒；而安全型和回避型个体一般不担心被遗弃，他们所体会到的嫉妒相对较少；当然，在亲密关系遭到威胁时，安全型个体也会体验到强烈的恐惧。依恋类型不仅影响个体嫉妒体验

---

① Eidelson R J, Epstein N. Cognition and relationship maladjustment: Development of a measure of dysfunctional relationship beliefs. Journal of Consulting and Clinical Psychology, 1982, 50(5): 715-720.

② Tolstedt B E, Stokes J P. Self-disclosure, intimacy, and the depenetration process. Journal of Personality and Social Psychology, 1984, 46(1): 84-90.

③ Tolstedt B E, Stokes J P. Self-disclosure, intimacy, and the depenetration process. Journal of Personality and Social Psychology, 1984, 46(1): 84-90.

④ Solano C H, Batten P G, Parish E A. Loneliness and patterns of self-disclosure. Journal of Personality and Social Psychology, 1982, 43(3): 524-531.

⑤ Snyder M, Simpson J A. Self-monitoring and dating relationships. Journal of Personality and Social Psychology, 1984, 47(6): 1281-1291.

⑥ Kenny D A, Acitelli L K. Measuring similarity in couples. Journal of Family Psychology, 1994, 8(4): 417-431.

⑦ Sharpsteen D J, Kirkpatrick L A. Romantic jealousy and adult romantic attachment. Journal of Personality and Social Psychology, 1997, 72(3): 627-640.

的多少与程度，还影响亲密关系中个体对对方的依赖程度、承诺、信任和满意度。研究同样发现，与其他依恋类型相比，安全型个体能够在亲密关系中体会到更多的积极情绪，更少的消极情绪①。

许多亲密关系研究开始将个体观念或特征、情感体验等，放置到亲密关系发展的过程中进行研究。例如，考察个体有关恋爱、浪漫关系的两种观念：宿命的或发展的观念对两人关系发生、关系压力应对、关系结束、关系回顾等过程的影响②。研究结果发现，持爱情宿命观的恋人在浪漫关系建立之初的满意度能够预测其关系持续的时间，但当遇到压力时他们会更多采用逃避策略，当关系不幸结束时更倾向认为这种关系在建立之初就是错误的；而持爱情发展观的恋人则认为，成功的亲密关系需要培养，他们更积极地投入到约会中，面对关系中的困扰通常会积极应对，关系结束也不会为之自责。又如，考察浪漫关系中爱和相关情感体验的变化的研究③，发现个体对恋人的爱、承诺、关系满意度等积极情感会随关系发展而逐渐增加，而且能够预测其未来亲密关系的稳定性，只有在关系破裂的数月之前会出现各种积极情感的急剧减缩。也有研究者将这种恋爱关系中的精细研究模式延续到婚姻关系中。例如，有人考察了来自恋人和配偶的评价与个体确定感之间的关系。研究结果表明④，那些具有消极自我概念的个体与对他们做出积极评价的恋人关系最亲密，而当评价对象是伴侣时情况则发生逆转：他们与对自己做消极评价的伴侣关系最亲密；而且在已婚被试身上这种对积极评价的排斥，不仅限于拥有消极自我概念的人，即使是那些自我概念积极的个体与对自己作出极端良好评价（没有自我验证）的伴侣的亲密程度也较低。为什么婚姻能够预测这种强调点（从喜好积极

① Simpson J A. Influence of attachment styles on romantic relationships. Journal of Personality and Social Psychology，1990，59(5)：971-980.

② Knee C R. Implicit theories of relationships：Assessment and prediction of romantic relationship initiation，coping，and longevity. Journal of Personality and Social Psychology，1998，74(2)：360-370.

③ Sprecher S. "I love you more today than yesterday"：Romantic partners' perceptions of changes in love and related affect over time. Journal of Personality and Social Psychology，1999，76(1)：46-53.

④ Swann Jr W B，Ronde C D L，Hixon J G. Authenticity and positivity strivings in marriage and courtship. Journal of Personality and Social Psychology，1994，66(5)：857-869.

评价到偏爱消极评价)的转移？研究者从恋爱和婚姻两种关系的独特功能进行了解释，认为恋爱关系提供了一个某人是否适合作配偶的背景，其评价性较强；而婚姻关系的评价性较低，双方都假定既成的亲密关系将会永远持续下去，其焦点是帮助彼此追求双方共同的目标。这时，对配偶优点和缺点的认识，能够帮助他认清自己的位置，发现和发展自己的潜能。因此，人们对恋人和伴侣的评价会做不同理解，产生不同的情绪体验和关系评价。

二、近年来亲密关系研究关注的研究热点

近年来，亲密关系领域中的研究选题更加贴近生活，更加关注处于关系中的个体所经历的独特心理体验。这种体验突出地表现为个体在处理自我和亲密关系之间矛盾时所经历的心理斗争。这里重点介绍目前亲密关系研究在以下三个方面的进展：亲密关系的维持与"经营"、风险管理、亲密关系中的暴力。

(一)亲密关系的维持与"经营"

"生命诚可贵，爱情价更高，若为自由故，两者皆可抛。"这一经典诗句反映了个体基本需要(生存)和两个高级需求(爱情和自由)三者之间的关系。而亲密关系的维持与"经营"这一主题正是讨论爱情与自由的关系，也就是有关利他、忘我、牺牲与个人主义、自治、个人自由两种价值观在亲密关系中的相互作用。

爱情将两个个体联系在一起，但个体的最大利益并不总和其伴侣或两人关系的最大利益一致。因此，在亲密关系中，人们总要面临这样的选择：是否要违背自己的真实愿望而忘我地为对方和双方的关系牺牲。这种牺牲包括在重要的(如为了对方有更好的事业发展而放弃自己的工作和发展机会)和琐碎的利益冲突(如家务分配、看什么电视节目)中做出让步。

许多研究①关注亲密关系中个人与关系以及个人与对方利益冲突的解决，发现最常见的解决办法就是一方牺牲以满足对方或维护关系。但是，有研究者，特别是女权主义临床工作者和研究者认为，在某些情况下把伴侣或恋人的利益放在自己利益之上是有害的。她们认为牺牲导致相互依赖

---

① Van Lange P A M，Rusbult C E，Drigotas S M，Arriaga X M，Witcher B S，Cox C L. Willingness to sacrifice in close relationships. Journal of Personality and Social Psychology，1997，72：1373-1395.

（通常是女性对男性的依赖）、关系不和谐、个体的抑郁症状。因此，在这一研究主题中便出现了两种相互矛盾的研究结论：一方面，实证研究表明在人际关系中隐藏或改变个体的真实愿望与个体心理压力的增加、关系满意度的降低有关①；另一方面，社会心理学研究强调人际关系中牺牲的积极意义，指出人际关系中的牺牲能够增加关系满意度，延长关系持续时间②。下面将分别介绍亲密关系中牺牲的研究定位、相关研究方法、理论和主要实证研究。

亲密关系中的牺牲指一方为了对方或者双方关系而放弃个体的即时自我利益。在实证研究中，牺牲被区分为消极的（如放弃自己所期望的行为）和积极的（获得自己不期望的行为），还有些牺牲兼具两种特征。虽然牺牲在日常亲密关系中频繁出现，而且有些牺牲在日常生活中对个体和关系维持具有重要意义，但这一主题并不是亲密关系传统研究的主要方面，所以相应的实证研究并不很多。

以往研究主要关注亲密关系中的牺牲行为。这些研究通常采用两种方法收集牺牲这一变量的数据：第一，要求被试评价他们在多大程度上放弃了自己喜爱的活动或消遣以维持亲密关系；第二，要求被试对实验者呈现的一个牺牲事件做出反应，以表明他们放弃自己期望的活动（例如"与其他同伴在一起的时间"），或者投入不期望的活动（例如，参加自己不认识和熟悉的聚会）以维持和促进亲密关系的程度。有研究者③认为这些方法都不能反映日常生活中真实的牺牲经历，因此提出，新的研究方法应该超越对研究者规定的、个别既定牺牲事件和假设的牺牲愿望的测量，而直接测查被试在日常生活中为伴侣或恋人实际做出的多种牺牲。

多数有关亲密关系中的牺牲的实证研究，都是以相互依赖的理论模型为基础的。这一模型提出亲密关系的结构决定了个体有必要放弃他们的即

① Fritz H L, Helgeson V S. Distinctions of unmitigated communion from communion: Self-neglect and overinvolvement with others. Journal of Personality and Social Psychology, 1998, 75: 121-140.

② Van Lange P A M, Rusbult C E, Drigotas S M, Arriaga X M, Witcher B S, Cox C L. Willingness to sacrifice in close relationships. Journal of Personality and Social Psychology, 1997, 72: 1373-1395.

③ Impett E A, Gable S L, Peplaum L A. Giving up and giving In: The costs and benefits of daily sacrifice in intimate relationships. Journal of Personality and Social Psychology, 2005, 89(3): 327-344.

时利益和偏好。根据这个理论，当双方的利益一致，他们的结构就是"协调的"，此时不需作出牺牲，关系结构也是平衡而稳定的。但是，当双方利益冲突时，他们的结构就是"不协调的"。在这种情况下，个体被迫在"维护自身利益"和"牺牲利益以解决困境"中做出选择。当个体放弃自己的愿望时就经历了"动机转化"，即用对伴侣或关系和谐的关注替代追求自身利益的愿望。

以往多数有关牺牲的实证研究，几乎将亲密关系中牺牲可能带来的潜在利益完全排除在外。但几项对亲密关系的横断研究和追踪研究都表明，牺牲的意愿与双方关系调适程度的增加有关；而且，是否具有牺牲意愿是预测恋爱关系是否能持续到半年以上的一个显著因素[1]。还有研究[2]表明，感知到恋人做出牺牲能够增加对恋人的信任，反过来能加强双方对关系的承诺。

当然，不可否认牺牲是有代价的。例如，一个人的牺牲可能解决了亲密关系中一个暂时的困境，但个体心中的怨恨、内疚、依赖却挥之不去，或者付出抑郁等其他心理代价[3]。在这方面，对冲突逃避的研究[4]就发现，隐藏个体的真实感受与当时及后来的关系满意度降低有关。女权主义临床医生和理论家提出[5]，将个人愿望降到次要地位、将个人牺牲视作自己的义务可能带给个体抑郁、自我缺失等心理问题，而这些问题对女性的影响

---

① Van Lange P A M, Rusbult C E, Drigotas S M, Arriaga X M, Witcher B S, Cox C L. Willingness to sacrifice in close relationships. Journal of Personality and Social Psychology, 1997, 72: 1373-1395.

② Wieselquist J, Rusbult C E, Foster C A, Agnew C R. Commitment, pro-relationship behavior, and trust in close relationships. Journal of Personality and Social Psychology, 1999, 77: 942-966.

③ Rusbult C E, Van Lange P A M. Interdependence processes. In: E T Higgins, A W Kruglanski (Eds.), Social psychology: Handbook of basic principles. New York: Guilford Press, 1996: 564-596.

④ Cramer D. Satisfaction with romantic relationships and a four-component model of conflict resolution. In: S P Shohov (Ed.), Advances in psychological research (Vol. 16). Hauppauge, NY: NOVA Science Publishers, 2002: 129-137.

⑤ Jack D C, Dill D. The silencing the self scale: Schemas of intimacy associated with depression in women. Psychology of Women Quarterly, 1992, 16: 97-106.

通常多于男性。Fritz 和 Helgeson 的研究①也表明，损害自己成全他人对幸福感有消极影响。总之，对牺牲和其他相关现象的研究表明，在关系中放弃个人的即时愿望有代价也有收益。那么，在实证研究层面我们如何解释这些相互矛盾的结果呢？

新近研究②将个体动机引入到牺牲研究中尝试解释以往研究中出现的矛盾结果。他们认为，当个体为了满足对方的需要而做出牺牲时，可能体验到快乐感或满足感；而为了避免伤害性后果，而忽略自己的需要做出牺牲行为则可能导致消极后果。尽管前面谈到的相互依赖理论也指出是否出现牺牲行为与个体目标、价值和动机有关，但几乎没有实证研究深入探讨、比较过牺牲行为背后的动机差异和不同动机支配下的牺牲行为后果。

Impett 等的研究采用趋避动机视角来考察亲密关系中的牺牲。在亲密关系研究中持趋近动机的个体，更关注牺牲行为所带来的积极结果，如对方快乐或者关系更加亲密；而逃避动机则指个体为了避免消极结果，如冲突、不满、对方对关系失去兴趣而行动。

有关动机过程的许多理论都假定存在趋近和逃避两个不同的系统③，分别为行为趋近系统（驱动那些能够赢得奖励的行为）和行为抑制系统（驱动那些对惩罚信号做出反应的行为）。许多研究者将两种系统的区分应用到其他具体研究领域中。例如，Higgins 的焦点调节理论④，将自我调节区分为两个独立形式：一个关注积极结果或状态的增进，另一个主要避免消极后果的出现；Elliot 也在其个人奋斗的研究领域⑤和学业成就研究中区分了趋近和逃避目标。这些观点得到了新近神经生理学研究的数据支持。例

① Fritz H L, Helgeson V S. Distinctions of unmitigated communion from communion: Self-neglect and overinvolvement with others. Journal of Personality and Social Psychology, 1998, 75: 121-140.

② Impett E A, Gable S L, Peplaum L A. Giving up and giving In: The costs and benefits of daily sacrifice in intimate relationships. Journal of Personality and Social Psychology, 2005, 89(3): 327-344.

③ Elliot A J, Covington M V. Approach and avoidance motivation. Educational Psychology Review, 2001, 13: 73-92.

④ Higgins E T. Promotion and prevention: Regulatory focus as a motivational principle. Advances in Experimental Social Psychology, 1998, 30: 1-46.

⑤ Elliot A J, Covington M V. Approach and avoidance motivation. Educational Psychology Review, 2001, 13: 73-92.

如，Harmon-Jones 和 Allen① 用脑电记录技术考察了行为趋向系统和行为抑制系统的使用得分，来预测前额叶静息不对称电位。在这些研究的基础上，Davidson 和他的同事们提出趋近和逃避是由两个不同的神经系统支配的②。

趋避动机的区分能够帮助我们深入认识和理解人际关系中各种现象和重要变量的变化规律。在一项动机和人际交往关系的研究中，Gable 发现行为趋近系统高度敏感的被试，比趋近系统敏感性低的被试报告在日常生活中经历了更多的积极情绪，而行为抑制系统高度敏感的被试比敏感性低的被试体验到更多的消极情绪③。最近，Gable 对社会动机的研究也表明不同的动机和目标能预测不同的社会行为结果④。在三个短期的追踪研究中，趋近的社会动机和目标与积极社会特质，如对社会关系满意，与更少孤独感相关，而逃避的社会动机和目标则与消极社会特质，如更消极的社会态度和更多的关系不安全感相关。

趋避动机的分析框架应用于亲密关系中牺牲的研究中，就能够合理解释同样的牺牲行为为何对个人幸福、伴侣或恋人幸福、亲密关系质量具有不同的影响。

首先，不同牺牲动机对牺牲者的影响。人们为伴侣或恋人做出牺牲后可能会有不同的情感体验。例如，满足伴侣的愿望使其快乐（趋近动机），可能通过移情或共情过程而增加了自己的快乐和积极情绪。但是，如果为了避免冲突而做出牺牲（逃避动机），可能最好的结果是产生解脱感，最糟糕的结果是产生个体难以避免的焦虑和紧张。对人际关系而言，人们可能因为趋避动机不同而表现出对伴侣和关系的不同感受。一个做出牺牲而取悦妻子的丈夫（趋近动机），可能因为知道自己关心妻子并恰当表达了自己

① Harmon-Jones E, Allen J J B. Behavioral activation sensitivity and resting frontal EEG asymmetry: Covariation of putative indicators related to risk for mood disorders. Journal of Abnormal Psychology, 1997, 106: 159-163.

② Davidson R J, Ekman P, Saron C D, Senulis J A, Friesen W V. Approach-withdrawal and cerebral asymmetry: Emotional expression and brain physiology. Journal of Personality and Social Psychology, 1990, 58: 330-341.

③ Gable S L, Reis H T, Elliot A J. Behavioral activation and inhibition in everyday life. Journal of Personality and Social Psychology, 2000, 78: 1135-1149.

④ Gable S L, Haidt J. What (and why) is positive psychology? Review of General Psychology, 2005, 9: 103-110.

的责任感而对婚姻更加满意。相反，一个为了避免让妻子失望而做出牺牲的丈夫（逃避动机），可能因为不满或其他消极情绪而体会不到对婚姻关系的满意。

最近，对恋爱关系的实证研究为这些观点提供了初步支持[①]。在这个研究中，那些出于对恋人的真正关心而放弃自己的需要来解决关系冲突的个体，报告更多的自我获益和人际利益（如增强了关系）。相反，那些为了避免冲突而放弃自己需要的人，则报告更多个人的（如不快乐、不满）和关系的（削弱了亲密关系）消极后果。这个结果说明牺牲动机与个体幸福和亲密关系质量有关。

其次，不同牺牲动机对牺牲受益者的影响。在人际关系中面临潜在的利益冲突时，个体经常会关注伴侣或恋人是否会为了维护双方的关系，而选择放弃自己的利益。感知到伴侣的牺牲是趋近还是逃避动机，可能引起个体不同的感受和关系质量的不同变化。例如，一个相信自己的妻子为了表现爱和支持（趋近动机）放弃和朋友共进午餐，而选择陪自己打网球的丈夫，其感受与认为妻子只是为了履行义务、避免让丈夫失望（逃避动机）而做出牺牲的丈夫会截然不同。

最后，社会特质在趋避动机影响中的调节作用。当然，研究者们也指出，评价和解释人际互动情景并最终作出趋近或逃避社会动机的过程中，个体的某些人格特质会起到很大作用。一般而言，那些合群倾向较高的个体期望他们的人际互动是相对有收益的，而那些拒绝恐惧得分较高的个体通常期望惩罚[②]。这两种社会特质可能与亲密关系中的牺牲动机有关。具体而言，那些具有较高合群倾向的个体更可能出于趋近动机而做出牺牲，而高拒绝恐惧的个体相对更可能在逃避动机的支配下牺牲。

（二）亲密关系中的风险管理

如果说上面的研究主题主要关注"牺牲"这种外部行为因动机不同，而对个体、对亲密关系产生不同的影响，那么，这里的研究主题仍然涉及在个体和关系之间做出抉择，不过所涉及的完全是个体内部的思考和决策

---

① Neff K D, Harter S. The authenticity of conflict resolutions among adult couples: Does women's other-oriented behavior reflect their true selves? Sex Roles, 2002, 47: 403-412.

② Gable S L, Reis H T, Elliot A J. Behavioral activation and inhibition in everyday life. Journal of Personality and Social Psychology, 2000, 78: 1135-1149.

过程。

　　亲密关系和其他人际交往类似，处于其中的个体都会体验到保持个人价值感（即自我保护目标）和增进双方依赖性（即增进关系的目标）之间的冲突，因为这些冲突既能增加双方依赖性，提升亲近度的想法和行为的可能，也同时增加了个体（包括其情感和能力）被拒绝、被否认的可能性①。所以，在亲密关系中，人们通常会为了满足增加亲密性的目标而向自我保护（保护自我价值感）的想法妥协。例如，恋爱中的女性可能因为各种原因，如嫉妒而向男友抱怨以寻求安慰，这样可以提高两人的亲密度和相互依赖性，但同时她也冒着因心胸狭窄而被男友批评和贬低的风险，甚至因此而降低了男友对亲密关系的信心，导致亲密关系丧失。这样，为了达到自我保护目标，女方可能会减少短期内自己对男友的依赖行为，避免失去亲密关系可能带来的长期痛苦②。可见，自我保护和增进关系两个目标的并存是亲密关系中的个体所面临的一个基本的趋避冲突。

　　有关人际拒绝与自我保护、增进关系目标之间关系的研究，在一般人际交往研究领域中已经得到一些可资借鉴的重要结论。例如，Maner等的研究③发现，被陌生人拒绝增加了人们使用吸引他人积极社会反应的方式来行动的倾向——增加了恳求友谊，寻求认可和在合作任务中更努力表现的愿望。通过预先暗示而发出的间接拒绝，也可以激活个体寻求亲近他人的想法④。而另一方面，增进关系的目标也能够达到类似效果，如 Gardner 等⑤发现长期渴望增进关系、增加社会联系，也会增加人们侦测社会线索，如语调和面部表情等能暴露他人能否满足其需要的信息的正确度。

---

①　Murray S L，Holmes J G，Collins N L. Optimizing assurance：The risk regulation system in relationships. Psychological Bulletin，2006，132：641-666.

②　Idem.

③　Maner J K，DeWall C N，Baumeister R F，Schaller M. Does social exclusion motivate interpersonal reconnection? Resolving the "porcupine problem." Journal of Personality and Social Psychology，2007，92：42-55.

④　Mikulincer M，Birnbaum G，Woddis D，Nachmias O. Stress and accessibility of proximity-related thoughts：Exploring the normative and intraindividual components of attachment theory. Journal of Personality and Social Psychology，2000，78：509-523.

⑤　Gardner W L，Pickett C L，Jefferis V，Knowles M. On the outside looking in：Loneliness and social monitoring. Personality and Social Psychology Bulletin，2005，31：1549-1560.

　　同时也有大量证据表明，人们被驱动逃避那些可能被拒绝和伤害的情境。Leary 和 Baumeister 指出①拒绝十分重要，以至于自我系统进化出测量拒绝威胁的能力。他们指出，自尊是一个测量个体感知被他人接受的可能性以调节行为的社会标尺。在这个尺度上，痛苦落在自尊的信号拒绝范围内，就会驱动个体逃避伤害性情境。与这一逻辑一致，被陌生人排斥或者预期未来缺乏社会联系，都会降低人们将自己置于可能被他人伤害的情境中的意愿。这些经历不仅降低人们为他人牺牲自己利益的意愿，还增强了他们攻击不喜欢的他人的意愿②。

　　目前，这些实证研究的结果，以及 Lewin 描述的学习理论中的趋避冲突、张力系统、正/负效价等概念，都被引入到亲密关系研究中。也就是说，在亲密关系系统中，既有增加伤害的负效价情景，也有使这些担心和伤害降低到最小的正效价情景。正负效价的强度比较导致最终的行为反应。如果拒绝带来的伤害远大于接受带来的快乐，自我保护（逃避消极情境）的动力将比寻求亲密、增进关系的动力更强（接近积极情境）。在具体情景中，妻子越接近和依赖丈夫，其自我保护、逃避拒绝的目标动机就越强，因为关系越接近担心被拒绝的想法就越强烈；但是，如果被丈夫接受带来的愉悦大于被拒绝带来的痛苦，妻子依赖丈夫、增进亲密关系的力量就大于自我保护和逃避的力量。

　　最近，有研究者③提出一个专门解释亲密关系中趋避冲突解决的理论模型。该模型认为，个体存在一个风险监控系统，能够平衡增进亲密关系和自我保护这对矛盾的人际交往目标。风险监控系统的目标是使个体在关系中的安全感或舒适度最大化，即使个体更不容易被伤害。为了达到这个目标，系统就要首先对关系情景进行评价，将优先权赋予增进关系的目标或者自我保护的目标，以便让被伤害的可能性降到最低。亲密关系中的伴

　　① Leary M R, Baumeister R F. The nature and function of self-esteem: Sociometer theory. In: M P Zanna (Ed.). Advances in experimental social psychology. San Diego, CA: Academic Press, 2000, 32: 2-51.

　　② Twenge J M, Baumeister R F, DeWall C N, Ciarocco N J, Bartels J M. Social exclusion decreases prosocial behavior. Journal of Personality and Social Psychology, 2007, 92: 56-66.

　　③ Murray S L, Derrick J L, Leder S, Holmes J G. Balancing connectedness and self-protection goals in close relationships: A levels-of-processing perspective on risk regulation. Journal of Personality and Social Psychology, 2008, 94(3): 429-459.

侣在许多方面(休闲、家务分配、时间安排等)、以多种方式发生互动，总会出现一方的要求被拒绝，随之出现伴侣对被拒绝的忧虑。他们会评估自己可能遭到的拒绝和伤害，从而在自己能够承受的范围内选择能够增进亲密关系的依赖行为。在亲密关系发展的整个过程中，个体需要反复地、通常是无意识地在增进关系(增加双方依赖性)和自我保护(降低双方依赖性)之间进行选择。最终，人们就形成了一个恰当的风险监控系统，能让自己在受伤害的连续体中维持一个相对有安全感的地位，从容面对可能带来伤害的关系情景。

Murray 等[①]的风险监控系统的工作原理如下：包含人际风险或伤害性的情景，能够自动激活两个相互矛盾的目标：增进亲密关系和自我保护目标。两个目标将支配不同的行为反应。对情景的评估(高风险或低风险的情景)、个体自身特征(低自尊、高依恋焦虑、拒绝敏感性高等)等因素，都会影响个体对目标的选择。当自我保护目标被激活，它可能启动一个执行控制系统。这个系统通过两个相互关联的"如果……那么……"规则，分别推断伴侣在情境中接受或拒绝的可能性、这种可能性与个体满足或受伤害的感受、自尊的得与失之间的联系，最终帮助人们辨别在哪些情境中应该减少依赖行为，哪些情境中能安全地增进关系，以解决自我保护和增进关系两种目标之间的冲突。在这一系列心理加工中，从情景激活两种目标到执行控制系统的启动对认知资源的要求不断增加。当然，随着亲密关系发展，个体对伴侣的信任也会调节其增进关系或者自我保护目标的激活阈限。

以上模型中所提到的可能影响风险监控系统最终做出目标选择的众多因素中，被研究最多的是个体对伴侣接受性、反应性的感知和个体自尊。首先，对伴侣接受性感知的影响。对伴侣接受性和反应性的感知是亲密关系双方，在长期的相互交往过程中逐渐形成的对对方行为的预期，它也受个体人格特质的影响，能够调节个体的动机和目标选择[②]。如果妻子认为丈夫是一个能对其需要做出反应的人，那么，妻子因丈夫最初的不敏感而

---

① Murray S L, Derrick J L, Leder S, Holmes J G. Balancing connectedness and self-protection goals in close relationships: A levels-of-processing perspective on risk regulation. Journal of Personality and Social Psychology, 2008, 94(3): 429-459.

② Murray S L, Bellavia G, Rose P, Griffin D. Once hurt, twice hurtful: How perceived regard regulates daily marital interaction. Journal of Personality and Social Psychology, 2003, 84: 126-147.

焦虑就不是保持其安全感的最佳反应方式；如果妻子认为丈夫是一个反应性差的人，那么，这个反应可能是妻子从伤害中保存安全感的最好选择。

其次，个体自尊的影响。在最近的亲密关系研究中，自尊常常被作为交往过程、关系评价等各种交往行为和人际关系之间的中介变量。同样，在风险管理这一研究主题中，自尊也被许多研究者作为一个重要影响因素加以关注。Leary 和 Baumeister 的研究①发现，在人际交往中低自尊者存在普遍的被拒绝期望，因此，他们更为担心并努力避免亲密关系中对方的拒绝。所以，在亲密关系中那些低自尊的个体通常会低估伴侣(恋人或配偶)对他们的评价和爱他们的程度。在这些情景中，低自尊者通常赋予自我保护目标优先权。这样，其监控系统能迅速侦测到微弱的拒绝信号，并向个体发出存在伤害可能性的强烈信号，使个体减少对伴侣的依赖行为，以便最大限度降低亲密交往对其安全感的危害。有关亲密关系的实证研究也发现，低自尊的人很快能从伴侣发脾气②、指出他们身上的不好品质③等这类事件中感受到拒绝。尔后，低自尊者通过贬低伴侣在自己心目中的价值等方式，应对由拒绝引发的焦虑，提前减小被拒绝可能带来的痛苦。他们较少依赖伴侣作为自尊和安慰的来源，他们也会消极评价伴侣④。而对于高自尊的人来说，对伴侣(或他人)接受性乐观的期望，足可以补偿或减少拒绝带来的痛苦⑤。因此，其控制系统将增进亲密关系作为优先选择的目标——系统被校准去准备感受接受性，对可能受到的伤害发出极弱的信号，驱动个体增加亲近和相互依赖行为，这使得个体能从关系中体验到更多的安全感。总之，当面临亲密关系中的风险情景时，高自尊者比低自

①　Leary M R, Baumeister R F. The nature and function of self-esteem: Sociometer theory. In: M P Zanna (Ed.), Advances in experimental social psychology. San Diego, CA: Academic Press, 2000, 32: 2-51.

②　Bellavia G, Murray S L. Did I do that? Self esteem-related differences in reactions to romantic partners' moods. Personal Relationships, 2003, 10: 77-96.

③　Murray S L, Bellavia G, Rose P, Griffin D. Once hurt, twice hurtful: How perceived regard regulates daily marital interaction. Journal of Personality and Social Psychology, 2003, 84: 126-147.

④　Murray S L, Derrick J L, Leder S, Holmes J G. Balancing connectedness and self-protection goals in close relationships: A levels-of-processing perspective on risk regulation. Journal of Personality and Social Psychology, 2008, 94(3): 429-459.

⑤　Murray S L, Holmes J G, Collins N L. Optimizing assurance: The risk regulation system in relationships. Psychological Bulletin, 2006, 132: 641-666.

尊者更可能选择并实现增进亲密关系，与伴侣保持亲密和依赖这个目标；而低自尊者则倾向于选择、执行自我保护的目标。

（三）亲密关系中的暴力

在关注亲密关系中积极行为的同时，也有许多研究者对亲密关系中的消极现象，如冲突、暴力、虐待等行为感兴趣。目前，研究者们试图从亲密关系中的个体特征，如认知加工能力、个性特征，甚至心理失调等角度来解释这些消极行为和问题。例如，Fite 等[①]以 Dodge 的社会信息加工模型为框架，考察社会信息加工能力在亲代夫妻关系冲突与子代恋爱关系冲突之间的中介作用。结构方程模型分析结果显示，在其所考察的四个社会信息加工阶段（编码、敌意归因、攻击反应的生成、积极评价攻击反应）中，只有反应生成和反应评价两个阶段存在显著的独立中介效应。这说明子代生成亲密关系中的行为反应和有效评价其反应的潜在后果这两种能力，可以帮助我们部分地解释亲密关系冲突的代际传递现象。

但是，这一研究主题下的更多研究是从个体的个性心理特征方面，考察导致亲密关系失调或障碍的可能原因。例如，Moore 等[②]考察了个体的性别角色压力对亲密关系中暴力现象的影响。他们的研究发现，那些经常在亲密关系中表现出暴力行为的男性，在性别角色压力量表上的总分对各种形式的针对亲密伴侣的暴力犯罪都有显著的预测作用。对五种具体性别角色压力的分析表明，它们对不同形式的伴侣攻击行为的预测作用不同。其中，工作和性生活失败带来的性别角色压力能够预测心理攻击；身体健康但缺乏温柔带来的性别角色压力能够预测施暴者对亲密伴侣的性强迫行为，而智力不足带来的角色压力，与对伴侣的身体伤害相关。但这个研究没有发现什么样的角色压力可能引起亲密关系中的身体攻击。

在通常情况下，亲密关系中的暴力行为发生都有一定的外部条件或者诱因（如酗酒、赌博等），那么，这个外部的诱因和近来研究者所强调的个

---

① Fite J E，Bates J E，Holtzworth-Munroe A，Dodge K A，Nay S Y，Pettit G S. Social information processing mediates the intergenerational transmission of aggressiveness in romantic relationships. Journal of Family Psychology 2008，22(3)：367-376.

② Moore T M，Stuart G L，McNulty J K，Addis M E，Cordova J V，Temple J R. Domains of masculine gender role stress and intimate partner violence in a clinical sample of violent men. Psychology of Men & Masculinity，2008，9(2)：82-89.

体内部的个性特征究竟哪一个在暴力行为的出现中作用更大？Fals-Stewart 等[①]在其研究中分别考察并比较了那些进入家庭暴力矫治计划的男性和参加嗜酒治疗计划的男性的反社会人格障碍，在酗酒和他们（针对女性伴侣）的暴力行为之间的中介作用。对这两个样本来说，在没有被诊断为反社会人格障碍的被试中，酗酒可能增加轻微到中等（未达到严重程度）的伴侣暴力；但在具有反社会人格障碍的被试中却不是这样，他们无论是否饮酒都会出现中等程度的伴侣暴力。与那些饮酒但不是反社会人格障碍的被试相比，被诊断为反社会人格障碍的男性饮酒行为与严重的暴力之间具有更强相关。Fals-Stewart 等在这些结果的基础上，提出醉酒和攻击性的多阈限模型，认为导致亲密关系中暴力的主要或关键因素是个体的反社会人格障碍。

围绕亲密关系中的暴力这一主题的研究，大都将研究焦点锁定在"施暴方"，考察施暴者的各种心理特质。但也有少数研究者将目光集中在受害者或受虐方（通常是女性），发现她们多数表现出焦虑和抑郁等症状，并在暴力干预计划未奏效之后离开配偶或者恋人。因此，研究者和临床工作者较为普遍地接受个体心理机能失调与重要关系（如亲密关系）失调有关。然而，Forero 的研究发现，一些受虐者在屡次受到伤害（甚至是严重伤害）之后，仍然毫不害怕地再次回到虐待自己的伴侣身边[②]。这些"无所畏惧"的受虐者被诊断为"分裂"。分裂是个体心灵内部的无意识防御机制，在临床上表现为不能同时体验正负两种情感、自尊不稳定、冲动、情感范围过大。在亲密关系中分裂的个体经常表现出关系不稳定、幸福感发生快速扭转等问题[③]。

这种分裂产生于儿童早期的创伤（如被虐待或情感上被忽视），如果最初行使保护功能，可以降低儿童心灵内部过分的敌意。若分裂在儿童情感发展中继续发挥作用，则可能导致儿童不能接受自己和他人的优点和缺点

---

① Fals-Stewart W，Leonard K E，Birchler G R．The occurrence of male-to-female intimate partner violence on days of men's drinking：The moderating effects of antisocial personality disorder．Journal of Consulting and Clinical Psychology 2005，73（2）：239-248.

② Forero R．Why do they return？Psychological determinants of the battered woman's decision to return to the batterer．Unpublished doctoral dissertation，New York University School of Social Work，2005.

③ Siegel J P．Dyadic splitting in partner relational disorders．Journal of Family Psychology，2006，20（3）：418-422.

共存，并与缺点和坏的一面保持理想距离。因为分裂若要起作用则必须首先歪曲现实，所以，分裂的个体在经历和回忆某个情景时，会先后出现理想化和贬低两种防御机制。在社会信息加工过程中过滤掉引起心灵冲突的主要信息。这样，在"全好"情境中，冲突被最小化或避免，而将好处最大化。而在"全坏"的情景记忆中充满消极互动，最终无法忍受、无法超越冲突。所以，分裂患者总是生活在快速变化的、不稳定的幸福感体验中。这种有关分裂机制的阐述，得到了认知理论研究的支持。在分裂的认知模型中，好的和坏的经验被不同的图式进行编码。图式的任何一个成分都能激活整个图式，激发其影响当前事件的力量。因为支配图式将决定个体注意什么、如何加工、赋予怎样的意义、激发怎样的情绪，那些分布在"全好"或"全坏"半球上的图式，让这种剧烈的摇摆和震动不断发生。一个被激活的"全坏"图式，可能迅速就产生了对目前正在进行的人际互动事实的歪曲感知，使个体倾向于对细微的刺激做出过分的、消极的反应。

分裂还可能导致多种人格障碍。个体病理学研究表明，儿童期具有这种障碍的女性成年后遭到攻击、家庭暴力、乱伦、信贷危机的可能性较高[1]，尤其与成人的虐待伴侣有关[2]。研究结果[3]显示，那些有创伤的女性可能表现出自我怀疑、自责、情感分离和其他一些内化了消极自我的表征，正是情感的分离和否定让她们"忘记"曾经遭受的虐待和经历的痛苦，而毫不畏惧地多次回到虐待者或施暴者身边。

Siegel（1998）在临床心理治疗及人际关系的心理病理学研究的基础上，提出将研究视角从个体人格障碍转移到亲密关系的动力学特征上，并重点关注夫妻或恋爱双方的人格障碍与关系障碍之间的联系[4]。早在 20 世纪 80 年

① Links P. Family environment and family psychopathology in the etiology of bor-derline personality disorder. In：J Clarkin，E Marziali，H Monroe-Blum（Eds.），Border-line personality disorder：Clinical and empirical perspectives. New York：Guilford Press，1992：45-65.

② Goldner V. When love hurts：Treating violent relationships. Psychoanalytic In-quiry，2004，24：346-372.

③ Forero R. Why do they return? Psychological determinants of the battered woman's decision to return to the batterer. Unpublished doctoral dissertation，New York University School of Social Work，2005.

④ Siegel J P. Defensive splitting in couples. Journal of Clinical Psychoanalysis，1998，7：305-327.

代就有临床心理治疗师报告了一些传统治疗策略对之不起作用的"问题夫妇"的独特特点①，如逃避现实、互动中特殊的动力学特征、双方或者一方为受虐狂。他们的动力学特征表现为不能容忍与配偶的"分离"，在解除关系的威胁、对失去的恐慌和幼稚的依赖之间不停地进行无序转变。研究者②指出亲密关系的依赖性和其与儿时家庭关系的相似性，激活了这些患者儿童期被虐待的记忆，引起一些未能解决的情感和主题，它们在亲密关系中被重新创造。

Siegel 在特殊的人际关系模式以及涉及分裂、否定、投射等防御机制的互动现象基础上提出了一个模型，认为双方都为人格分裂的夫妇或恋人，经常抱怨自己像走在蛋壳上一样，永远都不知道幸福体验什么时候会突然变成灾难，因为他们与伴侣之间的亲密、关怀，可能很快就被侮辱、悲观、疏远所取代③。于是，这种夫妇逐渐学会逃避可能带来冲突的领域，以保护片刻的平静。当"全坏"图式被激活以后，那些先前被最小化或者被否认的问题突然变得格外重要。这种情况下夫妻双方都认为对方有愧于自己。因为双方的支配图式，可能导致夫妻双方以不同方式回忆起同一个事件，所以双方会认为对方在撒谎。通常，对同一事件的不同版本的描述、有分歧的记忆和认知评价，会让亲密关系中的双方迷惑，增加彼此的不信任和不容忍。

除了做出理论上的描述，Siegel 还编制了测量这种分裂型夫妇的测量工具（Dyadic Splitting Scale）。这一工具曾被用来测量和区别正常和受虐狂夫妇，结果表明，被临床诊断为虐待狂和受虐狂的夫妇，在该量表上的平均分显著高于正常组夫妇得分④。2005 年，Forero 用这个工具测量那些被丈夫虐待而又多次回到丈夫身边的妇女。结果发现，这些妇女在分裂量表上的得分，与那些由法院裁定需要接受治疗的虐待亲密伴侣的男性以及临

---

① Solomon M F. Treatment of narcissistic and borderline disorders in marital therapy：Suggestions toward an enhanced therapeutic approach. Clinical Social Work Journal，1985，13：141-156.

② Maltas C P, Shay J. Trauma contagion in partners of survivors of childhood sexual a-buse. American Journal of Orthopsychiatry，1995，65：529-539.

③ Siegel J P. Dyadic splitting in partner relational disorders. Journal of Family Psychology，2006，20(3)：418-422.

④ Siegel J P, Spellman M E. The Dyadic Splitting Scale. American Journal of Family Therapy，2002，30：93-100.

床诊断为虐待狂的男性得分相似，都显著高于正常群体①。

在分析了存在亲密关系问题的个体的人格特征，与其存在的伴侣关系问题之间的关联后，研究者提出分裂存在代际传递，而且这种传递最终不仅仅意味着个体心理机能失调的传递，更表现为家庭功能失调的传递②。这种观点得到已有实证研究的支持，例如，多个研究指出施暴和受暴妇女的儿时经历很类似，都是其父母暴力亲密关系的受害者，或者在儿童期经受过身体虐待③；同时，在 Forero 的研究④中，70％的受暴后又多次回到施暴丈夫身边的妇女都报告自己儿童期曾被虐待，一半以上报告原生家庭的父母之间存在家庭暴力，38％儿童期遭受性虐待。

将"分裂"和"分裂型夫妻"的概念引入亲密关系研究的重要性，主要表现在治疗和分类上。以往亲密关系问题已经引起家庭心理治疗和个体心理治疗领域研究者的关注，但两类研究者分别将问题定义为家庭功能或者个体人格障碍（更多被看作后者），而以上有关夫妻双方存在分裂特征而产生的亲密关系问题，则将个体的心理问题和亲密关系问题联系起来，为亲密关系问题的诊断和治疗提供了新的视角。

三、亲密关系研究的发展特点与发展趋势

亲密关系研究经历了半个多世纪的发展已经从最初的研究主题、研究现象，成为一个目前相对独立的研究领域。这个领域中的实证研究，也从最初关注亲密关系形成和关系中个体的外显行为，转向对行为背后的心理过程、个体心理特征对关系影响的考察。在这个演变和发展过程中，亲密关系研究表现出如下一些明显的发展特点和发展趋势。

---

① Forero R. Why do they return? Psychological determinants of the battered woman's decision to return to the batterer. Unpublished doctoral dissertation, New York University School of Social Work, 2005.

② Siegel J P. Dyadic splitting in partner relational disorders. Journal of Family Psychology, 2006, 20(3): 418-422.

③ Samuelson S L, Campbell C D. Screening for domestic violence: Recommendations based on a practice survey. Professional Psychology: Research and Practice, 2005, 36(3): 276-282.

④ Forero R. Why do they return? Psychological determinants of the battered woman's decision to return to the batterer. Unpublished doctoral dissertation, New York University School of Social Work, 2005.

第一，研究现象的特异性增强。早期的亲密关系研究的结果（空间位置的接近性增进交往等），大多可以应用于友谊关系、熟人关系等普通人际交往中。而进入 21 世纪后，该领域的研究揭示出很多亲密关系，尤其浪漫关系或婚姻关系中所特有的现象。例如，Agnew 等[①]和 Burris 等[②]的研究表明，对浪漫关系的承诺与个体自发使用复数名词"我们"有关，个体更将自己和伴侣感知为一个整体，显示出强烈的关系中心倾向，此时个体的自我表征呈现出一个集体的"我们"，与伴侣有更多的身体接触，对于来自外界的身体威胁的自我保护反应较差。通常不能将自己和伴侣作为两个独立的个体思考。这种与亲密关系有关的认知变化在亲密的友谊关系中是微弱而不显著的，是浪漫关系所特有的。

第二，个体心理特征对亲密关系的影响成为研究重点。亲密关系研究始终围绕个体与亲密关系之间的关系展开，20 世纪之前研究的重点似乎是亲密关系作为一种特殊的人际背景，如何影响人们的心理过程，例如亲密关系中的印象管理，可能因关系发展阶段不同而表现出不同的管理目标。后来的研究在此基础上加入了个体心理特征可能对亲密关系中的心理过程或行为过程产生的影响。例如，自尊[③]、依恋类型[④]就是两个最经常出现的个体特征。这类研究在以往研究的基础上，增加了一些影响因素或者调节变量来限制先前研究结果的适用范围，也能够成功地解释以往同一主题中相互矛盾的研究结果。

第三，引入社会心理学中的一般理论模型解释亲密关系中的特殊现象。既然亲密关系被视为一种特殊的人际互动现象，研究者们也就很自然地将一般人际交往中的理论模型应用到亲密关系的研究中。例如，近年来出现许多以趋避冲突为理论模型，来解释亲密关系中出现的人际困境和个

---

①　Agnew C R，Van Lange P A M，Rusbult C E，Langston C A. Cognitive inter-dependence：Commitment and the mental representation of close relationships. Journal of Personality and Social Psychology，1998，74(4)：939-954.

②　Burris C T，Rempel J K. Me，myself，and us：Salient self-threats and relational connections. Journal of Personality and Social Psychology 2008，95(4)：944-961.

③　Murray S L，Derrick J L，Leder S，Holmes J G. Balancing connectedness and self-protection goals in close relationships：A levels-of-processing perspective on risk regulation. Journal of Personality and Social Psychology，2008，94(3)：429-459.

④　Sharpsteen D J，Kirkpatrick L A. Romantic jealousy and adult romantic attachment. Journal of Personality and SocinJ Psychology，1997，72(3)：627-640.

人困境。如前面介绍过的支配亲密关系中牺牲行为的趋近和逃避动机、亲密关系中交往风险的管理等都采用这种研究范式。再如，将社会比较理论应用在亲密关系中，比较与伴侣亲密程度不同的个体在与伴侣进行向上的和向下的比较时的心理感受①。该研究也发现了亲密关系中特有的现象：当个体将伴侣作为其自我概念的核心方面时，个体与伴侣做向上的社会比较，能给个体带来积极情绪体验。

第四，研究设计更加精细，研究的问题更为具体。亲密关系研究主题越来越具体，所针对的被试越来越特殊，如分裂型夫妻、亲密关系中的抑郁个体等，由此提出的模型也相对越来越具体。虽然这样的模型理论的应用性和指导性增强了，但这种具体而精细化的研究容易导致对这一领域的一些普遍的、核心的问题，如亲密关系对个体行为模式的影响、亲密关系的发展历程等主题的忽视。这些研究主题大多属行为层面，与日常生活中的亲密关系问题息息相关，应该得到积极关注。

第五，性关系开始作为影响亲密关系的重要变量出现。虽然性关系确实是亲密关系中的重要内容，但是早期亲密关系研究很少涉猎。一些新近的研究开始将性关系、性目标、性满意度、性欲望、情爱与性爱等纳入正式的研究变量中。例如，有研究②区分了亲密关系中的情爱和性爱的不同功能、其相对应的不同交往目标，提出并验证了两种交往目标支配下的交往行为、情绪状态、非言语行为等存在显著差异的研究假设。此外，2008年的一项追踪研究③结果发现，一些个体在亲密关系的人际互动中表现出强烈的趋近目标，即将交往行为视作追求积极体验，如乐趣、成长和发展的手段和过程。这种个体在日常生活中体验到更多的积极事件和较少消极事件，其趋近的性目标能抵御随时间流逝而导致的性欲降低。由此揭示趋近的性目标是个体趋近交往目标指向较强性欲望的重要中介变量。同样，

---

① Lockwood P, Dolderman D, Sadler P, Gerchak E. Feeling better about doing worse: Social comparisons within romantic relationships. Journal of Personality and Social Psychology, 2004, 87(1): 80-95.

② Gonzaga G C, Turner R A, Keltner D, Campos B, Altemus M. Romantic love and sexual desire in close relationships. Emotion, 2006, 6(2): 163-179.

③ Impett E A, Strachman A, Finkel E J, Gable S L. Maintaining sexual desire in intimate relationships: The importance of approach goals. Journal of Personality and Social Psychology, 2008, 94(5): 808-823.

性满意度还能够解释个体的神经质特征与较差的婚姻满意度之间的关系①。

综上所述，亲密关系研究领域历经半个多世纪的发展而更趋成熟，形成了一些该领域独特的研究主题。但是，透过目前亲密关系实证研究繁荣的现状，我们也不得不看到亲密关系研究领域在基本研究范式上还没出现大的突破，大多是沿用社会心理学中较为经典、成熟的理论模型和框架，而没有这个领域自己独特的研究模式。虽然我们看到实证研究中的研究设计越来越精巧，所涉及的变量越来越丰富，但多数研究都没能从理论高度清楚地说明这些变量之间存在必然联系，这可能导致新的研究只是在原有的两变量设计基础上增加了一个中介变量或者调节变量，为研究结果规定了一个具体的适用范围，而并没有研究结论和理论上的重要突破。研究选题的日趋细腻、研究设计的精细化倾向，帮助我们发现亲密关系中的一些有趣现象，但也容易遮蔽我们探索和寻找这一领域中核心问题和发展方向的目标，让这个研究领域为同一水平的、众多精致的实证研究所充斥和淹没。

（池丽萍）

---

① Fisher T D, McNulty J K. Neuroticism and marital satisfaction: The mediating role played by the sexual relationship. Journal of Family Psychology, 2008, 22(1): 112-122.

群体心理研究的研究热点和发展趋势

群体心理研究一直是社会心理学的核心内容。群体心理不能仅仅通过考察个体而理解，同样，不考察个体心理发生的群体背景，也无法完全理解个体心理。因此，群体过程和心理既是社会心理学体系中的独特内容，又贯穿于整个社会心理学体系之中。由于每个人都工作和生活在各种群体之中，群体心理的研究更可以指导群体干预的实践，从而在各应用社会心理学分支（如组织行为学、军事心理学等）中同样居于重要地位。从社会心理学发展的历史背景中看，群体心理研究虽然在 20 世纪 50 年代中期之后有一个低落期，但 80 年代末期以来进入了新的蓬勃发展时期。两本专门研究群体心理的专业杂志《群体过程和群际关系》（Group Processes & Intergroup Relations，GPIR）和《群体动力学：理论、研究和实践》（Group Dynamics：Theory，Research，and Practice，GDTRP）分别于 1998 年和 1997 年创刊，表明群体心理研究受到了更广泛和更深入的关注。

一、群体心理研究的发展历史

群体心理研究的发展大致与社会心理学的发展同步。在现代社会心理学作为学科确立之前，作为其直接来源的德国民族心理学和法国群众心理学，都以研究群体现象为核心内容。前者主要是人类学的心理学，重视对民族心理的研究，认为在个体心理层面之上存在"集合心"；后者主要是社会学的心理学，认为集体意识大于个体意识之和，提出"集体表征"（collective representations）概念。可以看到，两者都将群体心理作为区别于个体心理的独特心理现象。并且，LeBon 的研究发现，个人在群体中容易失去个性、变得盲目冲动，容易产生反社会行为，表明群体作为背景对个体心理和行为也具有重要的影响。这一时期的群体研究以经验研究为主，实验研究很少。

虽然 Triplett 早在 1897 年就用实验的方法，研究人们在一起骑自行车时产生的社会促进现象，但对群体心理系统的实验研究是从 20 世纪 30 年代开始的，其热度一直持续到第二次世界大战前夕。各种激动人心的研究计划的实施，多种研究方法（如社会互动观察法）的运用，预示着群体研究作为一个新的研究领域的产生。例如，Sherif 利用似动现象对群体规范形成的研究、Lewin 等对群体领导风格如何影响儿童攻击行为的研究，都产生在这一时期。Cartwright 和 Zander 指出这一时期群体研究获得蓬勃发展的主要原因是：①人们相信科学研究能够解决社会问题，各种组织愿意资助群体研究；②团体咨询、商业管理等各种与管理群体相关的职业实践需要群体心理的研究；③社会科学家认可群体心理的"实体性"和群体研究的价值，并为群体研究提供了方法和技术[①]。

群体研究的发展在 20 世纪 40 年代有一个短暂的下降趋势，但随即在第二次世界大战以后一直到 50 年代中期，获得了迅速的发展并主导了整个社会心理学的研究。这一时期在理论、实证研究和研究方法方面都获得了重要的发展。理论上，Festinger 的社会比较理论，Thibaut 和 Kelley 的社会交换理论，都是对群体研究产生重要和持续影响的大理论，即使在整个社会心理学领域也有着举足轻重的地位；实证研究上，Deutsch 对群体冲突的研究和 Asch 的从众研究都在各自的领域里树立了经典问题和主导研究范式；方法上，如 Bales 提出了分析互动过程的方法，将群体中的人际互动过程编码为 12 种行为类型，为相关研究提供了量化的方法基础。在当时，似乎每一个社会心理学家都在研究群体，所有社会心理学杂志都充满关于群体的研究成果。

然而，群体研究在随后将近 30 年的时间里经历了一个衰落期，即 20 世纪 50 年代中期以后到 80 年代末期。Wittenbaum 等人总结了衰落的原因：①研究结果累积的速度远远超过了理论形成的速度，理论指导的缺乏使研究者不知道如何继续进行研究；②研究者与实践领域颇有成效的合作趋于瓦解，双方在独立的情况下不能有效地对群体进行研究；③对成本和效益的分析使研究者感到对群体的研究得不偿失，因而失去了兴趣；④群体研究的状况是对社会现实的滞后反映，40 年代的社会冲突促进了 50 年代群体研究的繁荣，50 年代社会冲突的减少导致 60 年代群体研究的衰落[②]。这里所述前面三种观点都具有一定的道理，但第四种观点并没有得到量化综述研究的支持。

20 世纪 80 年代末期以后，群体研究重新获得了社会心理学家的重视，

---

① Cartwright D，Zander A. Group dynamics：Research and theory（3rd ed.）. New York：Harper & Row，1968.

② Wittenbaum G M，Moreland R L. Small-group research in social psychology：Topics and trends over time. Social and Personality Psychology Compass，2008，2/1：187-203.

进入一个新的繁荣时期。不过，在研究内容上，群际关系这一研究主题迅速成为群体研究的重点内容，而一度作为群体研究核心的群内过程则被主流社会心理学所轻视。产生这种现象有两个相互联系的原因，即欧洲社会心理学(尤其是社会认同及社会分类理论)的影响和社会认知理论及方法在群体研究中的应用。然而，群内过程的研究并没有消失，而是得到了组织心理学等应用社会心理学领域的重视。因此，像社会心理学的整体发展趋势一样，群体的研究同时朝着基础和应用两个方向发展，但这两个方向并不矛盾。例如，对群体认同和偏见的研究既受到社会认知研究的影响，成为重要的社会心理学基础研究，又对种族和文化冲突的解决具有重要的应用价值。

纵观国外群体心理研究的发展过程，实验法等实证研究方法和社会认知等关键研究范式的发展，以及对社会现象和社会实践的重视，是群体研究最主要的两个推动力。由于我国社会心理学发展起步较晚，关于群体心理尚缺少系统的实证研究和原创理论的形成，大多数研究主要是感悟性的经验观察，有关的实证研究多是在借鉴西方经典理论和研究的基础上进行的探索性研究。不过，理论基础的薄弱并不影响当前学界对群体研究的重视，由于我国经济的迅速发展，近年来组织领域中的群体心理(尤其是团队、领导)的研究发展非常迅速，这反映了我国社会实践和应用需求的重要推动作用。同样基于社会现实的需求，近年全国各地群体性事件屡有发生，这既呼唤着适合解释中国人群体心理与行为的基础理论的产生，也急需相关的应用研究。

二、群体心理的研究对象和内容

社会心理学的研究可以分为个体过程、人际过程、群体过程。群体心理研究是研究群体心理现象的社会心理学领域。群体是与个体相对的概念，我们可以把群体看作具有不同程度一体化(groupiness)的一群人，成员越少，互动的活动范围越广，互动历史越长，将来进一步交往的可能性越大，群体的一体化程度越高。例如，家庭比同学群体的一体化程度要高得多。传统的心理学取向的社会心理学对群体的研究，主要关注以实验方法为主的小群体研究，即能够面对面充分互动的群体研究。理论上来说，两个人也是一个群体，但两人群体与三人群体在很多方面存在差异，比如，三人群体的很多现象对两人群体并不存在，如结盟、多数和少数影响、第三方调解等。除小群体外，有时群体指包含人数很多的大群体，成员之间不能充分互动甚至互不认识，当前以社会分类为基础的群际关系研究处理的就是这种类型的群体。比大群体更宏观的群体涉及组织、社会以及文化层面，但心理学取向的社会心理学主要关注处于这些群体性背景中的个体的心理与行为。

俞国良按照涉及的分析水平将群体心理研究分为三个方面：①群体过程和群体行为，指群体特有的心理和行为现象及过程，包括群体的类型、目标、规范、性质和效应，以及群体的内聚力、群体的心理气氛、群体的合作与竞争等研究内容；②群体对个体的影响，指群体作为个体行为发生的背景对个体造成的影响，包括从众、社会助长、社会惰化、去个性化等研究内容；③文化与社会心理，指文化和社会因素对人类心理与行为的影响，包括文化变迁对人格的影响，民族心理、民族性格对个体的影响，以及种族偏见和种族歧视对战争与和平的作用等研究内容①。可以说，这种划分简洁而清晰，包含的内容也比较全面。并且，第三方面实际上包含了群际关系的研究以及更具社会学含义的社会心理。

另一种划分群体心理研究的方法是直接按照群体研究的主题内容来划分，由于心理学取向的社会心理学主要关注小群体的研究，因此，Levine和 Moreland 对小群体研究的划分基本可以概括群体研究的内容。他们将群体研究分为五个方面：群体构成（group composition），群体结构（group structure），群体绩效（group performance），群体中的冲突（conflict in groups），群体生态学（the ecology of groups）②。Moreland 等在此基础上又增加了第六方面，群际关系（intergroup relations）③。就这六个方面而言，群体绩效、群体中的冲突和群际关系的研究又是最多的。

群体构成的研究涉及构成群体成员的数量和类型。这个领域的研究较少，可以分为三部分：①群体构成本身的研究，如群体规模和成员类型组成，前者指群体成员的多少，后者指群体成员在性别、年龄、能力、观点以及人格等方面的不同组成。②群体成员特征分布的测量研究，通常使用平均数和比例等集中趋势或差异性来测量，例如，根据某种成员特征的分布把群体分为同质性群体和异质性群体。有时也用特殊的结构方法考察群

---

①　俞国良. 社会心理学. 北京：北京师范大学出版社，2006：8-9.

②　Levine J M, Moreland R L. Progress in small group research. Annual Review of Psychology，1990，41：585-634.

③　Moreland R L, Hogg M A, Hains S C. Back to the future：Social psychological research on groups. Journal of Experimental Social Psychology，1994，30：527-555.

体特征的更复杂组成。③群体构成效应的分析。有的研究者把群体构成视为其他社会和心理活动过程的结果；有的研究者将群体构成看作形成其他心理现象的背景，考察群体构成对其他群体现象的影响，此时的因变量往往是个体变量，如家庭对儿童智力发展影响的研究；有的研究者将群体构成作为影响群体结构、群体动力以及行动的原因，如群体构成对群体绩效或群体内聚力的影响，此时的因变量往往是群体变量。

群体结构指定义成员间相互关系的框架。群体通常在很短的时间内形成一定的结构，并且具有一定的稳定性。群体结构有多种形式，主要包括身份系统、规范、角色和内聚力。身份系统涉及群体成员的影响模式。例如，地位高的成员比地位低的成员在沟通中更经常批评、命令和打断他人，对他人发出更多的目光接触，做出更多的身体侵扰。规范是群体对成员如何行为举止的预期。例如，一个青少年朋辈群体对成员在着装、听音乐和饮酒方面均会有一定的特殊要求。角色也涉及对行为的预期，但只针对某个特定的人，如群体对新成员这一角色通常希望其被动、依赖和服从。内聚力指群体成员凝聚在一起合力于群体目标的心理结合力，高内聚力的群体其成员有很高的认同感、归属感和有力感。但内聚力高并不意味着群体绩效一定很高。此外，群体的社会网络和情绪气氛以及群体文化也是群体结构研究的内容。

群体绩效指群体成员努力达成与所有成员都有利害关系的联合产品的过程和结果。该领域主要包括群体决策、群体效力（group productivity）、领导过程。群体决策指群体成员共同在各种议题上达成一致协议的过程。有的研究关注群体如何形成最后的决策，如群体的决定是受大多数人的影响还是更符合理性事实；有的研究考察群体决策的质量和缺陷，即群体决策是否优于个人决策，如群体决策可能比个人决策更冒险；有的研究探讨改善群体决策的方法和效果，如头脑风暴。群体效力是指群体在进行可用外在标准衡量的有形产品时的表现。有的研究关注群体共同工作时可能产生的缺陷，如群体作业容易产生过程损失和动机损失；有的研究考察群体效力的机制（如共享心智模型），并致力于发展相关的技术来改善群体效力，如团队发展和质量圈技术。可见，群体效力的研究主要是组织领域的研究主题，所指的群体往往是团队。领导过程考察群体领导如何组织和指导群体活动以影响群体的绩效，该领域主要关注领导的有效性，包括考察领导本身的素质和行为、领导与部属的关系以及下属对领导的知觉等三方面因素对领导有效性的影响。

群体中的冲突发生在群体成员具有不同观点、目标或价值观的条件下。这个领域的研究主要包括社会困境、谈判、结盟、观点分歧、权力等。社会困境涉及在分配稀缺资源时产生的个体短期利益与群体长期利益之间的冲突，如果每一个群体成员都追求个人利益的满足，群体利益将不复存在。谈判研究关注不同目标的两个人（或多人）如何解决他们的差异。结盟研究考察一个人通过说服其他成员作为自己盟友之后如何共同征服他人。观点分歧主要指群体中的社会影响研究，早期从众的研究关注的是多数成员影响少数成员，现在也关注少数影响多数的问题。权力指影响他人的能力，权力差异在冲突解决中具有重要的作用，权力大的一方往往用压迫的方式对待权力小的一方。在群体冲突的各种研究问题中，研究者关注最多也最具有群体心理特征的问题是社会困境和观点分歧。

　　群体生态学关注群体运作所发生的物理、时间和社会环境背景对其产生的影响。物理环境主要包括社区、大学宿舍以及监狱等场所中拥挤对群体心理的影响，比如拥挤产生压力、较差的工作成绩和冲突，等等；另一种物理环境是极端的工作场所，如外太空、水下和战场，这些环境中的群体往往有强力的领导、较强的内聚力和较大的从众压力；关于物理环境的研究还关注办公室环境和计算机技术环境对工作群体的影响。时间环境主要指群体发展的程度，研究者关注群体是否随着时间的进程而改变，以及不同发展程度的群体对其他群体现象的影响。有些研究者关注群体的形成和解体，也有研究者关注时间压力对群体的影响。群体社会环境的研究关注群体与其所在组织利益的平衡，群体所在的文化背景差异，共享相同成员的群体问题，以及群体如何受到与其有各种关系的群体外人员的影响。

　　群际关系指两个或多个群体之间的关系或不同群体的成员之间的关系。不同群体的成员之间的关系研究与通常的人际互动研究的区别是，前者关注个人所具有的群体成员身份对互动的影响，而后者探讨的互动中的个体强调其不同于他人的独特性。群际关系研究的主题包括群体间的态度与偏见，群体间的歧视与冲突，以及减少群体偏见和改善群体冲突的方法。群体刻板印象(stereotype)、偏见(prejudice)和歧视(discrimination)是社会心理学家理解群际关系的三个主要概念。它们分别强调基于群体分类性质而指向某一群体或其成员的认知、情感和行为成分，里面隐含着"刻板印象产生偏见进而产生歧视行为"的因果逻辑链。毫无疑问，群际关系的研究是社会心理学与政治科学联系最紧密的部分，这一领域的研究者非常关注如何减少种族、文化以及国际冲突的现实问题。社会接触(social contact)假设和群体成员的多样性(diversity)是研究者讨论较多的增进社会和谐的方法。

三、近年来群体心理研究关注的研究热点

从群体心理研究的几大方面来看，群体构成、群体结构和群体生态学研究的较少，群体绩效、群体中的冲突和群际关系研究较多。这里，总结西方 20 世纪 80 年代末期以后群体心理研究关注的主要问题。它并不是对群体心理研究问题无所不包的描述，而是对主导和热门研究课题的提炼，旨在以点带面地展示目前群体心理研究的现状。

（一）群体构成的多样性（diversity）

一般情况下，群体构成具有同质性和稳定性，但社会发展尤其是工作环境的变化使群体成员越来越具有多样性，其构成也越来越不稳定。因此，群体的同质/异质性（尤其多样性）成为群体研究的重要问题。研究者主要采取社会分类和信息加工两种视角分析群体构成对群体过程和绩效的影响。社会分类的视角认为群体成员之间的差异将形成基于相同特征的次级群体的划分，人们更喜欢自己所属的小群体，不愿与外群体合作，因此群体成员的多样性会阻碍群体的运转和和谐[1]。信息加工的观点认为群体成员的多样性可以带来不同的知识、能力、信息和观点，促进群体产生高质量的、有创造性的工作结果[2]。可以看出，社会分类的研究注重群体中的人际关系，信息加工的研究重视以工作任务为核心的群体绩效，两者存在很大差异。而且，大量研究得到了互相冲突的结果，群体构成多样性既有积极作用，也有消极作用。因此，当前的研究正趋于整合，着重考察影响多样性效应的调节变量。此外，研究者对多样性的构思也从简单的人口学变量转向更复杂的深层心理变量，并且同时考察多种特征的构成效应。

群体构成多样性的研究大多将群体构成作为影响其他群体过程的因素来对待，并且主要关注工作中的群体。近年来，关于群体构成本身的研究也有新的发展，尤其是 Moreland 等人提出的群体构成效应的一般模型（a

---

① Williams K Y, O'Reilly C A. Demography and diversity in organizations: a review of 40 years of research. Research in Organizational Behavior，1998，20：77-140.

② Van Knippenberg D, De Dreu C K W, Homan A C. Work group diversity and group performance: An integrative model and research agenda. Journal of Applied Psychology, 2004，89：1008-1022.

general model of group-composition effects）①。该模型试图回答群体构成的三个主要问题。首先，哪一种成员特征最重要？这取决于特征的凸显性（salience），即群体成员是否容易想到该特征，如种族特征比人格特征更具有凸显性。其次，哪个成员对群体的影响最大？能见度（visibility），即其他成员能否注意到某个成员的特征，例如，经常参加群体活动，或者在群体中有较高的地位、资历的成员能见度较高。最后，群体成员的不同特征如何共同影响群体？加法效应比交互效应更常发挥作用，但这要受到社会整合（social integration）的影响。社会整合指群体成员像一个群体而不是个人一样思考、感受和行动的程度，随着社会整合程度的提高，简单的加法效应逐渐被更复杂的交互效应所取代。可以说，Moreland 等人的模型具有广泛的解释力，为整合群体构成的研究提供了有益的理论支持。

（二）群体决策

早期研究主要探讨各群体成员的个人偏好如何结合成群体的一致选择，陪审团决策和群体极化是备受关注的问题，这种群体偏好的研究兴趣一直持续至今。然而，随着群体被看作信息加工系统，近来群体决策的研究更关注信息而不是偏好，偏好是二分变量，信息则是连续变量。Stasser 和 Titus 创造了共享信息和非共享信息的研究范式②，在群体讨论前，有些信息提供给群体的所有成员，称为共享信息；有些信息分别提供给团队中的不同成员，称为非共享信息。他们发现，群体花大多数时间讨论共享信息，而个别成员单独掌握的非共享信息很少被提出来讨论。因此，当非共享信息对理性决策具有决定作用时，群体决策的结果往往是不理想的。这与群体具有集思广益作用的常识相反，并触及了群体决策研究的核心，即群体决策是否优于个人决策，从而引起了广泛的关注，共享信息和非共享信息的研究范式也成为后续研究继续采用的新的经典研究范式。

从不同角度对群体决策信息加工机制进行的研究支持了 Stasser 和 Titus 的基本发现，即被群体大多数成员共享的信息对群体决策具有根本的

---

① Moreland R L，Levine J M，Wingert M L. Creating the ideal group：Composition effects at work. In：E H Witte，J H Davis.（Eds.）. Understanding Group Behavior：Small group processes and interpersonal relations. Hillsadale，NJ：Lawrence Erlbaum，1996，2：11-35.

② Stasser G，Titus W. Pooling of unshared information in group decision making：Biased information sampling during discussion. Journal of Personality and Social Psychology，1985，48：1467-1478.

影响，Kerr 和 Tindale 总结了产生这一共享信息加工偏见的机制①：①从群体信息取样的角度，共享信息得到讨论的概率更大；②达成一致的需要使群体封闭对非共享信息的提取和加工；③接收和表达共享信息使人感到胜任、有学识和值得信赖；④人们不愿意改变自己已经形成的认知，因此作为新信息的非共享信息很难产生应有的影响。不管具体的机制如何，大多数成员或所有成员共享的内容对群体决策的过程和结果具有非同寻常的重要影响。Tindate 和 Kameda 提出"社会共享"(social sharedness)概念，不仅整合了群体决策关于偏好和信息的研究，还扩展到群体认同、心智模型和元认知等更多的群体领域②。此外，研究者提出了众多影响共享信息偏差的调节变量：如果掌握非共享信息的群体成员地位较高或更有经验，将提高非共享信息的提及率和对决策的影响力③；强调"批判性思维"的群体规范比强调"一致"的群体规范大大提高了对非共享信息的注意和加工④；讨论前对可能的选择进行考虑也获得了类似的效果⑤。

（三）群体绩效

以往群体绩效研究主要探讨群体一起工作时产生的过程损失和动机损失（如社会惰化），近来也发现了过程增益和动机增益。对于过程增益，Laughlin 等人提出"集体奖励效应"(assembly bonus effect)，受到集体奖励的群体能获得比任何个体和个体绩效简单相加之和更高的绩效⑥；众多研

① Kerr N L, Tindale R S. Group performance and decision making. Annual Review of Psychology, 2004, 55: 623-625.

② Tindale R S, Kameda T. "Social sharedness" as a unifying theme for information processing in groups. Group Processes and Intergroup Relations, 2000, 3: 123-140.

③ Larson J R, Jr, Christensen C, Abbott A S, Franz T M. Diagnosing groups: Charting the flow of information in medical decision making teams. Journal of Personality and Social Psychology, 1996, 71: 315-330.

④ Postmes T, Spears R, Cihangir S. Quality of decision making and group norms. Journal of Personality and Social Psychology, 2001, 80: 918-930.

⑤ Galinsky A D, Kray L J. From thinking about what might have been to sharing what we know: The effects of counterfactual mind-sets on information sharing in groups. Journal of Experimental Social Psychology, 2004, 40: 606-618.

⑥ Laughlin P R, Bonner B L, Miner A G. Groups perform better than the best individuals on letters-to-numbers problems. Organizational Behavior & Human Decision Processes, 2002, 88: 605-620.

究表明，群体氛围和凝聚力高的群体更高效[①]；此外，群体中的最优成员对群体绩效具有重要的促进作用，不少研究探讨群体如何识别最优成员[②]。对于动机增益，社会补偿（social compensation）和科勒效应（Kohler effect）是近来最受研究者关注的两种现象。当能力高的群体成员将群体任务看得很重要并认为其他人不努力时，将额外付出更多的努力，增强工作的动机，称为社会补偿[③]。当能力低的群体成员感到自己的绩效对群体总绩效尤其重要时，将格外努力，称为科勒效应[④]。两种动机增益现象并不矛盾，社会补偿主要适于相加任务（additive task），科勒效应主要适于联合任务（conjunctive task）。Kara 和 Williams 提出了一个整合的集体努力模型（collective effort model），认为只有在预期自己的努力可以工具性地产生对个人来说有重要价值的结果时，才会在集体任务中努力工作[⑤]。该模型特别强调群体水平结果在自我评价和社会认同方面具有的个体价值。

群体绩效研究受到关注的另一个原因是与团队研究紧密联系。由于团队在组织中的重要作用，从团队角度对群体绩效的研究偏重生态效度和应用性。基于团队成员多样性的事实，团队必须形成"谁懂得什么"的共识，才能避免工作中的过程损失。交互记忆（transactive memory）指团队成员之间形成的一种彼此依赖的，用以编码、储存和提取不同领域知识的合作分工系统[⑥]。比交互记忆更广泛的概念是共享心智模型（shared mental model），指团队成员在群体任务和装备，各成员的能力和责任，以及群体运作

---

① Mullen B，Copper C. The relation between group cohesiveness and performance：An integration. Psychological Bulletin，1994，15：210-227.

② Henry R A，Kmet J，Desrosiers E，Landa A. Examining the impact of interpersonal cohesiveness on group accuracy interventions：The importance of matching versus buffering. Organizational Behavior and Human Decision Processes，2002，87：25-43.

③ Williams K D，Karau S J. Social loafing and social compensation：The effects of expectations of co-worker performance. Journal of Personality and Social Psychology，1991，61：570-581.

④ Hertel G，Kerr N L，Messe L A. Motivation gains in groups：Paradigmatic and theoretical advances on the Koehler effect. Journal of Personality and Social Psychology，2000，79：580-601.

⑤ Karau S J，Williams K D. Social loafing：A meta-analytic review and theoretical integration. Journal of Personality and Social Psychology，1993，65：681-706.

⑥ 张钢，熊立. 交互记忆系统研究回顾与展望. 心理科学进展，2007，15：840-845.

环境等各方面达成共识的程度①。研究者认为良好的交互记忆和共享心智模型的形成,对团队绩效有着重要的促进作用。团队在压力下的表现是另一个受关注较多的研究课题,研究表明,压力可以提高团队生产的数量(同时降低质量),使成员对任务的核心特征给予更多的注意,使成员采用更多简单的、启发式的信息加工方式②。群体闭合需求(need for closure)是与群体压力密切相关的研究领域,高压力产生高的闭合需求,此时群体偏好清晰的解决方案,不能忍受模糊情境,增加对与集体不一致意见的排斥③。此外,团队研究者还发展出很多提高团队绩效的技术,如质量圈、自治工作组、团队发展,等等。

(四)社会困境

群体成员在分配稀缺资源的时候经常面对冲突,这种情境中,往往处于混合动机的情形。研究者关注较多的是社会困境,即个体短期利益与群体长期利益的冲突情境。社会困境包括集体陷阱(collective traps)和集体栅栏(collective fences),前者指如果每个人都为自己争利益,将损害群体(进而个人)的整体利益,如钓鱼情境;后者指每个人都不愿为集体付出,集体事业(进而个人利益)将不能维持,如献血情境④。由于社会困境在日常生活中非常普遍,而人们在社会困境中通常容易只为个人的利益着想,因此社会困境的研究得到了广泛的持续关注,并主要探讨影响和增加人们在社会困境中的合作行为的因素。这些因素包括:个体差异因素,如社会动机、个人历史、性别、人格特征等;情境因素,又分为任务结构和知觉结构,任务结构又分为决策结构(如损益结构、不确定性等)和社会结构(如权力、沟通、群体动力等)⑤。研究表明,在认为自己的贡献非常关键,能够与他人沟通,以及群体具有惩罚不合作成员的机制等情况下,人们表现出更多的合作行为。近年来,受社会认知研究的影响,社会困境研究的重

---

① 白新文,王二平. 共享心智模型研究现状. 心理科学进展,2004,12:791-799.

② Karau S J, Kelly J R. The effects of time scarcity and time abundance on group performance quality and interaction process. Journal of Experimental Social Psychology,1992,28:542-571.

③ 刘雪峰,张志学. 认知闭合需要研究述评. 心理科学进展,2009,17:51-55.

④ Schroeder D A. (Ed.). Social dilemmas: Perspectives on individuals and groups. Westport, CT: Praeger, 1995.

⑤ 刘长江,李岩梅,李纾. 实验社会心理学中的社会困境. 心理科学进展,2007,15:379-384.

点是考察多种个体差异因素和情境因素的交互作用，并考察这些因素影响下的认知过程，以探讨人们之所以合作与否的内在机制。

虽然社会困境的研究重视应用，缺乏系统的理论研究，但近年有研究者提出了整合性的理论。首先，大多数社会困境的研究都是以期望效用（expected utility）模型为基础，假定人们都是警觉很高的精于计算的决策者，他们仔细的评估选择的环境、每个选择的可能结果和发生概率，然后选择那些能够最大化自己利益的行为。对此，Weber 等指出：①人们并不总是有意识和深思熟虑地做决策；②选择并不总是在评估和判断之后；③模型中的"效用"含义过于狭窄；④该模型忽视了社会困境的"社会性"①。进而，他们提出了适宜性框架（the appropriateness framework），认为人们在面对社会困境时主要思考的问题是"像我这样的人在这样的情境中会怎么做"。这一问题涉及对再认识（recognition）、认同（identity）和规则（rules）三个因素的考量：对面临情境的分类和再认识，对个人一贯决策方式的认同，做出行为选择时规则和启发式的运用。该框架在吸收社会认知研究结果的基础上，强调了社会困境决策的过程和社会性，并整合和解释了以往众多的研究结果，但尚缺少直接的实证研究对此进行检验。与此类似，Schroeder 等专门考察了社会困境中的正义问题，显然是对期望效用模型忽视的。人们在社会困境中倾向于竞争，产生的对那些采用合作策略的人不公平的后果的强调，也体现了对"社会性"的重视②。

（五）谈判

受认知革命的影响，20 世纪 80 年代以来谈判研究主要是行为决策研究（behavioral decision research，BDR）。行为决策研究采用描述性方法（与规范性方法相对），关注谈判者在实际决策过程中如何系统地偏离理性，其核心观点之一是人们的决策依赖于认知启发，从而产生错误决策③。虽然行为决策观点对谈判的研究产生了重要影响，但忽视了社会心理因素的

① Weber M，Kopelman S，Messick D. A conceptual review of decision making in social dilemmas：Applying the logic of appropriateness. Personality and Social Psychology Review，2004，8：281-307.

② Schroeder DA，Steel J E，Woodell A J，Bembenek A F. Justice in social dilemmas. Personality and Social Psychology Review，2003，7：374-387.

③ Bazerman M H，Curhan J R. Bounded awareness：Focusing failures in negotiation. In：L Thompson (Ed.). Negotiation Theory and Research. New York：Psychology Press，2006：7-26.

作用。近来，社会关系、自我中心、积极错觉和情绪等变量越来越受研究者的重视，谈判的社会心理学研究开始复兴[①]。例如，Curhan 等人从对工具结果的感受、对自我的感受、对谈判过程的感受以及对关系的感受四个方面，系统总结了谈判的社会心理结果，并开发了相关的量表（Subjective Value Inventory，SVI），可以看作对谈判中社会心理因素进行整合的一个尝试[②]。同时，这些新的社会心理研究也接受了行为决策的观点。De Dreu 和 Carnevale 把动机和认知过程结合起来，提出了"动机推动的信息加工模型"理论（a motivated information-processing model），认为高质量整合结果的达成是由社会动机和求知动机两者共同影响的信息加工过程所决定的[③]。该理论可以看作谈判研究的重大进展。

在行为决策研究的大背景下，与早期关注谈判中结构性变量的研究不同，越来越多的研究开始重视谈判者对谈判情境的知觉、理解和解释对谈判所起的作用。围绕这一问题，形成了几个新的研究领域：不同交流媒介对谈判的影响，谈判中的文化差异，以及群体谈判的研究。首先，随着科技的发展，很多谈判通过视频会议等非面对面交流的方式进行。研究者发现，与面对面谈判相比，在线谈判在谈判前和谈判后的信任感都很低[④]。然而，也有研究认为计算机媒介环境的特殊性，使得在权力不对等的谈判中，更有利于谈判者获得公平的感觉，从而有利于提高谈判质量[⑤]。其次，在全球化的背景下，越来越多的谈判发生在不同文化之间。研究发现，由于不同文化对谈判的情景有不同的理解，所以不同文化之间的谈判比同一

① Bazerman MH，Curhan J R，Moore D A，Valley K L. Negotiation. Annual Review of Psychology，2000，51：279-314.

② Curhan J R，Elfenbein H A，Xu H. What do people value when they negotiate? Mapping the domain of subjective value in negotiation. Journal of Personality and Social Psychology，2006，91：493-512.

③ De Dreu C K W，Carnevale P J D. Motivational bases for information processing and strategic choice in conflict and negotiation. In：M P Zanna（Ed.）. Advances in Experimental Social Psychology. New York：Academic Press，2003，35：235-291.

④ Naquin C，Paulson G. Online bargaining and interpersonal trust. Journal of Applied Psychology，2003，88：113-120.

⑤ Ulijn J M，Lincke A. The effect of CMC and FTF on negotiation outcomes between R&D and manufacturing partners in the supply chain：An Anglo/Nordic/Latin comparison. International Negotiation，2004，9：111-140.

文化内的谈判更难达成双赢的局面①。最后，群体谈判通常要把谈判情景简化。一方面，谈判者可以在谈判之前确定更简单的程序或规则，如"多数通过"比"全体通过"的决策规则更简单；另一方面，由于权力和利益不对称等方面因素的存在，某些谈判者之间会结成联盟。此外，群体谈判更容易陷入启发式及偏差性的认知模式。

(六) 多数人和少数人影响

关于社会影响的研究由来已久，起初是美国的 Asch 从众研究影响下的多数人影响（majority influence），关注少数人在多数人的影响下采取与群体规范一致态度和行为的过程。后来，Moscovici 等欧洲社会心理学家开始研究少数人如何影响多数人的过程，这类研究蕴含着社会如何因少数人的坚持得以改变的过程，而不是像从众研究那样只涉及社会如何控制偏离的少数人②。少数人影响（minority influence）的研究是欧洲社会心理学本土化的重要成果，已经融入主流的社会心理学研究，当前有关社会影响的研究主要是将多数人影响和少数人影响放在共同的框架下，进一步考察社会影响发生的过程和心理机制。

围绕着社会影响的机制，有几种影响比较大的理论，一直是研究者研究和讨论的基础。第一，对话理论（conversion theory）。在开创少数人影响的研究 20 年之后，Moscovici 提出了占主导地位的对话理论③，认为不管是多数人影响还是少数人影响，都会引起冲突。在多数人影响的情境下，个体以"社会比较"的方式解决冲突，由于与大多数人一致是受赞许的反应，因此，社会比较使个体不会对来自多数人的信息进行深入细致的加工，往往产生公开的从众行为，但很少有私下的和间接的态度改变。在少数人影响的情境下，个体以"证实（validation）"的方式解决冲突，认真检查自己和来自少数人的判断和行为信息，容易产生态度的改变，但由于不敢认同少数人，所以这种态度的改变多是间接地、潜在地和私下完成的。对话理论引起很多后续研究，尤其是少数人影响比多数人影响更能引起深入

---

① Brett J M. Okumura T. Inter-and intracultural negotiations: US and Japanese negotiators. Academy of Management Journal，1998，41：495-510.

② Moscovici S, Lage E, Naffrechoux M. Influence of a consistent minority on the responses of a majority in a color perception task. Sociometry，1969，32：365-380.

③ Moscovici S. Towards a theory of conversion behaviour. In: L Berkowitz（ed.）Advances in Experimental Social Psychology. New York：Academic Press，1980，13：209-239.

的信息加工①，以及少数人影响比多数人影响产生更多的私下态度改变和间接态度改变（与影响源内容无关的其他态度的改变）②，并且得到了诸多研究证据的支持。第二，聚合—发散理论（convergent-divergent theory）。Nemeth 提出了与对话理论相反的观点，不同的影响引起不同的思考方式，由于人们期望与大多数人一致，在多数人影响下，个体感到压力，而与少数人不一致显得很正常，则没有压力。压力导致注意受限，因此，多数人影响产生聚合思维，少数人影响产生发散思维③。这意味着少数人影响有利于提高判断和决策的质量，提高创造性，采用简单认知任务的实证研究确实支持了这一观点④。第三，冲突—精细加工理论（conflict-elaboration theory）。该理论在对话理论的基础上，指出社会影响造成的冲突究竟引起何种信息加工过程要受到任务特征和信息源性质的影响⑤。第四，情境/比较模型（context/comparison model）。该理论指出产生直接态度改变还是间接态度改变取决于信息性质和社会认同的重要作用。例如，不一致信息与核心态度有关，在群体内的少数人影响下，会产生一种叫作"仁慈合约"（leniency contract）效应，即受众对信息进行精细加工，但不会贬损信息源（少数人），因此态度的改变也是间接的⑥。第五，自我分类理论（self-cate-

---

① Martin R，Hewstone M. Majority versus minority influence：When，not whether，source status instigates heuristic or systematic processing. European Journal of Social Psychology，2003，33：313-330.

② Wood W，Lundgren S，Ouellette J A，Busceme S，Blackstone T. Minority influence：A meta-analytic review of social influence processes. Psychological Bulletin 1994，15：323-345.

③ Nemeth C J. The differential contributions of majority and minority influence. Psychological Review，1986，93：23-32.

④ Nemeth C，Rogers J，Brown K. "Devil's advocate vs. authentic dissent：Stimulating quantity and quality." European Journal of Social Psychology，2001，31：707-720.

⑤ Mugny G，Butera F，Sanchez-Mazas M，Pérez J A. Judgments in conflict：The conflict elaboration theory of social influence. In：B Boothe，R Hirsig，A Helminger，B Meier，R Volkart（Eds.）. Perception-evaluation-interpretation. Göttingen：Hogrefe and Huber，1995：160-168.

⑥ Crano W D，Alvaro E M. The context/comparison model of social influence：Mechanisms，structure，and linkages that underlie indirect attitude change. In：M Hewstone，W Strobe（Eds.）. European review of social psychology. Chichester：Wiley，1998，8：175-202.

gorization theory)。David 和 Turner 将自我分类理论应用到多数人影响和少数人影响的问题中，认为少数人只有在被受众归为内群体时才能产生影响[1]。除了社会影响的理论问题，近来不少研究者也开始从多数人影响和少数人影响的结构因素、影响层次和应用价值着手进行新的研究探索。

(七)群体领导

领导研究是群体心理发展最迅速的领域之一，也是与组织行为学联系最密切的领域之一。领导研究的主要关注点是领导的有效性，在这个意义上，领导研究可以看作群体绩效研究的一部分。与早期强调领导者本身的特质和行为不同，当前的领导研究同时关注领导者、领导与部属关系和下属三个方面。领导者的研究以变革型领导(transformational leadership)为主导，变革型领导指能够催化与部属之间高质量的关系，激发部属为了组织的发展超越最初的绩效目标和自我利益[2]。领导与部属关系的研究以领导－部属交换理论(leader-member exchange，LMX)为主导，LMX 理论的核心是领导跟不同的部属发展出不同的关系，关系的性质影响了领导行为的风格和有效性，主要表现为对圈内部属(in-group member)给予更多的信任和关照，如更多的工作自主性和灵活性，更多的升迁机会和报酬；与圈外部属(out-group member)局限于正式的工作关系范围内，对他们花费较少的时间，给予的奖励机会也比较少[3]。从下属角度对领导的研究认为领导的有效性具有主观性，依赖于下属对有效领导的原型和脚本的认识，以及相应的对群体和组织结果与领导行为关系的归因。从研究特点上看，Avolio 等指出领导研究正体现出三种趋势：①从整体的视角研究领导，全方位的考察领导者、下属、情境背景、发展水平和这些因素之间的相互作用；②考察领导发生作用的过程，尤其是整合认知心理学和将领导作为策略范式两个方面的研究；③发展多种研究领导的方法和途径，比如案例等质性研究方法近年受到了更

①　David B，Turner J. Studies in self-categorization and minority conversion：Is being a member of the out-group an advantage? British Journal of Social Psychology，1996，35：179-199.

②　Dvir T，Eden D，Avolio B J，Shamir B. Impact of transformational leadership on follower development and performance：A field experiment. Academy of Management Journal，2002，45：735-744.

③　任孝鹏，王辉. 领导－部属交换(LMX)的回顾与展望. 心理科学进展，2005，13：788-797.

多的关注①。

由于组织环境不断发生巨大的变化，领导也面临着更多更大的挑战，领导研究正反映了这一现实，不断涌现出新的研究内容。诚信领导（authentic leadership）是当前最受瞩目的重要课题。诚信是指个体拥有、了解和接受自己的价值观、信念、情感、需求以及偏好，并以一种与这些内在思想和情感相一致的方式行事。诚信领导指一种把领导者的积极心理能力与高度发展的组织情境结合起来发挥作用的过程，它对领导者和下属的自我意识及自我控制行为具有正面的影响，并将激励和促进积极的个人成长和自我发展②。诚信领导是在组织频繁出现道德困境的背景下，在变革型领导、道德学、积极心理学以及积极组织行为等研究的基础上发展起来的，代表了领导研究最重要的发展方向。除此以外，领导研究还有很多新课题：认知领导（cognitive science leadership），一种广泛以信息加工视角解释领导与下属行为的研究领域，如研究领导的自我概念、元认知等③；共享型领导（shared leadership），指团队成员集体互相领导④；领导替代（substitutes for leadership），指对加强、中和或完全替代领导的情境因素（如群体决策支持系统）的研究⑤；跨文化领导（cross-cultural leadership），关注不同文化背景中的领导，包括识别能在多种不同文化下有效领导的研究，和考察不同文化对领导行为影响效应的研究⑥；以及服务型领导（servant leadership），E领导（E-leadership），等等。

① Avolio B J, Walumbwa F O, Weber T J. Leadership: Current theories, research, and future directions. Annual Review of Psychology, 2009, 60: 421-499.

② 詹延遵，凌文铨，方俐洛. 领导学研究的新发展：诚信领导理论. 心理科学进展，2005，14：710-715.

③ Lord R G, Emrich C G. Thinking outside the box by looking inside the box: Extending the cognitive revolution in leadership research, The Leadership Quarterly, 2000, 11: 551-579.

④ Day D V, Gronn P, Salas E. Leadership capacity in teams. Leadership Quarterly, 2004, 15: 857-880.

⑤ Dionne S D, Yammarino F J, Atwater L E, James L R. Neutralizing substitutes for leadership theory: Leadership effects and common-source bias. Journal of Applied Psychology, 2002, 87: 454-464.

⑥ Gelfand M J, Erez M, Aycan Z. Cross-cultural organizational behavior. Annual Review of Psychology, 2007, 58: 479-514.

(八)社会认同理论

社会认同理论是 Tajfel 等将自我概念、社会分类与群体行为及群际关系相联系的理论，代表了欧洲社会心理学本土化的优秀成果，在 20 世纪 80 年代以后对主流社会心理学产生了广泛的影响①。该理论认为：首先，自尊既反映了个体认同，也反映了社会认同。前者基于个体的成就，后者基于个体归属的群体及与群体有关的价值。人们不仅努力维持积极的自我评价，积极看待个人的能力和品质，而且还积极地认识和评价自己所属的群体。换言之，归属于群体的自我是自我概念的重要内容。其次，社会认同理论假定人们在社会生活中自动地将他人分类，把他人作为属于不同群体的成员来对待。不管是自己所属的内群体还是非自己所属的外群体，人们容易减小同一群体成员之间的差异，扩大不同群体成员之间的差异。但与外群体相比，人们认为内群体更同质。最后，人们尽一切可能最大化他们的社会认同，不仅认为自己所属的群体好，还认为其他的群体不好。这种现象称为内群体偏爱(in-group favoritism)及外群体贬损(out-group derogation)，是产生有利于内群体有害于外群体行为的根源②。尽管社会认同理论的某些具体观点在后来受到挑战，但其基本思想(如社会分类)已经被广泛应用于各种群际关系问题的分析。

需要指出的是，社会认同理论发展的基础是最简群体(minimal group)研究。最简群体范式通过随机或采用其他无关紧要的标准将被试分为两个群体，然后要求被试给属于不同群体的成员分配资源(有时是代表性的点数)，结果发现，被试往往会给内群体成员分配较多资源，而给外群体成员分配较少资源。值得注意的是，最简群体范式属于实验室实验，其群体既没有过去的历史和文化，也没有形成一定的结构，并且群体成员之间也不发生面对面的互动，被试只是想象有其他人的存在。这一特点使该范式具有深远的影响，它表明仅仅拥有一个概念分类基础上的群体成员身份，就足以产生对内群体和外群体的不同认知和对待。Tajfel 的学生 Turner 在社会认同理论基础上提出的自我分类理论(self-categorization theory)进一步发展了这种思想。该理论从知觉的水平分析，认为社会分类实际是用相

---

① 张莹瑞，佐斌. 社会认同理论及其发展. 心理科学进展，2006，14：475-480.

② Tajfel H，Turner J C. The social identity theory of intergroup behavior. In：S Worchel，W G Austin. (Eds). The Psychology of intergroup relations. Chicago：Nelson-Hall，1986：7-24.

关群体的知觉原型（prototype）同化个体自我知觉的过程，称为去个体化（depersonalization）①。人们通过去个体化过程不把自己看作独特的个体，而是用分类的成员资格认知自己。对群体知觉原型和去个体化的强调使社会认同的研究视角，将群际关系与社会知觉、刻板印象等传统社会认知研究更加紧密地联系在一起，也体现了欧洲社会心理学与美国主流社会心理学相融合的趋势。例如，研究发现人们对外群体成员形成的刻板印象更多的是未经控制的自动类别化信息加工过程的伴随产物②，这正是把群际关系的社会认同视角与刻板印象、分类过程和自动信息加工等基础社会认知研究相联系的产物。

（九）群际关系

早期的群际关系研究关注直接的、真实的群体冲突，如 Sherif 通过夏令营活动的现场实验，认为群体对现实资源的争夺是群际冲突和歧视产生的原因，设置超级目标促进群体之间的合作可以改善群际冲突③。当前的群际关系研究更多地考察发生于具有不同群体成员身份个体内部的认知过程。如前所述，社会认同理论为群际关系的研究奠定了广泛的基础，但其"将内群体偏爱和外群体贬损看作社会认同和自我提升产生的一体两面的结果"的观点受到了后来研究的挑战。很多研究者认为内群体偏爱和外群体贬损是相对独立的过程，并着重探讨之所以产生内群体偏爱的更广泛的动机根源④。Brewer 的最佳独特性理论（optimal distinctiveness theory）认为群体认同是个体与他人同化和差异化两种需要之间的权衡过程，人们对那些能够使自己在两种需要之间获得最佳平衡的群体有最高的认同⑤。Hogg 的减少主观不确定性理论（subjective uncertainty reduction theory）认为人们具有减少不确定性的动机，

---

① Turner J C. Social categorization and the self-concept: A social cognitive theory of group behavior. In: E J Lawer(Ed.). Advances in group processes (Vol. 2). Greenwich, CT: JAI Press, 1985: 77-121.

② Devine P G. Stereotypes and prejudice: Their automatic and controlled components. Journal of Personality and Social Psychology, 1989, 56: 5-18.

③ Sherif M. In common predicament: Social psychology of intergroup conflict and cooperation. Boston, MA: Houghton-Mifflin, 1966.

④ Hewstone M, Rubin M, Willis H. Annual Review of Psychology, 2002, 53: 575-604.

⑤ Brewer M B. The social self: on being the same and different at the same time. Personality and Social Psychological Bulletin, 1991, 17: 475-482.

群体因为个体提供清晰的行为规范而得到个体的认同①。Solomon 等的恐惧管理理论(terror management theory)认为人们具有自我保存的动机,当受到死亡意识威胁的时候,对内群体的认同可以减少死亡的恐惧②。Sidanius 和 Pratto 的社会支配理论(Social Dominance theory)假定社会包含一种加强或减少群际等级的观念,这种观念存在个体差异,那些高社会支配取向的个体持有自己所属的内群体支配外群体的观念,因此更容易产生内群体偏爱③。

刻板印象、偏见和歧视是群际冲突的主要表现形式。刻板印象的研究受社会认同理论的影响逐渐重视群体水平的分析,与个体水平相比,在群际冲突的背景下,人们对外群体的刻板印象更趋于极端,更加难以改变。然而,一方面西方社会种族主义具有很长的历史,另一方面社会规范和法制环境抑制群际偏见的力量越来越强大,因此,当代的群际偏见理论特别重视持有偏见与表现偏见的矛盾过程以及群际关系的情感成分。厌恶性种族主义(aversive racism)的研究发现,平等主义者通常不能接受自己的种族主义,他们避免表现公开的种族偏见,但当某种种族偏见行为具有明显的非种族解释成分时,或者情境对种族偏见的限制较少时,厌恶性种族主义者也会表现出种族偏见④。矛盾种族主义(ambivalent racism)研究关注白人对黑人的矛盾情感,他们对黑人经常表现极端的反应,一方面不恰当地赞扬黑人的亲社会行为,另一方面又不恰当地非难黑人的低能力⑤。集体内疚的研究考察处于支配地位的优势群体成员由于意识到内群体对外群体违反

① Hogg M A. Subjective uncertainty reduction through self-categorization: a motivational theory of social identity processes and group phenomena. European Review of Social Psychology, 2000, 11: 223-255.

② Solomon S, Greenberg J, Pyszczynski T. A terror management theory of social behavior: the psychological functions of selfesteem and culturalworldviews. In: M P Zanna (Ed.). Advances in Experimental Social Psychology. San Diego: Academic, 1991, 24: 91-159.

③ Sidanius J, Pratto F. Social dominance: An intergroup theory of social hierarchy and oppression. New York: Cambridge University Press, 1999.

④ Gaertner S L, Dovidio J F. The aversive form of racism. In: J F Dovidio, S L Gaertner. (Eds.). Prejudice, discrimination, and racism. San Diego, CA: Academic Press, 1986: 61-89.

⑤ Katz I, Wackenhut J, Hass R G. Racial ambivalence, vale duality, and behavior. In: J F Dovidio, S L Gaertner. (Eds.). Prejudice, discrimination, and racism. San Diego, CA: Academic Press, 1986: 35-60.

道德价值而产生内疚感的过程①。然而，对歧视行为的研究发现，内群体更多地把歧视行为看作忠诚和承诺。从社会认同角度对领导行为的分析认为，随着对群体认同感的增强，领导的有效性更加依赖于群体原型化(group prototypicality)行为。不仅更具原型特征的成员容易成为领导者，而且缺乏原型化特征的领导会以高原型化的方式公开表现自己对外群体的歧视行为，以巩固自己的领导地位②。此外，污名与弱势群体的研究发现，污名威胁损害了污名群体改变群体地位的信心，他们为了减少身份的不确定性，甚至更愿意证实和认同自己的污名③。

可以说，群际偏见和冲突根深蒂固，如何减少群际冲突增进社会和谐才是群际关系研究的最终目标。社会接触假设得到了研究者持续的关注。社会接触要起到减少群际偏见的作用，需要不同群体地位平等，需要鼓励融合的良性政治和体制氛围，需要长期的合作性接触。然而，这些条件很难得到满足。并且，群际接触历史可能积累了消极的体验，加之群际观念的差异以及对接触情境的不同预期，群际的接触往往会产生群际焦虑，导致进一步的相互躲避以及对先前消极刻板印象的确证④。因此，有研究者鼓励群际接触要发展跨群体成员间的持续友谊，但对个别成员产生友谊的良好效果不能改变对外群体整个群体的偏见⑤。对此，研究者提倡在接触中将自己去类别化(decategorize)和重分类(recategorize)，前者指将自己看作独特的个体而不是具有群体原型特征的成员，后者指超越本群体认同更

① Branscombe N R, Doosje B, McGarty C. Antecedents and consequences of collective guilt. In: D M Mackie, E R Smith. (Eds.). From prejudice to intergroup emotions: Differentiated reactions to social groups. New York: Psychology Press, 2002: 49-61.

② Hogg M A. A social identity theory of leadership. Personality and Social Psychological Review, 2001, 5: 184-200.

③ Jost J T, Kramer R M. The system justification motive in intergroup relations. In: D M Mackie, E R Smith. (Eds.). From prejudice to intergroup emotions: Differentiated reactions to social groups. New York: Psychology Press, 2002: 227-245.

④ Stephan W G, Stephan C W. Intergroup anxiety. Journal of Social Issues, 1985, 41: 157-175.

⑤ Pettigrew T F. Intergroup contact theory. Annual Review of Psychology, 1998, 49: 65-85.

高层群体①。这两种方法对减少歧视都有一定作用，但重分类可能因威胁到个体的社会认同而产生反作用。应该说，既对本群体认同又对更高层群体认同是解决群际冲突的适当途径，但在西方研究者看来这是非常困难的。相反，中国人求同存异的思想或许会对群际冲突的研究和社会和谐的实践提供有益的启发。

四、群体心理研究的发展特点与发展趋势

如前所述，群体研究在社会心理学诞生之前就受到研究者的关注，并一直是社会心理学研究的核心内容之一。20 世纪 80 年代末期以后，群体研究迎来了一个新的繁荣时期。近来，很多研究者从理论和实证的角度分析了群体心理研究的特点和趋势，一个最明显的体现是群际关系成为各群体研究领域中具有压倒性优势的研究内容，而一度作为群体研究核心的群内过程则被主流社会心理学所轻视。产生这种现象有两个相互联系的原因，即欧洲社会心理学的影响和社会认知理论及方法在群体研究中的应用。然而，群内过程的研究并没有消失，而是得到了组织心理学等应用社会心理学领域的重视。此外，进化的观点和系统动力的观点也正在受到群体心理研究者的重视。

(一)群际关系研究逐渐成为主流社会心理学群体研究的重点

按照 Moreland 等人的方法，群体研究根据内容可分为群体构成、群体结构、群体绩效、群体中的冲突、群体生态学和群际关系六个方面。与其他方面相比，群际关系的研究在 20 世纪 80 年代以前占有很小的比例，但 80 年代以后群际关系的研究获得迅速的发展。Moreland 等对 Journal of Experimental Social Psychology(JESP)、Journal of Personality and Social Psychology(JPSP)、Personality and Social Psychology Bulletin(PSPB)3 个主流社会心理学杂志在 1975 年到 1993 年发表的有关群体研究的文章进行了分析，比较了不同研究内容在群体研究中所占的比例，其中群际关系占38%，群体绩效占 23%，群体冲突占 17%，群体结构占 8%，群体构成占

---

① Gaertner S L, Dovidio J F, Anastasio P A, Bachman B A, Rust M C. Reducing intergroup bias：The common ingroup identity model. European Review of Social Psychology，1993，4：1-26.

7％，群体生态学占 4％，其他内容占 3％①。运用同样的方法，Witten-
baum 和 Moreland 将分析文章的时间范围扩充到 2006 年，发现在群体研
究的各领域中，群际关系占到了 58％，群体冲突占 14％，群体绩效占
13％，群体结构占 6％，群体生态学占 5％，群体构成占 4％②。可以看出，
群际关系研究不仅是当前群体心理研究的核心内容，而且仍在不断地受到
更多的关注。需要指出的是，有研究者将所分析杂志的范围扩大到一般心
理学而非社会心理学以及所有相关杂志，仍然得到了一致的结果，即群体
心理研究近来获得了蓬勃发展，这一发展的主要贡献则来自群际关系研
究。然而，群内过程研究并不是完全像以上研究所揭示的那样无人问津，
Sanna 和 Parks 分析了 Journal of Applied Psychology Organizational
（JAP）、Behavior and Human Decision Processes（OBHDP）、Academy of
Management Journal（AMJ）3 个杂志在 1975 年到 1994 年发表的与群体有
关的文章，发现群体绩效（64％）和群体冲突（19％）的研究远远多于群际关
系（2％）的研究，表明群内过程的研究受到了组织社会心理学家的重视③。

（二）欧洲社会心理学对群体心理研究影响巨大

欧洲社会心理学的影响是群体研究（尤其群际关系研究）获得蓬勃发展
的主要原因，由于群体研究对社会心理学的重要性，整个主流社会心理学
都受到欧洲社会心理学的影响。欧洲社会心理学的共同特点是重视社会行
为发生的宽广的社会脉络，采用非还原主义的方法研究问题，追求建构对
解决现实社会问题具有价值的理论甚至元理论。这样的研究特点决定了欧
洲社会心理学对群体研究的重视，在 2001 年出版的 4 卷本欧洲社会心理学
手册中，《群体过程》和《群际关系》各占 1 卷，与《个体过程》和《人际过程》
平分秋色，这在北美出版的社会心理学手册或教科书中是不能想象的④。
在持续不断地努力下，20 世纪 80 年代以后，欧洲社会心理学逐步得到北

---

① Moreland R L，Hogg M A，Hains S C. Back to the future：Social psychological
research on groups. Journal of Experimental Social Psychology，1994，30：527-555.

② Wittenbaum G M，Moreland R L. Small-group research in social psychology：
Topics and trends over time. Social and Personality Psychology Compass，2008，2/1：
187-203.

③ Sanna L J，Parks C D. Group research trends in social and organizational psy-
chology：Whatever happened to intragroup research? Psychological Science，1997，8：
261-267.

④ 方文. 欧洲社会心理学的成长历程. 心理学报，2002，34：651-655.

美主流社会心理学的认可，尤其是 Tajfel 的社会认同理论和 Moscovici 的关注少数人影响的社会影响研究，已经融入主流社会心理学并产生了深远的影响。社会认同理论不仅直接促进了群际关系研究的繁荣，而且正在向整个社会心理学领域渗透，如前文所述从社会认同视角对领导行为的研究。Moscovici 针对少数人影响的社会影响研究，关注群体创新和社会变迁，与美国关注群体秩序维系和多数人力量的社会影响研究不同，在理论和实践上都具有开创性意义，并且目前与社会认同理论结合在一起，共同推进了主流社会心理学对群体研究（主要是群际关系研究）的持续关注。在前文提及 Wittenbaum 和 Moreland 的实证分析中，如果剔除欧洲社会心理学的影响，群体研究在近年发展的上升趋势要平缓得多。

（三）社会认知的观点成为主流，研究者在个体认知水平上分析群体心理

如前所述，群体心理研究很早就是社会心理学研究的主导内容，但在20世纪50年代中期之后经历了一个长达30年的衰落期。由于社会心理学在范式上偏爱个体水平的实验室研究，Steiner 曾悲观地认为群体研究将不再被社会心理学家所重视[①]。然而，在欧洲社会心理学开始重视群体现象一段时间以后，社会认知理论和方法的运用才真正使群体研究（群际关系）在20世纪80年代末期成为主流社会心理学的主导研究。态度改变、自我概念、刻板印象等传统的社会心理学概念以社会认同理论为依托，开始在群体以及群际的背景下研究。很多群体心理研究者开始将社会认知作为他们工作的组织框架，Resnick 等人总结了多个领域的相关研究，指出人们的思维本质上是受到与他人互动形成的"社会共享认知"影响的产物[②]，Hinsz 等认为认知可以在群体水平上建构，即通过群体成员共同获得、储存、提取、传递和学习信息的过程，如交互记忆的研究[③]。在社会认知的影响下，群体研究从考察真实的互动转变为研究实验室中想象的他人和群体的影响，同时特别关注现象背后的认知过程和机制。这既是促进以群际关系

---

① Steiner I D. Paradigms and groups. In：L Berkowitz（Ed.）. Advances in Experimental Social Psychology. Orlando，FL：Academic Press，1986，19：251-289.

② Resnick L B，Levine J M，Teasley S D.（Eds.）. Perspectives on Socially Shared Cognition. Washington，DC：American Psychological Association，1991.

③ Hinsz V B，Tindale R S，Vollrath D A. The emerging conceptualization of groups as information processors. Psychological Bulletin，1997，121：43-64.

为主的群体研究发展的原因，又是造成群内过程的研究在主流社会心理学领域趋于衰落的原因。相对于欧洲社会心理学的影响，社会认知研究范式对群体研究的影响更大。可以说，是社会认知使欧洲社会心理学与北美主流社会心理学互相融入，并逐渐成为一个整体。与此同时，以群际关系为主导的群体心理研究在长达 30 年的衰落之后，以一种新的面貌重新成为社会心理学的核心内容，并保持着持续向好的局面。

（四）进化的观点越来越受到研究者的关注

进化心理学是近年影响比较大的理论和思潮，由于以群体方式生存在人的进化史上具有非常重要的价值，群体对个人的适应价值和心理意义开始受到社会心理学家的重视。尽管归属需要一直被看作是重要的人类动机，但 Baumeister 和 Leary 在 1995 年结合进化心理学思想发表的文章才真正激发了相关的研究①。他们指出，归属需要是人类的一种基本需要，我们需要与他人在稳定和支持的关系中不断地积极互动。进化心理学对群体研究的启发在于揭示了个人价值首先依赖于群体身份和社会认可，因此群体对个体的吸纳（inclusion）和逐出（exclusion）是群体现象的核心主题。不管是群体中的冲突与合作、社会影响、群体决策，还是群际关系，都可以从群体对个体的价值角度来考察。首先，这种价值不是经济学所讲的个体期望效用，而是群体身份和认可产生的对个人利益具有工具性价值的集体利益。如前文提及的 Kara 和 Williams 关于群体绩效的集体努力模型（collective effort model），认为只有在预期自己的努力可以工具性地产生对个人来说有重要价值的结果时，才会在集体任务中努力工作。可以看出，该模型强调的是群体水平结果在自我评价和社会认同方面具有的个体价值。其次，群体对个体的价值也与传统的个体自尊不同，它强调了群体和社会的认可甚至只是一个群体身份对自尊的重要性。实际上，社会认同理论及其相关的衍生理论都可以用这一观点来解释。此外，强调归属需要的意义对群体心理研究还有一个重要的影响，即超越经典的规范性影响和信息性影响的区分，指出社会影响对个体意味着广泛的社会性意义和艰难的道德权衡。最近，Hodges 和 Geyer 指出：Asch 的线段判断实验的结果不能简单地用从众来解释，人们在与群体不一致时面临着选择困境，通过

---

① Baumeister R F，Leary M R. The need to belong：Desire for interpersonal attachments as a fundamental human motivation. Psychological Bulletin，1995，117：497-529.

策略性的选择与群体一致还是不一致，传达着比物理事实更多的社会事实以及合作的意图，这个过程体现了人的价值衡量和适应行为①。

（五）系统动态的观点开始引起注意

群体是一个复杂的系统，群体研究经常受到过于简化的批评，研究者聚焦于自变量（如群体规模、任务类型）引起因变量（如群体选择、群体决策）的原因－结果型的线性因果关系，他们选择一个或几个变量而忽略其他所有变量，这种方法对于揭示群体的复杂性是有缺陷的。受系统论、复杂性理论和混沌理论的影响，近来，不少研究者提出了新的想法。例如，McGrath 等发展了一个叫作复杂系统理论来解释群体形成、协调、发展和适应的过程，他们将群体看作与嵌入其中的小系统（群体成员）和所嵌入的大系统（组织、社区）之间相互作用的开放的复杂系统②。Blascovich 提出采用现代信息技术研究在面对面群体中甚至不会发生的现象和问题，如用虚拟现实分析群体过程，计算机头脑风暴，等等③。此外，前面提到的进化心理学适应的观点也可看作系统动态论的一个表现。可以说，在个体水平上以实验室实验为主导的群际关系研究，并不是系统动态观点发生作用和影响的领域，传统的重视真实互动和互动发生的广大背景的群内过程研究，才是系统动态观点施展才华的阵地。随着结构方程模型等处理多变量统计方法的运用，结合正在不断发生急剧变化的组织和社会环境，群内过程的研究正在得到包括组织心理学家在内的各种应用社会心理学家的青睐，这对于在整体上保持群体心理研究的全面和均衡发展具有重要的意义。

五、结语

Allport 曾将社会心理学定义为："理解和解释个体的思想、感受和行为如何受到实际的、想象的和隐含的他人之影响"，恐怕没有哪个领域像

① Hodges B H, Geyer A L. A nonconformist account of the Asch experiments: Values, pragmatics, and moral dilemmas. Personality and Social Psychology Review, 2006, 10: 2-19.

② McGrath J E, Arrow H, Berdahl J L. The study of groups: Past, present, and future. Personality and Social Psychology Review, 2000, 4: 95-105.

③ Blascovich J, Loomis J, Beall A, Swinth K, Hoyt C, Bailenson J. Immersive virtual environment technology as a research tool for social psychology. Psychological Inquiry, 2002, 13: 103-125.

群体研究这样能够抓住社会心理学的这一本质了①。因此，群体研究从社会心理学萌芽开始，一直到现在(除中间衰落期外)都主导、贯穿和影响着社会心理学的发展。如前所述，群体研究目前主要受欧洲社会心理学和社会认知的影响下的群际关系研究为核心和重点，研究者关注的更多的是个体受到想象的和隐含的他人之影响，而对实际的他人影响的行为(社会互动)关注的越来越少。这影响了整个社会心理学的现状，Baumeister 和 Vohs 指出，顶尖的社会心理学杂志令人惊异地明显缺少对"社会"行为的考察②。不过，De Moura 等在全面对 1935—2007 年主流社会心理学杂志、1998—2007 引用率较高的社会心理学文章，以及 GPIR 和 GDTRP 两个群体心理专业杂志进行了实证分析之后，认为群体心理研究在社会心理学中一直持续增长，群体研究的影响力比较大，研究内容也非常丰富，群体研究作为整体一直处于持续的健康发展之中③。2006 年 7 月，以联合不同领域和国家的研究者共同繁荣群体研究为目的的群体研究跨学科联盟(Inter-disciplinary Network for Group Research，INGRoup)在美国匹兹堡大学(University of Pittsburgh)成立，这无疑将促进群体研究更快更好地发展。让我们期待群体研究在目前良好发展势头的基础上不断保持活力和创造生机，领导社会心理学走向新的繁荣。

(韦庆旺)

---

① Wittenbaum G M，Moreland R L. Small-group research in social psychology：Topics and trends over time. Social and Personality Psychology Compass，2008，2/1：187-203.

② Baumeister R F，Vohs K D. Are personality and social psychologists behaving themselves? Dialogue，2006，21(3)：7.

③ De Moura G R，Leader T，Pelletier J，Abrams D. Prospects for group processes and intergroup relations research：A review of 70 years' progress. Group Processes and Intergroup Relations，2008，11：575-596.

攻击行为研究的研究热点和发展趋势

　　攻击性（Aggression）是社会心理学研究的重要概念之一，也一直是研究者关心的重要话题。攻击性行为是故意伤害他人、并给他人带来身体与心理伤害的行为活动，在个体社会化过程中逐渐形成，也是儿童普遍存在的一种问题行为。攻击性行为作为个体社会化发展的重要方面，既影响到个体早期人格和品德的发展，也是衡量个体社会化成败的重要指标，极端表现为暴力行为。攻击行为的研究已成为犯罪学、心理学、精神病学、流行病学、社会学等领域的活跃课题，社会心理学主要探索攻击性发生的社会心理机制及生物学相关因素并寻求干预措施，目的在于将攻击行为的危害降至最低。因此，正确认识攻击性的本质，有效减少攻击性，无论对整个社会还是对个体自身，都有着重要的理论意义和实践价值。

一、攻击性研究的发展历史

　　人类对攻击性的研究已经有很久的历史，但是，由于受到多种因素的影响，对攻击行为的研究还存在许多局限，研究成果也很难合理揭示人类攻击性的机制和特征。因此，如何科学地揭示攻击性的心理机制和特征，有效预防攻击性的发生，成为研究者一直探讨的重要问题之一。通常认为，攻击行为是有意伤害他人身心健康的行为，有着较大的个体差异，有的个体极易产生攻击性，攻击行为也较多；而有的个体则很难产生攻击性，且攻击行为也较少。为了解释这种现象，深入探讨攻击性的心理机制，心理学家们进行了大量的研究，并得出许多关于攻击性的理论和定义，然而，到目前为止，却并没有形成完全一致的看法，这主要是因为不同的研究者关注的重点不尽相同，从而形成了不同的理论和定义。概括起来，主要有两种观点，一种是认为攻击性是一种状态，是个体有意伤害他人，且他人不愿意接受这种伤害的行为，主要从行为层面来定义攻击性的，而在这个层面上，攻击性多是指攻击性行为；另一种则认为攻击性是一种人格特质，是由个体的神经结构及生理特点决定的[①]。总的来说，对

---

① Bech P. Measurements by observations of aggression behaviors and activities in clinical situation. Criminal Behavior and Mental Health，1994，4：290-302.

攻击性的定义主要涉及三个方面，即攻击性行为（如身体攻击、言语攻击等）、攻击性情绪（如冲动、易怒等）和攻击性认知（如敌对归因、报复等）。

早期的精神分析理论认为，个体具有生本能和死本能，而这种死亡本能能够驱使个体追求生命的终止，从事各种暴力和破坏性活动，是敌意和攻击性冲动产生的根源；在无意识层中隐藏着动物性本能，包括各种野蛮、残忍和异常的冲动和欲望，这种性本能能够冲破潜意识的抑制和阻碍，进入意识领域并占据支配地位，进而释放出其所携带的动物性本能的能量，从而外化为人类的攻击性行为。后来，精神分析理论又进一步提出，"本我"的冲动力量与"自我"和"超我"的控制力量之间的失衡状态，使"本我"冲破"自我"和"超我"的防御体系，释放出"本我"中所隐藏的冲动和欲望，从而导致攻击行为。生态学理论也认为，人类具有基本的攻击本能，按照 Lorenz（1996）的观点，所有本能都是进化的产物，这保证了物种的生存和繁衍，从这个角度来说，攻击性是进化的结果。通常，动物靠形成支配等级制来减少同类的攻击行为，在动物本族内的大多搏斗只是一种仪式，而只有在维护社会等级地位、保护领地和争夺资源中才会发生实质性的攻击行为。与动物不同的是，人类刚出生不久后，这种攻击倾向就会受到社会经验的影响。然而，行为主义否认攻击性是遗传的本能行为而走向另外一种极端，认为人类的攻击性完全是由环境所导致，攻击行为的发生机制是由个体的需要、内驱力和冲动等内部力量所组成。Dollard 和 Miller（1939）指出，人类具有趋利避害、寻求快乐、逃避痛苦的本能欲望，这些欲望一旦受到阻碍，就会在心理上产生挫折体验，导致适应不良的反应行为。因此，在他们看来，生活中的挫折事件与人类的攻击行为之间存在因果关系，即挫折事件导致攻击性，攻击的发生亦可推知其遭受挫折。社会学习理论的代表 Bandura（1977）认为攻击行为是通过直接强化或观察学习习得的，而且这种行为通常是得以保护的，因为攻击不仅具有工具性价值，是达到其他目的的有效手段，而且攻击还得到了社会强化，同时，攻击也是自我保护的手段，是来自攻击者的自我强化。因此，内部条件状态也许会促发攻击行为，但并不是必需条件，攻击行为既是后天习得行为也是可以矫正的（Bandura，1973，1977）。社会信息加工理论（Dodge，1981，1986，1982）强调认知在攻击性中的作用，认为个体对挫折、挑衅的反应并不会过多依赖于实际呈现的社会线索，而是取决于怎样加工和解释这一信息。

总体上，随着对攻击性的不断探索，从 Freud 提出的本能论，到目前社会认知取向理论观点，社会心理学对攻击性进行了多角度的理论解释，而且大多理论已被普遍推广，其中 Anderson 等（2000）提出的攻击性一般模式理论（The General Aggression Model，GAM）①是暴力与攻击领域的最新理论。在 Anderson 看来，已有的理论尽管对解释攻击性作出了重要贡献，但它们就像是一堆石头，还需要蓝图、灰浆和建筑队伍把它们建成更加有用的房屋。基于此，Anderson 整合大量已有攻击理论并结合实证研究，提出攻击性一般模式理论。攻击性一般模式理论的具体理论来源包括 Bandura 的社会学习理论、Berkowitz 的认知新联想模式、Dodge 的社会信息加工模式、Huesmann 的脚本理论以及 Zillmann 等的兴奋迁移模式等。

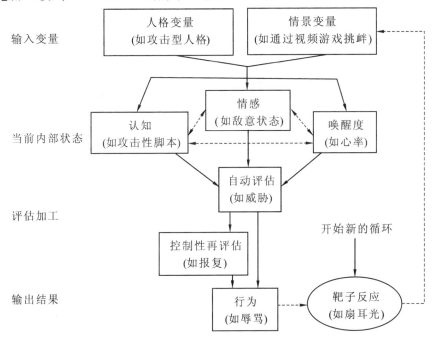

图 1　攻击性一般模式理论（Anderson 等，2000）

　　攻击性一般模式理论认为导致人类行为的直接原因有两类，即人的因素和情境因素（如图 1 所示）。人的因素包括个体的人格特征和生理素质，如性别、生物遗传因素、人格特质、态度、信念、价值观、目标等，是个

　　① Anderson C A，Dill K E. Video games and aggressive thoughts，feelings，and behavior in the laboratory and in life. Journal of Personality and Social Psychology，2000，78：772-790.

体的知识结构的总和，是图式、脚本和其他知识结构长期运用的结果①，具体包括个体特质、个体信念、个体对攻击性所持的态度、价值观、个体的长期目标、生理因素。从某种意义上说，人格是个体知识结构的总和，构成了个体对攻击性的预备状态。情境因素包括情境中所蕴含的每个重要特征，如挑衅、诱因、挫折、厌恶刺激、酒精和毒品等，具体包括攻击性线索、挑衅、挫折、疼痛与不适、酒精和药物、诱因。人格和情境这两个输入变量通过影响个体当时的内部状态及其后的评价和决策过程，共同或交互影响攻击性。总的来看，攻击性一般模式理论将影响攻击的生物、环境、心理、社会等因素归结为人的因素和情境因素，揭示了个体的攻击性情绪、认知和行为之间的关系以及其他影响因素如何共同作用于这三者，是一个较为全面的理论。

二、近年来攻击性领域关注的研究热点

从系统论的观点看，影响人类攻击性的因素可以分为内外两个系统。外部系统主要是指社会文化因素，内部系统则包括认知、人格和生物因素等子系统，因此，任何完整的攻击理论都必须涉及生理因素和社会文化因素的作用问题。这是目前该研究领域的两大研究热点。

（一）攻击性的神经生理基础

1. 神经生理学对攻击性的相关研究

攻击性的神经生理基础起源于对动物攻击性的研究，通常包括两种模型，一是通过对动物大脑进行药物学操纵或者脑毁损从而导致攻击性，由此建立攻击性模型；二是通过对动物的行为操纵产生攻击模型。大多对动物攻击性的研究揭示，较低的5-羟色胺活动会导致攻击性增加，而如果增强5-羟色胺活动则会降低攻击性②。此外，较低的去甲肾上腺素水平能减少集中和选择性注意③，释放中枢去甲肾上腺素能够增强对外部刺激的注

---

① Mischel W，Shoda Y. A cognitive-affective system theory of personality：reconceptualizing situation，dispositions，dynamics，and invariancein personality structure. Psychological Review，1995，102：246-268.

② Coccaro E E. Central serotonin and impulsive aggression. British Journal of Psyehiatry，1989，155：52-62.

③ Rogeness G A，Hemandez J M，Maeedo C A，Mitehell E L. Biochemical differences in children with conduct disorder socialized and undersocialized. Ameriean Journal of Psychiatry，1992，139：307-311.

意，而 5-羟色胺能够抑制攻击性反应倾向[①]。关于攻击性的神经病理学基础，早在 1970 年出版的《暴力与脑》(*Violence and the Brain*)一书中，Mark 和 Ervin 就提出有些严重的暴力行为起因于颞叶癫痫障碍，因此，他们认为颞叶障碍可能是人类的许多暴力行为的病理原因。此外，运用脑电图(Electroencephalogram，EEG)及计算机断层摄影技术(Computer Tomography，CT)和正电子发射计算机断层成像仪(Positron Emission Tomography，PET)等当今世界较为先进的核医学显像技术，以具有攻击性的成年人为对象进行研究，结果显示反社会个体的颞叶或者前额区存在异常[②]；核磁共振研究(Magnetic Resonance Imaging，MRI)也揭示出皮肤电活动可能与前额叶区域有关。Raine 和 Scerb(1991)也曾综合了众多研究，指出暴力行为可能与前额皮质缺陷或者受损有关[③]。总之，这些研究与文献资料表明，大脑损伤尤其是前额皮质及某些边缘叶区域，可能与攻击性的产生和控制机制有关，如果控制失败，则会增加个体攻击性和暴力行为的可能性。

2. 攻击性的现象学背景

近来，学者开始关注攻击性的现象学背景。Siever 等[④]认为攻击的敏感性可能表现得有所不同，这依赖于攻击所发生的更广义的精神病理学背景。例如，缺乏同理心或者冷漠行为为特征的精神病背景下，工具性攻击的敏感性具有反社会性人格障碍的反社会特征，甚至具有犯罪行为特征。当敏感性与共存性认知伤害联系在一起时，攻击就会表现出精神病症或者极度越轨行为，例如谋杀、强奸以及连环杀人案。当这样的攻击敏感性体现在先前有焦虑倾向而后遭受创伤的个体身上时，一旦原初的创伤被唤起，就可能触发攻击性行为。这就是创伤后应激障碍(PTSD)。当伴有极

---

① Coccaro E E，Kavoussi R J，Lesser J C. Self-and other-direeted hurnan aggression：The role of the central serotonergic system. International Clinieal Psychophannaeology，1992，6：70-83.

② Volkow N D，Tancredi L. Neural substrates of violent behavior：A preliminary study with position emission topography. British Joumal of Psychiatry，1987，151：668-673.

③ Raine A，Scerbo A. Biological theories of violence. In：J S Milner(Ed.). NeuroPsychology of aggression. Boston：Kluwer Academic Press，1991：1-25.

④ Siever L J. Neurobiology of Aggression and Violence. The American Journal of Psychiatry，2008，165(4)：429-433.

度的情绪敏感及调节异常时，冲动性攻击或者反应性攻击就会发生在人际交往中，这就是所谓的边缘型人格障碍。变化的情绪或者焦虑状态都会激活攻击的敏感性，表现为躁郁症、焦虑症或者恐慌症[①]。间歇性攻击及暴力常常伴随失智。最普遍的伴随性疾病可能是物质滥用障碍，它不但导致了认知扭曲，而且会造成酒精和兴奋剂等物质滥用去抑制化。

在任何这些背景中，冲动性攻击激活了肌肉运动以回应没有对行为的厌恶后果进行恰当反应和关注的外部刺激。这种攻击性特质可以根据由眶额前脑皮层以及前扣带皮层提供（它们涉及社会线索及预测奖励和惩罚期待的行为标准，调节或者抑制具有消极结果的攻击性行为）的"自上而下"控制或者"刹车"与由杏仁核和脑岛这样的边缘区域触发和指示的额外的"自上而下""驱动"之间的不平衡而加以定义。如图2所示，作为攻击性事件的触发器，情绪刺激或者挑战性刺激最初将通过听觉、视觉及其他知觉进行感觉登记。在这一阶段，感知扭曲，如听力或者视觉障碍及由毒品、酒精或者新陈代谢失调症引起的知觉失真，可能会导致残缺的或者扭曲的知觉印象，这可以增加刺激物被视为威胁或者挑衅的可能性。感觉登记之后，刺激的评估将会经过视觉和听觉整合区域的初级信息加工，且最终发生在更为相关的区域，包括前额叶、颞叶及顶叶皮层。这些初期的信息加工阶段会受到调节刺激感知的文化和社会因素的影响，同时也会导致妄想或者信息加工缺陷而变得扭曲，并且还会因产生压力/创伤或者导致信任度的降低，这种持久性消极经历会产生偏见，最终在杏仁核和相关边缘区域对过去情绪条件的相关刺激的加工将会触发攻击性行为的"驱动"，而眶额前脑皮层及前扣带皮层将提供"自上而下"的加工来调节情绪和行为以抑制带有消极结果的行为。

边缘"驱动"和前额叶控制机制之间的不平衡性对于一系列由消极刺激触发的精神病症很重要，不仅包括以外部控制行为为特征的攻击性障碍还包括诸如创伤后应激障碍和情绪障碍等这些与焦虑障碍有关的退缩行为。基因和心理敏感度能够为攻击的情绪刺激提供条件。例如，核磁共振成像技术研究表明患有边缘型人格障碍者经常体验愤怒和攻击性失控，对愤怒

① Swann A. C. Neuroreceptor mechanisms of aggression and its treatment. Journal of Clinical Psychiatry，2003，64：26-35.

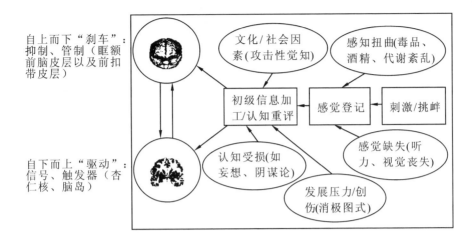

图 2　攻击的启动与调节示意图(Larry J Siever，2008)

表情特别敏感①②，从而可能导致在焦虑性障碍中，对恐惧面部表情的敏感性尤其突出。在监管这些系统的大脑神经调节器中，大量更特殊的异常情况在辅助攻击的敏感性方面可能扮演了聚光镜的角色。大部分研究倾向于关注具有冲动攻击的特殊人群，包括反社会或者边缘型人格障碍及间歇性狂暴症患者，甚至犯罪分子，这由整体研究标准来决定。

(二)攻击性研究的环境和社会文化因素

1. 攻击性宣泄滋生攻击性吗

是否有证据支持宣泄的好处呢？主流媒体通常把宣泄理论视为真理，通过出版书籍、录制磁带、发表文章来支持宣泄的好处，由于媒体具有普遍渗入性，大众接纳这种观点并且认为这是事实。然而，实际上，科学心理学并未证实宣泄的作用，当然也未能证明宣泄的坏处，也就是说，通过宣泄发泄愤怒反而可能会导致更强的攻击性。媒体对宣泄的认可是否会导致大众参与诸如发泄愤怒之类的宣泄活动？如果人们相信宣泄对人体有好处，那么以攻击性的方式行事是否会减轻攻击性呢？

① Best M，Williams J M，Coccaro E F. Evidence for a dysfunctional prefrontal circuit in patients with an impulsive aggressive disorder. Proceedings of the National Academy of Sciences U S A，2002，99：8448-8453.

② Coccaro E F，McCloskey M S，Fitzgerald D A，Phan K L. Amygdala and orbitofrontal reactivity to social threat in individuals with impulsive aggression. Biological Psychiatry，2007，62：168-178.

Bushman 人①做了两个实验来试图解决这些问题。在实验一中，被试为 180 名男性和 180 名女性，均自愿参加实验。被试被随机分成三组，要求以支持堕胎或者是尊重生命的立场，写一篇关于堕胎的议论文。实验的自变量为媒体信息（支持宣泄组、反对宣泄组、控制组）和愤怒水平（由反馈引发的愤怒或不愤怒）。因变量为被试击打拳击袋与 9 项其他活动排列的顺序。结果发现，愤怒且得到支持宣泄信息的被试把击打拳击袋排列在显著靠前的位置；没有因反馈而愤怒的被试，反对宣泄和支持宣泄的信息对击打拳击袋的排序没有影响。也就是说，得到反对宣泄信息的被试想要击打拳击袋的愿望显著低于得到支持宣泄信息的被试。为了排除支持宣泄信息提到的"拳击袋"会成为影响参与者后来排序的因素，Bushman 等又做了实验二，被试为 350 名男性和 357 名女性，被随机分成三组，与实验一相同，要求以支持堕胎或是尊重生命的立场，写一篇关于堕胎的议论文，自变量为媒体信息（支持宣泄组、反对宣泄组、控制组），因变量为击打拳击袋与 9 项其他活动排列的位置、愤怒情绪评价、"强度＋时间"长度（施加不同强度且不同时间长度的噪声惩罚对手）。整个步骤简单来说即为，被试随机分作三组（支持宣泄组、反对宣泄组、控制组）、被试完成"尊重生命"或"支持堕胎"的议论文、给所有被试消极的书面评价以激起其愤怒情绪、排列包括"击打拳击袋"在内的 10 项活动、一些被试被告知将要与论文评价者共同完成竞争性的反应时任务、被试进行 2 分钟拳击练习，并就当前愉快程度做出自我评价、被试参与竞争性的反应时任务（对手被认为是论文评价者或陌生人）、被试施加不同强度且不同时间长度的噪声惩罚对手。结果发现，得到支持宣泄信息的愤怒被试表现出更高的击打拳击袋欲望，得知将要与惹怒自己的论文评价者完成竞争性的反应时任务的被试表现出更加频繁击打拳击袋的行为趋势，但不显著；折磨对手方面，得到支持宣泄信息的被试比反对宣泄组和控制组表现出更多的攻击性。实验二发现，来自媒体的信息能够影响行为，人际间的攻击性由于得到支持宣泄的信息而增强，甚至在被试有机会通过击打拳击袋发泄愤怒之后仍然会这样，由此可知，宣泄并没有减少攻击行为，而是导致攻击行为的出现；支持宣泄的行为在减轻愤怒方面是无效的，对个人及社会都是有害的。而媒体认为

---

① Bushman B J, Baumeister R F, Stack A. Catharisis, aggression, and persuative influence：Self-fulfilling or self-defeated prophecies? Journal of Personality and Social Psychology，1999，76：367-376.

宣泄是一种减少愤怒的方法，使得大众也相信这是一种正常途径，因此，要想丢弃这种观念也是需要很长一段时间的，所以，应广泛提倡宣泄理论的替代方法，如自我控制或非攻击性行为。

2. 脸型与攻击性

人脸的形状真的能在某种程度上反映一个人的性格吗？为了找到人类面部与暴力倾向的联系，加拿大安大略省布鲁克大学心理学系、神经科学中心的 Cheryl McCormick 和 Justin Carre（2008）做了 3 组实验[①]。第一组实验的被试是志愿者，第二组和第三组实验的被试分别是大学曲棍球队队员和职业曲棍球队队员。研究者首先对志愿者进行 PSAP 测试（全称是减点－攻击反应测试，是对攻击行为进行实验室测定的一种方法），再对志愿者的面部进行拍照，测量出被试面部的宽高比（面部的宽度即两颊间的最宽处与面部的高度即上嘴唇到眉梢之间的长度的比值），然后把这个比值与 PSAP 测试的结果进行对比。在对大学生志愿者（37 名男性，51 名女性）的测试中发现，宽高比越大的男性，进攻性也越强，不符合该规律的男性仅占 6%；而女性则不存在这种规律。在实验二和实验三中，研究者从大学曲棍球队网站和 ESPN 专业体育频道网站收集了 21 名大学曲棍球队队员和 112 名职业曲棍球队队员的照片，然后计算他们的面部宽高比，结果发现，宽高比越大的队员，越能发起进攻，被裁判处罚的次数也越多。Cheryl McCormick 表示，之所以选择曲棍球队员作为实验对象是因为曲棍球是一种进攻性非常强的运动，在比赛过程中，运动员可以合理地进攻，这种"攻击性"可以通过犯规处罚等量化手段表现出来。关于产生这种现象的原因，Justin Carre 表示目前还很难解释清楚，也无法确定这种算法的准确率和精度，但他认为，人从青春期开始出现显著的第二性征，这是由激素控制的，尤其是睾丸激素的作用很大，而睾丸激素的含量对人的攻击性或攻击倾向有着直接作用，因此，也许是由睾丸激素对人面部发育的影响而产生的。

3. 温度与攻击性

温度对人类攻击性的影响已经基本得到普遍的认可。研究者在不同的地区、不同的时间段施以调查，采用问卷法和实验法等方法从信息加工、唤醒度、情绪行为等方面对温度和攻击性的关系进行了探索，但该领域的

---

① Randhawa G. Aggression written in the shape of a man's face. The New Scientist，2008，199(2670)：17.

研究尚存在一些主要问题有待澄清[①]：温度对攻击性的影响尚不明确，究竟是高温增加攻击行为还是减少攻击行为，有待更为科学的研究方法来解决；在实验室中诱发的攻击性与现实生活中的攻击性区别很大，难以保证研究结论的外部效度；现场研究的数据中热效应与冷效应缺少对称。热效应（Heat Effect）指高温时攻击行为增加的经验观察，冷效应（Cold Effect）是指低温时攻击行为增加的经验观察，但却缺少实证研究的证据。现场研究中缺少冷效应也许是因为比起减少热的不舒适来说，人们通常更善于减少冷的不舒适，举例来说，也就是冷的时候我们选择加衣的可能性通常会大于热的时候选择减衣的倾向，所以较少能观察到低温时攻击行为的增加；目前的研究尚未全面考察影响攻击性的因素，虽然已有研究发现温度对注意和判断有显著影响[②][③][④]，如在热的压力情境下，个体的注意力和判断力都会降低，此时如果出现攻击线索，就很容易引起攻击。但是，影响攻击行为的因素错综复杂，远远不止温度这一个因素，还包括多项生理、环境和社会文化因素[⑤]。攻击行为是生理－心理－社会－物理因素相互作用的结果[⑥]，但目前研究者提出的理论模型往往仅考虑其中的一两个因素对攻击行为的影响，而忽略了其他诸多因素，从而缺乏普适性，因此需要采用多种方法来综合探讨影响攻击性的各种因素及其交互作用，才能较好地理解和解释人类的攻击性。

① 王蕾，黄希庭．温度与攻击的研究回顾与展望．心理科学进展，2005，13（5）：686-693.

② Rotton J，Cohn E G．Violence is a curvilinear function of temperature in Dallas：A replication．Journal of Personality and Social Psychology，2000，78：1074-1081.

③ Cohn E G，Rotton J．Assault as a function of time and temperature：A moderator-variable time-series analysis．Journal of Personality and Social Psychology，1997，72：1322-1334.

④ Cohen D，Nisbett R E．Self-protection and the culture of honor：Explaining southern violence．Personality and Social Psychology Bulletin，1994，20：551-567.

⑤ James J L，Craig A．From antecendent conditions to violent actions：A general affective aggression model．Personality and Social Psychology Bulletin，2000，26：533-548.

⑥ 李宏利，宋耀武．青少年攻击行为干预研究的新进展．心理科学，2004，27（4）：1005-1009.

4. 攻击性与亲子关系

Aceves 等[1]探讨了亲子关系的缓冲作用对暴力犯罪青少年的教养质量的影响，采用美国青少年健康纵向研究，探讨了暴力受害、亲子关系质量及随后暴力攻击的发生之间的预期关系。被试基于初测之前是否有暴力行为而被分为暴力组和非暴力组。结果显示初测时暴力受害可以预测两年后再测时非暴力基线的青少年产生暴力攻击性。然而，较早的暴力受害不会影响青少年暴力基线的攻击轨迹。亲子关系作为保护性的缓冲器起着作用，使那些报告高质量亲子关系的暴力受害青少年在再测时更少可能被卷入暴力攻击。随后的性别交互作用分析揭示出缓冲作用对男性更明显，而亲子关系并不能保护女性免于产生攻击性行为。这些结果基于社会学习和暴力周期理论被评估，强调青少年的暴力犯罪角色。Albrecht 等[2]研究了青少年内化、攻击性行为及父母心理控制知觉的关系，通过定组研究调查青少年对父母心理控制的觉知和青少年自我报告内化及攻击行为之间的定向关系。随机在社区抽取 530 名 12～19 岁的青少年进行初测，两年之后重测。回归分析发现，青少年对父母心理控制的觉知基线并不能预测青少年两年后的内化及攻击行为的变化，而初测高内化行为及身体攻击能够预测青少年对父母的心理控制行为估计的增加。初测青少年报告较高攻击性可以预测母亲心理控制觉知的增加，青少年对父母心理控制的影响比父母对青少年行为的心理控制觉知的影响提供更多的证据。父母对同伴关系的监督和管理在青少年期间显得越来越重要，父母的高水平管理与青少年犯罪、物质滥用和攻击性的更低发生率相关，因此，父母应该与他们十几岁的孩子维持亲密的关系，鼓励他们自己做决定来帮助他们发展心理自主性和独特个性。父母需要尊重青少年的观点并提供给他们无条件的爱和接纳，即使他们和自己的观点有所不同。

5. 攻击性的内隐社会认知研究

研究者对内隐攻击性的探讨采用的内隐社会认知（Implicit Social Cognition）的研究方法，该方法虽在 1995 年才正式归于实验心理学的研究范

① Aceves M J, Cookston J T. Violent Victimization, Aggression, and Parent-Adolescent Relations: Quality Parenting as a Buffer for Violently Victimized Youth. Youth Adolescence, 2007, 36: 635-647.

② Albrecht A K, Galambous N L, Jansson S M. Adolescents' Internalizing and Aggressive Behaviors and Perceptions of Parents' Psychological Control: A Panel Study Examining Direction of Effects. Youth Adolescence, 2007, 36: 673-684.

围，但很快就成为各国学者探讨的对象。内隐社会认知是指在社会认知过程中虽然个体不能回忆某一过去经验（如用自我报告法或内省法），但这一经验会对个体的行为和判断产生潜在的影响。内隐社会认知研究采用内隐记忆的间接测量技术，使行为主义、精神分析学派等无法进行实证研究的内部心理过程得到了实验室观察。随着内隐记忆研究方法的不断进步与创新，内隐社会认知已成为社会认知领域的一个研究热点。在此基础上，Chen 和杨治良等（1996）①采用内隐社会认知的方法探讨了青少年学生的攻击性行为，结果证明了攻击性具有内隐性，由此打开了内隐攻击性研究的新篇章。内隐攻击性与攻击行为不同，是内隐的社会信息加工过程，无须意识监控或在意识状态不明确的条件下就可以实现对社会刺激的组织和解释，并对个体的判断和行为产生影响。内隐攻击性研究沿袭了内隐社会认知的研究范式，主要采取间接测量的方法：任务分离、启动技术、投射测验、内隐联想测验及最近提出的 GO-NO GO 测验、事件相关脑电位（E-vent-Related Brain Potential，ERP）技术等，其中任务分离、启动技术、投射测验和内隐联想测验已被熟知，而 GO-NO GO 连接任务（GNAT）是在 IAT 基础上新近发展起来的研究内隐认知的一种联结任务，由 Nosek Banaji 于 2001 提出，该技术吸收了信号检测论的思想，实验中将目标类别和积极评价作为信号而将目标类别和消极评价作为噪声②，被试对代表目标种类和属性种类的刺激反应"good"（称为 Go），此外呈现其他刺激不反应（称为 No Go）。此外，ERP 技术可以探测不同实验条件所诱发的不同神经活动的脑机制，可以直接测量"隐性"的加工过程，并且不一定要有外显的行为反应，因此，对探讨攻击性的外显和内隐层面的生物机制，特别是神经生理机制很有帮助。

内隐攻击性的研究拓宽了内隐社会认知的研究领域，揭示了攻击性的无意识层面，激发了人们对攻击性本质的新探索，对探寻攻击性的内在机制及攻击行为的预防和干预控制提供了科学依据。然而目前对于内隐攻击性的研究还不充分，尚存在一些问题有待解决③，如个体内隐攻击性和外

---

① Chen S A，杨治良，刘素珍．"攻击性行为"社会认知的实验研究．心理科学，1996，（2）：75-78.

② 梁宁建，吴明证，高旭成．基于反应时范式的内隐社会认知研究方法．心理科学，2003，（2）：208-211.

③ 康园园．内隐攻击性的研究综述．江苏教育学院学报：社会科学版，2008，24（1）：46-50.

显攻击行为之间的关系，以及个体的内隐和外显攻击性如何作用于日常生活中的攻击行为，影响攻击性的中介变量和调节变量有哪些。因此，有研究者提出内隐心理过程自动化发生的控制条件为[①]：意识到影响或意识到影响可能性；有对自动化行为控制的动机；有足够的认知资源去从事控制性认知过程。这些对于易受启动激活的内隐攻击性的可控性和干预策略的研究有一定的启发作用。

6. 攻击性的文化差异

随着跨文化心理学和本土心理学在心理学界的日益壮大，文化因素的作用显得越来越重要。文化是一个复杂的系统。文化的本质是人的一切实践活动和这些活动所形成的心理和行为，概而言之，是人类在实践活动中所创造的精神与物质财富的总和。攻击行为的文化演变似乎受三种力量的制约[②]：学习集体攻击形式的遗传倾向；社会发现自我的环境所强加的各种必要性；群体历史，使群体可能否定一种文化形式而采取另一种文化形式。文化演变与有组织的暴力行为交织在一起，促使着文明的进步。

国外的研究实践表明，在现有的条件下，个体主义（Individualism）和集体主义（Collectivism）这对文化模式是一个较为妥当的切入点[③]。基于此种观点，可以把文化划分为两种模式，即个体主义文化模式和集体主义文化模式。个体主义文化模式倾向于把注意的焦点放在个体身上，强调个体的独特性、独立性、自主性，强调个体与他人和群体的不同，预示着竞争、独立、集体归属感比较少，这种文化背景下，人们对攻击性行为持有较多的工具信念，即关注行为结果，强调攻击行为的必要性及其效力，证实行为的存在却不解释行为发生的原因；而集体主义文化把注意的焦点放在群体或社会水平上，强调和睦的关系、人际的相互依赖、个人为集体利益所做的牺牲、个人对社会的义务和职责、个体在群体和社会中所扮演的角色，等等，预示着较多的社会互动和较强的家庭观念，这种文化背景下，人们对攻击行为持有较多的表达信念，即关注攻击行为产生的个体内在心理因素，强调攻击性发生的偶然性，并寻找行为发生的原因。西欧和北美等西方国家的文化是典型的个体主义文化，而亚洲的日本、印度和中

---

① Bargh，J. A，& Chartland，T. L. The unbearable automaticity of being. American Psychologist，1999，54(7)：462-479.

② 威尔逊 E O. 论人的天性. 贵阳：贵州人民出版社，1987：106.

③ Gouveia V，Clemente M. The horizontal and vertical attributes of individualism and collectivism in a Spanish population. The Journal of Social Psychology，2003，143 (1)：44.

国等东方国家的文化则是典型的集体主义文化。这两种模式下的个体具有不同的自我概念，行为目标的性质、行为的决定因素及社会关系的重要性都存在差异，进而对认知、学习、情绪和动机等产生影响。因此，不同文化背景下的个体的攻击性行为及对攻击性的认知都会存在很大差异，如在南非及一些地中海地区，公开敌对和暴力是应对可觉知的威胁来捍卫荣誉的重要方面[①]，因此，对生活在这里的个体来说，攻击性是受到鼓励的，或至少是作为愤怒的一种反应而可接受的。另有研究以日本学生和西班牙学生为对象，结果发现日本学生被报告了较多的身体攻击，而西班牙学生则被报告了较多的言语攻击[②]。由此可知，攻击性存在文化差异，应对其进行跨文化研究。

三、攻击性领域的干预研究与发展趋势

攻击性与个体的生物学特征及环境和社会文化等多种因素密切关联，因此，对攻击性的预防和干预也应综合多种因素考量。及时且恰当地对处于危险处境的攻击性个体进行有效的治疗性干预，防止危机的恶化，教其学会应对技巧，帮助其心理状态恢复到正常的功能水平，至关重要。

目前的干预研究包括：第一，攻击行为的医学干预[③]。该干预模式主要面向已经表现出较高攻击性的个体，为了避免其危害社会或个体自身而采用的治疗方法。有研究发现教授一些传统的武术使个体练习，可以降低青少年的攻击性，从而预防攻击性行为[④]。此外，抗精神病药物及安定类药物也可以有效缓解急性和慢性精神分裂症患者的敌意、攻击性或严重的焦虑。对于那些用药物无法控制的攻击性和长期反复发作的攻击行为也可

---

① Rodriguez Mosquera P M，Manstead A S R，Fischer A H. The role of honor-related values in the elicitation，experience，and communication of pride，shame，and anger：Spain and the Netherlands compared. Personality and Social Psychology Bulletin，2000，26：833-844.

② Ramirez J M，Fujihara T，Van Goozen S. Cultural and Gender Differences in Anger and Aggression：A Comparison Between Japanese，Dutch，and Spanish Students. The Journal of Social Psychology，2001，141：119-121.

③ 杨林. 攻击行为相关因素的研究现状与干预. 重庆医学，2006，35(22)：2088-2091.

④ Zivin G，Hassan N R，DePaula G F，Monti D A，Harlan C，Hossain K D，Patterson K. An effective approach to violence prevention：traditional martial arts in middle school. Adolescence，2001，143：443-460.

以考虑采用杏仁核立体定向毁损术来治疗，雌激素或雄激素抑制剂也可以控制冲动性的性犯罪者的攻击行为。第二，攻击性的社会、家庭及个体干预。对攻击行为的社会干预仍然是控制人类攻击行为最有效的手段，教育、疏导、感化等方法都对缓解攻击性有积极的作用，不过惩罚也是减少重复犯罪的一种手段，可以减少攻击行为。但要把握惩罚的强度，尽量让受惩者感受到惩罚的公平性和意义，否则，可能会产生报复性行为。此外，有研究者认为[①]，个体的行为通常取决于个体的信念、价值观和道德准则系统，个体会为了建立某些道德行为规范而采用自我奖惩的方式来决定自己的行为，因此，可以通过重建个体的价值观、生活态度和信念及改变处理人际冲突的方法，来改变个体的攻击性。家庭是个体赖以生存的社会单元，也是滋生攻击性的重要来源，许多高攻击者成长于不良的家庭环境中，因此，通过家庭治疗及有针对性的系统治疗[②]，开展定期的接触式座谈和布置治疗性家庭作业，促进暴力犯罪个体与家庭成员之间真正的交流，可以有效预防攻击性。对攻击行为的个体干预，可以采用系统脱敏法，通过让攻击者尽量放松，想象愤怒情境，直至亲临其境，以达到系统脱敏疗效。此外，还可以采用认知行为矫正的方法，即让攻击者在情绪稳定时通过录像观看自己在愤怒情境中的表现，帮助其识别消极思维及不愉快的情绪或紧随消极思维之后产生的问题行为，从而帮助其制止这些消极思维并建立理性的或积极的思维，最终提高其自控能力。

攻击性的发生是社会、心理及生物学多因素共同作用的结果，目前对攻击性的研究已基本趋于成熟，但在该研究领域仍存在一些问题有待今后解决。第一，攻击性的发展规律及机制尚不清楚，攻击性的界定尚不统一，研究技术手段缺乏规范化。随着社会认知神经科学、神经心理学、脑科学的飞速发展以及脑成像、电子扫描等先进技术的应用，为深入研究攻击性提供重要的发展契机，可以通过观察脑区的变化来推测其个体的攻击性程度。目前对心理现象的研究逐渐从之前的自我报告法和量表法向脑成像技术过渡，包括 PET、fMRI/MRI、EEG/ERP、MEG、TMS、NIRS等社会认知神经科学研究过程中常用的仪器，研究结果也具备越来越高的信效度，对探讨攻击性的规律及机制有着很重要的意义。第二，攻击性与

---

①　Schwartz J P, Magee M M, Griffin L D, Dupuis C W. Effect s of a group preventive intervention on risk and protective factors related to dating violence. Group Dynamics：Theory, Research, and Practice，2004，8(3)：221-231.

②　Gundersen L. Intimate partner violence ：the need for primary prevention in the community. American College of Physicians，2002，136 (8)：637.

大多变量如社会支持、应对方式及攻击者人格特点等的相互影响机制尚不明确。攻击行为是一种复杂的心理行为现象，其发展不可能仅受到某个因素的影响，而是受到多个系统、多个因素、多种关系的交互作用，这些因素可能共同影响攻击性的发展，Anderson[①] 提出的攻击性一般模式理论在一定程度上整合了以往研究中的成果，但是该模型似乎更符合横断的研究设计，而不同性质的影响因素之间的系统性及结构化似乎被忽略[②]。现在某些研究把攻击行为作为因变量，把一些人口学变量与社会情感变量作为自变量，认为社会情感变量的影响导致攻击行为的产生。然而，攻击行为也可能会反过来对社会情感变量产生影响，如攻击行为或情感可能相互影响或相互启动[③]，这说明情绪发展对攻击行为的启动存在一定的局限性，攻击行为与各影响变量之间的关系是动态变化的。因此，其他变量如自杀、愤怒、社会排斥等如何影响攻击行为或是否与攻击行为存在交互作用，都有待进一步探讨。第三，社会心理因素与生物因素在攻击性发生发展上的因果关系尚不明确，可以借助于多元化的方法进行探讨。这就要求对攻击行为的生物学改变进行动态观察，通过早期预防与诊治、改善人际关系及探索与攻击行为有关的社会文化因素，达到有效预防的效果。第四，已有对攻击性的干预模式尚存在争议，有待进一步整合。未来可以在攻击性的干预和矫治模型如锂治疗[④]等治疗方法上争取新的突破，探索引起攻击性的根源，采用合理的措施及早进行多元化、多方法的综合性干预，以缓解攻击性带来的负面影响。第五，由于文化因素对攻击性的重要影响，这就要求对攻击性进行跨文化研究，比较不同文化背景下攻击性的差异，探讨人类攻击性形成的原因，对于人类有效理解攻击性的认知及预防攻击性有着重大的意义和价值。

（樊召锋）

---

① Anderson C A，Dill K E. Video games and aggression thoughts，feelings，and behavior in the laboratory and in life. Journal of Personality and Social Psychology，2000，78：772-790.

② 李宏利，宋耀武. 青少年攻击行为干预研究的新进展. 心理科学，2004，27（4）：1005-1009.

③ Keltikangas-Jarvian L. Aggressive behavior and social problem-solving strategies：a review of the findings of a seven-year follow-up from childhood to late adolescence. Criminal Behaviour and Mental Health，2001，11：236-250.

④ Terao T，Siever L J. Aggression，Suicide，and Lithium Treatment/Dr. Siever Replies. The American Journal of Psychiatry，2008，165(10)：1356-1357.

亲社会行为研究的研究热点
和发展趋势

　　亲社会行为是一种宽泛的行为范畴，指"被社会界定为有益于他人和现有行政体系的行为"①。根据该定义，一个特定的行为是不是"亲社会"，因时代和环境而异。对行为的社会判断会随着历史环境和政治背景的变化而改变。当然，亲社会行为的社会建构特征并不会妨碍我们研究日常生活中的亲社会行为。在公共汽车上让座给老人，给一些助人机构当志愿者，在紧急事故发生时救死扶伤，与自己工作团队中其他成员精诚合作，这些都是为社会中绝大多数人所认可的亲社会行为。亲社会行为对于建设和谐社会具有极其重要的现实意义。

一、亲社会行为研究的历史回顾

　　心理学对亲社会行为的研究应追溯到麦独孤，他认为亲社会行为是由父母本能(parental instinct)所产生产"慈爱的情感"(tender emotions)的结果，对亲社会行为进行科学的研究源自 1964 年的基蒂·吉诺维斯被杀事件②。该事件震惊了全美，人们开始思考，为什么如此多有责任心的人在听到她的哭叫声之后没有去帮助她？这样的思考引起社会心理学家对亲社会行为的巨大兴趣。当他人需要帮助时，人们会如何反应？尤其当紧急事件发生时，在什么情境下人们不会或者会出手相助？Latané 和 Darley 为研究旁观者对紧急事件的反应做了大量基础性工作。他们通过实验确认了发生紧急事件时促进或抑制助人行为的情境因素。基蒂·吉诺维斯被杀事件和随之而来的一系列心理学研究，大大推动了人们采用实证方法考察何时以及为什么人们提供和不提供帮助情形。20 世纪 70 年代，大部分研究都在考察紧急和非紧急情境下，什么因素影响了人们助人的可能性。

　　关于什么时候人们会出手相助，Latané 和 Darley 提出了旁观者干预的

---

　　① Pilliavin J A, Dovidio J F, Gaertner S L, Clark R D Ⅲ. Emergency interven-tion. New York: Academic Press, 1981: 4.
　　② 俞国良. 社会心理学. 北京: 北京师范大学出版社, 2006: 470.

决策模型，来对此进行理论阐释①。该模型提出，人们是否提供帮助，取决于一系列决策的结果。在人们做出助人反应之前要经过五个决策步骤：第一步，是否注意到事件的发生；第二步，对事件进行确认，即是否将事件解释为需要帮助的事件；第三步，决定是否承担个人责任；第四步，选择帮助的方式；第五步，实施行动。该模型中每一步的决策都会影响旁观者最终的反应。后来，Piliavin 将旁观者干预的决策模型与经济学的视角相结合，提出了成本—收益分析模型②。该模型对于旁观者干预的决策模型是一个很好的补充。诸多实证研究为该模型提供了证据支持。

当这一领域的研究成熟之后，20 世纪 70 年代中期至 80 年代，研究重心从"何时人们出手相助"转移到"为什么人们会出手相助"，也就是亲社会行为背后的动机是什么。在这段时间，Baston，Cialdini 和 Piliavin 等学者对助人行为背后内在的动机机制进行了热烈的争论，激起人们对该领域更浓的兴趣。

对亲社会行为的动机机制感兴趣的研究者一般将视角聚焦于三类机制：学习、社会和个人规范、唤起和情感。前两者是认知机制，后一种是情绪机制。根据学习理论，人们通过操作性条件反射和社会学习（包括直接经验和观察他人，形成积极社会行为的观念，并获得助人的技能。关注社会和个人规范的研究，强调当人们努力维持积极的自我意象或追求理想，以及满足个人需求时，社会责任和互惠等规范如何促进助人行为（Omoto & Snyder，1995）③。这一视角将研究者的注意力从自发的，临时的助人行为转移到长期的、持续性的亲社会行为，比如志愿者活动，这意味着研究者开始关注宏观分析水平的研究。关注唤起和情感的研究强调情绪对引发亲社会行为的重要性。人们会被他人的痛苦所唤起，这被称为共情唤起，这种反应在年幼的儿童身上就可以观察到，具有跨文化的普遍性

① Latané B, Darley J M. The unresponsive bystander：Why doesn't he help? New York：Appleton-Century-Crofts，1970.

② Pilliavin J A, Dovidio J F, Gaertner S L, Clark R D Ⅲ. Emergency intervention. New York：Academic Press，1981：4.

③ Omoto A M, Snyder M. Sustained helping without obligation：Motivation, longevity of service, and perceived attitude change among AIDS volunteers. Journal of Personality and Social Psychology，1995，68(4)：671-686.

(Eisenberg & Fabes，1991)①。共情唤起是多种助人行为背后的基本过程，人们将自己的共情唤起解释为何种情绪，影响着他们的助人动机。如果是愤怒或厌恶情绪，人们不会去帮助；如果是难过、悲伤或内疚，人们会在利己动机的支配下去助人，以减缓自己的消极情绪状态②；如果是同情和怜悯，利他动机会被诱发出来，这时人们助人的主要目的是减轻他人的痛苦③。

20世纪80年代后期至90年代初，关于亲社会行为动机机制的研究也日趋饱和，人们讨论的焦点开始集中在具体的方法问题和纯粹的概念界定上。除了直接卷入这些争论的学者，其他研究者对助人和利他主义的兴趣逐渐降低，直到20世纪90年代中期后，研究者对该领域的兴趣被重新点燃。然而，这时研究者已不再将焦点集中在传统的研究主题上，他们的思路更加开阔。一部分研究者开始探究亲社会动机的基因和神经基础，这一新的取向被称为微观水平的分析；而其他一些研究者开始考察群体与组织水平上的助人、合作行为，这一研究取向被称为宏观水平的分析。

当然，如今仍有不少研究者对传统主题，即人际间帮助进行理论和实证研究保持兴趣，但过去的十几年研究者更多地关注微观和宏观分析水平的研究。在开展这些研究工作时，有些学者将自己的研究建立在早期助人研究所确立的原理的基础之上。然而，更多的微观或宏观水平的研究工作较少依赖先前关于人际间帮助的亲社会研究，而是更多地借鉴其他学科（比如，生物学和社会学）的研究。

二、近年来亲社会行为研究关注的研究热点

亲社会研究发展至今，研究者的视角日渐深入和开阔，这表现为近十年来在亲社会领域耕耘的研究者，将更多的精力投入到微观和宏观分析水平的研究中。随着这些研究的进展，一种跨越各水平、各学科的研究走向

---

① Eisenberg N，Fabes R A. Prosocial behavior and empathy：A multimethod developmental perspective. In：M S Clark.（Ed.）. Review of personality and social psychology：Prosocial behavior. Newbury Park，CA：Sage，1991，12：34-61.

② Cialdini R B，Brown S L，Lewis B P L，Luce C，Neuberg S L. Reinterpreting the empathy-altruism relationship：When one into one equals oneness. Journal of Personality and Social Psycholgy，1997，73：481-494.

③ Batson C D. The altruism question：Toward a social-psychological answer. Hillsdale，NJ：Lawrence Erlbaum Associates，1991.

日趋明显。这里我们重点来讨论近年来亲社会研究领域关注的主要问题。

（一）社会认知神经科学对共情的研究

关于亲社会行为起源的研究已经表明，基因可能以间接的方式影响人类行为。例如，通过影响一部分的神经系统使人们对其环境中的某些特定方面尤为敏感，或者使人们能体验到某些特定的情绪。人的大脑中支配情绪的部分——边缘系统比主要支配认知和判断的新皮质进化得更早。因此，情绪可能是基因产生利他行为的心理机制，比如人类的很多情绪（内疚、悲伤、痛苦和担忧等）均可诱发亲社会行为。由于产生这些情绪的基础是对他人状态的共情唤起，共情可能是连接遗传倾向和直接的亲社会行为的基本成分。

在社会认知神经科学发展起来后，研究者很快就开始关注共情的神经基础的探讨。共享他人情绪的能力，即共情，近来已成为社会神经科学研究的焦点。该领域不断累积的证据表明，人们既可以共享另一个人的情绪或感觉状态，也可以通过对他人状态的推理来理解他人的意向、愿望和信念，即认知观点采择。尽管共情和对他人状态的认知推论经常同时发生，采用 fMRI 技术的社会认知神经科学研究表明，认知观点采择和共情激活了不同的神经网络。前者主要激活前额叶中部（medial prefrontal regions）、颞上沟（the superior temporal sulous，STC）以及顶叶（parietal lobe）[1]，而后者激活的脑区主要集中在前脑岛（anterior insula，AI）和扣带回（Anterior Cingulate Cortex，ACC）区域[2]。Singer 等通过比较被试自己接受痛刺激和观察另一个人接受痛刺激时大脑的激活状态，证明了在两种情况下，AI 和 ACC 均被激活[3]。其他使用不同痛觉刺激和情境的同类共情研究也有相同的发现[4]。将痛刺激换成令人厌恶的气味刺激和触觉刺激时，这两

[1] Hein G, Singer T. I feel how you feel but not always: the empathic brain and its modulation. Current Opinion in Neurobiolty, 2008, 18: 153-158.

[2] De Vignemont F, Singer T. The empathic brain: how, when, and why? Trends in Cognitive Science, 2005, 10: 435-441.

[3] Singer T, Seymour B, O'Doherty J, Kaube H, Dolan R J, Frith C D. Empathy for pain involves the affective but not sensory components of pain. Science, 2004, 303: 1157-1162.

[4] Lamm C, Batson C D, Decety J. The neural substrate of human empathy: effects of perspective taking and cognitive appraisal. Journal of Cognitive Neuroscience, 2007, 19: 42-58.

区域也会被激活①。

　　基于对共情的神经基础的探讨，社会认知神经科学家对共情做出了界定。Singer 等认为：①共情是一种情绪状态；②这种状态与另一个人的情绪状态是同形的；③这种状态由对另一个人情感状态的观察和想象引起；④共情者知道是另一个人引起了自己的情感状态②。这种界定能有效区分共情与观点采择、同情、怜悯和情绪感染。尤其需要注意的是，共情与同情或怜悯不同，被共情引发的情感状态与另一个人的情感状态是同形的，同情或怜悯却并非如此。共情不一定会激发亲社会动机，共情有时甚至有阴暗的一面，比如，用来抓住另一个人的弱点，使其受苦。而同情或怜悯则与亲社会行为有必然联系，如 Kim 等发现，对另一个人的悲伤表情产生怜悯会显著地激活中脑腹侧纹状体/隔膜区网络（midbrain-ventral striatum/septal region network），这些区域对于诱发亲社会取向的动机及伴有的价值感起重要的作用③。因此，共情需转化为同情、怜悯或担忧情绪，才能引发亲社会动机④。

　　除了在以往研究的基础上对共情的内涵做出总结外，社会认知神经科学家还总结出大脑共情反应的调节因素。例如，情绪的内在特征、共情者与共情对象的关系、共情者的特征、情绪刺激的显著性与强度、情境因素，等等。de Vignemont 和 Singer 提出了两种类型的共情调节⑤。一方面，个体可以自愿地控制自己的情绪反应。例如，某些有强烈的宗教信仰的人，可以很好地控制自己的情绪和感觉。另一方面，内隐的评价过程可以在很大程度上调节共情反应的强度。后者是社会认知神经科学关注的重点。

　　既然共情可以受到诸多因素的调节，那么共情过程在哪个环节上受到

---

①　De Vignemont F，Singer T. The empathic brain：how，when，and why? Trends in Cognitive Science，2005，10：435-441.

②　Singer T，Seymour B，O'Doherty J P，Stephan K E，Dolan R J，Frith C D. Empathic neural responses are modulated by the perceived fairness of others. Nature，2006，439：466-469.

③　Kim J W，Kima S E，Kim J J，Jeong B，Park C H，Son A E，Song J E，Ki S W. Compassionate attitude towards others' suffering activates the mesolimbicneural system. Neuropsychologia，2009，47：2073-2081.

④　Eisenberg N. Empathy-related responding and prosocial behaviour. Novartis Found Symp，2007，278：71-80.

⑤　Singer T，Seymour B，O'Doherty J P，Stephan K E，Dolan R J，Frith C D. Empathic neural responses are modulated by the perceived fairness of others. Nature，2006，439：466-469.

调节？对此，de Vignemont 和 Singer 等提出了两个共情模型——后评价模型和前评价模型（如图 1 所示）来对此进行阐释①。

在后评价模型中，对情绪线索的知觉，直接地、自动化地激活了情绪反应，同时背景信息得到评价，背景评价的结果会调节最初自动产生的共情反应。在前评价模型中，对情绪线索的知觉，不会直接地、自动化地激活共情反应。情绪线索首先在内部和外部信息背景下得到评价，背景评价加工的结果决定了情绪反应能否产生。目前，对共情的神经科学研究还无法区分以上两个模型提出的加工路径。未来研究可以通过使用更为有效的技术，以及通过改善实验范式，来区分这两种加工路径。

尽管社会认知神经科学对共情的研究取得到了令人瞩目的进展，但仍存在不少有待解决的问题。例如，目前研究者已经确认了影响大脑共情反应的关键因素，那么这些因素的重要性是否有所不同？它们在调节大脑共情反应时是否会发生复杂的交互作用？又比如，很多研究通过检验神经的共情反应与共情的行为特质测量结果的相关，来考察大脑共情反应的个体差异。结果发现，共情的行为测量得分越高，AI 和 ACE 区域的激活也越强②。然而，这些个体差异源自何处，这些个体差异是否可以预测同情和怜悯等包含亲社会动机的情感？连接共情和亲社会行为的到底是怎样的机制？这些问题都需要进一步澄清。

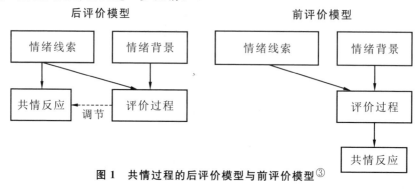

图 1　共情过程的后评价模型与前评价模型③

---

①　de Vignemont F, Singer T. The empathic brain: how, when, and why? Trends in Cognitive Science, 2005, 10: 435-441.

②　Singer T, Seymour B, O'Doherty J, Kaube H, Dolan R J, Frith C D. Empathy for pain involves the affective but not sensory components of pain. Science, 2004, 303: 1157-1162.

③　de Vignemont F, Singer T. The empathic brain: how, when, and why? Trends in Cognitive Science, 2005, 10: 435-441.

(二)群体过程与助人行为的关系

群体过程与助人行为的关系也是近年来亲社会行为研究的热点。群体过程对亲社会行为的影响研究，是在群体内和群体间行为的理论框架下进行的。关于该主题的大量研究都揭示了一种对自己所属群体成员较强的偏爱倾向[1]，即人们更有可能关心那些与自己属于同一群体的人，因而也更有可能去帮助他们[2][3]。Hornstein 等已证明共同群体成员身份对助人行为的效应，强于人际相似性或人际吸引力所产生的效应。他们认为属于同一群体的感觉会促进共情，进而引发更多的亲社会行为。Dovidio 等发现，诱发一种"共同群体身份"可促进对先前被知觉为外群体成员的个体的帮助行为[4]。当内群体的范围设定得更宽时，人们在考虑将要帮助谁时会变得更具有接纳性[5]。

Stürmer 等研究者在不同文化间背景下，考察了群体成员身份对于由共情动机引发的助人行为的调节作用，证明了人们在决定是否助人时个人过程与群体过程的差别[6]。当助人者和被助者属于同一文化群体时，共情对于助人行为的影响较强，而当两者分属不同群体时，共情对助人行为的诱发作用则相对较弱。在由实验操纵所创造的群体背景下对同样的问题进行考察，也发现了类似的结果。Stürmer 等还考察了群体成员身份如何调

① Hewstone M，Rubin M，Willis H. Intergroup bias. Annual Reviews of Psychology，2002，51：575-604.

② Levine M，Cassidy C，Brazier G，Reicher S. Selfcategorization and bystander non-intervention：Two experimentalstudies. Journal of Applied Social Psychology，2002，32：1452-1463.

③ Stürmer S，Snyder M，Omoto A M. Prosocial emotions and helping：The moderating role of group membership. Journal of Personality and Social Psychology，2005，88：532-546.

④ Dovidio J F，Gaertner S L，Validzic A，Matoka A，Johnson B，Frazier，S. Extending the benefits of recategorization：evaluations，self-disclosure，and helping. Journal of Experimental Social Psychology，1997，33：401-420.

⑤ Levine M，Prosser A，Evans D，Reicher S. Identity and emergency intervention：How social group membership and inclusiveness of group boundaries shapes helping behavior. Personality and Social Psychology Bulletin，2005，31：443-453.

⑥ Stürmer S，Snyder M，Kropp A，Siem B. Empathy-motivated helping：the moderating role of group membership. Personality and Social Psychology Bulletin，2006，32：943-956.

节被助者的吸引力对助人的预测作用，发现当被助者是外群体成员时，吸引力对助人的预测作用比当被助者是内群成员时更强①。这说明，在内群体条件下，共情是助人行为较重要的预测因素；而在外群体条件下，人际间因素，诸如吸引力，是助人行为更为重要的预测因素。群体成员身份不仅对人际间的助人产生影响，也能调节群体间的互助。例如，由于保加利亚人一直将犹太人看作是内群体成员，而不是根据宗教和民族将其视为外群体成员，并且他们的一个重要内群体规范是反抗压迫，所以保加利亚人曾通过大规模的集体行动从纳粹手中拯救了无数的犹太人②③。

　　群体过程会影响助人行为，另一方面，助人行为也会对群体间过程产生影响。Nadler 等指出，助人的双方往往是不平等的，即助人者（或助人群体）往往比接受帮助的人（或接受帮助的群体）有更大的权力、更高的地位和更多资源，而且长期的帮助会使接受帮助的人或群体产生依赖感和无能感④。Nadler 曾提出一个模型，以表明地位高的群体经常对地位低的群体给予依赖取向的帮助，以建立和保持自己的优势⑤。地位低的群体对这种帮助的接受可能意味着接受不平等，而拒绝可能意味着一种朝向社会流动性的个人努力，或实现社会平等的集体行为。由此可见，群体间助人可被作为一种策略，来维护群体利益或实现某种群体间的关系。例如，Hopkins 等通过实验发现，当苏格兰大学生相信英格兰大学生认为自己所属群

①　Stürmer S, Snyder M, Omoto A M. Prosocial emotions and helping: The moderating role of group membership. Journal of Personality and Social Psychology, 2005, 88：532-546.

②　Reicher S D, Cassidy C, Wolpert I, Hopkins N, Levine M. Saving Bulgaria's Jews: An analysis of social identity and social solidarity. European Journal of Social Psychology, 2006, 36：49-72.

③　Hopkins N, Reicher S, Harrison K, Cassidy C, Bull R, Levine M. Helping to Improve the Group Stereotype: On the Strategic Dimension of Prosocial Behavior. Personality and Social Psychology Bulletin, 2007, 33：776-788.

④　Nadler A, Fisher J D. The role of threat to self-esteem and perceived control in recipient reaction to help: Theory development and empirical validation. In: L Berkowitz. (Ed.). Advances in experimental social psychology (Vol. 19). San Diego, CA: Academic Press, 1986：81-122.

⑤　Nadler A. Inter-group helping relations as power relations: Helping relations as affirming or challenging inter-group hierarchy. Journal of Social Issues, 2002, 58：487-502.

体比较吝啬时，他们认为对外群体提供帮助，是对这一刻板印象作出反驳的有效方法。③当他们感觉到这种刻板印象增强时，自愿帮助外群成员的行为也会增多。从这个实验可以看出，亲社会行动可作为在群体内和群体间背景下改善关系状况的交流行动。助人不仅仅是群体过程的结果，也可以是对群体过程的积极干预。

(三)志愿者活动

志愿者活动是在组织背景下的一种有计划的长期亲社会行为。与个人之间的帮助所不同的是，志愿者行为与个人义务感无关，而且往往始于深思熟虑的决策。因此，关于人们为什么去当志愿者的研究，其视角异于关于人际间帮助的研究。

关于志愿者活动的研究，是 2000 年以来社会学家和心理学家备感兴趣的领域。社会学家，例如 Wilson 等关注社会建制和人口学因素与志愿者行为的联系。比如，考察家庭和宗教组织对于一个人是否去当志愿者的决策的影响①②；社会经济地位和收入水平与志愿者行为关系；性别与民族与志愿者行为的关系。

心理学家则关注潜在志愿者的个性和需要，以及他们面临的社会情境对志愿者活动的影响。Penner 等和 Hart 等的研究发现了一组个性倾向(包括共情倾向)对于决定是否当志愿者，发挥着重要作用③④。Snyder 等则进一步探讨了为什么不同背景、不同个性的人会去参与相似的志愿者活动⑤。他们对志愿者活动做出功能分析，发现相同的志愿者活动能满足不同个体或相同个体在不同时间的不同需求和目标。也就是说，他们认为，个体所处环境和个性的差异是经由不同的动机转化为相似的志愿者活动的。

---

①　Piliavin J A. Feeling good by doing good. In：A M Omoto(Ed.). Processes of Community Change and Social Action. Mahwah，NJ：Erlbaum，2004a.

②　Lam P. As the flocks gather：How religion affects voluntary association participation. Journal for the Scientific Study of Religion，2002，41：405-422.

③　Penner L A. The causes of sustained volunteerism：an interactionist perspective. Journal of Social Issues，2002，58：447-467.

④　Atkins R，Hart D，Donnelly T. The influence of childhood personality on volunteering during adolescence. Merrill Palmer Quarterly，2005，51：145-162.

⑤　Omoto A M，Snyder M. Considerations of community：the context and process of volunteerism. American Behavioral Scientist，2002，45：846-886.

Hart 等还提出一个新模型,试图整合社会学和心理学的视角[1]。他们基于取自全国范围的调查数据,指出个性因素和社会结构因素(如家庭、文化),均会对志愿者活动的概率产生影响,但这种影响以个人内部的认知过程(比如态度、身份认同、对理想的承诺)和人们社会网络的丰富程度为中介。

志愿者活动是一种长期的活动,哪些过程与志愿者活动的维持有关?Omoto 和 Snyder 以及 Piliavin 等分别提出不同模型来解释哪些因素使志愿者活动得以维持。这两个理论模型侧重点不同,但并不相悖。Omoto 和 Snyder 提出的志愿者过程模型更为关注个人内部的变量(如动机),认为持续的志愿者活动主要由最初人们去当志愿者的动机或需要,与人们作为志愿者的实际经历的匹配程度所决定[2];同时,该模型也指出亲社会倾向,对志愿者活动的社会支持,对志愿者经历的满意度,以及与组织的融合程度,对于维持志愿者活动所起的重要作用。而 Piliavin 等提出的角色身份模型则关注社会角色和社会背景[3]。模型中两个关键的结构,即知觉到的期望和角色身份,变成了该志愿者的个人身份的一部分。知觉到的期望使个体决定去当志愿者,组织变量(如某志愿者服务组织的声望),以及与实际的志愿者活动相关的经历和行为,促进了志愿者的角色认同,而这种角色认同,是维持志愿者活动的直接原因。

此外,心理学家还考察了志愿者活动对于志愿者自身可能产生的益处。我们知道,传统的亲社会行为研究更为关注助人行为的原因而不是结果,而在微观和宏观分析水平上,都有大量的研究在考察亲社会行动对于个人可能产生的益处。心理学家对志愿者活动所产生的积极身心效应的研究主要关注这几个问题,即志愿者活动是否有长期的益处;志愿者活动的数量和类型,志愿者的差异是否会影响志愿者活动的效应;产生这些积极效应的机制是什么。Piliavin 等通过长期的追踪研究对这几个问题做出了探讨[4]。他们发

① Dovidio J F, Piliavin J A, Schroeder D A, Penner L A. The social psychology of prosocial behavior. London: Lawrence Erlbaum Associates, 2006.

② Omoto A M, Snyder M. Considerations of community: the context and process of volunteerism. American Behavioral Scientist, 2002, 45: 846-886.

③ Piliavin J A, Grube J A, Callero P L. Role as a resource for action in public service. Journal of Soial Issues, 2002, 58: 469-485.

④ Piliavin J A. Volunteering across the life span: Doing well by doing good. In: S Stürmer, M Snyder. (Eds.). The psychology of prosocial behavior: Group process, intergroup relations and helping. Wiley-Blackwell, 2009: 157-174.

现，志愿者活动能对青少年产生积极的发展性影响，与青少年和成年人的身心健康和幸福感有正向联系；参与的志愿者活动越多样，时间越长，一致性越高，志愿者的身心健康水平就越高；志愿者活动对不同个体的效应是否不同？答案是肯定的。个体融入社会的程度调节着志愿者的效应。那些与社会更为疏离，即单身、较少与朋友或亲戚来往，或住在人口稀少地区的个体，更能从志愿者活动中受益。志愿者活动对志愿者自身所产生的积极效应的内在机制是什么呢？由志愿者活动带来的融入社会的过程和自我价值感的提升，可以通过心理—神经—免疫学路径（Psycho-neuro-immunologic pathways），来促进身体健康①。

然而，值得我们注意的是，大部分关于志愿者活动效应的研究一般采用调查方法，在做因果推论时我们要慎重。

三、亲社会行为研究的发展趋势和研究建议

从近年来亲社会行为研究所关注的问题可以看出，研究者更倾向于从微观和宏观层面对亲社会行为进行研究，因此，研究视角更为深入，也更具开阔性。同时，研究者正在试图结合不同的分析层面对亲社会行为进行探究，旨在对亲社会行为形成更全面、更具整体性的理解，正如 Dovidio 等所言，当前更有潜力的方向是采用一种更具综合性的视角来考察亲社会行为②。他们还指出了两个研究取向：第一，跨越三种分析水平，对特定的认知、神经、遗传过程和机制如何影响亲社会行为形成一种整合性的理解；第二，将亲社会行为视作进行中的人际过程和群体间过程的一个成分，来对其进行探讨。

（一）亲社会行为的社会认知神经科学研究

尽管从社会认知神经科学的视角来探究亲社会行为的内在神经机制，已逐渐成为亲社会行为研究领域的热点，并取得了丰硕的成果，但仍存在不少有待深究的复杂问题。这些问题在讨论社会认知神经科学对共情的研究中已有涉及。这里我们将要讨论的是两个更具整合性的研究问题。

首先，关于稳定的、可观察的亲社会倾向的个别差异如何在神经科学

① Oman D，Thoresen E，McMahon K. Volunteerism and mortality among the community-dwelling elderly. Healthy Psychology，1999，4：301-316.

② Dovidio J F，Piliavin J A，Schroeder D A，Penner L A. The social psychology of prosocial behavior. London：Lawrence Erlbaum Associates，2006.

水平上得到证明，还没有得到系统的探讨。这是一个复杂但值得深究的问题。未来的研究可以通过对表现出稳定的亲社会倾向的个体和没有表现这种特征的个体，在脑结构和功能上的差异进行比较，来考察这个问题。Dovidio等建议，研究亲社会行为的社会认知神经科学家可以更多地关注具有稳定的与亲社会倾向相关的个性特质的个体，或者由于自身的社会角色和他人的期待，已将亲社会身份融入自我概念的个体（如志愿者）①。以神经科学的视角对这样的个体进行研究，有助于社会神经科学家更好地理解潜藏于复杂社会行为之下的神经机制过程。这种研究对于人格心理学家而言同样也很有价值。大部分亲社会人格的研究只是通过自我报告的方法简单地证明了某些人格特征与亲社会行为相关，但尚不能真正解释为什么会存在这种关系，如果我们能确认"乐于助人"和"不乐于助人"的人在神经科学水平上的差异，就可以对这个问题做出回答。

最近，还有一些研究者开始探索药理学的干预对大脑共情反应和亲社会行为的调节作用。例如一种叫后叶催产素（oxytocin，OT）的神经肽的使用对共情的影响。这暗示着亲社会研究整合各层面、各学科的可能性正在提高。据已有的关于人类的研究证据，OT是社会行为加工的潜在调节因素②。具体而言，OT可以降低对社会压力的身心反应，可以调节社会记忆，以及提高信任、宽容和推断他人心理状态的能力。近年来，神经科学研究领域已具备相应的技术来探究OT对人类中枢神经系统的效应③。比如，Singer等采用其对痛觉的共情研究范式同时考察了OT和亲社会行为的个体差异对大脑共情反应的效应④。结果发现，OT没有影响与共情相关的脑激活（即AI区域的激活），大脑的共情反应与亲社会行为也没有正向的联系。但这个研究发现了一个有趣的现象，即"亲社会的"被试与"自

① Dovidio J F，Piliavin J A，Schroeder D A，Penner L A. The social psychology of prosocial behavior. London：Lawrence Erlbaum Associates，2006.

② Heinrichs M，Domes G. Neuropeptides and social behavior：Effects of oxytocin and vasopressin in humans. Progress in Brain Research，2008，170：337-350.

③ Domes G，Heinrichs M，Glascher J，Buchel C，Braus D F，Herpertz S C. Oxytocin attenuates amygdala responses to emotional faces regardless of valence. Biological Psychiatry，2007，62：1187-1190.

④ Singer T，Snozzi R，Bird B，Petrovic P，Silani G，Heinrichs M，Dolan R J. Effects of Oxytocin and Prosocial Behavior on Brain Responses to Direct and Vicariously Experienced Pain. Emotion，2008，8：781-791.

私的"被试（通过以钱为刺激物的博弈游戏来测量）对 OT 的反应有所不同，当"自私的"被试自己接受痛刺激时，OT 降低了杏仁核的激活。这意味着"自私的"被试可能并不像通常人们所想象的那样理性和缺乏情感，他们的行为不是由推理所决定，而是由他们的焦虑感觉所决定的。当然，目前在 OT 对共情和亲社会行为的影响以及影响机制这类问题上还存在争议，有待研究者进一步探究。

（二）无意识过程对亲社会行为的影响

Penner 等认为，将更多的注意力放在引发亲社会行为的最近端的原因上，也是对亲社会行为形成更广阔的，更具整合性的理解的一个途径。近来有不少研究考察了启动效应对一个人提供帮助的可能性的影响，如 Garcia 等、van Baaren 等、Twenge 等、Shariff 和 Norenzayan，以及 Hirschberge 等的研究[1][2][3][4][5]，其中有一些考察了无意识过程对亲社会行为的影响。例如，Shariff 和 Norenzayan 发现上帝概念的内隐激活对亲社会行为有正面效应，而通过自我报告进行测量的宗教虔诚度与亲社会行为没有关系[6]。这样的研究策略揭示出内隐态度和外显态度所预测的是不同的效应，内隐态度是对自发反应的最好预测，外显态度是对有意行为的最好预测。Dovidio 等认为这种研究策略同样可以用于考察亲社会行为最近端的原因，

① Garcia S M，Weaver K，Moskowitz G B，Darley J M. Crowded minds：the implicit bystander effect. Journal of Personality and Social Psychology，2008，83：843-853.

② van Baaren R B，Holland R W，Kawakami K，van Knippenberg A. Mimicry and prosocial behavior. Psychological Science，2004，15：71-74.

③ Twenge J M，Baumeister R F，Nathan C，DeWall，Ciarocco N J，Bartels J M. Social Exclusion Decreases Prosocial Behavior. Journal of Personality and Social Psychology，2007，92：56-66.

④ Shariff A F，Norenzayan A. God Is Watching You：Priming God Concepts Increases Prosocial Behavior in an Anonymous Economic Game. Psychological Science，2007，18：803-809.

⑤ Hirschberger G，Ein-Dor T，Almakias S. The Self-Protective Altruist：Terror Management and the Ambivalent Nature of Prosocial Behavior. Personality and Social Psychology Bulletin，2008，34：666-678.

⑥ Shariff A F，Norenzayan A. God Is Watching You：Priming God Concepts Increases Prosocial Behavior in an Anonymous Economic Game. Psychological Science，2007，18：803-809.

并进一步探明亲社会行为在什么情况下以及如何发生①。这类研究还有可能帮助我们理解进化心理学家所描述的亲社会倾向如何转化为实际的亲社会行为。

(三)消极生活事件对亲社会行为的影响

利他主义和亲社会行为源于积极的经验和过程，而攻击行为或反社会行为则往往植根于消极的生活状况和生活经历，这是社会心理学和发展心理学的传统观点。这一传统观点的形成，是由于社会心理学对亲社会行为的理论阐释，一般基于对普通人群的研究，并且关注积极因素对亲社会行为的影响。大部分关于创伤事件和消极生活经历对人的影响的研究，主要集中在临床心理学领域，临床心理学家却又往往关注消极生活经历的心理病理效应，而不是对亲社会行为的影响。

近年来，临床心理学和社会心理学的交叉研究领域正兴起另一种视角，即"许多遭受忽视、身体虐待或性虐待，从迫害、折磨以及种族屠杀中生存下来的人，并没有仇恨或企图报复这个世界，而是努力以有意义的方式帮助他人"②。事实上，当灾难等创伤事件发生后，我们总能观察到大量的互助行为，这种灾后助人现象在美国的"9·11"事件和我国汶川大地震发生后都有明显的表现。Staub 创造了"生于苦难的利他主义"(altruism born of suffering)这一术语，来描述经历过苦难的个体如何获得特定的动机去帮助他人。然而，我们还不清楚，是什么经历使遭受过苦难的人变得有爱心和乐于助人，而不是变得富有攻击性？在遭受苦难后获得的特征和促使他们助人的过程，与通过积极的社会化经验获得的亲社会特征和过程是相同的吗？Staub 指出，重新理解过去的痛苦所具有的意义，促进了心理上的转变，从而去支持和关心他人，而不是与他人作对，这个过程的实现取决于苦难之外的其他经历③。

迄今为止，还没有研究者对生于苦难的利他主义进行过系统的研究，Vollhardt 总结了以往大量而零散的研究、非研究资料，采用 Kuhl 的一般动机框架，来组织和整合有关生于苦难的利他的理论解释，提出了生于苦

---

① Dovidio J F, Piliavin J A, Schroeder D A, Penner L A. The social psychology of prosocial behavior. London: Lawrence Erlbaum Associates, 2006.

② Staub E. The psychology of good and evil: Why children, adults, and groups help and harm others. Cambridge: Cambridge University Press, 2003.

③ Staub E. Vollhardt J. Altruism born of suffering: The roots of caring and helping after victimization and other trauma. American Journal of Orthopsychiatry, 2008, 78: 267-280.

难的利他主义的理论模型（如图 2 所示），以此对苦难经历如何使人转化为亲社会的个体这一过程进行阐释①。该模型对创伤事件（即苦难，预测变量）和亲社会行为（结果变量）做出了归类，对动机过程（即中介过程）和调节因素（即生于苦难的利他动机的因素）进行了归纳，并呈现了各相关变量之间的基本关系，以及这些变量如何结合起来，决定了生于苦难的亲社会行为的发生、范围和包容性。

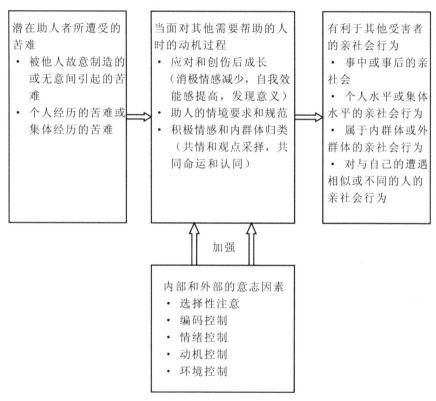

图 2　植根于苦难的利他主义的理论模型②

---

　　①　Vollhardt J R. Altruism Born of Suffering and Prosocial Behavior Following Adverse Life Events: A Review and Conceptualization. Social Justice Research，2009，22：53-97.

　　②　Idem.

尽管 Vollhardt 对与"生于苦难的利他主义"有关的研究和非研究资料进行了总结，提出了理论模型，然而这个模型还未得到系统化的实证研究的验证。另外，用以总结该模型的研究资料大多采用调查（主要是自我报告）的方法考察消极生活经历对亲社会行为的关系，我们难以根据这些研究结论做出准确的推论。将来的研究也许可以在该模型的基础上，尽可能利用严格控制的实验设计，对"生于苦难的利他主义"进行系统的研究。

（四）亲社会行为对人际和群体过程的贡献

亲社会行为研究大多将亲社会行为当作结果变量，而事实上亲社会行为对于维持个人健康，建立或保持良好的人际关系和群体关系，有很重要的价值。因此，将助人、合作和志愿者活动等亲社会行为视为进行中的人际过程和群体过程的一部分，来考察其对于人际和群体过程的贡献，也是一个很有潜力的研究方向。

近来已有研究发现，一些亲社会倾向，诸如共情，可能是宽恕的一个不可或缺的成分，而宽恕对于稳定的关系（包括婚姻）以及对于调解的成功，是一个重要的贡献因素[1]。然而，外显的亲社会行为对于稳定的人际和群体关系的作用尚未受到实证研究的重视。关于灵长类动物之间调解的研究，以及关于亲社会倾向与宽恕的关系的研究提示我们，这可能是未来研究的一个很有前途的方向。Dovidio 等建议，将来的研究也许可以探索先前冒犯者的亲社会行为，能否通过引发一种相互的共情反应来促进宽恕？调解期相互的亲社会行动是否比没有亲社会行为或单方的亲社会行为，更能促进随后关系的稳定？[2]

亲社会行为也是影响群体内和群体间过程的潜在重要因素。说到群体间行为，合作早就被奥尔伯特提出的接触假设（Contact Hypothesis）和 Sherif 的研究确认为提高群体间关系的关键成分。近来更多关于接触假设的研究[3]、

---

① Karremansa J C，Aart H. The role of automaticity in determining the inclination to forgive close other. Journal of Experimental Social Psychology，2007，43（6）：902-917.

② Dovidio J F，Piliavin J A，Schroeder D A，Penner L A. The social psychology of prosocial behavior. London：Lawrence Erlbaum Associates，2006.

③ Dovidio J F，Gaertner S L，Kawakami K. The Contact Hypotheis：The past，present，and the future. Group Process and Intergroup Relations，2003，6：5-21.

现实的群体冲突的研究①，以及如何使有激烈的冲突史的群体之间达成稳定、和谐的关系的研究②，也已确认合作对于达成与维持积极的群体间关系的重要性。尽管合作是群体间接触的关键成分已得到诸多研究的支持，然而，一些更为具体、深入的问题还未得到清楚的解答。比如，在群体间接触过程的哪一个环节上进行合作最为有效？是否有一个最佳时机？这个最佳时机有没有可能是群体间历史关系的函数？例如，在没有冲突史的群体间，也许能较容易地促进共情和观点采择，以及较容易地通过引入促使不同群体成员自发合作的活动建立信任。反之，当群体间曾有过激烈冲突时，可能首先需要用涉及一系列相互的亲社会反应的干预活动来降低双方的紧张，建立足够的信任，这样双方才可以参与自发的合作活动。因此，亲社会行为的作用与功能，可能需要在不同的群体关系类型背景下进行深入研究。

（曾盼盼）

① Esses V M, Dovidio J F, Jackson L M, Armstrong T L. The immigration dilemma: The role of perceived group competition, ethnic prejudice, and national identity. Journal of Social Issues, 2001, 57: 389-412.

② Kenworth J B, Turner R N, Hewstone M, Voci A. Integroup contact: When does it work and why? In: J F Dovidio, P G Glick, L Rudman, On the nature of prejudice: Fifty years after Allport. Malden, MA: Blackwell, 2005: 1-15.

第三编

拓展与深化：专题研究领域进展

该专题从文化心理学的视野审视了社会文化变迁现象。首先在解析柏拉图洞穴隐喻特征和意蕴的基础上，探讨了文化心理学的认识论；然后从人类学、社会学、心理学等学科角度，梳理了文化变迁研究的特点、进展与前瞻；接着以中国人亲密关系和现代人城乡心理适应为例，具体阐释了社会文化变迁与个体心理动态的相互建构过程。强调要运用多学科、跨学科的研究思路，特别是在社会心理学框架下对文化变迁现象进行系统研究。

文化的哲学心理学思考
——柏拉图洞穴隐喻对当代文化心理学研究的启示

一、柏拉图洞穴隐喻的含义与特征

柏拉图构造的洞穴隐喻是西方哲学史上最重要的隐喻。它对西方哲学和心理学产生了深远影响。本文试图分析它对当代文化心理学研究的意义。

在洞穴的隐喻中，柏拉图虚构了终身被囚禁于洞穴的囚徒。囚徒们被捆绑着，只能看到其前面的场景，其后是一条路，人们携着各种东西由此经过。路的后面是燃烧的火焰，来往的行人及其携带的东西被投射于囚徒前面的墙上。对囚徒来说，投射的阴影构成了他们的现实世界。柏拉图然后描述了其中一个囚徒挣脱枷锁，逃离洞穴后可能发生的情景。当他转向火焰时，眼睛会被刺痛，他也许会决定重返他的阴影世界。如若没有，他最终会适应火焰，并且看到行人和物体，这些在他以前看来只是阴影。这代表线段类比中对经验事件知识的理解。火焰就像太阳那样照亮那些东西。接着，柏拉图要我们设想，那个囚徒离开洞穴继续前进。一旦进入"上面世界"（upper world），面对真正的现实，这个囚徒将感到眼花缭乱。只有当适应了一段时间后，他才能看清楚"上面世界"的事物，并且认识到，与他曾经在洞穴中见过的阴影相比，它们更加真实。最后，柏拉图要我们想象，如果这个挣脱的囚徒重新回到洞穴，为其同伴指引光明，会发生什么？这个囚徒因明亮而仍然觉得眼花缭乱，很难重新适应以前的阴影的生活。他对阴影世界的描述屡犯错误，无法预测何物在先，何物在后。这足以向其同伴证明，离开阴影世界是不明智的。

被束缚的囚徒代表人类，他们误将感觉经验中的阴影世界混为现实。逃脱的囚徒代表靠理智而不是凭感觉印象指导行为的人。逃脱的囚徒看到，洞穴中的阴影和事物（感觉知识）来源于真实的物体（形式），因此，他拥有真实的知识。经历过这样的启蒙经验后，他往往试着引领其他人走出无知，走向智慧。一个人如若试图帮助别人摆脱无知的束缚，自己会发生什么呢？事实上，任何试图引领囚徒走出洞穴，走出阴影世界的人将被杀死。苏格拉底的悲剧就是个例证。

"洞穴比喻"是用来说明柏拉图关于人类境况的观点的一个模型，我们都是带着锁链的囚徒，被集体监禁，只能看见洞壁上变形的影子，我们感受的不是真实的东西？而是我们意识中的东西。真实的世界是完美的不变的理念世界，只存在于洞穴之外，只有借助理性？我们才能感受到理念世界。

从柏拉图洞穴隐喻，可以梳理出以下七个方面的对应关系（用↗表示）：①洞穴世界对↗应可见世界、现象；②洞穴外的世界↗可知的、实在的世界；③洞穴中的囚徒↗我们人类自身（有待于教育）；④洞壁上的阴影↗实在世界中真实事物在光的照耀下的阴影；⑤太阳的本相↗善的理念；⑥对阴影的观察↗意见；⑦太阳的直观↗善的知识与真理。

要想真正地觅到知识和真理，那就必须解除束缚，站起身来，转移习惯于看阴影的视线，迎着亮光，忍受痛苦，踏上漫长崎岖的道路，走出洞穴，迈向光明世界，寻找一切的原因——善的理念。

洞穴隐喻显示了认识的不同等级和层次：①简单纯朴，与对传统所具有的权威性的信仰联系在一起；②自负的启蒙；③对启蒙的启蒙；④真正的认识；⑤对不可用文字传达的最终原则的洞察。从①出发，经过②和③达到④，升华为⑤的过程，是一个由低到高的发展过程和升华过程。

洞喻还根据知行统一的，把认识的5个不同阶段与道德实践（文化实践的一部分）的5个阶段由低到高相对应：①纯朴可敬或传统道德；②狂热的追求；③生气勃勃的精神状态和艺术教养，以及分有理性所获得的最初部分；④不再只是分有的理性（苏格拉底）的顶峰；⑤柏拉图在对话中仅仅暗示，但而未写明的理论[1]。

① 撒穆尔·伊诺克·斯通普夫，詹姆斯·菲泽．西方哲学史：从苏格拉底到萨特及其后（修订第8版）．匡宏，邓晓芒译．北京：世界图书出版公司，2009：42-49.

弗朗西斯·培根把柏拉图的洞穴隐喻对人的束缚发展成为四假相模型。培根认为，人的思维易被假相所败坏。他指出有四种假相，并以隐喻的方式称这四种假相为：①种族假相(idola tribus)；②洞穴假相(idola specus)；③市场假相(idola fori)；④剧场假相(idola theatri)。

洞穴假相产生于每个人的独特倾向、教育和背景的误解。我们对事件的诠释，都是从我们自己的视角出发进行的。洞穴假相是培根直接取自柏拉图的比喻，并再次暗示了没有经过训练的心灵的局限性。心灵被封闭在由它自己的习惯和意见背景所构成的洞穴之中，它反映了一个人所读的各种书籍、一个人看重的各种观念，以及一个人所服从的理智权威。

种族假相使人不对事物进行深入钻研就接受直接经验，使人把纯粹想象混同真实存在。种族假相产生于人性的误解，它们来自"人的感觉是事物的尺度"这一错误的论断。培根认识到，单纯观看事物是不能保证人们看到事物的本来面目的，人类会把自己的希望、恐惧、偏见以及焦虑投射到事物之中，从而影响对事物的理解。

市场假相是语言的扭曲。人们使用像"命运"和"第一推动者"这样的说法，就好像它们具有明确的所指、毫无歧义似的。语词如同日常交际中的通用货币。尽管语词有其用处，如果它们造得并不准确、精密，如果它们的运用名不符实或有名无实或名存实亡，那么它们也会带来错误的认识。由于语言既是文化的组成部分又是文化的主要载体，因而文化心理学研究必须破除市场假相，走出语言洞穴，才能对文化做出客观的认识和正确的表达。

剧场假相是指庞大、冗长、系统化了的哲学教条。这些教条其实是模仿一种不真实的布景模型来创造世界。受剧场假相的影响，人们被哲学教条和科学教条所束缚，其思维、思想和态度有可能受到扭曲和局限，从而影响对新的正确的思想的理解和接受。

由于这些假相，或者说"虚假的意见""教条""迷信"以及"谬误"，以各种不同的方式歪曲着知识，扭曲人的理解力。因此需要大力破除。唯有如此，才能走出"洞穴"，认识真理，获得深刻的见解。尽管培根未能全面把握柏拉图洞穴隐喻的丰富含义，但他确实从一个方面拓展了柏拉图的思想。培根所讨论的四假相是社会文化心理学的重要洞见，因为它揭露了人类在认识活动和实践活动普遍存在的四种偏见。

怎样才能破除这些假相呢？培根寄希望于科学方法的创新。培根批评柏拉图和亚里士多德倚重演绎法，转而倡导基于观察和实验的科学归纳法，主张科学研究更应该从问题出发做实证的研究，而不是从已有的文本出发，做单纯的语言分析和概念推演。这些科学方法论思想为近代科学的兴起了重要的推动作用。然而，培根不仅未能深刻地认识到归纳法的局限性，也未能很好地认识柏拉图洞穴隐喻和其他著作中倡导的方法——理想化方法、分析法、对话法、阐释法等——对（包括文化心理学在内的）科学研究的积极作用。这些方法如今都是文化心理学研究的重要方法。

二、洞穴隐喻对文化心理学的认识论意义

人在文化中的地位，好似柏拉图之洞穴中被锁链束缚的人。生活在文化之中，看不清自己文化的本质，以为仅有自己的文化才是真实的、先进的、优越的、别的文化则是虚假的、落后的、原始的、野蛮的。人类对文化的研究也似乎仍在洞穴之中。理查德·约翰生尖锐地指出文化研究的困境："我仍然感到大多数社会学描述单薄而显见，大多数文学话语聪颖但肤浅。另一方面，历史实践中根深蒂固的经验主义是个实实在在的累赘，常常阻碍了正常的文化解读。我认为其他学科也会处于相同的境遇。"①文化心理学研究的现状和人类面临的文化困境表明，柏拉图洞穴隐喻不仅有重要的历史地位，而且有深刻的现实意义。

洞穴隐喻不仅揭示了人类存在的基本状态和不同类型，也显示了人类认识的不同层次、不同水平，而且把人的认知层次与人的道德实践层次对应起来，它为我们认识世界、认识社会文化、认识自身提供了深刻而形象的理论模型。它提出了或启发后人提出文化心理学研究的认识论问题和方法论问题。

柏拉图洞穴隐喻揭示了文化研究者的根本困境：受文化背景束缚的人类能否挣脱文化锁链，客观地认识文化，客观地认识文化与人之间的关系？如果不是所有人，而是部分人，甚至是少数人能够挣脱锁链，达到客观的认识，那么能够挣脱锁链的人与不能挣脱锁链的人之间会是或应该是何种关系？他们将如何相处？如果人果真能够挣脱文化锁链，客观地认识文化、认识文化与人之间的关系，那么认识的途径和方法是什么？文化研究者如何减少或消除文化偏见？如何走出文化研究的柏拉图洞穴？对这些问题的回答，关系到文化心理学的性质、身份：文化心理学研究能否成为一门科学？成为一门怎样的科学？怎样成为一门科学？

---

① 罗钢，刘象愚. 文化研究读本. 北京：中国社会科学出版社，2000：9.

　　心理学史上最古老和为时最久的争论是先天论与经验论之间的争论，或者说自然与养育之间的争论。柏拉图是这一基本问题的提出者之一，尽管人们通常把他视为先天论的第一位伟大的倡导者，但他的洞穴隐喻也暗含着后天经验论的可能性。因为，一方面他认为我们的性格和认识都是天生的，是由灵魂从其对形式的窥视中，以及它在先前化身的生活中带来的；另一方面他又暗示不同的世界或不同的存在状态对人有不同的影响。后来的先天论者抛弃了柏拉图关于再生的非科学信念，代之以进化论和遗传学。然而，我们究竟被我们的遗传塑造了多少，以及我们究竟被我们的环境塑造了多少等问题仍然悬而未决。正如荣格所说：文化与天性之间无穷无尽的两难，永远只能是一个太多太少的问题，而绝不可能是一个非此即彼的问题。

　　还有一个引起不同文化研究者激烈争论的问题：文化（系统和传统）与个体的关系问题：两者关系是不是对称性的？换言之，在两者关系中是否有一方是优势方，它对另一方有优势地位？文化研究者们对此做出了不同的回答。在持非对称性观点的研究者中，有些人认为个体谁更具有优先性？有些人持相反的观点。布里奇等认为："文化的生命力和社会进步的源泉和保障，应当是个体行动者，而不是社会体系。"①但在结构主义话语中，个人经验是居于从属地位的，是微不足道的。阿尔都塞认为，尽管个人作为主体觉得自己是独立自足的，觉得自己在直接、自由地把握现实，但实际上，他的意识是由一系列思想体系和再现体系所限定了的，这种把握只是他想象的结果，所以阿尔都塞把意识形态定义为"个人同他所存在于其中的现实环境的想象性关系的再现"②。

　　根据柏拉图的观点，心理学家所寻求的也应该是"人类的形式"（Form of the Human）。心理学家需要系统阐释的是人类形式本身的知识③。这就给文化心理学提出了形式与内容的关系问题。

　　洞穴隐喻启发我们重新认识人：人是受文化制约又试图超越文化的存在者。人既是感性的存在者，也是理性的存在者，还是具有创造力和意志力的存在者。从这一经修正的人类心灵观看问题可以避免一些文化偏见，

---

　　① 拉波特，奥弗林. 社会文化人类学的关键概念. 鲍雯妍，张亚辉等译. 北京：华夏出版社，2005：156.

　　② 路易·阿尔都塞. 列宁与哲学. 伦敦，1971：152.

　　③ 黎黑著. 心理学史（上册）. 李维译. 杭州：浙江教育出版社，1998：88.

还可以发现一些新问题，开辟一些新的研究领域。

洞穴隐喻启示我们，文化心理学研究要透过复杂的厚重的表象才能揭示人的文化本质，这就要求文化心理学工作者不仅要客观地认识他者的文化活动和文化心理，也要把自己作为研究对象，对自己进行反省，还要反思自己所用的方法的正确性、合理性和有效性。不刻舟求剑，不坐井观天，不夜郎自大，不画地为牢。从认识论上说，就是要采取科学的态度：即实事求是，勇于批判的态度。理查德·约翰生对文化研究中的批判精神作了很好的说明："我所说的是最充分意义上的批判：不是纯粹的批评，甚至不是论战，而是研究其他传统的方法，借以看出它们可能生产什么、可能禁止什么。"[1]"批判涉及撷取最有用的因素，拒斥其余的因素。如是观之，文化研究就是一个过程，是生产有用知识的一种炼金术"。[2]

三、洞穴隐喻对文化心理学的方法论意义

洞穴隐喻给文化心理学研究提供了多个方法论启示。

第一个方法论启示是：多视角透视是文化心理学研究的必然选择。

文化研究的历史和现实反复证明柏拉图洞穴隐喻所给出的洞见，文化研究者走出文化研究困境的必然选择是从多个视角看问题。不存在唯一正确的研究方法。因为每一个视角都有其局限性，一个视角的局限往往只能靠从其他视角来打破。在这个意义上说，要做到全面而客观地认识人类的文化心理，需要根据不同的对象和问题分别运用对象视角、主体视角、主客关系视角、符号（语言）—意义视角和问题视角。

在文化研究的历史上，威廉斯把文化看作是一种"整体的生活方式"，汤普森则把它看作"不同生活方式之间的斗争"。汤普森认为，文化是不同利益集团和社会力量相互竞争和冲突的结果，而其中最重要的就是阶级斗争。阿尔都塞把文化作为意识形态来考察，为文化研究开启了新的视角，提供了新的思考方式。文化不仅是生活经验的表现，它同时还是产生这种经验的前提，是我们的意识和经验的基础[3]。

"后结构主义"试图对结构主义进行调整、改造和反拨。后结构主义认为，任何符号意义的确定过程都依赖于其他符号，就像词典对词义的解

---

① 罗钢，刘象愚．文化研究读本．北京：中国社会科学出版社，2000：3-4.

② 罗钢，刘象愚．文化研究读本．北京：中国社会科学出版社，2000：4.

③ 罗钢，刘象愚．文化研究读本．北京：中国社会科学出版社，2000：前言12.

释，要说明任何一个词的词义，总是借助于更多其他的词，而其中任何一个解释词本身的词义也只能通过另外许多词才能"显现"出来。如此不断交织延伸，形成符号链。符号链的概念有助于理解符号之间的联系和概念的整体性，但它也会导致终极意义被永远地推延，永远不能兑现的窘境。语言学家索绪尔用一句指出了文化研究的语言取向的局限性：语言提供给我们的仅仅是对现实的一种描述（Version），而不是现实本身。

弗洛伊德把无意识看作我们个性的核心，是我们天性的产物。与之相反，阿尔都塞指出，意识形态对人的控制并不是公开的，而是隐蔽的，我们内化了意识形态，因此不能意识到它的存在和效果。意识形态是无意识的。意识形态从外部建构人的意识、经验和自我，因此我们所谓本质的自我不过是一种虚构。我们对自我的看法不是由我们自己产生的，而是由文化赋予的。显然，结构主义强调结构整体的决定作用是以牺牲"过程"和具体经验的复杂性，牺牲人的主观能动性为代价的。在结构主义看来，意识形态成为历史的最终主体，人类不复是历史的主体，不复是历史的意义和归宿。个人就此失去了自身的任何目的、计划、意志和理性[①]。

第二个方法论启示是：比较是文化心理学研究的基本途径。

有比较才有鉴别，有鉴别才知优劣、辨高下、别长短。荣格甚至认为，对精神所作的最好描绘，只能来自比较的方法。比较在文化心理学研究中有双重意义：其一，认清对象；其二，消除或减少研究者的文化偏见。通过比较，了解不同文化信仰什么，认同什么，反对什么和排斥什么。不同文化把什么视为问题，它们采取什么方式发现问题、评价问题、选择问题和解决问题。对文化现象的理解中，运用比较方法可以更全面、更开放地理解人的精神。比较作为一种研究方法，既可用于别异，也可用于求同。所谓求同，是指通过不同来源不同材料的对比和类比，从中发现共同的东西。洞穴隐喻提供了一个很好的模型可供文化心理学研究者去别异求同。何时求同，何时求异，这要视具体问题而定。比如，在荣格那里似乎更多地是为了求同而不是为了别异。因为他是为了追求人类深层心理的同一性。

比较方法是一种富有成果的研究方法。文化研究者们曾经用它做出了许多对文化心理学有启发性的研究成果。比如德国社会学家费迪南德·滕尼斯（Ferdinand Toennies）作出的关于礼俗社会与法理社会的比较。滕尼斯

---

① 罗钢，刘象愚．文化研究读本．北京：中国社会科学出版社，2000：前言15.

用"社会"(法理社会)来表明"社区"(礼俗社会)的独特地位。他认为：由于礼俗社会中的关系具有道德性、情感性、本土性、特殊性、私密性、归属性、持久性、习俗性、协调性，而且建立在内在的其他因素(像血缘、土地、继承权和语言)的基础上，而法理社会中的关系则具有人为性、契约性、权益性、部分性、自我中心的、专门性、表面性、暂时性、流动性、短期性和非个人性；因而传统、静态的、"自然"发展出来的社会组织形式(例如亲属制度、友谊、邻里以及"风俗"将会被那些基于多种目的而理性设计出来的关系组织(经济实体、政治政党、贸易协会)完全取代和超越)①。

布劳特林格提请研究者注意比较的方式。他指出，在把文化再现作为一种特殊实践来进行分析时，最好是比较某一种再现较之另一种再现是否更真实一些，而不是匆遽地断言某一种再现是完全真实的，而另一种再现是完全虚假的②。

第三个方法论启示是：分析与综合是文化心理学研究的基本方法。

文化心理学研究要把分析与综合统一起来，通过深入分析达到全面综合，才能从整体上把握复杂多样多变的文化现象。与求同别异相联系，并作别异求同基本方法的是分析与综合。只有对文化表象和人的外在行为(包括那些表面上无目的的、破坏性的行为)进行深入分析，才能揭示出它们之下或之后的深层心理动机。只有把研究深入到文化和人性的深处，就越能显示文化的差异性和人性的多样性和多维性。

分析包括问题分析、对象分析、概念分析等。问题分析包括问题性质分析、问题类型分析、问题解决过程分析等。对象分析包括结构分析、功能分析和过程分析。概念分析包括内涵分析和外延分析。著名反殖民主义思想家法侬在深入分析"善恶对立寓言"(Manchean Allegory)之后认为，这种"善恶对立寓言"是西方殖民主义者制造的殖民话语的一个基本模式，尽管它在西方对殖民地民族的文化再现中以各种变化的形式出现，如文明与野蛮、高尚与低贱、强大与弱小、理性与感性、中心与边缘、普遍与个别等，但不变的是，在对峙的双方中，西方永远代表着前者，代表着善，而东方或被殖民地民族则永远代表着后者，代表着恶。从表面上看，这种"善恶对立寓言"是一种话语关系，但在话语背后，它体现出来时"西方与

① 拉波特，奥弗林. 社会文化人类学的关键概念. 鲍雯妍，张亚辉等译. 北京：华夏出版社，2005：53.

② 罗钢，刘象愚. 文化研究读本. 北京：中国社会科学出版社，2000：前言27.

东方的关系是一种权力关系，一种支配关系，一种不断变化的复杂的霸权关系"。①

没有分析，无法深入。只有分析则容易导致片面的、零碎的认识，甚至使被分析的某些心理材料变得没有意义。文化心理学问题通常是很复杂的，简单抽象和片面的分析是不够的，还需要对分析的结果进行综合，在重构分析结果的基础上，形成新的整体性的认识。使研究对象的意义得以强化和拓展。从这个意义上说，分析不过是手段，综合才是要达到的目的。理查德·约翰生在"究竟什么是文化研究"一文中指出："最具决定性的也许是，我们需要一些方法来看待一个生机勃勃但却零散破碎的研究领域，即使不将其视作统一体但至少将其视作整体。如果我们不讨论自己的重要导向，那么，学术自我再生产的需要以及我们的学科得以部分从中发展的其他学科就会牵着我们的鼻子走。"②

第四个方法论启示是：跨学科研究是文化心理学研究的有效形式。

文化问题的跨学科研究不仅指文化人类学、社会学和心理学等学科之间的跨域研究，也指哲学、艺术与心理学之间的跨学科研究。法国哲学家德勒兹指出："我所感兴趣的是艺术、科学和哲学三者之间的关系。这三门学科不能说哪个比哪个更优越。每一门都是创造性的。科学的真正目的是创造功能，艺术的真正目的是创造可感觉集合体，而哲学的真正目的是创造概念。由此出发，在这些尽管十分简略的功能、集合体和概念的大题目下，人们可以提出有关它们彼此之间的呼应和共鸣的问题。在完全不同的线路上，以完全不同的创作节奏和创作运动，概念、集合体或功能如何可能交汇呢？""因此，哲学、艺术和科学之间有着相互呼应的关系，有着相通的关系，而每次发生这种关系都有其固有的原因。它们随着自身的演进而相互激发。从这个意义上讲，完全应该将哲学、艺术和科学看成一些互不相干而又不断相互涉及的旋律线。"③德勒兹的这段话不仅很好地说明了跨学科研究的必要性，也指出跨学科研究的切入点。

文化心理学问题的跨学科研究并不是拼凑现存方法，而是围绕特定问题选择不同学科的方法，针对问题的不同方面和问题解决的不同阶段，了

---

① 罗钢，刘象愚．文化研究读本．北京：中国社会科学出版社，2000：前言 29.
② 罗钢，刘象愚．文化研究读本．北京：中国社会科学出版社，2000：7.
③ 吉尔·德勒兹．哲学与权力的谈判——德勒兹访谈录．刘汉全译．北京：商务印书馆，2003：141.

解不同方法的适用范围和操作规程，进而选用相应的方法去实施问题解决，并在问题解决过程中改善不同方法之间的联系，使各种方法趋向跨域协调、总体优化。

（张掌然）

文化变迁研究的进展与前瞻

　　文化变迁指的是文化内容和结构的变化。文化变迁一直是一个多学科关注的领域，社会学、历史学，特别是人类学为其提供了深厚的理论资源，而最近心理学研究则为文化变迁研究的跨学科融合提供了新的洞见。本文拟突出和侧重心理学视野下研究成果的梳理和分析。本文首先回顾文化人类学有关文化变迁的一个新理论：文化生态学；其次，阐明心理学研究中有关文化变迁研究的新进展：动态社会影响理论、文化传播的共识模型以及有关社会结构限制影响对社会文化变迁的影响。最后，本文对最近文化变迁研究的特点进行总结，指出该研究领域将延续多学科融合的发展态势，同时现实问题的产生则会成为促进该领域发展的动因。

一、对文化生态学概念的理解

　　人类学中有关文化变迁的理论主要有两种思路。其一是涵化研究，即当两个文化群体持续进行直接接触时引发的一方或双方文化模式的改变。在实际研究中，涵化研究主要探讨的是"西方化"或移民所持文化观念的变化。由于心理学领域已有对涵化研究的专门论述[①]，因此本文着重探讨有关文化变迁的第二类研究，即有关文化进化（culture evolution）的相关理论。文化进化理论将文化视为整体，注重研究文化系统的和有组织的变迁。文化生态理论是文化进化相关理论的最新发展。1955 年，斯图尔德（J. Steward）在其著作《文化变迁的理论》中将文化进化研究分成三种类型：19 世纪的单线进化论，20 世纪初的普遍进化论，以及他自己提出的多线进化论或文化生态理论。

　　文化生态理论的核心是适应，及研究文化作为工具如何帮助人们适应环境，如何帮助人类群体生存下来[②]。对于纷繁复杂的文化现象，斯图尔德去粗取精，着重关心所谓的"文化核心"，即对生态环境具有高度适应性，并能由此而形成一整套文化体系的文化集合体。显然，由于人类所处

---

　　① Schwartz, S. J., Unger, J. B., Zamboanga, B. L., Szapocznik, J. Rethinking the concept of acculturation: implications for theory and research. American Psychologist, 2010, 65(4): 237-251.

　　② 史徒华著，张恭启译. 文化变迁的理论. 台北：允晨文化实业股份有限公司，1984.

的生态环境不同，其具体的环境适应任务便有所差别，由此而导致了不同环境下文化（核心）的差异。在环境改变过程中，旧的文化特质会根据环境改变的程度作出相应调整，产生出新的文化核心，进而形成一整套功能上相关联的文化体系。这就是文化演化（变迁）的基本规律①。可以看出，文化生态理论在取向上是功能论的。但文化生态理论不是环境决定论，因为核心文化变迁后不仅会促使其他层面的文化特征发生变化（如社会制度），同时人们适应环境方式的改变也会反作用于生态环境。因此，文化生态理论认为环境和文化的关系是动态变化的。

文化生态理论创立后，其影响不止于人类学，其研究为社会学、地理学、文化心理学等借鉴，而逐渐形成一个跨学科的研究领域：文化生态学。或许受到人类学重视研究偏远部落传统，以及斯图尔德当时所处社会环境的影响，斯图尔德关心的环境更多地是指自然环境。对环境的适应也更多地强调了对自然环境的适应。然而，环境不仅包括自然环境，还包括人造环境。特别是在新的发明和技术以加速度的方式应用于人类生活之后，人造环境在环境使用中所占的比例更是大大增加了。比如，互联网的快速发展使文化生态学研究出现的一个新热点即是对"媒体环境"的研究②。

媒体环境具有的全球化的特征，其变化引发的是整个人类文化的改变。比如，信息技术增强了信息的可得性（比如通过查找计算机硬盘、网络、即时聊天、手机短信等）使人们总是在同时处理多项任务，从而让人们长期处于一种持续的不完整注意状态。而搜索引擎（如谷歌、百度）的发明和普及也已经使负责存储人类记忆的已经从大脑转向了搜索引擎及其背后的互联网③。由于互联网技术的普及是全球性的，因此可以推论整个人类的记忆方式可能都已经因新媒体环境的变化而产生了适应性改变。文化生态学蕴含的适应、功能论、强调动态性，以及对全球化带来的人类环境变化的关注都为整个文化变迁研究的进展以极大的启示。

---

① 陈兴贵，王美. 文化生态适应与人类社会文化的演进——人类学家斯图尔德的文化变迁理论述评. 怀化学院学报，2012，31(9)：16-19.
② 黄育馥. 20世纪兴起的跨学科研究领域——文化生态学. 国外社会科学，1996，6：19-25.
③ 周静，谢天，张掌然. 认知革命真的发生了吗？. 天津社会科学，2013，(4)：24-30.

二、文化变迁研究的进展

1. 动态社会影响理论

动态社会影响理论是在社会影响理论基础上发展而来的。社会影响理论(Social Impact Theory)的关注点是他人如何对目标个体产生影响。根据该理论，个体受到他人影响的因素有三个：影响源的强度、接近性，以及作为影响源的他人数量。当他人越重要，越接近，数量越多的时候，对个体的影响就大[1]。然而社会影响理论是静态的，只能预测某时个体所受的影响。但现实情况是，影响是双向的。被影响者和所谓的影响源总是在相互影响着彼此。为了揭示这种影响的动态性，该理论后来发展为动态社会影响理论(Dynamic Social Impact Theory)。

在动态社会影响理论中，文化被认为是在特定时间和特定社会中人们相互传播的一整套信念、价值观和行为实践的总和。这些信念、价值观和行为实践是构成文化(如宗教戒律和仪式、礼仪、烹饪方法、政治和话语方式等)的要素，因此对上述信念、价值观和行为实践总和的模式的研究，就是对文化的研究。动态社会影响理论认为让文化模式发生改变的是人们的日常交流以及人们所处的空间位置分布。人们最初持有的态度、信念等是杂乱无章的，但群体和社会具有自组织特性。随着人们之间互相影响的深入，地理位置接近的个体，其信念、态度等就会越来越相似，并与地理位置疏远的群体的信念、态度等产生差异，这样就形成了以地理位置为边界的不同文化模式[2]。

动态社会影响理论又进一步将文化的组织类型分为四种：①聚类：个体与地理位置接近的个体比地理位置疏远的个体交流更多，最终相近区域就会产生相似的观念和行为。②关联：随着时间的推演，相近区域个体不仅会在核心观念和行为上接近，而且在其他无关联的观念和行为上也会越来越相似。③合并：由于持少数派意见的人在概率上受到的影响总会多于多数派，因此多数派的意见总会影响少数派，从而使少数派个体的数量逐渐减少。④多样性的持续：尽管存在"合并"，但少数派如果在数量太少之

---

① Latané，B. The psychology of social impact. American Psychologist，1981，36(4)：343-356.

② Latané，B. Dynamic social impact：The creation of culture by communication. Journal of Communication，1996，46：13-25.

前已经聚类了，那么聚类就会为少数派建立屏障，保护少数派的持续；而如果少数派在合并之前在空间上是分散的，则最终会完全消失[1]。

动态社会影响理论常用的方法是计算机模拟和实验室模拟，并辅以现场研究和追踪研究，其中以模拟法为特色。诺瓦克（A. Nowak）人设计了一个专门的计算机模拟程序（SITSIM）[2]。在 SITSIM 中，个体通常在设定好的分布限制内被随机赋予一个初始属性值，包括他们的空间位置、说服强度，以及相对目标属性的位置。然后 SITSIM 计算出整个群体对每个个体的净社会影响，该净社会影响来自两个方面：说服影响（$\hat{i}_p$），即彼方意见的总强度；以及支持影响（$\hat{i}_s$）：己方意见的总强度。$\hat{i}_p$ 与 $\hat{i}_s$ 的大小取决于 s/d 的值。其中，s 指说服者或支持者的强度；d 指说服者或支持者与目标个体的距离。目标个体是否改变自己的态度取决于 $\hat{i}_p$ 与 $\hat{i}_s$ 的相对强度。随着模拟过程的进行，每个个体的态度都会根据上述公式进行算法迭代，直到系统自动达到平衡状态或达到研究者预先设定的迭代次数。在整个计算机模拟中，每个个体既是被影响者，也是影响源；既能被周围的个体影响，也能影响周围的个体。另外，考虑到个体还有可能受他人的间接社会影响，研究者还可以在 $\hat{i}_s$ 前加上系数 b（取偏见，bias 的首字母），用以模拟个体的兴趣和经验等社会影响之外因素的作用。研究者在具体研究过程中还可以自己添加类似变量，以反映所模拟过程的具体环境和具体内容。动态社会影响理论提出的四种文化组织类型得到了 SITSIM 计算机模拟的有力支持[3]。

在另一项研究中，研究者使用了实验室模拟法。在该研究中，192 名被试被均分成 8 组（24 人/组）。小组最初的地理空间几何结构被随机分成四种情况：巡回式、家庭式、彩虹式和随机式。前三种结构见图 1，随机式结构作为控制组，个体位置在每轮沟通前都是随机分配的。

① Harton, H. C., Bullock, M. Dynamic social impact: A theory of the origins and evolution of culture. Social and Personality Psychology Compass, 2007, 1(1): 521-540.

② Nowak, A., Szamrej, J., Latané, B. From private attitude to public opinion: A dynamic theory of social impact. Psychological Review, 1990, 97(3): 362-376.

③ Latané, B. Dynamic social impact: The creation of culture by communication. Journal of Communication, 1996, 46: 13-25.

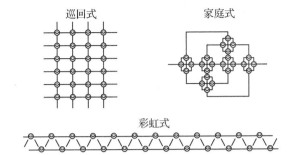

图1　三种地理空间位置的几何结构。在每种几何结构中，

个体均只能与距离最近的四个个体交流

（转引自 Latané & L'Herrou，1996）[1]

结果表明，所有三种有结构的组都出现了"聚类"——每个小组自发形成一致意见的群体，且小组成员在对之前没有关联的问题的态度上也达成了一致（"关联"）。由于被试被告知如果模拟结束时自己的观点与组内大多数人的观点一致可以得到奖励，因此整个小组呈现出大多数人意见的一致性（"合并"）。但直到模拟结束，仍有少数派聚类坚持自己的观点，显现出"多样性的持续"[2]。

2. 文化传播的共识模型

摩佳久（Y. Kashima）与他的同事发展出文化传播的共识模型（Grounding Model of Cultural Transmission），以揭示所谓的文化动力，即文化的形成、保持，以及随时间推移而产生的变化。该模型认为文化的传播是流者在具体情境中协同合作的结果。虽然目的明确的交流行为在文化传播中起到非常大的作用，但该模型的旨趣却在于揭示人们日常生活中无意识的共同活动（如日常的人际交流）对文化传播所起的作用。人际交流的前提是双方在"我与对方在××等问题上的认识上是一致的"，然后以此为基础，

---

①　Latané，B.，L'Herrou，T. Spatial clustering in the conformity game：Dynamic social impact in electronic groups. Journal of Personality and Social Psychology，1996，70 (6)：1218-1230.

②　Latané，B.，L'Herrou，T. Spatial clustering in the conformity game：Dynamic social impact in electronic groups. Journal of Personality and Social Psychology，1996，70 (6)：1218-1230.

根据具体情境需要调整交流内容①。日常交流能够满足交流者两种需要：关系需要和真实信息需要。在熟人之间，交流目的更多是为了维系交流者之间的关系，即关系需要占主导，此时信息发出者就会更多地发送与文化中普遍接受的共识（比如刻板印象或传统知识）一致的内容；而在亲密个体之间（如夫妻），维系关系并非首要目的，传递真实信息的需要占主导，此时信息发出者会更多地考虑发送与文化共识相悖的新信息（比如与刻板印象和传统知识不一致的内容）。但是，在文化传播中，与熟人甚至陌生人的交流更多，与亲密个体之间的交流相对较少，因此文化中已经被普遍接受的共识会获得更多的传播机会，最终保留下来②。

文化传播的共识模型虽然也使用计算机模拟法（如基于行动者的模型），但其专门的研究方法，系列再生法却更具特色。系列再生法最早起源于 20 世纪 30 年代英国心理学家巴特莱特（F. Bartlett）对记忆的研究。其具体做法是邀请系列再生链上的被试 a 阅读或听一份材料，然后让其去回忆，由此产生的回忆内容再制作成实验材料交予被试 b 阅读，余下被试一一复制该方法，就得到一条记忆链。这样，研究者就可以在信息传递的过程中，发现信息在被试间传播的过程中如何变形，进而去发现这在些信息变形背后的意义和规律中所揭示的问题③。文化传播的共识模型视角下的系列再生法研究通常分为四个步骤：（1）"共享文化"的实验室环境再现；（2）呈现用以系列再生的刺激（一般简化为与共享文化一致或不一致的信息）；（3）进行实验程序；（4）数据编码和分析（包括定量与定性方法）。其中，"共享文化"在实验室环境中再现时，既可以是现实生活中被人们广泛接受的共享现实，也可以是研究者杜撰的文化。前者的优点在于其理想的生态效度，后者的优点在于实验材料与现实无涉，能够保证研究的因果推

① Kashima，Y. A social psychology of cultural dynamics：Examining how cultures are formed，maintained，and transformed. Social and Personality Psychology Compass，2008，2（1）：107-120.

② 管健，程婕婷. 系列再生法：探讨刻板印象的新思路. 心理科学进展，2010，18（9）：1511-1518.

③ Lyons，A.，Kashima，Y. How are stereotypes maintained through communication? The influence of stereotype sharedness. Journal of Personality and Social Psychology，2003，85（6）：989-1005.

断免于混淆，并因此更具普适性①。

与共享文化一致的信息的传递更为文化传承研究者感兴趣，而与共享文化不一致信息的传递才更能凸显文化变迁的意蕴。那么在什么情况下人们才会愿意传播与共享文化信息不一致的信息呢？在最近的一项研究中，研究者选定的共享文化是现实生活中真实的刻板印象：阿拉伯男士一般不负责照看婴儿。用以进行系列再生的刺激故事被分为三个版本：在控制版本中，需要传递的信息是一个阿拉伯男士在公园里照看朋友的两个婴儿。联合归类版本在控制版本的基础上增加了一项让人感到意外的归类组合信息：此阿拉伯男士是幼儿园教师。因果解释版本在控制版本的基础上增加了一项此阿拉伯男士为什么照看婴儿的因果解释信息。在实验中，每个故事版本都由三名被试一组，形成一条交流链。首先，第一名被试阅读两遍故事后将故事默写下来。然后，第二名和第三名被试依次只阅读上一名被试重写的故事，并同样将故事默写下来。对被试重写的故事编码后的方差分析表明，与控制组相比，阅读了联合归类版本和因果解释版本故事的读者传递了更多与刻板印象不一致的信息。研究者认为，这是由于两个实验组都增强了被试的认知精致化所致。该研究的启示是，从长远看，如果促进个体的认知精致化，或许就能减少文化中消极刻板印象信息的传承，使文化内容发生改变②。

3. 结构限制对文化的影响

动态社会影响理论与文化传播的共识模型的共同点是将文化视为共享知识，因此人际交流是文化变迁的重要影响因素。这可以看作从个体微观互动角度考察宏观文化变迁的尝试。而另一个思路是考察宏观社会结构对个体微观文化认知的影响，即有关社会结构限制对文化产生影响的研究。

随着全球化的迅猛发展，居所流动性和工作流动性，即在某一特定时期和某一区域内人们更换住所或工作的频繁程度，开始凸显成为社会结构性限制的重要指标。研究者发现，居所流动性的变化能通过影响个体心理（比如焦虑，对熟悉性的需求）进而在社会和文化水平上产生影响。比如，在启动流动性生活方式后，被试会降低他们对未来亲密好友数量的预期，

---

① Simpson, A., Kashima, Y. How can a stereotype inconsistency bias be encouraged in communication?. Asian Journal of Social Psychology, 2013, 16(1): 71-78.

② Simpson, A., Kashima, Y. How can a stereotype inconsistency bias be encouraged in communication?. Asian Journal of Social Psychology, 2013, 16(1): 71-78.

体验到更多的孤独感，从而更有动机去扩展自己的社交网络，最终改变整个社会人际关系网的形态：当居所流动性较低时，整个社会的关系网的特点是每个人的朋友数量有限，但交情深；但当居所流动性提高时，每个人的朋友数量增加了，但与每个朋友的交情却变浅了[1]。

再如，助人为乐既可以理解为一种个人品质，也可以理解为一种文化氛围。居所流动性减少社区助人行为，这是社会学的研究发现，但是居所流动性降低了助人氛围，还是因为社区助人氛围的恶化使社区居民提高了流动性呢？摩佳久等通过实验室实验揭示了这一现象的因果机制[2]。被试被随机分派到流动或稳定的"社区"中。流动社区中的被试需要在三个组完成三次群体任务，而稳定社区中的被试则在同组中完成三次群体任务。最后一次任务要求被试玩十分钟"打破砂锅问到底"游戏。群组中表现最好的被试能获得十美元购物券。被试不知道的是，每组中都有一个实验者安排的助手，这个助手被没有直接求助，但却总是叹气，看起来很为难的样子。被试对待研究助手及其他组员的行为被摄像头记录下来，后续分析表明，稳定社区中的被试对研究助手和其他组员都表现出更多的助人行为。进一步分析表明，居所流动性对助人行为的影响是通过减少个体社区认同感为中介的。

还有研究者探讨了工作流动性对工作场所文化的影响。比如有研究考察了对于低工作流动性的知觉和经验如何塑造出具有文化特性的判断和行为模式。该研究关注的重点是角色人格[3]。角色人格是角色期待的一种，指人们期望在拥有特定社会或职业角色的人身上表现出来的人格特质。研究表明，亚洲人比美国人更强调拥有角色人格的重要性。但即使是美国被试，当他们亲身体验到低工作流动性时，也会提高角色人格对绩效重要性的评估。因此，可以预期，随着工作流动性的变化，对角色人格重要性这一与工作有关的文化价值观也会发生相应变化。

① Oishi, S., Kesebir, S. Optimal social network strategy is a function of socio-economic conditions. Psychological Science, in press.

② Oishi, S., et al. The socioecological model of procommunity action: The benefits of residential stability. Journal of Personality and Social Psychology, 2007, 93(5): 831-844.

③ Chen, J., Chiu, C. Y., Chan, S. F. The cultural effects of job mobility and the belief in a fixed world: Evidence from performance forecast. Journal of Personality and Social Psychology, 2009, 97(5): 851-865.

　　除了考察居所与工作流动性两种典型的社会结构限制对文化的影响，格尔凡德（M. Gelfand）等受到早期人类学研究的启发，构建了松－紧文化理论[①]。该理论提出了一个理解文化的新维度：松（tight）－紧（loose）。紧文化的特征是强规范以及对越轨行为的低容忍；松文化的特征则是弱规范和对越轨文化的高容忍。松－紧文化的概念并非简单的文化特质；相反，上述核心特征在宏观上还伴随着一系列宽泛的或生态或人为环境的特点，在微观上则影响着当时当地的情境以及个体心理（图2）。

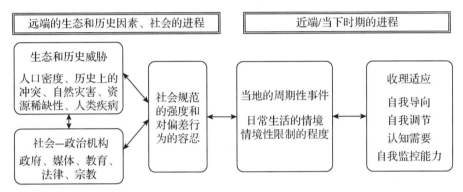

图2　松－紧的系统模型（转引自 Gelfand，2011）[②]

　　如图2所示，一方面松紧文化（社会规范的轻度和对偏差行为的容忍）既受到远端生态和历史因素、社会进程的影响，同时也影响着近端/当下时期的进程。比如，在图2最左列，如果某地区在历史上具有高人口密度，多冲突，多自然灾害，资源稀缺，人类疾病泛滥，就会催生出具有紧文化特征的社会－政治机构，比如严苛的政府和法律，高度统一的媒体和教育，人民也更笃信宗教。而这一社会－政治机构又会反作用于生态环境。生态和历史威胁，以及社会－政治机构的特点，既会影响产生松－紧文化，同时松－紧文化的产生也会对其产生反作用。另一方面，松－紧文化还会影响当下的社会进程和个体心理。比如，个体所处的日常生活情境

　　① Gelfand, M. J., Raver, J. L., Nishii, L., Leslie, L. M., Lun, J., Lim, B. C., ... Yamaguchi, S. Differences between tight and loose cultures：A 33-nation study. Science, 2011, 332(6033)：1100-1104.

　　② Gelfand, M. J., Raver, J. L., Nishii, L., Leslie, L. M., Lun, J., Lim, B. C., ... Yamaguchi, S. Differences between tight and loose cultures：A 33-nation study. Science, 2011, 332(6033)：1100－1104.

（如家庭、学校、工作场所等）在紧文化的影响下就有更多的关于在此场所中适宜行为的规矩，即具有较高的情境性限制。这种文化特征便对个体的适应能力提出了更高的要求，处于此种情境下的个体具有更高的自我导向和自我调节能力，更高的结构性需要和自我监控能力。研究者通过三十三个国家的统计资料和这些国家中近七千名被试的自我报告问卷对上述理论进行了初步检验。

三、文化变迁研究的前瞻

文化变迁研究一直是一个跨学科的领域（interdisciplinary），但最近的研究进展则显现出该领域逐渐发展成为多学科融合的领域（transdisciplinary）。

首先，这种学科融合的特点表现在理论建构上。以往有关文化变迁的人类学、社会学、历史学等视角可以说提供了诸多不同但有益的理智资源，在不同侧面丰富了人们对文化变迁的认识，各自对文化变迁研究做出了贡献。然而，传统的研究途径不是限于理论的宏大无法预测个体微观行为，就是太拘泥于研究琐细的个体心理，无法通达宏观的文化模式。最近的研究中多学科视角理论建构的融合，表现在研究者为关联文化变迁的宏观水平和微观水平上所做出的努力。比如格尔凡德提出的松—紧文化理论不仅考虑到宏观的社会—政治机构和生态环境，中观的个体所处的日常生活情境，微观的个体心理适应，还吸纳了纵向的历史视角，并且生动地将四方面互动揭示出来[①]。可以说，多水平的视角和多层次互动是最近文化变迁研究在理论建构上呈现出的具体特点。

理论视角的开放离不开多学科研究方法的融合运用。比如，动态社会影响理论中的计算机模拟法是数学和统计学的典型方法；文化传播的共识模型中的系列再生法则是记忆研究的传统方法；对社会结构限制的研究采用了心理学实验的方法；而松—紧文化理论的验证则结合了国家层面的统计资料和被试的自我报告，可以说是社会学、经济学常用方法和心理学方法的结合。上述研究方法不仅比人类学研究文化变迁的典型方法，如民族志，更能保证理论的普适性（而不仅仅是局限于一时一地的特定文化族

---

① Gelfand, M. J., Raver, J. L., Nishii, L., Leslie, L. M., Lun, J., Lim, B. C., ... Yamaguchi, S. Differences between tight and loose cultures: A 33-nation study. Science, 2011, 332(6033): 1100-1104.

群),而且也是对心理学传统研究方法的超越。这让文化变迁研究可以回答之前研究所无法回答的问题。仅再举一例。独生子女政策是中国特色,但该政策会对国人产生怎样的影响却很难获得具有强因果关系推断的理论。最近研究者通过结合博弈游戏为测量手段和断点回归为统计技术为这一问题提供了解答①。

应该看到,即使是在最近文化变迁的研究中,文化生态学的思想也清晰可见。这种元理论的传承在学科发展上奠定了文化变迁研究多学科融合的基础。而全球化进程带来的问题也正在不断地为该领域注入新的实践动力。比如,本文介绍的文化变迁理论的新进发展,其基本预设或元理论是将文化看成一种功能性的共享知识(functional shared knowledge)。然而如果文化是具有适应性功能的知识,那么为什么在当今社会环境发生剧烈变化时,某些文化要素迅速发生转变,进而可以帮助人们更好地适应环境,而某些文化要素却似乎亘古不变?世界冲突并未因不同文化和地区中的人共享文化硬件(如智能手机和互联网的普及)和文化符号(如好莱坞电影和麦当劳无孔不入)而减少。为什么文化的适应性功能在此没有很好地体现出来?又如,除了新兴科技影响文化变迁外,有研究者也开始关注工业社会组织方式的普及对物质主义价值观盛行的影响②。如果把工业社会的经济组织方式看作一种新的生态环境,那么物质主义就可以理解为对这种生态环境的适应。现有研究关注的大都是物质主义对个体基本心理需要的阻碍,对个体幸福感的损害等负面作用。但如果物质主义对个体的影响都是负面的,那么其适应性价值何在?它对个体适应现代工业社会有哪些方面的帮助?相信正是这些由全球化进程带来的新问题才是文化变迁研究不断前进的动力。

(俞国良　谢天)

---

① Cameron, L., Erkal, N., Gangadharan, L., Meng, X. Little emperors: Behavioral impacts of China's one-child policy. Science, 2013, 339(6122): 953-957.

② Kasser, T., Cohn, S., Kanner, A. D., Ryan, R. M. Some costs of American corporate capitalism: A psychological exploration of value and goal conflicts. Psychological Inquiry, 2007, 18(1): 1-22.

社会文化变迁与中国人的亲密关系

　　社会心理学到底讨论不讨论"社会"？这一直是一个有争议的关键问题。一些心理学者①批评美国社会心理学方法论上的个体主义，认为社会心理学缺乏社会面向。文化心理学(cultural psychology)恰好可能弥补这一缺憾：强调社会文化情境和心理体验动态的、相互建构的关系②。一方面，人们有意无意中与社会文化环境进行互动的方式影响着他们的情感、认知、动机和行为模式；另一方面，人们并不是被动地接受社会文化的影响，而是积极的创造并改变文化以实现自己的目的。

　　中国自鸦片战争被迫打开国门，到辛亥革命，新中国成立，再到改革开放，以及随着科技进步和资本流通而席卷世界的全球化进程，社会文化持续剧烈变迁。本土文化与外来文化相遇，传统文化与现代文化共存，对社会和个人产生了不可估量的影响，反之个人的实践活动也在不断改造和再生文化，使个人与文化的关系变得更加复杂和有趣。对中国人心理经验的研究，如果无视社会文化变迁的影响，会如同卡尔森质疑美国心理学缺乏社会面向一样，将是不完整的。

　　亲密关系(intimate relationship)指个体与个体间形成的一种较为持久的亲和关系。有学者认为至少包含 6 个方面的特点：了解、关心、信赖、互动、信任和承诺。任何一项单独的特点都可以产生亲密的关系，最满意和最有意义的亲密关系包括上述所有 6 个特点。亲密关系能够满足人们归属和关爱的基本需要，源于进化压力，是人们重要的生活实践和心理体验，其质量会影响到人们的心理健康③。亲密关系的研究范围涉及浪漫关系、亲子或同胞关系、友谊等。本文主要关注浪漫关系中的夫妻关系(conjugal relationship)，这也是一般学者研究的典型的成人的亲密关系。

　　目前大陆心理学有关亲密关系的研究主要沿袭美国的研究范式，关注伴侣间的承诺、满意度、冲突、暴力、牺牲、认知、成人依恋等主题，总

---

　　① Carlson. What's social about social psychology? Where's the person in personality research?. Journal of Personality and Social Psychology，1984，47(6)：1304-1309.

　　② Markus & Hamedani. Sociocultural psychology：The dynamic interdependence among self systems and social systems. In Kitayama & Cohen，Handbook of cultural psychology. New York，NY：Guilford Press，2007：3-39.

　　③ 莎伦·布雷姆等. 亲密关系. 北京：人民邮电出版社，2008：4-6.

体而言研究较为忽视社会文化脉络，且研究数量不多，不够系统和深入。相反其他邻近学科如社会学、人类学的相关研究较多，比较注重社会文化脉络对亲密关系的影响，但大多关注的是社会家庭结构、国家制度或者群体层面的内容，较少对个体层面的认知情感活动进行研究。台湾一批支持本土心理学运动的亲密关系研究者比较注重社会文化脉络，发现社会文化因素特别是中国传统文化对亲密关系的维持与分解产生着重要的影响，如择偶时周遭亲人的影响、对缘的认知、夫妻恩情等①。这些研究值得大陆学者参考和借鉴。不过本土心理学强调用多元的地方心理学体系来理解不同文化群体的心理过程，这如何与心理学的普适性原则相协调，即如何在本土心理学体系和主流社会心理学之间寻找平衡点，也是我们在关注社会文化脉络与亲密关系时需要注意的问题。对此赵志裕②援引琼·米勒的看法可以给我们提供一些建议和思考："文化社会心理学'应建立在近期主流心理学研究结论的基础之上'，且'研究者需要进行适量分析，以避免那些解释力有限的理论过度发展'"。我们可以用多元的地方心理学体系来补充主流社会心理学。关注社会文化的变迁，为我们提供了亲密关系实践的时空场所，一定程度上能够弥补其研究过于注重个人面向的不足；同时，我们在进行社会文化变迁与亲密关系研究时，不可过于拘泥表象，应尽量从中挖掘出一组便于处理的基本原理，使这组基本原理可以解释文化变迁中的行为差异。

一、亲密关系由角色中心型向个体化亲密型的转变

亲密关系的形态可分为三类③，分别是自我中心型，只关注自我，缺乏与他人的亲密关系；角色中心型，按照社会角色的要求行事，缺乏真正的亲密体验；以及个体化亲密型，这时个体发展成熟，与他人能够建立成熟的亲密关系。中国传统婚姻基本上排除了婚姻当事者的意志而由父母尊长等包办。婚姻是"合二性之好，上以事宗庙，下以继后世"，意即为了两个家族结交和传宗接代而结婚，而不是因男女个人的爱情而结合。青年男女如果自由恋爱，会受到巨大的阻力，如被对方父母解官囚禁，甚至父母

---

① 张思嘉. 家庭与婚姻：台湾心理学研究的现况与趋势. 本土心理学研究，2006，26：3-34.

② 赵志裕、康萤仪. 文化社会心理学. 北京：中国人民大学出版社，2011：353.

③ 朱华珍. 亲密性的理论和研究. 社会心理科学，2004，19(6)：23-28.

因此殴毙子女，也不会受到社会舆论乃至官府的追责①。费孝通也曾描述过中国传统家庭，认为家是个绵续性的事业社群，"它的主轴是在父子之间，在婆媳之间，是纵的，不是横的。夫妻成了配轴"。且由于中国家庭似企业一般运作，强调秩序与效率，感情方面的要求受到抑制，夫妻间因"事业的需要而排斥了普通的情感"②。潘光旦对中国传统婚姻也有类似的论述，认为"中国是一个家族主义的国家；婚姻原是比较个人的功能，但是在家族主义很浓厚的空气里，个人的地位很小；个人既为了家族才存在，所以婚姻便为了家族才举行了。婚姻的家族效用有二：一是父母的侍奉，二是宗祧的继承"③。这就决定了夫妻关系的互动不以增进感情为目的，而是以赡养父母、抚养子女为目的，夫妻的亲密关系形态主要是角色中心型。受此文化影响下的夫妻感情淡漠的现象非常普遍。夫妇"一早起来各人忙着各人的事，没有功夫说闲话"，"夫妇间合作顺利，各人好好的按着应该做的事各做各的。做得好，没事，也没话；合作得不对劲，闹一场，动手动脚，说不上亲热"④。值得一提的是传统家庭文化对女性家庭角色规范的约束。从时间上看，这种约束越来越多和越来越严，尤以宋代为一个转折点。在女子婚前交往、婚后的离婚权、寡妇的再嫁等方面，都有严格的限制⑤。对女性三从四德的角色要求，使得夫妻关系非常不平等。

五四时期，作为新文化运动的主要内容，一批受到西方文化影响的知识分子开始提倡婚姻自由，认为"独身、结婚、离婚、夫死再嫁、或不嫁，可以绝对自由"，提出结婚要以恋爱为基础，是当事人的自由意志，反对包办婚姻⑥。这一观点极大的挑战了传统婚姻文化，对社会特别是年轻人产生巨大的影响，婚姻应以爱情为基础而不是应父母之命这一观点开始在受教育的年轻人中间流行起来。这一时期传统与现代婚恋文化的交锋也特别激烈，往往导致了很多的人间悲喜剧。

新中国成立后，国家从意识形态上开始大规模宣传婚姻自由和一夫一

① 常建华. 婚姻内外的古代女性. 北京：中华书局，2006：1-4.

② 费孝通. 乡土中国 生育制度. 北京：北京大学出版社，1998：41.

③ 潘光旦. 寻求中国人位育之道. 香港：国际文化出版公司，1997：744.

④ 费孝通. 乡土中国 生育制度. 北京：北京大学出版社，1998：41.

⑤ 钟年. 女性与家庭：社会历史和文化心理的追问. 武汉大学学报（哲学社会科学版），2008，61(2)：263-269.

⑥ 刘小林. 五四时期婚姻观念变革的时代特征. 广西民族学院学报（哲学社会科学版），1999，21(2)：128-131.

妻制，并通过《中华人民共和国婚姻法》确保普通大众对意识形态的遵从。较之五四时期，婚姻自由的观点被更多人所接受①。一般双方的结合会兼顾父母、组织和个人的意愿。不过此时夫妻双方的互动仍受很多传统文化的影响，如依然是从父居制，男女的婚姻关系不够平等，对女性的家庭暴力较多。

改革开放后，国家自上而下推行一系列经济制度改革，家庭关系的一个重要变化是从父子轴为主的家庭转向夫妻轴为主的家庭②。从父居制在20世纪90年代中期开始失去意义，出现了相当数量的"夫妻家庭"③。夫妻生活的独立性作为家庭意识形态的特点被大众所接受。随之而来，夫妻关系的联系加强。婚姻已经不再是经双方父母为了建立姻亲关系或提高家庭的经济社会地位而采取的一种家庭策略，而是来自于个体的，或者年轻夫妻之间的相互满足感。亲密行为成为恋爱过程中不可分割的一部分，年轻人在向恋人和配偶表达情感时，越来越开放和直接，并且更加注重伴侣的个人品行④。夫妻之间的地位越来越平等，对女性家暴开始变得不为社会舆论所接受。此时夫妻的亲密关系形态变得越来越向个体化的亲密关系转变。

二、文化如何通过人的实践活动影响亲密关系

有别于传统的跨文化比较模式，文化心理学强调社会认知与社会历史文化的相互影响和建构。一些文化心理学者强调文化并非实体性的存在："我们在谈论文化时，不能把中国文化视为具有高度同一性的系统，否则容易落入文化刻板印象或者文化决定论的窠臼。""要细致具体地探讨历史过程、社会伦理制度、经济发展方面对社会生活和思想活动造成的影响，并反思个体的社会思维如何造就、维持、改造目前的社会、政治和经济现实。"⑤换言之，谈论文化对个体心理行为层面的影响离不开人的主体能动

---

① 姚立迎．新中国婚姻文化的变革．参见梁景和．婚姻·家庭·性别研究(第一辑)．北京：社会科学文献出版社，2012：1-35.

② 李银河．一爷之孙——中国家庭关系个案研究[M].呼和浩特：内蒙古大学出版社，2009：189.

③ 阎云翔．私人生活的变革：一个中国村庄里的爱情、家庭与亲密关系 1949-1999．上海：上海书店出版社，2006：162-168.

④ 阎云翔．中国社会的个体化．上海：上海译文出版社，2012：220.

⑤ 赵志裕等．西方社会认知研究进展及其对中国社会心理学发展的启示．载中国社会心理学评论(第六辑)．2013：1-17.

性。文化及其相关概念的关注重心应在于文化的主体——人，文化由人创造和发展，脱离了具体的人，讨论文化容易陷于大而空的境地①。

对亲密关系社会面向的研究也需要留意，传统文化下的亲密关系与现代文化下的亲密关系并非绝然不同的两种文化形态。纵观中国历史，古时在角色中心的亲密关系之外，夫妻也会有个人情感的交流。如人们熟知的"张敞画眉"的典故以及李清照、赵明诚的夫妻生活，就向人们充分显示了古时夫妻间的恩爱。民间"娶了媳妇忘了娘"的俗语，也从反面表明了小家庭中的夫妻关系很容易超过大家庭代际间的关系②。而现今种种亲密关系现象，虽然有越来越向个体化的亲密关系转变的趋势，如强调两人以爱情为基础的结合，强调二者的平等地位和独立性等，亲密关系的某些面向仍受传统文化的影响，如大龄青年面临"男大当婚、女大当嫁"舆论时的择偶压力；夫妻关系的选择和维系也会受到周遭亲友的影响。如何从这错综复杂的亲密现象中抽离出内在的文化心理机制？文化是如何通过人的实践活动影响到亲密关系的？本文尝试从文化的濡化与涵化、国家政治经济自上而下的改革以及个体能动性的实践来阐述这一问题。

文化的濡化与涵化是文化传播与生成的核心机制，这两者有时是互相影响的。文化濡化（enculturation）被界定为"人类个体适应其文化并学会完成适合其身份与角色的行为的过程"，濡化的机构主要有家庭、学校、社会组织等。濡化是一种纵向的代际传播过程，当代际传播出现偏差时会出现文化变迁③。文化涵化被界定为"不同文化间的交流融合，造成一方或双方原有文化模式发生大规模变迁的过程"。涵化（acculturation）是一种横向的传播过程。近代以来，在西方先进生产方式的推动下，西学东渐逐渐成为中国文化涵化的基本流向④。以西方国家为代表的全球化进程，通过资本、观念和技术等在世界范围内的流通，不仅影响了其他国家的物理事实（如新技术的获得），对人们的心理过程也产生了很大的影响，发展中国家将这种全球文化下的个人主义、自由市场、自由选择等西方的价值观作为

① 钟年. 文化濡化及代沟. 社会学研究，1993，1：75-80.

② 钟年. 女性与家庭：社会历史和文化心理的追问. 武汉大学学报（哲学社会科学版），2008，61(2)：263-269.

③ 钟年. 文化濡化及代沟. 社会学研究，1993，1：75-80.

④ 张光成. 略论20世纪中国文化涵化的历史进程. 河北大学学报（哲学社会科学版），1999，24(3)：52-55.

重新建构文化时的参照对象①。中国是全球化程度最高的发展中国家，受西方个人主义文化涵化程度很大，使得中国的文化模式发生了大规模的变迁。当变迁的速率过快且幅度过大时，代与代之间的隔膜会越来越大，产生新的文化变迁。有关传统的角色中心型的亲密关系的行为规范，是通过代际之间的濡化获得的。中国传统的农耕文化保障了濡化进程的稳定进行。但随着全球化的影响，中国由传统的农耕文化向工业文化过渡，社会越来越个体化。随着妇女就业率的增加以及城市迁移等，夫妻关系摆脱了传统大家庭父子关系的束缚，越来越强调两性成熟的亲密关系。年轻一辈与年长一辈对待婚姻的观念产生了隔膜，传统的代际濡化受到阻隔，这导致新的婚姻观念的出现。反之这批接受个体化观念的夫妻在面对自己的孩子结婚时要求夫妻独立性会采取更宽容的态度。文化涵化与濡化对亲密关系的影响是相互促进的。

与其他国家对家庭生活的规范常常是工业化和城市化的结果不同，我国的情况恰恰相反，工业化与城市化背后总有国家宏观调控的身影。国家权力和政策常常是社会转型的创造者，而不是创造物②。在考虑亲密关系的社会面向时，特别要关注国家政治经济改革的影响。自新中国成立以来，国家进行了一系列的政治经济改革，如婚姻法的实施、对祖先崇拜的打击、对宗族组织的分解等起到削弱父母权威和权力的功能，促进了亲密关系重要性的发展。特别是改革开放以来，受国家宏观调控的影响，出现了大规模的从农村到城市、从不发达地区到发达地区的人口流动。夫妻关系因此也产生了一系列的变化，影响到结婚的目的、择偶标准、家庭地位、婚姻冲突、婚姻满意度等亲密关系的方方面面③。此外，国家施行计划生育政策，导致中国出现了很多人为选择性别的生育方式，出生性别比严重偏高④。国外研究一般认为性别比高（女性较少）的文化倾向于支持传统的、老式的男性和女性角色，男人外出工作，女人在家带孩子，在性生活上也相对保守；而性别比较低（男性较少）的文化倾向于不太传统和更加

① Salter，Adams. Mother or wife? An African dilemma tale and the psychological dynamics of sociocultural change. Social Psychology，2012，43(4)：232.

② 阎云翔. 中国社会的个体化. 上海：上海译文出版社，2012：113.

③ 叶文振等人. 流动中的爱恋与婚育. 厦门：厦门大学出版社，2009：83-125.

④ 王军. 生育政策和社会经济状况对中国出生性别比失衡的影响. 人口学刊，2013，35(5)：5-14.

宽容的性别角色，鼓励妇女外出工作，允许妇女婚外的性关系等①。当计划生育的一代长大结婚时，其亲密关系会如何受到出生性别比与经济发展的双重影响？这是一个值得探讨的问题。伴随国家计划生育政策出现的还有独生子女的婚恋问题，他们跟非独生子女的亲密关系是否一样？有研究发现独生子女大学生对婚前同居和性观念较非独生子女更为开放②，在选择婚配对象时更注重对方的经济原因，且婚后与长辈合住的比重高于非独生子女③。

　　谈论社会文化对个体心理行为层面的影响离不开人的主体能动性，人们并不是被动地接受社会文化的影响，而是积极的创造并改变文化以实现自己的目的。这一点非常值得心理学学者关注。如改革开放后，女性地位上升，家庭暴力减少，许多丈夫愿意分担家务。这种家庭内部性别角色的变化与社会大环境的变化是分不开的。同时人们也在社会大环境的影响下不断调整自己的认知和行为。阎云翔在一项田野调查中发现不少男人在解释妻子当家的主要原因是夫妻之间感情好④。全球化带来的个人主义价值观以及国家一系列的政治经济政策确实影响了人们对亲密关系的看法，结婚更看重两情相悦，婚后表现出对女性更多的尊重和关爱。但是感情好是否如西方亲密关系那样强调双方的自我表露和情绪表达呢？事实并非如此，如上述田野调查里一名男子在进一步阐明夫妻感情好，因此让妻子当家的原因时，认为"我没法给我老婆提供更好的生活，心里总感到惭愧……一个男人要是很爱自己老婆但又没法满足她，就总会有点怕她。我们只能怪自己挣不到更多的钱"⑤。这名男子认为由于自己在外打工，家务事和带孩子等事情都由妻子承担，妻子对家庭的贡献特别大，因此对妻子充满感激和愧疚之情，在夫妻互动时更愿意听妻子的话。台湾学者也发现，相比较西方亲密关系更强调自我表露和情绪表达而言，台湾夫妻间的情感内涵包含有感激、欣赏、亲近和契合四个面向。其中感激之情强调的

---

① 莎伦·布雷姆等. 亲密关系. 北京：人民邮电出版社，2008：11.

② 阎晓军. 独生子女和非独生子女大学生婚恋观的比较研究. 健康心理学杂志，2003，11(2)：81-83.

③ 马西亚. 我国经济发达地区已婚独生子女的婚育模式研究——基于苏州市吴中区的调查. 中国知网优秀硕士学位论文全文数据库，2007.

④⑤ 阎云翔. 私人生活的变革：一个中国村庄里的爱情、家庭与亲密关系1949—1999. 上海：上海书店出版社，2006：114.

是对配偶付出的领受，而激起的回报之情①。研究者在此四个面向的基础上，进一步提炼出华人婚姻的两类情感，一类是较具西方色彩的"亲密"，另一类是具有本土文化特色的"恩情"。研究者将华人婚姻情感在构念上如此区分，是希望凸显台湾社会在从传统过渡到现代化过程中，新旧不同的价值冲突在婚姻情感上可能有的不同表现②。

我们可以通过另一项有关亲密关系中能量与交流动机的质性研究③，更进一步了解社会文化、国家政策、家庭和个人在亲密关系上的互动。能量（agency）包括个体扩展、维护、完善和保护自我、将自我与他人分离开来，并控制自我所处的环境所付出的所有努力，反映了人的成就动机。交流（communion）指个体想要与他人融合，与他人建立爱、亲密、友情以及沟通等各种联结而作出的努力，反映了人的亲和动机。只有能量与交流达到某种平衡状态，才能促进亲密关系的良好发展。该研究认为 20 世纪 70 年代末开始的高考，使越来越多的人相信"知识改变命运"，万般皆下品、唯有读书高的古训以一种新的方式开始在人们心中苏醒。有些人因为没有钱、或者一分之差而走向了命运的另一个岔道口，这对于他们能量动机的发展是一个巨大的挫折，固着在这一点上的人开始把希望投注在下一代身上，比较极端的例子会完全只关注孩子的学业与成就，甚至认为其他无关的事物只会干扰这一目标的实现。常见的就是对恋爱的禁止。这一受到社会文化影响的观点通过代际传递和学校生活的强化等濡化过程，影响了被访谈者的择偶标准，被试只关注对方是否聪明、学习好，亲密关系的能量动机取代了交流动机，呈现单一发展的状态。这项研究通过探讨个体能量动机的社会文化历史发展脉络，以及个体在这一发展脉络中的走向，清楚的向我们展现了文化如何通过个体的实践活动影响个体的亲密关系。支持了社会文化情境和心理体验是一对动态的、相互建构的关系这一观点。

---

①② 张思嘉．家庭与婚姻：台湾心理学研究的现况与趋势．本土心理学研究，2006，26：3-34.

③ 陈晓庆．亲密关系中能量与交流的质性研究．中国知网优秀硕士学位论文全文数据库，2012.

三、对未来研究的几点思考

综上所述，关注社会文化的变迁，为我们提供了亲密关系实践的时空场所，一定程度上弥补了其研究过于注重个人面向的不足。目前国内心理学领域有关亲密关系的研究不多，关注社会文化脉络与亲密个体互动的文章更少。联想到亲密关系对人类体验的重要性，关注这一主题非常具有理论和现实意义，本文就这一研究主题谈谈对未来研究的几点思考。

首先，文化敏感性对社会文化变迁下的亲密关系研究意义重大。相对于认为人类心理具有普世性结论而言，文化心理学和本土心理学在一定程度上对以美国白人男性为蓝本的心理学研究结论适用于全世界提出了质疑。这一质疑同样也适用于亲密关系研究。费孝通曾提出"文化自觉"，认为"文化自觉指生活在一定文化中的人对其文化有'自知之明'，明白它的来历，形成的过程，在生活各方面起的作用，也就是它们的意义和所受其他文化的影响及其发展的方向"，"不是要'复旧'，但同时也不主张'全盘西化'或'全面他化'"①。面对全球化的影响，中西文化交流与碰撞成为常事。社会文化脉络成为亲密关系研究不可或缺的一个面向，这是本文所强调的文化敏感性的第一重意义。与传统的文化比较研究相对应，现在的文化心理学研究更倾向于将文化视为一个动态的建构过程，而非一个固定的实体。这是一种新的假说，提示人们在解释文化现象时另外的可能性，而不是一种大家都认可的固定的讲法。相应的，不再将文化作为自变量进行比较研究，而将文化作为因变量来进行研究。即不同文化下的人们可以以相同的方式行事，同一文化下的人们也可以以不同的方式行事，研究需要了解是何种心理机制导致了不同的文化行为结果②，这一点对现今的亲密关系研究特别重要。目前有关亲密关系的研究，当实验结果与国外研究不一致，容易解释为是受中国文化的影响③。对于中国心理学研究者而言，认识到了心理学研究的文化差异，这是一个很大的进步。但除了将文化作为自变量进行研究外，文化动态建构向我们提示了另外的可能，提醒我们关注社

---

① 王俊义．一位世纪学人的文化情怀——费孝通先生"文化自觉"论解读．学术研究，2003，7：9-16.

② Hong et al. Multicultural Minds：A dynamic Constructivists Approach to Culture and Cognition. American Psychologists，20005，5(7)：709-720.

③ 苏彦捷，高鹏．亲密关系伴侣在冲突中的行为及其归因．北京大学学报（哲学社会科学版），2005，42(4)：122-130.

会文化与亲密关系动态建构的心理机制。特别是受社会文化变迁影响后的个体是如何调整自己的行为与认知，并反过来重塑文化这一过程非常重要，但目前相关的研究比较缺乏。对亲密关系而言，受社会文化变迁的影响，人们的婚姻观念和行为都发生了很大的变化，这种认知的转变是如何发生的？传统以及现代的哪些观念得到了保留？在何种情境下发挥作用等，这些都是关注社会文化面向的亲密关系研究者需要考虑的问题。这是本文所强调的文化敏感性的第二重意义。

其次，重视跨学科交流与合作。亲密关系研究涉及的领域颇多，如社会学、人类学、传播学、历史学、文学、生态学等。目前国内心理学与这些领域中学者间的合作并不多见。这与心理学历来强调它与自然科学的关系有关。很多心理学者认为"只有建立在生理学乃至化学基础上的心理学才具有科学的正当性。因此，这些心理学家力图'超越'社会科学，把心理学变成一门'生物'科学。结果，在绝大多数大学里，心理学都将其阵营从社会科学系转移到自然科学系"①。虽然领域之间因为学术传统的差异，会引发合作上的困难，但如果能够尊重彼此的视角，有时反而更能补充对方的不足。如心理学重视个体的微观取向与社会学重视结构的巨观取向常能互补对方的缺憾。华勒斯坦在《开放社会科学》一书里②呼吁"社会科学家能有效的掌握几门主要的学术语言，社会科学研究就能够开展的更好"。认为学者应"将现有的学科界限置于不顾，去扩大学术活动的组织"，没有什么知识领域"是专门保留给拥有特定学位的研究者的"。这些想法对跨越学科的樊篱，进行亲密关系领域的跨学科交流与合作非常有借鉴意义。若能进行跨学科的交流与合作，研究者或能够更加真实的捕捉到亲密关系的真实图像。

最后，亲密关系研究需要注重现实中人们的实践活动。心理学的很多研究领域特别能够激起大众的兴趣与期待，亲密关系研究便是其中之一。但可惜，国内心理学有关亲密关系的研究远远没有回应大众的需求，难以为他们的生活提供解释和指导。这与心理学在中国的发展历程有关。中国心理学作为一门西方传来的学科，它在中国的演进和发展面临着多种可能

---

① 华勒斯坦等．开放社会科学[M]．北京：生活·读书·新知三联书店，1997：29.

② 华勒斯坦等．开放社会科学[M]．北京：生活·读书·新知三联书店，1997：95-106.

的道路，最后选择的是追随西方学术传统，变得越来越专业化和自然科学化。对此，一些心理学者进行了反思。如程立先生提出"心理科学向何处去"的思考，认为心理学对方法论的制度化，使得心理学研究结果脱离实际；有学者曾借鉴费孝通先生关于人类学应迈向人民的呼吁，提出心理学也应迈向人民①。同样，亲密关系研究也需要迈向人民，需要关注现实中人们的实践活动，以期能够为他们的生活提供解释和指导。

（钟年　程爱丽）

① 彭凯平，钟年．心理学与中国发展——中国的心理学向何处去？．北京：中国轻工业出版社，2010：251-269.

现代城乡文化变迁中的心理适应

我国二元的社会结构，使得我国现代社会存在城乡两种截然不同的文化。在人口迁移和城市化进程中，大量的农村人来到城市，包括"农民工""流动儿童""失地农民"、来城就读及毕业留城的农村生员等。面临着城市文化与农村文化的巨大差异，农村人和城市人都存在着城乡文化的双重适应，只是城市经济的优势和户籍制度的局限，使得农村人面临的双重文化适应问题更明显，并相应的存在着由文化适应带来的心理适应问题。已有的文化适应研究一般具有城市中心主义观点，重在农村人对于城市文化的适应，缺乏二元文化观和文化融合观，并且对于城乡文化差异的内涵多停留于文化表现的外在方面，而对其思维观念等文化内核较少分析；有关各方面的文化差异对农村人和城市人的文化适应和心理适应问题的影响更是缺乏研究。本文拟在双重文化适应的观点下，在较全面的分析我国现代社会中城市文化与农村文化差异的基础上，考察城市中的农村人和城市人共同面临的双重文化适应现象，以及其中的心理适应问题，以期更好地促进我国城乡文化的发展和其中人们的心理适应。

一、我国现代城乡文化的差异

从文化适应的角度来看，城乡文化差异主要表现在四个方面：生活环境、生活习俗、内化的观念和语言、生产方式，而生产方式既是文化的物质表达，又属于经济基础部分，成为城乡文化差异的决定基础，因此这里也单独列出。

1. 生活环境

生活环境是一个整体性的风貌，包括基础性的自然环境及受此影响的人文环境。反映文化特点的自然环境主要体现在居住形态上。农村是村落集居，聚居地周围大多为广阔的田地、树木或原野。房屋一般为独立庭院式，房屋宽正、院落敞阔、六畜相伴。在这种环境中，会感受到人与自然的亲近和睦。城市则街道集市交错、房屋密集林立。在这种环境中，人与自然的距离被拉远，在感受现代文明的繁华同时，也承受着拥挤和嘈杂。

受自然环境影响，城乡人文环境也具有显著差异：农村家庭往往比较庞大，三代同堂甚至四世同堂屡见不鲜，村落居民一般均具有各种宗族或者亲缘关系，村民因此彼此熟识，人际关系显得单纯、单一。而城市家庭越来越倾向于以核心家庭为主，邻里间往往除了空间关系，其他社会联系较少，相邻居住区域内的居民互不认识也不罕见。但城市中便利的交通和多样的社会活动却又使城市居民间的社会关系复杂多样，具有多元化、开放性，同时也带来了城市生活的拥挤嘈杂、流动性、不确定性、充满诱惑和竞争性。

2. 生活习俗

总体而言，农村居民受宗亲聚居影响，彼此相对熟悉、社会关系较为稳定，使其可以生活在由传统观念加以维持的礼俗社会中，彼此更为信任，更重承诺，情感性和随意性更强。城市则因其工商业发展需要，居民流动性更强，现代观念大大加强，彼此交往的理性化和陌生感相对于农村社会也更强①，以契约、制度与规则相约束的要求也更强。

3. 内化的观念

我国城乡文化在内化观念上的差异主要表现在人情关系、思维方式和价值观三个方面。

中国农村宗亲聚居的人文环境和面向土地的自给自足的生产方式，决定农村的乡土文化更能体现出传统文化注重道德伦理、人情关系、宗族观念、老乡观念、乡土观念，而不是商业社会的金钱价值和工业社会的工具性功能的一面。由于比邻而居却无宗亲纽带，生存赖于市场交换，城市人彼此的人情比较淡漠，对自身不相干的人或事表现冷漠，疏离感较强②，宗族和老乡观念也比较弱；平等公约性的规则意识较强，具有明显的社会性，为市民化的、相对独立的个体；人际距离在各种人际关系之间相对一致，注意与所有人都保持一定距离，从而也会尊重个人隐私和差异性③。

农村人的思维也比较简单，纯朴，具有单一和直线型，更强调对传统的遵守，对新鲜事物比较容易拒绝；城市人更加多元，思维具有多向性、活跃性和质疑性④，往往显得比较前卫，对各种新奇事物具有包容性。在思维的变化性方面，农村人相对比较稳定，显得比较因循守旧和墨守成规，思维方式在代际之间的改变差异不大；城市人的思维变化性大，创新性也强，容易接受新事物，代际之间的改变也非常大。

---

①② 管在高. 从城市文化特征角度分析失地农民的文化适应. 四川行政学院学报，2005，6：62-64.

③④ 黄志强，容溶. 城市农民工文化适应问题探析. 广西师范学院学报(哲学社会科学版)，2011，32，1：117-122.

马克斯·韦伯说，传统的人属于情感型，现代社会则是工具型和价值型①，较好地揭示了农村与城市在价值观上的根本不同。另外，受生产方式影响，农村人更注重人与自然环境的和谐，安土重迁、重男轻女、重伦常、长幼尊卑有序、谦逊礼让等价值取向与现代工业化下城市人更为自我中心，强调人的力量，习惯流动和搬迁、男女平等观较强、伦理观淡化，道德弱化，更注重公平和人际平等下的成就和价值的个人实现，更注重竞争、自我主张与彰显形成鲜明对比。

4. 语言

每一个文化都有其特有的语言。有关文化适应的研究几乎都会将语言作为重要的内容。一般来说，伴随农村的乡土性和相对封闭性而保有的各地方言给来自不同地区人的交流带来了很大的障碍，而现代城市由于流动性、开放性，会倾向于用普通话。另外，农村的语言往往保留更多彰显人的自然性的"粗俗"内容、脏话，而普通话往往没有这些对应的内容，保留着更多的文雅用语；城市人较注意用"请""谢谢"等保持一定人际距离的礼貌用语，而农村人却不习惯此类显得人生疏的话语。

5. 生产方式

城乡生产方式差异是决定城乡文化差异的根本原因。农村的主要生产方式为农业，离不开土地，因此，农村文化也被称为"乡土文化""农耕文化"。乡土情结是中国农村文化的缩影和表现形式②。农业生产一般以年为周期，对自然规律的依赖较强，使农村文化更多表现出自然性；时间并未被分割为小块对待，又使其表现出一种有张有弛的闲适；世代间对自然规律朴素认识的传承，又强调了宗族血亲的作用。

城市一般而言是伴随产品的交换和贸易发展起来的。这带来了城市人口的流动性。交换过程的复杂与交换对象的多样化，使城市人在观念上也更为多元化，更具有开放性和独立人格，却对整个社会的依赖性更强。这要求城市人在更加"社会化"的同时保持独立的人格和适当的人际距离，城市文化也称之为"市民文化"。近代以来，随着工业生产力水平飞速发展，在所谓"现代文化"中，人的异化使人本身受到忽视，自然规律受到忽视，原有的传统文化也受到很大的冲击，往往被蒙上"落后"的阴影。

---

① 管在高．从城市文化特征角度分析失地农民的文化适应．四川行政学院学报，2005，6：62-64.

② 费孝通．乡土中国．北京：人民出版社，2008：25-34.

因此，农村文化可称之为乡土文化，也是我国传统文化的代表，城市文化则为市民文化，也是现代文化的代表。两种文化的差异并不是地区差异带来的，不能如有的研究者①②认为的归为"区域文化"那样，在我国社会迅速发展的阶段，两种文化更是脱离了地理的局限，可以成为同一空间中并存的两种文化思潮，反映了生产方式的差异、传统与现代的冲击。在现阶段，由于我国对于工业经济和城市发展的战略重视，城市相对于农村具有突出的经济优势。这使得很多人具有城市中心主义思想，认为城市更为进步，而忽略了农村文化中的优秀成分，也就忽视甚至否认了城乡两种文化的互为补充关系。从文化本身的适应价值来说，城乡文化之间并没有孰优孰劣。特别是农村文化保留了我国很多优秀的尊重自然规律看重人本身等方面的传统文化，对于人类更好地面对工业化后的困境应该具有启示作用。

二、现代城乡文化变迁中的文化适应

当大量的农村人来到城市，城乡文化变迁表现于外是随着农村人到城市的空间变化而面临的原有农村文化与城市文化的变化，从而相关的产生文化适应和心理适应问题；表现于内并且影响更为深远的则是随着时间的发展，人们普遍面临的中国农村文化所代表的传统文化与城市文化所代表的现代文化的变化，人们都存在着文化适应和心理适应问题。

1. 双重的文化适应

我国农村人和城市人都需要面临城市文化适应和农村文化适应，即双重文化适应。但在现代社会下，两种人群的两种文化适应处于一种不平衡状态。

对于农村人来说，无论是成年的农民工，半成年的城市就读学生，抑或未成年的流动儿童，从农村来到城市，他们都具有农村文化的背景，特别是具有受农村文化影响的家庭环境。面临着城乡文化差异，他们需要适应城市文化，原有的农村文化也需要调整。有些外显的行为部分可能需要丢弃或改变，而有些内化的观念却可能不会那么容易改变，并且在与具有

---

① 姜永志，张海钟．中国人自我的区域文化心理学探究：双文化自我与文化适应．江汉大学学报，2010，6(29)：35-42.

② 王中会，孙琳，蔺秀云．北京流动儿童区域文化适应及其对城市适应的影响．中国特殊教育，2013，158(8)：55-60.

同样文化背景的人交往时，比如老家的亲戚、同乡，原有的农村文化模式可能更具有适应价值，因此还需要保留。这就使他们可能存在着不同的"文化框架"，即如文化建构论①所认为的那样，不同的文化模式都会同时存在，在不同情境中发挥不同的作用。对流动儿童身份认同的研究也发现，他们大多为整合型身份认同，认为自己既是城市人也是农村人，随着群体文化情景和情景效价的变化，他们的身份认同也会发生显著变化②。

对于城市人来说，文化适应的双重性不是那么的外显，不是表现在空间的主动变化而需要进行文化适应。城市文化是城市人一出生就接受的一种文化，但是当大量的农村人进入城市，原有的城市文化也必然会一定程度的受到农村文化的影响，尤其在文化的行为方式、环境形态等外在方面，因此，城市人也需要不断调整和适应着城市文化。从时代的变迁角度来说，我国城市人也都一定程度上保存有"农村文化"这样一种文化形态，在面临不断变化的现代文明的冲击时，也存在着对原有农村文化模式的适应，尤其是在文化的内化观念方面。

2. 文化的学习过程

由于城市经济地位的优势，城市文化常成为一种主流文化，因此农村人来到城市，他们面临着非常凸显的农村文化与城市文化的差异，会进行"第二次文化学习"，整个文化适应过程遵循着明显的主动学习的规律。他们已经完成的"第一次文化学习"必然会影响着第二次文化学习。两种文化之间的巨大差异，使得他们不可能如大多数人所认为的，农村人都会被同化，最终融入到城市文化，原有的农村文化与新的城市文化之间是一种此消彼长的关系，或者农民工文化适应的路径是要么市民化要么村民化③。相反，原有的农村文化和新的城市文化可能都会被尊重和重视，两者都会被保存下来。笔者采用问卷法直接分析了城市流动儿童的城市文化适应和

---

① Hong，Y. Y.，Morris，M.，Chiu，C. Y & Benet-Martinez，V.（2000）.Multi-cultural minds：A dynamic constructivist approach to culture and cognition. American Psychologist，55(7)：709-720.

② 彭丽娟.群体文化启动情景下，流动儿童的文化身份认同及其对心理适应的影响研究.西南大学硕士学位论文，2012.

③ 邵东珂，范叶超.新生代农民工文化适应调查研究.集美大学学报(哲学社会科学版)，2011，14(2)：114-119.

农村文化适应状况，发现流动儿童存在着 Berry(2011)[①]提出的四种文化适应策略，即农村文化适应和城市文化适应都比较高的整合型，城市高而农村低的同化型，城市低而农村高的分离型，两者都低的边缘化型。同样，城市人也有一个被动的学习过程。这在城市儿童身上比较明显，他们也存在着相应的四种文化适应策略。

显然，第二次文化学习的程度，受到学习者对于该文化的接纳和学习意愿的影响，而这又取决于学习者所处社会群体中该文化是否处于主流地位，以及该文化群体对于学习者的接纳态度。研究发现[②]，流动儿童占比例高(大约 80%)的学校中，比起流动儿童占比例低的学校(大约 20%)，前者的农村文化适应明显更好，而城市文化适应更低。这就反映了双重文化适应程度受到他们身边直接接触的文化是否为主流的影响，即反映了生态系统观中微环境对于人的直接影响。

已有跨文化适应的研究已经表明，主流文化对于少数文化越尊重，越持有开放接纳、容许其独立存在的态度，少数文化越是能学习主流文化，最后越可能被融入到主流文化[③]。而目前我国存在着城市人对于农民工的歧视态度[④]，国家政策也让他们在享受社会资源上明显处于劣势。流动儿童感受到的被排斥感，不仅影响到他们的心理健康，具有更高的孤独感[⑤]，而且影响他们的学习适应，即在教学环境、教学内容和语言方面较难融入[⑥]，使其文化适应策略更多同化，而较少整合，甚至是分离或者边缘化。

---

① Berry J W., Poortinga Y P, Breugelmans S M. and Chasiotis A. Cross-Cultural Psychology: Research and Applications (3rd ed.). Cambridge (UK): Cambridge University Press, 2011.

② 张春妹，张广宇，胡冰，流动儿童的双重文化适应. 社会心理研究，2013，4，81-82.

③ Berry J W., Poortinga Y P, Breugelmans S M. and Chasiotis A. Cross-Cultural Psychology: Research and Applications (3rd ed.). Cambridge (UK): Cambridge University Press, 2011.

④ 刘力，程千. 主流媒体话语表征中农民工阶层的形象意义. 求索，2010，29 (1)，110-112.

⑤ 蔺秀云，方晓义，刘扬，蓝箐. 流动儿童歧视知觉与心理健康水平的关系及其心理机制. 心理学报，2009，41(10)：967-979.

⑥ 许传新. 流动人口子女公立学校适应性及影响因素研究. 青年研究，2009，3：20-28，96.

运用个案法分析农村籍大学生的城市适应的研究①发现，他们的文化应对有三种，文化固守，文化自杀，寻求补偿，基本上对应于分离、同化和整合，而第三种很少。对流动儿童双重文化适应的直接研究②发现，其所采用的文化适应策略为同化型 38%，分离型 20%，边缘化 10%，整合型 31.6%。整合型仅次于同化型，可能与流动儿童处于未成年，学习和再塑能力也较强，现有的流动儿童入学政策使其感受到的歧视减弱等因素有关。

另外，文化的学习是一个循序渐进的过程，随着进入到主流文化的时间越长，农村人对于城市文化的适应也就越强，而文化的消退却是一个漫长的过程，在起初并不会有明显的变化，只有离开原文化到足够长的时间，文化适应的减弱才会慢慢开始发生。笔者对流动儿童的研究发现，来到武汉在 1～3 年，3～5 年，5～8 年，8～10 年的，四个时间段之间随着时间的增长，对城市文化适应明显的越来越好，而与此同时，在农村文化适应方面，前面 5 年都没有明显的变化，5 年之后，才会随着时间增长，农村文化适应越来越差。与之一致，来京流动儿童，在 5 年以内、5～10 年，10 年以上，三个时间段上随着时间越长，城市文化适应困难越少③。

三、双重文化适应背景下的心理适应

1. 双重文化适应程度对农村人和城市人的影响不同

我国现代社会，城市文化成为主流文化。双重文化适应相应成为城市中的农村人更需要面对的很凸显的问题，对他们的心理适应影响极大，对他们的心理影响更具有"双重性"。城市人则更主要是受城市文化适应的影响。

农村文化作为农村人所习惯的文化模式，所保留的行为习惯、习俗、语言等，必然会让农村人具有更高的心理舒适感，在与相同文化背景的人交往时，更具有适应性，因此会对其心理安宁具有保护作用。但是另一个方面，外在的非主流文化行为模式会让他们感受到自己与主流环境的"异

---

① 金凤华. 农村女大学生城市文化适应的测量研究——沪、杭、婺三市 9 名农村女大学生的访谈分析. 中国大学生就业，2012，2：24-28.

② 张春妹，张广宇，胡冰. 流动儿童的双重文化适应. 社会心理研究，2013，4：81-82.

③ 王中会，孙琳，蔺秀云. 北京流动儿童区域文化适应及其对城市适应的影响. 中国特殊教育，2013，158(8)：55-60.

样"。当他们对外界的主流文化很敏感时，就会影响到自我评价。对流动儿童的研究发现，文化适应策略为整合型的流动儿童生活满意度最高，他们的农村文化适应和城市文化适应都与生活满意度正相关；同化型的流动儿童自尊最高，他们的城市文化适应与自尊正相关，而农村文化适应却与自尊负相关；农村文化适应增加了他们的孤独感，但是城市文化适应并不会减弱其孤独感。显然主流文化对于农村文化的排斥，使他们对农村文化适应也产生负面消极的评价，从而使其自尊弱化。而文化的生活适应价值，使他们的两种文化适应都对其生活满意度具有积极影响。

对于城市人来说，城市文化并不具有凸显性，因此，城市文化适应不会影响其自我评价，而文化的适应价值会使得城市文化适应能增加其心理安适，增强其生活满意度。相应的，农村文化未成为城市生活的主要内容，因此，农村文化适应不会对城市人的心理适应具有明显影响。但是农村文化重视人情关系和家庭中的长幼有序，可能会促进人际关系质量，特别是家庭关系。研究发现，城市文化适应对城市儿童的自尊没有影响，但是与生活满意正相关；农村文化适应对家庭亲密性、适应性都具有积极作用；对于农村文化和城市文化都具有较高适应的城市儿童，其生活满意度最高。

2. 不同文化适应内容的影响不平衡

对所有人来说，对文化表现的适应是一个不均衡的发展过程。已有的文化学研究称之为文化堕距，即文化相依赖的各个部分发生变迁时，各部分的变迁速度是不一致的。相应的，文化适应的不同内容对于心理的不同层面也具有不同的影响。外在的行为适应和语言获得是文化适应最为外显的部分，也是比较容易获得的内容。对于城市中的农村人来说，城市文化是需要学习的，而农村文化是被要求或者明显感到需要更改的。农村文化与城市文化中的外在行为适应和语言获得会对其自我感受和评价产生直接影响；而内化的观念作为文化的内核，相对来说具有稳定性而不易改变。例如，无论对农村人还是城市人而言，农村文化中人情关系的观念，在具有相同文化背景的人际交往方面，都对关系质量具有重要影响。

与此相一致，研究发现，对于农村文化的行为适应，是流动儿童生活满意度的来源，可能在于它们赋予了流动儿童所习惯的、感到舒适的生活方式，但是却对他们的自尊具有一定的降低作用。而且，农村语言的适应，可能妨碍了他们与城市人的交流，因此会降低自尊感，并增加孤独感。语言的这种作用与其他对农村成年人的研究也一致[1][2]。而城市语言的适应价值也非常明显，会显著增加其生活满意度、自尊，并减低孤独感。与文化适应的外显部分相对，农村文化的内化观念适应对流动儿童的家庭紧密性、家庭适应性、友谊质量均具有较高的正相关，与其生活满意度也有较高的正相关，而对其自尊没有影响；农村文化的内化观念适应对城市儿童的家庭适应性也具有很好的促进作用。

四、经济和教育的决定作用

本文所分析的城乡文化变迁中的文化适应和心理适应主要是在我国现代经济形势和社会形态下的现象，经济和教育具有决定作用。

1. 经济悬殊造成适应困难

我国现代城乡经济发展速度的不均衡，造成了城市的优势地位，而户籍制度的地域限制，因其对于城市资源分配机会的影响，更凸显了城市人的优越性及其文化的主流地位。来到城市中的农村人都会被认为是城市文化所改造的对象，所以才会有城市中的农村人对于城市文化的主动学习，而城市人又会对农村人具有排斥和歧视的态度；农村人会因为自己行为方式的异样性，而产生消极自我评价等心理适应问题。

对于需要进行主动文化学习的弱势群体而言，经济水平在对其主流文化的融入又具有关键作用。经济水平越高，他们能够获得的社会资源越多，感受到的主流文化群体的排斥也越少，对主流文化的融入意愿越强，对原有农村文化的保持意愿越弱。对流动儿童的研究发现，经济水平对其城市文化适应并不会具有促进作用，但是会减少城市文化适应困难[3]，而且对其农村文化适应具有显著的削弱作用[4]。

2. 教育影响适应程度

教育内容决定了人们对于各种文化的了解程度，从而会影响人们对于

---

① 邵东珂，范叶超. 新生代农民工文化适应调查研究. 集美大学学报（哲学社会科学版），2011，14(2)：114-119.

② 金风华. 农村女大学生城市文化适应的测量研究——沪、杭、婺三市 9 名农村女大学生的访谈分析. 中国大学生就业，2012，2：24-28.

③ 王中会，孙琳，蔺秀云. 北京流动儿童区域文化适应及其对城市适应的影响. 中国特殊教育，2013，158(8)：55-60.

④ 张春妹，张广宇，胡冰. 流动儿童的双重文化适应. 社会心理研究，2013，4，81-82.

少数文化的接纳态度。我国目前的教育是以城市文明为主要内容,以西化的平等观念、人的主动性观念等为主要思想,而对我国农村文化和传统思想传承的较少。因此,受过高等教育的,对于城市文化的熟悉性就强,开放性也高,城市适应就会更好。农民工受教育年数对其城市文化适应具有正向影响①。而流动儿童的父母受教育程度对其双重文化适应具有不同的影响。父亲受教育程度为大专以上的,流动儿童城市文化适应更好,主要体现在语言和内化观念上。而母亲受教育程度对流动儿童的农村文化适应产生影响,母亲受教育程度越低,农村文化适应越强,尤其具体表现在身份定位上,越倾向于认为自己是农村人。这说明了母亲对于传统文化的维系作用,而父亲在文化的更新和开放上起作用。这与已有研究所发现的我国个人自我往往与母亲形象在大脑定位上是重合的②相一致。

3. 经济和教育对于双重文化适应的改变作用

可以设想,当城乡经济水平差异变得不那么显著时,或者随着教育的发展,人们对农村文化的优秀部分、特色部分更为重视时,人们将更具有开放多元的文化观,农村人和城市人遇到空间变化而发生的城市文化和农村文化的转换适应时,文化适应就是一个对等的关系,而其中心理适应问题就会少很多。

我们应该看到,城市化进程只是我国现代社会发展的一个阶段,工业化发展到一个阶段,摆脱我国贫穷落后的面貌之后,我国必将在政策、制度上再次优先发展农业。而农业是人类最中心、最迫切、最必要的活动之一,人类想要生存下来,就必须发展并扩展农业生产。未来土地上的工作只会变得更加重要、更加中心化③。当我国经济发展到一定水平,现代化程度足够高,农村作为一种生产方式,它与城市的工业、商业生产方式将只会存在生产对象的不同,而经济水平将可能不会具有根本差异,这样两种文化就会真正具有对等性。那时,人们对于文化的适应问题就会如同现在各个城市之间的区域文化一样了,自然也将不存在明显的心理适应

---

① 李振刚,南方. 城市文化资本与新生代农民工心理融合. 浙江社会科学,2013,10:83-91.

② Cai H., Sedikides C. and Jiang L. Familial Self as a Potent Source of Affirmation: Evidence From China. Social Psychological and Personality Science 2013,4(5):529-537.

③ 雷蒙威廉斯. 乡村与城市. 韩子满,刘戈,徐珊珊译. 北京:商务印书馆,2013:6-7.

问题。

　　总的来说，本文一反现有的城市中心主义思想，站在城市文化和农村文化同样重要的立场，采用双重文化适应的视角，分析了我国现代社会下城乡文化差异的主要内容，其表现形式和差异原因，提出了来到城市中的农村人和城市中的市民都具有面临城市文化和农村文化双重影响的观点，分析了该文化适应过程的规律，以及现代社会下双重文化适应中的心理适应特点。特别指出该文化适应和心理适应现象的时代性或者经济决定性的作用，以及教育可以起到的积极作用。需要注意的是，本文的很多观点还需要进一步在农民工等成年人群体中进一步验证，更多运用双重适应的视角，运用实证研究对城市中的农村人的文化适应规律进行研究。

（张春妹）

　　幸福感是一个永恒的话题，近年来已成为社会心理学领域研究的热点问题。目前研究者正日益关注幸福感测量方法和影响因素的研究；认为快乐只是幸福伴随的主观体验，幸福的本质是自我价值的肯定和提升，并从自我价值定向的概念出发，分析了不幸福的原因和走向幸福的路径。实证研究表明，中国基层党政干部人格特质的外向性、才干以及处世态度可以有效地预测幸福感水平，他们所持有的价值观会影响人格与幸福感的关系；以新加坡华人学生为被试，通过收集他们的新浪微博文本以及生活满意度量表和大五人格量表得分，结果发现使用死亡词（如"死亡"）、性词（如"性欲"）和第一人称单数代名词（如"我"）三类微博词语，能预测幸福感约20%的变异。幸福感研究的未来发展，不仅需要更多的本土化研究、多样性的研究方法，以及对大量环境因素的整合，同时更需要多学科的合作与融合。

幸福感：测量、影响因素及其进展

　　人类对于幸福追求和幸福感探索的历史非常久远，心理学对幸福感的研究始于20世纪60年代。在西方心理学中有很多概念与幸福有关。例如happiness、eudemonia、well-being、psychological well-being（PWB）、subject well-being（SWB）、sense of well-being、elation、quality of life、life satisfaction，等等。其中受研究者关注最多的是subject well-being（SWB）这个合成词，我们一般将其译为"主观幸福感"，文中简称"幸福感"。美国心理学家Diener 1984年在Psychological Bulletin上发表了第一篇有关幸福感的综述性文章，他发现短短20年时间里，有关幸福感的研究报告已经有200多篇，呈现出了蓬勃发展和旺盛的生命力，而且研究的内容也从对影响幸福感的外部因素的关注，逐步转变为对内部影响机制的关注与探索[①]。2014年12月我们以"幸福感"为关键词在中国期刊网中进行搜索发现共有1361条结果，其中心理学的研究有296篇；在美国心理学会APA数据库中以"subjective well-being"为关键词进行搜索发现2773条结果，以"happiness"关键词进行搜索发现5746条结果。大量实证研究的出现，促进了研究者对幸福的理解，目前该领域已成为社会心理学研究的热

---

　　① 雷蒙威廉斯．乡村与城市．韩子满，刘戈，徐珊珊译．北京：商务印书馆，2013：6-7．

点和焦点。

一、幸福感的测量方法

幸福感的测量，多年以来大多都是通过自我报告法来测量，通过横向研究设计来探讨其与相关变量之间的关系。"生活满意度量表"（Satisfaction with Life Scale，SWLS）是一种被广泛应用的多项目总体满意感量表，而情感平衡量表（Affect Scales Positive Affect，Negative Affect，Affect Balance，ABS）则侧重于主观幸福感情感成分（积极情感和消极情感）的测量。但这类量表基本上都是让被试通过回忆来对自己的幸福感水平进行评价，这种事后回忆往往受到很多因素的影响。因此，研究者提出了一些新的研究方法，如体验抽样法（Experience Sampling Method，ESM）和昔日再现法（Day Reconstruction Method，DRM）等自我报告的方法来弥补事后回忆的不足[1][2]。Geschwind 等在探讨正念训练提升个体幸福感水平的研究中就采用体验抽样法，这一研究持续了六天，要求被试每天 10 次报告自己当时的积极情感和消极情感水平[3]。虽然这种方法解决了由于事后回忆可能产生的结果误差，但其成本很高，被试的负担较重，而且很难进行大样本的施测。于是，后续研究者采用昔日再现法来测量幸福感，并将日记重现改为生活事件回顾表，结果发现昔日重现法调查表的信度和效度良好，同时也能在一定程度上减轻体验抽样法给被试带来的负担[4]，在方法学上也更为科学。

幸福感测量中，社会赞许性是自我报告法更加广为诟病的问题所在。他评法能够在一定程度上解决自评所面临的这一问题，而且也有大量的研究证明了他评法的有效性和可行性。202 组日本同性朋友对生活满意度、

---

① Csikszentmihalyi，M.，Larson，R. Validity and Reliability of the Experience-Sampling Method. The Journal of Nervous and Mental Disease，1987，175：526-536.

② Kahneman et al. "A Survey Method for Characterizing Daily Life Experience：The Day Reconstruction Method. "

③ Geschwind，N.，Peeters，F. Drukker，M. et al. Mindfulness training increases momentary positive emotions and reward experience in adults vulnerable to depression：a randomized controlled trial. Journal of Consul Clinical Psychology，2011，79(5)：618-628.

④ Diener E.，Tay L. Review of the Day Reconstruction Method (DRM). Social Indicators Research，2014，116(1)：255-267.

领域生活满意度、积极情感和消极情感的自评—他评表现出了相当的一致性[1]。对多伦多 92 对情侣，145 对朋友的生活满意度进行自评和他评，结果发现在生活满意度和五个领域满意度的评价中，自评—他评均具有显著的一致性，而且五个领域的满意度的自评—他评一致性显著高于整体生活满意度评价的自评他评一致性[2]。目前，这类研究正在不断增加。

由于横向研究设计在结果的解释方面存在一定的局限，相关结果的推广要非常的谨慎。因此，出现了越来越多关于幸福感的纵向研究和实验研究，包括准实验研究。在纵向研究中，研究者通过对过去近 20 年中国人的主观幸福感的调查，发现时间与生活满意度之间是一种 U 形的曲线关系，过去近 20 年的经济繁荣并没有让中国人的主观幸福感相应的提升，而且从 1990 年到 21 世纪初一直处于不断下降的过程之中，直到 2007 年才开始有所反弹，但幸福感水平依然低于 1990 年的水平[3]。Lindfors 与其同事通过对 1702 名护士的调查，考察了从大学毕业到走入社会的 7 年之间，生活经历的变化对其幸福感的影响，结果发现，生活经历的变化对个体的情感幸福感产生了非常积极的影响[4]。当然，由于适应的原因，这种积极效应会随着时间的变化而逐渐降低。在实验研究中，研究者经常使用内隐联想测验（Implicit Association Test，IAT）来测量个体的幸福感。Kim 首次运用 IAT 来测量内隐幸福感，结果发现内隐生活满意度测量具有良好的内部一致性和适度的时间稳定性，且具有良好的信效度指标[5]。另外研究还发现，

---

① Saeki，M.，Oishi，S.，Maeno，T.，Gilbert，E.. Self-informant agreement for subjective well-being among Japanese. Personality and individual difference，2014，69：124-128.

② Schneider，L.，Schimmack，U.. Examining sources of self-informant agreement in life-satisfaction judgments. Journal of Research in Personality，2010，44（2）：207-212.

③ Tang，Z. They Are Richer But Are They Happier? Subjective Well-Being of Chinese Citizens Across the Reform Era. Social indicators research，2014，117（1）：145-164.

④ Lindfors，P.，Hultell，D.，Rudman，A.，Gustavsson，J. P. Change and stability in subjective well-being over the transition from higher education to employment. Personality and individual differences，2014，70：188-193.

⑤ Kim-Prieto C. Diener Ed.，Tamir M. Integrating the diverse definitions of happiness：A time-sequential framework of subjective well-being. Journal of Happiness Studies，2005，6：261-300.

虽然在自我报告中，美国白人所报告的生活满意度水平要显著地高于亚裔美国人和韩国人，但是，在内隐生活满意度上并没有显示出显著的差异，这从另一个侧面说明了内隐幸福感测量的意义和价值。

二、幸福感的影响因素

1. 人格与幸福感

人格被看作是影响幸福感最重要的因素之一，它可以解释生活满意度大约 1/3 的变异；而几乎所有的人口统计学变量，包括性别、年龄、教育背景、健康状况、婚姻状况等，所能解释的幸福感变异基本上不超过 10％。人格基线理论认为个体的幸福感有一个基线水平，在经历了重大生活事件的影响而出现波动之后，人们的幸福感水平还会回到原有的基线水平，而这个基线在很大程度上取决于个体的人格特质。

在人格特质与幸福感的研究中，研究者关注最多的是大五人格特质与幸福感之间的关系。一般认为，人格中的外向性与积极情感、生活满意度有关，与负性情感无关，可以提高个体的幸福感；而神经质与消极情感有关，会降低个体的幸福感。研究表明，外向性和神经质是大五人格特质中影响幸福感的最重要因素[①]。

目前，大五人格特质的其余三个维度在预测幸福感中的作用也逐渐受到了研究者的关注。有研究发现，虽然外向性和神经质能够最有效地预测个体的幸福感，但是，最好预测生活满意度量表分数的却是神经质和公正严谨性。同时，研究者发现大五的四个维度，即神经质、外向性、公正严谨性以及愉悦性与幸福感呈现显著的正相关，可以解释幸福感 18％的变异[②]。

我国研究者对人格特质影响幸福感的作用机制进行了总结，认为其包括三方面的理论，即直接效应模型、中介效应模型和调节效应模型[③]。其中，情感反应模型强调幸福感产生的生物学因素，认为人们具有幸福和不

① Schimmack, U., Oishi, S., Furr, B M., Funder, D. C. Personality and life satisfaction: A facet level analysis. Personality and Social Psychology Bulletin, 2004, 30: 1062-1075.

② Chamorro-Premuzic T., Furnham A. Personality predicts academic performance: Evidence from two longitudinal university samples. Journal of Research in Personality, 2003, 37: 319-338.

③ 邱林，郑雪. 人格特质影响主观幸福感的研究述评. 自然辩证法通讯，2013，35(5)：109-114.

幸福的基因，这种基因使得人们具有不同的幸福感水平。情感反应模型、情感水平模型和认知模型都属于直接效应模型。中介效应模型虽然认可人格特质是幸福感的重要预测指标，但认为不能据此而否认情境因素的作用。因为人格特质并不能解释幸福感的全部变异，大量的情境因素在人格与幸福感的关系中扮演着中介作用。例如，外向者比内向者参加更多的社交活动，并因此而获得更多的积极情感；而神经质水平高的个体，则更有可能会卷入与自责、怀疑或怨恨有关的行为中，从而导致更多的消极情感体验。调节效应模型则认为人格特质对幸福感的影响可能被环境所削弱或加强，因此，强调人格与情境的交互作用。研究表明，外向者在社交情景中比内向者更幸福；但如果处于与世隔绝的修道院或监狱中，则外向者比内向者更加感到不幸[①]。

近年来，人格特质对幸福感的影响并不仅仅局限于大五人格特质的五个基本维度，越来越多更为具体的人格特质受到了研究者的关注。比如乐观主义、权威主义、物质主义、感恩、核心自我评价、无聊倾向、好奇心和宽恕性等。其中，王琦和俞国良的研究发现，无聊倾向可以有效地负向预测幸福感[②]；陈勇杰和姚梅林从自我决定理论出发，认为物质主义者对财物的看重程度远远高于对人际关系的重视程度，他们所知觉到的社会支持水平较低，其自主性、能力感和归属感都无法得到适度的满足，因此体验到较低的幸福感[③]。

2. 幸福感与环境因素

虽然人格被看作是预测幸福感的最重要因素，但很多社会因素、环境因素也会对个体的幸福感产生影响。研究者通过数据分析发现，相比于男性，女性对天气的变化更加敏感，而且随着雨量的增加，人们的生活满意度水平会显著降低；同时低温增加了个体的幸福感，降低了倦怠感和压力，而高温则降低了幸福感。Fischer 及其同事关注了气候对幸福感的影响，他们通过对 58 个国家的研究发现，当比正常温度高或者低的极端气候出现时，会对个体产生潜在的威胁。如果个体所拥有的经济资源能够满足

---

① Argyle, M. The Psychology of Happiness, 2001, 2nd ed. London: Routledge: 71-89.

② 王琦，俞国良，董妍，周浩. 无聊倾向与主观幸福感：情绪调节效能感的作用. 心理与行为研究，2014，12(1)：102-106.

③ 陈勇杰，姚梅林. 物质主义与幸福感：基于自我决定理论的关系探析. 北京师范大学学报（社会科学版），2012，1(3)：23-29.

应对潜在威胁的需要，那么个体的不适感和不幸福感水平就会较低，反之则会较高①。

随着科学技术的不断发展，很多高新技术产品在为人们的生活带来便利的同时，也影响着人们的幸福感。研究发现，固定电话、移动电话、音乐播放器与个人电脑等需要与网络连接的物品，与个体的高水平幸福感有关。在对移动电话和宽带进行控制的情况下，个体的生活满意度水平会显著下降，特别对已经拥有这些设备的个体来说，尤其如此②。互联网的迅速发展，使人们对互联网的依赖程度越来越高，特别是对于青少年而言，这一主要的社会交往媒介对个体的幸福感会产生怎样的影响，两者之间的关系如何，非常值得进一步的关注。追踪研究发现，初中生的自尊水平越高，病理性互联网使用水平上升越缓慢，自尊能够显著地负向预测病理性互联网使用③。显然，自尊是个体幸福感的人格基础。

谢舜等使用 CGSS2006 数据库进行分析发现，宏观税负对居民幸福感有显著的负影响④。一般而言，政府公共支出增进了居民的幸福感，但政府基建投资对于城镇居民的主观幸福感有显著负效应，而用于科教文卫和社会保障的支出有显著正效应。研究者基于 2008 年中国综合社会调查数据的分析发现，在控制了社会人口、经济和情境性因素之后，食品价格上涨对居民幸福感存在显著的负面影响⑤。生活经验告诉我们，经济危机的发生不仅对社会经济产生巨大破坏作用，同时，也会影响人们的幸福感。在幸福感越来越多地作为衡量社会发展指标的情况下，了解什么样的政策在应对经济危机过程中能够减少幸福感的损失就至关重要，Bjornskov 通过对欧洲国家 1975—2011 年危机影响的评估发现，采取较宽松的市场管理政

---

① Fischer，R. ，Van de Vliert，E. Does climate undermine subjective well-being? A 58-nation study. Personality and Social Psychology Bulletin，2011，37：1031-1041.

② Kavetsos，G. ，Koutroumpis，P. Technological affluence and subjective well-being. Journal of economic psychology，2011，32(5)：742-753.

③ 张国华，戴必兵，雷雳. 初中生病理性互联网使用的发展及其与自尊的关系：同学关系的调节效应. 心理学报，2013，12：1345-1354.

④ 谢舜，魏万青，周少君. 宏观税负，公共支出结构与个人主观幸福感. 社会，2012，32(6)：86-107.

⑤ 苏梽芳，王海成，郭敏. 食品价格上涨对中国居民主观幸福感的影响. 中国人口科学，2013，(6)：59-70.

策的国家会有相对较低的幸福感损失①。另外，财富的增长与幸福感的关系也没有想象的那么简单。研究者对爱尔兰 1994—2001 年的数据分析发现，在金融领域的生活满意度以及心理幸福感方面有显著的提升，但在其他方面却有显著的下降②。

3. 幸福感与文化特异性

文化对幸福感的影响，不仅体现在幸福感的水平和内涵的差异上，而且很多影响幸福感的因素都受到文化的影响。在个人主义文化中，人们对生活满意的判断源于他们的个人情感，经常感受到愉快情绪是生活满意的重要源泉；相反，集体主义文化中的人们更看重家庭和朋友对他们生活的评价。在西方，婚姻是预测个体整体幸福感的重要因素，已婚个体的幸福感水平总体上要更高一些；在东方，除了家庭和工作满意感之外，已婚群体与未婚群体在幸福感得分上并无显著差异。这便是文化特异性对个体幸福感的影响。例如，张登浩对我国基层党政干部的研究发现，人格的处世态度、外向性以及才干维度可以正向预测个体的幸福感水平，但处世态度和才干维度与西方大五人格特质的五个维度不仅名称存在很大差异，内涵也存在着巨大的差异③。国外研究者利用 2005—2008 年的世界价值观调查数据对加纳人的幸福感进行了分析，结果发现，加纳人的幸福感和生活满意度是在包括经济、文化、社会资本、健康等变量的综合作用下形成的。相对来说，他们感知到的健康状况成为幸福感最显著的预测因子，而宗教因素也是加纳人评估自我幸福感的显著预测因子④。

对于处在二元文化下的个体而言，文化对其幸福感的影响更为有趣。研究者通过不同启动方式激活香港大学生的国家理念，结果发现，当中国理念被激活的时候，个体更可能对与关系相关的领域呈现更高的满意度，

---

① Bjørnskov, C. Do Economic Reforms Alleviate Subjective Well-Being Losses of Economic Crises?. Journal of Happiness Studies，2014，15(1)：163-182.

② Madden, D. The Impact of an Economic Boom on the Level and Distribution of Subjective Well-Being：Ireland，1994－2001. Journal of Happiness Studies，2011，12(4)：667-679.

③ 张登浩. 基层党政干部的人格特质、成就动机与幸福感[D]. 北京大学心理学系博士学位论文，2008.

④ Addai, I., Opoku-Agyeman, C., Amanfu, S. K. Exploring Predictors of Subjective Well-Being in Ghana：A Micro-Level Study. Journal of Happiness Studies，2013：1-22.

而不是与自我相关的领域①。虽然国家满意度可以非常有效地预测个体的主观幸福感，但这一关系受到了诸多变量的调节，包括家庭收入、家庭设施的便利性、居住流动性、国家的人均国内生产总值以及个体所处的地区。同时，当个人主义文化凸显时，人们更可能使用个人以及更为直接的因素来评价生活满意度；而在集体主义文化凸显时，更可能使用感知到的社会成功来评判生活满意度。对于美国人而言，情绪稳定性是相较于人际关系满意度更为重要的幸福感预测指标。研究表明，在莫桑比克人样本中，人际关系满意度对幸福感的预测作用要远远强于情绪稳定性，而在葡萄牙人样本中，二者对幸福感有同等的预测作用②。另一些研究者也发现，在个人主义文化下，情绪对生活满意度的预测效度更强，而在集体主义文化下，个体的社会生活是生活满意度更为有效的预测指标③。大量有关幸福感影响因素的文化特异性变量的出现，使文化成为探讨幸福感问题时不可或缺的变量。但我们同时应该看到，文化特异性中也包含着一定的共同性，比如基本需要的满足、社会支持以及人格等因素在不同文化下都能够有效地预测个体的幸福感水平。

三、幸福感研究的展望

综上所述，自从 1984 年 Diener 提出幸福感的概念至今已有三十多年时间，其间幸福感领域的研究取得了巨大的进展，得到了许多研究者的广泛关注。尤为重要的是，很多国家和政府也逐渐把提高居民的幸福感作为其政策施行的目标。我们虽然对近年来幸福感领域的发展做了回顾，但依然无法全面反映幸福感领域研究的概貌。比如关于提升幸福感方法的研究，基于东方冥想所提出的正念（mindfulness）训练逐渐成为增进身心愉

---

① Tam, K. P., Lau, H. P. B., Jiang, D. Culture and Subjective Well-Being A Dynamic Constructivist View. Journal of Cross-Cultural Psychology, 2012, 43(1): 23-31.

② Galinha, I. C., Oishi, S., Pereira, C., Wirtz, D., Esteves, F. The Role of Personality Traits, Attachment Style, and Satisfaction With Relationships in the Subjective Well-Being of Americans, Portuguese, and Mozambicans. Journal of Cross-Cultural Psychology, 2013, 44(3): 416-437.

③ Suh, E. M., Diener, E., Updegraff, J. A. From culture to priming conditions—Self-construal influences on life satisfaction judgments. Journal of Cross-Cultural Psychology, 2008, 39: 3-15.

悦，提升个体幸福感的重要方式，出现了大量的相关研究。此外，关于幸福感的研究对象不仅仅局限在大学生群体的身上，越来越多的弱势群体受到了研究者的关注，比如青少年、老年人，以及精神病患者、医务工作者和中年妇女等。另外，非西方国家的人群也受到了广泛的关注。跨文化的研究将为我们深入充实幸福感的概念和理论提供了新的证据，同时也有利于对非西方文化下个体幸福感的全面理解。幸福是人类追求的永恒目标，但幸福究竟能给我们带来什么呢？幸福感领域的研究主要关注的是影响幸福感的因素，当前，研究者也开始关注幸福感的结果变量。研究发现，高幸福感可以显著改善个体的生活状况，包括更好的身体健康状况，更加长寿，工作也会更加成功，有更高的经济收入，具有更好的社会关系，同时幸福感也对社会有益，有利于整个社会的稳定和发展①。这方面的研究既具有很强的理论价值，不再把幸福感局限于因变量的位置，有助于扩展幸福感的研究范围以及进一步厘清幸福感和相关变量之间的因果关系。同时也具有很强的实践价值，能够增强人们提升幸福感的动机。

虽然幸福感的研究取得了令人瞩目的成就，但依然还存在着许多方面的问题亟须解决。首先，真正意义上的本土化研究依然比较匮乏。虽然很多非西方文化背景下的研究者已经意识到幸福感领域本土化研究的重要性，但相当多的研究还依然满足于对西方学者相关理论的验证以及工具的直接使用，已有理论框架很少有所突破。其次，研究方法的多样性趋势日益增加，但自陈式问卷依然占据着主导地位，方法的更新速度应该加快。最后，环境因素对于幸福感影响的相关研究成果不仅具有很强的理论价值，而且也对政府的社会政策制定具有很强的参考价值，因此非常值得关注。但这方面的研究所关注的变量比较庞杂，如何有效地整合这些研究成果，应该是研究者下一步需要解决的问题：一方面要关注每个环境因素对幸福感影响的效应大小，另一方面也要关注不同环境因素之间的相互作用，同时更要重视环境因素与人格等个体因素如何相互作用的问题。对于影响幸福感的大量不同因素的理解和整合，布朗芬布伦纳（Bronfenbrenner, 1992）所提出的生态系统理论值得参考和借鉴②。他将个体生活于其

① Diener, E., & Ryan, K. (2009). Subjective well-being: a general overview. South African Journal of Psychology, 39(4): 391-406.

② Bronfenbrenner, U. Ecological systems theory. Jessica Kingsley Publishers, 1992.

中并与之相互作用的不断变化的环境称为生态系统，并将该系统分为 4 个层次，即微系统、中系统、外系统和宏系统。个体直接交往和生活的环境，包括家庭、学校、工作单位等，可以看作是影响个体幸福感的微系统，其中前面提到的许多影响幸福感的与网络连接的物品可以被看作是所谓的生态科技微系统，已有研究者开始关注生态科技微系统对于儿童发展的影响。影响幸福感的各个微系统之间的相互联系可以看作是中系统。家庭和学校对青少年而言是最为重要的微系统，当来自学校和家庭的经验一致时，儿童才可能顺利地整合这些社会化信息，才可能更好地减少各种内心的冲突，提升幸福感水平。父母或重要他人的工作环境，是个体未直接参与但会对其产生影响的系统，可以看作是影响个体幸福感水平的外系统。宏系统则包括那些影响个体幸福感的文化因素以及社会环境因素，比如我们前面提到的气候、国家的宏观经济政策等。

　　未来幸福感的研究需要多学科研究的合作与融合。一方面是心理学领域不同学科之间的合作与融合，包括人格心理学、社会心理学、临床心理学、认知神经科学、环境心理学等；另一方面则是心理学与其它学科的合作与融合，包括政治学、经济学、哲学等。毫无疑问，提高人民群众的福祉已经成为全社会的共识和政府工作的目标，显然仅仅依靠心理学难以完成这一伟大任务，因此亟须不同学科的共同努力。人本主义心理学家马斯洛认为要达到自我实现，需要建立一个良好的社会，"它扶植、鼓励、奖励、产生最大限度的良好人类关系以及最小限度的不良人际关系，"为此他构想了一个心理学上的乌托邦，这个社会中的居民"将会在任何可能的时候表现出宽容、尊重和满足他人的愿望……相互间更诚实，他们允许人们在任何可能的时候进行自由选择。在这样的条件下，人性的最深层次能够自己毫不费力地显露出来。"[①]虽然这只是一个乌托邦，但环境因素对于个体幸福感的影响已经得到了很多研究的确认，因此提升个体的幸福感，实现人类对幸福这一主题的永恒追求，需要更多人的努力和参与。

（俞国良　王诗如）

---

① 马斯洛著，许金声译．动机与人格(第三版)．北京：中国人民大学出版社，2007：153．

幸福的社会心理实质与
自我价值定向机制

幸福似乎是每个人都无法回避的话题。我们羡慕别人的幸福，感慨自己人生的坎坷，要是自己感觉不幸福，似乎人生就直接完全失败，全然没有意义，甚至都不好意思跟别人讨论人生。然而，幸福究竟是什么？我们羡慕别人幸福的时候，到底在羡慕什么？

一、幸福的不同视角和概念

在英文中，将幸福作为一个科学问题讨论的有四个直接关联的主题词，分别为：Happiness（幸福），Well-being（幸福感），Subjective Well-being（主观幸福感）以及 Psychological Well-being（心理幸福感）。这四个概念相互关联，但又各有不同。

Happiness 聚焦的是快乐，主要指主体对生存状态的积极或快乐的情绪状态，主要是满足和强烈喜悦。研究表明，很多因素都与幸福有关联，虽然意外惊喜，见到伟人等事件会引发幸福感，但对大多数人来说，幸福是结构性的，也就是说，很难找到一种有效方法，在长期的意义上增进人们的幸福。根据最新的双生子研究，一个特定人员的幸福，50%是由基因决定的，环境影响占比 10%，另 40%主要受自我控制影响。

Well-being 主要构成是综合的生存状态，联合国评价各国幸福指数的时候，虽然考虑了教育、健康、环境、管理、时间、文化多样性和包容性、社区活力、内心幸福感、生活水平等多种因素，但核心参数有人均国内生产总值、健康预期寿命、有可依赖人员、知觉生活自由度、免于腐败和慈善等要素。这种幸福评估显然是在综合生存状况基础上进行的。

Subjective Well-being 主要内容是主观体验的生活状态，主要指人们对生活品质的体验，由情绪反应和认知判断构成[1]。测量人们主观幸福感时，主要测量人们的积极和消极情感的频率、快乐和生活满意度。很自然地，主观幸福感也就自动成为了积极心理学的主要研究内容。

---

[1] Diener, E. (1984). "Subjective well-being". *Psychological Bulletin* 95 (3): 542-575.

很显然，Happiness，Well-being 和 Subjective Well-being 虽然提法有所不同，但核心都是关注生存状况和主体对生活质量的情绪体验。只是 Happiness 更关注情绪体验，Subjective Well-being 兼顾生活质量的认知和正负两方面的情绪体验[①]，而 Well-being 通常会多维度兼顾综合生活状况。

心理学家卡罗尔·里夫(Ryff，1989)提出，通常的 Subjective Well-being 意义上的幸福感讨论实际上是享乐主义的，她提出了 Psychological Well-being(心理幸福感)概念，试图将从古希腊到现代心理学的有关幸福的观念整合到一起，融合荣格的个性化、奥尔波特的成熟形成、罗杰斯的完全功能和马斯洛的自我实现等各家理论，认为幸福主要是人的积极心理功能，包括：自我接纳、个人成长、生活目标、与他人积极关系、环境掌控和自主性六方面元素[②]。自我接纳指对自我和过去生活的积极评价，个人成长指个人的持续成长与发展感，生活目标指对于个人有目的性和意义的信念，与他人积极关系指拥有与他人的积极关联，环境掌控指有效管理个人生活与周围环境的能力，自主性指自我决定感。

从 Happiness(幸福)，Well-being(幸福感)，Subjective Well-being(主观幸福感)以及 Psychological Well-being(心理幸福感)四种不同视角看待幸福，可以发现，无论从生活满意的视角，还是从快乐或自我感觉良好的视角，幸福都必定与自我感觉良好紧密关联，而自我感觉良好背后的心理原因，才是研究者所必须揭示的幸福的本质[③]。

二、幸福的日常含义

从学术视角探讨的幸福概念如果脱离普通人群对于幸福的理解，就失去了幸福研究的根本基础。为此，了解幸福在民众心目中的含义，对于揭示幸福的本质具有重要意义。

从生活本身回答幸福是什么这一问题，有两个标准答案，一个是"一百个人有一百种幸福"；另一个是列夫·托尔斯泰在小说《安娜·卡列尼

---

① Diener，E.，Suh，E.M.，Lucas，R.E. & Smith，H.L (1999)．"Subjective well-being：Three Decades of Progress". *Psychological Bulletin* 125 (2)：276-302.

② Ryff，Carol D. (1 January 1989). "Happiness is everything，or is it? Explorations on the meaning of psychological well-being.". Journal of Personality and Social Psychology 57 (6)：1069-1081.

③ Diener，E. (2000). "Subjective well-being：The Science of Happiness and a Proposal for a National Index". *American Psychologist* 55 (1)：34-43.

娜》开篇就指明的："幸福的家庭无不相似，不幸的家庭则各有各的不幸。"这两个答案都没有回答到幸福的内涵到底是什么。中央电视台的问题"你幸福吗？"得到的回答各种各样，"这个幸福太麻烦，说不清楚"，"我是外地打工的，别问我"，"哎呀，哎呀，说得好"，说明幸福是一件不容易说清楚的事情。整个采访只有一位肉铺老板说到了幸福的内涵："幸福就是没有后顾之忧啊，生活有保障嘛！"

那么幸福的内涵到底是什么呢？笔者曾指导研究生，针对获得处或局一级岗位的104名领导干部，用以下方法进行调查，以期获得人生已届不惑之年的成熟群体对幸福的真实概念。具体操作办法是：

1. 请用一分钟时间，在下面的圆圈中写出您看到"幸福"一词时，联想到的所有词汇（请先顺时针在每个圆圈中分别填入您从"幸福"一词想到的词汇，然后将继续想到的词汇列到图形下面的横线上。）

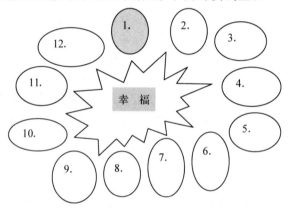

由"幸福"联想到的更多词汇：_____

2. 您认为：幸福是什么？请写出：

_____

3. 哪些是您生活幸福不能缺少的？（请先仔细阅读以下内容，然后按照1到5的重要性顺序，在方框中写出您所选择的最为重要的五项的英文编号。）

A. 工作　B. 收入　C. 地位　D. 孩子　E. 学习　F. 责任　G. 健康
H. 信仰　I. 自由　J. 善良　K. 信任　L. 诚实　M. 友谊　N. 智慧
O. 快乐　P. 爱情　Q. 国家　R. 才能　S. 法规　T. 家庭　U. 成功

1.___→2.___→3.___→4.___→5.___

研究结果发现，人们关于幸福的概念，远比我们通常理解的快乐和满足意义要广泛和深刻得多。概括而言，调查的幸福概念可以归结为以下 12 大类：

分类	内容构成
积极体验	快乐、高兴、愉快、顺心、顺利、轻松、舒畅、吉祥、幸运
价值追求	自由、理性、诚信、团结、善良、理解、尊严、信任、奉献
亲情维系	家庭、子女、父母、夫妻、团聚、婚姻、美满、和睦
事业成功	工作、事业、成功、成就、实现目标、工作顺利、创业
和谐安定	和谐、国家安定、安全、社会有保、外部和谐、安居乐业
生命健康	健康、身体好、年轻、生命、永远、人生
人际友情	朋友、友谊、交友、和朋友聊天、帮助友人
金钱名利	收入、金钱、地位、住房、权力、升迁、财富、好单位
学习发展	学习、不断上进、充实、发展、读书、学习知识、智慧、能力
休闲享受	旅游、健身、运动、打球、听音乐、散步、观光、锻炼、美食
挫折奋斗	艰辛、奋斗、努力、重振、辛苦、经历曲折、渡过挫折
恋爱激情	爱情、恋爱、激情

三、幸福的自我价值定向机制

幸福是快乐的，但快乐只是幸福的伴随心理体验，而不是其实质。其实质是自我期待、自我接纳、自我肯定、自我丰富、自我提高和自我重构。归根结底，幸福的本质是自我价值，即无论幸福涉及什么，都必定是自我价值支持性的，快乐，只是自我价值支持发生时伴随的主体积极的愉悦感受。

按照自我价值定向理论(金盛华，2010)，自我本身得到合理的解释和肯定是人行为的基本动机，因为自我有价值是人的解释需要带来的生命的最基本逻辑，为此，人都是自我支持的，且选择支持自我价值的事情来做[①]。为此，人所选择的自我价值定向的方向，即选择什么样的价值体系衡量自身价值，决定人的行为的方向和由此形成的自我(价值)结构。根据

---

① 金盛华. 社会心理学. 北京：高等教育出版社，2010.

笔者关于自我价值结构的研究，以上关于幸福联想获得的结果可以按照价值目标、价值物品、价值人员与价值关系、价值事件和价值状态五个维度，将人们联想获得的幸福关联项目进行归类如下：

序号	价值归类	内容构成
1	价值目标	自由、工作、事业、成功、成就、实现目标、健康、身体好、年轻、生命、永远、人生、国家安定、安全
2	价值物品	美食、收入、金钱、住房、财富、好单位
3	价值人员与价值关系	家庭、子女、父母、夫妻、朋友、婚姻、友谊
4	价值事件	创业、升迁、学习、读书、学习知识、奋斗、努力、重振、渡过挫折、经历曲折、旅游、健身、运动、打球、听音乐、散步、观光、锻炼、交友、和朋友聊天、帮助友人
5	价值状态	地位、权力、工作顺利、社会保障、不断上进、充实、发展、智慧、能力、团聚、美满、和谐、和睦、外部和谐、安居乐业、艰辛、辛苦、爱情、恋爱、激情

按照与自我价值关联紧密程度来区分，幸福有浅层幸福和深层幸福的区别。浅层的情境幸福是在特定情境中的积极情绪体验和自我感觉良好。如看到大草原的蓝天白云、河滩捡到美丽石头的意外惊喜等，都属于浅层幸福感。情境自我感觉良好之所以被定义到幸福之中，是因为人们的积极情绪和自我感觉良好的幸福感，的确与情境经验紧密关联。如果情境总是屋漏偏遭连阴雨，将人的情绪体验带进负性心境，则人们就很难体验生活的精彩与幸福。并且，长久的定向性的正性或负性情境经验，的确带来与幸福感的方向一致的积极或消极改变。

深层幸福则是个人长远渴求目标实现所激发的本质性的自我价值提升和强烈的积极情绪体验，通常伴随长期渴求和努力的紧张情绪释放。如奥运获得金牌，王进喜在大庆打出油井，以及传统中所说的久旱逢甘霖，金榜题名时等。与深层幸福相联系的事件，是人们自我发展的节点，会引发自我的结构性改变，使人们自我价值得以显著提升，从而也更为自信和自尊。

用自我价值概念来分析幸福问题，一个直接的突破，是可以将简单的快乐与幸福本质地区分开来。快乐与幸福经常被混淆，从而使得更多人很难区分快乐与幸福的差别。而实质上，虽然幸福可以是情境性的，如得到重要人物的肯定和夸奖，与好友意外的久别重逢，都可能引发幸福感，但这种幸福感与简单的快乐有根本性的区别，那就是愉悦中有清晰的自我价值卷入，意识到自我被肯定或提升。而人在体验简单快乐时，如吸毒、纯感官快乐的追求或沉沦中自我迷失的生理愉悦等，并没有清晰的自我概念，甚至是直接的自我迷失。

用自我价值概念分析幸福，还可以找到快乐与幸福的另一个本质区别，即幸福事件发生时所伴随的愉悦是可以用同样强度再现的，也就是说，真正的幸福是可以回溯的。与人们的自我价值关联紧密的幸福事件更是如此，可以历久弥新。提携后人，雪中送炭，救人于危难，机缘转折，人生巧遇等，都属于这种情况，而一般意义的快乐则主要依赖于情境性的情绪体验，时过境迁。

回溯幸福是个人对以往经验价值的自我肯定。极端情况的回溯是个人临终的人生总结。如果一个人对自己人生经验的回顾性评价是肯定的，那么他就是终极幸福的人。

回溯幸福使得人们虽然情境经历是磨难的，但通过回溯评价的自我肯定，仍然可以是幸福的。很多历经艰难的人，都有类似的体验。

四、我们为什么不幸福

无论人们如何理解和体验幸福，有一点则是共同的，即人们都同样追求幸福。古希腊时期亚里士多德甚至认为，幸福是人生的最高目标。然而，无论是幸福研究权威美国的英格尔哈特的幸福报告，还是各类幸福研究指数排行，都表明我们还有较大比例的人感觉不幸福[①]。

《人民论坛》2010 年 12 月(上)曾发布对 6235 人的调查结果，发现网友中将自己归于弱势群体的比例高达 73.5%，党政干部、知识分子和白领员工自认为弱势的比例也分别高达 45.1%、55.4%和 57.8%。

弱势，意味着自我价值没有顺利实现。究竟应当怎样解释，为什么中国人在社会经济和物质生活取得跨越性进展的情况下，幸福感却没有获得同步上升。

根据自我价值定向理论，活得自我感觉有价值，是幸福的必要条件。而在中国现实的社会与文化条件下，很多人的自我价值实现过程都是困难重重的。人的自我价值建立需要两个条件，一是社会作为外部环境怎样判

---

① 金盛华. 中国人为什么活得这么累. 人民论坛，2011，(16)：61-62.

定一个人的价值，其起着引导人们评判自身价值的作用，也就是说，人们的自我价值定向倾向，是在社会环境的引导下养成的。长期的封建传统和独特的朝代更迭的中国文明史，使中国社会权威主义价值倾向根深蒂固，使得现实社会倾向于用种种直接或间接、外显或潜隐的方式，从一个人所占据的社会地位和所拥有的资源来判定其价值，而缺少一般性的、与社会主义核心价值观倡导相适应的文明、平等、公正等理念，常常出现以关系替代公平，等级压倒平等的现象。因此，中国社会强者通吃，弱者无助的现象相当普遍。虽然弱势群体也激发同情和援助，但弱者常常面对的是负面的回避、歧视，极端情况下甚至是优势个人或群体对弱势个人或群体有意的直接欺负和非人化对待。由于社会现实和背后潜隐的关联价值取向的存在，许多人从自我意识诞生起，就存在着强烈的自我确证焦虑，亦即期待别人的承认和急切证明自己的价值，这种焦虑驱使人们不断寻找和建立一个又一个可以显示自我价值的标志，特别是具有社会公认价值的金钱和官衔，并不断进行各种社会比较，以期建立自己的相对优势，得到社会环境的价值承认，建立自我价值的安全感。

社会环境中的权威主义价值取向内化成为个人的自我价值定向，就成为了人们自我价值追求的方向。在这种社会背景下，因为金钱具有通用价值尺度的意义，因而人们倾向于将一切价值和荣誉，都用金钱的多少来衡量，由此衍生出的简单功利导向的金钱至上主义价值观，即一切都必须还原为金钱，使得金钱也成为了人们压倒一切的追求。《人民论坛》的同一个调查发现，人们解释为何自己属于弱势群体的第一原因是"收入与预期有差距"(达37%)，而摆脱弱势的第一路径是"大家都富起来"(达49%)。证明在中国社会现实之中，金钱对人们自我价值建立的重要性是压倒性的。

权威主义不仅是社会现实中金钱至上，为官追求特权和自感区别化的社会心理背景，而且还导致了人们难以养成相互尊重，并在相互尊重之中获得安全感。

安全感是一种不用自我警惕并随时准备实施自我保护的放松状态。当你过马路时汽车给你让道，并且司机还礼貌示意，请你先行的时候，你体会的是安全感。而司机看到你要过马路，反而拼命鸣笛并加速抢道，你体会的则是不安全感。相互熟悉和信赖的邻里和同事之间，低头不见抬头见，随时可以委托临时性的责任，你体会的是安全感，而你随时担心提包或电脑一离开视野就可能被盗，你则体会到不安全感。当一个社会将人高度类别化的时候，人们随时感受群体间的区隔，每个人都可以从区别化的提醒中体会到压力和不确定性。心理学研究早就证明,当人们生活伴有长期的和广泛的不安全感时,会随时处于一种泛防卫状态,而这种状态是负面的情绪体验,会大大降低人们的幸福感。并可能在长期的生活处境中养成一种泛防卫的心理习惯,降低人们体验幸福的能力。

中国社会的群体区隔之深,社会普通群体缺乏安全感之广,远比我们直接观察到和想象的严重。权威主义强化了人们恃强凌弱的倾向。2011 年 4 月 1 日起北京停车费上调,结果 50 天内停车场管理员被打事件高达超过 70 起。我们的社会强势群体欺负弱势群体的强度和频率,由此可见一斑。如果我们把自己与相对成熟的社会进行比较,很容易发现,我们有尤其容易激起的性格,在日常生活中高度容易发生冲突。这种现象的深层心理原因,是我们缺乏一种由广泛的安全感滋养的心灵文明和宽厚,人随时处于准备防卫和战斗的状态,从而使得人与人之间的冲突尤其容易触发。我们自己的研究(蒋玉娜、金盛华,2009)证实,与西方人把真诚放到第一重要位置不同,中国人虽也重视真诚,但更为在意人们对自己的接纳和态度,与之有关的品格特征甚至被放到比真诚更重要的地位[①]。这个发现很好地支持了我们关于在中国文化背景中容易出现自我价值感危机和自我确证障碍的假定。毫无疑问,这种状态高度降低了我们获得生活乐趣和幸福感的频率和强度。

用权威主义来解释为何出现大比例的幸福缺失问题,必须面对另外一个挑战,即同样的外部社会环境,为什么有些人能够幸福,而另外一些人则失却了幸福。根据自我价值定向理论,个人的自我价值定向(自我价值衡量系统的选择),决定了一个人在特定环境中自我的形态和方向。个人是否幸福,关键要看个人用怎样的价值观衡量自身的价值。如果陷于权威主义,被简单功利主义所诱导,总试图用达成某种经济和地位的方式来确立自身价值和建立自己的幸福,甚至为此不择手段。那么,一个人即便达成了所渴望的成就,满足之后依然是失落,依然无法建立自己所渴求的稳定自信。现实生活中,不顾一切追求升官发财并获得成功的人会猛然发现,升官发财远不是人生的全部。暂时的成就只是让我们变换了参照环境。我们自身的命运,仍然在前途的不确定中风雨飘摇。

幸福作为人生价值实现的稳定的积极体验,不仅需要结果经得起推

---

① 蒋玉娜,金盛华.中国大学生人格评定的和谐追求——200 个人格词汇喜好度中美对比研究.心理科学,2009,32(3):555-558.

敲，还需要过程经得起回溯。要想找到人生幸福，人必须对自己人生的结果与过程有双重的肯定性解释。为此，人必须为自己选定一个可以持续增强自我的人生哲学。这种人生哲学会系统引导自我的行为并建构结构性的行为方式，使自己的人生目标追求与方式达成一致，并让人生目标的实现成为自我行为方式的自然后果。有人选择了不择手段达成某一目标，发财也罢，升官也罢，但过程中留下了道义上深层的自我否定，这种否定会在人回溯自我历程时，不断摧毁个人深层的自信。因为道义上的否定是一种根本性的自我价值否定，因而这种否定无法为个人物化和有形的成就所弥补。

幸福从来不是别人赐予的。一个人要想获得人生的幸福，必须能够把握自我的命运，必须为自己选择清晰的人生信守，并且这种人生信守从目标到手段都必须是与社会公理相符合，并在性质上是自我价值支持的。有些人选择了个人利益至上作为人生信守，并且在为祸他人或损害社会利益时没有或较少受到道义上的自我谴责。这种人通常会建构起一种自我保护性的解释机制，通常的做法是将国家和社会利益非人格化，或者用道德怀疑的方式，假定多数人在类似情况下都会像自己一样行为，从而降低自己不择手段攫取个人利益的焦虑。实际上，这样做的结果，是抵押全部的人生前途和幸福，直到有一天崩溃性的结局成为人生逻辑的必然后果。

选定人生信守的心理意涵，是给自己的人生路径一个稳定的内部心理支架，而不是让自己的价值和幸福简单依赖于物化的标志或相对于他人的简单超越。人的心理资源本来就有内外两个方面，而当人失去深层价值信念和由此派生出来的人生信守的时候，人的心灵就只剩下简单的、十分容易在情境化的社会比较中被击溃的外部支架。人的幸福，会随着外部支架的坍塌而崩溃。

有人生信守的人才真正可以扼住自己命运的咽喉，建立可以一贯自我把握的生活并获得幸福。

五、幸福的路径

哈佛大学沙哈尔的《幸福的方法》在中国出版，曾引起广泛关注。实际上，这本书提出的问题比内容更令人印象深刻。也就是说，幸福的确有方法问题。例如，心理学家的研究已经证明，重视人与人之间关系的人，比重视获得某种结果的人更幸福。究其原因，因为关系是持久性的自我价值支持，而结果常常是一过性的。变换环境之后，这种一过性结果的作用就下降了。

从自我价值定向理论角度解释幸福，核心的关键词实际上只有两个：解释和资源。

在解释上，个人需要有一个健康的解释自己生活的信念体系。人需要让自己有一个积极的信念背景，而建立这种背景的最好理念，就是相信人生是决定论的，也就是说，你收获的结果，是你建构的逻辑造成的。"天道自在人心"。天道者，公理也。

理性地了解自己，务实地在自己的主导社会角色上寻找自信理由和建立自我价值，是人们建构真正自我把握的生活并获得稳定幸福的唯一路径。观察人们的现实生活，不难发现，幸福的人倾向于选择用加法规则解释自己的生活，懂得人本来一无所有，得到的，有自己的理由，也是命运的赐予。千古历史中，太多人或比我们贡献更大更多的英杰，并没有得到我们所得到的一切。这种加法解释体系，是用更深刻的理性面对实际生活的各种得失与挑战，使人容易满足和面对失去。

与之相反，不幸的人倾向于用减法规则解释自己的人生，首先为预设自己未来该得到什么，然后当生活现实没有兑现自己的预设的时候体验失败。这种解释体系常常使人产生虚幻的得到概念。实际上，人生就如投资，你最终是否成功，有很多线性的和非线性的决定要素，很多要素不是个人能够把握的，因此人生要不断面对意外和调整。而且，减法规则的解释体系使人缺少面对失去的心理缓冲，从而总在失去和失败的负面情绪中挣扎。显然，这种心态是与获得幸福背道而驰的。

在资源上，个人最容易犯的错误，是将自己的生活与价值设定为只与自己紧密关联的几个人范围内，而不是开阔自己的胸怀，将自己与更为广泛的人和环境的命运联系到一起。而这在中国社会现实中显然是普遍性的。毫无疑问，把自己设定在只跟几个人关联的背景之中，关怀是狭隘的，心灵必定是渺小的。井底之蛙，不可能养成伟大的人格。这种人在行动上会有明显的自我关联和非自我关联两种模式，而缺少了更为一般的素养和文明。这种人的自我价值结构，也必定是渺小的、脆弱的。

被简单功利主义误导，使人只重视物化资源，是人们在资源问题上容易出现的另一个错误。实际上，研究表明，人必须有广泛的关联资源，特别是精神资源，自我的心灵才有源源不断的滋养。笔者提出了精神健康的概念，具有价值理性是精神健康的最重要特征。精神健康的人，懂得自我在社会中的定位和自己主导的社会角色及其表现是自我价值的根本基础。

因此他们可以在日常生活和工作、劳动中体验快乐和价值，而且可以在感受自然、人性和创造中持续获得自我提升，而不是让自己的心理能量固着于简单的目标或生理愉悦，因而这种人也是幸福的。最新的科学研究表明，运动不仅可以获得健康，而且是身体获得快乐的重要通道；音乐可以给神经以具有原始意义的刺激，长久地愉悦人的情绪；欣赏自然、摄影、绘画、音乐、戏剧，欣赏文学和影视作品时体验人物命运与体验真情与感动，是对个人精神深层的滋养①。此外，人认识和接受自己同样需要理由，为此，让自己有机会体验高尚，是自我发现和自信的深层原因，因为高尚的自我体验对自我价值的支持是根本性的和长久的。精神健康的人，心理上有广泛的资源获得来源，心灵有经常性的广泛的支持，因而精神健康的人也是幸福的。

人生的结果是由历史、文化、环境、社会和自我多方面因素造就的，不以人的意志为转移。无论我们想得到什么，也无论我们的欲望有多强烈，我们最终得到的，不是我们想得到的，而是我们应该得到的。个人对自己命运能够做的，是建构让自己的愿望成为现实并被社会公理支持的逻辑，增加让愿望成为事实的理由。人的社会价值由此而生，人的幸福也同样由此而生。

（金盛华）

---

① Scott Stossel. "What Makes Us Happy, Revisited-Scott Stossel". The Atlantic. Retrieved 2013-04-26.

基层党政干部幸福感的实证研究

自从 20 世纪 60 年代幸福感这一概念进入心理学家的视野以来，研究者从幸福感的概念、测量方法、影响因素、结果变量、幸福/不幸福个体的认知特点以及提升幸福感的方法等角度进行了大量研究，取得了众多研究成果。但这些研究一个比较明显的特点就是基本上都是在西方文化或者是在西方研究者的理论框架之下进行的。随着本土心理学的发展以及众多非西方国家心理学家的理论自觉以及对所处文化的深度关注，幸福感的文化特异性越来越受到研究者的重视。文化特异性不仅体现在幸福感水平的差异上，更主要的是体现在幸福感的概念以及相关的影响因素方面。从自我建构的角度来看，中西方幸福感的差异体现在本源、意义、联系与时间性四个方面，在本源方面，中国文化强调适应环境，幸福感具有明显的和谐性；在意义方面，强调团体福祉而不是个人福祉，幸福感具有明显的价值本位而非情感本位的特点；在联系方面，中国文化强调人际互依，而非独立，幸福感具有明显的社会性而非个体性；在时间方面，中国文化下的幸福感强调未来取向，而非当前取向[①]。

虽然国内也有很多关于幸福感的实证研究，但这些研究基本上以大学生为研究对象，很少有研究关注基层党政干部这样一个特殊的群体。在中国，党政干部所从事的是一项非常特殊的职业，在国家的发展中发挥着极为重要的作用，特别是当前，基层党政干部面临着巨大的压力，除了工作和家庭生活压力之外，由于少数党政干部的腐败行为导致整个社会舆论对于党政干部群体出现了污名化的倾向，这对于广大党政干部特别是基层党政干部而言是一个巨大的压力来源。一方面，党政干部由于心理疾病而出现自杀的新闻屡见报端。党政干部群体的心理健康状况不容乐观，需要研究者的进一步关注。另一方面，党政干部身份的特殊性为了解转型期中国人幸福感提供了一个非常恰当的切入点，当代党政干部大多接受了高等教育，受到更多现代价值的熏陶和影响，但由于党政干部身份的特殊性，传统价值观对其也有很大的影响，很多地方和部门在干部考核中强调"德才兼备"，"以德为先"，这其中就包含了很多传统道德价值的内容，因此对

---

① 高良，郑雪，严标宾. 幸福感的中西差异：自我建构的视角. 心理科学进展，2010，18(7)：1041-1045.

党政干部而言，传统与现代价值并存的状况更为突出，从这个角度来看，党政干部可以说是当代中国人的典型代表，通过对他们幸福感的考察，可以了解中国人幸福感的概况[①]。

正是基于幸福感的文化特异性，我们采取完全本土化的方法构建了基层党政干部的幸福感模型。通过528份开放式问卷以及对10名党政干部的深度访谈，收集到幸福感的原始条目2415个。通过语义分析将所有条目整理合并成为94个，分为七个大类：工作、人际关系、生活、身体、心态、个人价值以及环境。然后将94个项目编制成使用Likert五点量表的问卷，要求被试按照每个项目符合自己的程度分五级评定，1为完全不符合，5为完全符合。针对基层党政干部发放问卷，共收回有效问卷855份。因素分析的结果表明，基层党政干部的幸福感结构包含七个维度，分别是融洽顺心、事业亲情、家庭幸福、自我实现、自信乐观、子女成长和社会安定。在此基础上形成的《基层党政干部幸福感量表》具有良好的信度和效度指标。与Diener所提出的幸福感的概念[②]相比，基层党政干部幸福感的七个维度除了自信快乐维度主要对应于情感体验维度之外，其余的基本上都属于生活满意度的范畴之内。这一特点已经得到了相关实证研究的支持。例如，有研究发现在个人主义文化中，人们对生活满意判断源于他们的情感，经常感受到愉快情绪是生活满意的重要源泉；相反，集体主义文化中的人更着重家庭和朋友对他们生活的评价[③]。这一结果实际上也支持了幸福感的文化特异性。

一、实证研究1：人格与幸福感

心理学中所讲的人格（personality）不同于日常生活、伦理学以及法学等学科所说的人格，指的是个体稳定的行为模式和内在行为倾向。特质理论的创始人Allport主张从整个文化中所积累的人格特点的知识、经验和智慧进行分析，在此基础上构建人格结构理论，这就是所谓的"词汇学"假设的研究方法。这一方法被认为是人格实证研究途径的典范，是目前研究

---

① 张登浩．基层党政干部的人格特质、成就动机与幸福感．北京大学心理学系博士学位论文．2008.

② Diener E，Suh E M，Lucas R E，et al. Subjective well-being：Three decades of progress. Psychological bulletin，1999，125（2）：276-302.

③ Suh E. Culture，identity consistency and subjective well-being. Journal of Personality and Social Psychology，2002，83（6）：1378-1390.

人格结构最客观、最可靠的方法①。"大五"人格模型就是依据"词汇学"假设而建立起来的人格结构理论，共包含外向性、神经质、公正严谨性、愉悦性和开放性五个维度，得到了许多研究的证实和支持，被称为是"人格心理学领域一场静悄悄的革命"。大量关于人格与幸福感的研究都是在"大五"人格模型的框架下进行的。其中外向性和神经质是两个研究最多结论也最为一致的维度，大量研究都确认，外向性可以显著地正向预测幸福感，而神经质可以显著地负向预测幸福感②。最近这些年，"大五"人格模型的其他几个维度与幸福感的关系也得到了研究者的关注，比如有研究发现，愉悦性和公正严谨性也与幸福感呈现显著的正相关③。

在"大五"人格与幸福感的研究取得很多研究成果的同时，"大五"人格模型本身所具有的文化特异性也受到了研究者的关注，越来越多的研究者认为"大五"人格结构具有明显的文化特异性，并非适用于全人类。王登峰等人根据"词汇学"假设，采用完全本土化的方法探讨了中国人的人格结构，得到了中国人人格"大七"模型，包括外向性、善良、才干、情绪性、行事风格、处世态度和人际关系等七个维度，并建立了相应的测量工具④。

我们对来自北京、广东、山西、上海的科级以下（包括科级和科员）的325名基层党政干部进行问卷调查。其中男性267人，女性58人，平均年龄为34.47，标准差为6.75。

我们采用"中国人人格量表"（QZPS）对被试的人格进行评定。QZPS共包含180个项目，测量中国人人格的七个维度，该量表具有良好的信度和效度。采用《基层党政干部幸福感量表》对被试的幸福感水平进行评定。该量表共包含59个题目。被试在七个维度上的得分相加即为其幸福感的分数。本研究中，整个量表的内部一致性系数为0.81。

相关分析的结果表明，幸福感与人格特质的七个维度外向性、善良、才干、情绪性、行事风格、处世态度和人际关系均显著相关，相关系数分别为0.35、0.34、0.36、-0.19、0.35、0.45、0.36，p值均小于0.01。以幸福感为因变量，以人格特质的七个维度作为自变量进行逐步多元回归

① 王登峰，崔红. 解读中国人人格. 北京：社会科学文献出版社，2005.

② 俞国良. 社会心理学前沿. 北京：北京师范大学出版社，2010.

③ Kluckhohn, C. Values and value-orientations in the theory of action: An exploration in definition and classification. In T. Parsons & E. Shils (Eds.), Towards a general theory of action (pp. 388-433). Cambridge, MA: Harvard University Press. 1951.

④ 王登峰，崔红. 解读中国人人格. 北京：社会科学文献出版社，2005.

分析，结果发现处世态度、才干和外向性三个维度进入了回归方程，标准化回归系数分别为 0.27、0.29 和 0.17，R^2 的变化分别为 0.23、0.05 和 0.02，t 值分别为 3.94、5.49 和 2.66，p 值为 0.000、0.000 和 0.008。这表明处世态度、才干和外向性三个人格维度可以有效地预测个体的幸福感水平。

在中国人人格"大七"模型中，外向性反映人际情境中活跃、主动、积极和易沟通、轻松、温和的特点，以及个人的乐观和积极心态，是外在表现与内在特点的结合。虽然中西方人格的"外向性"维度的含义并不完全相同，但是西方外向性概念中的活跃乐群、乐观活泼和主导支配与中国人的外向性人格维度是一致的，这种含义上的重叠可能正是这种比较一致的结果的原因所在。

处世态度反映的是个体对人生和事业的基本态度，高分者往往目标明确、坚定和理想远大，对未来充满信心、追求卓越；低分者则安于现状、得过且过、不思进取、退缩平庸[①]。对基层党政干部而言，如果他们只求安于现状、不思进取、退缩平庸的话，必然会使自己所承担的公共管理和社会服务的职责难于很好地完成，使自己丧失升迁机会，另外，中国社会正处在一个迅速发展的时期，新事物、新问题不断涌现，需要党政干部不断地去研究新问题、解决新问题，因此，那些安于现状、不思进取的个体不仅会丧失自己的发展机会，而且会给国家和社会造成损失，最终必然会影响自己的幸福感。

才干包括决断、坚韧和机敏三个次级因素，反映的是个体的能力和对待工作任务的态度。高分者的特点是敢作敢为、坚持不懈、积极投入和肯动脑筋；低分者的特点是犹豫不决、容易松懈、无主见和回避困难。这种人格特点有利于提高个体对环境的适应能力，有助于抑制心身症状的出现，因而能够有利于个体的幸福感水平。

二、实证研究 2：价值观对人格与幸福感关系的影响

价值观是很多学科关注的重要概念，在心理学中，价值观是个体对于什么是值得的或重要的内隐或外显的看法，影响个体的行为方式和目标选

---

① 王登峰，崔红．解读中国人人格．北京：社会科学文献出版社，2005.

择等①。价值观对个体幸福感的影响已经得到了很多研究的确认，Ryan 等在自我决定理论基础上提出，反映个体内在需要的活动，比如个人成长、和谐的人际关系以及社区贡献等，要比那些反映外在需要的活动，比如社会认可以及身体吸引力等，能给个体带来更大的满意感②。Oishi 等的研究发现，价值观在领域生活满意度和整体生活满意度之间发挥着调节作用，个体的整体生活满意度受到他们在自己所看重的生活领域中的成功与否的重要影响③。幸福感的概念参照理论认为，个体的幸福感水平评价与个体所持有的幸福感的概念有关，从收入与幸福感的关系来看，对有些个体而言，收入对他们具有非常重要的意义和价值，这时候收入就是其幸福感水平的一个很重要的解释性变量，而对另外一些不认为收入具有很重要意义的个体而言，两者之间可能就完全不相关了④。

虽然人格和价值观都是影响个体幸福感的重要因素，但将这两者结合起来考虑他们对幸福感影响的研究还比较少。人格和价值观影响幸福感的作用机制究竟如何，从目前的研究结果来看还没有比较明确的结论，非常值得探讨。另外，国内相关研究所采用的测量工具要么直接使用西方的工具，要么进行简单的修订之后进行使用，但这两种方式都属于跨文化研究中的"强制的一致性策略"，而非"衍生的一致性策略"。大量的研究都已经表明价值观、人格以及幸福感本身都存在着巨大的文化差异，因此采用完全本土化的测量工具对三者之间的关系进行探讨非常有必要。

我们对来自北京、上海、山西、重庆、陕西、山东、广东、河南、浙江、江西和宁夏的 551 名科级以下（包括科级和科员）基层党政干部进行问卷调查。其中男性 406 人，女性 119 人，另外有 26 名被试没有报告性别，

---

① Kluckhohn, C. Values and value-orientations in the theory of action: An exploration in definition and classification. In T. Parsons & E. Shils (Eds.), Towards a general theory of action (pp. 388-433). Cambridge, MA: Harvard University Press. 1951.

② Ryan, R. M., & Deci, E. L. Self-determination theory and the facilitation of intrinsic motivation, social development, and well-being. American psychologist, 2000, 55(1): 68-76.

③ Oishi, S., Diener, E., Suh, E., & Lucas, R. E. Value as a moderator in subjective well-being, Journal of personality, 67(1): 157-184.

④ Rojas, M. Heterogeneity in the relationship between income and happiness: A conceptual-referent-theory explanation. Journal of Economic Psychology, 2007, 28: 1-14.

平均年龄为 37.59，标准差为 7.50。

采用杨国枢和郑伯埙编制的《传统价值观量表》考察被试的价值观。该量表共包括 40 个题目，5 个维度，分别是家族主义、谦让守分、面子关系、团结和谐、克难刻苦①。在本研究中，内部一致性系数分别为 0.87、0.82、0.82、0.83 和 0.53。采用"中国人人格量表"（QZPS）和《基层党政干部幸福感量表》分别测量人格特质的七个维度以及个体的幸福感水平，其中幸福感量表的内部一致性系数为 0.83。

相关分析的结果表明，幸福感与价值观的五个维度家族主义、谦让守分、面子关系、团结和谐和克难刻苦均显著相关，相关系数分别为 0.53、0.38、−0.19、0.55 和 0.22，p 值均小于 0.01。以幸福感总体水平为因变量，以价值观的五个维度为自变量作逐步多元回归分析，结果首先进入回归方程的是团结和谐，其后依次为家族主义、谦让守分和面子关系。这表明除了克难刻苦之外，传统价值观的其余四个维度均能显著地预测基层党政干部的幸福感，再次证明了价值观与幸福感之间的密切关系②③④。传统价值观与党政干部对于幸福感的理解具有很强的契合性，这也许就是两者关系密切的原因所在。比如团结和谐维度的主要含义是强调人际交往中要重视和谐，团体成员必须具备团结精神，能热爱国家，共同为团体的成功而努力⑤。党政干部的幸福感中融洽顺心维度也恰恰反映了个体对和谐融洽的人际关系的关注和重视。家族主义主要强调的是个人对家庭应该尽到的义务，包括忠于家庭、孝敬父母以及家人互助等。党政干部的幸福感中家庭幸福维度反映了个体对家庭和睦、美满的重视；子女成长维度反映了

① 杨国枢，郑伯埙．传统价值观，个人现代性及组织行为：后儒家假说的一项微观验证．台北中央研究院民族学研究所集刊，1987，（64）：1-49.

② Ryan，R. M.，& Deci，E. L. Self-determination theory and the facilitation of intrinsic motivation，social development，and well-being. American psychologist，2000，55(1)：68-76.

③ Oishi，S.，Diener，E.，Suh，E.，& Lucas，R. E. Value as a moderator in subjective well-being，Journal of personality，67(1)：157-184.

④ Rojas，M. Heterogeneity in the relationship between income and happiness：A conceptual-referent-theory explanation. Journal of Economic Psychology，2007.28：1-14.

⑤ 杨国枢，郑伯埙．传统价值观，个人现代性及组织行为：后儒家假说的一项微观验证．台北中央研究院民族学研究所集刊，1987，（64）：1-49.

个体对自己的子女的关心和重视[①]。

以幸福感总体水平为因变量，考察价值观对人格与幸福感关系的调节作用，结果发现，谦让守分和处世态度的交互项、团结和谐与才干的交互项以及家族主义和外向性的交互项可以有效地预测个体的幸福感水平。标准化回归系数分别为 0.33、0.30 和 0.15，R^2 的变化分别为 0.39、0.06 和 0.01，t 值分别为 5.05、5.38 和 2.47，p 值为 0.000、0.000 和 0.014。这表明价值观可以有效地调节人格与幸福感的关系。

余安邦和杨国枢将成就动机分为社会取向和个人取向两种，认为中国人主要以社会取向成就动机为主，成就目标主要由他人决定。因此，中国人的成就动机水平并不像西方研究者所认为的那么低，只不过中国人所追求的成功并不仅限于自我价值的实现，而更多的是为了实现家族、家庭、团体、父母等重要他人的目的和愿望[②]。在处世态度上得分高的个体对未来充满信心，追求卓越这样的态度有利于个体的成功和愿望的实现，也就可以有效地预测其幸福感水平。但同时，中国人强调通过和谐的方式追求成功，中国人不希望为了自己目标的实现而众叛亲离，因此在追求成功的过程中遇到阻碍的时候，更多地会采取迂回或尽可能去化解不利的因素，让周围的人都高兴起来，然后再继续前进，去实现自己的目标。而西方人更多采取走直线的方式，直奔目标而去[③]。谦让守分强调的是要自守本分、与人无争，凡事要懂得谦让和宽容，这个维度所涉及的题目包括中庸之道、与人无争、牺牲小我等[④]。因此如果个体在追求成功的同时，又懂得谦让和宽容，这样的行为特点更符合中国文化的要求，更容易成功，也更有利于其幸福感的提升。

才干对幸福感的影响受到团结和谐的影响。中国基层党政干部的工作绩效可以划分为两个维度，即任务指向和个人素质，基本上对应于实践中对于党政干部"德才兼备"的评价要求。才干水平高的个体显然是很善于做事的，具备"才"这一特点。如果这样的个体还具备"团结和谐"的价值观，

---

① 张登浩．基层党政干部的人格特质、成就动机与幸福感．北京大学心理学系博士学位论文，2008.

② 余安邦，杨国枢．社会取向成就动机与个我取向成就动机：概念分析与实证研究．中央研究院民族学研究所集刊，1987，64：51-98.

③ 王登峰．党政领导干部个人素质与心理健康．杭州：西泠印社出版社，2010.

④ 杨国枢，郑伯埙．传统价值观，个人现代性及组织行为：后儒家假说的一项微观验证．台北中央研究院民族学研究所集刊，1987，（64）：1-49.

注重人际和谐，那么在中国这样一个注重和谐，既强调"做事"更关注"做人"的社会中，适应水平会很高，幸福感水平也会更高①。

家族主义主要强调的是个人对家庭应该尽到的义务，包括忠于家庭、孝敬父母以及家人互助等②。这是集体主义文化的重要体现，也体现在了中国人成就动机的特点之中③。但这同时也使得中国人担负了更多的责任和压力，比如他们对幸福的理解既包含了自我实现等与个体自己关系密切的内容，更多则涉及家庭和子女的内容，比如希望家人平安、子女成才等④。如果个体具备外向的特点，活跃、主动而且乐观积极，那么幸福感水平就会更高。

虽然现代中国人受到了很多西方思潮的影响，但传统文化价值观对于中国人而言并不是过时的，在现代化的变迁历程中，传统文化价值观非但不会妨碍现代人乐观进取精神的培养，而且还会促进这种精神的增长⑤，在现代中国社会具有非常重要的作用，影响着个体的幸福感水平，而且价值观如果能与人格特质匹配起来对于幸福感的预测能力则会更强⑥。

三、总结与展望

通过上述两个实证研究我们探讨了人格与幸福感的关系，并考察了价值观对这一关系的影响。从研究结果可以看出，中国人人格的外向性、处世态度和善良三个维度可以非常有效地预测基层党政干部的幸福感水平，同时这一关系又受到个体所持价值观的影响。由于幸福感是个体心理健康和社会适应的重要指标。因此在党政干部的选拔过程中应该注重选择那些具备与高幸福感水平相关的人格特质的个体，特别是在外向性、才干和处

① 王登峰，崔红．解读中国人人格．北京：社会科学文献出版社，2005．

② 杨国枢，郑伯埙．传统价值观，个人现代性及组织行为：后儒家假说的一项微观验证．台北中央研究院民族学研究所集刊，1987，（64）：1-49．

③ 余安邦，杨国枢．社会取向成就动机与个我取向成就动机：概念分析与实证研究．中央研究院民族学研究所集刊，1987，64：51-98．

④ 张登浩．基层党政干部的人格特质、成就动机与幸福感．北京大学心理学系博士学位论文，2008．

⑤ 杨国枢，郑伯埙．传统价值观，个人现代性及组织行为：后儒家假说的一项微观验证．台北中央研究院民族学研究所集刊，1987，（64）：1-49．

⑥ Haslam N．，Whelan J．，& Bastian B．Big Five traits mediate associations between values and subjective well-being. Personality and Individual Differences，2010. 46：40-42．

世态度上得分较高的个体。一方面可以保证所选拔的干部对于事业成功有着较高的追求，有利于党和国家事业的不断发展；另一方面也可以保证处于复杂环境当中的党政干部在面临各种压力的时候保持健康的心理状态，不仅有利于个体的身心健康，最终也有利于党和国家事业的可持续发展。

价值观本身与幸福感具有密切的关系，而且还影响着人格与幸福感的关系，因此价值观对基层党政干部的幸福感具有非常重要的影响。习近平总书记在北京大学师生座谈会上强调践行社会主义核心价值观的重要性，认为核心价值观承载着民族、国家的精神追求，也体现着社会评判是非曲直的价值标准①。对基层党政干部而言，培育和践行社会主义核心价值观不仅对自己个人的发展和福祉密切相关，也关系到整个社会和国家的发展和进步。

虽然我们在完全本土化的基层党政干部幸福感量表的基础上探讨了人格与价值观对幸福感的影响，但还有很多潜在因素可能影响着基层党政干部的幸福感水平，比如在幸福感研究领域中现在受到广泛关注的环境因素②，同时影响人格与幸福感关系的因素也并不仅限于价值观，还有很多变量值得关注，比如时间洞察力、成就动机等。这些都值得我们进一步地去探讨。

（张登浩　李森）

① 习近平. 青年要自觉践行社会主义核心价值观——在北京大学师生座谈会上的讲话. 师资建设，2014.(6)：1-4.

② Diener, E. New findings and future directions for subjective well-being research. American Psychologist，2012，67(8)：590-592.

微博词语预测个体主观幸福感的实证研究

一、问题提出

幸福，是一个重要的话题。中西古今的圣人先哲对幸福有着数不尽的训诫和智慧。然而，有关幸福，还有一个重要的实证或经验问题：如何预测个体的幸福感？研究者对此已经积累了大量的经验研究证据，发现了物质财富[①]、宗教[②]、甚至基因[③]等因素的预测作用。特别是人格因素，元分析发现大五人格中情绪稳定性与外向性对主观幸福感的预测力最强，二者与生活满意度的相关系数分别达到了 -0.38 与 0.28[④]。最近，研究者还开始关注人们的日常生活对主观幸福感的影响。比如，Facebook 上的好友数量（$\beta=0.13$）及积极自我展现（$\beta=0.12$）能正向预测主观幸福感[⑤]。

获取和分析网络数据，为幸福感的预测问题提供了一个新的思路。相比传统的数据收集方法，网络数据至少具有三个优势：首先，网络数据是自然真实的。互联网正越来越紧密地与人们的日常生活结合在一起，特别是最近兴起的社交网（Social Network Sites）在某种程度成为个体真实

[①] Headey, B., & Wooden, M. The effects of wealth and income on subjective well-being and ill-being. Economic Record, 2004, 80(s1): S24-S33.

[②] Diener. E., Tay L., & Myers, D. G. The religion paradox: If religion makes people happy, why are so many dropping out? . Journal of Personality and Social Psychology, 2011, 101(6): 1278-1290.

[③] De Neve, J. E. Functional polymorphism (5 - HTTLPR) in the serotonin transporter gene is associated with subjective well-being: Evidence from a U. S. nationally representative sample. Journal of Human Genetics, 2011, 56(6): 456-459.

[④] Steel, P., Schmidt, J., & Shultz, J. Refining the relationship between personality and subjective well-being. Psychological Bulletin, 2008, 134(1): 138-161.

[⑤] Kim, J., & Lee, J. E. R. The Facebook paths to happiness: Effects of the number of Facebook friends and self-presentation on subjective well-being. Cyberpsychology, Behavior, and Social Networking, 2011, 14(6): 359-364.

线下生活的反映①。其次，网络数据具有非干扰性。网络数据的获取不需要个体为研究目的而作任何额外的努力。最后，网络数据还是易于获取的。只要得到被试的许可，研究者很快就可以获得被试一段时间内在某一个或多个网站上的所有信息。而在这些海量网络数据中，有一类数据是传统研究很难方便获取及分析的，即个体在网络中的日常用语。通过分析个体使用的语言，往往会得出与分析个体自我报告不同甚至是冲突的结论②。

微博是记录人们日常用语的社交网站，本研究旨在利用人们在微博中使用的词语预测其幸福感。本研究依次提出了三个相关的研究问题：①微博词语能预测幸福感吗？②哪些词语能预测幸福感？③与传统的预测幸福感的变量相比（如人格），微博词语的预测力如何？为探索上述问题，我们选择了在新加坡的华人大学生作为研究对象，并以新浪微博作为网络用语的来源。我们收集了被试自开设微博以来所有的微博发言，并通过纸笔问卷的方式测量了被试的人格和主观幸福感。然后，统计和分析被试微博用语的类别词频。最后，通过相关分析、回归分析等方法检验了微博词语对主观幸福感的预测力，并将其与人格变量的预测作用进行了对比。

二、研究方法

1. 被试

共有 90 名来自新加坡某公立大学的华人本科生参与了本研究。其中男性 23 人，女性 67 人；平均年龄 22.4 岁，年龄的标准差为 2.52 岁；中国籍 78 名，新加坡籍 10 名，未知 2 名。每名被试获得 5 新加坡元（大约相当于 25 元人民币）作为报酬。

2. 研究程序

本研究开展于 2012 年 9 月。首先，我们以纸笔填答的方式对被试进行

① Boyd，D. M.，& Ellison，N. B. Social network sites：Definition，history，and scholarship. Journal of Computer—Mediated Communication，2008，13(1)：210-230.

② 谢天，郑全全，陈华娇. 以计算机为媒介的沟通对人际交流关系的影响. 心理科学，2009，32(1)：184-186.

了生活满意度量表①、大五人格量表②，以及简单的人口统计学变量（即性别、年龄、国籍）的测量。所有问题皆以中文施测。其中，生活满意度量表以7点计分（1：非常不同意～7：非常同意），共包含5个测量项目。本研究中，生活满意度量表内部一致性系数为0.89。大五人格量表以5点计分（1：非常不同意～5：非常同意），共包含44个测量项目。本研究中，大五人格问卷五个维度的内部一致性系数均在0.63以上，可以接受。问卷描述统计和内部一致性系数见表1。

表1　大五人格问卷的描述统计及内部一致性信度

	Mean	SD	Cronbach's α
生活满意度量表	4.48	1.25	0.89
大五人格问卷			
情绪稳定性	3.00	0.70	0.82
外向性	3.11	0.57	0.70
开放性	3.63	0.50	0.76
宜人性	3.72	0.48	0.63
谨慎性	3.22	0.58	0.77

其次，我们下载了每名被试自注册新浪微博之日起发表的所有微博。平均每名被试有565.78天（SD=189.46）的微博注册历史。删除掉他人留言，地理信息，统一资源定位符（URL）等被试个人文字信息后，共计24921条。每名被试平均产生了276.9（SD=224.77）条微博，平均每名被试每2.29天就会发表一条微博。

---

① Diener, E. D., Emmons, R. A., Larsen, R. J., & Griffin, S. The satisfaction with life scale. Journal of Personality Assessment, 1985, 49(1): 71-75.

② John, O. P., Naumann, L. P., & Soto, C. J. Paradigm shift to the integrative Big Five trait taxonomy: History, measurement, and conceptual issues. In O. P. John, R. W. Robins, & L. A. Pervin (Eds.), Handbook of personality: Theory and research. New York, NY: Guilford Press, 2008: 114-158.

三、研究结果

1. 对被试文本数据的预处理

对于获得的微博文本，首先，我们将被试微博文本中的表情符号替换成对应的文本（比如，"😊"替换成"呵呵"）。其次，由于中文的词与词之间没有空格，因此我们采用了一个被广泛使用的中文词汇分析软件 ICT-CLAS[①] 将这些文本分割成互相独立的词语。最后，用简体中文版 LIWC[②] 对这些词语归类并计算词频[③]。

LIWC(Linguistic Inquiry and Word Count)是由 J. Pennebaker 等开发的一个文本分析软件[④]。它的运作方式是每次打开一个文本文件，从第一个词开始逐词与词典进行比对。若该字词与词典内的某类别所定义的字词相同，程序会增加一次该类别的计数。若同一字词分属数个不同类别，程序将会一一在每个类别均增加其计数。如此逐词反复比对后，LIWC 就会计算每个类别内计数所得的词数占总词数的百分比，然后输出。

为检验文本的稳定性，我们将每名被试的原始微博内容随机分成两个子样本，结果发现，在简体中文版 LIWC 的 71 类词语中，只有一类（第三人称复数，如"他们"）在两个子样本的相关系数在"中等"以下（$r < 0.3$）。我们在后续分析中排除了该类词语。

2. 微博词语能预测个体幸福感吗?

首先，我们计算了 70 类词语与主观幸福感的相关系数，发现有 6 类词与主观幸福感的相关系数显著，即代名词、特定人称代名词、第一人称单

---

① Zhang，H. P.，Liu，Q.，Cheng，X. Q.，Zhang，H.，Yu，H. K. *Chinese lexical analysis using hierarchical hidden Markov model.* Second SIGHAN workshop affiliated with 41st ACL，2003：63-67.

② 本研究使用了《中文版语文探索与字词计算字典档案》，并得到了开发者国立台湾科技大学人文社会学科黄金兰教授，以及国立台湾大学心理学系林以正教授的授权。在此表示感谢。

③ 黄金兰，Chung，C. K.，Hui，N.，林以正，谢亦泰，程威诠，Lam，B.，Bond. M.，Pennebaker，J. W. 中文版语文探索与字词计算字典之建立．中华心理学刊，2012，54(2)：185-201.

④ Tausczik，R. L.，& Pennebaker，J. W. The psychological meaning of words：LIWC and computerized text analysis methods. Journal of Language and Social Psychology，2010，29(1)：24-54.

数代名词、量词、性词和死亡①。表 2 罗列了这 6 类词的类别、每类中包含词的数量及其样例、本研究中每类词出现的词频、与主观幸福感的相关系数，以及 6 类词之间的相关矩阵。

由表 2 可知，代名词、特定人称代名词、第一人称单数代名词、性词，对主观幸福感有正向预测作用；量词和死亡词对主观幸福感有负向预测作用。因此，对于我们的一个研究问题，"微博词语能预测幸福感吗?"我们的结论是微博词语能预测幸福感。

3. 哪些词语能预测幸福感?

在上述 6 类与主观幸福感高相关的词中，"第一人称单数代名词"是"特定人称代名词"的子类，而"特定人称代名词"又是"代名词"的子类。所以，表 2 显示这 3 类词的相关特别高($r>0.80$)。那么，有没有必要引入更多的同类变量以增加方程的变异解释量呢?

我们首先建立了以主观幸福感为因变量的多层线性回归方程。第一层以逐步回归的方法引入第一人称单数代名词、量词、性词、死亡词，4 个自变量；第二层以全进入的方式引入特定人称代名词；第三层以全进入的方式引入代名词。如果第二(三)层没有增加更多的方程解释量，则说明没有必要考虑引入包含词语数量更多的同类自变量；反之，则要考虑引入或替换。

结果表明，第一层方程在经过逐步回归分析后，保留在回归方程中的自变量为：第一人称单数代名词、性词、死亡词。在引入特定人称代名词后，方程解释量的增量(R^2_{change})<0.01，在引入代名词后，$R^2_{\text{change}}<0.03$，对应的方程变化指标也未达到显著性水平(引入特定人称代名词：$F_{\text{change}}=0.36$，$p=0.55$；引入代名词：$F_{\text{change}}=3.12$，$p=0.08$)。因此，我们决定不在回归方程中增加新变量。

我们最终得出预测主观幸福感的回归方程为：主观幸福感＝3.71－2.59 死亡词＋1.69 性词＋0.28 第一人称单数代名词，测定系数(R^2)＝

---

① 还有 7 类词与主观幸福感的相关系数达到边缘显著水平($p\leqslant0.10$)，按照相关系数由大至小依次为：暂定词(例如，大约、未定、差不多，$r=0.21$，$p=0.05$)，特指定词(例如，本、该、每；$r=-0.20$，$p=0.06$)，第一人称复数代词(例如，我们、我俩、咱俩；$r=0.19$，$p=0.08$)，积极情绪词(例如，信心、满足、祝福，$r=0.19$，$p=0.08$)，移动词(例如，通过、靠近、参加，$r=-0.19$，$p=0.07$)，生气词(例如，可恶、抱怨、破坏，$r=-0.18$，$p=0.10$)，排除词(例如，取消、但是、除外；$r=-0.04$，$p=0.72$)。将这些词纳入后续分析，并不影响最终结果的模式。

表 2　与主观幸福感显著相关的词语类别的描述统计和相关矩阵

词语类别	本类别包含词语数量	样例	$Mean\%^{\#}$	SD	主观幸福感	Pearson 积差相关				
						1	2	3	4	5
1. 代名词	67	你、她们、在下	6.61	1.95	0.21*	1				
2. 特定人称代名词	35	他、大家、你们	4.32	1.64	0.28**	0.96**	1			
3. 第一人称单数代名词	9	本人、自己、我	2.85	1.21	0.26*	0.83**	0.90**	1		
4. 量词	121	条、头、支	3.49	0.74	−0.28**	−0.33**	−0.42**	−0.38**	1	
5. 性词	116	上床、性欲、裸体	0.34	0.18	0.23*	0.14	0.14	0.02	−0.11	1
6. 死亡词	130	亡故、自杀、遗嘱	0.23	0.15	−0.25*	0.12	0.13	0.17	−0.27*	0.06

注：# 表示百分数的分子，如"代名词"的原始平均数为 6.61%。* 表示 $p<0.05$，** 表示 $p<0.01$，下同。

0.20，调整后 $R^2 = 0.17$，$F = 7.12$，$df_1 = 3$，$df_2 = 86$，$p < 0.01$。同时各变量容忍度（$Tolerance$）均大于 0.1，方差膨胀因子（VIF）均小于 10，表明各变量间不存在显著的多重共线性问题（具体参数见表 3）。

因此，我们认为不仅微博词语能够预测主观幸福感，且仅使用第一人称单数代名词、死亡词及性词三类词语，就可预测主观幸福感 20% 左右的变异。

表 3　微博词语预测主观幸福感的多元回归结果

自变量	非标准化系数		标准化系数	t	共线性统计量	
	B	SE	β		$Tolerance$	VIF
常数项	3.71	0.39		9.42**		
死亡词	−2.59	0.82	−0.31	3.15**	0.97	1.03
性词	1.69	0.68	0.24	2.48*	0.98	1.03
第一人称单数代名词	0.28	0.10	0.27	2.76**	0.98	1.02

4. 与人格变量相比，微博词语对幸福感的预测力如何？

为检验三类微博词语对主观幸福感预测作用的强弱，我们将其与以往研究普遍发现具有稳健预测作用的人格因素进行了比较。我们首先计算了大五人格的五个维度各自与主观幸福感的相关系数，结果表明，只有外向性与主观幸福感的相关达到显著性水平（$r = 0.22$，$p = 0.04$），情绪稳定性与主观幸福感的相关为边缘显著（$r = -0.21$，$p = 0.05$）；其他维度与主观幸福感的相关不显著（$r \geqslant 0.15$，$p > 0.15$）。这一结果验证了前人关于外向性能正向预测主观幸福感的相关研究结论[①]。

其次，我们以逐步回归引入自变量的方法建立了大五人格预测主观幸福感的线性回归方程，只有外向性被选入回归方程，但方程的变异解释量只有 0.05（$R^2 = 0.05$，调整后 $R^2 = 0.04$，$F = 4.245$，$df_1 = 1$，$df_2 = 99$，$p = 0.04$）。如果以自变量全进入的方式建立回归方程，不仅方程不显著（$p = 0.18$），而且整个方程的变异解释量也仍然只有 0.09（调整后 $R^2 = 0.03$）。

---

① Steel，P.，Schmidt，J.，& Shultz，J. Refining the relationship between personality and subjective well-being. Psychological Bulletin，2008，134(1)：138-161.

那么，人格变量会不会增强微博词语对幸福感的预测作用呢？我们随后将能显著预测主观幸福感的三类微博词语，死亡词、性词和第一人称单数代名词与大五人格五个维度以逐步回归的方式同时引入回归方程，预测主观幸福感。结果发现，仍然只有三类微博词语被保留下来作为自变量。最后，我们将三类微博词语作为第一层自变量（全进入方式），大五人格的五个维度作为第二层自变量（全进入方式），引入预测主观幸福感的回归方程，结果仍然发现引入人格自变量后，方程的变异解释量增量并未达到显著性水平（$R^2_{change}=0.06$，$F_{change}=1.30$，$df_1=5$，$df_2=81$，$p=0.27$）；而如果将第二层自变量以逐步回归方式引入，则大五人格中的任何一个维度都不会被方程保留下来。

那么，有没有可能微博词语只是人格因素影响主观幸福感的中介变量呢？能显著预测主观幸福感的三类微博词语与大五人格维度的相关分析表明，只有三对相关系数相关显著（表4）。这验证了前人研究结果：死亡词与谨慎性显著负相关[1]，性词与情绪稳定性显著负相关[2]，性词与宜人性显著正相关[3]。这一结果与我们先前发现的 Twitter（美国的微博）用语与人格某些维度相关的研究结论也一致[4]。但是，由于只有外向性维度（显著）与情绪稳定性维度（边缘显著）与主观幸福感相关，结合表4的相关矩阵，唯一有可能成立的中介作用为情绪稳定性→性词→主观幸福感。但该中介作用未得到 Sobel 检验的支持（$Z_{Sobel}=1.49$，$p=0.14$）。因此，人格因素通过微博词语作为中介影响主观幸福感的假设没有得到本研究数据的支持。

① Hirsh, J. B., & Peterson, J. B. Personality and language use in self-narratives. Journal of Research in Personality，2009，43(3)：524-527.

② Goldenberg, J. L., Pyszczynski, T., McCoy, S. K., Greenberg, J., & Solomon, S. Death, sex, love, and neuroticism：Why is sex such a problem? . Journal of Personality and Social Psychology，1999，77(6)：1173-1187.

③ Yarkoni, T. Personality in 100, 000 words：A large-scale analysis of personality and word use among bloggers. Journal of Research in Personality，2010，44(3)：363-373.

④ Qiu, L., Lin, H., Ramsay, J., & Yang, F. You are what you Tweet：personality expression and perception on twitter. Journal of Research in Personality，2012，46(6)：710-718.

表 4　显著预测主观幸福感的三类微博词语与大五人格维度的相关

词语类别	大五人格维度				
	情绪稳定性	外向性	开放性	宜人性	谨慎性
死亡词	0.05	0.04	0.03	−0.03	−0.21*
性词	−0.21*	0.14	0.17	0.21*	−0.02
第一人称单数代名词	0.13	0.10	<−0.01	−.02	−0.07

　　上述结果表明,大五人格中的外向性维度是唯一能够预测主观幸福感的维度,其预测力约为 5%。与本研究发现的三类微博词语(死亡词、性词、第一人称单数代名词)约 20% 的预测力相比,仅为其 1/4。而且本研究发现的三类微博词语对主观幸福感的预测,不仅大五人格不能在微博词语的基础上增加预测力,同时三类微博词语中没有一类在人格与主观幸福感之间起中介作用。

四、分析与讨论

　　本研究在验证了有关日常用语可以用来预测个体心理与行为的已有研究[1],也在某种程度上扩展了我们之前所发现的,个体在非自然情境中的语言对主观幸福感的预测作用[2]。聚焦于个体在自然情境中产生的微博词语,本研究的独特之处在于发现通过对自然产生的微博的分析,仅使用三类词——死亡词、性词以及第一人称单数代名词就能预测主观幸福感 20% 的变异。

　　但是,对于为什么是这三类词能预测主观幸福感,我们在研究之初并没有完整的理论建构。根据幸福感的定义,积极与消极情绪是主观幸福感的组成部分,因此可以预测主观幸福感。但这并未得到本研究的充分支持。积极情绪与主观幸福感的相关边缘显著($r=0.19$, $p=0.08$),消极情绪与主观幸福感的相关未达显著性水平($r=−0.10$, $p=0.39$)。第一种可

---

　　① Tausczik, R. L., & Pennebaker, J. W. The psychological meaning of words: LIWC and computerized text analysis methods. Journal of Language and Social Psychology, 2010, 29(1): 24-54.

　　② Tov, W., Ng, K. L., Lin, H., & Qiu, L. Detecting well-being via computerized content analysis of brief diary entries. Journal of Personality Assessment, 2013, 25(4): 1069-1078.

能的解释是网络中的情绪表达会受到社会网络结构的影响①，因此会与线下的情绪表达不同②，所以不能将线下情绪体验与主观幸福感的关系概化到网络情境中来。第二种可能的原因则来自测量。本研究对主观幸福感的测量使用了生活满意度量表，测查的是主观幸福感的认知成分，而未情绪体验。同时，本研究获取的是被试长达 500 多天的微博文本，而情绪对幸福感的影响又是比较短暂的。

死亡词能负向预测主观幸福感，我们认为可能有两个原因。首先，死亡词可能是个体自身抑郁情绪的表达。比如，研究者在诗人著作中发现死亡词与诗人自杀呈正相关③。其次，死亡词可能还是个体生活事件的反应。经历亲友亡故对个人来说是一种沉重的打击，这也是理解死亡词与主观幸福感关系的一种可能。

性词能正向预测主观幸福感。性词的使用是个体自恋的一种体现④，而自恋又能正向预测主观幸福感⑤。但由于本研究并没有对自恋进行测量，因此无法直接检验性词→自恋→主观幸福感之间的中介作用。但以往研究发现自恋者会更多地使用第一人称单数代名词且更少使用第一人称复数代名词⑥，所以我们尝试使用这两种词进行检验。但性词使用频率与第一人称单数代名词（$r = 0.09$，$p = 0.40$）及第一人称复数代名词的相关（$r =$

---

① Lin, H., Tov, W., & Qiu, L. Emotional disclosure on social networking sites: The role of network structure and psychological needs. Computers in Human Behavior, 2014, 41: 342-350.

② Qiu, L., Lin, H., Leung, A. K. − y., & Tov, W. Putting their best foot forward: emotional disclosure on Facebook. Cyberpsychology, Behavior, and Social Networking, 2012, 15(10): 569-572.

③ Stirman, S. W., & Pennebaker, J. W. Word use in the poetry of suicidal and nonsuicidal poets. Psychosomatic Medicine, 2001, 63(4): 517-522.

④ Holtzman, N. S., Vazire, S., & Mehl, M. R. Sounds like a narcissist: Behavioral manifestations of narcissism in everyday life. Journal of Research in Personality, 2010, 44(4): 478-484.

⑤ Żemojtel-Piotrowska, M., Clinton, A., & Piotrowski, J. Agentic and communal narcissism and subjective well-being: Are narcissistic individuals unhappy? A research report. Psychology, 2014, 2(1): 10-16.

⑥ Raskin, R., & Shaw, R. Narcissism and the use of personal pronouns. Journal of Personality, 1988, 56(2): 393-404.

-0.02，$p=0.89$）均未达显著。结合有关性行为能正向预测幸福感的发现①，我们推测本研究中性词的使用可能在某种程度上反映了个体的性行为，是性行为的增加通过性词使用频率的增加正向预测了主观幸福。

第一人称单数代名词能正向预测主观幸福感。本研究发现的这一研究结果与先前研究发现的结论是相反的。先前研究普遍发现第一人称单数代名词对抑郁具有正向预测作用②，而抑郁恰是主观幸福感的反面。一个可能的解释是文化差异。E. Kashima 与 Y. Kashima 的人称代名词省略理论（Pronoun Drop Theory）提出并发现个体主义倾向性越强的文化，越不容易在语言中省略人称代名词，反之亦然③。比如英文"I went a movie last night."的第一人称单数代名词"I"按照语法是不能省略的，但中文却可以："昨天晚上去电影院了"。因此，先前基于美国大学生被试的研究中④，第一人称单数代名词的词频（$M=10.63\%$，$SD=1.98\%$，表2，p.1302⑤）比本研究发现的（$M=2.85\%$，$SD=1.21\%$）要高得多。在我们的主观幸福感预测方程中：主观幸福感$=3.71-2.59$ 死亡词$+1.69$ 性词 $+0.28$ 第一人称单数代名词，如果第一人称单数代名词增加 4 个百分点，主观幸福感就会增加 1.12 分，而此时第一人称单数代名词的词频也仅仅是由平均数 2.85% 提高到 6.85%，仍比 10.63% 要低。我们推断在本研究中更多地使用了第一人称单数代名词的被试可能只是使用了比较完整的句子，可能并不表示他们更关注自己或有更高的自杀倾向（第一人称单数代名词与死亡词相关不显著，$r=0.10$，$p=0.35$）。同时，在本研究中，第一人称单数代名词的词频会随积极情绪词的使用频率提高而提高（$r=0.25$，$p=0.02$）。结合积极情绪词与主观幸福感边缘显著的结果（$r=0.19$，$p=0.08$），积极情绪词→第一人称单数代名词→主观幸福的中介作用分析也表明此中介作

① Blanchflower, D. G., & Oswald, A. J. Money, sex and happiness：An empirical study. The Scandinavian Journal of Economics，2004，106(3)：393-415.

② Rude, S., Gortner, E. M., & Pennebaker, J. Language use of depressed and depression-vulnerable college students. Cognition & Emotion，2004，18(8)：1121-1133.

③ Kashima, E. S., & Kashima, Y. Erratum to Kashima and Kashima (1998) and reiteration. Journal of Cross-Cultural Psychology，2005，36(3)：396-400.

④ Pennebaker, J. W. & King, L. A. Linguistic styles：Language use as an individual difference. Journal of Personality and Social Psychology，1999，77(6)：1296-1312.

⑤ Pennebaker, J. W. & King, L. A. Linguistic styles：Language use as an individual difference. Journal of Personality and Social Psychology，1999，77(6)：1296-1312.

用是边缘显著（$\Delta R^2 = 0.05$，$F_{change} = 4.62$，$p = 0.03$；Sobel $Z = 1.76$，$p <$ 0.08）。这一结果说明，有可能在本研究的被试（互依文化）有更多积极情绪要表达时，会在句子中补齐第一人称单数代名词（"我今天很开心"，而不是"今天很开心"），所以第一人称单数代名词会正向预测主观幸福感。当然，这一推断仍有待未来研究进一步检验。

五、研究结论与展望

1. 研究结论

通过对 90 名被试在大约一年半时间里发表的近两万五千条微博进行分析后发现，使用死亡词、性词和第一人称单数代名词三类微博词语能够预测主观幸福感约 20% 的变异。相比之前研究普遍发现的能预测主观幸福感的个体差异因素的代表——人格，本研究以大五人格量表进行测量的结果显示，只有外向性维度能预测主观幸福感约 5% 的变异。三类微博词语对主观幸福感的预测力高于大五人格的预测力、大五人格不能在其基础上增加预测力、大五人格也不能通过三类微博词语作为中介变量预测主观幸福感。因此，我们认为死亡词（如"死亡"）、性词（如"性欲"）和第一人称单数代名词（如"我"）是预测主观幸福感精简、有效的个体差异指标。

2. 研究的局限与未来发展

本研究得出了某些有趣但却仍然是非常初步的结论，诸多不足之处有待未来研究的发展。

首先，是研究结果的可重复性问题。本研究虽然所涉及的微博文本的数量达到了近两万五千条，但这些样本仅来自 90 人的同质样本（大学生）。本研究的结果能否在大样本中得到验证？能否推广到更一般的大众异质群体中去？能否推广到其他不同的社交网平台中去[1]？进一步，能否推广到不同文化中去？这些问题值得后续的重复研究，以获取稳定的结果。

其次，是理论和心理机制问题。本研究的性质是探索性的。本研究发现的三类能预测个体幸福感的微博词语：死亡词、性词与第一人称单数代名词。为什么这三类词能预测个体幸福感，本研究仅给出了一些解释，但三者之间的关系怎样？它们与主观幸福感的因果关系如何？中间经历的心

---

① Qiu, L., Lin, H., & Leung, A. K.－y. Cultural Differences and Switching of In-group Sharing Behavior between an American (Facebook) and a Chinese (Renren) Social Networking Site. Journal of Cross-Cultural Psychology, 2013, 44(1): 106-121.

理过程怎样？本研究尚未发展出一个系统的理论。在本研究结果可重复的基础上，未来研究还应当关注"为什么"的理论问题和"如何"进行的机制问题。

最后，关于利用网络数据预测幸福感，还有很多可以发展的研究点。比如，幸福感预测的时间跨度是多久？有研究表明，只有近三个月内的生活事件才能预测主观幸福感①。今后研究可以将时间作为一个调节变量，考察网络用语与幸福感评价之间的关系。再如，网络用语能预测幸福感的哪些方面？本研究采用了生活满意度量表测量了主观幸福感的认知侧面。那么情绪侧面的幸福感如何？研究曾发现人们的总体幸福感判断有一半是基于将每天情绪累加获得的信息而做出的②。本研究仅发现积极情绪词与生活满意度之间的相关为边缘显著，未来研究可以将基于情绪体验的主观幸福感与基于认知评价的主观幸福感分开预测。可能对于情绪体验的主观幸福感来说，短期内获得的积极与消极情绪词的预测作用会更强。

总之，本研究发现的以微博（社交网）词语预测个体主观幸福感的初步研究结果，值得今后研究的重复验证，其中的理论和机制问题值得思考。而如何进一步利用具有自然真实、非干扰性、易于获取的互联网数据对个体幸福感的不同方面进行更精确的预测则是一个有待未来发展和深化的新议题。

（谢天　邱林　卢嘉辉　杨杉杉）

---

① Suh，E.，Diener，E.，& Fujita，F. Events and subjective well-being：only recent events matter. Journal of Personality and Social Psychology，1996，70（5）：1091-1102.

② Kim-Prieto，C.，Diener，E.，Tamir，M.，Scollon，C.，& Diener，M. Integrating the diverse definitions of happiness：A time-sequential framework of subjective well-being. Journal of Happiness Studies，2005，6（3）：261-300.

幸福究竟是什么？对这一问题的回答，只有两个参考答案。一个是"一百个人有一百种幸福"，另一个是"幸福的家庭无不相似，不幸的家庭则各有各的不幸"。本专栏首先结合现有研究成果与网络大规模调查数据，指出了我国国民幸福感震荡与变迁的现状、特点和发展趋势，强调幸福感的内涵正随着时代变迁而变化，应赋予我国社会转型时期国民幸福感更丰富的意蕴。同时，从网络与幸福感及其与消极情绪正反两个方面入手，探讨了网络使用、社交媒介和网络成瘾与幸福感的关系，以及互联网与孤独感、抑郁等消极情绪的关系。以物质主义作为新价值观的切入点，对三个转型期国家(中国、印度、巴西)与三个非转型期国家(新西兰、韩国、意大利)共计1156名被试进行了横断问卷调查，结果发现，与非转型期国家相比，转型期国家的幸福感水平更低，转型期国家国民的物质主义水平能显著预测其消极情绪幸福感，这为探讨社会转型中具有普适性的社会心理问题提供了一个新思路。进一步地，根据自我决定理论，明确提出了成就动机和社会支持会影响个体自主、胜任和关系需要的满足，从而影响自我实现的幸福感。以身份认同为例，考察了身份认同与农村流动人口幸福感的关系，对878名城市户籍者和农村流动人口的调查研究表明，身份认同对农村流动人口的幸福感有重要的影响作用。

社会转型：国民幸福感的震荡与变迁

　　幸福是人类永恒的话题。古今中外的圣人先哲对此有数不尽的训诫和智慧。幸福究竟是什么？对这一问题，没有标准答案，只有两个参考答案。一个是"一百个人有一百种幸福"，另一个是"幸福的家庭无不相似，不幸的家庭则各有各的不幸"。在心理学意义上，幸福感主要指直接体验到的快乐、欣喜与愉悦的情绪，以及基于自身生活质量而产生的对生活满意度的评价。毫无疑问，幸福感对个人而言，可以显著改善人们的生活状况，包括更好的健康状况，更加快乐、长寿，更高的工作成就与经济收入，更好的社会关系等；对社会而言，幸福感有利于整个社会的秩序、稳定和发展。因此，世界各国都把提升国民幸福感作为其政策实施效果的终极目标。例如，1972年，不丹就制定了"国民幸福总值"的国家发展指标，英国"新经济基金"制定了包括生活满意度在内的"幸福星球指数"①。我国党的十八届三中全会《决定》明确提出,"全面深化改革,必须以促进社会公平正义、增进人民福祉为出发点和落脚点。"就现阶段而言,提升我国国民幸福感所面临的社会大背景是社会转型,国民幸福感的现状、变迁以及发展特点,无不带有这个特殊发展时期的烙印。

一、国民幸福感的现状

2014 年,国外研究者通过对过去近 20 年中国人主观幸福感的调查,发现近 20 年的经济繁荣与中国人主观幸福感的提升并没有直接的对应关系,时间与幸福感呈 V 形关系;中国人的幸福感从 20 世纪 90 年代开始一直下降,2000 年左右跌到谷底后开始反弹,持续上升到 2007 年为止(2007 年是研究者能拿到的最新年份的数据)。这与荷兰伊拉斯谟大学对中国国民幸福感的调查结论基本相似。他们发现,1990 年中国国民幸福指数为 6.64(1−10 标度),1995 年上升到 7.08,2001 年下降到 6.80。2009 年美国密歇根大学社会研究所最近的调查数据显示,中国国民的幸福感确实是在下降。伊斯特林等 2012 年对中国人主观幸福感的研究发现,最近 20 年的经济增长并未相应提升中国人的生活满意度②。

然而,大多数西方经典研究表明,经济收入与幸福感呈正相关关系③。韦胡文等研究发现,在过去 50 年里,无论是发展中国家还是发达国家,国民幸福感均有明显上升④。斯蒂文森和沃尔夫通过对近 100 个国家资料的分析,发现经济增长能正向预测幸福感水平的增长⑤。反观我国,自改革开放三十多年来,GDP 始终保持着一个较高的增速,国民收入与生活质量

---

① Abdallahs, T. The happy planet index 2.0. London: New Economics Foundation, 2009.

② Easterlin, R. A. , Morgan, R. , Switek, M. & Wang, F.. China's life satisfaction, 1990−2010. Proceedings of the National Academy Sciences. 2012, 109(25): 9775-9780.

③ Haring M J, Stock W A, Okun M A. A research synthesis of gender and social class as correlates of subjective well-being. Human Relations. 1984, 37(8): 645-657.

④ Veenhoven, R. & Hagerty, M. Rising happiness in nations 1946−2004: A reply to Easterlin. Social Indicators Research. 2006, 79(3): 421-436.

⑤ Stevenson, B. & Wolfers, J.. Economic growth and subjective well-being: Reassessing the Easterlin Paradox. Brookings Papers on Economic Activity. 2008, 39 (1): 1-102.

也显著改善。按照西方的研究预测，我国国民的幸福感应该呈增加趋势，或至少不应下降。西方对幸福感的研究与我国国情产生的矛盾，是否可以用现有的理论进行解释呢？

关于经济水平与幸福感的关系，伊斯特林在 1973 年提出了著名的"伊斯特林悖论"，即对于国家来说，经济收入的增长并不会带来民众相应幸福感水平的增加。韦胡文提出的绝对幸福理论则认为，人们的幸福感受以基本需求为标准，是天生和固有的情感，因此经济增长能带来幸福感的提升①。对此，伊斯特林再次论证，欧美发达国家自 1973 年以来虽然经济增长较快，但主观幸福感呈下降趋势②。我们认为，以往研究似乎过于关注经济发展水平与幸福感的关系。无论以上升、下降，或者曲线描述二者关系或许都与现实情况有一定的差距③。因为人们的幸福感会受到多种因素的制约和影响，当然也包括在不同时代与不同社会发生升降和波动。

为了给我国国民幸福感的震荡与变迁问题寻找答案，我们以新的思路进行了一项简明扼要的幸福感调查。大规模（217356 份）分层抽样的网络调查问卷结果表明，81.4% 的人表示自己幸福或很幸福，感觉自己不如过去幸福的人仅为 18.6%（图 1）。这一研究发现与最近一项国内研究结果也遥相呼应。该研究针对有关"千人百村"的调查，从农民的幸福感、公平感、阶层认同和对政府的态度四个维度对农民的社会心态进行了总结，认为农民的社会心态，在整体上呈积极和乐观向上的趋势④。

然而，另一方面是国民感觉"很幸福"的比例仅为 20.6%，并不十分理想。伊斯特林于 2010 年提出的新修正的幸福悖论认为，虽然从短期看，经济增长和主观幸福感可能存在相同的上升或下降趋势，但是从长期看，经济增长提升幸福感的空间是有限的，因而当其上升到一定程度后，可能出现停滞或下降状态。他特别强调中国、巴西、韩国的幸福感下降和经济增

---

① Veenhoven，R.. Is happiness relative. Social Indicators Research. 1991，24(1)：1-34.

② Easterlin，R. A. Will raising the income of all increase the happiness of all. Journal of Economic Behavior and Organization. 1995，27(1)：35-47.

③ Easterlin，R. A. Income and happiness：Towards a unified theory. Economic Journal. 2001，111(July)，465-484.

④ 陆益龙. 从农民的社会心态看乡村社会的发展态势——基于"千人百村"调查. 探索与争鸣. 2013，(10)：53-58.

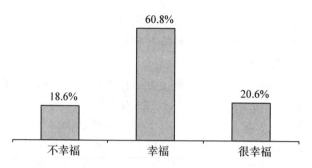

注：本文所有图表数据均由 2015 年 217356 份网络调
查问卷结果整理而成，下同。

图1　国民幸福感现状调查

长的不协调趋势[①]。结合上述两方面的研究结果，我们设想的一个可能解
释是，国民对幸福感的要求和标准，随着社会经济的发展在不断提高，幸
福感的内涵在逐渐扩大。在渐次扩大的幸福感内涵中，由经济收入决定的
那部分幸福感在整体中所占的比例逐渐减少，因此，随着时间推移，经济
收入对幸福感的影响作用逐渐降低。

　　我们的这一理论设想能解释现有的一些研究结果。比如，一些国际经
验表明，随着经济收入的提高，幸福感有增加的趋势，但是这种趋势在贫
困国家更加明显，在发达国家经济收入对幸福感的提升并不显著[②]。这是
因为当人们生活处于贫困时，幸福感会随着经济发展而迅速上升，但在人
均 GDP3000 美元存在一个"拐点"，超过这个点后，幸福感将不会随着经
济发展而继续得到很快提升，即中等收入是幸福的基础或必要条件。当民
众收入达到衣食住行无忧，超出了基本需要的满足，收入与幸福的相关就
会减小，收入的增加对幸福感的累积效应就会受到其他心理因素，如社会
比较、社会环境适应等的干扰而逐渐减弱。比如，国外最新研究表明，收

　　① Easterlin, R., Mcvey, L. A., Switek, M., Sawangfa, O. & Zweig, J. S. The
Happiness-Income Paradox revised. Proceedings of the National Academy of Sciences.
2010, 107(52): 22463-22468.

　　② Veenhoven, R. Is happiness relative? . Social Indicators Research. 1991, 24
(1): 1-34.

入不平等便属于其中一个重要影响因素①。我们课题组的进一步分析结果也表明，目前我国国民经济收入与幸福感的相关很低，仅为 0.14。

上述研究设想与相关研究结论提示我们，随着我国经济发展进入新常态，特别是国家和政府强调保障民生，重视社会公平，减少贫富差距，走共同富裕与共同发展之路后，国民幸福感开始呈弥散状态，不但国民幸福感体验的个性化特点更加明显，而且从本位化倾向逐步向全民幸福化过渡，如追求机会公平、分配公平、生态环境安全等将会成为构成国民幸福感内涵的新元素。

二、国民幸福感震荡的特点

诚如上述，虽然我国国民幸福感总体呈上升趋势，但震荡不断，起伏不定。这是因为很多因素会影响幸福感，如政治、经济、社会、文化、人口和心理因素等。其核心要素有人均 GDP、健康寿命、人际信任感、生活满意度、腐败和慈善状况等；基本要素如人格、环境、管理、时间、社区活力、文化的特异性和包容性等。此外，还包括性别、年龄、教育背景、职业状况、婚姻状况等。这样就造成了国民幸福感的波动性、多样性和个性化特点。

1. 年龄与幸福感

年龄与幸福感有一定联系。研究表明，年龄和幸福感之间呈 U 形曲线关系②。本次网络调查表明，感到"很幸福"的人数比由多至少依次为老年人（35％）、中年人（27.3％）和青年人（16.7％）；总体上感到幸福（"幸福"与"很幸福"之和）的人群百分比由多至少也同样依次为老年人（88％）、中年人（84.7％）和青年人（79.6％）。感到不幸福的人数比刚好相反，依次为青年人（20.5％）、中年人（15.3％）和老年人（12.0％）（图 2）。进一步研究发现，不同年龄阶段的幸福感差异达到显著性水平。

对于老年人为什么比年轻人更幸福，有几种不同的解释。在认知层面，最近一项研究发现，把积极、中性和消极的图片呈现给年龄不同的被

---

① Oishi，S. & Kesebir，S. Income Inequality Explains Why Economic Growth Does Not Always Translate to an Increase in Happiness. Psychological Science，2015，26（10）：1630-1638.

② Frijters，P.，& Beatton，T.. The mystery of the U-shaped relationship between happiness and age. Journal of Economic Behavior & Organization. 2012，82（2）：525-542.

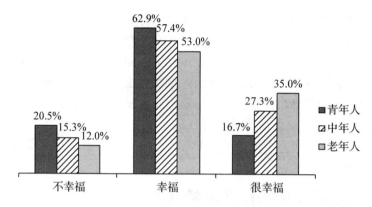

图 2　国内民众年龄与幸福感的关系

试时，年轻人看见"负面"事物时，脑电波信号增强，但老年人的脑电波却没有什么反应。但两者在面对"积极"事物时却没有显著性差异。这造成负面事物对老年人比年轻人的影响更小①。对负面事物关注的不同，或许是老年人比年轻人更幸福的一种认知层面的解释。生活习惯或许会提供另一种解释。已有研究表明早睡早起的"百灵鸟"比熬夜的"猫头鹰"的幸福感更强②。一般来说，老年人比年轻人更喜欢早睡早起，而年轻人则更习惯熬夜，因此老年人良好的生活习惯可能也是老年人比年轻人更有幸福感的原因之一。在动机发展方面，这可能还与不同年龄阶段人们的心态和人生发展任务或成就动机有关。人们的成就需要决定他们的成就动机水平，不同的成就动机又决定其抱负水平。其中，人们对于自身成就的意识水平是一个重要环节。老年人因为意识到自身的成就水平高于其抱负目标，于是会产生较强的幸福感，而青年人觉得自己的成就水平远低于其抱负目标，于是就感到不幸福。

2. 教育程度与幸福感

不同教育程度会影响幸福感水平。调查表明，感到"很幸福"的人数，随教育程度提高而下降，感到"很幸福"的人群比，依次是初中及以下（29.7％）、高中（21.0％）大专及本科以上（17.0％）。总体上感到幸福（"幸福"与"很幸福"之和）的人群百分比由多至少也同样依次为初中及以下

①　刘素琼.老年人比年轻人更容易有幸福感. http：//www.99.com.cn/laoren/lrxl/331409.htm，2012-12-21.

②　Biss，R. K. & Hasher，L.. Happy as a lark：Morning-type younger and older adults are higher in positive affect. Emotion. 2012，12(3)：437-441.

(85.8%)，高中(82.0％)大专及本科以上(80％)。感到"不幸福"的人数刚好相反，随着教育程度的提高而提高(图 3)。这说明受教育程度越高，幸福感越低。本调查结果与最近的一项研究报告一致。中国家庭金融调查与研究中心发布的《国民幸福报告 2014》指出，"小学学历最幸福，博士学历人群的幸福指数最低"①。接受更多的教育，原初的目标之一是让生活变得更幸福，然而这一结果却显然有悖于我们的愿景。不仅受教育程度的提高不能出现提升幸福感的结果，甚至还有可能出现学历越高，越不幸福的可能。

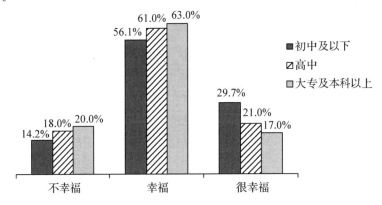

图 3 幸福感在不同受教育程度民众中的分布

为什么会出现这种与常识相悖的情形，对个体来说，也许简单和知足是幸福感体验的重要源头②；就群体而言，也许还与时代的心理参照系有关。我们正处于改革开放的社会转型时期，面对来自外部世界、发达社会的多种冲击，开始了外在参照、社会比较，特别是横向社会比较。受教育程度较低的个体，能接触到的参照群体较少，而接受教育的程度越高，就越能接触到更多的信息，其参照群体不仅限于自己实际生活的小圈子，还会将自己与同等学历水平的全国其他地区的人群，甚至是国外同等条件的人群进行比较。

因此，原因之一可能是受教育程度与幸福感表面的负相关关系都受到了个体成就目标的影响。受教育程度高的个体不仅参照群体更多，同时也

---

① 中国家庭金融调查与研究中心．国民幸福报告 2014. http：//chfs. swufe. edu. cn/ListPage/Detail? Detailid＝343. 2015-02-13.

② Stutzer，A.．The role of income aspirations in individual happiness. Journal of Economic Behavior & Organization. 2004，54(1)：89-109.

会由于其成就动机更高，而倾向于选择更高的目标进行比较。所以受教育程度高的个体进行社会比较，会给自己的幸福感带来不良影响。而受教育程度低的个体，一方面没有更多的渠道获知可比较对象的信息，另一方面由于成就动机不高，还会将自己的境况比自己差或者与自己差不多的人进行比较，而研究表明这种切合实际的比较反而能增强个体幸福感①。因此，对受教育程度较低的个体，社会比较反而能增强或至少不会降低其幸福感。但需要注意的是，向上的社会比较是一把双刃剑，虽然在短期内，它能让个体的幸福感下降，但长期来看却会增加个体奋斗和努力的动力，让个体取得更多的成就。

3. 经济收入与幸福感

经济收入与幸福感的关系较为复杂。网络调查发现，经济收入最低的群体（月收入 1000 元及以下），其总体幸福感（"幸福"和"很幸福"之和）最高（85%），感到不幸福的人数最少。感到"很幸福"的人数百分比，与月收入呈 U 形关系。月收入从 1001～3000 元开始下降，月收入 6001～10000 元后开始上升，月收入 10000 元以上的群体感到"很幸福"的人数比例（25%）才超过月收入 1000 元以下群体的人数比例（22%）。从总体上看，个体经济收入的增加与幸福感提高之间并不存在线性关系（图 4）。

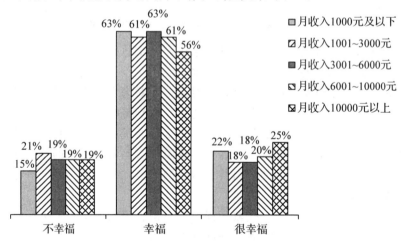

图 4 幸福感在不同经济收入民众中的分布

① Diener，E.，Suh，E. M.，Lucas，R. E.，& Smith，H. L. Subjective well-being：Three decades of progress. Psychological Bulletin. 1999，125(2)：276-302.

广州大学发布的《2015 年中国广州社会形势分析与预测蓝皮书》也佐证了我们的结果。月收入 5 万元以上居民的各项幸福感指标及总体幸福感确实是最高的，但排在第二的却是月收入 1000 元以下的居民。处在两者之间的居民的各项幸福感指标分值差异并不显著①。这说明我国与世界上其他国家一样，经济收入并不是幸福感的必要条件，幸福感受多种因素的影响与制约。

4. 职业与幸福感

不同身份、职业会有不同的幸福感体验。网络调查表明，退休者和农业劳动者幸福感最高，其次是知识分子和企业家；总体幸福感（"幸福"和"很幸福"之和）退休人员（88.0%）、大学生（86.8%）和农业劳动者（85.0%）居前三甲（表 1）。而北漂（泛指）（28.6%）、低保群体（27.9%）和农民工（23.1%）感到"不幸福"的比例最高（图 5）。

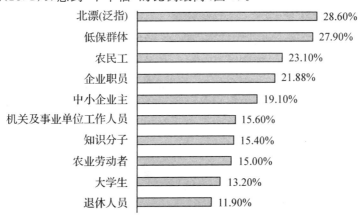

图 5　不同职业群体感觉不幸福的人数比

退休人员与大学生的幸福感较高，理解起来相对容易。国内近几年的退休政策相对较好，老年人的社会福利与退休前相比，并没有明显的下降，但各项生活开销（如车子、房子、食品、交际等）却明显下降。社保、医保的完善让老年人感到生活有保障。大学生也是如此。在经历了小学、初中，尤其是高中的高压学习和快节奏生活后，大学阶段的学业压力相对较小，能够自由支配的时间明显增加。因此，大学生的幸福感也较高。

---

① 郑希付，刘学兰，罗品超. 2014 年广州市居民幸福感状况研究报告. 中国广州社会形势分析与预测. 北京：社会科学文献出版社，2015：221-257.

农业劳动者与农民工的幸福感分居前三名和倒数三名，这也反映出幸福感的主观性和复杂性。一个可能的解释是与个体的比较标准有关。农民工可能是农业劳动者中抱负水平较高的群体，高抱负水平一方面促使他们进城务工，改善自己的客观生活条件，另一方面他们对自己生活的期望也较高，抵消了客观生活条件改善带来的幸福感提升。同时，进城务工带来的另一个结果是提升了参照群体的质量。农民工进城后，几乎是城市中的最底层，相对剥夺感最严重，这进一步降低了他们的幸福感。

北漂（泛指）与农民工的社会经济地位虽然不同，但内在动机和心理过程却可能非常相似。两者都是自愿选择艰苦的努力，以期获得社会阶层的上升和生活条件的改善。他们期盼能脱离之前的群体，但暂时还不能进入新群体，甚至不被新群体接纳和认可。他们可以选择后退，但却坚持留下来。可以说，他们的心理状态是"痛并快乐着"，这与低保群体不同，低保群体的状况并不是自己个人选择的结果，其较低的幸福感更应该归结于经济状况带来的实际生活困难，因此是"并无快乐的痛"。通过我们的数据和上述分析，可以发现，现实的客观生活条件确实是幸福感的基础。如果连生存需要都得不到满足，幸福便如无源之水，无本之木。然而，当外在的客观生活条件达到一定水平后，幸福感却会受到许多内在的心理因素的影响，此时能给人们带来幸福或不幸福感的因素就会很多，幸福感的获得也会变得复杂。

表1　不同职业的幸福感（%）

职业类别	企业员工	大学生	公务员	知识分子	企业家	农民工	农业劳动者	北漂	低保者	退休人员
很幸福	14.77	16.4	23.2	25.9	23.8	20.6	28.2	12.7	19.5	32.2
幸福	63.35	70.4	61.2	58.7	57.1	56.3	56.8	58.7	52.5	55.8
总和	78.12	86.8	84.4	84.6	80.9	76.9	85.0	71.4	72.0	88.0

三、国民幸福感的变迁：多角度的考量

我们正处于社会共同体时代。个人不仅经历自己的生活，而且更多地体验着他人和时代的生活。我们周遭的人、环境和社会，已成为我们生活中一道亮丽的风景而融入我们的生命中。曾几何时，改革开放初期，面对千疮百孔的社会现实，"让一部分人先富起来"过上幸福生活，成为人们追

求的目标。三十多年后的今天，强调"共同富裕""幸福中国"又成为我们为之奋斗的目标。国民幸福感的变迁本身就是一部简略的社会发展史。

这部国民幸福感变迁发展史的现实背景是中国的社会转型。社会转型作为一个社会学概念始于 1992 年①，这是对中国社会发生、发展和变化的一个概括。幸福感与每个人都息息相关，也是描绘个体心理感受的一个重要侧面。我们发现，已有国内外研究的关注点大都集中于探讨个体经济收入与幸福感的关系②③④⑤。国民幸福感如何随社会转型的变化而变化？结合已有研究，以及本研究分层抽样网络大规模调查的结果，我们提出，研究社会转型与幸福感的关系，要突破现有的研究思路，给社会转型与幸福感赋予更多的意义和内涵。

我们认为，没有必要执着于经济收入与幸福感的关系问题。探讨经济收入与幸福感关系的命题之所以成为一个重要的学术问题，源于学者对经济学认识的更新。经济学的创立本来是为了增加人类福祉，只是在后来发展过程中偏离了既有轨道，从幸福转向了财富⑥。对经济学来说，关心幸福感，或者经济收入与幸福感之间的关系，是对庸俗经济学理论的一种反证。然而，这却不应成为我们在探讨社会转型时，只将注意力集中于经济增长一项指标的理由。同时，已有文献以及本研究的研究结果都显示，经济收入与幸福感的关系并不稳定，至少就目前的测量方式和数据来看是这

---

① 李培林. 另一只看不见的手：社会结构转型. 中国社会科学，1992，(5)：3-17.

② Stevenson，B. & Wolfers，J. Economic growth and subjective well-being：Reassessing the Easterlin Paradox. Brookings Papers on Economic Activity. 2008，39(1)：1-102.

③ Easterlin，R.，Mcvey，L. A.，Switek，M.，Sawangfa，O. & Zweig，J. S. The Happiness-Income Paradox Revised. Proceedings of the National Academy of Sciences. 2010，107(52)：22463-22468.

④ Easterlin，R. A.，Morgan，R.，Switek，M. & Wang，F.. China's life satisfaction，1990－2010. Proceedings of the National Academy Sciences. 2012，109(25)：9775-9780.

⑤ 刘军强，熊谋林，苏阳. 经济增长时期的国民幸福感——基于 CGSS 数据的追踪研究. 中国社会科学，2012：12.

⑥ ［英］尼古拉斯·尼尔. 福利经济学前沿问题. 北京：中国税务出版社，2000：2-3.

样的。国内研究表明，虽然经济增长可能是幸福感提升的动力[1]，但在控制了相对收入效应后，绝对收入对主观幸福感的影响不显著[2]，或者即使显著，影响也已减弱到极低的水平[3]，甚至在某些时间段二者呈现负相关关系[4]。本研究分层抽样的大规模网络调查结果也显示，经济收入仅是影响幸福感的因素之一，年龄、教育程度和职业等因素也会影响幸福感。国内研究者对广东省的数据结果分析表明，地区经济和居民收入对幸福感的影响还不如国民背景因素（包括性别、户籍、年龄、学历和职业）的影响更大[5]。

不过，现有理论、文献及本研究数据也指出，经济收入与幸福感的不稳定关系是存在边界条件的。即当经济收入的增加能帮助人们更好地满足基本需要时，会有助于幸福感的提升。然而，一旦经济收入不再对个体的基本需要起作用，其对幸福感的影响就变得不稳定了。例如，E. Diener及其同事综述了以往国民幸福感与国家经济增长关系的研究。他们以日本为例发现，在1958年之前，日本人的幸福感随国民收入的增加而增加，但在1958年到1987年的29年时间里，虽然日本人均GDP（已对通货膨胀进行了修正）飞速发展，但国民主观幸福感水平却基本没有变化（增长量仅为3%）。这里的时间节点是1958年，此时日本的人均GDP大约是3000美元，是大概能满足个体生活需要的水平[6]。这是因为当收入提高到能在满足基本需要上发挥作用时，个体可以直接感觉到经济收入增加带来的幸福感。但当经济收入达到一定程度之后，这种经济增加带来的生活改善就很难直接转化为幸福感了。

---

① 刘军强，熊谋林，苏阳. 经济增长时期的国民幸福感——基于CGSS数据的追踪研究. 中国社会科学，2012：12.

② 官皓. 收入对幸福感的影响研究：绝对水平和相对地位. 南开经济研究. 2010，(5)：56-70.

③ 罗楚亮. 绝对收入、相对收入与主观幸福感——来自中国城乡住户调查数据的经验分析. 财经研究. 2009，(11)：79-91.

④ 朱建芳，杨晓兰. 中国转型期收入与幸福的实证研究. 统计研究，2009，(4)：7-12.

⑤ 郑方辉，冯淇，卢扬帆. 基于幸福感与满意度的广东国民幸福指数实证研究. 广东行政学院学报. 2012，24(2)：16-20.

⑥ Diener，E. & Biswas-Diener R.. Will money increase subjective well-being?：A literature review and guide to needed research. Social Indicators Research. 2002，57(2)：119-169.

　　把这一推论与中国的现实国情结合起来，就很容易理解国内学者发现的收入与幸福感关系的研究结论了。2007 年中国人均 GDP 就已经超过了 3000 美元的标准（人民币 20337.1 元）①，再考虑到测量方式（一般是纸笔或网络填答，对被试的文化和受教育程度有要求）与取样（有时会采取方便取样）的因素，在选定的被试群中，人均 GDP 很可能早于 2007 年就超过了收入决定幸福感的临界点。因此，可以设想，在中国现阶段乃至未来，收入的提高可能很难通过转化为生活水平提高而对幸福感有很大的提升作用。从另一个角度来看，实际上是幸福感的意义和内涵扩大了。由满足基本需要所带来的幸福感提升在整个幸福感中所占比例不仅减小了，而且可能会越来越小。

　　在经济收入到达一定程度后，人们心目中的幸福感的内涵会逐渐扩大和丰富。此时仅仅是情感的愉悦和对生活的满意就很难完全容纳幸福的内涵。国外幸福感研究概念的变迁，实际上也可以看作是这一演化过程的某种反映。比如，最早研究的主观幸福感是以直接的情绪感受与对生活满意度的评价构成的②，后来侧重个体潜能发挥的实现幸福感③，以及侧重社会层面的社会幸福感得到了研究者的关注④。最近的研究则开始转向对生命意义的理论和测量⑤。

　　同样，不仅幸福感的内涵渐次扩大和丰富，社会转型也并不仅有经济收入增长一项指标。经济增长是我国社会转型的一个重要因素，但却并不唯一。依照社会学对社会转型的传统定义，社会转型是"社会从传统型向现代型的转变，或者说由传统型社会向现代型社会转型的过程"⑥。其中不

---

　　①　具体数据参见国家统计局 . http：//data. stats. gov. cn/easyquery. htm？cn＝C01.

　　②　Diener，Ed.，Emmons，R. A.，Larsen，R. J. & Griffin，S. The Satisfaction with life scale. Journal of Personality Assessment. 1985，49(1)：71-75.

　　③　Ryan，R. M. & Deci，E. L. On happiness and human potentials：A review of research on hedonic and eudaimonic well-being. Annual Review of Psychology. 2001，52(1)：141-166.

　　④　Keyes，C. L. M. Social well-being. Social Psychology Quarterly. 1998，61(2)：121-140.

　　⑤　Steger，M. F.，Frazier，P.，Oishi，S.，& Kaler，M.. The meaning in life questionnaire：Assessing the presence of and search for meaning in life. Journal of counselling psychology. 2006，53(1)：80-93.

　　⑥　郑杭生 . 社会转型论及其在中国的表现 . 广西民族学院学报（哲学社会科学版），2003，25(5)：62-73.

仅包含社会结构的变化，还包括具体制度与社会治理方式的变化[①]。而从计划经济向市场经济的转变，会涉及许多相应的社会心理过程。因此不仅制度变迁是考察社会变迁本身的一个重要视角[②]，还应当进一步考察这种制度变迁带来的社会心理问题，特别是对民众幸福感的影响。比如，从"大锅饭"到公平竞争，从"包分配"到自主就业（或创业），这其中便涉及很多与幸福感有关的主题。"大锅饭"确实能满足人们的安全需要，但"包分配"却降低了人们的自主需要。安全需要的满足有益于幸福感，但自主需要受阻却也会阻碍幸福感的提高[③]。同时，如果竞争是出于外部而不是内部动机，也会降低个体的幸福感[④]。又如，市场经济还要求劳动力的市场化，我国原有的户籍制度在改革开放之后也在逐步松动，这带来的一个后果是国民居所流动性的提高。而国外研究表明，居所流动性的提高，不仅会降低个体幸福感，甚至还会增加个体成年后死亡的风险[⑤]。再如，美国学者 T. Kasser 曾系统考察美国资本主义制度与美国国民物质主义价值观的联系，并得出结论，认为资本主义制度与国民物质主义之间是相辅相成的。宏观制度是个体物质主义的基础，而物质主义又反过来支撑制度的运转[⑥]。最近的元分析表明，物质主义对幸福感有普遍的消极作用[⑦]。

---

① 渠敬东，周飞舟，应星. 从总体支配到技术治理——基于中国 30 年改革经验的社会学分析. 中国社会科学，2009，(6)：104-127.

② 肖瑛. 从"国家与社会"到"制度与生活"：中国社会变迁研究的视角转换. 中国社会科学，2014，(9)：88-104.

③ Ryan，R. M.，& Deci，E. L.. Self-regulation and the problem of human autonomy：Does psychology need choice，self-determination，and will? . Journal of personality. 2006，74(6)：1557-1586.

④ Nix，G. A.，Ryan，R. M.，Manly，J. B.，& Deci，E. L.. Revitalization through self-regulation：The effects of autonomous and controlled motivation on happiness and vitality. Journal of Experimental Social Psychology. 1999，35(3)：266-284.

⑤ Oishi，S.，& Schimmack，U.. Residential mobility，well-being，and mortality. Journal of personality and social psychology. 2010，98(6)：980-994.

⑥ Kasser，T.，Cohn，S.，Kanner，A. D.，& Ryan，R. M.. Some costs of American corporate capitalism：A psychological exploration of value and goal conflicts. Psychological Inquiry. 2007，18(1)：1-22.

⑦ Dittmar，H.，Bond，R.，Hurst，M.，& Kasser，T.. The relationship between materialism and personal well-being：A meta-analysis. Journal of Personality and Social Psychology. 2014，107(5)：879-924.

除了制度，社会转型还会间接带来社会许多其他方面的变化，比如，自然环境。我国目前的经济增长方式还在转型之中，粗放型经济对环境的恶化与日俱增。国内研究者王芳及其同事结合对北京空气质量指数（API）连续 10 天的监控数据，以及在这 10 天时间内通过事件经验取样对被试幸福感的测量，结果发现，雾霾天气确实会对个体幸福感产生不良影响[1]。

国内学者已经认识到社会变迁对社会心理方方面面所产生的影响，如社会心态的研究[2]，文化传承方式的变迁[3]，中国经验到中国体验的发展[4]，或者针对某种心理特征如价值观的探讨等[5]。我们认为，另一个思路是，考察社会变迁的具体侧面对社会心理的影响，这需要抽取出社会变迁的具体因素。除了上文列举的制度变迁、自然环境变化外，还有许多其他值得深入探讨的因素。

四、提升国民幸福感的对策与建议

随着我国社会经济发展进入新常态，国民生活基本实现小康，如何有效地提升国民的幸福感，这个议题已摆到了国家和政府的议事日程上。提升国民幸福感是一项复杂的社会系统工程。

第一，国家和政府要大力提升国民的国家满意度。研究表明，国家满意度可以较有效地预测人们的主观幸福感，但这一关系受到诸多变量的调节，包括家庭收入、生活的舒适性、居住的流动性以及人均 GDP 等[6]。在我国，国民更可能使用感知到的社会成功来评判生活满意度，即社会生活是生活满意度更为有效的预测指标。同时，个人服从整体的文化惯性让国家幸福即个人幸福的理念深入人心，而 21 世纪以来的民族主义思潮又在某

① Gu, D., Huang, N., Zhang, M., & Wang, F.. Under the Dome: Air Pollution, Wellbeing, and Pro-Environmental Behaviour Among Beijing Residents. Journal of Pacific Rim Psychology. 2015, 9(2): 65-77.

② 王俊秀. 社会心态：转型社会的社会心理研究. 社会学研究，2014，29(1)：104-124.

③ 周晓虹. 文化反哺：变迁社会中的亲子传承. 社会学研究，2000，2(5)：1-66.

④ 周晓虹. 中国经验和中国体验：理解社会变迁的双重视角. 天津社会科学，2011，(6)：12-19.

⑤ 郑佳明. 中国社会转型与价值变迁. 新华文摘，2010，(6)：25-30.

⑥ Morrison, M., Tay, L. & Diener, E. D.. Subjective well-being and national satisfaction: Findings from a worldwide survey. Psychological Science. 2011, 22(2): 166-171.

种程度上加剧了这种思维方式。这就是为什么在我们的网络调查中，有81.4％的人表示感觉现在比过去更幸福，因为改革开放后，我国社会生活发生了翻天覆地的变化，综合国力和国际地位有了显著提高。但仍有48.5％的被调查者认为自己的收入待遇远低于自己的付出，53.3％的被调查者将公平正义作为最希望国家未来发生的重大变化之一。当前，人们普遍感到单纯物质财富的增加未必会让人感到幸福，只有获得了公平感、人的权益和需要得到了尊重，才能过上有尊严的幸福生活。因此，国家和政府应借力生力，实施以人为本的施政方针，加强国家象征体系建设，着力强化国家认同意识，进一步强调践行社会主义核心价值观的重要性，以核心价值观承载民族和国家的精神追求；加强爱国主义和集体主义教育的宣传力度；通过不断完善社会保障，促进社会公平，建立权力公平、机会公平、规则公平的社会公平保障体系，以提升社会文明，提高生活质量，来大力提升国民的国家满意度。

第二，国家和政府要强调经济发展为社会幸福服务的理念。为了实现这一目标，国家和政府必须加强对宏观经济政策进行有效调控，让国民能分享到更多经济发展的成果。例如，宏观税负就对国民幸福感有显著的负面影响。一般而言，政府公共支出增进了国民的幸福感，但政府基建投资对于国民的主观幸福感有显著负效应，而用于科教文卫和社会保障的支出有显著正效应①。研究者在控制了社会人口、经济和情境性因素之后，研究发现食品价格上涨对国民幸福感存在显著的负面影响。生活经验也告诉人们，经济危机的发生不仅对社会经济产生巨大破坏作用，同时，也会影响人们的幸福感。在幸福感越来越多地作为衡量社会发展指标的情况下，宏观经济政策在应对经济危机过程中如何减少幸福感的损失就至关重要。据此，国家和政府应把国民幸福感纳入经济和社会发展规划目标体系，控制基建投资规模，稳定物价，加大公共支出，特别是科技、教育、文化、医疗卫生和社会保障的支出。同时，加强对宏观经济政策的有效调控，采取较为宽松的市场管理政策，真正做到经济发展为提升社会幸福、国民幸福感服务。因为经济收入并不是国民幸福感的必要条件，网络调查中也发现经济收入最低者(月收入1000元及以下)却是幸福感最高者，但经济政策对国民幸福感举足轻重。

---

① 谢舜，魏万青，周少君．宏观税负、公共支出结构与个人主观幸福感兼论"政府转型"．社会，2012，32(6)：86-107.

第三，国家和政府要充分发挥文化的"软实力"作用。文化对幸福感的影响，不仅体现在幸福感水平和内涵的差异上，而且更多体现在文化特异性对幸福感的影响上。当然，文化特异性中也包含着一定的共同性，如基本需要的满足、社会支持以及人格等因素。研究表明，中西方幸福感的差异体现在本源、意义、联系与时间性四个方面，在本源方面，中国文化强调适应环境，幸福感具有明显的和谐性；在意义方面，中国文化强调个人是群体的一分子，强调群体福祉而不是个人福祉，幸福感具有明显的价值本位而非情感本位的特点；在联系方面，中国文化强调人际互依，而非独立，幸福感具有明显的社会性而非个体性；在时间方面，中国文化下的幸福感强调未来取向，而非当前取向①。因此，国家和政府要根据中国文化背景下国民幸福感的特点，有的放矢对症下药。即大力弘扬中华民族的优秀文化传统，强调"天下兴亡匹夫有责的爱国情怀，仁爱共济立己达人的社会关爱，正志笃志崇德弘毅的人格修养"。着力加强社会主义和谐文明建设，特别是中国特色的社会主义文化建设，如基于东方冥想所提出的正念训练就能增进身心愉悦，提升个体幸福感；引导国民正确处理个人、集体和国家三者之间的关系，把民族和国家利益放在首位；建立团结合作、互助互倚的新型社会主义人际关系，追求共同幸福；创造良好的社会生活环境，安全的生活生态系统，使人们减少各种内心的冲突，提升幸福感水平，共同为实现两个一百年的"中国梦"而努力奋斗。

第四，国家和政府要重视全社会的心理健康教育。幸福感是国民心理健康和社会适应的重要指标和结果。研究证明，重视人与人之间关系的人，比重视获得某种结果的人更为幸福②。为此，党和国家要"倡导健康生活方式，加强心理健康服务""要注重人文关怀和心理疏导"，"健全社会心理服务体系和疏导机制、危机干预机制"，以提高国民心理健康水平、使人们过上幸福而有尊严的生活为根本目标。加强全社会的心理健康教育，使国民能正确认识自己，评价自己，接纳自己，并被人喜欢被人接受，从他人处感受温暖、热情和幸福，并建立和完善良好的人际关系；对他人抱信任宽容友善的态度，对人生持乐观满足开朗的态度，以现实态度直面现

---

① 高良，郑雪，严标宾. 幸福感的中西差异：自我建构的视角. 心理科学进展，2010，18(7)：1041-1045.

② Vaillant, G. E.. Triumphs of experience. Harvard University Press，2012.

实环境、适应环境和改造环境，对积极的人事物做出积极的反应；倡导以运动获得健康和快乐，以音乐愉悦情绪和心灵，以作品体验真情与感动，借此获取精神世界的滋养，达到自我实现者心理健康的境界。特别要重视独生子女群体、学生群体、职业群体、特殊群体和网民群体的心理健康教育，真正实现世界卫生组织提出的，"心理健康是一种健康或幸福状态，在这种状态下，个体可以实现自我、能够应对正常的生活压力、工作富有成效和成果，以及有能力对所在社会做出贡献"。

第五，国家和政府要研发和推广高新技术产品。随着科学技术的不断发展，很多高新技术产品在为人们的生活带来便利的同时，也影响着人们的幸福感。研究发现，固定电话、移动电话、音乐播放器与个人电脑等需要与网络连接的物品，与国民的高水平幸福感有关。在对移动电话和宽带进行控制的情况下，人们的自主性心理需要得不到满足，从而引起幸福感的下降[1]。互联网的迅速发展，使人们对互联网的依赖程度越来越高，而最近几年发展迅猛的移动互联网更是让人们的日常生活产生了翻天覆地的变化[2]。特别是对于青少年而言，如何使这一主要的社会交往媒介对个体的幸福感会产生积极的影响，使高新技术产品成为国民幸福感的助推器，是国家和政府需要认真应对的战略课题，研发和推广具有幸福感附加值的高新技术产品应是当务之急。

总之，国家和政府要根据我国国情和国民幸福感的特点，把提升国民的国家满意度放在首位，倡导经济发展为国民幸福感服务的新理念，通过宏观经济调控、文化的软实力建设、全社会的心理健康教育和推广应用高新技术产品等举措，全面维护与提升国民的幸福感水平。

（俞国良）

① Chirkov，V.，Ryan，R. M.，Kim，Y.，& Kaplan，U.. Differentiating autonomy from individualism and independence：a self-determination theory perspective on internalization of cultural orientations and well-being. Journal of personality and social psychology. 2003，84(1)：97-110.

② Billieux J，Philippot P，Schmid C，et al. Is dysfunctional use of the mobile phone a behavioural addiction? Confronting symptom-based versus process-based approaches. Clinical Psychology & Psychotherapy. 2015，22(5)：460-468.

互联网背景下国民幸福感的增益与消减

幸福是一个古老而又永恒的话题，是所有人都在不懈追求的东西。近年来，幸福感的研究越来越多地受到关注，不仅是在学术文献中，还在新闻报道、政治辩论或政府报告中，它都是一个焦点。有幸福感也成为了心理健康的一个重要指标。那么，什么是幸福或幸福感呢？国内外心理学中与幸福有关的概念有很多，而其中受研究者关注最多的是主观幸福感（subject well-being，SWB）[①]。主观幸福感是衡量人们生活质量的一个重要的心理指标，是对生活的总体满意感，是一种积极情感超过消极情感，成为主导性的情感体验，从而使个体能从整体上对生活感到满意的心理状态，由积极情感、消极情感和生活满意度三部分构成[②③]。本文就是从积极情感和消极情感两个角度来论述互联网与幸福感之间的关系。

"生态系统理论"（ecological systems theory）是发展心理学中的一个重要理论，由布朗芬布伦纳提出，用以解释环境对儿童发展的影响。该理论认为儿童的发展嵌套于相互影响的一系列环境系统之中，这些系统包括：微系统、中系统、外系统、宏系统和时间系统。为了更好地解释电脑、互联网等电子媒体如何影响儿童的发展，约翰逊和帕普兰帕[④]对生态系统理论做了补充，提出了"生态技术－子系统"（ecological techno-subsystem）。该理论认为，儿童的发展嵌套于多层次的环境模型中。处于最内层的是技术－子系统，主要包括电脑、互联网、手机等电子媒体。电子媒体的使用对儿童的影响是通过技术－子系统来调节的。而在后面的微系统、中系统等各系统中，电子媒体都参与其中并对儿童发展产生影响。其实，不仅是儿童，我们每一个人都生活在这样一系列环境系统当中，受到这些环境系

---

① 俞国良，王诗如．幸福感：测量、影响因素及其进展．黑龙江社会科学，2015，03：81-86.

② 邹琼，佐斌．人格、文化与主观幸福感的关系及整合模型述评．心理科学进展，2004，06：900-907.

③ 苗元江．跨越与发展——主观幸福感的过去、现在与未来．华南师范大学学报：社会科学版，2011，05：122-128.

④ Johnson G M，Puplampu K P. Internet use during childhood and the ecological techno-subsystem. Canadian Journal of Learning & Technology，2008，34(1)：19-28.

统的影响。随着互联网技术的发展和普及，互联网已经渗透到生活的方方面面，也渗入到各个系统当中。而幸福感正是在互联网背景下各个系统相互作用的结果。在网络背景的生态系统下，人们的幸福感会受到怎样的影响，是增益还是消减，这个问题正是我们所关心的。

一、网络使用与幸福感

互联网的使用有很多种，包括了网络游戏、网络购物、网络信息浏览和网络社交等。一项对老年人的研究①发现，使用互联网的老年人比不使用者有着更好的心理健康水平和更高的幸福感，而社会整合和社会支持在网络使用和心理健康/幸福感之间起着中介作用。也就是说，互联网的使用让老年人得到了更多的社会支持和社会整合，从而让他们心理更健康，感觉更幸福。而对中国大学生的研究②也发现，网络交往满足了心理需要，可以促进个体的社会自我效能感，让个体验到更高的主观幸福感。同时，心理需求满足的在线交流也会影响个体的"羞怯"状态，这将降低他们的社会自我效能感，从而导致更低的主观幸福感。从性别差异来看，中国女大学生从心理需要满足的网络交往中所获得的社会自我效能感更低，所以与男生相比，她们的主观幸福感更低。而网络聊天会减少孤独感和抑郁，增加幸福感，以及提高社会支持和自尊。

互联网不再是只有少数人使用的一种先进技术，它已经成为用户从专业程序员到休闲冲浪者和儿童的一个普遍工具。一般的调查数据都是关于互联网使用的广泛模式，而对互联网的具体使用、个体人格维度、情绪变量或社交互动之间的关系却知道的很少。有研究③就发现，互联网使用的具体类型，包括游戏和娱乐使用，能够预测知觉到的社会支持、内向和幸福感，恶作剧相关活动的互联网使用（例如，不付款下载、欺诈、窥探等）

---

① Berkey, C. S., Rockett, H. R. H., Colditz, G. A. Weight gain in older adolescent females: The Internet, sleep, coffee, and alcohol. The Journal of Pediatrics, 2008, 153(5): 635-639e1.

② Li, C., Shi, X., Dang, J. Online communication and subjective well-being in chinese college students: the mediating role of shyness and social self-efficacy. Computers in Human Behavior, 2014, 34(5): 89-95.

③ Mitchell, M. E., Lebow, J. R., Uribe, R., Grathouse, H., Shoger, W. Internet use, happiness, social support and introversion: a more fine grained analysis of person variables and internet activity. Computers in Human Behavior, 2011, 27(5): 1857-1861.

与低水平的幸福感和社会支持相关。而不同的网络使用行为也对大学生的主观幸福感产生复杂的影响；其中，电脑上网获取信息能够正向预测大学生的主观幸福感；而电脑上网娱乐则会负向预测大学生主观幸福感；手机上网交友则正向预测主观幸福感；而网络使用（电脑网络和手机网络使用的时间、频次）对大学生的主观幸福感没有预测作用[①]。

通过文献梳理可知，网络使用与幸福感的关系特别复杂，我们不能简单地说网络使用正向或负向影响幸福感，二者之间可能存在着很多的中介或调解变量，还需要以后更多的研究来加以验证。

二、社交媒介与幸福感

1. 青少年社交媒介使用与幸福感

"幸福感"可以被看作是一个抽象的、完全个性化的概念，其含义似乎在不断变化。但无论如何测量，社交媒介和幸福感之间似乎有着密切的联系。研究者[②]对网络交往与青少年的主观幸福感进行了研究，发现网络交往与主观幸福感之间存在显著正相关，而且男生从网络交往中获得的益处要比女生多。还有研究者[③]研究了西班牙青少年使用西班牙社交网站 Tuenti 对心理幸福感的影响，并探讨了自尊和孤独感的作用。结果发现，青少年使用 Tuenti 的强度与社交网站上的社交程度呈正相关，而在 Tuenti 上的社交与青少年感知到的幸福感显著正相关。这种关系不是直接的，而是通过自尊、孤独感这两个中介变量来间接实现的。而青少年使用社交网站（如 Friendster、MySpace）的频率对社会自尊、幸福感也有着间接的影响[④]。社交网站的朋友数量、青少年收到的关于他们个人资料反馈的频率和语气（积极对消极）都会

---

① 申琦，廖圣清，秦悦. 网络使用、社会支持与主观幸福感：以大学生为研究对象. 新闻与传播研究，2014，6：99-113.

② Wang，J，Wang，H. The predictive effects of online communication on well-being among Chinese adolescents. Psychology，2011，2(4)：359-362.

③ Apaolaza，V.，Hartmann，P.，Medina，E.，Barrutia，J. M.，Echebarria，C. The relationship between socializing on the Spanish online networking site Tuenti and teenagers' subjective well-being：The roles of self-esteem and loneliness. Computers in Human Behavior，2013，29(4)：1282-1289.

④ Valkenburg，P. M.，Peter，J.，Schouten，A. P. Friend networking sites and their relationship to adolescents' well-being and social self-esteem. CyberPsychology & Behavior，2006，9(5)：584-590.

影响幸福感。对资料积极的反馈会增强青少年的社会自尊和幸福感，消极的反馈则会减少社会自尊和幸福感。由此可见，社交媒介的使用与青少年的幸福感之间有着紧密的关系，而且二者的关系会受到很多因素的影响。

2. 大学生社交媒介使用与幸福感

大学生是社交媒介使用非常频繁的一个群体，社交媒介的使用又会给这个群体造成什么样的影响呢？对在日本的中国留学生进行的研究①发现，社交网站的使用强度无法预测个体感知的社会资本和心理幸福感。社交网站使用的影响会根据它的服务功能而不同。出于社交和信息功能而对社交网站的使用会提高个体感知所具有的社会资本和生活满意度的水平，而社交网站被用于娱乐休闲功能则无法预测感知的社会资本，但会增加个体孤独感的水平。所以，该研究认为个体用社交网站来随时获得信息和联系，有益于他们社交网络的构建和心理幸福感。但是，对在美国的韩国留学生和中国留学生的研究却发现，与其他被试相比，使用 Facebook 的学生表现出较低程度的文化适应压力和更高程度的心理幸福感。而传统社交网站的使用则与文化适应压力正相关。但其中个体差异如人格、在美国的时间长短、学业成就压力和英语能力都具有一定的解释力②。

3. 普通网民社交媒介使用与幸福感

对普通网民的研究③发现，孤独感会对幸福感产生直接的负面影响，但对自我表露却有着积极的影响。社会支持正向影响幸福感，社会支持在自我表露和幸福感之间起着完全中介作用。该结果意味着，即使孤独的人幸福感很差，他们的幸福感也可以通过使用社交网站而提高，包括自我表现和来自朋友的社会支持。而人际社会支持会影响压力水平，进而影响躯体疾病的程度和心理幸福感，Facebook 的好友数量会让用户知觉到更强的

---

① Guo，Y.，Li，Y.，Ito，N. Exploring the Predicted Effect of Social Networking Site Use on Perceived Social Capital and Psychological Well-Being of Chinese International Students in Japan. Cyberpsychology，Behavior，and Social Networking，2014，17(1)，52-58.

② Park，N.，Song，H.，Lee，K. M. Social networking sites and other media use，acculturation stress，and psychological well-being among East Asian college students in the United States. Computers in Human Behavior，2014，36：138-146.

③ Lee，K. T.，Noh，M. J.，Koo，D. M. Lonely People Are No Longer Lonely on Social Networking Sites：The Mediating Role of Self-Disclosure and Social Support. Cyberpsychology，Behavior，and Social Networking，2013，16(6)：413-418.

社会支持，从而会减轻压力，并与较少的躯体疾病和更大的幸福感相关①。梁栋青②也发现，网络社会支持是主观幸福感的一个重要影响因素。对社交媒介使用、面对面沟通、社交孤立、连通性（connectedness）和主观幸福感之间的关系进行的研究③表明，连通性在社交媒介使用对主观幸福感的影响中起中介作用。另一方面，连通性和避免社交孤立在面对面沟通对主观幸福感的影响中也起中介作用。网络真实性对主观幸福感的三个指标（生活满意度、积极情绪和消极情绪）会产生积极的纵向影响。但是，也有一批研究者认为缺乏非语言线索和身体接触是网络交往中的潜在问题。这些研究者认为，在线互动无法提供足够的与个人有关的深度或情感支持，导致幸福感的整体减少④。但是，大多数研究认为在线社交技术对青少年的幸福感有混合影响。

综上所述，我们可以看到社交媒介的使用与幸福感之间是积极的、正向的关系，适度的使用社交媒介会提高使用者的幸福感。当然，社交媒介的使用与幸福感之间的关系也是复杂的，还会受到很多因素的影响，而这些也是需要进一步研究的。

三、网络成瘾与幸福感

互联网是一个技术工具，使我们的生活更方便，互联网已经成为我们生活中不可缺少的一部分，其用户数量每天都有较快的增长。随着网络的普及和网络技术的飞速发展，网络成瘾或过度的网络使用也引起了社会各界的广泛关注。过度的网络使用又会对使用者的幸福感带来什么样的影响呢？

---

① Nabi, R. L., Prestin, A., So, J. Facebook Friends with (Health) Benefits? Exploring Social Network Site Use and Perceptions of Social Support, Stress, and Well-Being. Cyberpsychology, Behavior, and Social Networking, 2012, 16(10): 721-728.

② 梁栋青. 大学生网络社会支持与主观幸福感的相关研究. 中国健康心理学杂志, 2011, 19(8): 1013-1015.

③ Ahn, D., Shin, D. H. Is the social use of media for seeking connectedness or for avoiding social isolation? Mechanisms underlying media use and subjective well-being. Computers in Human Behavior, 2013, 29(6): 2453-2462.

④ Green, M. C., Hilken, J., Friedman, H., Grossman, K., Gasiewskj, J., Adler, R., et al. Communication via instant messenger: Short- and long-term effects. Journal of Applied Social Psychology, 2005, 35: 445-462.

研究表明，过度使用网络的大学生比正常的大学生表现出更消极的生理后果、行为后果、心理－社会后果和经济后果，对生活会更不满意、也更容易感受消极情感，其幸福感也更低①。网络成瘾与总体幸福感呈负相关，即网络成瘾越严重，个体的总体幸福感就会越低，成瘾者总体幸福感低于非成瘾者②，并且生活事件、消极应对方式会降低网络成瘾者的幸福感，但是社会支持却可以提高大学生网络成瘾者的幸福感③。而过度的网络使用也会对面对面交流产生负面影响，它减少了花在与朋友和家庭成员在一起的时间，从而减少了心理幸福感④。

此外，网络成瘾还能够负向预测主观生命力（Subjective Vitality）和主观幸福感，而主观生命力在网络成瘾和主观幸福感之间起着中介作用⑤。除此之外，出世和入世心理也会影响到网络成瘾和主观幸福感之间的关系，有研究⑥发现，网络成瘾除了直接对幸福感产生负面影响外，还会通过减弱入世心理中的拼搏精神和出世心理中的平常心而降低幸福感。由此，我们不难发现，网络成瘾会直接影响网民的幸福感，而且还会通过影响一些中介变量而间接地影响幸福感。所以，我们在考察网络成瘾与幸福感之间的关系时，还需要考察二者之间的中介变量。

对高社交焦虑的个体进行的研究发现，与社交焦虑较低的个体相比，社交焦虑高的个体报告当他们进行网络社交时有更高的舒适感和自我表露。但是，频繁进行网络交往的个体，他们的社交焦虑与低生活质量和高抑郁呈正相关。也就是说，社交焦虑的个体使用网络交往代替面对面的交

① 刘文俐，周世杰．大学生网络过度使用的后果及与幸福感的关系．中国临床心理学杂志，2014，22(2)：288-290.

② 宋建根，许艳，李源晖，马翠荣，姚应水．芜湖高校大学生网络成瘾与总体幸福感关系研究．中国学校卫生，2014，35(5)：691-696.

③ 梁宁建，吴明证，杨轶冰，等．大学生网络成瘾与幸福感关系研究．心理科学，2006，29(2)：294-296.

④ Kraut, R., Patterson, M., Lundmark, V., Kiesler, S., Mukopadhyay, T., Scherlis, W. Internet paradox: A social technology that reduces social involvement and psychological well-being? American Psychologist, 1998, 53: 1017-1031.

⑤ Akin, A. The relationships between internet addiction, subjective vitality, and subjective happiness. Cyberpsychology Behavior & Social Networking, 2012, 15(8): 404-410.

⑥ 杨宏飞，薛尚洁．入世和出世心理对网络成瘾与幸福感的中介作用初探．中国心理卫生杂志，2008，22(05)：353-356.

往，但是，频繁的网络交往使他们的幸福感更低①。这也就告诉我们，无论是什么人，也无论是哪种网络使用，只要是过度的使用都会令用户的幸福感降低。

四、互联网与孤独感

孤独感是心理健康发展的一个重要标志。在幼年时的孤独感被认为是以后的低生活健康状况的预测指标。一些理论认为，互联网的使用与更低的孤独感和幸福感有关，而其他理论则认为会增加孤独感。一方面，互联网提供了充足的机会与同学、家人或有共同兴趣的陌生人相联系。此外，匿名性和不同步沟通的可能性也会导致沟通的控制感，进而可能促进亲密关系的发展②。另一方面，互联网的使用也可能减少了线下的互动，而网络当中发展的都是一些肤浅的关系和弱的社会联系③。"取代假设"(Displacement Hypothesis)认为，网络交往会影响到青少年现实生活中的交往，青少年有可能会用网络中的友谊代替现实社会中的友谊，他们用网络中形成的弱人际联结取代了真实生活中的强人际联结。网络交往使他们逃避现实，不去与现实中的人交往，而一味的沉迷于网络。这也是青少年网络成瘾的原因之一。

目前，已经出现了大量的实证研究来探讨互联网的使用与孤独感之间的关系。黎亚军等④对青少年网络交往与孤独感的关系进行了研究，发现青少年的网络交往与孤独感之间的关系非常复杂，二者之间存在着调节变量和中介变量。他们的研究发现，交往对象是否熟悉会在网络交往与孤独感的关系中起着调节作用，对于交往对象主要是熟悉人的青少年，网络交

---

① Weidman, A. C., Fernandez, K. C., Levinson, C. A., Augustine, A. A., Larsen, R. J., Rodebaugh, T. L. Compensatory internet use among individuals higher in social anxiety and its implications for well-being. Personality & Individual Differences, 2012, 53(3): 191-195.

② Valkenburg, P. M., Peter, J. Online Communication Among Adolescents: An Integrated Model of Its Attraction, Opportunities, and Risks. Journal of Adolescent Health, 2011, 48: 121-127.

③ Subrahmanyam, K., Lin, G. Adolescents on the Net: Internet use and well-being. Adolescence, 2007, 42: 659-677.

④ 黎亚军，高燕，王耘. 青少年网络交往与孤独感的关系：调节效应与中介效应. 中国临床心理学杂志，2013，21(03)：490-492.

往对孤独感具有显著的负向预测作用，但是当交往对象是陌生人时，二者之间相关不显著。还有研究者①研究了大学生亲子之间的网络交往与孤独感、依恋和关系质量的关系，结果发现，与父母更频繁地电话交谈的学生报告有更满意、亲密和支持的父母关系，但那些使用社交网站与家长沟通的学生则报告有更高水平的孤独感、焦虑依恋以及亲子关系冲突。而同伴关系在二者之间则起着中介作用。

对网络成瘾的研究也发现，网络成瘾倾向者比非网络成瘾倾向者更容易形成孤独感，并且网络成瘾对孤独感具有显著的预测作用②。随着智能手机和移动互联网的出现，越来越多人出现了手机互联网依赖。对大学生的研究③发现，大学生的手机互联网依赖让他们变得更加孤独，而且还会通过网络社会支持的中介作用而间接影响他们的孤独感。除此之外，还有大量的实证研究发现，互联网的使用会影响到孤独感，而孤独感也会影响到互联网的使用。所以，二者之间谁是因谁是果并不是一个很容易说清楚的问题。或者可以说，互联网的使用会影响到孤独感，而孤独感也会影响网络使用，二者相互影响，互为因果。

五、互联网与抑郁

抑郁是一种易发的情感障碍，而且抑郁对人的影响非常大。那么，网络的使用与抑郁之间又有着怎样的关系呢？对老年人的研究④发现，互联网的使用增加了老年人的社会支持、社会接触、社会联系以及由于联系而产生的更大的满意度。互联网的使用让退休的老年人心理幸福感提高，并且减少了抑郁。尤其是对那些独居的老年人，网络的使用对他们抑郁的减

---

① Gentzler, A. L., Oberhauser, A. M., Westerman, D., & Nadorff, D. K. College students' use of electronic communication with parents: links to loneliness, attachment, and relationship quality. Cyberpsychology, Behavior, and Social Networking, 2011, 14(1-2): 71-74.

② 王滨. 大学生孤独感与网络成瘾倾向关系的研究. 心理科学, 2006, 29(06): 1425-1427.

③ 姜永志, 白晓丽. 大学生手机互联网依赖与孤独感的关系: 网络社会支持的中介作用. 中国特殊教育, 2014(01).

④ Cotten, S. R., Ford, G., Ford, S., Hale, T. M. Internet use and depression among retired older adults in the united states: a longitudinal analysis. Journals of Gerontology, 2014, 69(5): 763-771.

少作用更大。而对于大一新生来说，尚未形成高品质的校园友谊的大一新生与远方的朋友进行网络交往可以起到代偿作用。网络交往不仅可以减少有低质量现实友谊的学生的抑郁和焦虑，而且当抑郁的时候，现实友谊较差的学生会更频繁地通过电脑与远方的朋友交流。因此，在大学的最初几个月一个重要的任务可能是学习如何利用计算机和其他在线技术获取关系支持，而脱离关系可能会损害心理健康和高校适应[1]。一些研究者认为，在工业化国家，随着在个体和家人、同伴之间个性化和物理距离的增加，与同伴的正常的面对面互动越来越少，即时通讯提供了一个很好的跨越距离的桥梁[2]。因此，即时通讯成为很多人与他人交流的媒介，它与更少的抑郁和社交焦虑的发展有关。对于那些感知到低友谊质量的青少年来说，以沟通为目的的互联网使用能够预测更少的抑郁，而以非交往为目的互联网使用则预测更多抑郁和社交焦虑[3]。

但是，科学技术的进步总是具有两面性，互联网也不例外，在某些情况下，互联网也会增加使用者的抑郁。在网络交往中，尤其是在社交网站背景中，人们倾向于夸大他们的个人、专业和其他素质的同时掩盖其潜在的错误或缺点。所以，经常查看社交网站上好友近况的网民，更加容易感到自卑、抑郁[4]。对青少年网络欺负的研究也发现，网络受欺负与抑郁存在显著正相关，网络受欺负正向预测抑郁，而压力感在二者之间起完全中介作用[5]。网络成瘾和抑郁之间则具有双向关系，荀寿温等的交叉滞后研

① Ranney, J. D., Troop-Gordon, W. Computer-Mediated Communication With Distant Friends: Relations With Adjustment During Students' First Semester in College. Journal of Educational Psychology, 2012, 104(3): 848-861.

② Wolak, J., Mitchell, K. J., Finkelhor, D. Escaping or connecting? Characteristics of youth who form close online relationships. Journal of Adolescence, 2003, 26: 105-119.

③ Selfhout, M. H. W., Branje, S. J. T., Delsing, M., Bogt, T. F. M. T., Meeus, W. H. J. Different types of internet use, depression, and social anxiety: the role of perceived friendship quality. Journal of Adolescence, 2009, 32(4): 819-833.

④ Pantic, I., Damjanovic, A., Todorovic, J., Topalovic, D., Bojovic-Jovic, D., Ristic, S., et al. Association between online social networking and depression in high school students: behavioral physiology viewpoint. Psychiatr Danub, 2012, 24(1): 90-93.

⑤ 胡阳，范翠英，张凤娟等. 青少年网络受欺负与抑郁：压力感与网络社会支持的作用. 心理发展与教育，2014，30(2)：177-184.

究发现，网络成瘾能够显著预测抑郁，而抑郁也可以显著地预测抑郁①。

总之，网络与使用者的消极情绪之间存在着紧密的关系。但是二者的关系会受到很多因素的影响，包括所处情境、人格等因素。所以，网络对使用者消极情绪的影响存在着复杂性和多元性，还需要很多实证的研究来进行深入的探讨。

六、结语

关于互联网与幸福感的研究已经进行了很多年，并取得了很多的研究成果。但是，互联网与幸福感之间的关系错综复杂，还需要从不同的角度来进行深入的研究。所以，我们不能简单地说互联网的出现是让我们更幸福或是不幸福，它需要针对不同的人，针对不同的情况，还需要考察很多不同的变量。我们生活在一个庞大的生态系统当中，互联网让各个子系统之间的联系更加紧密。在互联网背景下，影响幸福感的因素越来越多，而且各因素之间互相联系，这就更需要大量的实证研究来探讨不同系统对幸福感的影响。

（雷雳　王伟）

---

① 荀寿温，黄峥，郭菲等．青少年网络成瘾与抑郁之间的双向关系．中国临床心理学杂志，2013，21(04)．

比较视角：幸福感与物质主义、传统规范的交互影响

一、问题提出

中国人目前的生活大环境是社会转型。在这个转型的过程中，中国人的幸福感会受到怎样的影响？或者更普遍一点，转型国家中的国民，其幸福感会有怎样的特点，受到哪些方面的影响？是否与非转型国家中的居民存在差异？这便是本研究提出的问题。

所谓社会转型，是"社会从传统型向现代型的转变，或者说由传统型社会向现代型社会转型的过程"①。传统型社会与现代型社会，并不具有固定不变的内涵，传统社会是相对于现在的现代社会来说的，过去的社会。社会发展理论的学术传统是将社会划分成对应的两极。如"军事社会"与"工业社会"（斯宾塞），"机械联系社会"与"有机联系社会"（迪尔凯姆），"礼俗社会"与"法理社会"（滕尼斯），"前现代社会"与"现代社会"（韦伯），"身份社会"与"契约社会"（梅约），"宗教社会"与"世俗社会"（贝克），等等。"军事社会""机械联系社会""礼俗社会""身份社会"及"宗教社会"皆从不同角度或侧面反映了传统社会的特征，而"工业社会""有机联系社会""法理社会""契约社会"及"世俗社会"则从不同角度或侧面反映了现代社会的特征②。虽然视角和理论不同，但可以看出社会学关心的社会转型，更多的是社会结构的转型。

与社会学不同的是，社会心理学关注的是社会转型中的人。"现代"与"传统"社会中的个体心理有什么差别？在个体层面，现代社会的一个核心特点是物质主义的兴起。所谓物质主义（materialism），指的是个体看重拥有和获得物质财富的一种价值，包含三个主要特征：以获取物质财富为生

---

① 郑杭生．社会转型论及其在中国的表现．广西民族学院学报（哲学社会科学版），2003，25(5)：62-73.

② 刘祖云．社会转型——一种特定的社会发展过程．华中师范大学学报（哲学社会科学版），1997，36(6)：32-37.

活中心，通过获取物质财富追求幸福，以物质财富定义成功①，并对个体幸福感具有潜在的损害作用②。在消费心理学领域，物质主义被视为现代消费社会中普遍和重要的生活价值观。比如，T. Kasser 及其同事曾以美国资本主义为例，详细论证了物质主义是如何成为支撑资本主义社会运转的重要价值观基础的③。因此，从心理学视角出发，个体的物质主义是现代社会的一个核心侧面。

在"现代与传统"的两极，或许"现代"是相对单极的，因为几乎所有发达国家都是资本主义，而这也是绝大多数发展中国家的目标。如果物质主义是"现代"人的重要心理侧面，那么"传统"人的特点却不容易把握。因为不同国家是由不同的"传统"走向这个较同质的"现代"的。比如，中国社会的主流传统是儒家，看重的是对长辈的顺从。而欧洲国家的传统则可能是一神教（如基督教、天主教），看重的不是对长辈的顺从，而是对上帝的顺从。所以，虽然各个国家或社会都在向着同一个"现代"社会前进，但这些国家或社会却有着不同的过去，来自于不同的"传统"。

一个与上述有关"传统"相关的内容是 V. Gouveia 在最近发展出的价值观功能理论（Functional Theory of Human Values）。该理论按照对行动的指导（个体目标、中心目标、社会目标）与需要的表达（生存需要、发展需要）两个维度将价值观分为六大类。其中一大类是规范价值观（normative values），在某种程度上反映了个体对"传统"价值观的认可。规范价值观包括顺从、宗教与传统三个侧面。顺从（Obedience）指的是"履行日常职责和义务；尊重父母，上级或长辈"。宗教（Religiosity）指的是"相信上帝是人类救世主；完成上帝的旨意"。传统（tradition）指的是"遵守本国的社会规

---

① Richins，M. L. ＆ Dawson，S. . A consumer values orientation for materialism and its measurement：Scale development and validation. Journal of Consumer Research，1992，19(3)：303-316.

② Dittmar，H.，Bond，R.，Hurst，M.，＆ Kasser，T. . The relationship between materialism and personal well-being：A meta-analysis. Journal of Personality and Social Psychology，2014，107(5)：879-924.

③ Kasser，T.，Cohn，S.，Kanner，A. D.，＆ Ryan，R. M. . Some Costs of American Corporate Capitalism：A Psychological Exploration of Value and Goal Conflicts. Psychological Inquiry，2007，18(1)：1-22.

范；尊重你所在社会的传统"①。从对这些价值观的描述来看，"顺从"与传统儒家社会更相应，而"宗教"则与传统的一神教价值观更相应。"传统"则更具有普适性，因为无论自己所在国家或社会的传统或社会规范是什么，对这一规范的遵守都代表了对传统的遵守。因此，我们认为这一价值观可以很好地体现"传统"社会中个体的心理特征。

而对于社会由"传统"向"现代"的转变过程，可以想见，身处其中的个体，需应对外在环境的转变、挑战，克服诸种困难。而大量研究表明，来自任何领域的威胁都会降低个体幸福感②；哪怕只有微小的改变，也会让个体感到不适③。因此本研究首先预测，转型期国家的个体幸福感低于非转型期国家的个体幸福感（假设1）。这是因为转型期国家的个体要面临更多的新事物，要做出更多的改变，迎接更多的挑战并克服更多的困难。其次，本研究预测虽然物质主义会对幸福感起到普遍的消极影响④，但这种消极影响在社会转型国家的强度会更高。因为在转型期国家物质主义不仅有自身的消极影响，而且与"传统"社会相比是一种较新的价值观，因此会因为两者存在冲突而带来更多的消极影响。即社会的转型与否会调节物质主义与幸福感之间的关系（假设2）。最后，我们可以设想自己是生活在转型期国家中的个体（事实也是如此），那么我们面临的新价值观带来的挑战（如物质主义，便被视为一种外来的资本主义价值观），实际上类似于我们置身于一个新的异质文化的情境（比如，类似于我们来到资本主义大本营美国的情境）。那么在这种情境中，个体如何缓解新环境的压力与焦虑呢？最近跨文化领域有关文化依恋（cultural attachment theory）理论和研究表明，对本国传统文化的遵守能在某种程度充当"安全港"，缓冲异质文化给

---

① Gouveia, V. V., Milfont, T. L., & Guerra, V. M. Functional theory of human values: Testing its content and structure hypotheses. Personality and Individual Differences, 2014, 60(35): 41-47.

② Arndt, J., Routledge, C., Cox, C. R., & Goldenberg, J. L. The worm at the core: A terror management perspective on the roots of psychological dysfunction. Applied and Preventive Psychology, 2005, 11(3): 191-213.

③ Proulx, T., & Inzlicht, M. The five "A"s of meaning maintenance: Finding meaning in the theories of sense-making. Psychological Inquiry, 2012, 23(4): 317-335.

④ Dittmar, H., Bond, R., Hurst, M., & Kasser, T. The relationship between materialism and personal well-being: A meta-analysis. Journal of Personality and Social Psychology, 2014, 107(5): 879-924.

个体带来的焦虑与压力①。因此，我们可以推理，对于身处社会转型期国家的个体，对"传统"文化的遵守也能起到这一作用，缓冲由物质主义这一相对较新的"现代"文化给个体带来的焦虑与压力。即对社会转型期国家，对传统的遵守能调节(缓冲)物质主义对幸福感的消极影响(假设3)。

为了检验社会转型的作用，我们在本研究中采用了比较的视角，以方便取样的方法选择了三个处于转型期的国家(中国、印度②、巴西③)与三个非转型期的国家(新西兰、韩国、意大利)，采用横断问卷的方法测量了三个国家研究参与者的幸福感水平、物质主义、对传统规范的遵从，以及相关人口统计学变量和控制变量。然后对比了这两类国家中幸福感水平的差异，物质主义对幸福感的影响，以及遵从传统在物质主义与幸福感之间起到的缓冲作用。

二、研究方法

1. 研究参与者与研究程序

我们选取了三个转型期国家(中国、巴西、印度)与三个非转型期国家(新西兰、意大利、韩国)作为本次研究的对象。2013 年 7－12 月间，采用方便取样的方法，对这六个国家共计 3590 名大学生进行了一个大规模的问卷测量。本研究采用的变量均来自此大规模问卷。问卷施测方式为纸笔测量。各国研究参与者平均年龄均在 20 至 25 岁；男性共计 1123 人(31.3%)，女性共计 2164 人(60.3%)。各国研究参与者总数及男性研究参与者比例分别为：中国 247，8.2%；印度 211，53.1%；巴西 162，46.1%；新西兰 150，22.7%；韩国 184，48.4%；意大利 198，38.6%。

2. 测量工具

幸福感：以个体体验到的消极情绪作为幸福感的指标，对消极情绪幸

---

① Hong, Y. Y., Fang, Y., Yang, Y. & Phua, D. Y.. Cultural attachment：A new theory and method to understand cross-culture competence. Journal of Cross-Cultural Psychology，2013，44(6)：1024-1044.

② 孔令翠，王慧. 主体性与社会剩余价值——评《印度的转型与发展》. 国外理论动态，2007，15(7)：37-39.

③ 张宝宇. 巴西现代化的起始与社会转型. 拉丁美洲研究，2003，25(5)：8-13.

福感的测量采用 Kessler 等编制的心理抑郁量表①。测量共包含 6 个项目，要求被试分别评价体验到"绝望(hopeless)""抑郁(depressed)""焦躁或不安(restless or fidgety)""做任何事都劳神费力(everything was an effort)""没有价值(worthless)"和"不安(nervous)"等六种消极情绪的频率，以 5 点计分(1：从不～5：总是)，得分越高，幸福感越低。本研究六个国家在本量表上的内部一致性信度(Cornbach's α)均在 0.78 以上。

物质主义：对物质主义的测量采用了简版的物质主义价值观量表②，该量表以 7 点计分(1：完全不符合～7：完全符合)，共包含 9 项，除项目 4"我尽量保持简单的物质生活"为反向计分外，其余项目均为正向计分。本研究中，各国家的项目 4 与其他项目的相关均低于 0.35。项目 4 的反向计分方式或许是其信度不佳的原因之一③。因此在后续分析中，物质主义平均分的计算未纳入项目 4。在剔除掉项目 4 之后，本研究六个国家在本量表上的内部一致性信度(Cornbach's α)均在 0.76 以上。

人格：对个体差异的测量，我们采用了 35 题的简版人格结构量表(HEXACO-PI)④，该量表包括诚实－谦恭(Honesty-Humility)、情绪性(Emotionality)、外向性(Extraversion)、宜人性(Agreeableness)、尽职性(Conscientiousness)、开放性(Openness to Experience)六个维度，以 10 点计分(1：完全不符合～10：完全符合)，共包含 35 个项目，17 个项目为反向计分，18 个项目为正向计分。

传统社会规范：对传统社会规范的测量，我们采用了功能性价值观量表⑤[6]。规范维度中的传统规范项目："遵守本国的社会规范；尊重你所在社会的传统"，以 7 点计分(1：完全不重要～7：最为重要)，得分越高，代

①　Kessler R C，Andrews G，Colpe L J，et al. Short screening scales to monitor population prevalences and trends in non-specific psychological distress. Psychological medicine，2002，32(6)：959-976.

②　Richins M L. The material values scale：Measurement properties and development of a short form. Journal of consumer research，2004，31(1)：209-219.

③　Wong，N.，Rindfleisch，A.，& Burroughs，G. E. Do reverse-worded items confound measures in cross-cultural consumer research? The case of the Material Value Scale. Journal of Consumer Research，2003，30(1)：72-91.

④　Lee K，Ashton M C. Psychometric properties of the HEXACO personality inventory. Multivariate Behavioral Research，2004，39(2)：329-358.

⑤　Gouveia，V. V.. The motivational nature of human values：Evidences of a new typology [in Portuguese]. Estudos de Psicologia. 2003，8(3)：431-443.

表越遵守社会的传统规范。

社会经济地位：对社会经济地位的测量，采用研究参与者自我报告的相对社会经济地位："在一个 1～10 分的量表上，1 代表社会经济地位最低的人，10 代表社会地位最高的人，您会用哪个数字来形容自己的社会经济地位？"[①]。分数越高，代表会经济地位越高。

三、研究结果

1. 幸福感会受到社会转型的影响吗

首先对各核心变量进行描述统计（表 1）。

表 1　各个国家幸福感、物质主义、传统规范的描述统计

国家（N）		（消极）情绪幸福感 M(SD)	物质主义 M(SD)	传统规范 M(SD)
转型期国家	中国（N=247）	2.37(0.62)	3.90(1.08)	5.17(1.07)
	印度（N=211）	2.60(0.81)	4.24(0.98)	4.82(1.34)
	巴西（N=166）	2.49(0.76)	2.41(0.67)	4.71(1.46)
非转型期国家	新西兰（N=150）	2.23(0.88)	3.67(1.01)	3.75(1.21)
	韩国（N=184）	2.02(0.73)	4.37(1.27)	4.61(1.37)
	意大利（N=198）	2.39(0.64)	2.95(1.12)	4.18(1.43)

对幸福感变量在国别差异的单因素方差分析显示，六个国家在（消极）情绪幸福感上的差异均非常显著（$F=14.659$，$p<0.01$）。进一步的后效检验（Tukey 法）发现，研究参与者体验到消极情绪的平均频率从最高到最低依次是：印度（2.601）、巴西（2.492）、意大利（2.391）、中国（2.371）、新西兰（2.229）、韩国（2.017）。即三个转型期国家的幸福感低于三个非转型期国家的幸福感（图 1）。

为了让结果更加清晰，我们又将三个转型期国家（$N=624$）与三个非转型期国家（$N=532$）进行了整体比较。独立样本 t 检验表明，三个转型期国家的消极情绪幸福感的平均水平（$M=2.48$，$SD=0.73$）显著高于三个非转

---

① Adler, N. E., Epel, E. S., Castellazzo, G, & Ickovics, J. R.. Relationship of subjective and objective social status with psychological and physiological functioning: Preliminary data in healthy white women. Health Psychology, 2000，19(6): 586-592.

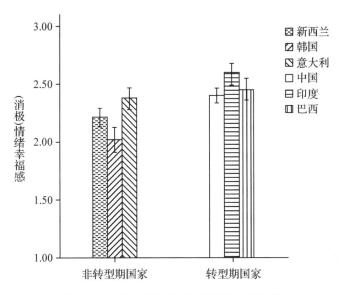

图1　六个国家在两个幸福感指标上的比较

型期国家的消极情绪幸福感的平均水平($M=2.22$，$SD=0.76$)，$t=6.03$，$p<0.01$。综合上述结果，假设1得到了支持，即转型期国家的个体幸福感低于非转型期国家的个体幸福感。

2. 物质主义会降低幸福感吗

为了检验物质主义与幸福感的关系，我们在控制性别、社会经济地位，以及人格变量后，对物质主义与幸福感(以消极情绪为效标)进行偏相关分析，结果发现，对于转型期国家，除巴西($r=0.12$，$p=0.16$)外，中国($r=0.15$，$p<0.05$)、印度($r=0.18$，$p<0.05$)的物质主义与消极情绪幸福感的相关显著。对于非转型国家新西兰($r=0.05$，$p=0.585$)、韩国($r=0.08$，$p=0.28$)、意大利($r=0.10$，$p=0.16$)，物质主义与消极情绪幸福感的相关未达显著性水平。

为了让结果更加清晰，我们再次将转型期国家与非转型期国家的数据分别进行了总体检验。结果表明，转型期国家中个体的物质主义水平能显著预测其消极情绪幸福感($r=0.11$，$df=571$，$p=0.01$)，非转型期国家中个体的物质水平与其消极情绪幸福感的偏相关未达显著水平($r=0.03$，$p=0.53$)。因此，假设2得到支持，即社会转型会调节物质主义对幸福感的影响，只有在转型期国家中物质主义才会对幸福感产生消极影响。

3. 物质主义与对规范的遵从如何交互作用影响幸福感

分别检验三个转型期国家，物质主义及传统规范及其交互作用对消极情绪幸福感的影响。在以下分析中，我们采用的是 Hayes(2013)推荐的调节效应与条件效应(conditional effect)的分析方法，并采用他二次开发的 SPSS 宏程序 PROCESS 进行运算[①]。因变量为消极情绪幸福感，自变量引入物质主义，调节变量引入传统规范，同时引入控制变量：性别、社会经济地位，以及大六人格的六个因子。

(1)中国($N=241$)。首先，回归方程显著：$R^2=0.29$，$F(11, 229)=8.53$，$p<0.01$。然后，物质主义的主效应显著：$\beta=0:095$，$t=2.65$，$p<0.01$；传统规范的主效应不显著：$\beta=-0.02$，$t=0.45$，$p=0.66$；二者交互作用显著：$\beta=-0.06$，$t=1.95$，$p=0.52$。

更有趣的是对交互作用的条件效应(也可理解为简单效应，simple effect)的分析(图 2a)。当遵守传统规范等于或小于均值一个标准差时，物质主义对消极情绪幸福感的正向影响非常显著；当遵守传统规范大于均值一个标准差时，物质主义对消极情绪幸福感的正向影响作用不显著(中心化的传统规范取$-1.07SD$时，$\beta=0.157$，$t=3.01$，$p<0.01$；取 0 时，$\beta=0.095$，$t=2.65$，$p<0.01$；取$+1.07SD$时，$\beta=0.034$，$t=0.80$，$p=0.426$)。进一步的 Johnson-Neyman 分析[②]表明，遵守传统规范调节物质主义→消极情绪幸福感的临界点是 0.43。对于低于临界点 0.43 的 63.49% 研究参与者，物质主义会显著地增强其消极情绪；但对于高于临界点 0.43 的 36.52% 的研究参与者，其对传统规范的遵守会让物质主义不再对消极情绪有显著影响，即此时对传统规范的遵守会完全缓冲掉物质主义的消极影响。

(2)印度($N=182$)。回归方程显著：$R^2=0.26$，$F(11, 170)=5.54$，$p<0.01$。然而，只有物质主义的主效应显著($\beta=0.16$，$t=2.63$，$p<0.01$)，传统规范，以及物质主义与传统规范的交互作用均不显著($p\geqslant 0.15$)，说明物质主义能显著增强其消极情绪幸福感，但没有发现传统规范能保护个体不受到物质主义的影响。

(3)巴西($N=156$)。回归方程显著。$R^2=0.30$，$F(11, 144)=5.51$，

① Hayes，A. F.. Introduction to Mediation，Moderation，and Conditional Process Analysis：A regression-based approach. New York：The Guilford Press，2013.

② Johnson，P. O.，& Fey，L. C.. The Johnson – Neyman technique，its theory and application. Psychometrika，1950，15(4)：349-367.

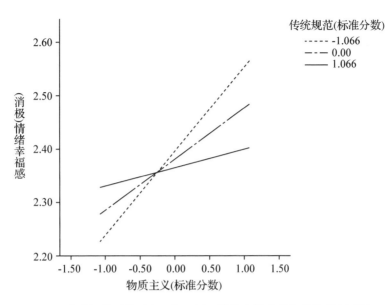

图 2a **传统规范对物质主义与(消极)情绪幸福感的调节作用(中国)**

$p<0.01$。物质主义的主效应不显著：$\beta=0.03$，$t=0.35$，$p=0.73$；传统规范的主效应也不显著：$\beta=-0.02$，$t=-0.44$，$p=0.66$；但二者交互作用显著：$\beta=-0.15$，$t=-2.87$，$p<0.01$。

对交互作用的条件效应的分析显示，只有当遵守传统规范低于均值一个标准差时，物质主义对消极情绪幸福感的正向影响才显著(图 2b)。中心化的传统规范取$-1.46SD$时，$\beta=0.25$，$t=2.25$，$p<0.05$；取 0 时，$\beta=0.03$，$t=0.35$，$p=0.73$；取$+1.46SD$时，$\beta=-0.19$，$t=1.43$，$p=0.15$。进一步的 Johnson-Neyman 分析表明，对于低于临界点-0.94的 19.87% 研究参与者，物质主义会显著地增强其消极情绪，但对于高于临界点-0.94的 80.13% 的研究参与者，其对传统规范的遵守会让物质主义不再对消极情绪有显著影响，即此时对传统规范的遵守会完全缓冲掉物质主义的消极影响。

(4)对中国、印度、巴西三个转型期国家的汇总分析。

上述三个转型期国家中国、印度、巴西的数据模式比较接近。考虑到印度和巴西的数据量偏小，我们将三个国家的数据汇总，同时对它们进行了检验($N=579$)。回归方程显著。$R^2=0.219$，$F(11, 567)=14.489$，$p<0.01$。物质主义的主效应显著：$\beta=0.073$，$t=2.949$，$p<0.01$；传统规范的主效应不显著：$\beta=-0.033$，$t=1.466$，$p=0.143$；二者交互作用边缘显

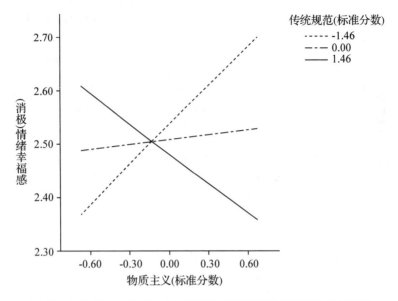

图 2b　传统规范对物质主义与(消极)情绪幸福感的调节作用(巴西)

著 $\beta=-0.028$，$t=1.697$，$p=0.09$。

对交互作用的条件效应的分析显示，只有当遵守传统规范低于均值一个标准差时，物质主义对消极情绪幸福感的正向影响才显著(图 2c)。中心化的传统规范取 $-1.29SD$ 时，$\beta=0.108$，$t=3.225$，$p<0.01$；取 0 时，$\beta=0.073$，$t=2.949$，$p<0.01$。中心化的规范取 $+1.29SD$ 时，$\beta=0.037$，$t=1.187$，$p=0.236$。进一步的 Johnson-Neyman 分析表明，对于低于临界点 0.737 的 66.321％研究参与者，物质主义会显著地增强其消极情绪，但对于高于临界点 0.737 的 33.679％的研究参与者，其对传统规范的遵守会让物质主义不再增强其消极情绪，此时对传统规范的遵守会完全缓冲掉物质主义的消极影响。

四、分析与讨论

社会转型既是中国近几十年的社会大背景，也是许多发展中国家的社会大背景。社会学关注的是从"传统"社会到"现代"的社会结构变迁，而社会心理学则更关心身处其中的个体心理的特点及其变化。本研究着重考察社会转型对个体幸福感的影响，并将物质主义作为"现代"社会带给个体的特征，将对传统社会规范的遵从作为"传统"社会中个体的特征。采用比较的视角，本研究对三个转型期国家与三个非转型期国家共计 1156 名研究参

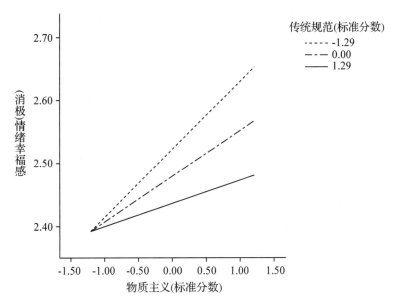

图2c　传统规范对物质主义与（消极）情绪幸福感的调节作用（汇总）

与者进行了横断问卷调查。结果发现：首先，总体上看，与非转型期国家相比，转型期国家的个体会体验到更多的消极情绪。其次，在控制了性别、个人社会经济地位以及人格变量后，只有转型期国家的个体物质主义水平能显著预测其消极情绪幸福感，非转型期国家中个体物质主义水平与消极情绪幸福感的偏相关未达显著性水平。最后，对于社会转型国家，对传统的遵守能缓冲掉物质主义对幸福感的某些消极影响。

　　社会转型是社会学中的经典议题。然而，目前国内对社会转型这一重要社会议题在社会心理学上的呼应还明显不足①。国内学者杨宜音及其研究团队提出并进行了有关社会心态的系列研究②，周晓虹最近则将社会转型（或社会变迁）研究分为两大类："中国经验"，即对结构性或制度性的宏观研究；以及"中国体验"，即对国人在此背景下发生的社会心理的微观研

---

　　①　王俊秀．社会心态：转型社会的社会心理研究．社会学研究，2014，29(1)：104-124.

　　②　杨宜音．个体与宏观社会的心理关系：社会心态概念的界定．社会学研究，2006，21(4)：117-131.

究①。本研究一方面呼应了上述学界对研究转型期社会心理的号召，另一方面也提出了研究社会转型中社会心理问题的一种新思路。

本研究提出的这种新思路表现在两方面。首先，心理学研究的范式与社会学研究不同。心理学研究更微观，因此要求找到能够具体操纵和测量的变量进行控制。本研究抛砖引玉，提出可以将从"传统"到"现代"的社会转型看作由旧到新的社会环境变化。社会转型带给个体的压力与挑战是由从旧到新的转换引起的。因此虽然有关社会转型这一问题的心理学理论并不多，但考虑到这种内在心理过程，可以借鉴跨文化研究，特别是文化适应的相关理论（如本研究的文化依恋理论）。即借鉴"本国→外国"的文化适应理论，研究"传统→现代"的心理适应过程。其次，心理学研究相比社会学更重视普适的心理过程或机制。本研究从比较的视角，选取了三个转型期国家与三个非转型期国家。因此本研究发现的心理过程适用，但却并不局限于中国。当然，未来研究还可以考虑采用实验室实验的方法进一步检验本研究的发现，以提高因果推断的效力。

本研究也存在一些局限，留待后续研究发展和完善。首先，本研究选取的转型期国家是中国、印度、巴西，非转型期国家是新西兰、韩国、意大利。虽然在最有可能产生混淆的东方—西方维度上进行了平衡，而且控制了个体的社会经济地位，但是国家的经济发展水平却无法得到控制。由于世界上绝大多数转型国家都是发展中国家，因此如何将国家经济水平的因素从社会转型因素中分离出来，是未来研究需要探索的一个问题。其次，在测量方面，本研究选取的物质主义、对传统规范的遵从都来源于自我报告，今后研究或可借鉴有关金钱启动的研究范式②以及规范学（Normology）的相关研究③，对相关变量采用实验室操纵或计算机模拟的方法进行研究，并采用对物质主义更敏感的指标测量个体幸福感水平（如 Beck 焦

---

① 周晓虹. 中国经验和中国体验：理解社会变迁的双重视角. 天津社会科学，2011，31（6）：12-19.

② 谢天，周静，俞国良. 金钱启动研究的理论和方法. 心理科学进展，2012，20（6）：918-925.

③ Morris，M. W.，Hong，Y. Y.，Chiu，C. & Liu，L. Normology：Integrating insights about social norms to understand cultural dynamics. Organizational Behavior and Human Decision Processes，2015，129（1）：1-13.

虑量表①）。

总之，本研究以比较的视角探索了转型社会与非转型社会在幸福感上的差异，以及物质主义与传统规范的交互影响作用。本研究以社会心理学的角度切入了社会转型这个大的社会问题，探索了社会环境变化可能为个体带来的消极心理影响，以及传统规范如何帮助个体避免这种影响。本研究不仅响应了心理学关注社会重大问题的呼吁，并通过借用了文化心理学中有关文化适应的理论，对社会转型问题的个体心理机制进行了探索性的实证研究。

致　谢

本研究的数据来源于新西兰梅西大学 James Liu 教授领导的《全球网络影响力调查》的跨国大规模调查。在此，对 James Liu 教授，以及本研究涉及的五个国家（印度、巴西、新西兰、韩国、意大利）的研究协调人在数据收集中的付出表示感谢！

（谢天　石双）

---

① Beck，A. T.，Epstein，N.，Brown，G.，& Steer，R. A.（1988）. An inventory for measuring clinical anxiety：Psychometric properties. Journal of Consulting and Clinical Psychology，1988，56(6)：893-897.

理论视角：幸福感与成就动机、社会支持的交互影响

　　进入 21 世纪以来，伴随着我国社会经济水平的快速增长和积极心理学的蓬勃发展，人们对幸福感的渴望与追求愈发强烈，"幸福"已经成为 21 世纪的主题词。根据刘军强等人基于中国综合社会调查数据对经济增长时期国民幸福感变化趋势的分析，国民幸福感在 2000－2010 年整体呈现上升趋势①。但随着社会转型的加快与深化，出现了个人生活满意度滞后于国民生活满意度的发展趋势②。其原因在于改革开放让人们的物质生活得到基本满足，基于经济指标的国民幸福感稳步增长，但社会快速转型所导致的社会问题凸显和社会心理的嬗变③（如物质主义的盛行）严重影响着人们的幸福感体验。

　　20 世纪 80 年代美国心理学家 Deci 和 Ryan 提出自我决定理论（Self-Determination Theory）。这一理论认为人类有三种基本需要，即自主需要、能力需要和关系需要，满足这些需要有利于促进个体的心理健康，提升个体幸福感水平，而阻碍基本需要的满足会导致消极的心理后果④⑤。自主需要指个体感知自己的行为出自于自身的兴趣和价值观。个体从内部动机发出的行为，是满足自主需要的良好体现。能力需要即自己能有效地改变内外环境，在活动中体验到较高的效能感。个体追求成功的动机与能力需要的满足密切相关。关系需要即寻求归属感，得到重要他人的关怀与

---

　　① 刘军强，熊谋林，苏阳. 经济增长时期的国民幸福感——基于 CGSS 数据的追踪研究. 中国社会科学，2012，(12)：82-102.

　　② 于晶莉，韦明. 论转型期社会心理困境与消解途径. 黑龙江社会科学，2007，(2)：118-120.

　　③ 于晶莉，韦明. 论转型期社会心理困境与消解途径. 黑龙江社会科学，2007，(2)：118-120.

　　④ Ryan R M，Deci E L. On happiness and human potentials：A review of research on hedonic and eudaimonic well-being. Annual Review of Psychology，2001，52(1)：141-166.

　　⑤ Ryan R M，Deci E L. Self-determination theory and the facilitation of intrinsic motivation，social development，and well-being. American Psychologist，2000，55(1)：68-78.

接纳。社会支持对关系需要的满足具有积极的正向作用。三种基本需要的满足程度决定了个体幸福感的水平。

　　基于此，本文将在自我决定理论的框架下，分析成就动机和社会支持对个体幸福感的影响，并结合中西方文化差异和中国当前社会转型期的时代背景分析中国人幸福感的文化特异性。

一、成就动机对幸福感的影响

　　成就动机是人们在完成任务过程中的一种追求与达成目标的驱力。它是影响幸福感的一个主要内部因素[①②]。第一，追求成功的动机有利于提升个体幸福感水平。根据阿特金森（Atkinson）的成就动机理论[③]，个体的行为动机分为追求成功的动机（即趋近动机）和避免失败的动机（即回避动机）。追求成功的动机可以促使个体进行积极的信息加工，产生积极的情感，进而提高其幸福感；而避免失败的动机则导致个体采取消极的信息加工方式，产生消极的情绪情感（如孤独感），并导致个体在认知加工过程中资源损耗，降低其幸福感水平[④]。从进化心理学的角度来看，追求成功的动机往往与个体的成长需要密切相关，目的在于使个体的生活更好；而避免失败的动机与个体的生存需要密切相关，必须至少得到部分满足后个体才会产生高级的成长需求[⑤]。改革开放以来，我国经济经历了快速上升期，人们生活水平得到极大提高，生存需求得到基本满足，这在一定程度上减弱了避免失败的动机对幸福感的影响，而追求成功的动机成为人们获取幸福感的重要途径。

　　第二，与外部动机相比，内部动机对幸福感的预测作用更强。自我决定理论认为动机是以外部动机和内部动机为两个端点的连续体，并将动机划分为不同层次来描述动机的内化水平。动机的内化程度越高，相应的行

---

① Li Y, Lan J, Ju C. Achievement motivation and attributional style as mediators between perfectionism and subjective well-being in Chinese university students. . Personality and Individual Differences，2015，79：146-151.

② Li Y, Lan J, Ju C. Achievement motivation and attributional style as mediators between perfectionism and subjective well-being in Chinese university students. . Personality and Individual Differences，2015，79：146-151.

③ Atkinson J W. An introduction to motivation. UT Back-in-Print Service，1964.

④⑤ 宋勃东，李永娟，董好叶等．无惧失败预测幸福：成就动机对心理幸福感的预测作用．心理科学，2015，（1）：203-208.

为就越倾向于自主或自我决定。内部动机（如社会帮助、友好关系和人格成长）往往与自我实现等个体发展需求密切相关，对幸福感具有较强的积极作用，而外部动机（如经济奋斗、名誉追求和生理吸引）往往会掩盖甚至抑制个体自我实现的内部动机，降低个体的幸福感体验[①]。当然，外部动机与内部动机不是相互排斥的关系，二者共同对个体幸福感产生作用，这取决于外部动机内化的程度。例如，提供与胜任能力感相关的外部奖励对内部动机具有积极效果[②]，这是通过外部动机的内化过程实现的。因此可以说，内部动机和内化的动机属于自主性的动机，能够满足个体的自主需要，而外部目标导向是一种控制性动机，与个体的自主需要相背离，不利于提升幸福感水平。当然，也可以通过创设支持自主性的环境，激发个体的内部动机来提高幸福感。

第三，成就动机高低对幸福感的预测作用不同。法国科学家伯纳德·得·福丹乃尔说，"通向快乐的一个巨大障碍就是你期望的太多"，这与中国传统文化中所提倡的"知足常乐"是一致的。根据耶克斯—多德森定律，任何活动都存在一个最佳的动机水平，动机强度与工作效率之间的关系不是一种线性关系，而是倒 U 形曲线。当前处于社会转型期，在巨大的机遇与挑战面前，人们追求成功的动机空前强烈。但成就动机过强则不利于幸福感的提升。从个人角度来看，成就动机过强的人倾向于将大量时间用在工作、学习上，这会导致自己产生身体疲惫、思维迟缓、精神萎靡、兴趣减退等症状，损害其身心健康；此外，成就动机过高的人往往更关注行为、活动的结果，忽视活动本身带来的乐趣，其内部动机降低，无法从中体验到自主性和控制感，不利于提升其幸福感水平。从人际关系角度看，成就动机过强，会产生"自我聚焦"现象，即个体聚焦于自身需要的满足，对他人的需要不敏感，不能给予及时的社会支持，其亲社会行为减少[③]，影响其与家人、朋友等社会关系的联结，导致各种关系中矛盾增加。

---

① Ryan R M，Deci E L. Self-determination theory and the facilitation of intrinsic motivation，social development，and well-being. American Psychologist，2000，1(55)：68-78.

② 张剑，郭德俊. 内部动机与外部动机的关系. 心理科学进展，2004，11(5)：545-550.

③ 李爱梅，李晓萍，高结怡等. 追求积极情绪可能导致消极后果及其机制探讨. 心理科学进展，2015，23(6)：979-989.

二、社会支持对幸福感的影响

社会支持是个体感受到来自所在社会网络成员的关心、尊重和重视。社会支持可以缓冲生活压力的消极影响，并促进个体的社会适应和身心健康，是影响幸福感的一个主要外部因素①。社会支持能够在一定程度上满足个体的自主需要、胜任需要和关系需要，并通过三种需要的满足进而影响其主观幸福感②。例如，来自老师的支持有利于帮助学生提升对自己自主性与能力的观念③，来自同伴的支持能够满足其对关系的需要，增强其关系满足感④，进而影响其主观幸福感。知觉到来自教练的社会支持会对大学生运动员的主观幸福感产生显著的正向影响，并且三种基本需求的满足在这一影响过程中起着中介作用⑤。就社会支持对幸福感的影响而言，目前研究主要集中在三个方面：(1)不同的社会支持源对幸福感影响的差异；(2)不同情境中社会支持影响幸福感的作用机制；(3)社会支持提供者幸福感的提升问题。

社会支持的来源和种类对幸福感的贡献大小不同。对于一般青少年来说，父母是其最主要的社会支持来源，父母的自主性支持，有利于提升孩

---

① Zeidner M，Matthews G，Shemesh D O. Cognitive-social sources of well-being：Differentiating the roles of coping style，social support and emotional intelligence. Journal of Happiness Studies，2015：1-21.

② Tian L，Tian Q，Huebner E S. School-related social support and adolescents' school-related subjective well-being：The mediating role of basic psychological needs satisfaction at school. Social Indicators Research，2015：1-25.

③ Skinner E，Furrer C，Marchand G，et al. Engagement and disaffection in the classroom：Part of a larger motivational dynamic？. Journal of Educational Psychology，2008，100(4)：765-781.

④ Danielsen A G，Samdal O，Hetland J，et al. School-related social support and students' perceived life satisfaction. The Journal of Educational Research，2009，102(4)：303-320.

⑤ Reinboth M，Duda J L. Perceived motivational climate，need satisfaction and indices of well-being in team sports：A longitudinal perspective. Psychology of Sport and Exercise，2006，7(3)：269-286.

子的幸福感①②；教师支持是学校相关的幸福感的主要来源③④；朋友支持
有利于缓解压力条件下青少年的抑郁水平，提升其幸福感⑤。对留守儿童
来说，老师支持和父亲支持（经济、信息和情感支持）可以有效地缓冲压力
事件对留守儿童的消极影响，降低其抑郁水平；母亲支持和同伴支持则可
以有效地预测留守儿童的孤独感⑥。对老年人来说，亲人支持（如日常照
顾）对其幸福感具有正向预测作用⑦，是其幸福感的主要来源。积极的社会
支持有利于提升幸福感水平，但消极的社会支持则不利于幸福感的提升。
例如，支持提供者可能会出现过度卷入、忽视、反应不一致、消极态度或
贬低对方的行为等，这些行为会让支持接受者产生不安全感，导致双方产
生矛盾，甚至关系恶化⑧。

　　社会支持对幸福感的作用机制也得到广泛研究。例如，研究发现社会

① 王美芳，孟庆晓，刘莉，等．家庭社经地位与初中生主观幸福感的关系：母亲自主支持和控制的作用．中国临床心理学杂志，2015，(5)：778-781.

② Downie M，Chua S N，Koestner R，et al. The relations of parental autonomy support to cultural internalization and well-being of immigrants and sojourners.. Cultural Diversity and Ethnic Minority Psychology，2007，13(3)：241-249.

③ Tian L，Tian Q，Huebner E S. School-related social support and adolescents' school-related subjective well-being：The mediating role of basic psychological needs satisfaction at school. Social Indicators Research，2015：1-25.

④ Tian L，Liu B，Huang S，et al. Perceived social support and school well-being among Chinese early and middle adolescents：The mediational role of self-esteem. Social indicators research，2013，113(3)：991-1008.

⑤ Zhang B，Yan X，Zhao F，et al. The Relationship Between Perceived Stress and Adolescent Depression：The Roles of Social Support and Gender. Social Indicators Research，2014，123：501-518.

⑥ 赵景欣，刘霞，申继亮．留守青少年的社会支持网络与其抑郁、孤独之间的关系——基于变量中心和个体中心的视角．心理发展与教育，2008，(1)：36-42.

⑦ Larsson K，Silverstein M. The effects of marital and parental status on informal support and service utilization：A study of older Swedes living alone. Journal of Aging Studies，2004，18(2)：231-244.

⑧ Feeney B C，Collins N L. A new look at social support A theoretical perspective on thriving through relationships. Personality and Social Psychology Review，2015，19(2)：113-147.

支持通过提高社交自尊①、降低孤独感②等方式来提升幸福感。Feeney 等认为社会支持有利于改善个体认知、情绪和动机过程，调整个体在特定情境、人际关系、神经生理、心理和生活方式等方面的表现，进而提升幸福感水平。社会支持对幸福感的这一提升过程主要通过四个方面来实现。首先，社会支持可以改变个体的认知方式，增加对自己和情境变化的积极认知和评价；其次，社会支持可以改善个体的情绪和动机状态；再次，社会支持有助于改善双方关系，改善个体应对情境的策略，产生良好的行为结果；最后，良好的社会支持甚至可以改变其神经生理机制，帮助形成健康、积极的生活方式③。

社会支持对幸福感的作用机制因社会情境而异④。目前，这些研究主要集中在两个方面。一方面，研究者关注压力情境中社会支持对幸福感的影响路径。当个体身处压力性情境或困境（如遇到生活挫折、学习压力等）时，社会支持可以给个体提供避风港，同时给予困境中的人以力量，提升其耐挫力、心理弹性。具体而言，社会支持可以为困境中的个体提供安全感（如提供舒适环境来表达消极情绪、给予情绪安慰、提供帮助）；提高其应对困难的能力（如帮助其树立自信）；鼓励其积极面对问题（如鼓励失业消颓的朋友重新开始职业生涯），帮助其进行认知重建（如告知困难是可以克服的，告知其挫折的积极作用）。另一方面，研究者关注了顺利情境中社会支持对幸福感的影响路径。当个体处于顺境中时，社会支持有两方面的功能。首先，社会支持可以为支持接收者提供安全基地，有利于促进个体的个人发展。这种社会支持往往来源于能够提供支持和保护的重要他人，重要他人提供安全港湾，以便个体全身心地去探索和利用生活机会发展和完善自我。其次，社会支持可以充当人际关系的催化剂，来自重要他人的支持可以提供工具性帮助或信息性帮助，激发个体主动抓住机会、创

① 李妍君，朱小爽，陈英和．大学生社会支持与幸福感：社交自尊的中介作用．心理与行为研究，2014，12（3）：351-356.

② 孔风，王庭照，李彩娜，等．大学生的社会支持、孤独及自尊对主观幸福感的作用机制研究．心理科学，2012，（2）：408-411.

③ Feeney B C，Collins N L．A new look at social support A theoretical perspective on thriving through relationships．Personality and Social Psychology Review，2015，19（2）：113-147.

④ Feeney B C，Collins N L．A new look at social support A theoretical perspective on thriving through relationships．Personality and Social Psychology Review，2015，19（2）：113-147.

造机会，提高其自我成长的热情，增加其参与生活的机会，推动个体主动去寻找生活的目标与意义，这将有利于提升其幸福感水平①。

社会支持不仅可以提升支持接收者的幸福感水平，对支持提供者来说，也是一种幸福体验，正所谓"授人玫瑰，手有余香"。首先，从个人角度来看，社会支持提供者能够从助人行为或亲社会行为中获得积极自我评价，体会到积极情感，感受到生活意义。从长远来看，这会改善其与社会联结相关的神经生理过程，促进其身心健康发展。研究表明，提供社会支持可以增强个体的社会联结感，提高其心理健康水平，降低病发率和病死率②。也有研究发现，社会支持提供者的大脑区域活动也会发生改变，如杏仁核活动减少③。一项纵向研究表明亲社会动机较强的人拥有较高的主观幸福感，而且其主观幸福感可以持续较长时间，具有跨时间的稳定性④。除了亲社会动机外，个人在提供社会支持的过程中知觉到的社会影响力也是影响幸福感的一个重要因素⑤。其次，从人际关系的角度来看，提供社会支持的人往往会得到对方更积极、自愿和有效的回馈与帮助，收获信任、亲密和满意的人际关系。研究表明，支持提供者能够得到对方的积极反馈与感恩之情，同时增加了接收者的亲社会动机与行为⑥。

---

① Feeney B C, Collins N L. A new look at social support A theoretical perspective on thriving through relationships. Personality and Social Psychology Review，2015，19（2）：113-147.

② Brown S L, Nesse R M, Vinokur A D, et al. Providing social support may be more beneficial than receiving it results from a prospective study of mortality. Psychological Science，2003，14（4）：320-327.

③ Feeney B C, Collins N L. A new look at social support A theoretical perspective on thriving through relationships. Personality and Social Psychology Review，2015，19（2）：113-147.

④ Moynihan D P, Deleire T, Enami K. A life worth living：Evidence on the relationship between prosocial values and happiness. The American Review of Public Administration，2015，45（3）：311-326.

⑤ Moynihan D P, Deleire T, Enami K. A life worth living：Evidence on the relationship between prosocial values and happiness. The American Review of Public Administration，2015，45（3）：311-326.

⑥ Feeney B C, Collins N L. A new look at social support A theoretical perspective on thriving through relationships. Personality and Social Psychology Review，2015，19（2）：113-147.

三、文化特异性对幸福感的影响

幸福感受到一些变量的稳定影响。自我决定理论认为，幸福感在本质上是争取自主需要、能力需要和关系需要的满足，这些人类基本需要的满足是获得幸福感的源泉。自我决定理论具有跨文化适用性[①]。因此，成就动机与社会支持是获得幸福感的两个稳定预测因素。但是，不同文化背景下，人们获得幸福感的来源与途径不同。

西方文化主张个人主义的幸福观，情绪稳定性是幸福感的重要指标，积极愉快的情感是其幸福感的重要来源，但东方文化强调集体主义的幸福观，重视个体在群体或集体中的联结，人们更看重他人对自己的评价。在西方文化背景下，婚姻可以提升个体的总体幸福感水平，但在东方文化背景下，人们更重视社会支持的作用，往往花很多时间陪伴家人、朋友。人际和谐、家庭幸福和积极的社会联结是集体主义文化中幸福感的主要来源[②③]。最近的一项研究以美国、德国、俄罗斯和中国台湾大学生为被试，测量了其追求幸福感的动机（如"我想要更快乐"，"快乐对我非常重要"）、社会参与的幸福感追求（socially engaged pursuit of happiness）（包括亲社会行为和相互依赖的社会关系）和幸福感（包括生活满意度、心理幸福感、情感幸福和身体幸福感）。结果发现，在集体主义文化国家和地区（俄罗斯和中国台湾），追求幸福感的动机与其幸福感之间呈现显著正相关，而在个人主义文化国家（美国）二者呈负相关，这表明与个人主义文化相比，集体主义文化背景中追求幸福感的动机对幸福感具有更积极的作用。集体主义背景下追求幸福的动机通过社会参与间接影响幸福感，个体主义文化背景中中介作用不显著[④]。可见，不同文

---

① Ryan R M, Chirkov V I, Little T D, et al. The American dream in Russia：Extrinsic aspirations and well-being in two cultures. Personality and Social Psychology Bulletin，1999，25(12)：1509-1524.

② 俞国良，王诗如．幸福感：测量、影响因素及其进展．黑龙江社会科学，2015，(3)：81-86.

③ Ford B Q，Dmitrieva J O，Heller D，et al. Culture shapes whether the pursuit of happiness predicts higher or lower well-being. Journal of Experimental Psychology General，2015，144(6)：1053-1062.

④ Ford B Q，Dmitrieva J O，Heller D，et al. Culture shapes whether the pursuit of happiness predicts higher or lower well-being. Journal of Experimental Psychology General，2015，144(6)：1053-1062.

化背景下，人们获得幸福感的途径不同，体验到的幸福感水平也有差异。

改革开放以来，人们产生了较强烈的致富意识和经济理性，其竞争意识受到广泛激发，人们的成就动机愈发强烈。成就动机的增强成为转型期中国社会心理变化的主流，这有利于推动社会的发展和个人的成长。成就动机在一定时期内成为影响个体幸福感的主要因素。然而，转型期社会心理出现了明显的新变化，主要表现在三个方面：从注重理想向强调实际的方向发展，从注重义务向强调利益的方向演变，从注重集体向强调个人的方向转变的趋势①。这些新变化使得社会心理出现明显的物质主义倾向，人们对经济上的成功（金钱）、社会认可（名声、地位、外貌）的追求愈发强烈。对物质主义者而言，物质生活追求是其生活的中心和成就动机的来源，物质的成功是界定个人成功、提升幸福感的主要形式。这种基于外部动机建立起来的价值观在短期内可能提升个人的幸福感，但从长远来看，过分追求物质成功会使得个体行为更多地受到外部环境的影响，个体体验到较强的外部控制感，个体的自主感降低；这同时会降低其自我效能感，无法充分满足其能力需要；个体也会体验到较低的归属感，其关系需要无法得到满足②。因此，物质追求无法从根本上满足个体的自主、能力和关系需要，甚至与人类基本心理需要相背离，无法促成长远的幸福生活。

物质主义倾向不仅扭曲了人们追求成功的动机，而且损害了人们社会支持的获得。社会转型以来，人们的信任缺失、人际冲突问题越来越突出③，对人们的心理健康和幸福感也产生极大影响，消极、抑郁、痛苦、悲观情绪极易通过各种途径传播。第一，物质主义是一种高自我导向的价值观，与亲社会性的价值观相对立，这与集体主义文化的中国重视社会关系的幸福观是完全对立的，必然削弱个体的幸福体验。第二，物质主义者在人际关系中往往是功利性的，人际关系的维护只是他们寻求物质提升的工具，与他人和社会的有效联结很少，也较难以获得社会支持和归属感的满足。

① 于晶莉，韦明．论转型期社会心理困境与消解途径．黑龙江社会科学，2007，(2)：118-120.

② 陈勇杰，姚梅林．物质主义与幸福感：基于自我决定理论的关系探析．北京师范大学学报（社会科学版），2012，(3)：23-29.

③ 俞国良，韦庆旺．转型期社会现象与心理问题：中国社会心理学发展的突破口．中国社会科学报，2014-03-17(B2).

四、我们的认识与思考

综上所述，本文从成就动机、社会支持、文化与转型三个方面，分析了影响个体幸福感的微观、中观和宏观层面的因素。基于自我决定理论，成就动机与社会支持有利于满足个体对能力、自主和关系的基本需求，从而更好地提升其幸福感。在东方文化背景下，家庭与工作满意度对幸福感具有更重要的意义，成就动机和社会支持都有利于满足个体的基本心理需求，塑造幸福生活。虽然以往研究分别就成就动机与幸福感、社会支持与幸福感之间关系做了大量研究，但仍然不能够全面地反映成就动机、社会支持与幸福感之间的复杂关系。尤其是我国集体主义文化和社会转型背景下三者之间的动态变化关系仍然有待深入探讨。具体而言，我们认为未来研究可以从以下几个方面进行。

第一，幸福感的本质是什么？幸福是人类永恒的追求，但就幸福感的内涵而言，不同的学者从不同的侧面作出了不同的表达与理解。Diener(1984)基于哲学中的快乐论，提出主观幸福感包含个体在从事活动中体验到的生活满意度、积极情感和消极情感三个维度[①]。Ryan和Deci(2001)则从自我实现的角度提出实现幸福感，它源于个体的自我实现和潜能的充分发挥[②]。Ryff在亚里士多德的幸福论基础上提出心理幸福感，包括自主性、环境控制、个人成长、生活目标、与他人的积极关系和自我接纳六个维度[③]。Keyes在对社会混乱与社会疏离研究的基础上提出社会幸福感，它包括社会整合、社会认同、社会贡献、社会实现和社会和谐五个维度的内容[④]。Feeney and Collins在以往研究基础上，将幸福感内容整合为主观幸福感、实现幸福感、心理幸福感、社会幸福感和身体幸福感五个方面，更具体、全面地描述了幸福感的复杂性和多维性。以往对主观幸福感和心理幸福感的研究较多，而对自我实现的幸福感、社会幸福感以及身体幸福感

[①] Diener E. Subjective well-being. Psychological Bulletin, 1984, 3(95): 542-575.

[②] Ryan R M, Deci E L. On happiness and human potentials: A review of research on hedonic and eudaimonic well-being. Annual Review of Psychology, 2001, 52(1): 141-166.

[③] Ryff C D, Keyes C L M. The structure of psychological well-being revisited. Journal of Personality and Social Psychology, 1995, 69(4): 719-727.

[④] Keyes C L M. Social well-being. Social Psychology Quarterly, 1998, 61(2): 121-140.

等其他方面的幸福研究仍然不足，未来研究仍需要深入探讨幸福的本质，揭示幸福的全貌。

第二，成就动机与社会支持对幸福感的交互作用是怎样进行的？成就动机与社会支持对幸福感的影响并非彼此独立的，相反，二者存在一定的交互作用，共同塑造个体的幸福感。根据自我决定理论，来自重要他人的社会支持为个体提供信任、尊重与归属感，有助于满足人们的关系需求，并进而影响其自主和能力需求，是影响个体内化动机的一个重要因素[①]。内化动机越高的个体，越能够体会到高质量的幸福感水平。同时，社会支持对幸福感的积极作用也可能受到与社会支持相关的人格特征（如能力）和动机因素的影响。因此，未来研究应该更多关注社会支持与成就动机的相互作用对幸福感的影响及其作用机制。

第三，对幸福感的本土化研究仍然比较匮乏，尤其是结合中国文化背景和中国转型现状对我国国情下幸福感特点的研究仍有待增加。以往对西方文化背景下幸福感的研究很丰富，国内学者对幸福感的研究也多以西方文化中的幸福感理论为基础。但大量研究表明，不同文化背景下，人们追求幸福感的动机不同，西方文化中更强调积极的情绪体验，而东方文化更强调社会联结、人际和谐等。对东方文化背景下人们幸福感的研究很有必要。将东西方文化中幸福感的研究结合起来，才能更全面地揭示幸福感的特征。很多国家和政府把提高居民的幸福感作为其政策施行的目标。对我国社会转型这一特定文化背景下人们幸福感的分析与研究，可以帮助政府机构作出更合理的决策。当前社会转型期，物质主义、功利主义等盛行，人们对幸福的追求越来越强烈，如何改善当前的社会现状，提高人民福祉，让全社会过上幸福的生活，仍需要更多扎实的研究工作，这需要更多人的努力与参与。

（赵凤青　罗晓路）

---

① Wentzel K R. Social relationships and motivation in middle school：The role of parents，teachers，and peers. Journal of Educational Psychology，1998，90(2)：202-209.

身份认同对农村流动人口
幸福感的影响

一、问题提出

随着我国城市化进程的加快，大量流动人口不断从农村迁入城市，生活场所发生了巨大变换，他们的身份也将面临一个重新构建和确认的过程。然而，农村流动人口由于受到传统二元户籍制度的影响，往往作为一个特殊的"边缘化"群体存在于城市中，再加上来自社会的、文化的偏见和歧视，以及他们对这些歧视现象的自我感知[①]，这些都更强化了农村流动人口作为城市局外人的"农民身份"的心理感受，从而造成其身份认同困惑。在中国城市转型和经济、社会发展的重要时期，农村流动人口作为城镇新居民、未来财富创造的新生力量，关注他们的生存感受具有非常重大的意义。

身份认同(identity)是指个体认识到他(她)属于某个特定的社会群体，同时也认识到作为该群体成员带给自己的情感和价值意义[②]。近年来，我国农村流动人口和农民工的身份认同研究表明，农村流动人口和农民工对自己身份作总体性认知与评价时，呈现出模糊性、不确定性和内心自我矛盾性[③][④]。身份认同对个体的人格[⑤]、幸福感[⑥]具有显著的预测作用。对美国亚裔大学生的调查发现，民族身份认同感高的女大学生她们的幸福感水

---

① Chen, J. Perceived discrimination and subjective well-being among rural-to-urban migrants in China. Journal of Sociology and Social Welfare, 2013, 40(1): 131-156.

② 张莹瑞，左斌. 社会认同理论及其发展. 心理科学进展，2006, 14(3): 475-480.

③ 彭远春. 论农民工身份认同及其影响因素——对武汉市杨园社区餐饮服务员的调查分析. 人口研究，2007, (2): 81-90.

④ 李荣彬，张丽艳. 流动人口身份认同的现状及影响因素研究——基于我国106个城市的调查数据. 人口与经济，2012, (4): 78-86.

⑤ 郑友富，俞国良. 流动儿童身份认同与人格特征研究. 教育研究，2009, (5): 99-102.

⑥ Smith, T. B., & Silva, L. Ethnic identity and personal well-being of people of color: A meta-analysis. Journal of Counseling Psychology, 2011, (58): 42-60.

平也较高①。Usborne 和 De La Sabloniere 综合分析了文化身份认同的相关研究后指出，清晰的文化身份认同能够降低个体的不确定性，对个体幸福感具有积极的促进作用②。

目前对农村流动人口幸福感的调查显示，他们的幸福感低于农村居民和城市居民③，并且农村户口的流动人口的幸福感低于非农户口的流动人口④，户口对流动人口的幸福感有显著影响⑤。由于二元户籍制度的限制，是否拥有城市户口是个体"城市人身份"的重要标志。而个体的社会身份认同是根植于其内在的心理机制，它是通过外在的行为实践表现出来的。个体的身份认同存在于自我与他人互动的人际网络，如组织、工作"单位"和对社区的归属中，也存在于生活方式的言谈举止、消费行为与闲暇生活中。以上对农村流动人口幸福感的研究都是采用单维度的自陈量表直接询问幸福感如何。但是，根据 Diener 的观点，幸福感是个体根据自己内心标准对其生活质量所做出的整体性评价，是一个多维度的概念，包括身体的、心理的、认知的、社会的和经济的等因素。如主观幸福感的测量通常由三部分组成：对生活质量的整体评价即生活满意度、正性情感和负性情感⑥。因此，要探讨身份认同对农村流动人口幸福感的影响，需要从身体的、心理的、社会的、经济的等方面进行全面考察。此外，目前对流动人口幸福感的研究取样主要是流动人口群体，少有研究同时抽取城市市民、

---

① Ngugen, C. P., Joel Wong, Y., & Juang, L. P. Pathways among Asian Americans' family ethnic socialization, ethnic identity, and psychological well-being: a multigroup mediation model. Asian American Journal of Psychology, 2015, 6(3): 272-280.

② Usborne, E., & De La Sabloniere, R. Understanding my culture means understanding myself: the function of cultural identity clarity for personal identity clarity and personal psychological well-being. Journal for the Theory of Social Behaviour, 2014, 44(4): 436-458.

③ Knight, J., & Gunatilaka, R. Great expectations? The subjective well-being of rural urban migrants in China. World Development, 2010, 38(1): 113-124.

④ 夏伦. 流动人口主观幸福感的城乡差异分析. 统计与决策, 2015, 9: 110-115.

⑤ 杨东亮, 陈思思. 北京地区流动人口幸福感的影响因素研究. 人口学刊, 2015, 37(5): 63-72.

⑥ Diener, E. D. Subjective well-being. Psychological Bulletin. 1984, 95(3): 542-575.

把流动人口与当地城市人口进行比较，而在我国不同地区，由于受经济、文化、地域等因素的影响，人们的生存感受是有差异的。因此，非常有必要比较流动人口与当地城市人口幸福感的差异性，才能准确探查流动人口幸福感状况。最后，农村流动人口的身份认同不同将对其社会适应、幸福感产生不同的影响和表现。为了准确了解农村流动人口幸福感状况，探讨其身份认同与幸福感之间的关系，本研究采用方便取样的方法选取武汉市城市户籍者和农村流动人口作为研究对象，采用方差分析、分层回归分析等方法考察农村流动人口的幸福感状况，以及身份认同对其幸福感的预测力。

二、研究方法

1. 被试

采用方便取样的方法，在湖北省武汉市两所流动儿童小学和一所混合小学 1~6 年级的学生家长中发放问卷 1150 份，剔除无效问卷和个人信息不全的问卷，有效问卷 878 份，问卷有效率为 76.3%。被试年龄范围 27~67 岁，平均年龄 38.52±5.08 岁。被试人口学统计描述结果见表 1。职业分类按照 Ganzeboom 等的国际社会经济地位职业分类索引（ISEI）中的记分标准进行计分[①]。按 ISEI 规定，所有职业记分在 16~90 分。

表 1　被试人口学统计描述（$N=878$，$M±SD$）

		城市（$n=303$）	农村（$n=575$）
性别	男	121	209
	女	182	366
年龄（岁）		39.90±5.40	37.76±4.73
职业经济地位		42.95±16.15	35.04±12.64
婚姻状况	在婚	292	560
	非在婚	11	15

---

① Ganzeboom，H. B. G.，Graaf，P. M. D.，Treiman，D. J.，et al. A standard international socio-economic index of occupational status. Social Science Research, 1992, 21: 1-56.

续表

		城市（$n=303$）	农村（$n=575$）
学历	小学及以下	16	127
	初中	72	336
	高中或中专	116	88
	大学（专/本）	89	9
	研究生及以上	10	0
家庭收入	1000 元以下	0	19
	1000～2000 元	37	132
	2000～3000 元	48	166
	3000～4000 元	63	103
	4000～5000 元	67	85
	5000～10000 元	74	59
	10000 元以上	14	11

2. 研究程序

采用自编身份认同调查问卷和生活质量综合评定问卷①对被试的身份认同和幸福感状况进行考察。其中身份认同调查通过对"如果您是农村户口，您来武汉生活了（ ）年，您觉得您现在是①城市人；②农村人；③说不清"这一问题的回答，来衡量农村流动人口对当前身份的认同情况。选择①意味着认同"城市人"身份；选择②意味着仍然认同"农村人"身份；选择③意味着对自己的身份认同模糊。幸福感从躯体功能、心理功能、社会功能和物质生活状态四个方面综合考察个体对生活质量的满意程度。其中包括住房、社会服务、生活环境、经济状况、睡眠与精力、躯体不适感、进食功能、性功能、运动与感觉、精神紧张、负性感情、正性感情、认知功能、自尊、社会支持、人际交往、业余娱乐、婚姻与家庭等 19 个因子和一个总体生活质量因子，共 20 个因子 74 个题项，要求被试对这些因子的主观满意度和自身客观状态进行评价。问卷得分越高表示生活质量满意度

---

① 汪向东，王希林，马弘．心理卫生评定量表手册（增订版）．中国心理卫生杂志社，1999，12.

越高。本调查中总问卷的 α 系数为 0.94，四个维度的 α 系数取值范围在 0.62-0.87。

调查中利用学校开家长会的时间以班级为单位对家长进行团体实测，考虑到农村流动人口可能存在阅读困难，由充当主试的心理学专业学生朗读每个题目和选项，要求家长逐条回答。用时 30 分钟。

三、研究结果

1. 农村流动人口与城市户籍者幸福感比较

对考察幸福感的生活质量问卷的总分、各维度和因子进行单因素方差分析，结果见表2：总体生活质量和四个维度的户籍主效应均显著，城市户籍者都显著高于农村户籍者。20 个因子方面，在住房、社区服务、生活环境、经济状况、睡眠与精力、运动与感觉、精神紧张、正性情感、认知功能、自尊、工作与学习和业余娱乐等因子上，城市户籍者显著高于农村流动人口。

表 2 农村流动人口幸福感描述统计分析结果（$N=878$，$M\pm SD$）

	城市	农村	F
躯体功能	67.93 ± 12.95	66.10 ± 12.61	4.11^{*}
心理功能	65.40 ± 13.85	61.93 ± 13.27	13.05^{***}
社会功能	63.93 ± 11.27	60.71 ± 10.91	16.46^{***}
物质生活	54.57 ± 16.06	46.84 ± 15.86	46.65^{***}
总生活质量	58.98 ± 10.09	55.30 ± 9.80	27.07^{***}
1. 住房	70.48 ± 23.28	54.96 ± 24.48	83.09^{***}
2. 社区服务	52.26 ± 21.63	45.97 ± 19.83	19.03^{***}
3. 生活环境	50.05 ± 20.20	45.23 ± 19.14	12.17^{**}
4. 经济状况	45.48 ± 21.94	41.23 ± 22.77	6.83^{**}
5. 睡眠与精力	60.22 ± 17.46	56.76 ± 15.88	8.52^{**}
6. 躯体不适感	69.63 ± 18.27	67.88 ± 18.66	1.75
7. 进食功能	69.35 ± 16.24	70.08 ± 17.10	0.35
8. 性功能	64.38 ± 17.75	63.37 ± 19.32	0.62
9. 运动与感觉	76.06 ± 15.59	72.42 ± 16.34	10.32^{**}
10. 精神紧张	65.95 ± 17.37	62.61 ± 17.93	7.48^{**}
11. 负性情感	69.23 ± 18.27	66.72 ± 18.39	3.77

续表

	城市	农村	F
12. 正性情感	63.45±19.72	59.74±19.14	7.11**
13. 认知功能	65.63±17.08	62.23±18.54	6.77**
14. 自尊	62.73±15.54	58.35±14.29	17.10***
15. 社会支持	59.82±17.42	58.72±16.14	0.89
16. 人际交往	77.43±15.96	75.75±15.18	2.47
17. 工作与学习	64.15±13.20	59.86±12.80	20.79***
18. 业余娱乐	48.99±18.96	42.32±19.75	22.44***
19. 婚姻与家庭	69.28±17.38	66.88±17.55	3.61
20. 生活质量总	59.39±15.44	56.24±15.83	7.87**

注：* 表示 $p < .05$；** 表示 $p < .01$；*** 表示 $p < .001$。

2. 不同身份认同的农村流动人口幸福感比较

单因素方差分析结果见表3：身份认同的主效应显著。两两比较后显示，心理功能、社会功能和总分上，都是认同城市人的农村流动人口得分显著高于认同农村人和身份认同不明确的农村流动人口；物质生活维度上，认同农村人的农村流动人口得分显著低于其他两类身份认同者。

表3　不同身份认同的农村流动人幸福感描述统计分析结果

($M \pm SD$)

	身份认同（$N=575$）			F
	城市人（$n=89$）	农村人（$n=242$）	说不清（$n=244$）	
躯体功能	67.82±12.44	65.55±12.13	66.11±13.24	1.03
心理功能	65.94±13.60	60.63±12.93	61.88±13.25	5.19**
社会功能	63.96±11.37	59.33±10.57	60.74±11.05	5.76**
物质生活	50.91±17.93	44.15±15.33	48.50±15.80	7.51**
生活质量总分	58.36±10.27	53.96± 9.67	55.63± 9.78	6.61**

注：* 表示 $p < .05$；** 表示 $p < .01$；*** 表示 $p < .001$。

那么，认同城市人的农村流动人口其幸福感是否与本地城市户籍者有差异？采用独立样本 t 检验比较了两者幸福感各维度及总分，结果显示：

本地城市户籍者除了在物质生活维度上显著高于认同为城市人的农村流动人口外（$p<.05$），在其他三个维度（躯体功能、心理功能和社会功能）和总分上两个群体间没有显著差异。

3. 身份认同对农村流动人口幸福感的影响

分析前先对农村流动人口的被试变量中人数较少的分组进行合并，如学历变量中把人数较少的大学和研究生以上学历组合并到高中或中专组，家庭收入变量中把 1000 元以下与 1000～2000 元组合并为 2000 元以下组、把 5000～10000 元与 10000 元以上两个组合并为 5000 元以上组。然后对有关分类变量进行虚无编码：如女＝0，男＝1；在婚＝0，非在婚＝1；其他被试变量分别以认同为城市人组、小学及以下学历组、家庭收入 2000 元以下组为基础比较组对其他各组进行虚无编码。

最后以各被试变量为预测变量，以幸福感四个维度和总分为因变量作强迫分层回归分析。第一层首先移入性别、年龄、来汉时间、婚姻状况、文化程度、职业和家庭收入等因素做控制变量，第二层移入身份认同因素。结果见表 4：性别对物质生活和生活质量总分有显著的负向预测作用，来汉时间对物质生活有显著的负向预测作用，文化程度对物质生活、心理功能和总分有显著正向预测作用，家庭收入对物质生活有显著的正向预测作用，职业对 5 个因变量都有正向的预测作用。在控制了性别、年龄、来汉时间、婚姻状况、文化程度、家庭收入和职业的影响后发现，身份认同对农村流动人口幸福感有显著预测力，具体表现为对社会功能、物质生活和总分有显著的负向预测作用。

表 4　流动人口幸福感对被试变量的回归分析结果

	躯体功能		心理功能		社会功能		物质生活		生活质量总分	
	β	p	β	p	β	p	β	p	β	p
第一层										
1. 性别	−1.938	.053	−1.043	.298	−.997	.319	−2.654	.008	−2.121	.034
2. 年龄	−.646	.519	−.075	.940	−.059	.953	1.244	.214	.186	.852
3. 来武汉时间	−.598	.550	.081	.935	.591	.555	−2.272	.023	−.739	.461
4. 婚姻状况	.360	.719	1.499	.134	.988	.324	1.213	.226	1.294	.196
5. 初中文化程度	3.308	.001	2.439	.015	1.350	.178	1.221	.223	2.670	.008
高中文化程度	2.432	.015	.356	.722	1.174	.241	1.133	.258	1.603	.109

流动人口，不认同自己是城市人的个体对自己生活质量的满意度比认同是城市人的流动人口要低，尤其是仍然认为自己是农村人的流动人口，他们的生活满意度最低、幸福感最低。

身份认同对农村流动人口幸福感的回归分析结果也表明，农村流动人口的身份认同情况对其幸福感有显著的预测作用，主要对心理功能、社会功能、物质生活和生活质量总分都有显著的负向预测作用。具体表现为不能认同为城市人的两类农村流动人口（认同为农民和身份说不清的），他们的心理功能和社会功能都要比认同为城市人的农村流动人口差，而认同为农民的农村流动人口在物质生活和生活质量总体评价上也要差于认同为城市人的农村流动人口。即对于认同为农民的农村流动人口来说，身份认同对他们幸福感的影响是非常显著、重要的。

根据社会认同理论，个体对群体的认同是群体行为的基础，个体对属于某群体的意识会强烈地影响着个体的知觉、态度和行为[1]。对于流动人口来说，身份认同是流动者就与本地人及家乡人之间的心理距离、归属感及对自己是谁、从何处来、将去往何处的思考及认知。农村流动人口在心理上把自己认同为城市人，对城市有心理归属感是他们在城市中获得社会融合的重要表现，也是他们社会生活方式和社会心理城市本土化的必需。认同为城市人的农村流动人口与本地城市人口的幸福感比较的结果也说明了这一点。认同为城市人的农村流动人口除了物质生活满意度较低外，在躯体功能、心理功能、社会功能及生活质量总分上的得分都与本地城市人口没有差异。由此可以说明，农村流动人口是否能够很好地融入城市生活，物质经济因素并不是决定性的，主要还是在心理社会因素。认同为城市人的农村流动人口虽然他们的物质生活满意度较低，而由于对城市人身份的认同，使得他们并没有感觉到其他方面比城市人差，表现出较好地适应并融入到城市生活中。但是，从认同为农村人与身份认同不确定所占农村流动人口的比例来看，大部分农村流动人口对城市是没有归属感的和认同感的，并且这种身份上的不认同感严重影响了他们对城市生活的满意度。

其他农村流动人口幸福感影响因素的回归分析结果也进一步说明心理社会因素对他们生存感受的重要影响。如经济收入对农村流动人口幸福感

---

① Tajfel, H. Differentiation Between Social Groups: Studies in the Social Psychology of intergroup Relations. chapters1—3. London: Academic Press, 1978.

的影响并不明显，经济收入在 5000 元以上的农村流动人口也只对自己的物质生活满意度较高；而职业对农村流动人口幸福感的影响程度最大，对幸福感各维度和总体评价都有显著的正向预测作用，即农村流动人口从事的职业社会经济地位越高，他们对自己生活质量满意度越高、幸福感越强。因此，职业是影响农村流动人口幸福感的首要影响因素，而经济收入则对他们幸福感影响较小，收入较高的农村流动人口仅在物质生活方面表现出较高的满意度，不同经济收入的农村流动人口在幸福感其他方面并没有表现出差异。这一研究结果也与收入和幸福不存在明显正相关关系的"收入—幸福悖论"相符合[①]。这说明农村流动人口幸福与否更看重的是所从事职业的社会经济地位给予心理、精神上的满足感，而不是经济收入的高低带来的物质生活的满足。一般情况下从农村来到城市，流动人口的经济收入都要比在农村有很大的提高，这也是他们之所以流动的主要目标。而职业不仅能增加经济收入，同时还代表着一定的社会经济地位，社会经济地位高的职业往往能增加个体的自尊、自信水平，获得更高的成就感，对自己生活满意度也会增加。然而，由于二元劳动力市场的存在，城市劳动力市场中存在对农村流动人口的歧视，在一定程度上加剧了农村流动人口与城镇居民在职业、行业和所有制上的分割，农村流动人口在城市中多是主动或被动地选择非正规就业的从业模式，他们所从事的也往往是城市中社会经济地位相对比较低的工作和职业，从而使他们陷于不利的社会地位，这很难提高农村流动人口精神生活的满足感。

改革开放以来，以户籍制度为核心的城乡二元社会制度发生了一系列变革，我国农村流动人口的身份认同也正经历着从被动接受到主动选择再到国家认同的过程，这一变化不仅要求国家在制度层面和经济层面给予支持，而且在心理层面和文化层面也要予以接纳。因为只有在心理上适应和融入城市，身份上得到当地社会的认同，农村流动人口才能真正融入当地社会，并最终完成市民化的过程。从本研究结果来看，要提高农村流动人口的幸福感，消除他们在城市中的"非城市人"的心理感受，获得并增强"城市人"的认同感，是农村流动人口完成城市化转型的重要方面。而农村流动人口身份认同最大的障碍是户籍制度。户籍制度从根本上剥夺了公民

---

① Easterlin，R. Does economic growth improve the human lot? Some empirical evidence [C]. David P，Reder M(eds). Nations and Households in Economic Growth. New York and London：Academic Press，1974：89-125.

共享城市资源的权利，造成了社会经济资源分配的不平等，阻碍了社会阶层的地位流动。户籍制度本质上就是一种身份制度。当流动人口的身份被严格地通过户籍制度限定时，其心理上的社会融入动机就会受到削弱。因此，通过深化户籍制度的改革，使户籍政策与经济社会发展阶段相适应，在社会管理模式中推进公正公平的管理理念，使农村流动人口的社会权利得到维护，是提高农村流动人口幸福感、推动城市化进程的重要方面。除了进行户籍改革，还要消除歧视性政策对农村流动人口的排斥和限制。如一些地方政府为了解决城市就业、教育、生活资源紧缺的问题，通过一些限制性政策，建立歧视性门槛，对外来人口的生活、就业采取强制性的排斥规定，使得外来人口只能通过非正规方式谋取生活、就业出路。这种排斥性政策长久以往容易引发基于不平等感受的群体意识，可能对当地的社会管理造成负面影响。最后，从职业对农村流动人口幸福感的重要影响来看，为农村流动人口提供职业教育机会，加快对其的教育和培训，提高农村流动人口的职业层次和社会经济地位，帮助其在城市中向上性流动，不仅能够提高农村流动人口的幸福感，而且还能推动农村流动人口适应城市未来产业结构变化、调整的需要，对国家经济产业化调整具有重要的意义。

五、研究结论与展望

本研究通过对 878 名农村流动人口和本地城市户籍者的调查发现，农村流动人口幸福感显著低于城市户籍者，并且身份认同对农村流动人口幸福感具有重要的预测力，身份认同为城市人的农村流动人口幸福感要显著高于认同为农村人和身份认同不清楚的农村流动人口。

虽然本研究对农村流动人口的身份认同与其幸福感之间的关系探讨获得了一些比较有意义的结果，但是，还有许多其他因素可能对农村流动人口的幸福感存在重要的影响作用。例如关于人格、自我效能感等个人因素，以及随着流动人口家庭流动的趋势日益扩大，家庭功能、婚姻关系等家庭因素和其他环境因素对农村流动人口幸福感的影响如何，身份认同在以上个人因素、家庭因素和环境因素与农村流动人口幸福感之间的作用机制，都有待进一步深入探讨。此外，本研究探讨了身份认同对流动人口幸福感的影响，但是身份认同与幸福感之间的关系是比较复杂的，很可能流动人口幸福感提高导致身份认同的变化，并且身份认同与幸福感之间的关系可能受到其他变量的影响，这些问题都有待探讨。最后，本研究被试主要来自湖北省武汉市，采用方便取样的方法选自三所小学学生的家长，研究结果能否推论到全国范围，还需要扩大样本量，采用其他如分层取样的方法加以验证。

（姜兆萍）